数智财经系列

会计数据分析与处理

基于SQL

陈旭 著

电子工业出版社
Publishing House of Electronics Industry
北京·BEIJING

内 容 简 介

本书通过原创性地分析、设计与开发系列教学案例，实现对会计信息系统中主要的子系统——进销存系统、账务处理系统案例的分析、设计与开发。各章节贯穿从案例引入、系统分析设计、SQL应用、会计软件开发到最终业财一体化系统的实现；同时，进一步阐述业务、财务数据接口的处理方法，根据业务数据通过开发接口程序自动生成对应机制凭证、自动进行各类账表计算，从而打通业财系统，实现业务、财务数据一体化处理。本书强化应用 SQL 处理会计数据的技能提升，全面展示了应用信息技术去发现问题、分析问题和解决问题的综合能力培养。

本书可作为普通高校会计、财务管理、审计等专业的管理信息系统、数据库 SQL 应用、会计数据分析与处理、会计信息化、会计信息系统分析设计与开发相关课程的教材或教学参考书，也可作为相关专业研究生的教材。

未经许可，不得以任何方式复制或抄袭本书之部分或全部内容。
版权所有，侵权必究。

图书在版编目（CIP）数据

会计数据分析与处理：基于 SQL / 陈旭著. — 北京：电子工业出版社，2021.10
ISBN 978-7-121-42149-5

Ⅰ.①会… Ⅱ.①陈… Ⅲ.①会计信息—财务管理系统—高等学校—教材 ②SQL 语言—程序设计—高等学校—教材 Ⅳ.①F232 ②TP311.132.3

中国版本图书馆 CIP 数据核字(2021)第 196384 号

责任编辑：石会敏　　　文字编辑：苏颖杰
印　　刷：三河市鑫金马印装有限公司
装　　订：三河市鑫金马印装有限公司
出版发行：电子工业出版社
　　　　　北京市海淀区万寿路 173 信箱　　邮编：100036
开　　本：787×1092　1/16　印张：25.75　字数：657.6 千字
版　　次：2021 年 10 月第 1 版
印　　次：2025 年 7 月第 8 次印刷
定　　价：75.00 元

凡所购买电子工业出版社图书有缺损问题，请向购买书店调换。若书店售缺，请与本社发行部联系，联系及邮购电话：(010)88254888，88258888。
质量投诉请发邮件至 zlts@phei.com.cn，盗版侵权举报请发邮件至 dbqq@phei.com.cn。
本书咨询联系方式：738848961@qq.com。

前　　言

党的二十大报告提出，加快发展数字经济，促进数字经济和实体经济深度融合，打造具有国际竞争力的数字产业集群。财政部颁布的《会计信息化发展规划（2021—2025年）》强调：随着大数据、人工智能等新技术创新迭代速度加快，经济社会数字化转型全面开启，对会计信息化实务和理论提出了新挑战，也提供了新机遇。适应信息技术发展，将应用信息技术能力与会计专业能力培养相融合，提升学生应用信息技术去发现问题、分析问题和解决问题的能力是会计信息化教学迫在眉睫的改革方向。加强对会计信息系统业务处理流程与数据处理流程的分析能力，提升对数据库的设计与应用SQL进行会计数据分析与处理的能力，培养计算机的思维方式与对会计数据处理的综合能力将成为未来财会审计人员重要的信息技术应用能力。

在每年一度的"影响中国会计人员的十大信息技术"评选中，"会计大数据分析与处理"2021年名列第三、2022年与2023年名列第二、2024年名列第一。会计数据分析与处理包含两方面的内容：一方面是会计数据分析，即对企业业务与账务处理的流程、算法及业财融合进行分析；另一方面是会计数据处理，即对企业业务与账务所涉及的单据、凭证及相关账表的数据进行分析。

本书通过原创性地分析、设计与开发系列教学案例，实现对会计信息系统中主要的子系统——进销存系统、账务处理系统案例的分析、设计与开发。各章节贯穿从案例引入、系统分析设计、SQL应用、会计软件开发到最终业财一体化系统实现；同时，进一步阐述业务、财务数据接口的处理方法，根据业务数据通过开发接口程序自动生成对应机制凭证、自动进行各类账表计算，从而打通业财系统，实现业务、财务数据一体化。

本书强化应用SQL处理会计数据的技能，培养学生应用SQL对数据库中的会计数据进行增加、删除、修改、查询等基本能力、对各类账表的计算能力、对数据库中非正常数据的稽核审计能力，以及对数据的统计分析能力；同时，培养他们利用软件开发平台、嵌入式SQL语句、数据窗口技术实现对会计信息系统的开发。

本书共3篇11章、95个教学案例，每章的知识点与能力培养要求均通过精心设计的案例进行讲解与应用。读者也可以根据自己的需要选择不同的教学案例进行组合学习。

第一篇案例引入与会计信息系统分析设计，包含第1、2、3、4章。第1章案例引入，设计案例的经济业务及处理进销存系统、账务处理系统的相关单据及账表；通过手工处理案例数据，了解其业务处理流程、积累业务数据、熟悉成本与账表的计算方法，为后续章节应用信息技术手段实现对案例数据处理及系统开发做好数据准备。第2章会计信息系统分析、第3章会计信息系统设计、第4章会计信息系统实施，结合案例阐述系统业务处理流程与数据处理流程分析、系统功能分析、系统设计、数据库设计、程序设计、软件测试的方法。

第二篇数据库与SQL，包含第5、6、7章。第5章数据库对象与数据管理，以案例数据为原型，介绍PowerBuilder数据库管理器对数据库管理、数据库表、数据基本管理的操作方法，是第6章、第7章讲SQL的操作环境。第6章SQL语句，介绍SQL语句的基本语法、常用函数，通过SQL语句，实现对案例数据的基本处理与统计分析功能。第7章SQL应用，介绍SQL语言编程，通过存储过程实现对进销存系统中库存、成本、数量月报表、金额月报表等的计算，对账务处理系统中科目余额表、明细账表、资产负债表、利润表等的计算，应用 SQL 实现对数据的稽核审计。本篇是本书的重点与难点，强化如何应用 SQL 处理会计数据。通过学习，掌握应用 SQL 实现对会计数据的基本处理、账表计算、统计分析、稽核审计等技能。

第三篇 PowerBuilder 与会计信息系统开发，包含第 8、9、10、11 章。第 8 章会计软件开发平台，通过系列案例介绍 PowerBuilder 的开发环境，简述其基础知识与基本应用。通过本章学习，一方面可以开发一些简单、实用的会计软件小工具，另一方面为第 9 章、第 10 章的系统开发做准备。第 9 章嵌入式 SQL 语句，介绍事务对象、嵌入式 SQL 语句的应用，以及应用第 6 章的 SQL 语句、第 7 章编写的对账表处理的存储过程，通过嵌入式 SQL 开发进销存系统与账务处理系统。第 10 章数据窗口对象及应用，通过系列案例介绍强大的数据窗口对象，简述数据窗口控件的常用函数和事件，应用数据窗口技术实现对数据的增加、删除、修改、查询、排序、导入、导出、图形可视化等基本处理，应用数据窗口技术开发进销存系统与账务处理系统。第 11 章业财一体化系统开发，介绍业财一体化接口设计的任务与规则，完成业财一体化接口开发，从而实现进销存与账务处理系统的一体化数据处理，并通过案例，展示对采购单、销售单等业务单据的修改是如何及时影响库存、进销存数量月报表、进销存金额月报表、成本、机制凭证、科目余额表、明细账表、资产负债表、利润表、财务指标等相关数据的处理过程。

通过学习，提升对会计信息系统业务处理流程与数据处理流程的分析能力，对数据库及系统功能的设计能力，对数据库操作与 SQL 语言的应用能力，对会计信息系统的开发能力，同时提升应用信息技术去发现问题、分析问题和解决问题的综合能力。

由于篇幅限制，教学案例的源程序、数据库及电子版文档已放到网上，读者可到华信教育资源网（www.hxed.com.cn）注册下载。

由于本教材中进销存系统、账务处理系统中的案例设计基于教学需求，业务流程比较简单，因此相关单据、会计科目设置、账表、资产负债表、利润表处理仅适合本书中的教学案例。读者可以根据自己的案例设计做相应的补充扩展完善。

本书由重庆理工大学陈旭编写，负责确定全书的框架与各章节内容，分析、设计、开发各章教学案例，并最终定稿。重庆工商大学王世杰，重庆理工大学朱谱熠、李迪、廖赵睿、倪红、唐蕾、杨玉涵、唐建骁、王海钊、赵凌旭、米彦汀、罗蓉、曾雪瑞、刘自豪、肖婷婷等参与了最初稿件的编写、各章教学案例的测试及文档编写工作。

重庆市教学名师工作室（会计信息化）成员西南政法大学王琦、重庆师范大学张保帅、重庆交通大学张健、重庆三峡学院罗星、重庆文理学院王菊、长江师范学院唐润芝、重庆机电职业技术大学李锐、重庆航天职业技术学院王伟、重庆电子工程职业学院解洁、重庆建筑科技职业学院王春丽、重庆工程学院任德霞、重庆安全技术职业学院余萍、重庆经贸职业学院张崇友、重庆财经职业学院王曾怡，四川财经职业学院业财审税一体化教学融合团队成员王曦、常竞、王薇（信息学院）、张娟娟、余海、何小、黄媛、王薇（会计学院）、罗艾等老师对各章教学案例进行了测试应用。

会计信息化课程虚拟教研室各位老师对本教材的编写给予了大力支持。

在编写本书的过程中，我们参考了一些教材和资料，在此对原作者表示诚挚的谢意。对于书中不妥的地方和出现的错误，恳请读者给予批评指正，我们将在下一版中进一步完善和改正。

对本书的有关意见和建议，请发邮件至 cx@cqut.edu.cn。

扫描二维码可获取书中案例资料。

目 录

第一篇 案例引入与会计信息系统分析设计

第1章 案例引入 ………………………… 1
1.1 案例经济业务描述 ………………… 1
1.1.1 进销存系统案例的经济业务 … 1
1.1.2 账务处理系统案例的经济业务 … 4
1.2 案例数据处理 …………………… 20
1.2.1 进销存系统数据处理 ……… 20
1.2.2 账务处理系统数据处理 …… 21
1.3 应用 Excel 手工处理案例数据 … 24
1.3.1 进销存系统单据账表处理 … 24
1.3.2 账务处理系统单据账表处理 … 27
思考题 …………………………………… 44

第2章 会计信息系统分析 …………… 45
2.1 会计信息系统概述 ………………… 45
2.1.1 会计信息收集、处理与输出 … 45
2.1.2 会计信息系统的基本功能 … 48
2.1.3 会计信息系统各子系统间的数据联系 …………………… 49
2.2 业务处理流程分析 ………………… 50
2.2.1 业务处理流程调查 ………… 50
2.2.2 业务处理流程图 …………… 51
2.2.3 业务处理流程分析案例 …… 51
2.3 数据处理流程分析 ………………… 57
2.3.1 数据处理流程调查 ………… 57
2.3.2 数据处理流程图 …………… 57
2.3.3 数据处理流程分析案例 …… 58
2.3.4 数据字典 …………………… 60
2.3.5 数据字典案例 ……………… 62
2.4 系统功能分析 …………………… 78
2.4.1 进销存系统功能分析 ……… 78
2.4.2 账务处理系统功能分析 …… 80
思考题 …………………………………… 83

第3章 会计信息系统设计 …………… 84
3.1 系统设计的工作与原则 …………… 84
3.1.1 系统设计的主要工作 ……… 84
3.1.2 系统设计应遵循的原则 …… 85
3.2 输入/输出设计 …………………… 85
3.2.1 输出设计 …………………… 85
3.2.2 输入设计 …………………… 86
3.2.3 输入/输出设计应注意的问题 …………………………… 87
3.3 数据库设计 ……………………… 88
3.3.1 数据库的基本概念 ………… 88
3.3.2 数据库设计的基本步骤 …… 89
3.3.3 E-R 模型 …………………… 90
3.3.4 关系数据库设计 …………… 93
3.3.5 数据库设计案例 …………… 94
思考题 …………………………………… 108

第4章 会计信息系统实施 …………… 109
4.1 程序设计 ………………………… 109
4.1.1 程序设计的质量标准 ……… 109
4.1.2 程序设计阶段的任务 ……… 110
4.1.3 程序设计方法 ……………… 111
4.2 软件测试 ………………………… 111
4.2.1 软件测试的常用方法 ……… 111
4.2.2 软件测试的组成 …………… 112
4.3 系统切换、运行及维护 ………… 113
4.3.1 信息系统切换 ……………… 113
4.3.2 信息系统运行管理及维护 … 114

4.3.3 软件维护 …………………… 114
4.3.4 软件文档 …………………… 115
4.4 会计软件操作 …………………… 115
思考题 ……………………………… 117

第二篇 数据库与 SQL

第 5 章 数据库对象与数据管理 …… 118
5.1 数据库管理器 …………………… 118
 5.1.1 了解 PowerBuilder ………… 118
 5.1.2 数据库管理器 ……………… 119
 5.1.3 数据库管理器视图 ………… 120
5.2 数据库接口 ……………………… 122
 5.2.1 标准数据库接口 ODBC …… 122
 5.2.2 专用数据库接口 …………… 123
5.3 数据库管理 ……………………… 123
 5.3.1 创建数据库 ………………… 123
 5.3.2 删除数据库 ………………… 123
 5.3.3 连接数据库 ………………… 124
 5.3.4 创建数据库案例 …………… 127
5.4 操作数据库表 …………………… 127
 5.4.1 创建表 ……………………… 127
 5.4.2 删除表 ……………………… 127
 5.4.3 定义相关属性 ……………… 127
 5.4.4 创建表的索引 ……………… 129
 5.4.5 创建表的主键、外键 ……… 130
 5.4.6 创建数据表案例 …………… 132
5.5 操作数据 ………………………… 132
 5.5.1 打开数据操作窗口 ………… 132
 5.5.2 增加、删除、修改、保存
    数据 ………………………… 133
 5.5.3 查询数据 …………………… 133
 5.5.4 排序数据 …………………… 134
 5.5.5 导出数据 …………………… 134
 5.5.6 导入数据 …………………… 134
 5.5.7 数据管理操作案例 ………… 135
思考题 ……………………………… 135

第 6 章 SQL 语句 ………………… 136
6.1 SQL 简介 ………………………… 136
6.2 数据库操作 ……………………… 137
 6.2.1 创建数据库 ………………… 137
 6.2.2 修改数据库 ………………… 137
 6.2.3 关闭数据库 ………………… 137
 6.2.4 删除数据库 ………………… 137
6.3 表操作 …………………………… 137
 6.3.1 创建表 ……………………… 138
 6.3.2 修改表 ……………………… 138
 6.3.3 删除表 ……………………… 139
 6.3.4 索引 ………………………… 139
 6.3.5 约束 ………………………… 140
 6.3.6 创建数据库表、外键案例 … 142
6.4 数据管理 ………………………… 155
 6.4.1 数据查询 …………………… 155
 6.4.2 数据更新 …………………… 161
 6.4.3 数据初始化案例 …………… 162
 6.4.4 游标 ………………………… 168
 6.4.5 视图 ………………………… 170
6.5 SQL 常用函数 …………………… 175
 6.5.1 聚合函数 …………………… 175
 6.5.2 日期和时间函数 …………… 176
 6.5.3 数学函数 …………………… 177
 6.5.4 字符串函数 ………………… 178
 6.5.5 其他函数 …………………… 179
 6.5.6 数据统计分析案例 ………… 179
思考题 ……………………………… 201

第 7 章 SQL 应用 ………………… 202
7.1 SQL 语言编程 …………………… 203
 7.1.1 变量类型与定义 …………… 203
 7.1.2 运算符与表达式 …………… 203
 7.1.3 流程控制语句 ……………… 204
 7.1.4 存储过程 …………………… 205
7.2 进销存账表计算 ………………… 213
 7.2.1 库存计算 …………………… 213
 7.2.2 进销存数量月报表计算 …… 216
 7.2.3 成本计算 …………………… 218
 7.2.4 进销存金额月报表计算 …… 221
 7.2.5 进销存系统数据批处理
    计算 ………………………… 224

7.3 账务处理系统账表计算……… 228
  7.3.1 科目余额表计算……… 228
  7.3.2 明细账表计算……… 233
  7.3.3 资产负债表计算……… 236
  7.3.4 利润表计算……… 241
  7.3.5 财务指标统计表计算……… 244
  7.3.6 账务处理系统数据批处理计算……… 246
7.4 进销存系统稽核审计……… 248
  7.4.1 分析进销存系统数据库中可能存在的非正常数据……… 248
  7.4.2 使用 SQL 语句制造进销存系统案例数据库中非正常数据……… 250
  7.4.3 使用 SQL 语句稽核审计进销存系统案例数据库中的非正常数据……… 251
7.5 账务处理系统稽核审计……… 253
  7.5.1 分析账务处理系统案例数据库中可能存在的非正常数据……… 253
  7.5.2 使用 SQL 语句制造账务处理系统案例数据库中的非正常数据……… 259
  7.5.3 使用 SQL 语句稽核审计账务处理系统案例数据库中的非正常数据……… 264
思考题……… 270

第三篇　PowerBuilder 与会计信息系统开发

第 8 章　会计软件开发平台……… 271
8.1 创建应用的基本步骤……… 272
  8.1.1 创建应用开发环境……… 272
  8.1.2 窗口对象……… 273
  8.1.3 编译发布……… 277
8.2 PowerBuilder 基础知识……… 278
  8.2.1 PowerBuilder 文件类型说明……… 278
  8.2.2 窗口的概念……… 279
  8.2.3 常用窗口控件……… 279
  8.2.4 事件与脚本……… 280
  8.2.5 窗口函数……… 281
  8.2.6 简单应用案例……… 281
8.3 PowerScript 基础……… 284
  8.3.1 PowerScript 语言基础……… 284
  8.3.2 PowerScript 编程基础……… 288
  8.3.3 基础编程案例……… 293
8.4 函数……… 297
  8.4.1 常用函数……… 297
  8.4.2 其他函数……… 299
  8.4.3 触发器……… 300
  8.4.4 自定义函数……… 301
  8.4.5 对象集成……… 303
  8.4.6 函数应用案例……… 305
思考题……… 308

第 9 章　嵌入式 SQL 语句……… 309
9.1 事务对象……… 310
  9.1.1 事务对象概念……… 310
  9.1.2 事务对象属性……… 310
  9.1.3 事务管理……… 311
  9.1.4 全局事务对象……… 312
9.2 嵌入式 SQL 语句概述……… 313
  9.2.1 嵌入式 SQL 语句的作用……… 313
  9.2.2 嵌入式 SQL 语句的使用……… 314
  9.2.3 嵌入式 SQL 语句简单案例……… 314
9.3 通过嵌入式 SQL 语句开发进销存系统……… 320
  9.3.1 进销存系统基本原型开发……… 320
  9.3.2 进销存系统账表计算……… 322
  9.3.3 进销存系统统计分析……… 324
  9.3.4 进销存系统稽核审计……… 324
9.4 通过嵌入式 SQL 语句开发账务处理系统……… 325
  9.4.1 账务处理系统基本原型开发……… 325

9.4.2 账务处理系统账表的计算处理 …… 330
9.4.3 期末处理 …… 332
9.4.4 会计报表计算 …… 335
9.4.5 账务处理系统中数据的统计分析 …… 338
9.4.6 账务处理系统中数据的稽核审计 …… 339
思考题 …… 339

第10章 数据窗口对象及应用 …… 340
10.1 数据窗口对象 …… 340
10.1.1 创建数据窗口对象 …… 340
10.1.2 管理数据窗口对象 …… 345
10.1.3 在数据窗口中实现数据管理 …… 348
10.2 数据窗口控件的常用函数和事件 …… 351
10.2.1 数据窗口控件的常用函数 …… 351
10.2.2 数据窗口常用事件 …… 355
10.3 数据基本处理 …… 355
10.3.1 数据的基本处理 …… 355
10.3.2 数据的条件检索 …… 355
10.3.3 数据的计算 …… 356
10.3.4 案例分析 …… 357
10.4 应用数据窗口对象技术开发进销存系统 …… 362
10.5 应用数据窗口对象技术开发账务处理系统 …… 368
思考题 …… 377

第11章 业财一体化系统开发 …… 378
11.1 业财一体化系统接口设计 …… 378
11.1.1 业财一体化系统接口的任务 …… 378
11.1.2 机制凭证生成规则设计 …… 379
11.2 业财一体化接口处理SQL …… 381
11.2.1 采购单自动生成对应机制凭证SQL …… 381
11.2.2 销售单自动生成对应机制凭证SQL …… 384
11.2.3 业财一体批处理SQL …… 385
11.3 业财一体化接口开发 …… 389
11.3.1 机制凭证生成 …… 389
11.3.2 业财数据一体化处理 …… 391
思考题 …… 398

附录A 会计分录计算说明 …… 401

第一篇　案例引入与会计信息系统分析设计

第 1 章　案例引入

【学习目的】

了解本书进销存系统、账务处理系统的案例背景，明确相应目标要求，编制相关经济业务，应用 Excel 进行案例数据整理、相关账表计算等数据处理工作。

【教学案例】

【案例 01-1】进销存系统案例的经济业务。
【案例 01-2】账务处理系统案例的经济业务。
【案例 01-3】应用 Excel 处理进销存系统案例的数据。
【案例 01-4】应用 Excel 处理账务处理系统案例的数据。

1.1　案例经济业务描述

1.1.1　进销存系统案例的经济业务

【案例 01-1】进销存系统案例的经济业务。
重庆旭日家电有限责任公司主要经营手机、计算机、相机，商品信息表如表 1-1 所示。

表 1-1 商品信息表

商品编码	商品名称	商品种类	规格型号	计量单位	单价	供应商
1001	荣耀 20	手机	全网通 8GB+128GB	台	2 099.00	荣耀
1002	Mate30	手机	麒麟 990 8GB+128GB	台	4 299.00	华为
2001	Macbook Pro16	计算机	i7-9750H+Radeon Pro 5300M+16G 内存+512G 固态	台	18 999.00	苹果
2002	联想 Yoga C940	计算机	i5-1035G4+16G 内存+512G 固态	台	9 699.00	联想
3001	佳能 750D	相机	EOS 850D EF-S 18-55	台	3 099.00	佳能
3002	索尼 A6000	相机	ILCE-6000L 套机(16-50mm)	台	3 999.00	索尼

业务处理的基本要求：当公司采购新商品时录入商品信息，包含商品编码、商品名称、商品种类、规格型号、计量单位、单价、供应商；当进行商品采购时，录入采购单数据，包含单据号、日期、制单人、商品编码、数量、单价(含税)、金额(含税)、备注；进行商品销售时，录入销售单数据，包含单据号、日期、制单人、商品编码、数量、单价(含税)、金额(含税)、备注；账表包含商品库存表(反映当前各商品的库存数量)、进销存数量月报表(反映当月的期初数量、采购数量、销售数量、期末数量)及金额月报表(反映期初金额、采购金额、销售金额和结存金额)。(注：为了简化处理过程，案例默认所有商品的期初库存、期初数量、期初金额为 0。)

该公司 2021 年 1 月份、2 月份、3 月份的经济业务如下：

1. 2021 年 1 月

(1) 2021 年 1 月 3 日，公司采购商品[1001]，数量 50 台，采购单价 1 552.00 元。
(2) 2021 年 1 月 5 日，公司采购商品[1002]，数量 40 台，采购单价 3 801.00 元。
(3) 2021 年 1 月 6 日，公司采购商品[3001]，数量 50 台，采购单价 2 640.00 元。
(4) 2021 年 1 月 6 日，公司销售商品[1002]，数量 30 台，销售单价 4 479.00 元。
(5) 2021 年 1 月 8 日，公司采购商品[2001]，数量 50 台，采购单价 10 349.00 元。
(6) 2021 年 1 月 8 日，公司销售商品[1002]，数量 10 台，销售单价 4 422.5.00 元。
(7) 2021 年 1 月 8 日，公司销售商品[2001]，数量 45 台，销售单价 21 299.00 元。
(8) 2021 年 1 月 11 日，公司采购商品[1002]，数量 60 台，采购单价 3 733.20 元。
(9) 2021 年 1 月 12 日，公司采购商品[2001]，数量 60 台，采购单价 9 479.00 元。
(10) 2021 年 1 月 12 日，公司采购商品[2002]，数量 100 台，采购单价 5 879.00 元。
(11) 2021 年 1 月 15 日，公司销售商品[2002]，数量 60 台，销售单价 10 789.00 元。
(12) 2021 年 1 月 17 日，公司销售商品[2001]，数量 55 台，销售单价 20 169.00 元。
(13) 2021 年 1 月 17 日，公司销售商品[2002]，数量 20 台，销售单价 11 907.70 元。
(14) 2021 年 1 月 18 日，公司销售商品[1001]，数量 35 台，销售单价 2 341.87 元。
(15) 2021 年 1 月 19 日，公司采购商品[2002]，数量 20 台，采购单价 6 831.60 元。
(16) 2021 年 1 月 19 日，公司销售商品[1002]，数量 56 台，销售单价 4 477.87 元。
(17) 2021 年 1 月 20 日，公司采购商品[2001]，数量 30 台，采购单价 9 936.60 元。
(18) 2021 年 1 月 23 日，公司销售商品[2001]，数量 10 台，销售单价 20 039.00 元。

2. 2021 年 2 月

(1) 2021 年 2 月 3 日，公司采购商品[3002]，数量 80 台，采购单价 3 350.80 元。

(2) 2021年2月3日，公司销售商品[2002]，数量30台，销售单价9 657.87元。
(3) 2021年2月4日，公司销售商品[1001]，数量15台，销售单价2 230.00元。
(4) 2021年2月5日，公司采购商品[1002]，数量80台，采购单价3 857.50元。
(5) 2021年2月5日，公司销售商品[3001]，数量35台，销售单价3 090.87元。
(6) 2021年2月6日，公司采购商品[1001]，数量30台，采购单价1 552.00元。
(7) 2021年2月6日，公司销售商品[2002]，数量10台，销售单价11 919.00元。
(8) 2021年2月6日，公司销售商品[3002]，数量56台，销售单价3 978.50元。
(9) 2021年2月8日，公司销售商品[2001]，数量20台，销售单价19 039.00元。
(10) 2021年2月8日，公司销售商品[3001]，数量10台，销售单价3 205.00元。
(11) 2021年2月10日，公司采购商品[2001]，数量50台，采购单价10 739.00元。
(12) 2021年2月10日，公司采购商品[2002]，数量50台，采购单价6 683.00元。
(13) 2021年2月10日，公司采购商品[3001]，数量30台，采购单价2 775.60元。
(14) 2021年2月10日，公司销售商品[1001]，数量25台，销售单价2 331.70元。
(15) 2021年2月12日，公司销售商品[1002]，数量60台，销售单价4 366.00元。
(16) 2021年2月12日，公司采购商品[1002]，数量100台，采购单价3 857.50元。
(17) 2021年2月12日，公司采购商品[3002]，数量30台，采购单价3 296.00元。
(18) 2021年2月15日，公司销售商品[3002]，数量45台，销售单价4 111.84元。
(19) 2021年2月16日，公司采购商品[1001]，数量20台，采购单价1 552.00元。
(20) 2021年2月16日，公司销售商品[1002]，数量110台，销售单价4 343.40元。
(21) 2021年2月16日，公司销售商品[2002]，数量20台，销售单价11 907.70元。
(22) 2021年2月17日，公司销售商品[2001]，数量55台，销售单价21 604.00元。
(23) 2021年2月18日，公司采购商品[3002]，数量50台，采购单价3 116.90元。
(24) 2021年2月18日，公司销售商品[3001]，数量20台，销售单价3 202.74元。
(25) 2021年2月20日，公司销售商品[1001]，数量18台，销售单价2 331.70元。
(26) 2021年2月20日，公司销售商品[3002]，数量30台，销售单价4 091.50元。
(27) 2021年2月23日，公司销售商品[3002]，数量25台，销售单价4 111.84元。
(28) 2021年2月25日，公司采购商品[1002]，数量66台，采购单价3 925.30元。
(29) 2021年2月25日，公司采购商品[2001]，数量60台，采购单价9 944.00元。
(30) 2021年2月25日，公司采购商品[2002]，数量30台，采购单价7 042.90元。
(31) 2021年2月25日，公司销售商品[3001]，数量10台，销售单价3 227.60元。
(32) 2021年2月26日，公司采购商品[3002]，数量66台，采购单价3 005.60元。
(33) 2021年2月26日，公司销售商品[1002]，数量50台，销售单价4 399.90元。
(34) 2021年2月28日，公司采购商品[3001]，数量20台，采购单价2 730.40元。
(35) 2021年2月28日，公司销售商品[2001]，数量30台，销售单价20 169.00元。
(36) 2021年2月28日，公司销售商品[3002]，数量10台，销售单价4 111.84元。

3. 2021年3月

(1) 2021年3月5日，公司采购商品[1001]，数量30台，采购单价1 665.00元。
(2) 2021年3月5日，公司销售商品[2001]，数量10台，销售单价21 259.40元。

(3) 2021年3月6日，公司销售商品[1002]，数量10台，销售单价4 422.50元。
(4) 2021年3月8日，公司销售商品[1001]，数量15台，销售单价2 331.70元。
(5) 2021年3月10日，公司采购商品[1002]，数量20台，采购单价4 117.40元。
(6) 2021年3月10日，公司销售商品[1001]，数量18台，销售单价2 331.70元。
(7) 2021年3月10日，公司销售商品[1002]，数量5台，销售单价4 479.00元。
(8) 2021年3月13日，公司销售商品[2001]，数量5台，销售单价22 282.00元。
(9) 2021年3月13日，公司销售商品[1002]，数量20台，销售单价4 399.90元。
(10) 2021年3月14日，公司销售商品[3002]，数量10台，销售单价4 111.84元。
(11) 2021年3月15日，公司采购商品[2001]，数量30台，采购单价12 417.00元。
(12) 2021年3月20日，公司销售商品[2001]，数量8台，销售单价22 259.40元。

1.1.2 账务处理系统案例的经济业务

【案例01-2】 账务处理系统案例的经济业务。

账务处理案例背景如下。

(1) 科目类别：六种科目类别，分别为"1"：资产；"2"：负债；"3"：共同；"4"：权益；"5"：成本；"6"：损益。

(2) 科目性质：六种科目性质，分别为"01"：现金；"02"：银行；"03"：应收；"04"：应付；"05"：存货；"06"：其他。

(3) 币别："01"为人民币，"02"为美元。

(4) 行业："01"为工业企业，"02"为商品流通企业。

(5) 账套信息：默认账套号为"1"，账套名称为"重庆旭日家电有限责任公司"，行业为"02"，本位币为"01"，会计期间数为12，且取年度自然月份，起始日期为2021年1月1日，结束日期为2021年12月31日，启用日期为2021年1月1日，年会计期间为2021。账套使用状态主要包括以下三种："初始"表示该账套处于初始化操作，"正常"表示该账套处于日常操作，"停用"表示该账套停止使用。

(6) 会计科目：根据账务处理系统案例的经济业务整理会计科目。（注：为了简化处理过程，案例采用一级会计科目。）

(7) 日常会计业务：根据案例经济业务编制会计凭证。

(8) 账簿：本案例中的账簿包括会计科目余额表、明细账表，要求通过会计科目期初余额、会计凭证中的相关数据计算处理得到。（注：为了简化处理过程，案例默认所有会计科目期初余额为0。）

(9) 会计报表：本案例中的报表包括资产负债表和利润表，要求通过会计科目的期初余额、会计凭证中的相关数据计算处理得到。

本公司当月购买的固定资产下月开始折旧，当月购买的无形资产当月开始摊销，存货成本结转采用月末一次加权平均法。为了结合账务处理系统案例的数据进行系统的分析、设计与开发，设计账务处理系统案例的经济业务如下。（注：如没有特别指出，案例涉及的单价均为含税单价，单位为元，适用增值税税率为13%（无形资产增值税税率为6%），适用所得税税率为25%）。

1. 2021年1月

（1）2021年1月1日，公司收到股东投入的资金1 000 000元，全部款项已存入公司的开户银行。

　　借：银行存款[1002]　　　　　　　　　　　　　　1 000 000
　　　　贷：实收资本[4001]　　　　　　　　　　　　　　　1 000 000

（2）2021年1月1日，公司因临时周转需要向银行贷款500 000元，期限6个月，年利率6%，已将全部款项存入银行。借款期满一次还本付息，利息采用每月预提方式进行核算。

　　借：银行存款[1002]　　　　　　　　　　　　　　　500 000
　　　　贷：短期借款[2001]　　　　　　　　　　　　　　　　500 000

（3）2021年1月1日，公司购买10台计算机作为办公用品，5台给财务部使用、5台给人事部使用，共计32 363.2元，预计净残值为200元，预计使用年限为3年，每月月末按年限平均法计算折旧，款项以银行存款付讫。

　　借：固定资产[1601]　　　　　　　　　　　　　　　28 640
　　　　应交税费——应交增值税（进项税额）[2221]　　　3 723.2
　　　　贷：银行存款[1002]　　　　　　　　　　　　　　　32 363.2

（4）2021年1月1日，公司聘用行政管理人员2名，每人每月工资7 000元；财务人员4名，每人每月工资4 500元；采购人员3名，每人每月工资2 500元；销售人员4名，每人每月工资3 000元。

　　借：管理费用[6602]　　　　　　　　　　　　　　　39 500
　　　　销售费用[6601]　　　　　　　　　　　　　　　12 000
　　　　贷：应付职工薪酬[2211]　　　　　　　　　　　　　51 500

（5）2021年1月1日，公司因会计核算需求，用票据结算的方式从用友公司购入财务软件1套，价值127 200元，软件在未来5年内按照直线法每月月末摊销折旧额，预计净残值为零。

　　借：无形资产[1701]　　　　　　　　　　　　　　　120 000
　　　　应交税费——应交增值税（进项税额）[2221]　　　7 200
　　　　贷：应付票据[2201]　　　　　　　　　　　　　　　127 200

（6）2021年1月2日，出纳从银行取得现金1 000元，以备日常零星开销。

　　借：库存现金[1001]　　　　　　　　　　　　　　　1 000
　　　　贷：银行存款[1002]　　　　　　　　　　　　　　　1 000

（7）2021年1月2日，公司以现金支付采购人员预借的差旅费800元。

　　借：其他应收款[1221]　　　　　　　　　　　　　　800
　　　　贷：库存现金[1001]　　　　　　　　　　　　　　　800

（8）2021年1月3日，采购商品[1001] 50台，单价1 552.00元，共计77 600元，其中包含增值税8 927.43元。该商品已验收入库，货款用银行存款结清。

　　借：库存商品[1405]　　　　　　　　　　　　　　　68 672.57
　　　　应交税费——应交增值税（进项税额）[2221]　　　8 927.43
　　　　贷：银行存款[1002]　　　　　　　　　　　　　　　77 600

（9）2021年1月5日，采购商品[1002] 40台，单价3 801.00元，共计152 040元，其中包含增值税17 491.33元。该商品已验收入库，货款用银行存款结清。

借：库存商品[1405]   134 548.67
  应交税费——应交增值税(进项税额)[2221]   17 491.33
  贷：银行存款[1002]   152 040

(10) 2021 年 1 月 6 日，采购商品[3001] 50 台，单价 2 640.00 元，共计 132 000 元，其中包含增值税 15 185.84 元。该商品已验收入库，货款用银行存款结清。

借：库存商品[1405]   116 814.16
  应交税费——应交增值税(进项税额)[2221]   15 185.84
  贷：银行存款[1002]   132 000

(11) 2021 年 1 月 6 日，销售商品[1002] 30 台，单价 4 479.00 元，共计 134 370 元，其中包含增值税 15 458.5 元。款项已存入银行。

借：银行存款[1002]   134 370
  贷：应交税费——应交增值税(销项税额)[2221]   15 458.5
    主营业务收入[6001]   118 911.5

结转成本[①]：

借：主营业务成本[6401]   99 831.6
  贷：库存商品[1405]   99 831.6

(12) 2021 年 1 月 8 日，采购商品[2001] 50 台，单价 10 349.00 元，共计 517 450 元，其中包含增值税 59 529.65 元。该商品已验收入库，货款用银行存款结清。

借：库存商品[1405]   457 920.35
  应交税费——应交增值税(进项税额)[2221]   59 529.65
  贷：银行存款[1002]   517 450

(13) 2021 年 1 月 8 日，销售商品[1002] 10 台，单价 4 422.50 元，共计 44 225 元，其中包含增值税 5 087.83 元。款项已存入银行。

借：银行存款[1002]   44 225
  贷：应交税费——应交增值税(销项税额)[2221]   5 087.83
    主营业务收入[6001]   39 137.17

结转成本：

借：主营业务成本[6401]   33 277.2
  贷：库存商品[1405]   33 277.2

(14) 2021 年 1 月 8 日，销售商品[2001] 45 台，单价 21 299.00 元，共计 958 455 元，其中包含增值税 110 264.73 元。款项已存入银行。

借：银行存款[1002]   958 455
  贷：应交税费——应交增值税(销项税额)[2221]   110 264.73
    主营业务收入[6001]   848 190.27

结转成本：

借：主营业务成本[6401]   393 760.8
  贷：库存商品[1405]   393 760.8

---

① "附录 会计分录计算说明"对案例中的结转成本进行了计算。

(15)2021年1月11日，采购商品[1002] 60台，单价3 733.20元，共计223 992元，其中包含增值税25 768.99元。该商品已验收入库，货款用银行存款结清。

借：库存商品[1405]　　　　　　　　　　　　　　　　　　　　198 223.01
　　应交税费——应交增值税(进项税额)[2221]　　　　　　　　25 768.99
　　贷：银行存款[1002]　　　　　　　　　　　　　　　　　　　223 992

(16)2021年1月12日，采购商品[2001] 60台，单价9 479.00元，共计568 740元，其中包含增值税65 430.27元。该商品已验收入库，货款用银行存款结清。

借：库存商品[1405]　　　　　　　　　　　　　　　　　　　　503 309.73
　　应交税费——应交增值税(进项税额)[2221]　　　　　　　　65 430.27
　　贷：银行存款[1002]　　　　　　　　　　　　　　　　　　　568 740

(17)2021年1月12日，采购商品[2002] 100台，单价5 879.00元，共计587 900元，其中包含增值税67 634.51元。该商品已验收入库，货款用银行存款结清。

借：库存商品[1405]　　　　　　　　　　　　　　　　　　　　520 265.49
　　应交税费——应交增值税(进项税额)[2221]　　　　　　　　67 634.51
　　贷：银行存款[1002]　　　　　　　　　　　　　　　　　　　587 900

(18)2021年1月15日，销售商品[2002] 60台，单价10 789.00元，共计647 340元，其中包含增值税74 472.74元。款项已存入银行。

借：银行存款[1002]　　　　　　　　　　　　　　　　　　　　647 340
　　贷：应交税费——应交增值税(销项税额)[2221]　　　　　　74 472.74
　　　　主营业务收入[6001]　　　　　　　　　　　　　　　　572 867.26

结转成本：

借：主营业务成本[6401]　　　　　　　　　　　　　　　　　　320 589.6
　　贷：库存商品[1405]　　　　　　　　　　　　　　　　　　　320 589.6

(19)2021年1月17日，销售商品[2001] 55台，单价20 169.00元，共计1 109 295元，其中包含增值税127 618.01元。款项已存入银行。

借：银行存款[1002]　　　　　　　　　　　　　　　　　　　　1 109 295
　　贷：应交税费——应交增值税(销项税额)[2221]　　　　　　127 618.01
　　　　主营业务收入[6001]　　　　　　　　　　　　　　　　981 676.99

结转成本：

借：主营业务成本[6401]　　　　　　　　　　　　　　　　　　481 263.2
　　贷：库存商品[1405]　　　　　　　　　　　　　　　　　　　481 263.2

(20)2021年1月17日，销售商品[2002] 20台，单价11 907.70元，共计238 154元，其中包含增值税27 398.25元。款项已存入银行。

借：银行存款[1002]　　　　　　　　　　　　　　　　　　　　238 154
　　贷：应交税费——应交增值税(销项税额)[2221]　　　　　　27 398.25
　　　　主营业务收入[6001]　　　　　　　　　　　　　　　　210 755.75

结转成本：

借：主营业务成本[6401]　　　　　　　　　　　　　　　　　　106 863.2
　　贷：库存商品[1405]　　　　　　　　　　　　　　　　　　　106 863.2

(21) 2021 年 1 月 18 日,销售商品[1001] 35 台,单价 2 341.87 元,共计 81 965.45 元,其中包含增值税 9 429.65 元。款项已存入银行。

  借:银行存款[1002]   81 965.45
    贷:应交税费——应交增值税(销项税额)[2221]   9 429.65
      主营业务收入[6001]   72 535.8

结转成本:

  借:主营业务成本[6401]   48 070.75
    贷:库存商品[1405]   48 070.75

(22) 2021 年 1 月 19 日,采购商品[2002] 20 台,单价 6 831.60 元,共计 136 632 元,其中包含增值税 15 718.73 元。该商品已验收入库,货款用银行存款结清。

  借:库存商品[1405]   120 913.27
    应交税费——应交增值税(进项税额)[2221]   15 718.73
    贷:银行存款[1002]   136 632

(23) 2021 年 1 月 19 日,销售商品[1002] 56 台,单价 4 477.87 元,共计 250 760.72 元,其中包含增值税 28 848.58 元。款项已存入银行。

  借:银行存款[1002]   250 760.72
    贷:应交税费——应交增值税(销项税额)[2221]   28 848.58
      主营业务收入[6001]   221 912.14

结转成本:

  借:主营业务成本[6401]   186 352.32
    贷:库存商品[1405]   186 352.32

(24) 2021 年 1 月 20 日,采购商品[2001] 30 台,单价 9 936.60 元,共计 298 098 元,其中包含增值税 34 294.46 元。该商品已验收入库,货款用银行存款结清。

  借:库存商品[1405]   263 803.54
    应交税费——应交增值税(进项税额)[2221]   34 294.46
    贷:银行存款[1002]   298 098

(25) 2021 年 1 月 23 日,销售商品[2001] 10 台,单价 20 039.00 元,共计 200 390 元,其中包含增值税 23 053.72 元。款项已存入银行。

  借:银行存款[1002]   200 390
    贷:应交税费——应交增值税(销项税额)[2221]   23 053.72
      主营业务收入[6001]   177 336.28

结转成本:

  借:主营业务成本[6401]   87 502.4
    贷:库存商品[1405]   87 502.4

(26) 2021 年 1 月 31 日,采购人员出差返回,报销差旅费 600 元,余款以现金退回。

  借:管理费用[6602]   600
    库存现金[1001]   200
    贷:其他应收款[1221]   800

(27) 2021 年 1 月 31 日,摊销无形资产。

借：管理费用[6602] 2 000
　　贷：累计摊销[1702] 2 000

(28) 2021年1月31日，计提短期借款利息2 500元。

借：财务费用[6603] 2 500
　　贷：应付利息[2231] 2 500

(29) 2021年1月31日，用银行存款支付员工薪酬。

借：应付职工薪酬[2211] 51 500
　　贷：银行存款[1002] 51 500

(30) 结转利润。

① 结转收入。

借：主营业务收入[6001] 3243 323.16
　　贷：本年利润[4103] 3243 323.16

② 结转成本、费用。

借：本年利润[4103] 1814 111.07
　　贷：主营业务成本[6401] 1757 511.07
　　　　销售费用[6601] 12 000
　　　　管理费用[6602] 42 100
　　　　财务费用[6603] 2 500

③ 计提所得税。

借：所得税费用[6801] 357 303.02
　　贷：应交税费——应交所得税[2221] 357 303.02

④ 结转所得税。

借：本年利润[4103] 357 303.02
　　贷：所得税费用[6801] 357 303.02

⑤ 利润分配。

借：本年利润[4103] 1071 909.07
　　贷：利润分配[4104] 1071 909.07

2. 2021年2月

(1) 2021年2月1日，因办公需要，购买办公桌一台，供财务部门使用，发票上注明价款一共1 948.27元，预计使用年限为6年，按照年限平均法计提折旧，净残值为零；购买沙发一套，供人力资源部使用，发票上注明价款一共2 922.41元，预计使用年限为6年，按照年数总和法折旧，净残值均为零。

借：固定资产[1601] 4 310.34
　　应交税费——应交增值税(进项税额)[2221] 560.34
　　贷：银行存款[1002] 4 870.68

(2) 2021年2月1日，计提公司职工薪酬，其中：行政管理人员2名，每人每月工资7 000.00元；财务人员4名，每人每月工资4 500.00元；采购人员3名，每人每月工资2 500.00元；销售人员4名，每人每月工资3 000.00元。

借：管理费用[6602] 39 500.00

　　　　销售费用[6601]　　　　　　　　　　　　　　　　　　　12 000.00
　　　　　贷：应付职工薪酬[2211]　　　　　　　　　　　　　　　　51 500.00
　(3) 2021年2月2日，公司因运输需要，用票据支付的方式购买长安汽车一台，其原值为146 120.68元，预计使用年限为10年，净残值为30 000元，按照工作量法计提折旧，工作总量为1 000 000千米。
　　　　借：固定资产[1601]　　　　　　　　　　　　　　　　　129 310.34
　　　　　　应交税费——应交增值税(进项税额)[2221]　　　　　　16 810.34
　　　　　贷：应付票据[2201]　　　　　　　　　　　　　　　　　146 120.68
　(4) 2021年2月3日，采购商品[3002] 80台，单价3 350.80元，共计268 064元，其中包含增值税30 839.22元。该商品已验收入库，货款用银行存款结清。
　　　　借：库存商品[1405]　　　　　　　　　　　　　　　　　237 224.78
　　　　　　应交税费——应交增值税(进项税额)[2221]　　　　　　30 839.22
　　　　　贷：银行存款[1002]　　　　　　　　　　　　　　　　　268 064
　(5) 2021年2月3日，销售商品[2002] 30台，单价9 657.87元，共计289 736.1元，其中包含增值税33 332.47元。款项已存入银行。
　　　　借：银行存款[1002]　　　　　　　　　　　　　　　　　289 736.1
　　　　　贷：应交税费——应交增值税(销项税额)[2221]　　　　　 33 332.47
　　　　　　　主营业务收入[6001]　　　　　　　　　　　　　　　256 403.63
　　结转成本：
　　　　借：主营业务成本[6401]　　　　　　　　　　　　　　　　174 103.5
　　　　　贷：库存商品[1405]　　　　　　　　　　　　　　　　　174 103.5
　(6) 2021年2月4日，销售商品[1001] 15台，单价2 230.00元，共计33 450元，其中包含增值税3 848.23元。款项已存入银行。
　　　　借：银行存款[1002]　　　　　　　　　　　　　　　　　　33 450
　　　　　贷：应交税费——应交增值税(销项税额)[2221]　　　　　 3 848.23
　　　　　　　主营业务收入[6001]　　　　　　　　　　　　　　　29 601.77
　　结转成本：
　　　　借：主营业务成本[6401]　　　　　　　　　　　　　　　　20 601.75
　　　　　贷：库存商品[1405]　　　　　　　　　　　　　　　　　20 601.75
　(7) 2021年2月5日，采购商品[1002] 80台，单价3 857.50元，共计308 600元，其中包含增值税35 502.65元。该商品已验收入库，货款用银行存款结清。
　　　　借：库存商品[1405]　　　　　　　　　　　　　　　　　273 097.35
　　　　　　应交税费——应交增值税(进项税额)[2221]　　　　　　35 502.65
　　　　　贷：银行存款[1002]　　　　　　　　　　　　　　　　　308 600
　(8) 2021年2月5日，销售商品[3001] 35台，单价3 090.87元，共计108 180.45元，其中包含增值税12 445.54元。款项已存入银行。
　　　　借：银行存款[1002]　　　　　　　　　　　　　　　　　108 180.45
　　　　　贷：应交税费——应交增值税(销项税额)[2221]　　　　　 12 445.54
　　　　　　　主营业务收入[6001]　　　　　　　　　　　　　　　95 734.91

结转成本：
　　借：主营业务成本[6401]　　　　　　　　　　　　　　　　　83 589.8
　　　　贷：库存商品[1405]　　　　　　　　　　　　　　　　　　83 589.8

(9) 2021年2月6日，采购商品[1001] 30台，单价1 552.00元，共计46 560元，其中包含增值税5 356.46元。该商品已验收入库，货款用银行存款结清。
　　借：库存商品[1405]　　　　　　　　　　　　　　　　　　　41 203.54
　　　　应交税费——应交增值税(进项税额)[2221]　　　　　　　 5 356.46
　　　　贷：银行存款[1002]　　　　　　　　　　　　　　　　　　46 560

(10) 2021年2月6日，销售商品[2002] 10台，单价11 919.00元，共计119 190元，其中包含增值税13 712.12元。款项已存入银行。
　　借：银行存款[1002]　　　　　　　　　　　　　　　　　　　119 190
　　　　贷：应交税费——应交增值税(销项税额)[2221]　　　　　　13 712.12
　　　　　　主营业务收入[6001]　　　　　　　　　　　　　　　　105 477.88

结转成本：
　　借：主营业务成本[6401]　　　　　　　　　　　　　　　　　58 034.5
　　　　贷：库存商品[1405]　　　　　　　　　　　　　　　　　　58 034.5

(11) 2021年2月6日，销售商品[3002] 56台，单价3 978.50元，共计222 796元，其中包含增值税25 631.4元。款项已存入银行。
　　借：银行存款[1002]　　　　　　　　　　　　　　　　　　　222 796
　　　　贷：应交税费——应交增值税(销项税额)[2221]　　　　　　25 631.4
　　　　　　主营业务收入[6001]　　　　　　　　　　　　　　　　197 164.6

结转成本：
　　借：主营业务成本[6401]　　　　　　　　　　　　　　　　　158 136.16
　　　　贷：库存商品[1405]　　　　　　　　　　　　　　　　　　158 136.16

(12) 2021年2月8日，销售商品[2001] 20台，单价19 039.00元，共计380 780元，其中包含增值税43 806.55元。款项已存入银行。
　　借：银行存款[1002]　　　　　　　　　　　　　　　　　　　380 780
　　　　贷：应交税费——应交增值税(销项税额)[2221]　　　　　　43 806.55
　　　　　　主营业务收入[6001]　　　　　　　　　　　　　　　　336 973.45

结转成本：
　　借：主营业务成本[6401]　　　　　　　　　　　　　　　　　180 812
　　　　贷：库存商品[1405]　　　　　　　　　　　　　　　　　　180 812

(13) 2021年2月8日，销售商品[3001] 10台，单价3 205.00元，共计32 050元，其中包含增值税3 687.17元。款项已存入银行。
　　借：银行存款[1002]　　　　　　　　　　　　　　　　　　　32 050
　　　　贷：应交税费——应交增值税(销项税额)[2221]　　　　　　3 687.17
　　　　　　主营业务收入[6001]　　　　　　　　　　　　　　　　28 362.83

结转成本：
　　借：主营业务成本[6401]　　　　　　　　　　　　　　　　　23 882.8

  贷：库存商品[1405]   23 882.8

  (14) 2021年2月10日，采购商品[2001] 50台，单价10 739.00元，共计536 950元，其中包含增值税61 773.01元。该商品已验收入库，货款用银行存款结清。

  借：库存商品[1405]   475 176.99

    应交税费——应交增值税(进项税额)[2221]   61 773.01

    贷：银行存款[1002]   536 950

  (15) 2021年2月10日，采购商品[2002] 50台，单价6 683.00元，共计334 150元，其中包含增值税38 442.04元。该商品已验收入库，货款用银行存款结清。

  借：库存商品[1405]   295 707.96

    应交税费——应交增值税(进项税额)[2221]   38 442.04

    贷：银行存款[1002]   334 150

  (16) 2021年2月10日，采购商品[3001] 30台，单价2 775.60元，共计83 268元，其中包含增值税9 579.5元。该商品已验收入库，货款用银行存款结清。

  借：库存商品[1405]   73 688.5

    应交税费——应交增值税(进项税额)[2221]   9 579.5

    贷：银行存款[1002]   83 268

  (17) 2021年2月10日，销售商品[1001] 25台，单价2 331.70元，共计58 292.5元，其中包含增值税6 706.22元。款项已存入银行。

  借：银行存款[1002]   58 292.5

    贷：应交税费——应交增值税(销项税额)[2221]   6 706.22

      主营业务收入[6001]   51 586.28

  结转成本：

  借：主营业务成本[6401]   34 336.25

    贷：库存商品[1405]   34 336.25

  (18) 2021年2月12日，销售商品[1002] 60台，单价4 366.00元，共计261 960元，其中包含增值税30 136.99元。款项已存入银行。

  借：银行存款[1002]   261 960

    贷：应交税费——应交增值税(销项税额)[2221]   30 136.99

      主营业务收入[6001]   231 823.01

  结转成本：

  借：主营业务成本[6401]   205 690.8

    贷：库存商品[1405]   205 690.8

  (19) 2021年2月12日，采购商品[1002]，数量100台，单价3 857.50元，共计385 750元，其中包含增值税44 378.32元。该商品已验收入库，货款用银行存款结清。

  借：库存商品[1405]   341 371.68

    应交税费——应交增值税(进项税额)[2221]   44 378.32

    贷：银行存款[1002]   385 750

  (20) 2021年2月12日，采购商品[3002] 30台，单价3 296.00元，共计98 880元，其中包含增值税11 375.58元。该商品已验收入库，货款用银行存款结清。

借：库存商品[1405]　　　　　　　　　　　　　　　　　87 504.42
　　应交税费——应交增值税(进项税额)[2221]　　　　11 375.58
　　　贷：银行存款[1002]　　　　　　　　　　　　　　98 880

(21) 2021年2月15日，销售商品[3002] 45台，单价4 111.84元，共计185 032.8元，其中包含增值税21 286.96元。款项已存入银行。

借：银行存款[1002]　　　　　　　　　　　　　　　　185 032.8
　　贷：应交税费——应交增值税(销项税额)[2221]　　21 286.96
　　　　主营业务收入[6001]　　　　　　　　　　　　163 745.84

结转成本：
借：主营业务成本[6401]　　　　　　　　　　　　　　127 073.7
　　贷：库存商品[1405]　　　　　　　　　　　　　　127 073.7

(22) 2021年2月16日，采购商品[1001] 20台，单价1 552.00元，共计31 040元，其中包含增值税3 570.97元。该商品已验收入库，货款用银行存款结清。

借：库存商品[1405]　　　　　　　　　　　　　　　　27 469.03
　　应交税费——应交增值税(进项税额)[2221]　　　　3 570.97
　　　贷：银行存款[1002]　　　　　　　　　　　　　31 040

(23) 2021年2月16日，销售商品[1002] 110台，单价4 343.40元，共计477 774元，其中包含增值税54 965.15元。款项已存入银行。

借：银行存款[1002]　　　　　　　　　　　　　　　　477 774
　　贷：应交税费——应交增值税(销项税额)[2221]　　54 965.15
　　　　主营业务收入[6001]　　　　　　　　　　　　422 808.85

结转成本：
借：主营业务成本[6401]　　　　　　　　　　　　　　377 099.8
　　贷：库存商品[1405]　　　　　　　　　　　　　　377 099.8

(24) 2021年2月16日，销售商品[2002] 20台，单价11 907.70元，共计238 154元，其中包含增值税27 398.25元。款项已存入银行。

借：银行存款[1002]　　　　　　　　　　　　　　　　238 154
　　贷：应交税费——应交增值税(销项税额)[2221]　　27 398.25
　　　　主营业务收入[6001]　　　　　　　　　　　　210 755.75

结转成本：
借：主营业务成本[6401]　　　　　　　　　　　　　　116 069
　　贷：库存商品[1405]　　　　　　　　　　　　　　116 069

(25) 2021年2月17日，销售商品[2001] 55台，单价21 604.00元，共计1 188 220元，其中包含增值税136 697.88元。款项已存入银行。

借：银行存款[1002]　　　　　　　　　　　　　　　　1 188 220
　　贷：应交税费——应交增值税(销项税额)[2221]　　136 697.88
　　　　主营业务收入[6001]　　　　　　　　　　　　1 051 522.12

结转成本：
借：主营业务成本[6401]　　　　　　　　　　　　　　497 233

  贷：库存商品[1405]   497 233

（26）2021 年 2 月 18 日，采购商品[3002] 50 台，单价 3 116.90 元，共计 155 845 元，其中包含增值税 17 929.07 元。该商品已验收入库，货款用银行存款结清。

  借：库存商品[1405]   137 915.93
    应交税费——应交增值税（进项税额）[2221]   17 929.07
    贷：银行存款[1002]   155 845

（27）2021 年 2 月 18 日，销售商品[3001] 20 台，单价 3 202.74 元，共计 64 054.8 元，其中包含增值税 7 369.14 元。款项已存入银行。

  借：银行存款[1002]   64 054.8
    贷：应交税费——应交增值税（销项税额）[2221]   7 369.14
      主营业务收入[6001]   56 685.66

  结转成本：
  借：主营业务成本[6401]   47 765.6
    贷：库存商品[1405]   47 765.6

（28）2021 年 2 月 20 日，销售商品[1001] 18 台，单价 2 331.70 元，共计 41 970.6 元，其中包含增值税 4 828.48 元。款项已存入银行。

  借：银行存款[1002]   41 970.6
    贷：应交税费——应交增值税（销项税额）[2221]   4 828.48
      主营业务收入[6001]   37 142.12

  结转成本：
  借：主营业务成本[6401]   24 722.1
    贷：库存商品[1405]   24 722.1

（29）2021 年 2 月 20 日，销售商品[3002] 30 台，单价 4 091.50 元，共计 122 745 元，其中包含增值税 14 121.11 元。款项已存入银行。

  借：银行存款[1002]   122 745
    贷：应交税费——应交增值税（销项税额）[2221]   14 121.11
      主营业务收入[6001]   108 623.89

  结转成本：
  借：主营业务成本[6401]   84 715.8
    贷：库存商品[1405]   84 715.8

（30）2021 年 2 月 23 日，销售商品[3002] 25 台，单价 4 111.84 元，共计 102 796 元，其中包含增值税 11 826.09 元。款项已存入银行。

  借：银行存款[1002]   102 796
    贷：应交税费——应交增值税（销项税额）[2221]   11 826.09
      主营业务收入[6001]   90 969.91

  结转成本：
  借：主营业务成本[6401]   70 596.5
    贷：库存商品[1405]   70 596.5

（31）2021 年 2 月 25 日，采购商品[1002] 66 台，单价 3 925.30 元，共计 259 069.8 元，

其中包含增值税 29 804.49 元。该商品已验收入库，货款用银行存款结清。

  借：库存商品[1405]   229 265.31
    应交税费——应交增值税(进项税额)[2221]   29 804.49
    贷：银行存款[1002]   259 069.8

(32) 2021 年 2 月 25 日，采购商品[2001] 60 台，单价 9 944.00 元，共计 596 640 元，其中包含增值税 68 640 元。该商品已验收入库，货款用银行存款结清。

  借：库存商品[1405]   528 000
    应交税费——应交增值税(进项税额)[2221]   68 640
    贷：银行存款[1002]   596 640

(33) 2021 年 2 月 25 日，采购商品[2002] 30 台，单价 7 042.90 元，共计 211 287 元，其中包含增值税 24 307.35 元。该商品已验收入库，货款用银行存款结清。

  借：库存商品[1405]   186 979.65
    应交税费——应交增值税(进项税额)[2221]   24 307.35
    贷：银行存款[1002]   211 287

(34) 2021 年 2 月 25 日，销售商品[3001] 10 台，单价 3 227.60 元，共计 32 276 元，其中包含增值税 3 713.17 元。款项已存入银行。

  借：银行存款[1002]   32 276
    贷：应交税费——应交增值税(销项税额)[2221]   3 713.17
      主营业务收入[6001]   28 562.83

结转成本：

  借：主营业务成本[6401]   23 882.8
    贷：库存商品[1405]   23 882.8

(35) 2021 年 2 月 26 日，采购商品[3002] 66 台，单价 3 005.60 元，共计 198 369.6 元，其中包含增值税 22 821.28 元。该商品已验收入库，货款用银行存款结清。

  借：库存商品[1405]   175 548.32
    应交税费——应交增值税(进项税额)[2221]   22 821.28
    贷：银行存款[1002]   198 369.6

(36) 2021 年 2 月 26 日，销售商品[1002] 50 台，单价 4 399.90 元，共计 219 995 元，其中包含增值税 25 309.16 元。款项已存入银行。

  借：银行存款[1002]   219 995
    贷：应交税费——应交增值税(销项税额)[2221]   25 309.16
      主营业务收入[6001]   194 685.84

结转成本：

  借：主营业务成本[6401]   171 409
    贷：库存商品[1405]   171 409

(37) 2021 年 2 月 28 日，采购商品[3001] 20 台，单价 2 730.40 元，共计 54 608 元，其中包含增值税 6 282.34 元。该商品已验收入库，货款用银行存款结清。

  借：库存商品[1405]   48 325.66
    应交税费——应交增值税(进项税额)[2221]   6 282.34

　　　　贷：银行存款[1002]　　　　　　　　　　　　　　　　54 608
　(38) 2021年2月28日，销售商品[2001] 30台，单价20 169.00元，共计605 070元，其中包含增值税69 609.82元。款项已存入银行。
　　　　借：银行存款[1002]　　　　　　　　　　　　　　　605 070
　　　　　　贷：应交税费——应交增值税(销项税额)[2221]　　　69 609.82
　　　　　　　　主营业务收入[6001]　　　　　　　　　　　535 460.18
　　结转成本：
　　　　借：主营业务成本[6401]　　　　　　　　　　　　　271 218
　　　　　　贷：库存商品[1405]　　　　　　　　　　　　　271 218
　(39) 2021年2月28日，销售商品[3002] 10台，单价4 111.84元，共计41 118.4元，其中包含增值税4 730.44元。款项已存入银行。
　　　　借：银行存款[1002]　　　　　　　　　　　　　　　41 118.4
　　　　　　贷：应交税费——应交增值税(销项税额)[2221]　　　4 730.44
　　　　　　　　主营业务收入[6001]　　　　　　　　　　　36 387.96
　　结转成本：
　　　　借：主营业务成本[6401]　　　　　　　　　　　　　28 238.60
　　　　　　贷：库存商品[1405]　　　　　　　　　　　　　28 238.60
　(40) 2021年2月28日，摊销无形资产。
　　　　借：管理费用[6602]　　　　　　　　　　　　　　　2 000
　　　　　　贷：累计摊销[1702]　　　　　　　　　　　　　2 000
　(41) 2021年2月28日，计提上月购买的计算机固定资产折旧。
　　　　借：管理费用[6602]　　　　　　　　　　　　　　　790
　　　　　　贷：累计折旧[1602]　　　　　　　　　　　　　790
　(42) 2021年2月28日，计提短期借款利息2 500元。
　　　　借：财务费用[6603]　　　　　　　　　　　　　　　2 500
　　　　　　贷：应付利息[2231]　　　　　　　　　　　　　2 500
　(43) 2021年2月28日，用银行存款支付员工薪酬。
　　　　借：应付职工薪酬[2211]　　　　　　　　　　　　　51 500
　　　　　　贷：银行存款[1002]　　　　　　　　　　　　　51 500
　(44) 结转利润。
　① 结转收入。
　　　　借：主营业务收入[6001]　　　　　　　　　　　　　4270 479.31
　　　　　　贷：本年利润[4103]　　　　　　　　　　　　　4270 479.31
　② 结转成本、费用。
　　　　借：本年利润[4103]　　　　　　　　　　　　　　　2836 001.46
　　　　　　贷：主营业务成本[6401]　　　　　　　　　　　2779 211.46
　　　　　　　　费用[6601]　　　　　　　　　　　　　　　12 000.00
　　　　　　　　管理费用[6602]　　　　　　　　　　　　　42 290.00
　　　　　　　　财务费用[6603]　　　　　　　　　　　　　2 500.00

③ 计提所得税。

借：所得税费用[6801]   358 619.46
  贷：应交税费——应交所得税[2221]   358 619.46

④ 结转所得税。

借：本年利润[4103]   358 619.46
  贷：所得税费用[6801]   358 619.46

⑤ 利润分配。

借：本年利润[4103]   1075 858.39
  贷：利润分配[4104]   1075 858.39

3. 2021 年 3 月

(1) 2021 年 3 月 1 日，计提本月公司职工薪酬，当月行政管理人员 2 名，每人每月工资 7 000 元；财务人员 4 名，每人每月工资 4 500 元；采购人员 3 名，每人每月工资 2 500 元；销售人员 4 名，每人每月工资 3 000 元。

借：管理费用[6602]   39 500.00
  销售费用[6601]   12 000.00
  贷：应付职工薪酬[2211]   51 500.00

(2) 2021 年 3 月 5 日，采购商品[1001] 30 台，单价 1 665.00 元，共计 49 950 元，其中包含增值税 5 746.46 元。该商品已验收入库，货款用银行存款结清。

借：库存商品[1405]   44 203.54
  应交税费——应交增值税(进项税额)[2221]   5 746.46
  贷：银行存款[1002]   49 950

(3) 2021 年 3 月 5 日，销售商品[2001] 10 台，单价 21 259.40 元，共计 212 594 元，其中包含增值税 24 457.72 元。款项已存入银行。

借：银行存款[1002]   212 594
  贷：应交税费——应交增值税(销项税额)[2221]   24 457.72
    主营业务收入[6001]   188 136.28

结转成本：

借：主营业务成本[6401]   99 396.30
  贷：库存商品[1405]   99 396.30

(4) 2021 年 3 月 6 日，销售商品[1002] 10 台，单价 4 422.50 元，共计 44 225 元，其中包含增值税 5 087.83 元。款项已存入银行。

借：银行存款[1002]   44 225
  贷：应交税费——应交增值税(销项税额)[2221]   5 087.83
    主营业务收入[6001]   39 137.17

结转成本：

借：主营业务成本[6401]   35 143.90
  贷：库存商品[1405]   35 143.90

(5) 2021 年 3 月 8 日，销售商品[1001] 15 台，单价 2 331.70 元，共计 34 975.50 元，其中包含增值税 4 023.73 元。款项已存入银行。

借：银行存款[1002]   34 975.50

                贷：应交税费——应交增值税(销项税额)[2221]   4 023.73
                    主营业务收入[6001]   30 951.77
        结转成本：
            借：主营业务成本[6401]   21 817.95
                贷：库存商品[1405]   21 817.95

（6）2021 年 3 月 10 日，采购商品[1002] 20 台，单价 4 117.40 元，共计 82 348 元，其中包含增值税 9 473.66 元。该商品已验收入库，货款用银行存款结清。

            借：库存商品[1405]   72 874.34
                应交税费——应交增值税(进项税额)[2221]   9 473.66
                贷：银行存款[1002]   82 348

（7）2021 年 3 月 10 日，销售商品[1001] 18 台，单价 2 331.70 元，共计 41 970.60 元，其中包含增值税 4 828.48 元。款项已存入银行。

            借：银行存款[1002]   41 970.60
                贷：应交税费——应交增值税(销项税额)[2221]   4 828.48
                    主营业务收入[6001]   37 142.12
        结转成本：
            借：主营业务成本[6401]   26 181.54
                贷：库存商品[1405]   26 181.54

（8）2021 年 3 月 10 日，销售商品[1002] 5 台，单价 4 479.00 元，共计 22 395 元，其中包含增值税 2 576.42 元。款项已存入银行。

            借：银行存款[1002]   22 395
                贷：应交税费——应交增值税(销项税额)[2221]   2 576.42
                    主营业务收入[6001]   19 818.58
        结转成本：
            借：主营业务成本[6401]   17 571.95
                贷：库存商品[1405]   17 571.95

（9）2021 年 3 月 13 日，销售商品[2001] 5 台，单价 22 282.00 元，共计 111 410 元，其中包含增值税 12 817.08 元。款项已存入银行。

            借：银行存款[1002]   111 410
                贷：应交税费——应交增值税(销项税额)[2221]   12 817.08
                    主营业务收入[6001]   98 592.92
        结转成本：
            借：主营业务成本[6401]   49 698.15
                贷：库存商品[1405]   49 698.15

（10）2021 年 3 月 13 日，销售商品[1002] 20 台，单价 4 399.90 元，共计 87 998 元，其中包含增值税 10 123.66 元。款项已存入银行。

            借：银行存款[1002]   87 998
                贷：应交税费——应交增值税(销项税额)[2221]   10 123.66
                    主营业务收入[6001]   77 874.34

结转成本：
　　借：主营业务成本[6401]　　　　　　　　　　　　　　　70 287.80
　　　　贷：库存商品[1405]　　　　　　　　　　　　　　　　70 287.80

(11) 2021 年 3 月 14 日，销售商品[3002] 10 台，单价 4 111.84 元，共计 41 118.40 元，其中包含增值税 4 730.44 元。款项已存入银行。
　　借：银行存款[1002]　　　　　　　　　　　　　　　　　41 118.40
　　　　贷：应交税费——应交增值税(销项税额)[2221]　　　　 4 730.44
　　　　　　主营业务收入[6001]　　　　　　　　　　　　　36 387.96

结转成本：
　　借：主营业务成本[6401]　　　　　　　　　　　　　　　28 238.60
　　　　贷：库存商品[1405]　　　　　　　　　　　　　　　　28 238.60

(12) 2021 年 3 月 15 日，采购商品[2001] 30 台，单价 12 417.00 元，共计 372 510 元，其中包含增值税 42 855.13 元。该商品已验收入库，货款用银行存款结清。
　　借：库存商品[1405]　　　　　　　　　　　　　　　　329 654.87
　　　　应交税费——应交增值税(进项税额)[2221]　　　　　42 855.13
　　　　贷：银行存款[1002]　　　　　　　　　　　　　　　372 510

(13) 2021 年 3 月 20 日，销售商品[2001] 8 台，单价 22 259.40 元，共计 178 075.20 元，其中包含增值税 20 486.53 元。款项已存入银行。
　　借：银行存款[1002]　　　　　　　　　　　　　　　　178 075.20
　　　　贷：应交税费——应交增值税(销项税额)[2221]　　　20 486.53
　　　　　　主营业务收入[6001]　　　　　　　　　　　　157 588.67

结转成本：
　　借：主营业务成本[6401]　　　　　　　　　　　　　　　79 517.04
　　　　贷：库存商品[1405]　　　　　　　　　　　　　　　　79 517.04

(14) 2021 年 3 月 31 日，摊销无形资产。
　　借：管理费用[6602]　　　　　　　　　　　　　　　　　　2 000
　　　　贷：累计摊销[1702]　　　　　　　　　　　　　　　　　2 000

(15) 2021 年 3 月 31 日，长安汽车使用 1000 千米，计提计算机、办公桌、沙发、汽车折旧。
　　借：管理费用[6602]　　　　　　　　　　　　　　　　　　974.84
　　　　贷：累计折旧[1602]　　　　　　　　　　　　　　　　　974.84

(16) 2021 年 3 月 31 日，计提短期借款利息 2 500 元。
　　借：财务费用[6603]　　　　　　　　　　　　　　　　　　2 500
　　　　贷：应付利息[2231]　　　　　　　　　　　　　　　　　2 500

(17) 2021 年 3 月 31 日，用银行存款支付员工薪酬。
　　借：应付职工薪酬[2211]　　　　　　　　　　　　　　　51 500
　　　　贷：银行存款[1002]　　　　　　　　　　　　　　　　51 500

(18) 结转利润。
① 结转收入。
　　借：主营业务收入[6001]　　　　　　　　　　　　　　685 629.81
　　　　贷：本年利润[4103]　　　　　　　　　　　　　　　685 629.81

② 结转成本、费用。
借：本年利润[4103]　　　　　　　　　　　　　　　484 828.07
　　贷：主营业务成本[6401]　　　　　　　　　　　　427 853.23
　　　　销售费用[6601]　　　　　　　　　　　　　　12 000
　　　　管理费用[6602]　　　　　　　　　　　　　　42 474.84
　　　　财务费用[6603]　　　　　　　　　　　　　　2 500
③ 计提所得税。
借：所得税费用[6801]　　　　　　　　　　　　　　　50 200.44
　　贷：应交税费——应交所得税[2221]　　　　　　　50 200.44
④ 结转所得税。
借：本年利润[4103]　　　　　　　　　　　　　　　　50 200.44
　　贷：所得税费用[6801]　　　　　　　　　　　　　50 200.44
⑤ 利润分配。
借：本年利润[4103]　　　　　　　　　　　　　　　　150 601.30
　　贷：利润分配[4104]　　　　　　　　　　　　　　150 601.30

1.2 案例数据处理

1.2.1 进销存系统数据处理

1．单据处理

（1）采购单

在系统中输入采购单数据，采购金额=采购数量×采购单价，单价和金额均含税，同时增加对应商品的库存数量。

（2）销售单

在系统中输入销售单数据，销售金额=销售数量×销售单价，单价和金额均含税，同时减少对应商品的库存数量。

2．账表处理

（1）库存

库存反映商品在库存中的数量，计算公式为：库存数量=原库存数量+采购数量−销售数量；处理采购单时，库存数量=原库存数量+采购数量；处理销售单时，库存数量=原库存数量−销售数量。

（2）进销存数量月报表

进销存数量月报表反映了从起始日期到结束日期，商品的期初、采购、销售、期末数量。本期期初数量为上期期末数量；采购数量为在本期起始至结束日期范围内，采购单中商品采购数量总和；销售数量为在本期起始至结束日期范围内，销售单中商品销售数量总和；本期期末数量=本期期初数量+本期采购数量−本期销售数量。

(3) 进销存金额月报表

进销存金额月报表反映了从起始日期到结束日期，商品的期初、采购、销售、结存金额。系统根据采购单、销售单、成本单价表和进销存数量月报表的数据进行计算。成本单价表根据选择的成本计算方法进行计算。本期期初金额为上期结存金额；采购金额为在本期起始至结束日期范围内，采购单中的商品采购金额总和；销售金额为在本期起始至结束日期范围内，销售单中的商品销售金额总和；本期结存金额=本期存货单位成本（数据来源于成本单价表）×本期期末数量（数据来源于进销存数量月报表期末数量）。

3. 成本计算

成本计算是将企业在进销存过程中发生的采购和销售业务产生的成本进行分配和归集。成本计算方法有月末一次加权平均法、移动加权平均法和先进先出法。不同的成本计算方法将影响利润和存货估价，同时会对企业的税收负担和现金流量产生影响。

(1) 月末一次加权平均法

根据当月期初存货数据和采购单数据进行成本计算。

存货单位成本=[月初库存存货的实际成本+∑（当月各批进货的实际单位成本×当月各批进货的数量)]÷（月初库存存货数量+当月各批进货数量之和）

当月发出存货成本=当月发出存货的数量×存货单位成本

当月月末库存存货成本=月末库存存货的数量×存货单位成本

(2) 移动加权平均法

根据采购前存货数据和本次采购单数据进行计算，库存商品的成本价格每次采购后都要重新计算。

移动加权平均单价=（本次采购前结存商品金额+本次采购商品金额）÷（本次采购前结存商品数量+本次采购商品数量）

各次发出存货成本=各次发出存货的数量×移动加权平均单价

(3) 先进先出法

根据每笔采购单、销售单数据进行成本计算。

采购商品时，逐笔登记采购商品的数量、单价和金额；销售商品时，按照先进先出的原则逐笔登记商品的销售成本和结存金额。

1.2.2 账务处理系统数据处理

1. 凭证处理

(1) 手工处理凭证

凭证是指记录经济业务发生或者完成情况的证明，是登记账簿和计算财务报表的依据。输入的内容包括账套号、年会计期间、月会计期间、凭证号、科目编码、摘要、借方金额、贷方金额等内容。凭证需要满足"有借必有贷，借贷必相等"的记账规则，摘要根据实际发生的经济业务简明、扼要地填写，金额需要与原始凭证一致。对于发生的经济业务，如采购办公桌、购买办公用品、支付差旅费、计提固定资产折旧等，制单人依据原始凭证手工输入到账务处理系统的会计凭证中。

(2) 生成采购机制凭证

根据采购单的信息，自动获取生成凭证的会计科目、摘要（记录采购的商品编码）、借贷金额等相关数据，并生成采购机制凭证。凭证备注记录了采购机制凭证的出处。

(3) 生成销售机制凭证

根据销售单的信息，自动获取生成凭证的会计科目、摘要（记录销售的商品编码）、借贷金额等相关数据，并生成销售机制凭证。凭证备注记录了销售机制凭证的出处。

(4) 凭证修改

修改未审核凭证，账套号、年会计期间、月会计期间、凭证号等关键字不能修改，修改后的凭证必须满足凭证编制的基本要求。如果凭证已经审核，则需要取消审核后才能进行修改。

(5) 凭证查询

按凭证中的所有数据列（账套号、年会计期间、月会计期间、凭证号、日期、制单人、审核标记、记账标记、审核人、记账人、审核日期、记账日期、会计科目、摘要、借方金额、贷方金额等）进行凭证数据综合查询。

(6) 凭证审核

审核的目的是确保原始凭证和记账凭证正确。审核人应该按照会计制度的要求，对制单人输入的记账凭证进行审核，主要审核记账凭证是否与原始凭证相符、会计分录是否正确、记账凭证内容是否完整无缺等，通过审核的凭证标记为已审核。

(7) 凭证审核取消

审核完毕，对于存在错误但还未记账的凭证，可以通过"凭证审核取消"进行取消审核处理，凭证标记转为未审核后才可进行修改。已审核且已记账的凭证无法取消审核，只能进行凭证冲销处理。

(8) 凭证记账

凭证记账是实现对已审核的会计凭证进行记账处理，即系统根据已审核凭证中的数据，分别更新科目余额表和明细账。

(9) 凭证冲销

凭证记账后，如果发现错误，先冲销原凭证，再输入一张正确的凭证。凭证冲销是产生一张与原凭证的借贷科目相同、金额相反的凭证。

(10) 损益结转

损益结转是在设定的会计期间内，将含有损益类科目的未进行损益结转的凭证进行损益结转，并自动生成对应的损益结转凭证，结转后损益类科目的期末余额为 0。损益结转所生成的损益类凭证能及时反映会计主体的盈亏情况。结转步骤如下：首先将损类科目从贷方转入本年利润借方，将益类科目从借方转入本年利润贷方；然后把本年利润的贷方余额减去本年利润的借方余额转入利润分配中。

2. 账表处理

账表处理是指计算科目余额表、明细账表、资产负债表和利润表。

（1）科目余额表

科目余额表是各个会计科目余额的汇总，包括会计科目期初余额、本期借贷发生额、期末余额。用凭证记账时，按会计科目分类及借贷方向进行相应数据的计算处理。

（2）明细账表

明细账表是会计期间已记账会计凭证的汇总，按照明细分类账户开设，要求有摘要、借方金额和贷方金额等内容。

（3）资产负债表

资产负债表是反映企业在某一特定日期的财务状况的报表。本表中的"期初余额"栏通常根据上期末有关项目的期末余额填列。本表的"期末余额"主要根据以下几种方式填列：

①根据总账科目余额填列。

②根据明细账科目余额计算填列。

③根据总账科目和明细账科目余额分析计算填列。

④根据有关科目余额减去其备抵科目余额后的净额填列。

⑤综合运用上述填列方法分析填列。

（4）利润表

利润表是反映企业在一定会计期间的经营成果的报表。本表中的"上期金额"栏应该根据上期利润表"本期金额"栏内所列数字填列。本表的"本期余额"的编制步骤为：

①计算营业收入。营业收入=主营业务收入+其他业务收入。

②计算营业利润。营业利润=营业收入–主营业务成本–其他业务成本–税金及附加–销售费用–管理费用–研发费用–财务费用–资产减值损失+公允价值变动收益–公允价值变动损失+投资收益–投资损失+其他收益–资产处置损益。

③计算利润总额。利润总额=营业利润+营业外收入–营业外支出。

④计算净利润。净利润=利润总额–所得税费用。

⑤计算每股收益和综合收益总额。

3. 账务指标统计表

账务指标统计表主要有以下内容：

① 偿债能力分析：偿债能力是指企业偿还各种到期债务的能力。本案例主要涉及的指标有流动比率、速动比率、资产负债率和股东权益比率。

② 营运能力分析：营运能力是指企业资金的周转状况。本案例主要涉及的指标有流动资产周转率。

③ 盈利能力分析：盈利能力是指企业获得利润的能力。盈利是企业的重要经营目标，是企业生存和发展的物质基础，它不仅关系企业所有者的投资报酬，也是偿还债务的一个重要保障。本案例主要涉及的指标有资产报酬率和销售毛利率。

④ 发展能力分析：发展能力也称成长能力，是指企业在从事经营活动过程中所表现出的增长能力。本案例主要涉及的指标有销售增长率、资产增长率、股权资本增长率及净利润增长率。

1.3 应用 Excel 手工处理案例数据

1.3.1 进销存系统单据账表处理

【案例 01-3】应用 Excel 处理进销存系统案例的数据（注：表格▲中的含义是关键字）。

1. 基本信息表

（1）操作员表（见表 1-2）

表 1-2　操作员表

操作员表	JXC_OPERATOR		
账 套 号	操作员编码	操作员姓名	密 码
▲ZTH	▲OPER_CODE	OPER_NAME	PASSWORD
1	1	陈亮	111
1	2	黄佳	222
1	3	吴海	333
1	4	李蓉	444

（2）商品信息表（见表 1-3）

表 1-3　商品信息表

商品信息表	JXC_GOODS							
账套号	商品编码	商品名称	商品种类	规格型号	计量单位	单价	供应商	图片
▲ZTH	▲CODE	NAME	SORT	MODEL	UNIT	PRICE	MANUFACTURER	PHOTO
1	1001	荣耀 20	手机	全网通 8GB+128GB	台	2 099.00	荣耀	picture\1001.jpg
1	1002	Mate30	手机	麒麟 990 8GB+128GB	台	4 299.00	华为	picture\1002.jpg
1	2001	Macbook Pro16	计算机	i7-9750H+Radeon Pro 5300M+16G 内存+512G 固态	台	18 999.00	苹果	picture\2001.jpg
1	2002	联想 Yoga C940	计算机	i5-1035G4+16G 内存+512G 固态	台	9 699.00	联想	picture\2002.jpg
1	3001	佳能 750D	相机	EOS 850D EF-S 18-55	台	3 099.00	佳能	picture\3001.jpg
1	3002	索尼 A6000	相机	ILCE-6000L 套机（16-50mm）	台	3 999.00	索尼	picture\3002.jpg

2. 单据表

（1）采购单（见表 1-4）

表 1-4　采购单

采购单	JXC_SHEET_BUY							
账套号	单 据 号	日 期	制 单 人	商品编码	数 量	单 价	金 额	备 注
▲ZTH	▲SHEETID	SHEETDATE	OPER_CODE	CODE	AMOUNT	PRICE	MONE	NOTE
1	0001	2021-01-03	1	1001	50	1 552.00	77 600.00	
1	0002	2021-01-05	1	1002	40	3 801.00	152 040.00	
1	0003	2021-01-06	1	3001	50	2 640.00	132 000.00	
1	0004	2021-01-08	1	2001	50	10 349.00	517 450.00	
1	0005	2021-01-11	1	1002	60	3 733.20	223 992.00	

续表

账套号	单 据 号	日　　期	制 单 人	商品编码	数　量	单　　价	金　　额	备　注
1	0006	2021-01-12	1	2001	60	9 479.00	568 740.00	
1	0007	2021-01-12	1	2002	100	5 879.00	587 900.00	
1	0008	2021-01-19	1	2002	20	6 831.60	136 632.00	
1	0009	2021-01-20	1	2001	30	9 936.60	298 098.00	
1	0010	2021-02-03	1	3002	80	3 350.80	268 064.00	
1	0011	2021-02-05	1	1002	80	3 857.50	308 600.00	
1	0012	2021-02-06	1	1001	30	1 552.00	46 560.00	
1	0013	2021-02-10	1	2001	50	10 739.00	536 950.00	
1	0014	2021-02-10	1	2002	50	6 683.00	334 150.00	
1	0015	2021-02-10	1	3001	30	2 775.60	83 268.00	
1	0016	2021-02-12	1	1002	100	3 857.50	385 750.00	
1	0017	2021-02-12	1	3002	30	3 296.00	98 880.00	
1	0018	2021-02-16	1	1001	20	1 552.00	31 040.00	
1	0019	2021-02-18	1	3002	50	3 116.90	155 845.00	
1	0020	2021-02-25	1	1002	66	3 925.30	259 069.80	
1	0021	2021-02-25	1	2001	60	9 944.00	596 640.00	
1	0022	2021-02-25	1	2002	30	7 042.90	211 287.00	
1	0023	2021-02-26	1	3002	66	3 005.60	198 369.60	
1	0024	2021-02-28	1	3001	20	2 730.40	54 608.00	
1	0025	2021-03-05	1	1001	30	1 665.00	49 950.00	
1	0026	2021-03-10	1	1002	20	4 117.40	82 348.00	
1	0027	2021-03-15	1	2001	30	12 417.00	372 510.00	

(2) 销售单(见表 1-5)

表 1-5　销售单

销售单	JXC_SHEET_SALE							
账套号	单　据　号	日　　期	制单人	商品编码	数　　量	单　价	金　　额	备　注
▲ZTH	▲SHEETID	SHEETDATE	OPER_CODE	CODE	AMOUNT	PRICE	MONE	NOTE
1	0001	2021-01-06	1	1002	30	4 479.00	134 370.00	
1	0002	2021-01-08	1	1002	10	4 422.50	44 225.00	
1	0003	2021-01-08	1	2001	45	21 299.00	958 455.00	
1	0004	2021-01-15	1	2002	60	10 789.00	647 340.00	
1	0005	2021-01-17	1	2001	55	20 169.00	1 109 295.00	
1	0006	2021-01-17	1	2002	20	11 907.70	238 154.00	
1	0007	2021-01-18	1	1001	35	2 341.87	81 965.45	
1	0008	2021-01-19	1	1002	56	4 477.87	250 760.72	
1	0009	2021-01-23	1	2001	10	20 039.00	200 390.00	
1	0010	2021-02-03	1	2002	30	9 657.87	289 736.10	
1	0011	2021-02-04	1	1001	15	2 230.00	33 450.00	
1	0012	2021-02-05	1	3001	35	3 090.87	108 180.45	

续表

账套号	单据号	日 期	制单人	商品编码	数 量	单 价	金 额	备 注
1	0013	2021-02-06	1	2002	10	11 919.00	119 190.00	
1	0014	2021-02-06	1	3002	56	3 978.50	222 796.00	
1	0015	2021-02-08	1	2001	20	19 039.00	380 780.00	
1	0016	2021-02-08	1	3001	10	3 205.00	32 050.00	
1	0017	2021-02-10	1	1001	25	2 331.70	58 292.50	
1	0018	2021-02-12	1	1002	60	4 366.00	261 960.00	
1	0019	2021-02-15	1	3002	45	4 111.84	185 032.80	
1	0020	2021-02-16	1	1002	110	4 343.40	477 774.00	
1	0021	2021-02-16	1	2002	20	11 907.70	238 154.00	
1	0022	2021-02-17	1	2001	55	21 604.00	1 188 220.00	
1	0023	2021-02-18	1	3001	20	3 202.74	64 054.80	
1	0024	2021-02-20	1	1001	18	2 331.70	41 970.60	
1	0025	2021-02-20	1	3002	30	4 091.50	122 745.00	
1	0026	2021-02-23	1	3002	25	4 111.84	102 796.00	
1	0027	2021-02-25	1	3001	10	3 227.60	32 276.00	
1	0028	2021-02-26	1	1002	50	4 399.90	219 995.00	
1	0029	2021-02-28	1	2001	30	20 169.00	605 070.00	
1	0030	2021-02-28	1	3002	10	4 111.84	41 118.40	
1	0031	2021-03-05	1	2001	10	21 259.40	212 594.00	
1	0032	2021-03-06	1	1002	10	4 422.50	44 225.00	
1	0033	2021-03-08	1	1001	15	2 331.70	34 975.50	
1	0034	2021-03-10	1	1001	18	2 331.70	41 970.60	
1	0035	2021-03-10	1	1002	5	4 479.00	22 395.00	
1	0036	2021-03-13	1	2001	5	22 282.00	111 410.00	
1	0037	2021-03-13	1	1002	20	4 399.90	87 998.00	
1	0038	2021-03-14	1	3002	10	4 111.84	41 118.40	
1	0039	2021-03-20	1	2001	8	22 259.40	178 075.20	

3. 账表

（1）商品库存表（见表 1-6）

表 1-6　商品库存表

商品库存表	JXC_GOODS_AMOUNT	
账　套　号	商品编码	库存数量
▲ZTH	▲CODE	AMOUNT
1	1001	4
1	1002	15
1	2001	42
1	2002	60
1	3001	25
1	3002	50

(2)进销存数量月报表(见表1-7)

表1-7 进销存数量月报表

进销存数量月报表	JXC_REPORT_AMOUNT							
账套号	起始日期	结束日期	商品编码	期初数量	采购数量	销售数量	期末数量
▲ZTH	▲DATE_MIN	DATE_MAX	▲CODE	AMOUNT_INI	AMOUNT_BUY	AMOUNT_SALE	AMOUNT_END
1	2021-01-01	2021-01-31	1001	0	50	35	15
1	2021-01-01	2021-01-31	1002	0	100	96	4
1	2021-01-01	2021-01-31	2001	0	140	110	30
1	2021-01-01	2021-01-31	2002	0	120	80	40
1	2021-01-01	2021-01-31	3001	0	50	0	50
1	2021-01-01	2021-01-31	3002	0	0	0	0
1	2021-02-01	2021-02-28	1001	15	50	58	7
1	2021-02-01	2021-02-28	1002	4	246	220	30
1	2021-02-01	2021-02-28	2001	30	110	105	35
1	2021-02-01	2021-02-28	2002	40	80	60	60
1	2021-02-01	2021-02-28	3001	50	50	75	25
1	2021-02-01	2021-02-28	3002	0	226	166	60
1	2021-03-01	2021-03-31	1001	7	30	33	4
1	2021-03-01	2021-03-31	1002	30	20	35	15
1	2021-03-01	2021-03-31	2001	35	30	23	42
1	2021-03-01	2021-03-31	2002	60	0	0	60
1	2021-03-01	2021-03-31	3001	25	0	0	25
1	2021-03-01	2021-03-31	3002	60	0	10	50

(3)成本单价表

参见课件中的案例资料3。

(4)进销存金额月报表

参见课件中的案例资料3。

1.3.2 账务处理系统单据账表处理

【案例01-4】应用Excel处理账务处理系统案例的数据。

1. 码表

(1)科目类别码表(见表1-8)

表1-8 科目类别码表

科目类别码表	ZW_C_KMLB
科目类别编码	科目类别名称
▲KMLB_CODE	KMLB_NAME
1	资产
2	负债
3	共同
4	权益
5	成本
6	损益

(2) 科目性质码表 (见表 1-9)

表 1-9　科目性质码表

科目性质码表	ZW_C_KMXZ
科目性质编码	科目性质名称
▲KMXZ_CODE	KMXZ_NAME
01	现金
02	银行
03	应收
04	应付
05	存货
06	其他

(3) 币别码表 (见表 1-10)

表 1-10　币别码表

币别码表	ZW_C_BB
币别编码	币别名称
▲BB_CODE	BB_NAME
01	人民币
02	美元

(4) 行业码表 (见表 1-11)

表 1-11　行业码表

行业码表	ZW_C_HY
行业编码	行业名称
▲HY_CODE	HY_NAME
01	工业企业
02	商品流通企业

(5) 财务指标码表

参见课件中的案例资料 4。

2. 基本表

(1) 账套信息表 (见表 1-12)

表 1-12　账套信息表

账套信息表	ZW_D_ZTXXB								
账套号	账套名称	行业	本位币	期间数	起始日期	结束日期	启用日期	年会计期间	状态
▲ZTH	ZTMC	HY_CODE	BB_CODE	QJS	QSRQ	JSRQ	QYRQ	NKJQJ	ZT
1	重庆旭日家电有限责任公司	02	01	12	2021-01-01	2021-12-31	2021-01-01	2021	正常

(2)操作员表(见表 1-13)

表 1-13 操作员表

操作员表	ZW_D_CZY		
账套号	操作员编码	操作员姓名	密码
▲ZTH	▲CZY_CODE	CZY_NAME	MM
1	0	系统管理员	000
1	1	陈亮	111
1	2	黄佳	222
1	3	吴海	333
1	4	李蓉	444

(3)会计科目编码表(见表 1-14)

表 1-14 会计科目编码表

会计科目编码表	ZW_D_KJKMBMB				
账套号	科目编码	科目名称	科目类别	科目性质	余额方向
▲ZTH	▲KM_CODE	KM_NAME	KMLB_CODE	KMXZ_CODE	YEFX
1	1001	库存现金	1	01	借
1	1002	银行存款	1	02	借
1	1221	其他应收款	1	03	借
1	1405	库存商品	1	05	借
1	1601	固定资产	1	06	借
1	1602	累计折旧	1	06	贷
1	1701	无形资产	1	06	借
1	1702	累计摊销	1	06	贷
1	2001	短期借款	2	06	贷
1	2201	应付票据	2	06	贷
1	2211	应付职工薪酬	2	06	贷
1	2221	应交税费	2	06	贷
1	2231	应付利息	2	06	贷
1	4001	实收资本	4	06	贷
1	4103	本年利润	4	06	贷
1	4104	利润分配	4	06	贷
1	6001	主营业务收入	6	06	贷
1	6401	主营业务成本	6	06	借
1	6601	销售费用	6	06	借
1	6602	管理费用	6	06	借
1	6603	财务费用	6	06	借
1	6801	所得税费用	6	06	借

3. 单据

(1)凭证主表(见表 1-15)

表 1-15 凭证主表

凭证主表	ZW_PZ_ZB											
账套号	年会计期间	月会计期间	凭证号	日期	附单据数	制单人	制单日期	审核人	审核日期	审核标记	记账人	记账日期	记账标记	备注
▲ZTH	▲NKJQJ	▲YKJQJ	▲PZH	RQ	FDJS	ZDR	ZDRQ	SHR	SHRQ	SHBJ	JZR	JZRQ	JZBJ	BZ
1	2021	01	0001	2021-01-01	1	2	2021-01-01	3	2021-01-01	是	4	2021-01-01	是	

续表

账套号	年会计期间	月会计期间	凭证号	日期	附单据数	制单人	制单日期	审核人	审核日期	审核标记	记账人	记账日期	记账标记	备注
1	2021	01	0002	2021-01-01	1	2	2021-01-01	3	2021-01-01	是	4	2021-01-01	是	
1	2021	01	0003	2021-01-01	1	2	2021-01-01	3	2021-01-01	是	4	2021-01-01	是	
1	2021	01	0004	2021-01-01	1	2	2021-01-01	3	2021-01-01	是	4	2021-01-01	是	
1	2021	01	0005	2021-01-01	1	2	2021-01-01	3	2021-01-01	是	4	2021-01-01	是	
1	2021	01	0006	2021-01-02	1	2	2021-01-02	3	2021-01-02	是	4	2021-01-02	是	
1	2021	01	0007	2021-01-02	1	2	2021-01-02	3	2021-01-02	是	4	2021-01-02	是	
1	2021	01	0008	2021-01-31	1	2	2021-01-31	3	2021-01-31	是	4	2021-01-31	是	
1	2021	01	0009	2021-01-31	1	2	2021-01-31	3	2021-01-31	是	4	2021-01-31	是	
1	2021	01	0010	2021-01-31	1	2	2021-01-31	3	2021-01-31	是	4	2021-01-31	是	
1	2021	01	0011	2021-01-31	1	2	2021-01-31	3	2021-01-31	是	4	2021-01-31	是	
1	2021	01	0012	2021-01-03	1	1	2021-01-03	3	2021-01-31	是	4	2021-01-31	是	[机]采购单[0001]
1	2021	01	0013	2021-01-05	1	1	2021-01-05	3	2021-01-31	是	4	2021-01-31	是	[机]采购单[0002]
1	2021	01	0014	2021-01-06	1	1	2021-01-06	3	2021-01-31	是	4	2021-01-31	是	[机]采购单[0003]
1	2021	01	0015	2021-01-08	1	1	2021-01-08	3	2021-01-31	是	4	2021-01-31	是	[机]采购单[0004]
1	2021	01	0016	2021-01-11	1	1	2021-01-11	3	2021-01-31	是	4	2021-01-31	是	[机]采购单[0005]
1	2021	01	0017	2021-01-12	1	1	2021-01-12	3	2021-01-31	是	4	2021-01-31	是	[机]采购单[0006]
1	2021	01	0018	2021-01-12	1	1	2021-01-12	3	2021-01-31	是	4	2021-01-31	是	[机]采购单[0007]
1	2021	01	0019	2021-01-19	1	1	2021-01-19	3	2021-01-31	是	4	2021-01-31	是	[机]采购单[0008]
1	2021	01	0020	2021-01-20	1	1	2021-01-20	3	2021-01-31	是	4	2021-01-31	是	[机]采购单[0009]
1	2021	01	0021	2021-01-06	1	1	2021-01-06	3	2021-01-31	是	4	2021-01-31	是	[机]销售单[0001]
1	2021	01	0022	2021-01-06	1	1	2021-01-06	3	2021-01-31	是	4	2021-01-31	是	[机]成本结转[0001]
1	2021	01	0023	2021-01-08	1	1	2021-01-08	3	2021-01-31	是	4	2021-01-31	是	[机]销售单[0002]
1	2021	01	0024	2021-01-08	1	1	2021-01-08	3	2021-01-31	是	4	2021-01-31	是	[机]成本结转[0002]
1	2021	01	0025	2021-01-08	1	1	2021-01-08	3	2021-01-31	是	4	2021-01-31	是	[机]销售单[0003]
1	2021	01	0026	2021-01-08	1	1	2021-01-08	3	2021-01-31	是	4	2021-01-31	是	[机]成本结转[0003]
1	2021	01	0027	2021-01-15	1	1	2021-01-15	3	2021-01-31	是	4	2021-01-31	是	[机]销售单[0004]
1	2021	01	0028	2021-01-15	1	1	2021-01-15	3	2021-01-31	是	4	2021-01-31	是	[机]成本结转[0004]
1	2021	01	0029	2021-01-17	1	1	2021-01-17	3	2021-01-31	是	4	2021-01-31	是	[机]销售单[0005]
1	2021	01	0030	2021-01-17	1	1	2021-01-17	3	2021-01-31	是	4	2021-01-31	是	[机]成本结转[0005]
1	2021	01	0031	2021-01-17	1	1	2021-01-17	3	2021-01-31	是	4	2021-01-31	是	[机]销售单[0006]
1	2021	01	0032	2021-01-17	1	1	2021-01-17	3	2021-01-31	是	4	2021-01-31	是	[机]成本结转[0006]
1	2021	01	0033	2021-01-18	1	1	2021-01-18	3	2021-01-31	是	4	2021-01-31	是	[机]销售单[0007]
1	2021	01	0034	2021-01-18	1	1	2021-01-18	3	2021-01-31	是	4	2021-01-31	是	[机]成本结转[0007]
1	2021	01	0035	2021-01-19	1	1	2021-01-19	3	2021-01-31	是	4	2021-01-31	是	[机]销售单[0008]
1	2021	01	0036	2021-01-19	1	1	2021-01-19	3	2021-01-31	是	4	2021-01-31	是	[机]成本结转[0008]
1	2021	01	0037	2021-01-23	1	1	2021-01-23	3	2021-01-31	是	4	2021-01-31	是	[机]销售单[0009]

续表

账套号	年会计期间	月会计期间	凭证号	日期	附单据数	制单人	制单日期	审核人	审核日期	审核标记	记账人	记账日期	记账标记	备注
1	2021	01	0038	2021-01-23	1	1	2021-01-23	3	2021-01-31	是	4	2021-01-31	是	[机]成本结转[0009]
1	2021	01	0039	2021-01-31	0	0	2021-01-31	3	2021-01-31	是	4	2021-01-31	是	[机]结转本年利润
1	2021	01	0040	2021-01-31	0	0	2021-01-31	3	2021-01-31	是	4	2021-01-31	是	[机]结转本年利润
1	2021	01	0041	2021-01-31	0	0	2021-01-31	3	2021-01-31	是	4	2021-01-31	是	[机]计提所得税费用
1	2021	01	0042	2021-01-31	0	0	2021-01-31	3	2021-01-31	是	4	2021-01-31	是	[机]结转本年利润
1	2021	01	0043	2021-01-31	0	0	2021-01-31	3	2021-01-31	是	4	2021-01-31	是	[机]结转本年利润
1	2021	02	0001	2021-02-01	1	2	2021-02-01	3	2021-02-01	是	4	2021-02-01	是	
1	2021	02	0002	2021-02-01	1	2	2021-02-01	3	2021-02-01	是	4	2021-02-01	是	
1	2021	02	0003	2021-02-02	1	2	2021-02-02	3	2021-02-02	是	4	2021-02-02	是	
1	2021	02	0004	2021-02-28	1	2	2021-02-28	3	2021-02-28	是	4	2021-02-28	是	
1	2021	02	0005	2021-02-28	1	2	2021-02-28	3	2021-02-28	是	4	2021-02-28	是	
1	2021	02	0006	2021-02-28	1	2	2021-02-28	3	2021-02-28	是	4	2021-02-28	是	
1	2021	02	0007	2021-02-28	1	2	2021-02-28	3	2021-02-28	是	4	2021-02-28	是	
1	2021	02	0008	2021-02-03	1	1	2021-02-03	3	2021-02-28	是	4	2021-02-28	是	[机]采购单[0010]
1	2021	02	0009	2021-02-05	1	1	2021-02-05	3	2021-02-28	是	4	2021-02-28	是	[机]采购单[0011]
1	2021	02	0010	2021-02-06	1	1	2021-02-06	3	2021-02-28	是	4	2021-02-28	是	[机]采购单[0012]
1	2021	02	0011	2021-02-10	1	1	2021-02-10	3	2021-02-28	是	4	2021-02-28	是	[机]采购单[0013]
1	2021	02	0012	2021-02-10	1	1	2021-02-10	3	2021-02-28	是	4	2021-02-28	是	[机]采购单[0014]
1	2021	02	0013	2021-02-10	1	1	2021-02-10	3	2021-02-28	是	4	2021-02-28	是	[机]采购单[0015]
1	2021	02	0014	2021-02-12	1	1	2021-02-12	3	2021-02-28	是	4	2021-02-28	是	[机]采购单[0016]
1	2021	02	0015	2021-02-12	1	1	2021-02-12	3	2021-02-28	是	4	2021-02-28	是	[机]采购单[0017]
1	2021	02	0016	2021-02-16	1	1	2021-02-16	3	2021-02-28	是	4	2021-02-28	是	[机]采购单[0018]
1	2021	02	0017	2021-02-18	1	1	2021-02-18	3	2021-02-28	是	4	2021-02-28	是	[机]采购单[0019]
1	2021	02	0018	2021-02-25	1	1	2021-02-25	3	2021-02-28	是	4	2021-02-28	是	[机]采购单[0020]
1	2021	02	0019	2021-02-25	1	1	2021-02-25	3	2021-02-28	是	4	2021-02-28	是	[机]采购单[0021]
1	2021	02	0020	2021-02-25	1	1	2021-02-25	3	2021-02-28	是	4	2021-02-28	是	[机]采购单[0022]
1	2021	02	0021	2021-02-26	1	1	2021-02-26	3	2021-02-28	是	4	2021-02-28	是	[机]采购单[0023]
1	2021	02	0022	2021-02-28	1	1	2021-02-28	3	2021-02-28	是	4	2021-02-28	是	[机]采购单[0024]
1	2021	02	0023	2021-02-03	1	1	2021-02-03	3	2021-02-28	是	4	2021-02-28	是	[机]销售单[0010]
1	2021	02	0024	2021-02-03	1	1	2021-02-03	3	2021-02-28	是	4	2021-02-28	是	[机]成本结转[0010]
1	2021	02	0025	2021-02-04	1	1	2021-02-04	3	2021-02-28	是	4	2021-02-28	是	[机]销售单[0011]
1	2021	02	0026	2021-02-04	1	1	2021-02-04	3	2021-02-28	是	4	2021-02-28	是	[机]成本结转[0011]
1	2021	02	0027	2021-02-05	1	1	2021-02-05	3	2021-02-28	是	4	2021-02-28	是	[机]销售单[0012]
1	2021	02	0028	2021-02-05	1	1	2021-02-05	3	2021-02-28	是	4	2021-02-28	是	[机]成本结转[0012]
1	2021	02	0029	2021-02-06	1	1	2021-02-06	3	2021-02-28	是	4	2021-02-28	是	[机]销售单[0013]
1	2021	02	0030	2021-02-06	1	1	2021-02-06	3	2021-02-28	是	4	2021-02-28	是	[机]成本结转[0013]

续表

账套号	年会计期间	月会计期间	凭证号	日期	附单据数	制单人	制单日期	审核人	审核日期	审核标记	记账人	记账日期	记账标记	备注
1	2021	02	0031	2021-02-06	1	1	2021-02-06	3	2021-02-28	是	4	2021-02-28	是	[机]销售单[0014]
1	2021	02	0032	2021-02-06	1	1	2021-02-06	3	2021-02-28	是	4	2021-02-28	是	[机]成本结转[0014]
1	2021	02	0033	2021-02-08	1	1	2021-02-08	3	2021-02-28	是	4	2021-02-28	是	[机]销售单[0015]
1	2021	02	0034	2021-02-08	1	1	2021-02-08	3	2021-02-28	是	4	2021-02-28	是	[机]成本结转[0015]
1	2021	02	0035	2021-02-08	1	1	2021-02-08	3	2021-02-28	是	4	2021-02-28	是	[机]销售单[0016]
1	2021	02	0036	2021-02-08	1	1	2021-02-08	3	2021-02-28	是	4	2021-02-28	是	[机]成本结转[0016]
1	2021	02	0037	2021-02-10	1	1	2021-02-10	3	2021-02-28	是	4	2021-02-28	是	[机]销售单[0017]
1	2021	02	0038	2021-02-10	1	1	2021-02-10	3	2021-02-28	是	4	2021-02-28	是	[机]成本结转[0017]
1	2021	02	0039	2021-02-12	1	1	2021-02-12	3	2021-02-28	是	4	2021-02-28	是	[机]销售单[0018]
1	2021	02	0040	2021-02-12	1	1	2021-02-12	3	2021-02-28	是	4	2021-02-28	是	[机]成本结转[0018]
1	2021	02	0041	2021-02-15	1	1	2021-02-15	3	2021-02-28	是	4	2021-02-28	是	[机]销售单[0019]
1	2021	02	0042	2021-02-15	1	1	2021-02-15	3	2021-02-28	是	4	2021-02-28	是	[机]成本结转[0019]
1	2021	02	0043	2021-02-16	1	1	2021-02-16	3	2021-02-28	是	4	2021-02-28	是	[机]销售单[0020]
1	2021	02	0044	2021-02-16	1	1	2021-02-16	3	2021-02-28	是	4	2021-02-28	是	[机]成本结转[0020]
1	2021	02	0045	2021-02-16	1	1	2021-02-16	3	2021-02-28	是	4	2021-02-28	是	[机]销售单[0021]
1	2021	02	0046	2021-02-16	1	1	2021-02-16	3	2021-02-28	是	4	2021-02-28	是	[机]成本结转[0021]
1	2021	02	0047	2021-02-17	1	1	2021-02-17	3	2021-02-28	是	4	2021-02-28	是	[机]销售单[0022]
1	2021	02	0048	2021-02-17	1	1	2021-02-17	3	2021-02-28	是	4	2021-02-28	是	[机]成本结转[0022]
1	2021	02	0049	2021-02-18	1	1	2021-02-18	3	2021-02-28	是	4	2021-02-28	是	[机]销售单[0023]
1	2021	02	0050	2021-02-18	1	1	2021-02-18	3	2021-02-28	是	4	2021-02-28	是	[机]成本结转[0023]
1	2021	02	0051	2021-02-20	1	1	2021-02-20	3	2021-02-28	是	4	2021-02-28	是	[机]销售单[0024]
1	2021	02	0052	2021-02-20	1	1	2021-02-20	3	2021-02-28	是	4	2021-02-28	是	[机]成本结转[0024]
1	2021	02	0053	2021-02-20	1	1	2021-02-20	3	2021-02-28	是	4	2021-02-28	是	[机]销售单[0025]
1	2021	02	0054	2021-02-20	1	1	2021-02-20	3	2021-02-28	是	4	2021-02-28	是	[机]成本结转[0025]
1	2021	02	0055	2021-02-23	1	1	2021-02-23	3	2021-02-28	是	4	2021-02-28	是	[机]销售单[0026]
1	2021	02	0056	2021-02-23	1	1	2021-02-23	3	2021-02-28	是	4	2021-02-28	是	[机]成本结转[0026]
1	2021	02	0057	2021-02-25	1	1	2021-02-25	3	2021-02-28	是	4	2021-02-28	是	[机]销售单[0027]
1	2021	02	0058	2021-02-25	1	1	2021-02-25	3	2021-02-28	是	4	2021-02-28	是	[机]成本结转[0027]
1	2021	02	0059	2021-02-26	1	1	2021-02-26	3	2021-02-28	是	4	2021-02-28	是	[机]销售单[0028]
1	2021	02	0060	2021-02-26	1	1	2021-02-26	3	2021-02-28	是	4	2021-02-28	是	[机]成本结转[0028]
1	2021	02	0061	2021-02-28	1	1	2021-02-28	3	2021-02-28	是	4	2021-02-28	是	[机]销售单[0029]
1	2021	02	0062	2021-02-28	1	1	2021-02-28	3	2021-02-28	是	4	2021-02-28	是	[机]成本结转[0029]
1	2021	02	0063	2021-02-28	1	1	2021-02-28	3	2021-02-28	是	4	2021-02-28	是	[机]销售单[0030]
1	2021	02	0064	2021-02-28	1	1	2021-02-28	3	2021-02-28	是	4	2021-02-28	是	[机]成本结转[0030]

续表

账套号	年会计期间	月会计期间	凭证号	日期	附单据数	制单人	制单日期	审核人	审核日期	审核标记	记账人	记账日期	记账标记	备注
1	2021	02	0065	2021-02-28	0	0	2021-02-28	3	2021-02-28	是	4	2021-02-28	是	[机]结转本年利润
1	2021	02	0066	2021-02-28	0	0	2021-02-28	3	2021-02-28	是	4	2021-02-28	是	[机]结转本年利润
1	2021	02	0067	2021-02-28	1	0	2021-02-28	3	2021-02-28	是	4	2021-02-28	是	[机]计提所得税费用
1	2021	02	0068	2021-02-28	1	0	2021-02-28	3	2021-02-28	是	4	2021-02-28	是	[机]结转本年利润
1	2021	02	0069	2021-02-28	1	0	2021-02-28	3	2021-02-28	是	4	2021-02-28	是	[机]结转本年利润
1	2021	03	0001	2021-03-01	1	2	2021-03-01	3	2021-03-01	是	4	2021-03-01	是	
1	2021	03	0002	2021-03-31	1	2	2021-03-31	3	2021-03-31	是	4	2021-03-31	是	
1	2021	03	0003	2021-03-31	1	2	2021-03-31	3	2021-03-31	是	4	2021-03-31	是	
1	2021	03	0004	2021-03-31	1	2	2021-03-31	3	2021-03-31	是	4	2021-03-31	是	
1	2021	03	0005	2021-03-31	1	2	2021-03-31	3	2021-03-31	是	4	2021-03-31	是	
1	2021	03	0006	2021-03-05	1	1	2021-03-05	3	2021-03-31	是	4	2021-03-31	是	[机]采购单[0025]
1	2021	03	0007	2021-03-10	1	1	2021-03-10	3	2021-03-31	是	4	2021-03-31	是	[机]采购单[0026]
1	2021	03	0008	2021-03-15	1	1	2021-03-15	3	2021-03-31	是	4	2021-03-31	是	[机]采购单[0027]
1	2021	03	0009	2021-03-05	1	1	2021-03-05	3	2021-03-31	是	4	2021-03-31	是	[机]销售单[0031]
1	2021	03	0010	2021-03-05	1	1	2021-03-05	3	2021-03-31	是	4	2021-03-31	是	[机]成本结转[0031]
1	2021	03	0011	2021-03-06	1	1	2021-03-06	3	2021-03-31	是	4	2021-03-31	是	[机]销售单[0032]
1	2021	03	0012	2021-03-06	1	1	2021-03-06	3	2021-03-31	是	4	2021-03-31	是	[机]成本结转[0032]
1	2021	03	0013	2021-03-08	1	1	2021-03-08	3	2021-03-31	是	4	2021-03-31	是	[机]销售单[0033]
1	2021	03	0014	2021-03-08	1	1	2021-03-08	3	2021-03-31	是	4	2021-03-31	是	[机]成本结转[0033]
1	2021	03	0015	2021-03-10	1	1	2021-03-10	3	2021-03-31	是	4	2021-03-31	是	[机]销售单[0034]
1	2021	03	0016	2021-03-10	1	1	2021-03-10	3	2021-03-31	是	4	2021-03-31	是	[机]成本结转[0034]
1	2021	03	0017	2021-03-10	1	1	2021-03-10	3	2021-03-31	是	4	2021-03-31	是	[机]销售单[0035]
1	2021	03	0018	2021-03-10	1	1	2021-03-10	3	2021-03-31	是	4	2021-03-31	是	[机]成本结转[0035]
1	2021	03	0019	2021-03-13	1	1	2021-03-13	3	2021-03-31	是	4	2021-03-31	是	[机]销售单[0036]
1	2021	03	0020	2021-03-13	1	1	2021-03-13	3	2021-03-31	是	4	2021-03-31	是	[机]成本结转[0036]
1	2021	03	0021	2021-03-13	1	1	2021-03-13	3	2021-03-31	是	4	2021-03-31	是	[机]销售单[0037]
1	2021	03	0022	2021-03-13	1	1	2021-03-13	3	2021-03-31	是	4	2021-03-31	是	[机]成本结转[0037]
1	2021	03	0023	2021-03-14	1	1	2021-03-14	3	2021-03-31	是	4	2021-03-31	是	[机]销售单[0038]
1	2021	03	0024	2021-03-14	1	1	2021-03-14	3	2021-03-31	是	4	2021-03-31	是	[机]成本结转[0038]
1	2021	03	0025	2021-03-20	1	1	2021-03-20	3	2021-03-31	是	4	2021-03-31	是	[机]销售单[0039]
1	2021	03	0026	2021-03-20	1	1	2021-03-20	3	2021-03-31	是	4	2021-03-31	是	[机]成本结转[0039]
1	2021	03	0027	2021-03-31	0	0	2021-03-31	3	2021-03-31	是	4	2021-03-31	是	[机]结转本年利润
1	2021	03	0028	2021-03-31	0	0	2021-03-31	3	2021-03-31	是	4	2021-03-31	是	[机]结转本年利润
1	2021	03	0029	2021-03-31	1	0	2021-03-31	3	2021-03-31	是	4	2021-03-31	是	[机]计提所得税费用
1	2021	03	0030	2021-03-31	1	0	2021-03-31	3	2021-03-31	是	4	2021-03-31	是	[机]结转本年利润
1	2021	03	0031	2021-03-31	1	0	2021-03-31	3	2021-03-31	是	4	2021-03-31	是	[机]结转本年利润

(2) 凭证明细表（见表 1-16）

表 1-16 凭证明细表

凭证明细表	ZW_PZ_MXB						
账套号	年会计期间	月会计期间	凭证号	科目编码	摘　　要	借方金额	贷方金额
▲ ZTH	▲ NKJQJ	▲ YKJQJ	▲ PZH	▲ KM_CODE	ZY	JFJE	DFJE
1	2021	01	0001	1002	接受股东投资	1 000 000.00	0.00
1	2021	01	0001	4001	接受股东投资	0.00	1 000 000.00
1	2021	01	0002	1002	向银行贷款	500 000.00	0.00
1	2021	01	0002	2001	向银行贷款	0.00	500 000.00
1	2021	01	0003	1002	购买办公用品	0.00	32 363.20
1	2021	01	0003	1601	购买办公用品	28 640.00	0.00
1	2021	01	0003	2221	购买办公用品	3 723.20	0.00
1	2021	01	0004	2211	聘请职工	0.00	51 500.00
1	2021	01	0004	6601	聘请职工	12 000.00	0.00
1	2021	01	0004	6602	聘请职工	39 500.00	0.00
1	2021	01	0005	1701	购入财务软件	120 000.00	0.00
1	2021	01	0005	2201	购入财务软件	0.00	127 200.00
1	2021	01	0005	2221	购入财务软件	7 200.00	0.00
1	2021	01	0006	1001	提出现金以备日常开销	1 000.00	0.00
1	2021	01	0006	1002	提出现金以备日常开销	0.00	1 000.00
1	2021	01	0007	1001	以现金支付采购人员预借的差旅费	0.00	800.00
1	2021	01	0007	1221	以现金支付采购人员预借的差旅费	800.00	0.00
1	2021	01	0008	1001	采购人员出差返回，报销差旅费	200.00	0.00
1	2021	01	0008	1221	采购人员出差返回，报销差旅费	0.00	800.00
1	2021	01	0008	6602	采购人员出差返回，报销差旅费	600.00	0.00
1	2021	01	0009	1702	摊销无形资产	0.00	2 000.00
1	2021	01	0009	6602	摊销无形资产	2 000.00	0.00
1	2021	01	0010	2231	计提短期借款利息	0.00	2 500.00
1	2021	01	0010	6603	计提短期借款利息	2 500.00	0.00
1	2021	01	0011	1002	用银行存款支付员工薪酬	0.00	51 500.00
1	2021	01	0011	2211	用银行存款支付员工薪酬	51 500.00	0.00
1	2021	01	0012	1002	采购商品[1001]	0.00	77 600.00
1	2021	01	0012	1405	采购商品[1001]	68 672.57	0.00
1	2021	01	0012	2221	采购商品[1001]	8 927.43	0.00
1	2021	01	0013	1002	采购商品[1002]	0.00	152 040.00
1	2021	01	0013	1405	采购商品[1002]	134 548.67	0.00
1	2021	01	0013	2221	采购商品[1002]	17 491.33	0.00
1	2021	01	0014	1002	采购商品[3001]	0.00	132 000.00
1	2021	01	0014	1405	采购商品[3001]	116 814.16	0.00
1	2021	01	0014	2221	采购商品[3001]	15 185.84	0.00
1	2021	01	0015	1002	采购商品[2001]	0.00	517 450.00

续表

账套号	年会计期间	月会计期间	凭证号	科目编码	摘　　要	借方金额	贷方金额
1	2021	01	0015	1405	采购商品[2001]	457 920.35	0.00
1	2021	01	0015	2221	采购商品[2001]	59 529.65	0.00
1	2021	01	0016	1002	采购商品[1002]	0.00	223 992.00
1	2021	01	0016	1405	采购商品[1002]	198 223.01	0.00
1	2021	01	0016	2221	采购商品[1002]	25 768.99	0.00
1	2021	01	0017	1002	采购商品[2001]	0.00	568 740.00
1	2021	01	0017	1405	采购商品[2001]	503 309.73	0.00
1	2021	01	0017	2221	采购商品[2001]	65 430.27	0.00
1	2021	01	0018	1002	采购商品[2002]	0.00	587 900.00
1	2021	01	0018	1405	采购商品[2002]	520 265.49	0.00
1	2021	01	0018	2221	采购商品[2002]	67 634.51	0.00
1	2021	01	0019	1002	采购商品[2002]	0.00	136 632.00
1	2021	01	0019	1405	采购商品[2002]	120 913.27	0.00
1	2021	01	0019	2221	采购商品[2002]	15 718.73	0.00
1	2021	01	0020	1002	采购商品[2001]	0.00	298 098.00
1	2021	01	0020	1405	采购商品[2001]	263 803.54	0.00
1	2021	01	0020	2221	采购商品[2001]	34 294.46	0.00
1	2021	01	0021	1002	销售商品[1002]	134 370.00	0.00
1	2021	01	0021	2221	销售商品[1002]	0.00	15 458.50
1	2021	01	0021	6001	销售商品[1002]	0.00	118 911.50
1	2021	01	0022	1405	结转商品[1002]的销售成本	0.00	99 831.60
1	2021	01	0022	6401	结转商品[1002]的销售成本	99 831.60	0.00
1	2021	01	0023	1002	销售商品[1002]	44 225.00	0.00
1	2021	01	0023	2221	销售商品[1002]	0.00	5 087.83
1	2021	01	0023	6001	销售商品[1002]	0.00	39 137.17
1	2021	01	0024	1405	结转商品[1002]的销售成本	0.00	33 277.20
1	2021	01	0024	6401	结转商品[1002]的销售成本	33 277.20	0.00
1	2021	01	0025	1002	销售商品[2001]	958 455.00	0.00
1	2021	01	0025	2221	销售商品[2001]	0.00	110 264.73
1	2021	01	0025	6001	销售商品[2001]	0.00	848 190.27
1	2021	01	0026	1405	结转商品[2001]的销售成本	0.00	393 760.80
1	2021	01	0026	6401	结转商品[2001]的销售成本	393 760.80	0.00
1	2021	01	0027	1002	销售商品[2002]	647 340.00	0.00
1	2021	01	0027	2221	销售商品[2002]	0.00	74 472.74
1	2021	01	0027	6001	销售商品[2002]	0.00	572 867.26
1	2021	01	0028	1405	结转商品[2002]的销售成本	0.00	320 589.60
1	2021	01	0028	6401	结转商品[2002]的销售成本	320 589.60	0.00
1	2021	01	0029	1002	销售商品[2001]	1 109 295.00	0.00
1	2021	01	0029	2221	销售商品[2001]	0.00	127 618.01

续表

账套号	年会计期间	月会计期间	凭证号	科目编码	摘要	借方金额	贷方金额
1	2021	01	0029	6001	销售商品[2001]	0.00	981 676.99
1	2021	01	0030	1405	结转商品[2001]的销售成本	0.00	481 263.20
1	2021	01	0030	6401	结转商品[2001]的销售成本	481 263.20	0.00
1	2021	01	0031	1002	销售商品[2002]	238 154.00	0.00
1	2021	01	0031	2221	销售商品[2002]	0.00	27 398.25
1	2021	01	0031	6001	销售商品[2002]	0.00	210 755.75
1	2021	01	0032	1405	结转商品[2002]的销售成本	0.00	106 863.20
1	2021	01	0032	6401	结转商品[2002]的销售成本	106 863.20	0.00
1	2021	01	0033	1002	销售商品[1001]	81 965.45	0.00
1	2021	01	0033	2221	销售商品[1001]	0.00	9 429.65
1	2021	01	0033	6001	销售商品[1001]	0.00	72 535.80
1	2021	01	0034	1405	结转商品[1001]的销售成本	0.00	48 070.75
1	2021	01	0034	6401	结转商品[1001]的销售成本	48 070.75	0.00
1	2021	01	0035	1002	销售商品[1002]	250 760.72	0.00
1	2021	01	0035	2221	销售商品[1002]	0.00	28 848.58
1	2021	01	0035	6001	销售商品[1002]	0.00	221 912.14
1	2021	01	0036	1405	结转商品[1002]的销售成本	0.00	186 352.32
1	2021	01	0036	6401	结转商品[1002]的销售成本	186 352.32	0.00
1	2021	01	0037	1002	销售商品[2001]	200 390.00	0.00
1	2021	01	0037	2221	销售商品[2001]	0.00	23 053.72
1	2021	01	0037	6001	销售商品[2001]	0.00	177 336.28
1	2021	01	0038	1405	结转商品[2001]的销售成本	0.00	87 502.40
1	2021	01	0038	6401	结转商品[2001]的销售成本	87 502.40	0.00
1	2021	01	0039	4103	结转本年利润	0.00	3 243 323.16
1	2021	01	0039	6001	结转本年利润	3 243 323.16	0.00
1	2021	01	0040	4103	结转本年利润	1 814 111.07	0.00
1	2021	01	0040	6401	结转本年利润	1 757 511.07	0.00
1	2021	01	0040	6601	结转本年利润		12 000.00
1	2021	01	0040	6602	结转本年利润		42 100.00
1	2021	01	0040	6603	结转本年利润		2 500.00
1	2021	01	0041	2221	计提所得税费用	0.00	357 303.02
1	2021	01	0041	6801	计提所得税费用	357 303.02	0.00
1	2021	01	0042	4103	结转本年利润	357 303.02	0.00
1	2021	01	0042	6801	结转本年利润	0.00	357 303.02
1	2021	01	0043	4103	结转本年利润	1 071 909.07	0.00
1	2021	01	0043	4104	结转本年利润	0.00	1 071 909.07
1	2021	02	0001	1002	购买办公桌、沙发	0.00	4 870.68
1	2021	02	0001	1601	购买办公桌、沙发	4 310.34	0.00
1	2021	02	0001	2221	购买办公桌、沙发	560.34	0.00

续表

账套号	年会计期间	月会计期间	凭证号	科目编码	摘　　要	借方金额	贷方金额
1	2021	02	0002	2211	计提当月工资	0.00	51 500.00
1	2021	02	0002	6601	计提当月工资	12 000.00	0.00
1	2021	02	0002	6602	计提当月工资	39 500.00	0.00
1	2021	02	0003	1601	购买长安汽车	129 310.34	0.00
1	2021	02	0003	2201	购买长安汽车	0.00	146 120.68
1	2021	02	0003	2221	购买长安汽车	16 810.34	0.00
1	2021	02	0004	1702	摊销无形资产	0.00	2 000.00
1	2021	02	0004	6602	摊销无形资产	2 000.00	0.00
1	2021	02	0005	1602	计提上月购买的计算机固定资产折旧	0.00	790.00
1	2021	02	0005	6602	计提上月购买的计算机固定资产折旧	790.00	0.00
1	2021	02	0006	2231	计提短期借款利息	0.00	2 500.00
1	2021	02	0006	6603	计提短期借款利息	2 500.00	0.00
1	2021	02	0007	1002	用银行存款支付员工薪酬	0.00	51 500.00
1	2021	02	0007	2211	用银行存款支付员工薪酬	51 500.00	0.00
1	2021	02	0008	1002	采购商品[3002]	0.00	268 064.00
1	2021	02	0008	1405	采购商品[3002]	237 224.78	0.00
1	2021	02	0008	2221	采购商品[3002]	30 839.22	0.00
1	2021	02	0009	1002	采购商品[1002]	0.00	308 600.00
1	2021	02	0009	1405	采购商品[1002]	273 097.35	0.00
1	2021	02	0009	2221	采购商品[1002]	35 502.65	0.00
1	2021	02	0010	1002	采购商品[1001]	0.00	46 560.00
1	2021	02	0010	1405	采购商品[1001]	41 203.54	0.00
1	2021	02	0010	2221	采购商品[1001]	5 356.46	0.00
1	2021	02	0011	1002	采购商品[2001]	0.00	536 950.00
1	2021	02	0011	1405	采购商品[2001]	475 176.99	0.00
1	2021	02	0011	2221	采购商品[2001]	61 773.01	0.00
1	2021	02	0012	1002	采购商品[2002]	0.00	334 150.00
1	2021	02	0012	1405	采购商品[2002]	295 707.96	0.00
1	2021	02	0012	2221	采购商品[2002]	38 442.04	0.00
1	2021	02	0013	1002	采购商品[3001]	0.00	83 268.00
1	2021	02	0013	1405	采购商品[3001]	73 688.50	0.00
1	2021	02	0013	2221	采购商品[3001]	9 579.50	0.00
1	2021	02	0014	1002	采购商品[1002]	0.00	385 750.00
1	2021	02	0014	1405	采购商品[1002]	341 371.68	0.00
1	2021	02	0014	2221	采购商品[1002]	44 378.32	0.00
1	2021	02	0015	1002	采购商品[3002]	0.00	98 880.00
1	2021	02	0015	1405	采购商品[3002]	87 504.42	0.00
1	2021	02	0015	2221	采购商品[3002]	11 375.58	0.00
1	2021	02	0016	1002	采购商品[1001]	0.00	31 040.00

续表

账套号	年会计期间	月会计期间	凭证号	科目编码	摘要	借方金额	贷方金额
1	2021	02	0016	1405	采购商品[1001]	27 469.03	0.00
1	2021	02	0016	2221	采购商品[1001]	3 570.97	0.00
1	2021	02	0017	1002	采购商品[3002]	0.00	155 845.00
1	2021	02	0017	1405	采购商品[3002]	137 915.93	0.00
1	2021	02	0017	2221	采购商品[3002]	17 929.07	0.00
1	2021	02	0018	1002	采购商品[1002]	0.00	259 069.80
1	2021	02	0018	1405	采购商品[1002]	229 265.31	0.00
1	2021	02	0018	2221	采购商品[1002]	29 804.49	0.00
1	2021	02	0019	1002	采购商品[2001]	0.00	596 640.00
1	2021	02	0019	1405	采购商品[2001]	528 000.00	0.00
1	2021	02	0019	2221	采购商品[2001]	68 640.00	0.00
1	2021	02	0020	1002	采购商品[2002]	0.00	211 287.00
1	2021	02	0020	1405	采购商品[2002]	186 979.65	0.00
1	2021	02	0020	2221	采购商品[2002]	24 307.35	0.00
1	2021	02	0021	1002	采购商品[3002]	0.00	198 369.60
1	2021	02	0021	1405	采购商品[3002]	175 548.32	0.00
1	2021	02	0021	2221	采购商品[3002]	22 821.28	0.00
1	2021	02	0022	1002	采购商品[3001]	0.00	54 608.00
1	2021	02	0022	1405	采购商品[3001]	48 325.66	0.00
1	2021	02	0022	2221	采购商品[3001]	6 282.34	0.00
1	2021	02	0023	1002	销售商品[2002]	289 736.10	0.00
1	2021	02	0023	2221	销售商品[2002]	0.00	33 332.47
1	2021	02	0023	6001	销售商品[2002]	0.00	256 403.63
1	2021	02	0024	1405	结转商品[2002]的销售成本	0.00	174 103.50
1	2021	02	0024	6401	结转商品[2002]的销售成本	174 103.50	0.00
1	2021	02	0025	1002	销售商品[1001]	33 450.00	0.00
1	2021	02	0025	2221	销售商品[1001]	0.00	3 848.23
1	2021	02	0025	6001	销售商品[1001]	0.00	29 601.77
1	2021	02	0026	1405	结转商品[1001]的销售成本	0.00	20 601.75
1	2021	02	0026	6401	结转商品[1001]的销售成本	20 601.75	0.00
1	2021	02	0027	1002	销售商品[3001]	108 180.45	0.00
1	2021	02	0027	2221	销售商品[3001]	0.00	12 445.54
1	2021	02	0027	6001	销售商品[3001]	0.00	95 734.91
1	2021	02	0028	1405	结转商品[3001]的销售成本	0.00	83 589.80
1	2021	02	0028	6401	结转商品[3001]的销售成本	83 589.80	0.00
1	2021	02	0029	1002	销售商品[2002]	119 190.00	0.00
1	2021	02	0029	2221	销售商品[2002]	0.00	13 712.12
1	2021	02	0029	6001	销售商品[2002]	0.00	105 477.88
1	2021	02	0030	1405	结转商品[2002]的销售成本	0.00	58 034.50

续表

账套号	年会计期间	月会计期间	凭证号	科目编码	摘要	借方金额	贷方金额
1	2021	02	0030	6401	结转商品[2002]的销售成本	58 034.50	0.00
1	2021	02	0031	1002	销售商品[3002]	222 796.00	0.00
1	2021	02	0031	2221	销售商品[3002]	0.00	25 631.40
1	2021	02	0031	6001	销售商品[3002]	0.00	197 164.60
1	2021	02	0032	1405	结转商品[3002]的销售成本	0.00	158 136.16
1	2021	02	0032	6401	结转商品[3002]的销售成本	158 136.16	0.00
1	2021	02	0033	1002	销售商品[2001]	380 780.00	0.00
1	2021	02	0033	2221	销售商品[2001]	0.00	43 806.55
1	2021	02	0033	6001	销售商品[2001]	0.00	336 973.45
1	2021	02	0034	1405	结转商品[2001]的销售成本	0.00	180 812.00
1	2021	02	0034	6401	结转商品[2001]的销售成本	180 812.00	0.00
1	2021	02	0035	1002	销售商品[3001]	32 050.00	0.00
1	2021	02	0035	2221	销售商品[3001]	0.00	3 687.17
1	2021	02	0035	6001	销售商品[3001]	0.00	28 362.83
1	2021	02	0036	1405	结转商品[3001]的销售成本	0.00	23 882.80
1	2021	02	0036	6401	结转商品[3001]的销售成本	23 882.80	0.00
1	2021	02	0037	1002	销售商品[1001]	58 292.50	0.00
1	2021	02	0037	2221	销售商品[1001]	0.00	6 706.22
1	2021	02	0037	6001	销售商品[1001]	0.00	51 586.28
1	2021	02	0038	1405	结转商品[1001]的销售成本	0.00	34 336.25
1	2021	02	0038	6401	结转商品[1001]的销售成本	34 336.25	0.00
1	2021	02	0039	1002	销售商品[1002]	261 960.00	0.00
1	2021	02	0039	2221	销售商品[1002]	0.00	30 136.99
1	2021	02	0039	6001	销售商品[1002]	0.00	231 823.01
1	2021	02	0040	1405	结转商品[1002]的销售成本	0.00	205 690.80
1	2021	02	0040	6401	结转商品[1002]的销售成本	205 690.80	0.00
1	2021	02	0041	1002	销售商品[3002]	185 032.80	0.00
1	2021	02	0041	2221	销售商品[3002]	0.00	21 286.96
1	2021	02	0041	6001	销售商品[3002]	0.00	163 745.84
1	2021	02	0042	1405	结转商品[3002]的销售成本	0.00	127 073.70
1	2021	02	0042	6401	结转商品[3002]的销售成本	127 073.70	0.00
1	2021	02	0043	1002	销售商品[1002]	477 774.00	0.00
1	2021	02	0043	2221	销售商品[1002]	0.00	54 965.15
1	2021	02	0043	6001	销售商品[1002]	0.00	422 808.85
1	2021	02	0044	1405	结转商品[1002]的销售成本	0.00	377 099.80
1	2021	02	0044	6401	结转商品[1002]的销售成本	377 099.80	0.00
1	2021	02	0045	1002	销售商品[2002]	238 154.00	0.00
1	2021	02	0045	2221	销售商品[2002]	0.00	27 398.25
1	2021	02	0045	6001	销售商品[2002]	0.00	210 755.75

续表

账套号	年会计期间	月会计期间	凭证号	科目编码	摘要	借方金额	贷方金额
1	2021	02	0046	1405	结转商品[2002]的销售成本	0.00	116 069.00
1	2021	02	0046	6401	结转商品[2002]的销售成本	116 069.00	0.00
1	2021	02	0047	1002	销售商品[2001]	1 188 220.00	0.00
1	2021	02	0047	2221	销售商品[2001]	0.00	136 697.88
1	2021	02	0047	6001	销售商品[2001]	0.00	1 051 522.12
1	2021	02	0048	1405	结转商品[2001]的销售成本	0.00	497 233.00
1	2021	02	0048	6401	结转商品[2001]的销售成本	497 233.00	0.00
1	2021	02	0049	1002	销售商品[3001]	64 054.80	0.00
1	2021	02	0049	2221	销售商品[3001]	0.00	7 369.14
1	2021	02	0049	6001	销售商品[3001]	0.00	56 685.66
1	2021	02	0050	1405	结转商品[3001]的销售成本	0.00	47 765.60
1	2021	02	0050	6401	结转商品[3001]的销售成本	47 765.60	0.00
1	2021	02	0051	1002	销售商品[1001]	41 970.60	0.00
1	2021	02	0051	2221	销售商品[1001]	0.00	4 828.48
1	2021	02	0051	6001	销售商品[1001]	0.00	37 142.12
1	2021	02	0052	1405	结转商品[1001]的销售成本	0.00	24 722.10
1	2021	02	0052	6401	结转商品[1001]的销售成本	24 722.10	0.00
1	2021	02	0053	1002	销售商品[3002]	122 745.00	0.00
1	2021	02	0053	2221	销售商品[3002]	0.00	14 121.11
1	2021	02	0053	6001	销售商品[3002]	0.00	108 623.89
1	2021	02	0054	1405	结转商品[3002]的销售成本	0.00	84 715.80
1	2021	02	0054	6401	结转商品[3002]的销售成本	84 715.80	0.00
1	2021	02	0055	1002	销售商品[3002]	102 796.00	0.00
1	2021	02	0055	2221	销售商品[3002]	0.00	11 826.09
1	2021	02	0055	6001	销售商品[3002]	0.00	90 969.91
1	2021	02	0056	1405	结转商品[3002]的销售成本	0.00	70 596.50
1	2021	02	0056	6401	结转商品[3002]的销售成本	70 596.50	0.00
1	2021	02	0057	1002	销售商品[3001]	32 276.00	0.00
1	2021	02	0057	2221	销售商品[3001]	0.00	3 713.17
1	2021	02	0057	6001	销售商品[3001]	0.00	28 562.83
1	2021	02	0058	1405	结转商品[3001]的销售成本	0.00	23 882.80
1	2021	02	0058	6401	结转商品[3001]的销售成本	23 882.80	0.00
1	2021	02	0059	1002	销售商品[1002]	219 995.00	0.00
1	2021	02	0059	2221	销售商品[1002]	0.00	25 309.16
1	2021	02	0059	6001	销售商品[1002]	0.00	194 685.84
1	2021	02	0060	1405	结转商品[1002]的销售成本	0.00	171 409.00
1	2021	02	0060	6401	结转商品[1002]的销售成本	171 409.00	0.00
1	2021	02	0061	1002	销售商品[2001]	605 070.00	0.00
1	2021	02	0061	2221	销售商品[2001]	0.00	69 609.82

续表

账套号	年会计期间	月会计期间	凭证号	科目编码	摘　　要	借方金额	贷方金额
1	2021	02	0061	6001	销售商品[2001]	0.00	535 460.18
1	2021	02	0062	1405	结转商品[2001]的销售成本	0.00	271 218.00
1	2021	02	0062	6401	结转商品[2001]的销售成本	271 218.00	0.00
1	2021	02	0063	1002	销售商品[3002]	41 118.40	0.00
1	2021	02	0063	2221	销售商品[3002]	0.00	4 730.44
1	2021	02	0063	6001	销售商品[3002]	0.00	36 387.96
1	2021	02	0064	1405	结转商品[3002]的销售成本	0.00	28 238.60
1	2021	02	0064	6401	结转商品[3002]的销售成本	28 238.60	0.00
1	2021	02	0065	4103	结转本年利润	0.00	4 270 479.31
1	2021	02	0065	6001	结转本年利润	4 270 479.31	0.00
1	2021	02	0066	4103	结转本年利润	2 836 001.46	0.00
1	2021	02	0066	6401	结转本年利润	0.00	2 779 211.46
1	2021	02	0066	6601	结转本年利润	0.00	12 000.00
1	2021	02	0066	6602	结转本年利润	0.00	42 290.00
1	2021	02	0066	6603	结转本年利润	0.00	2 500.00
1	2021	02	0067	2221	计提所得税费用	0.00	358 619.46
1	2021	02	0067	6801	计提所得税费用	358 619.46	0.00
1	2021	02	0068	4103	结转本年利润	358 619.46	0.00
1	2021	02	0068	6801	结转本年利润	0.00	358 619.46
1	2021	02	0069	4103	结转本年利润	1 075 858.39	0.00
1	2021	02	0069	4104	结转本年利润	0.00	1 075 858.39
1	2021	03	0001	2211	计提当月工资	0.00	51 500.00
1	2021	03	0001	6601	计提当月工资	12 000.00	0.00
1	2021	03	0001	6602	计提当月工资	39 500.00	0.00
1	2021	03	0002	1702	摊销无形资产	0.00	2 000.00
1	2021	03	0002	6602	摊销无形资产	2 000.00	0.00
1	2021	03	0003	1602	计提固定资产折旧	0.00	974.84
1	2021	03	0003	6602	计提固定资产折旧	974.84	0.00
1	2021	03	0004	2231	计提短期借款利息	0.00	2 500.00
1	2021	03	0004	6603	计提短期借款利息	2 500.00	0.00
1	2021	03	0005	1002	用银行存款支付员工薪酬	0.00	51 500.00
1	2021	03	0005	2211	用银行存款支付员工薪酬	51 500.00	0.00
1	2021	03	0006	1002	采购商品[1001]	0.00	49 950.00
1	2021	03	0006	1405	采购商品[1001]	44 203.54	0.00
1	2021	03	0006	2221	采购商品[1001]	5 746.46	0.00
1	2021	03	0007	1002	采购商品[1002]	0.00	82 348.00
1	2021	03	0007	1405	采购商品[1002]	72 874.34	0.00
1	2021	03	0007	2221	采购商品[1002]	9 473.66	0.00
1	2021	03	0008	1002	采购商品[2001]	0.00	372 510.00

续表

账套号	年会计期间	月会计期间	凭证号	科目编码	摘要	借方金额	贷方金额
1	2021	03	0008	1405	采购商品[2001]	329 654.87	0.00
1	2021	03	0008	2221	采购商品[2001]	42 855.13	0.00
1	2021	03	0009	1002	销售商品[2001]	212 594.00	0.00
1	2021	03	0009	2221	销售商品[2001]	0.00	24 457.72
1	2021	03	0009	6001	销售商品[2001]	0.00	188 136.28
1	2021	03	0010	1405	结转商品[2001]的销售成本	0.00	99 396.30
1	2021	03	0010	6401	结转商品[2001]的销售成本	99 396.30	0.00
1	2021	03	0011	1002	销售商品[1002]	44 225.00	0.00
1	2021	03	0011	2221	销售商品[1002]	0.00	5 087.83
1	2021	03	0011	6001	销售商品[1002]	0.00	39 137.17
1	2021	03	0012	1405	结转商品[1002]的销售成本	0.00	35 143.90
1	2021	03	0012	6401	结转商品[1002]的销售成本	35 143.90	0.00
1	2021	03	0013	1002	销售商品[1001]	34 975.50	0.00
1	2021	03	0013	2221	销售商品[1001]	0.00	4 023.73
1	2021	03	0013	6001	销售商品[1001]	0.00	30 951.77
1	2021	03	0014	1405	结转商品[1001]的销售成本	0.00	21 817.95
1	2021	03	0014	6401	结转商品[1001]的销售成本	21 817.95	0.00
1	2021	03	0015	1002	销售商品[1001]	41 970.60	0.00
1	2021	03	0015	2221	销售商品[1001]	0.00	4 828.48
1	2021	03	0015	6001	销售商品[1001]	0.00	37 142.12
1	2021	03	0016	1405	结转商品[1001]的销售成本	0.00	26 181.54
1	2021	03	0016	6401	结转商品[1001]的销售成本	26 181.54	0.00
1	2021	03	0017	1002	销售商品[1002]	22 395.00	0.00
1	2021	03	0017	2221	销售商品[1002]	0.00	2 576.42
1	2021	03	0017	6001	销售商品[1002]	0.00	19 818.58
1	2021	03	0018	1405	结转商品[1002]的销售成本	0.00	17 571.95
1	2021	03	0018	6401	结转商品[1002]的销售成本	17 571.95	0.00
1	2021	03	0019	1002	销售商品[2001]	111 410.00	0.00
1	2021	03	0019	2221	销售商品[2001]	0.00	12 817.08
1	2021	03	0019	6001	销售商品[2001]	0.00	98 592.92
1	2021	03	0020	1405	结转商品[2001]的销售成本	0.00	49 698.15
1	2021	03	0020	6401	结转商品[2001]的销售成本	49 698.15	0.00
1	2021	03	0021	1002	销售商品[1002]	87 998.00	0.00
1	2021	03	0021	2221	销售商品[1002]	0.00	10 123.66
1	2021	03	0021	6001	销售商品[1002]	0.00	77 874.34
1	2021	03	0022	1405	结转商品[1002]的销售成本	0.00	70 287.80

续表

账套号	年会计期间	月会计期间	凭证号	科目编码	摘要	借方金额	贷方金额
1	2021	03	0022	6401	结转商品[1002]的销售成本	70 287.80	0.00
1	2021	03	0023	1002	销售商品[3002]	41 118.40	0.00
1	2021	03	0023	2221	销售商品[3002]	0.00	4 730.44
1	2021	03	0023	6001	销售商品[3002]	0.00	36 387.96
1	2021	03	0024	1405	结转商品[3002]的销售成本	0.00	28 238.60
1	2021	03	0024	6401	结转商品[3002]的销售成本	28 238.60	0.00
1	2021	03	0025	1002	销售商品[2001]	178 075.20	0.00
1	2021	03	0025	2221	销售商品[2001]	0.00	20 486.53
1	2021	03	0025	6001	销售商品[2001]	0.00	157 588.67
1	2021	03	0026	1405	结转商品[2001]的销售成本	0.00	79 517.04
1	2021	03	0026	6401	结转商品[2001]的销售成本	79 517.04	0.00
1	2021	03	0027	4103	结转本年利润	0.00	685 629.81
1	2021	03	0027	6001	结转本年利润	685 629.81	0.00
1	2021	03	0028	4103	结转本年利润	484 828.07	0.00
1	2021	03	0028	6401	结转本年利润	0.00	427 853.23
1	2021	03	0028	6601	结转本年利润	0.00	12 000.00
1	2021	03	0028	6602	结转本年利润	0.00	42 474.84
1	2021	03	0028	6603	结转本年利润	0.00	2 500.00
1	2021	03	0029	2221	计提所得税费用	0.00	50 200.44
1	2021	03	0029	6801	计提所得税费用	50 200.44	0.00
1	2021	03	0030	4103	结转本年利润	50 200.44	0.00
1	2021	03	0030	6801	结转本年利润	0.00	50 200.44
1	2021	03	0031	4103	结转本年利润	150 601.30	0.00
1	2021	03	0031	4104	结转本年利润	0.00	150 601.30

4. 账表

（1）科目余额表

参见课件中的案例资料4。

（2）明细账表

参见课件中的案例资料4。

5. 报表

（1）资产负债表

参见课件中的案例资料4。

（2）利润表

参见课件中的案例资料4。

6. 账务指标统计表

参见课件中的案例资料4。

思考题

1. 根据自己的喜好，选择三类商品，分别确定每个商品的编码、名称、种类、规格型号、计量单位、单价、供应商，编制三个月的采购单、销售单。计算商品库存表、成本单价表、进销存数量月报表、进销存金额月报表。（注：可以默认所有商品的期初库存、期初金额为0。）

2. 在第一题的基础上，确定自己的账套信息，选择行业为商品流通企业，本位币为人民币，会计期间数为12，且取年度自然月份；确定账套使用的会计科目；编制三个月的日常会计业务，其中与采购、销售业务相关的会计凭证数据均来自第一题的数据。计算会计科目余额表、明细账表、资产负债表和利润表。（注：可以默认所有会计科目期初余额为0。）

第 2 章 会计信息系统分析

【学习目的】

了解会计信息系统分析的主要任务，理解管理业务流程分析、数据处理流程分析、数据字典的作用及内容，了解会计信息系统功能分析的主要内容。

能根据会计业务绘制业务流程图、数据处理流程图并编写数据字典，分析系统功能。

【教学案例】

以会计信息系统中最重要的账务处理系统、进销存系统为例，设计会计信息系统原型案例，并以此分析其业务处理流程、数据处理流程、数据字典、功能结构、E-R 图、数据库设计等内容。

【案例 02-1】进销存系统业务处理流程。
【案例 02-2】手工日常账务业务处理流程。
【案例 02-3】计算机日常账务业务处理流程。
【案例 02-4】进销存系统数据处理流程。
【案例 02-5】账务处理系统数据处理流程。
【案例 02-6】进销存系统数据字典。
【案例 02-7】账务处理系统数据字典。
【案例 02-8】进销存系统功能分析。
【案例 02-9】账务处理系统功能分析。

2.1 会计信息系统概述

2.1.1 会计信息收集、处理与输出

信息技术是扩展人类信息器官功能的技术统称。信息技术包括感测技术、通信技术和计算机技术，其作用和目的如图 2-1 所示。信息技术极大地扩展和延伸了人的感觉、信息传输和思维器官功能，在信息的采集、存储、处理、分析及传输方面，突破了人自身能力的限制。信息技术的应用，实现了人与机器的共存，提高了信息处理效率。

```
                    ┌──────────┐
                    │ 信息技术 │
                    └────┬─────┘
        ┌────────────────┼────────────────┐
   ┌─────────┐      ┌─────────┐      ┌───────────┐
   │ 感测技术│      │ 通信技术│      │ 计算机技术│
   └─────────┘      └─────────┘      └───────────┘
```

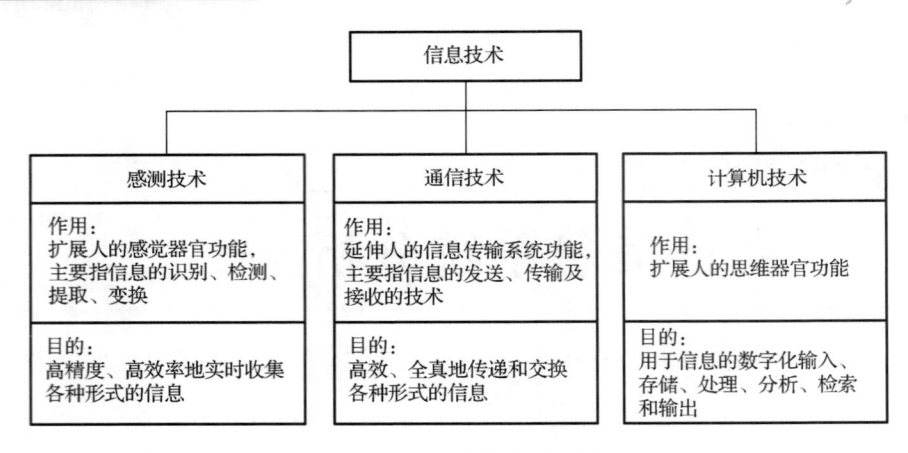

作用：
扩展人的感觉器官功能，主要指信息的识别、检测、提取、变换

作用：
延伸人的信息传输系统功能，主要指信息的发送、传输及接收的技术

作用：
扩展人的思维器官功能

目的：
高精度、高效率地实时收集各种形式的信息

目的：
高效、全真地传递和交换各种形式的信息

目的：
用于信息的数字化输入、存储、处理、分析、检索和输出

图 2-1　信息技术的作用和目的

信息技术在会计领域的应用，使得会计系统成为一个全新的对会计数据进行收集、加工、处理和存储的会计信息系统。许多在手工处理中难以解决或者相当烦琐的会计问题在信息化环境中迎刃而解。同时，信息技术的深入应用也给会计学科带来了深刻影响，这不仅表现在数据处理工具和信息载体的巨大变革中，还表现在对会计核算方法、会计理论等方面的冲击与挑战。

会计信息系统是企业信息系统中的一个重要子系统，它以提供会计信息为目的，是一种面向会计信息处理和会计管理活动、完成会计反映和控制职能的系统。会计信息系统是利用信息技术对会计信息进行采集、存储和处理，以完成会计核算任务，并提供为进行会计管理、分析、决策所用的辅助信息的信息系统。它由计算机软硬件、数据文件、会计人员和会计信息系统的运行规程所组成。

会计的核算职能体现为对信息的某种作用，其各项活动对信息的作用如图 2-2 所示。

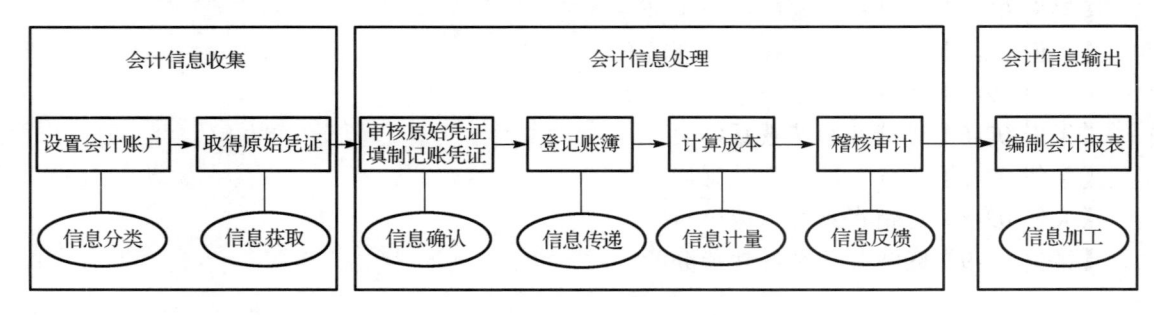

图 2-2　会计的各项活动对信息的作用

在会计信息系统中，会计信息处于核心地位，从会计信息的收集、处理到输出，最终传递给决策者和使用者，都是一个信息流动的过程。在这个过程中，始终伴随着对会计活动的管理与控制。

1．会计信息收集

会计信息是指按一定要求加工处理后的会计数据。只有将会计数据经过加工生成会计信息后才能满足管理的需要，为管理者所用。

会计信息收集，实际上是根据会计工作目的分类汇集原始会计数据的过程。随着信息技术的发展，实现业务财务一体化后，会计信息收集已成为管理信息系统的一部分。会计信息收集不再局限于会计核算，而更多趋向于会计管理、决策等多个方面。

2．会计信息处理

会计信息处理从手工处理发展到利用计算机、网络等信息技术进行处理，给会计操作技术和信息处理方式带来了重大变革。这种变革对会计理论和会计实务提出了一系列新课题，在推动会计自身发展和变革的同时，也促进了会计信息化进一步完善和发展。

现代会计信息处理是指应用信息技术对会计数据进行提取确认、传递存储、计量、反馈的过程，主要表现为用计算机代替人工记账、算账和报账，以及替代部分在手工环境下由人工完成的对会计信息的分析、判断。现代会计信息处理在引起了会计系统内在的变化和强化了系统的职能的同时，也提高了会计工作和会计信息的质量。现代会计信息处理的特点如表 2-1 所示。

表 2-1 现代会计信息处理的特点

特　点	说　明
以计算机为计算工具，数据处理代码化、速度快、精度高	通过用计算机替代人工来记录和处理会计数据，对系统原始数据采用编码的方式，以压缩数据项的长度，减少数据占用的存储空间，从而提高了会计数据处理的速度和精度
数据处理人机结合，系统内部控制程序化、复杂化	现代会计信息处理虽然以计算机为计算工具，但整个信息处理过程仍为计算机与人工的结合。计算机对数据的处理是通过程序来进行的，系统内部控制方式均要求程序化，如采用密码控制程序对操作权限进行限制，对重要数据进行加密处理，采用校验程序验证借贷金额是否相等。同时，期末账项调整和结账均可自动进行，并在相应工作完成后自动生成各种凭证 数据处理的人机结合和系统内部控制的程序化，使得系统控制复杂化。其控制点由对人的控制转为对人机两方面的控制，控制的内容涉及人员分工、职能分离和计算机系统数据及安全的维护
数据处理自动化，业财处理一体化	现代会计信息处理过程分为输入、处理和输出三个环节；将分散在各个核算岗位的业务数据收集后输入计算机，计算机对输入数据自动进行凭证生成、凭证处理和账表计算，使用者可以查询、输出各类账表
信息处理规范化，会计档案存储电子化	现代会计信息处理要求建立规范化的会计基础工作，会计数据处理要严格按规范化的程序进行。在会计信息系统中，各种会计数据以文件的形式存储在计算机的存储器中，存储介质成为保存会计信息和会计档案的主要载体
增强了系统的预测和辅助决策功能	充分利用计算机的处理功能，在系统分析、设计与开发中运用数学模型、运筹学、机器学习、人工智能等方法，可以极大地增强会计信息系统的预测和辅助决策功能

3．会计信息输出

一个完整的会计信息系统，不仅需要有灵活、方便、正确的输入方式和功能齐全的数据处理功能，还必须提供一个完善、方便的输出系统。

会计信息系统的输出方式包括显示输出、打印输出和文件输出。显示输出的特点是速度快、成本低，但输出的会计数据的应用局限于会计信息系统内部，不易交流。打印输出的特点是速度慢、成本高，适用于输出必须打印的情况。文件输出的特点是速度快、成本较低，易于转换，但不直观，存储介质易损坏，安全性较差。

随着声音、图像等多媒体技术的应用，会计数据的表现形式越来越丰富。随着会计信息系统数据接口的标准化，文件输出将越来越重要。没有必要打印的内容，如原始凭证、大多数记账凭证、会计账簿等，可以以文件形式存储在存储介质中，需要时可调用会计软件的显示输出功能进行查询。

2.1.2 会计信息系统的基本功能

1. 技术处理角度

从技术处理角度，会计信息系统的基本功能包括输入、处理与输出功能，如图 2-3 所示。

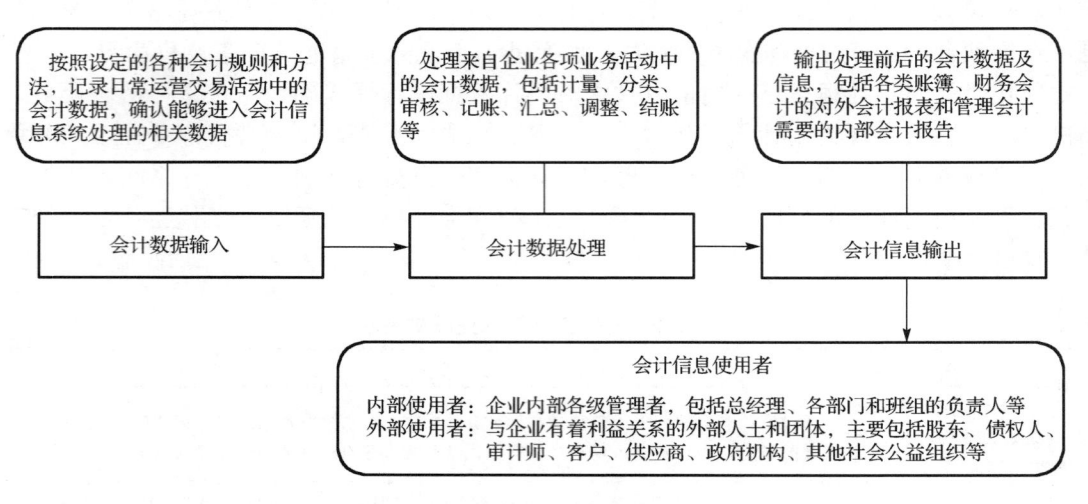

```
按照设定的各种会计规则和方          处理来自企业各项业务活动中          输出处理前后的会计数据及
法，记录日常运营交易活动中的        的会计数据，包括计量、分类、        信息，包括各类账簿、财务会
会计数据，确认能够进入会计信        审核、记账、汇总、调整、结账        计的对外会计报表和管理会计
息系统处理的相关数据                等                                  需要的内部会计报告

        会计数据输入       →        会计数据处理       →        会计信息输出
                                                                        ↓
                                    会计信息使用者
                        内部使用者：企业内部各级管理者，包括总经理、各部门和班组的负责人等
                        外部使用者：与企业有着利益关系的外部人士和团体，主要包括股东、债权人、
                                    审计师、客户、供应商、政府机构、其他社会公益组织等
```

图 2-3　会计信息系统的基本功能

2. 业务处理角度

从业务处理角度，会计信息系统由各个核算子系统构成，其总体结构图如图 2-4 所示。

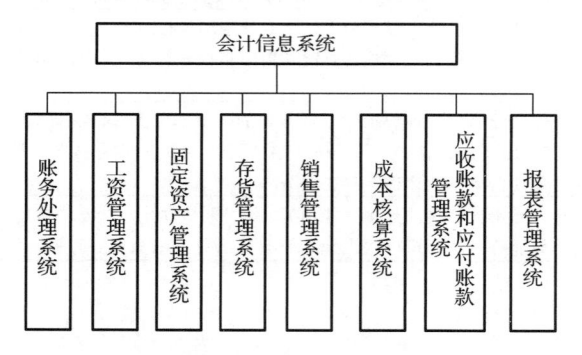

```
                          会计信息系统
   ┌────┬────┬────┬────┬────┬────┬────┐
  账务  工资  固定  存货  销售  成本  应收账款  报表
  处理  管理  资产  管理  管理  核算  和应付账款 管理
  系统  系统  管理  系统  系统  系统  管理系统   系统
              系统
```

图 2-4　会计信息系统的总体结构图

会计信息系统各主要子系统的功能说明如表 2-2 所示。

表 2-2　会计信息系统各子系统的功能说明

子　系　统	功　能　说　明
账务处理系统	完成全部记账凭证的增加、删除、修改、审核、记账、对账和结账，生成日记账、总账及除各子系统生成的明细账以外的所有明细账；为编制各类会计报表和财务分析报表等准备数据；一般还具备银行对账和往来账管理以及部门核算和项目核算的功能
工资管理系统	完成工资的计算、工资费用的汇总和分配、计税、生成相应记账凭证，有的还具有考勤管理、业绩计算等功能

续表

子 系 统	功 能 说 明
固定资产管理系统	完成固定资产卡片管理、固定资产增减变动核算、折旧的计提和分配、生成相应记账凭证
存货管理系统	完成存货购进的核算、货款的支付、存货的入库、存货收发结存的核算,自动编制材料费用分配记账凭证,自动计算和分配材料成本差异等
销售管理系统	销售管理系统一般要与存货中的产成品核算相联系,实现对销售收入、销售费用、销售税金、销售利润的核算,生成相应记账凭证
成本核算系统	完成各种费用的归集和分配,计算产品的单位成本和总成本,并为成本管理和利润核算提供相应的成本数据
应收账款和应付账款管理系统	完成应收账款和应付账款的记录、冲销、报告及分析预测。应收账款系统也可和销售系统合并为一个子系统,应付账款系统也可和存货核算系统合并为一个子系统
报表管理系统	报表管理系统可以定义常用的会计和财务分析报表,也可按用户需求定义各种内部报表

2.1.3　会计信息系统各子系统间的数据联系

会计信息系统各子系统间的数据联系如图 2-5 所示。

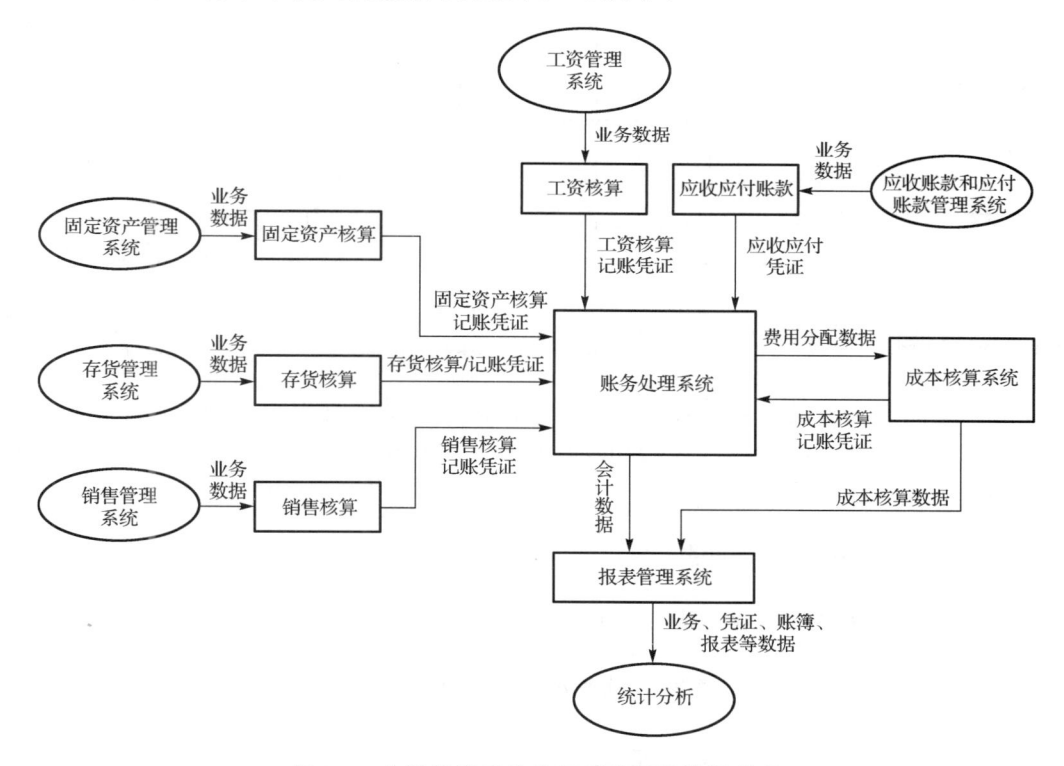

图 2-5　会计信息系统各子系统间的数据联系

业务数据进入相应的核算处理系统,各个子系统之间的数据流主要是各类记账凭证,如工资管理系统、固定资产管理系统、存货管理系统、销售管理系统向账务处理系统传递与各自核算有关的记账凭证;由账务处理系统进行记账、结账等数据处理,并将有关的成本数据提供给成本核算系统;成本核算系统在完成成本核算后,将费用归集与分配的结果以记账凭证的方式传递给账务处理系统;账务处理系统完成最终的账簿输出、报表编制和统计分析。各子系统间的数据联系如表 2-3 所示。

表 2-3 会计信息系统各子系统的数据联系

输出数据子系统	接收数据子系统						
	①账务处理系统	②工资管理系统	③固定资产管理系统	④存货及应付账款管理系统	⑤销售及应收账款管理系统	⑥成本核算系统	⑦报表管理系统
①账务处理系统					销售费用、预收货款等	费用科目归集的费用发生额等	各科目的余额、发生额、累计发生额
②工资管理系统	工资费用分配结转凭证、职工福利费用分配结转凭证					工资费用分配表	职工工资、部门工资等
③固定资产管理系统	固定资产增减变动凭证、折旧费用计提分配凭证					折旧费用分配表	固定资产原值、折旧等
④存货及应付账款管理系统	材料费用分配凭证、差异分配凭证、采购数据及付款单等				费用分配表	材料费用汇总分配表、材料差异汇总分配表	存货数量、金额、进项税等
⑤销售及应收账款管理系统	利润分配与结转凭证、工厂成本转销售凭证、销售发票及收款单等						产品销售收入、销售成本、销售利润、各种税等
⑥成本核算系统	各种费用分配凭证、成品入库凭证				产品的单位成本和总成本		产品的实际单位成本和总成本、定额成本等
⑦报表管理系统							

2.2 业务处理流程分析

业务活动是对企业的一切专业工作和活动的总称。业务处理流程分析，应首先了解企业的组织结构和功能，绘制出组织结构及功能图，然后进一步分析企业的业务处理流程，绘制业务处理流程图。

2.2.1 业务处理流程调查

业务处理流程调查的内容如表 2-4 所示。

表 2-4 业务处理流程调查的内容

调查的内容	说 明
组织结构调查	组织结构调查通常是通过组织结构图来实现的，组织结构图是一张反映组织内部之间隶属关系的树状结构图
管理功能调查	管理功能调查是把组织内部各项管理业务功能用功能图来表现，它是进行数据处理流程分析、建立新系统的逻辑模型以及系统设计的基础
业务处理流程调查	在对系统的组织结构和功能进行分析时，需从一个实际业务流程的角度将系统调查中有关该业务流程的资料做进一步分析。业务处理流程调查就是在管理功能的基础上将业务细化，利用系统调查的资料将业务处理过程中的每一个步骤用一些简明的符号将其串联起来。业务流程调查可以帮助我们了解该业务的具体处理过程，发现和处理系统调查工作中的错误和疏漏，修改和删除原系统中不合理部分，在新系统基础上优化业务处理流程。业务处理流程通常用业务处理流程图来表示

2.2.2 业务处理流程图

业务处理流程图是用一些规定的符号来表示某个具体的业务处理过程，是一"本"用图形方式来反映实际业务处理过程的"流水账"。绘制业务流程图是分析业务流程的重要步骤，在绘制业务处理流程图时，基本上是按照业务的实际处理步骤和过程来绘制的。

业务处理流程图的基本图形符号如图 2-6 所示。用椭圆表示业务处理单位或个人，缺角的框表示业务处理过程中产生的各类单据、报表等，菱形表示判断，矢量连线表示数据处理与传递过程及与哪些部门发生业务关系。

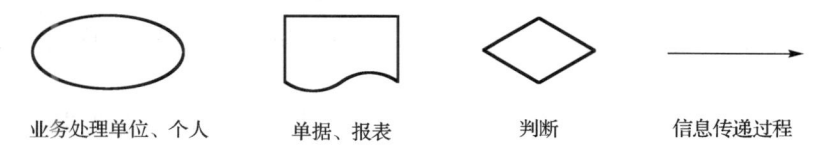

图 2-6 业务处理流程图的基本图形符号

业务处理流程图的绘制是根据系统详细调查过程中所得到的资料和问卷调查的结果，按业务实际处理过程将其绘制在一张图上。

2.2.3 业务处理流程分析案例

1. 进销存系统业务处理流程分析

我们以一个简单的进销存系统业务处理流程的分析为例，分析其业务处理流程。

【案例 02-1】进销存系统业务处理流程。

重庆旭日家电有限责任公司是一家商品流通企业，主要销售手机、计算机、相机产品，其进销存系统业务处理流程图如图 2-7 所示。

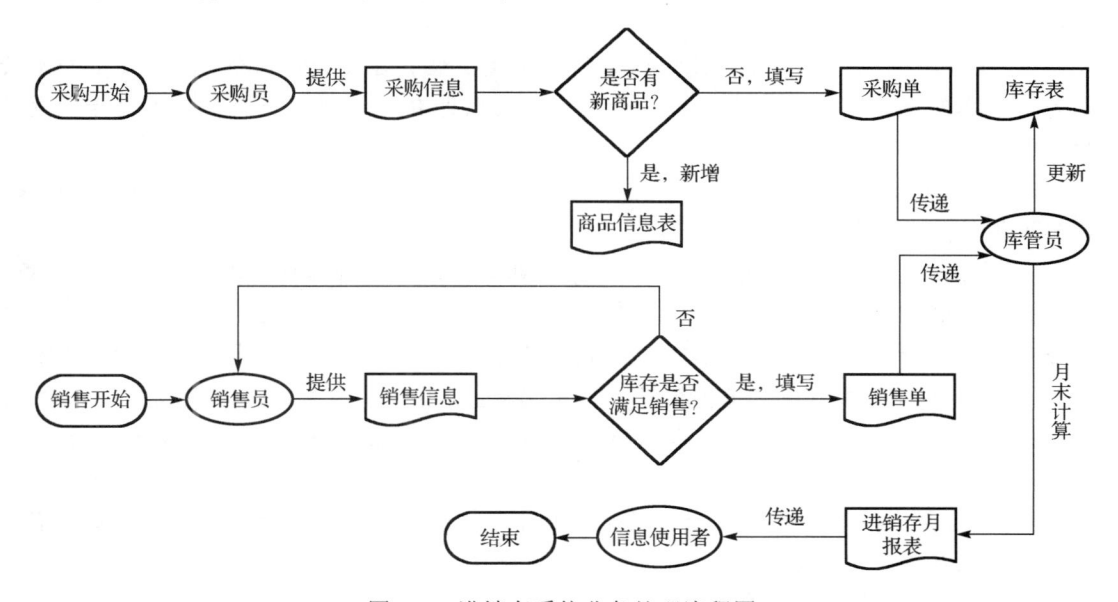

图 2-7 进销存系统业务处理流程图

进销存系统业务处理流程分析：

① 商品管理。输入商品信息，商品信息包含商品编码、商品名称、商品种类、规格型号、计量单位、价格、供应商。

② 商品采购。根据商品采购信息，判断是否为新商品，当是新商品时，需先输入商品信息，再输入采购单，否则，直接输入采购单。采购单数据包含单据号、日期、制单人、商品编码、数量、单价、金额、备注，并根据采购单中的商品数量，更新商品库存数量。

③ 商品销售。根据商品销售信息，查询商品库存，判断库存数量是否满足商品数量，当不满足时，销售人员需重新确定销售信息，否则，输入销售单。销售单数据包含单据号、日期、制单人、商品编码、数量、单价、金额、备注，并根据销售单中商品数量，更新商品库存数量。

④ 报表计算。月末，库管员计算商品的进销存月报表数据，信息使用者可以对相关数据进行查询。

2．账务处理系统业务处理流程分析

我们以账务处理系统业务处理流程的分析为例，分别分析其手工日常账务业务处理流程以及计算机日常账务业务处理流程。

【案例02-2】手工日常账务业务处理流程。

1．手工日常账务业务处理流程分析

(1)根据原始凭证编制记账凭证。日常经济业务发生时，业务人员把原始凭证提供给财务部门，由凭证输入人员根据原始凭证编制记账凭证。

(2)审核记账凭证。对凭证进行审核，如果审核通过，则对记账凭证作审核标记，否则，将审核未通过的凭证返还给凭证输入人员。

(3)登记日记账。出纳人员根据收款凭证和付款凭证，登记现金日记账和银行存款日记账。

(4)登记各类明细账。一般单位根据业务量的大小设置各类会计岗位，分别由多个财会人员登记多本明细账，如一个会计人员专门登记应收账款明细账，一个会计人员专门登记原材料明细账等。

(5)编制科目汇总表并登记总账。总账会计根据记账凭证定期汇总、编制科目汇总表，根据科目汇总表登记总分类账。

(6)月末处理。将本期所发生的经济业务全部登记入账，计算并结转本期成本和损益，结出本月各个科目的发生额和余额，并在此基础上编制会计报表。由于总账、日记账、明细账分别由多个财会人员登记，不可避免地会存在着一定的错误，因此，月末财会人员需要进行对账，做到账证相符、账实相符、账账相符。

(7)对账人员根据企业银行账和银行对账单中的银行业务进行对账，并编制余额调节表。

(8)查询与生成报表。根据现金日记账、银行存款日记账、明细账和总账编制管理者所需的会计报表和内部分析表。

2．手工日常账务业务处理流程图

手工日常账务业务处理流程图如图2-8所示。

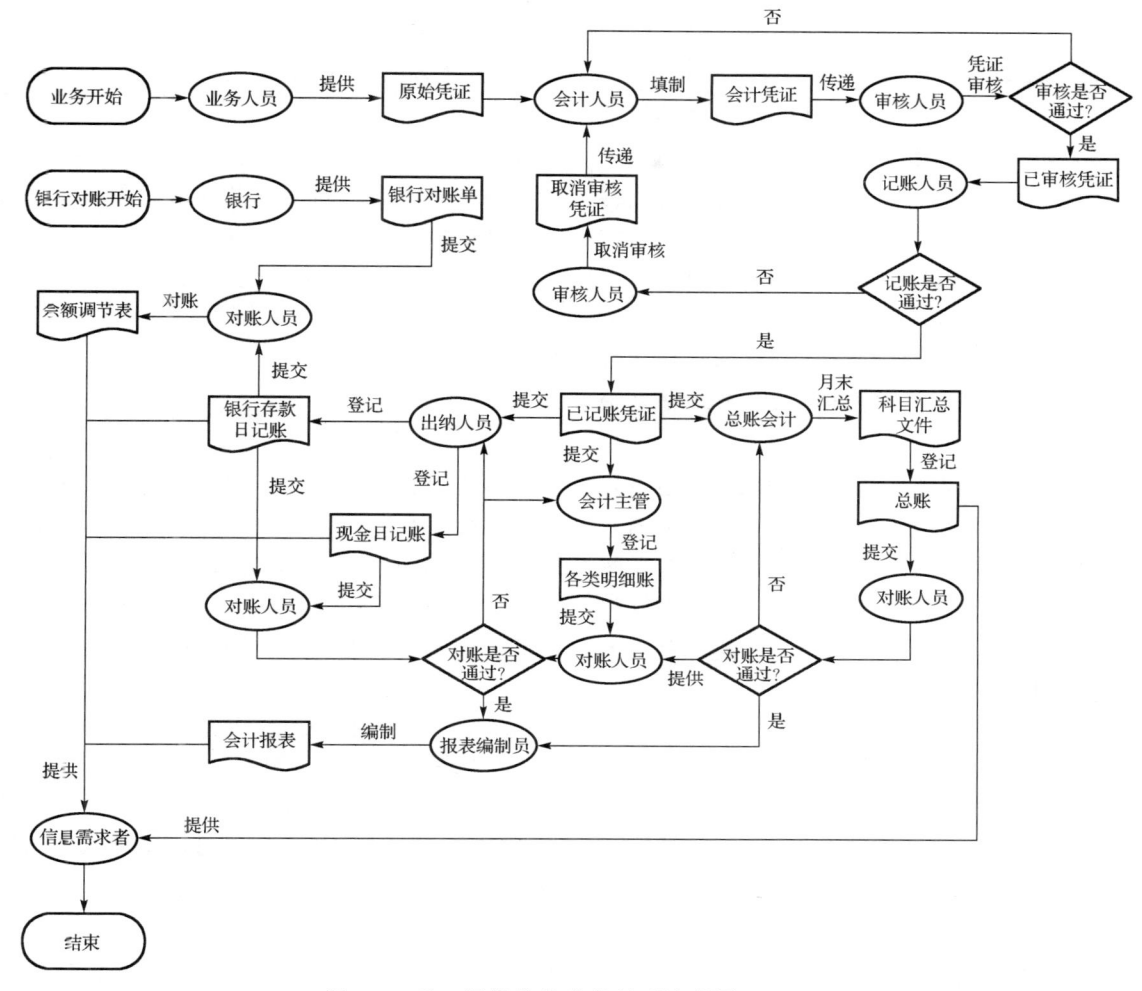

图 2-8 手工日常账务业务处理流程图

3. 手工日常账务业务处理流程的缺陷

由于手工账务处理流程中的每一个环节都需要通过人工处理或控制，这就决定了其"两低一高"的局限性，即：低速度、低效率及高差错率。

(1) 低速度，提供信息的时效性差

账务处理系统通过对经济业务数据进行加工处理，最终得到会计报表。会计报表是企业内部管理者、投资者及债权人了解企业财务状况和经营成果的重要参考，也是企业各利益主体进行决策的重要依据。但由于手工进行会计账务处理的工作量大，处理速度慢，因此，往往需要比较长的时间才能编制出各类会计报表，严重影响了会计信息的时效性，削弱了会计信息在企业决策中的作用。

(2) 低效率，处理数据的重复量大

会计报表数据来源于明细账和总账，而明细账和总账数据又来源于记账凭证，因此，从数据流角度看，把记账凭证上的数据加工成报表信息要通过明细账和总账两道程序，数据被多次转抄。同一数据的大量重复，不仅造成时间上的浪费，还容易导致数据不兼容。手工进行账务业务处理时常有账证不符、账实不符、账账不符的现象，这与数据被大量重复登记有直接关系。为了提高会计信息的及时性和可靠性，在其他条件不变的情况下，只能靠增加会计人员的劳动强度或增加会计人员数量的方法来实现。

(3) 高差错率，提供信息的准确性差

为发现和避免手工账务处理中的错误，人们在长期的会计实务中总结出一套有效的方法。如明细账和总账采用平行登记法，以便相互核对明细账和总账中的过账错误或计算错误；又如，在过账后一般在上面用铅笔加注"√"以防止重复记账。但无论会计人员的素质如何，在手工完成的从凭证编制到报表输出的诸多环节中，转抄或计算错误都难以完全避免。

【案例02-3】计算机日常账务业务处理流程。

【案例02-3-1】传统的计算机日常账务业务处理流程。

1. 计算机日常账务业务处理流程分析

(1) 初始化

在系统启用时由凭证输入人员将本单位的基础会计信息(如企业基本信息档案、科目编码和名称、期初余额、客户档案、供应商档案、财务人员档案、仓库档案等)通过初始设置模块输入计算机，并保存在企业基础信息数据库表中。与手工账务业务处理流程相比，新增了初始设置模块，该模块在整个系统中的作用举足轻重。比如会计科目表的编码设置，直接影响记账凭证输入、存储、查询的效率；凭证类型的设置涉及账务业务处理中企业所使用的凭证类型等。

(2) 凭证输入

新增了输入人员岗位，负责根据原始凭证输入记账凭证，该岗位及其数据输入工作是十分重要的，直接关系整个账务系统数据处理的准确性。

(3) 凭证审核

凭证审核部分与手工处理相同，由审核人员对未审核的凭证进行审核。如果审核通过，则对记账凭证作审核标记，否则，将审核未通过的凭证返还给凭证输入人员进行修改。

(4) 凭证记账

凭证记账部分与手工处理不同，不是通过记账人员进行记账操作，而是用计算机将已审核凭证中的数据传递到明细账、总账，包括银行存款、现金日记账、科目余额表等，自动实现记账。

(5) 期末结账

在会计期末，结账人员进行结账操作，计算机自动根据系统设置的凭证模板生成机制凭证，供记账使用；当所有凭证都记账后，计算机自动计算出相关账簿、报表数据。

(6) 报表计算

通过自定义报表的格式及取数计算方法，计算机自动根据记账凭证中的数据计算出相应的会计报表数据。

由此可见，在计算机日常账务业务处理流程中，手工账务业务处理流程中的对账人员、总账会计、报表编制员的岗位将会消失。

2. 计算机日常账务业务处理流程图

在账务系统中，计算机日常账务业务处理流程图如图2-9所示。

3. 手工与计算机日常账务业务处理流程的比较分析

比较手工环境与计算机环境下的日常账务业务处理流程，可看出计算机账务业务处理流程并没有完全改变手工账务业务处理流程，而是将许多原手工操作的业务处理，由账务处理系统自动处理完成，从而提高了会计核算的效率和准确性。与手工账务业务处理系统相比，计算机账务业务处理流程有如下特点：

(1) 数据处理的起点发生了变化

在计算机环境下，账务处理系统的原始数据来源于记账凭证（包括收款凭证、付款凭证、转账凭证），而在手工环境下，最初的原始数据就是原始凭证。

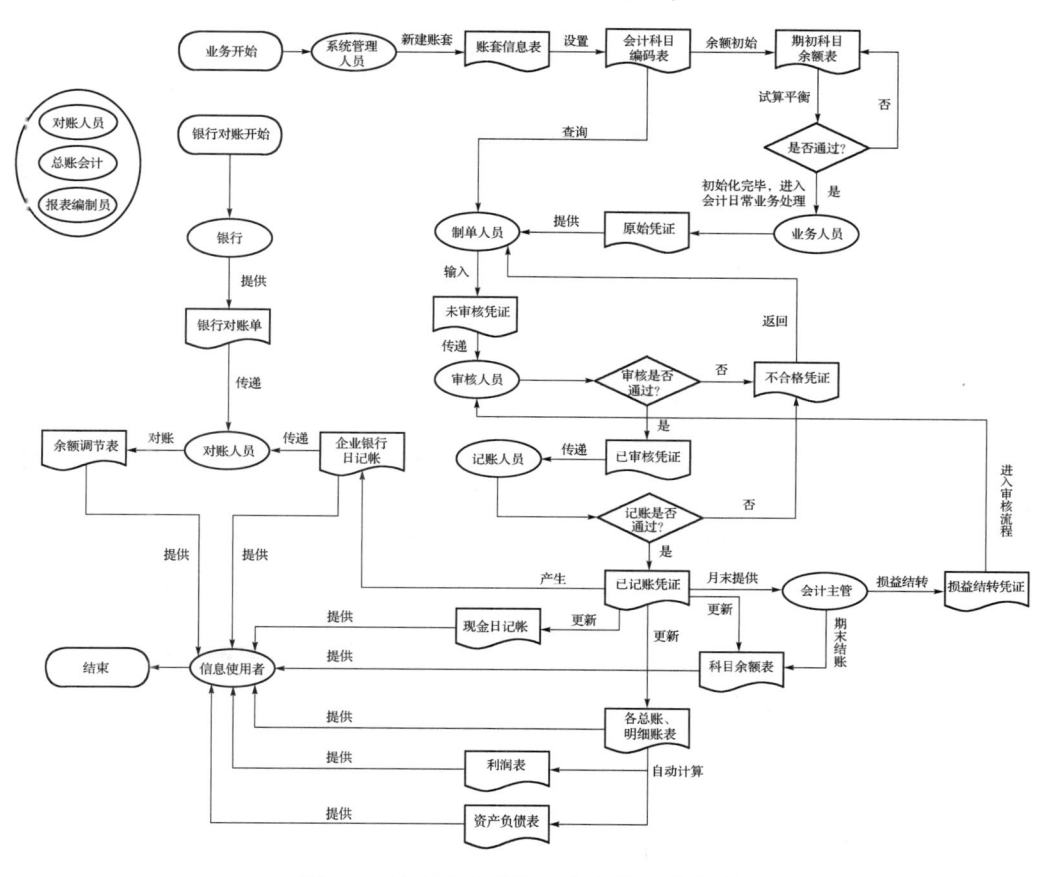

图 2-9　计算机日常账务业务处理流程图

(2) 无账账核对的必要

在手工环境下，为了避免发生记账差错，总账、明细账、日记账由许多会计人员采用平行登记的方法分别登记，根据记账凭证登记明细账，编制科目汇总表，进而登记总账。尽管其数据都是来自记账凭证，但由于人们在计算、汇总、抄写等过程中有可能发生错误，导致账证不符或账账不符，所以必须月底进行账账核对，即总账、明细账及日记账进行核对，若各账簿数据不相符，则说明必有一方是错误的，直到所有的总账、明细账和日记账相符为止。在计算机环境下，总账、明细账及日记账数据都来源于记账凭证，只要编制的记账程序经过严格测试，就不会发生计算错误的情况，结果必然账账相符，所以没必要进行账账核对。但在计算机处理环境下也会出现另外的问题，即数据输入错误的情况下，审核又没有发现错误，将使整个账簿体系的数据发生错误，不会像手工处理那样可以通过层层对账发现错误。这说明在计算机日常账务业务处理流程中，数据输入和审核是相当重要的。

(3) 记账的含义不尽相同

在手工环境下，记账指登记明细账、日记账、总账，是由不同人员按照不同的科目，分别在不同的账册上加以记录。在计算机环境下，记账仅是一个数据处理过程，通过记账这一数据处理步骤，使已审核的凭证数据成为正式会计档案，记账后的凭证不允许再修改。

(4) 账表的存在形式发生了变化

账表存在形式的变化包括两方面的含义：首先，账表储存的介质由手工处理方式下看得见、摸得着的纸张介质变成了计算机处理方式下看不见、摸不着的磁介质，储存介质的变化使得会计档案的保管要求、会计数据的审计方法都发生了巨大的改变。其次，类似手工处理方式下的账表格式、内容在计算机中往往不是永久存在的，而是在需要查询、打印时临时生成的，这样做既不影响使用者获得资料的速度，又能保证数据的准确性和时效性，同时还可以节约计算机储存空间。

(5) 资料的积累和查询更为方便

由于各种需要，我们经常要查询一些已发生的历史会计业务。在手工环境下，只能一本本地翻阅账簿，不仅工作量大，而且难以保证准确性，要想重新计算某些指标也很困难。在计算机环境下，历史会计数据均保存在计算机中，只要告诉计算机查询的数据应满足的条件，计算机能很快查到那些数据，而且计算机可按多种途径查询（可根据凭证查账，亦可根据账簿逆向查凭证，还可进行各种复合条件查询）。会计数据的不断积累还为财务分析打下了良好的基础。

【案例 02-3-2】基于业财一体化的计算机日常账务业务处理流程。

如果实现业财一体化，凭证数据来源于业务系统自动生成的机制凭证，则原来处理流程中的输入人员、审核人员、记账人员的岗位将会消失，会计人员面临走向业务或数据统计分析岗位的选择。基于业财一体化的计算机日常账务业务处理流程图如图 2-10 所示。

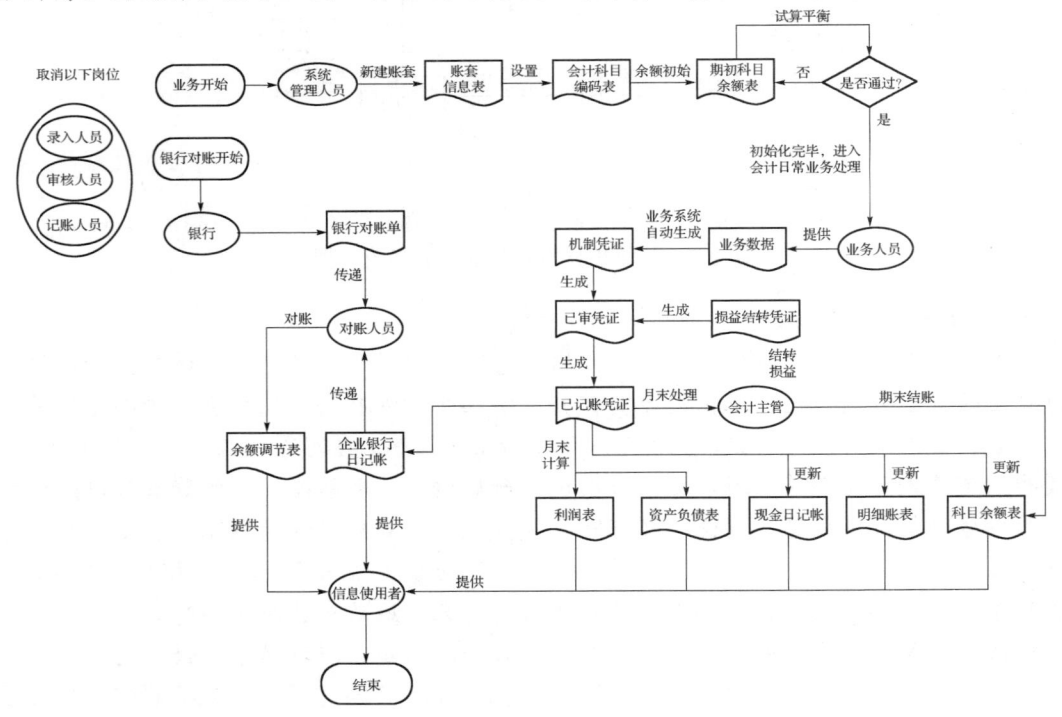

图 2-10 基于业财一体化的计算机日常账务业务处理流程

2.3 数据处理流程分析

2.3.1 数据处理流程调查

会计信息系统分析的根本目的是分析出信息合理的流动、处理与存储的过程。数据处理流程调查就是要将数据在系统内部的流动情况抽象地独立出来，舍去具体组织机构、信息载体、处理工作、物资等物质要素，单从数据流动过程来考查实际业务的数据处理模式。数据处理流程调查主要包括对信息的流动、传递、处理、存储等的调查分析。数据处理流程调查的目的就是要发现和解决数据流动及处理过程中存在的诸如数据处理流程是否流畅、前后数据是否匹配、数据处理过程是否合理等问题，以获取一个合理、流畅、优化的数据处理流程，这是会计信息系统实现业务处理过程的重要基础。

数据处理流程图屏蔽了业务流程中的物理背景而抽象出数据的特征，描述了企业整体或部门的数据定义、数据来源、数据处理加工、数据存储及数据去向，是业务流程图的数据抽象。业务流程图强调表单数据处理的流程，它是企业业务处理流程(包括手工处理及计算机处理)的图形表示，数据处理流程图强调数据处理的流程，它是会计信息系统处理流程的图形表示。

数据处理流程图具有层次性，往往从全局逐步细化到局部。完整的数据处理流程图准确地描述了整个企业的数据处理流程与存储状况，它是会计信息系统管理的具体对象。

数据处理流程调查过程中要收集的资料包括：

(1) 原系统全部的输入单据(如入库单、收据、凭证)、输出报表和数据存储的典型格式。

(2) 原系统各环节所采用的处理方式和计算方法。

(3) 在上述各种单据、报表、账册的典型样品上用附页注明制作单位、报送单位、存放地点、发生频率(如每月制作几张)、发生的高峰时间及发生量等。

(4) 在上述各种单据、报表、账册的典型样品上注明各项数据的类型、长度、取值范围。

数据处理流程是建立数据库系统和设计系统功能模块的基础，也是会计信息系统分析的主要内容。

2.3.2 数据处理流程图

1. 数据处理流程图的基本符号

绘制数据处理流程图所需的基本符号如图 2-11 所示，每个基本符号的含义及说明如表 2-5 所示。

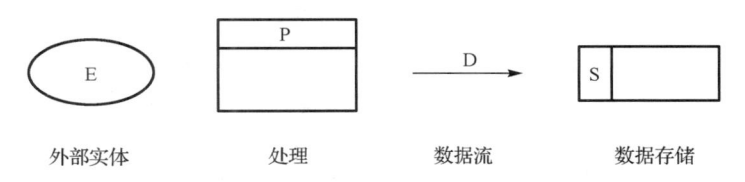

图 2-11 数据处理流程图的基本符号

表 2-5　数据处理流程图的基本符号的含义

基本符号	含义	说明
外部实体	指本会计信息系统以外与系统有联系的人或单位，标识符为 E	外部实体表达该会计信息系统数据的外部来源或去处，可以是一个信息系统
处理	又称逻辑处理功能，即对数据的处理功能，标识符为 P	处理的名称直接表达这个处理的逻辑功能，一般用一个动词加一个能作动词宾语的名词表示
数据流	指处理功能的输入或输出，箭头指明了数据的流动方向。数据流的标识符为 D	通常在数据流符号的上方标明数据流的名称，一些含义十分明确的数据流也可不加说明
数据存储	指数据保存的地方，标识符为 S	数据存储的逻辑描述

2．数据处理流程图的绘制方法

按业务流程图中的业务流程顺序，将调查过程中所掌握的数据处理过程，绘制成一套完整的数据处理流程图，一边整理绘图，一边核对相应的数据、报表和模型等。如果有问题，则一定会在绘图过程和整理核对过程中显现出来。

2.3.3　数据处理流程分析案例

【案例 02-4】进销存系统数据处理流程。

1．进销存系统案例的设计背景

根据用户需求建立商品信息表，按照业务发生的实际情况输入采购单、销售单，账表包括库存表、成本单价表、进销存数量月报表、进销存金额月报表。进销存系统主要包括商品信息管理、采购单管理、销售单管理、库存计算、成本单价表计算、进销存数量月报表计算、进销存金额月报表计算、报表查询、数据稽核审计、数据统计分析等功能模块。

2．进销存系统的数据处理流程分析

基于进销存系统案例的设计背景，我们画出一个简单的进销存系统数据流程图，如图 2-12 所示。

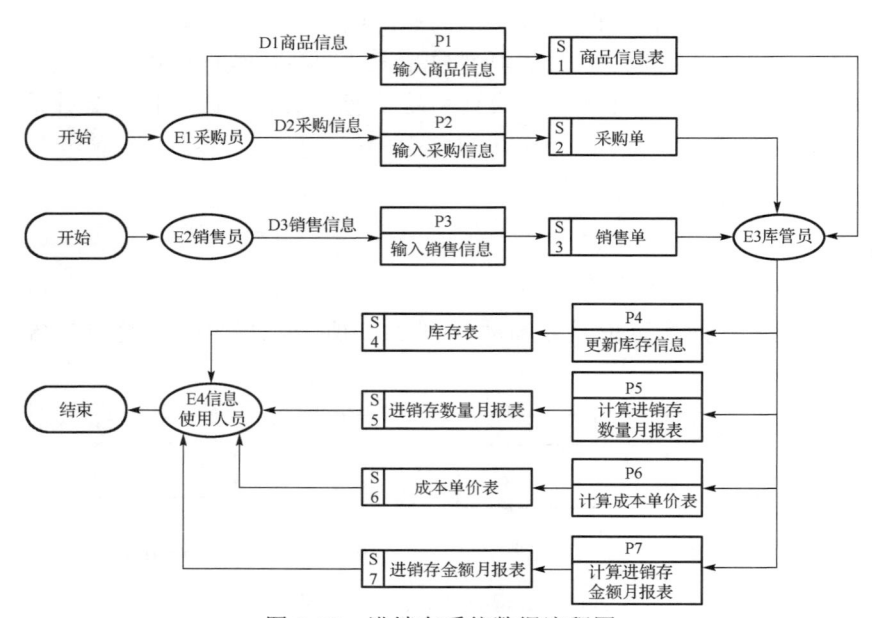

图 2-12　进销存系统数据流程图

(1) 商品信息管理

采购员将供应商提供的商品信息输入商品信息表中，表中包含商品编码、名称、种类、型号、计量单位、零售价及图片信息和供应商信息。

(2) 业务单据输入

采购业务发生时，采购员输入采购单中的数据，然后自动更新商品库存数据；销售业务发生时，销售员输入销售单中的数据，然后自动更新商品库存数据。

(3) 进销存报表计算

月末，库管员根据发生的采购和销售等业务数据，对进销存月报表中的数据进行计算。

【案例02-5】账务处理系统数据处理流程。

1. 账务处理系统案例设计背景描述

根据用户需求建立账套；会计期间的数量为12，且取年度自然月份；系统使用一级会计科目编码；处理和生成记账凭证；账簿包括会计科目余额表、明细账表。系统主要包括新建账套、账套管理、系统码表(科目类别表、科目性质表、行业表、币别表)管理、操作员管理、会计科目管理、科目余额初始化管理、试算平衡、初始化完毕、凭证输入、凭证审核、凭证取消审核、凭证记账、凭证冲销、期末结账、账簿查询、数据稽核审计等功能。

2. 账务处理系统数据处理流程分析

基于账务处理系统案例的设计背景，我们画出一个简单的账务处理系统数据流程图，如图2-13所示。

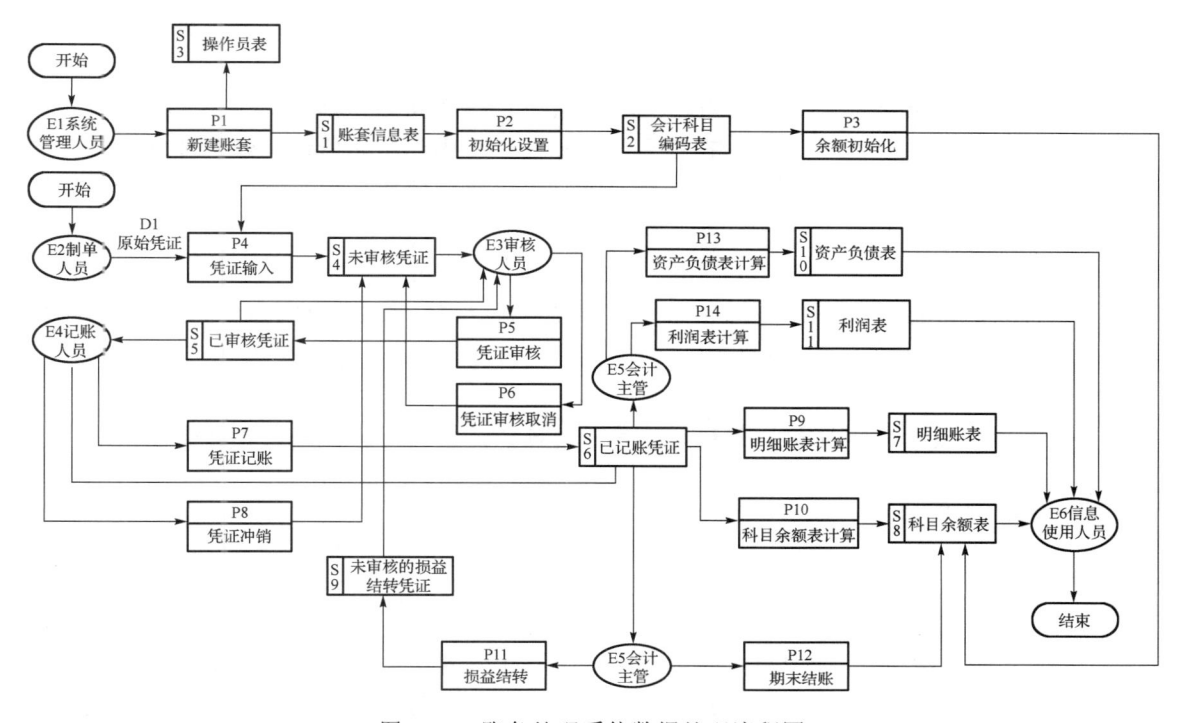

图2-13 账务处理系统数据处理流程图

(1) 新建账套

初次使用账务处理系统时，该系统要根据单位的实际情况建立账套并进行有关参数的设置。账套信息主要包括账套号、账套名称、所属行业、本位币、期间数、起始日期、结束日期、启用日期、账套状态等数据。新建账套后，账务处理系统可在账套信息表、会计科目编码表中生成默认的数据。在账套信息表中，其状态默认为"初始"。

（2）初始化设置

新建账套完毕，首先要进行账套的初始化设置，主要包括系统码表初始化管理、操作员管理、会计科目管理、科目余额初始管理及试算平衡等。

系统码表主要包括科目性质表、科目类别表、币别表、行业表等。

会计科目管理、科目余额初始管理、试算平衡为日常凭证管理提供条件，具有相当重要的作用。

科目余额初始数据存放在会计科目余额表中，系统默认期初的年会计期间为"0000"，月会计期间为"00"。科目余额初始化完毕并通过试算平衡检验后，可进行科目余额初始化完毕确定操作，之后就再也不能进行科目余额初始化操作处理。

科目余额初始化完毕确定操作，将账套信息表的状态从"初始"更新为"正常"；将初始化余额转为下一会计期间的期初余额，并在明细账表中插入初始化数据。

（3）日常业务处理

①凭证输入。制单人员根据原始凭证输入业务数据，生成未审核的记账凭证。

②凭证审核。凭证审核人员根据原始凭证或其他信息对未审核的记账凭证进行审核，制单人员可以对未通过审核的凭证进行修改；通过审核的凭证标注已审核标记，生成已审核凭证。审核完毕，对于仍存在错误的凭证，需要进行取消审核处理，凭证标注未审核标记后才可进行修改。

③凭证记账。账务处理系统根据已通过审核的凭证生成各种账簿。由于所有账簿的数据都是由系统自动处理完成，因此不需要再对账。对于已记账的错误凭证，可以通过"凭证冲销"功能先进行凭证冲销，生成科目相同、金额相反的凭证，再重新输入正确的凭证数据等操作来进行处理。

（4）期末处理

期末进行损益结转，并检查所有凭证是否已审核记账。最后，由会计主管进行结账处理，结转下个月的会计信息。

（5）报表计算

期末结账完成后，根据凭证或相关账簿，进行会计报表计算，生成各类会计报表。

2.3.4 数据字典

1. 数据字典的作用

数据处理流程图描述了系统的组成及各部分之间的联系，但还没说明系统中各个元素的具体含义。只有对数据处理流程图中出现的每一个元素都给出定义之后，才能完整、准确地描述一个系统。因此，有必要建立数据字典来对数据处理流程图中的各个元素做出详细的说明。

数据字典首先是作为一个字典而存在的，字典的作用在于为不了解相关信息的人提供相应的条目解释。数据字典最重要的作用是在系统分析和系统设计阶段给开发人员提供关于数据的描述。在数据字典中建立一组严密一致的定义有助于增进系统分析员和用户之间的沟通，从而消除他们之间的误解，有助于增进不同的开发人员或不同的开发小组之间的沟通，加快系统开发的进度。如果要求所有开发人员都根据公共的数据字典描述的数据来设计模块，则能避免许多数据不一致而造成的麻烦，解决好模块间的接口问题。

2．数据字典的内容

数据字典的内容主要是对数据处理流程图中的数据项、外部实体、数据流、数据存储和处理逻辑5个方面进行具体定义。数据处理流程图和数据字典共同构成系统的逻辑模型。没有数据字典，数据处理流程图就不完整；没有数据处理流程图，数据字典也难以发挥作用。只有数据处理流程图和对数据处理流程图中每个元素的规范描述放在一起，才能共同构成系统的规格说明。

数据字典的主要内容如表2-6所示。

表2-6　数据字典的主要内容

主要内容	说　　明
数据项的定义	数据项又称数据元素，是数据的最小单位。在数据字典中，数据项定义具体包括：数据项的名称、编码、简述；数据项的类型及长度；数据项的取值范围
外部实体的描述	外部实体是数据的来源或去向，主要说明外部实体产生的数据流和传给该外部实体的数据流，以及该外部实体的数量。外部实体的数量对估计本系统的业务量有参考作用，尤其是关系密切的主要外部实体。外部实体定义的内容有外部实体编号、名称、简述、组成及有关数据流的输入和输出
数据流的描述	数据流由一个或一组固定的数据项组成。定义数据流时，不仅要说明数据流的名称、组成，还应指明其来源、去向和数据流量等
数据存储的描述	数据存储在数据字典中只描述数据的逻辑存储结构，而不涉及其物理组织。数据存储描述的内容有数据存储编号、名称、简述、组成、相关联的处理等
处理逻辑的描述	处理逻辑的描述是对数据处理流程图中的每一个处理进行说明。处理逻辑描述包括处理逻辑编号、名称、简述、输入及输出的数据流、处理频率以及对处理的解释

数据字典主要内容的描述格式如表2-7所示。

表2-7　数据字典主要内容的描述格式

数据项的定义格式			
数据项编码	数据项名称	简述	取值说明
外部实体的描述格式			
外部实体编号	外部实体名称	简述	外部实体组成，相关的处理及数据流
数据流的描述格式				
数据流编号	数据流名称	简述	数据流来源	数据流去向	数据流组成
数据存储的描述格式				
数据存储编号	数据存储名称	简述	数据存储组成	相关联的处理
处理逻辑的描述格式				
处理逻辑编号	处理逻辑名称	输入的数据流	简述	处理	输出的数据流

2.3.5 数据字典案例

【案例02-6】进销存系统数据字典。

1. 数据项描述

进销存系统案例中的主要数据项，如表2-8所示。

表2-8 进销存系统数据项描述

编号	数据项名称	数据项编码	简 述	取 值 说 明
1	账套号	zth	系统账套的编号	由字符组成
2	操作员编码	oper_code	系统操作员的编码	由字符组成
3	操作员姓名	oper_name	系统操作员的姓名	由字符组成
4	密码	password	设定操作员登录系统的密码，避免非法用户进入系统	由字符组成
5	商品编码	code	商品的编码	由字符组成
6	商品名称	name	商品的名称	由字符组成
7	商品种类	sort	商品信息表中商品的种类	由字符组成 案例数据提供了三种商品种类，分别为手机、计算机、相机
8	规格型号	model	商品的规格型号	由字符组成
9	计量单位	unit	商品的计量单位	由字符组成
10	价格	price	商品信息表中商品的价格	指商品零售价
11	供应商	manufacturer	商品的供应商	由字符组成
12	图片	photo	商品的图片文件	文件名格式为.jpg
13	单据号	sheetid	采购单、销售单的单据号	由字符组成
14	日期	sheetdate	系统采购、销售的制单日期	日期格式为【YYYY-MM-DD】
15	制单人	oper_code	输入单据的操作员	由字符组成
16	数量	amount	系统采购、销售商品的数量	整数。采购业务增加商品库存，销售业务减少商品库存
17	单价	price	系统采购、销售商品的单价	表示采购或销售业务的单价。商品单价大于0
18	金额	mone	系统采购、销售商品的金额	计算方法：金额=单价×数量
19	备注	note	系统采购、销售的备注说明	由字符组成
20	库存数量	amount	商品库存表中的商品数量	计算方法：库存数量=采购数量−销售数量
21	起始日期	date_min	进销存数量月报表的起始日期	日期格式为【YYYY-MM-DD】
22	结束日期	date_max	进销存数量月报表的结束日期	日期格式为【YYYY-MM-DD】
23	存货单位成本	price	按照月末一次加权法计算存货单位成本	月末一次加权平均法： 存货单位成本=[月初库存的实际成本+Σ(当月各批进货的实际单位成本×当月各批进货的数量)]÷(月初库存货数量+当月各批进货数量之和) 当月发出存货成本=当月发出存货的数量×存货单位成本 当月月末库存存货成本=月末库存存货的数量×存货单位成本

续表

编号	数据项名称	数据项编码	简述	取值说明
24	期初数量	amount_ini	进销存数量月报表中的期初数量	本期期初数量=上期期末数量
25	采购数量	amount_buy	进销存数量月报表中的采购数量	在本期起始至结束日期范围内，商品采购数量总和
26	销售数量	amount_sale	进销存数量月报表中的销售数量	在本期起始至结束日期范围内，商品销售数量总和
27	期末数量	amount_end	结束日期时商品的库存数量	期末数量=期初数量+采购数量−销售数量
28	期初金额	mone_ini	进销存金额月报表中的期初金额	本期期初金额=上期结存金额
29	采购金额	mone_buy	进销存金额月报表中的采购金额	在本期起始至结束日期范围内，商品采购金额总和
30	销售金额	mone_sale	进销存金额月报表中的销售金额	在本期起始至结束日期范围内，商品销售金额总和
31	结存金额	mone_end	结束日期时商品的结存金额	结存金额=期末数量×存货单位成本

2. 外部实体描述

进销存系统案例中的外部实体描述，如表2-9所示。

表2-9 进销存系统外部实体描述

外部实体编号	外部实体名称	简述	相关的处理、数据流、数据存储
E1	采购员	根据商品采购信息输入采购单	D1、D2、S1、S2、P1、P2
E2	销售员	根据商品销售信息输入销售单	D3、S3、P3
E3	库管员	月末计算库存表、进销存月报表	S1、S2、S3、S4、S5、S6、S7、P4、P5、P6、P7
E4	信息使用人员	企业内外部信息使用者，可以查询库存和进销存月报表数据	S4、S5、S6、S7

3. 数据流描述

进销存系统案例中的数据流描述，如表2-10所示。

表2-10 进销存系统数据流描述

数据流编号	数据流名称	简述	数据流来源	数据流去向	数据流组成
D1	商品信息	主要由采购员根据采购经济业务中的商品信息登记	E1	P1	账套号+商品编码+商品名称+商品种类+规格型号+计量单位+价格+供应商+照片 zth+code+name+sort+model+unit+price+manufacturer+photo
D2	采购信息	主要由采购员根据采购经济业务信息登记	E1	P2	账套号+单据号+日期+制单人+商品编码+数量+单价+金额+备注 zth+sheetid+sheetdate+oper_code+code+amount+price+mone+note
D3	销售信息	主要由销售员根据销售经济业务信息登记	E2	P3	账套号+单据号+日期+制单人+商品编码+数量+单价+金额+备注 zth+sheetid+sheetdate+oper_code+code+amount+price+mone+note

4. 数据存储描述

进销存系统案例中的数据存储描述，如表2-11所示。

表2-11 进销存系统数据存储描述

数据存储编号	数据存储名称	简 述	数据存储组成	相关联的处理
S1	商品信息表	根据从供应商采购的货物信息填写	账套号+商品编码+商品名称+商品种类+规格型号+计量单位+价格+供应商+照片 zth+code+name+sort+model+unit+price+manufacturer+photo	P1
S2	采购单	采购商品时填写的单据	账套号+单据号+日期+制单人+商品编码+数量+单价+金额+备注 zth+sheetid+sheetdate+oper_code+code+amount+price+mone+note	P2
S3	销售单	销售商品时填写的单据	账套号+单据号+日期+制单人+商品编码+数量+单价+金额+备注 zth+sheetid+sheetdate+oper_code+code+amount+price+mone+note	P3
S4	库存表	显示商品当前的库存。当采购单保存时，自动增加商品库存；当销售单保存时，自动减少商品库存	账套号+商品编码+库存数量 zth+code+amount	P4
S5	进销存数量月报表	根据采购单和销售单汇总情况生成的进销存数量月报表	账套号+起始日期+结束日期+商品编码+期初数量+采购数量+销售数量+期末数量 zth+date_min+date_max+code+amount_ini+amount_buy+amount_sale+amount_end	P5
S6	成本单价表	根据采购单和销售单数据计算出的成本单价表	账套号+起始日期+结束日期+商品编码+存货单位成本 zth+date_min+date_max+code+price	P6
S7	进销存金额月报表	根据采购单和销售单的汇总情况生成的进销存金额月报表	账套号+起始日期+结束日期+商品编码+期初金额+采购金额+销售金额+结存金额 zth+date_min+date_max+code+mone_ini+mone_buy+mone_sale+mone_end	P7

5. 处理逻辑描述

进销存系统案例中的处理逻辑描述，如表2-12所示。

表2-12 进销存系统数据处理描述

处理逻辑编号	处理逻辑名称	输入的数据流	处理逻辑的描述	输出的数据流
P1	输入商品信息	D1	根据采购信息中的商品信息，在系统中输入商品信息	S1
P2	输入采购信息	D2	根据采购信息，在系统中输入商品采购信息，生成采购单数据	S2
P3	输入销售信息	D3	根据销售信息，在系统中输入商品销售信息，生成销售单数据	S3
P4	更新库存信息	S2、S3	根据采购单、销售单数据，系统自动更新库存数据。当采购单保存时，自动增加商品库存，当销售单保存时，自动减少商品库存	S4

续表

处理逻辑编号	处理逻辑名称	输入的数据流	处理逻辑的描述	输出的数据流
P5	计算进销存数量月报表	S2、S3	期末，根据采购与销售信息，计算进销存数量月报表数据。在本期起始至结束日期范围内，汇总当期商品采购数量与商品销售数量。其中，本期期初数量=上期期末数量；期末数量=期初数量+采购数量-销售数量	S5
P6	计算成本单价表	S2、S3	期末，根据系统选择的月末一次加权平均计价法，计算成本单价表。在本期起始至结束日期范围内，计算当期商品成本单价。其中，本期期初金额=上期结存金额，存货成本单价=(本期期初金额+本期采购不含税金额)÷(本期期初数量+本期采购数量)	S6
P7	计算进销存金额月报表	S2、S3	期末，库管员根据采购与销售信息，计算进销存金额月报表数据。在本期起始至结束日期范围内，汇总当期商品采购金额与商品销售金额。其中，本期期初金额=上期结存金额；结存金额=期末数量×存货单位成本	S7

【案例02-7】账务处理系统数据字典。

1. 数据项描述

账务处理系统案例中的主要数据项，如表2-13所示。

表2-13 账务处理系统数据项描述

编号	数据项名称	数据项编码	简 述	取 值 说 明
1	账套号	zth	对系统中所建立的账套进行编号	由字符组成
2	账套名称	ztmc	定义账套的名称，一般为单位名称。系统控制账套名称不能为空	由字符组成
3	行业编码	hy_code	对各行业进行编码	系统默认"01"：工业企业；"02"：商品流通企业
4	行业名称	hy_name	定义企业涉及的行业名称	系统默认"01"：工业企业；"02"：商品流通企业
5	币别编码	bb_code	定义企业涉及的币种	系统默认"01"：人民币；"02"：美元
6	币别名称	bb_name	定义企业涉及的币种名称	系统默认"01"：人民币；"02"：美元
7	状态	zt	定义账套的使用状态。系统新建账套完毕，账套的状态默认为"初始"；当对账套进行科目余额初始化完毕，账套状态更新为"正常"；允许用户对账套状态进行修改	账套有三种状态："初始""正常"和"停用"
8	起始日期	qsrq	定义年会计期间的起始日期	日期格式为【YYYY-MM-DD】
9	结束日期	jsrq	定义年会计期间的结束日期	日期格式为【YYYY-MM-DD】
10	启用日期	qyrq	定义账套的启用日期，一般指账套开始使用的日期	日期格式为【YYYY-MM-DD】
11	年会计期间	nkjqj	用于定义账务处理的年会计期间	与自然年相同，日期格式为【YYYY】
12	月会计期间	ykjqj	企业根据会计准则要求进行会计分期，由期间数确定月会计期间。企业根据会计期间表中的月会计期间的起始与结束日期进行结账工作	与自然月相同，日期格式为【MM】

续表

编号	数据项名称	数据项编码	简 述	取 值 说 明
13	期间数	qjs	定义企业年会计期间内月会计期间数,用户可以根据企业实际情况进行设置	系统默认会计期间数为12,且取年度自然月份
14	操作员编码	czy_code	系统操作员的编码	由字符组成
15	操作员姓名	czy_name	系统操作员的姓名	由字符组成
16	密码	mm	设定操作员登录系统的密码,避免非法用户进入系统	由字符组成
17	科目编码	km_code	系统使用会计科目编码结构方案为一级会计科目,结构为4位【AAAA】在会计科目增加与使用模块中,对其合法性进行严格控制	可根据需要扩展为三级会计科目【AAAA-BB-CC】:一级会计科目可以为 4 位(AAAA),二级会计科目可以为2位(BB),三级会计科目可以为2位(CC),且都为数字
18	科目名称	km_name	定义企业会计科目的名称。系统可根据《企业会计准则》预设会计科目,同时用户可以通过科目管理模块进行科目修改操作	与《企业会计准则》预设会计科目相对应
19	科目类别编码	kmlb_code	根据《企业会计准则》规定,系统提供了六种科目类别,分别为"资产""负债""共同""权益""成本""损益"。不同类别的会计科目余额方向及期末余额处理等存在区别	"1":资产;"2":负债;"3":"共同";"4":权益;"5":成本;"6":损益
20	科目类别名称	kmlb_name	根据不同的科目类别编码,设置不同科目类别名称	"1":资产;"2":负债;"3":"共同";"4":权益;"5":成本;"6":损益
21	科目性质编码	kmxz_code	根据《企业会计准则》规定,系统提供了六种科目性质,分别为"现金""银行""应收""应付""存货""其他"	"01":现金;"02":银行;"03":应收;"04":应付;"05":存货;"06":其他
22	科目性质名称	kmxz_name	根据不同的科目性质编码,设置不同科目性质名称	"01":现金;"02":银行;"03":应收;"04":应付;"05":存货;"06":其他
23	余额方向	yefx	对会计科目的余额方向,系统提供两种编码:"借""贷"。系统根据科目编码的首位数字默认余额方向,科目类别编码首位数字"1"为借方(1602累计折旧、1702累计摊销为贷方)、"2"为贷方、"3"为贷方、"4"为贷方、"5"为借方、"6"为损益类科目,一般无期末余额	"借":借方;"贷":贷方
24	期初借方余额	qcjfye	会计科目在账表中某一指定会计期间的期初借方余额	初次使用财务处理系统时,由系统管理员根据企业提供的财务资料自行输入期初借方金额,经试算平衡后保存;若财务处理系统非初次使用,则由上期期末借方余额结转得到;一般成本、损益类科目期初无余额
25	借方金额	jfje	会计科目的借方金额	直接从凭证中获取借方金额数据

续表

编号	数据项名称	数据项编码	简 述	取 值 说 明
26	借方发生额	jffse	会计科目在账表中某一指定会计期间的借方发生额	在凭证记账过程中，汇总指定会计期间的凭证中会计科目的借方金额
27	借方累计	jflj	会计科目在账表中某一指定会计期间的借方累计发生额	在凭证记账过程中，汇总会计科目的所有借方金额
28	期末借方余额	qmjfye	会计科目在账表中某一指定会计期间的期末借方余额	期末借方余额=期初借方余额+借方发生额
29	期初贷方余额	qcdfye	会计科目在账表中某一指定会计期间的期初贷方余额	初次使用财务处理系统时，由系统管理员根据企业提供的财务资料自行输入期初贷方金额，经试算平衡后保存；若财务处理系统非初次使用，则由上期期末贷方余额结转得到；一般成本、损益类科目期初无余额
30	贷方金额	dfje	会计科目的贷方金额	直接从凭证中获取贷方金额数据
31	贷方发生额	dffse	会计科目在账表中某一指定会计期间的贷方发生额	在凭证记账过程中，汇总指定会计期间的凭证中会计科目的贷方金额
32	贷方累计	dflj	会计科目在账表中某一指定会计期间的贷方累计发生额	在凭证记账过程中，汇总会计科目的所有贷方金额
33	期末贷方余额	qmdfye	会计科目在账表中某一指定会计期间的期末贷方余额	期末贷方余额=期初贷方余额+贷方发生额
34	期初余额	qcye	会计科目在账表中某一指定会计期间的期初余额	对于余额方向为借方的会计科目：期初余额=期初借方余额–期初贷方余额；对于余额方向为贷方的会计科目：期初余额=期初贷方余额–期初借方余额
35	期末余额	qmye	会计科目在账表中某一指定会计期间的期末余额	对于余额方向为借方的会计科目：期末余额=期末借方余额–期末贷方余额；对于余额方向为贷方的会计科目：期末余额=期末贷方余额–期末借方余额
36	凭证号	pzh	用于对凭证进行编号	系统将对同一会计期间内的凭证号做自动加1处理
37	附单据数	fdjs	表示凭证涉及的原始单据数量	若没有附单据，则为0
38	日期	rq	使用于凭证主表和明细账表中，用于定义经济业务发生日期	日期格式为【YYYY-MM-DD】
39	制单人	zdr	输入凭证的操作员	由字符组成
40	制单日期	zdrq	定义制单人员输入凭证的日期	日期格式为【YYYY-MM-DD】
41	审核人	shr	对凭证进行审核的人员	审核人需在操作员表中
42	审核日期	shrq	表示凭证审核的日期	日期格式为【YYYY-MM-DD】
43	审核标记	shbj	表示凭证是否已经审核	"是"：已审核；"否"：未审核
44	记账人	jzr	对凭证进行记账的人员	记账人需在操作员表中
45	记账日期	jzrq	对凭证进行记账处理的日期	日期格式为【YYYY-MM-DD】
46	记账标记	jzbj	表示凭证是否已经记账	"是"：已记账；"否"：未记账
47	凭证备注	bz	对机制凭证的来源进行说明	对凭证相关经济业务的描述
48	凭证摘要	zy	对相应凭证所发生的经济业务进行简要的描述	对采购、销售等机制凭证说明其对应的商品编码
49	财务指标编码	cwzb_code	对系统的财务指标进行管理	由字符组成，不超过10个字符
50	财务指标名称	cwzb_name	财务指标的名称	由字符组成

续表

编号	数据项名称	数据项编码	简 述	取 值 说 明
51	财务指标定义	cwzb_dy	该财务指标的解释说明	由字符组成
52	计算公式	cwzb_jsgs	该财务指标的计算公式	由字符组成
53	货币资金期初余额	hbzjqcye	资产负债表中货币资金项目的期初余额	根据上期资产负债表中"货币资金"项目的期末余额填列
54	货币资金期末余额	hbzjqmye	资产负债表中货币资金项目的期末余额	根据"银行存款""库存现金""其他货币资金"科目期末余额的合计数填列
55	其他应收款期初余额	qtyskqcye	资产负债表中其他应收款项目的期初余额	根据上期资产负债表中"其他应收款"项目的期末余额填列
56	其他应收款期末余额	qtyskqmye	资产负债表中其他应收款项目的期末余额	根据"其他应收款""应收利息""应收股利"科目的期末余额,减去"坏账准备"中有关坏账准备期末余额后的金额填列
57	存货期初余额	chqcye	资产负债表中存货项目的期初余额	根据上期资产负债表中"存货"项目的期末余额填列
58	存货期末余额	chqmye	资产负债表中存货项目的期末余额	根据"材料采购""原材料""发出商品""库存商品""周转材料""委托加工物资""生产成本""受托代销商品"等科目的期末余额合计数,减去"受托代销商品款""存货跌价准备"科目期末余额后的金额填列
59	流动资产合计期初余额	ldzchjqcye	资产负债表中流动资产合计项目的期初余额	根据上期资产负债表中"流动资产合计"项目的期末余额填列
60	流动资产合计期末余额	ldzchjqmye	资产负债表中流动资产合计项目的期末余额	根据"货币资金"项目期末余额、"以公允价值计量且其变动计入当期损益的金融资产"项目期末余额、"应收票据及应收账款"项目期末余额、"预付款项"项目期末余额、"其他应收款"项目期末余额、"存货"项目期末余额的合计数填列
61	固定资产期初余额	gdzcqcye	资产负债表中固定资产项目的期初余额	根据上期资产负债表中"固定资产"项目的期末余额填列
62	固定资产期末余额	gdzcqmye	资产负债表中固定资产项目的期末余额	根据"固定资产""固定资产清理"科目的期末余额,减去"累计折旧"和"固定资产减值准备"科目期末余额后的金额填列
63	无形资产期初余额	wxzcqcye	资产负债表中无形资产项目的期初余额	根据上期资产负债表中"无形资产"项目的期末余额填列
64	无形资产期末余额	wxzcqmye	资产负债表中无形资产项目的期末余额	根据"无形资产"科目期末余额扣减无形资产计提的累计摊销后的金额填列,已计提减值准备的,还应扣减相应的减值准备金额
65	非流动资产合计期初余额	fldzchjqcye	资产负债表中非流动资产合计项目的期初余额	根据上期资产负债表中"非流动资产"合计项目的期末余额填列
66	非流动资产合计期末余额	fldzchjqmye	资产负债表中非流动资产合计项目的期末余额	根据"持有至到期投资"项目期末余额、"长期应收款"项目期末余额、"长期股权投资"项目期末余额、"投资性房地产"项目期末余额、"固定资产"项目期末余额、"在建工程"项目期末余额、"无形资产"项目期末余额、"开发支出"项目期末余额、"长期待摊费用"项目期末余额、"递延所得税资产"项目期末余额的合计数填列

续表

编号	数据项名称	数据项编码	简述	取值说明
67	资产总计期初余额	zcjqcye	资产负债表中资产总计项目的期初余额	根据上期资产负债表中"资产总计"项目的期末余额填列
68	资产总计期末余额	zcjqmye	资产负债表中资产总计项目的期末余额	根据"流动资产合计"项目期末余额、"非流动资产合计"项目期末余额的合计数填列
69	短期借款期初余额	dqjkqcye	资产负债表中短期借款项目的期初余额	根据上期资产负债表中"短期借款"项目的期末余额填列
70	短期借款期末余额	dqjkqmye	资产负债表中短期借款项目的期末余额	根据"短期借款"科目有关总账科目的余额填列
71	应付票据及应付账款期初余额	yfpjjyfzkqcye	资产负债表中应付票据及应付账款项目的期初余额	根据上期资产负债表中"应付票据及应付账款"项目的期末余额填列
72	应付票据及应付账款期末余额	yfpjjyfzkqmye	资产负债表中应付票据及应付账款项目的期末余额	根据"应付票据"总账科目余额及"应付账款"和"预付账款"科目所属的有关明细科目的期末贷方余额合计数填列
73	应付职工薪酬期初余额	yfzgxcqcye	资产负债表中应付职工薪酬项目的期初余额	根据上期资产负债表中"应付职工薪酬"项目的期末余额填列
74	应付职工薪酬期末余额	yfzgxcqmye	资产负债表中应付职工薪酬项目的期末余额	根据"应付职工薪酬"科目的明细科目期末余额分析填列
75	应交税费期初余额	yjsfqcye	资产负债表中应交税费项目的期初余额	根据上期资产负债表中"应交税费"项目的期末余额填列
76	应交税费期末余额	yjsfqmye	资产负债表中应交税费项目的期末余额	根据"应交税费"科目的明细科目期末余额分析填列,其中的借方余额应当根据其流动性在"其他流动资产"或"其他非流动资产"项目中填列
77	其他应付款期初余额	qtyfkqcye	资产负债表中其他应付款项目的期初余额	根据上期资产负债表中"其他应付款"项目的期末余额填列
78	其他应付款期末余额	qtyfkqmye	资产负债表中其他应付款项目的期末余额	根据"其他应付款""应付利息""应付股利"三个总账科目余额的合计数填列
79	流动负债合计期初余额	ldfzhjqcye	资产负债表中流动负债合计项目的期初余额	根据上期资产负债表中"流动负债合计"项目的期末余额填列
80	流动负债合计期末余额	ldfzhjqmye	资产负债表中流动负债合计项目的期末余额	根据"短期借款"项目期末余额、"应付票据及应付账款"项目期末余额、"预收款项"项目期末余额、"应付职工薪酬"项目期末余额、"应交税费"项目期末余额、"其他应付款"项目期末余额的合计数填列
81	非流动负债合计期初余额	fldfzhjqcye	资产负债表中非流动负债合计项目的期初余额	根据上期资产负债表中"非流动负债合计"项目的期末余额填列
82	非流动负债合计期末余额	fldfzhjqmye	资产负债表中非流动负债合计项目的期末余额	根据"长期借款"项目期末余额、"应付债券"项目期末余额、"长期应付款"项目期末余额、"递延所得税负债"项目期末余额的合计数填列
83	负债合计期初余额	fzhjqcye	资产负债表中负债合计项目的期初余额	根据上期资产负债表中"负债合计"项目的期末余额填列
84	负债合计期末余额	fzhjqmye	资产负债表中负债合计项目的期末余额	根据"流动负债合计"项目期末余额和"非流动负债合计"项目期末余额的合计数填列

续表

编号	数据项名称	数据项编码	简述	取值说明
85	实收资本期初余额	sszbqcye	资产负债表中实收资本项目的期初余额	根据上期资产负债表中"实收资本"项目的期末余额填列
86	实收资本期末余额	sszbqmye	资产负债表中实收资本项目的期末余额	根据"实收资本"总账科目的期末余额填列
87	未分配利润期初余额	wfplrqcye	资产负债表中未分配利润项目的期初余额	根据上期资产负债表中"未分配利润"项目的期末余额填列
88	未分配利润期末余额	wfplrqmye	资产负债表中未分配利润项目的期末余额	根据利润分配科目中所属的"未分配利润"明细科目的期末余额填列
89	所有者权益合计期初余额	syzqyhjqcye	资产负债表中所有者权益合计项目的期初余额	根据上期资产负债表中"所有者权益"项目期末余额填列
90	所有者权益合计期末余额	syzqyhjqmye	资产负债表中所有者权益合计项目的期末余额	根据"实收资本"项目期末余额、"资本公积"项目期末余额、"盈余公积"项目期末余额、"未分配利润"项目期末余额的合计数,减去"库存股"项目期末余额,加上"其他综合收益"项目期末余额后的金额填列
91	负债和所有者权益总计期初余额	fzhsyzqyzjqcye	资产负债表中负债和所有者权益总计项目的期初余额	根据上期资产负债表中"负债和所有者权益总计"项目的期末余额填列
92	负债和所有者权益总计期末余额	fzhsyzqyzjqmye	资产负债表中负债和所有者权益总计项目的期末余额	根据"负债合计"项目期末余额和"所有者权益合计"项目期末余额的合计数填列
93	营业收入上期金额	yysrsqje	利润表中营业收入项目的上期金额	根据上期利润表中"营业收入"项目的本期金额填列
94	营业收入本期金额	yysrbqje	利润表中营业收入项目的本期金额	根据"主营业务收入"和"其他业务收入"科目的发生额分析填列
95	营业成本上期金额	yycbsqje	利润表中营业成本项目的上期金额	根据上期利润表中"营业成本"项目的本期金额填列
96	营业成本本期金额	yycbbqje	利润表中营业成本项目的本期金额	根据"主营业务成本"和"其他业务成本"科目的发生额分析填列
97	销售费用上期金额	xsfysqje	利润表中销售费用项目的上期金额	根据上期利润表中"销售费用"项目的本期金额填列
98	销售费用本期金额	xsfybqje	利润表中销售费用项目的本期金额	根据"销售费用"科目的发生额分析填列
99	管理费用上期金额	glfysqje	利润表中管理费用项目的上期金额	根据上期利润表中"管理费用"项目的本期金额填列
100	管理费用本期金额	glfybqje	利润表中管理费用项目的本期金额	根据"管理费用"科目的发生额分析填列
101	财务费用上期金额	cwfysqje	利润表中财务费用项目的上期金额	根据上期利润表中"财务费用"项目的本期金额填列
102	财务费用本期金额	cwfybqje	利润表中财务费用项目的本期金额	根据"财务费用"科目的发生额分析填列
103	营业利润上期金额	yylrsqje	利润表中营业利润项目的上期金额	根据上期利润表中"营业利润"项目的本期金额填列
104	营业利润本期金额	yylrbqje	利润表中营业利润项目的本期金额	根据"营业收入"本期金额减去"营业成本"本期金额、"税金及附加"本期金额、"销售费用"本期金额、"管理费用"本期金额、"研发费用"本期金额、"财务费用"本期金额、"资产减值损失"本期金额,加上"其他收益"本期金额、"投资收益"本期金额、"公允价值变动收益"本期金额、"资产处置收益"本期金额的合计数填列

续表

编号	数据项名称	数据项编码	简述	取值说明
105	利润总额上期金额	lrzesqje	利润表中利润总额项目的上期金额	根据上期利润表中"利润总额"项目的本期金额填列
106	利润总额本期金额	lrzebqje	利润表中利润总额项目的本期金额	根据"营业利润"本期金额加上"营业外收入"本期金额,减去"营业外支出"本期金额后的金额填列
107	所得税费用上期金额	sdsfysqje	利润表中所得税费用项目的上期金额	根据上期利润表中"所得税费用"项目的本期金额填列
108	所得税费用本期金额	sdsfybqje	利润表中所得税费用项目的本期金额	根据"所得税费用"科目的发生额分析填列
109	净利润上期金额	jlrsqje	利润表中净利润项目的上期金额	根据上期利润表中"净利润"项目的本期金额填列
110	净利润本期金额	jlrbqje	利润表中净利润项目的本期金额	根据"利润总额"本期金额减去"所得税费用"本期金额后的金额数填列
111	综合收益总额上期金额	zhsyzesqje	利润表中综合收益项目的上期金额	根据上期利润表中"综合收益总额"项目的本期金额填列
112	综合收益总额本期金额	zhsyzebqje	利润表中综合收益项目的本期金额	根据"净利润"本期金额加上"其他综合收益的税后净额"本期金额的合计数填列
113	计算结果	cwzb_jsjg	该项财务指标在某一会计期间的计算结果	根据算法计算出来的结果填列

注 数据项仅列出部分常用的项目,其余数据项描述参见【课件中的案例资料02-7】。

2. 外部实体描述

账务处理系统案例中的外部实体描述,如表2-14所示。

表2-14 账务处理系统外部实体描述

外部实体编号	外部实体名称	简述	相关的处理、数据流、数据存储
E1	系统管理人员	拥有最高权限的操作人员,可以进行新建账套、账套管理及操作员管理操作,并对系统进行初始化处理	P1、P2、P3、S1、S2、S3
E2	制单人员	根据原始凭证输入记账凭证、修改未审核未记账凭证	D1、P4、S4
E3	审核人员	对未审核凭证进行审核及审核取消操作 注:在凭证审核中,若发现错误,则不能通过审核,需重新输入凭证	P5、S4、S5、S9
E4	记账人员	对已审核凭证进行记账处理操作 注:在凭证记账中,判断已审核凭证是否正确,若凭证审核错误,返回审核人员进行取消审核标记操作	P7、S5、S6、S7、S8
E5	会计主管	进行损益结转和期末结账处理	P11、P12、P13、P14、S6、S9、S8、S10、S11
E6	信息使用人员	企业内外部信息使用者,可以查询使用账簿(科目余额表、明细账表、会计报表)数据	S7、S8、S10、S11

3. 数据流描述

本账务处理系统案例中的数据流描述,如表2-15所示。

4. 数据存储描述

账务处理系统案例中的数据存储描述,如表2-16所示。

表 2-15　账务处理系统数据流描述

数据流编号	数据流名称	简　述	数据流来源	数据流去向	数据流组成
D1	原始凭证	主要由业务人员根据经济业务及日常管理活动发生的实际情况填写，制单人员据以登记凭证	E2	P4	账套号+年会计期间+月会计期间+凭证号+日期+附单据数+科目编码+摘要+借方金额+贷方金额 zth+nkjqj+ykjqj+pzh+rq+fdjs+km_code+zy+jfje+dfje

表 2-16　账务处理系统数据存储描述

数据存储编号	数据存储名称	简　述	数据存储组成	相关联的处理
S1	账套信息表	指用户根据自己的需要建立的账务应用环境，即一个独立核算的单位设置的一套独立的账簿体系。账套信息表中的信息除账套号以外，均可通过账套管理模块进行修改	账套号+账套名称+行业编码+币别编码+期间数+起始日期+结束日期+启用日期+年会计期间+状态 zth+ztmc+hy_code+bb_code+qjs+qsrq+jsrq+qyrq+nkjqj+zt	P1、P2
S2	会计科目编码表	记录会计科目的各属性。在会计科目编码表中，各数据之间存在严密的控制关系	账套号+科目编码+科目名称+科目类别+科目性质+余额方向 zth+km_code+km_name+kmlb_code+kmxz_code+yefx	P2、P3
S3	操作员表	使用账套的操作员编码、姓名、密码等信息	账套号+操作员编码+操作员姓名+密码 zth+czy_code+czy_name+mm	P1
S4	未审核凭证	由制单人员根据原始凭证输入，未经审核人员审核且未经记账人员记账的凭证	账套号+年会计期间+月会计期间+凭证号+日期+附单据数+制单人+制单日期+审核人+审核日期+审核标记+记账人+记账日期+记账标记+备注+科目编码+摘要+借方金额+贷方金额 审核标记为"否"，记账标记为"否" zth+nkjqj+ykjqj+pzh+rq+fdjs+zdr+zdrq+shr+shrq+shbj+jzr+jzrq+jzbj+bz+km_code+zy+jfje+dfje	P4、P5
S5	已审核凭证	已通过审核但未记账的凭证	账套号+年会计期间+月会计期间+凭证号+日期+附单据数+制单人+制单日期+审核人+审核日期+审核标记+记账人+记账日期+记账标记+备注+科目编码+摘要+借方金额+贷方金额 审核标记为"是"，记账标记为"否" zth+nkjqj+ykjqj+pzh+rq+fdjs+zdr+zdrq+shr+shrq+shbj+jzr+jzrq+jzbj+bz+km_code+zy+jfje+dfje	P5、P7
S6	已记账凭证	将已审核的凭证进行记账处理；同时，将凭证中的相关数据更新到相应的账簿中	账套号+年会计期间+月会计期间+凭证号+日期+附单据数+制单人+制单日期+审核人+审核日期+审核标记+记账人+记账日期+记账标记+备注+科目编码+摘要+借方金额+贷方金额 审核标记为"是"，记账标记为"是" zth+nkjqj+ykjqj+pzh+rq+fdjs+zdr+zdrq+shr+shrq+shbj+jzr+jzrq+jzbj+bz+km_code+zy+jfje+dfje	P7、P9、P10、P11、P12、P13、P14
S7	明细账表	指存储企业会计核算的明细账簿，主要根据会计科目编码和凭证号一一记录	账套号+年会计期间+月会计期间+科目编码+序号+日期+凭证号+摘要+借方金额+贷方金额 zth+nkjqj+ykjqj+km_code+xh+rq+pzh+zy+jfje+dfje	P9

续表

数据存储编号	数据存储名称	简述	数据存储组成	相关联的处理
S8	科目余额表	主要存储各会计科目的期初余额、期间发生额、累计发生额及期末余额等数据	账套号+年会计期间+月会计期间+科目编码+期初借方余额+期初贷方余额+期初余额+借方发生额+贷方发生额+借方累计+贷方累计+期末借方余额+期末贷方余额+期末余额 zth+nkjqj+ykjqj+km_code+qcjfye+qcdfye+qcye+jffse+dffse+jflj+dflj+qmjfye+qmdfye+qmye	P10
S9	未审核的损益结转凭证	将损益类科目的当期累积发生额在期末全部结转到本年利润科目中，结转后损益类科目的期末余额为0	账套号+年会计期间+月会计期间+凭证号+日期+附单据数+制单人+制单日期+审核人+审核日期+审核标记+记账人+记账日期+记账标记+备注+科目编码+摘要+借方金额+贷方金额 审核标记为"否"，记账标记为"否" zth+nkjqj+ykjqj+pzh+rq+fdjs+zdr+zdrq+shr+shrq+shbj+jzr+jzrq+jzbj+bz+km_code+zy+jfje+dfje	P5、P11
S10	资产负债表	资产负债表是反映企业在某一特定日期的财务状况的报表	账套号+年会计期间+月会计期间+货币资金期初余额+货币资金期末余额+以公允价值计量且其变动计入当期损益的金融资产期初余额+以公允价值计量且其变动计入当期损益的金融资产期末余额+应收票据及应收账款期初余额+应收票据及应收账款期末余额+预付款项期初余额+预付款项期末余额+其他应收款期初余额+其他应收款期末余额+存货期初余额+存货期末余额+流动资产合计期初余额+流动资产合计期末余额+持有至到期投资期初余额+持有至到期投资期末余额+长期应收款期初余额+长期应收款期末余额+长期股权投资期初余额+长期股权投资期末余额+投资性房地产期初余额+投资性房地产期末余额+固定资产期初余额+固定资产期末余额+在建工程期初余额+在建工程期末余额+无形资产期初余额+无形资产期末余额+开发支出期初余额+开发支出期末余额+长期待摊费用期初余额+长期待摊费用期末余额+递延所得税资产期初余额+递延所得税资产期末余额+非流动资产合计期初余额+非流动资产合计期末余额+资产总计期初余额+资产总计期末余额+短期借款期初余额+短期借款期末余额+应付票据及应付账款期初余额+应付票据及应付账款期末余额+预收款项期初余额+预收款项期末余额+应付职工薪酬期初余额+应付职工薪酬期末余额+应交税费期初余额+应交税费期末余额+其他应付款期初余额+其他应付款期末余额+流动负债合计期初余额+流动负债合计期末余额+长期借款期初余额+长期借款期末余额+应付债券期初余额+应付债券期末余额+长期应付款期初余额+长期应付款期末余额+递延所得税负债期初余额+递延所得税负债期末余额+非流动负债合计期初余额+非流动负债合计期末余额+负债合计期初余额+负债合计期末余额+实收资本期初余额+实收资本期末余额+资本公积期初余额+资本公积期末余额+库存股期初余额+库存股期末余额+其他综合收益期初余额+其他综合收益期末余额+盈余公积期初余额+盈余公积期末余额+未分配利润期初余额+未分配利润期末余额+所有者权益合计期初余额+所有者权益合计期末余额+负债和所有者权益总计期初余额+负债和所有者权益总计期末余额	P13

续表

数据存储编号	数据存储名称	简述	数据存储组成	相关联的处理
S10			zth+nkjqj+ykjqj+hbzjqcye+hbzjqmye+gyjzljrzcqmye+gyjzljrzcqmye+yspjjyszkqcye+yspjjyszkqmye+yfkxqcye+yfkxqmye+qtyskqcye+qtyskqmye+chqcye+chqmye+ldzchjqcye+ldzchjqmye+cyzdqtzqcye+cyzdqtzqmye+cqyskqcye+cqyskqmye+cqgqtzqcye+cqgqtzqmye+tzxfdcqcye+tzxfdcqmye+gdzcqcye+gdzcqmye+zjgcqcye+zjgcqmye+wxzcqcye+wxzcqmye+kfzcqcye+kfzcqmye+cqdtfyqcye+cqdtfyqmye+dysdszcqcye+dysdszcqmye+fldzchjqcye+fldzchjqmye+zczjqcye+zczjqmye+dqjkqcye+dqjkqmye+yfpjjyfzkqcye+yfpjjyfzkqmye+yskxqcye+yskxqmye+yfzgxcqcye+yfzgxcqmye+yjsfqcye+yjsfqmye+qtyfkqcye+qtyfkqmye+ldfzhjqcye+ldfzhjqmye+cqjkqcye+cqjkqmye+yfzqqcye+yfzqqmye+cqyfkqcye+cqyfkqmye+dysdsfzqcye+dysdsfzqmye+fldfzhjqcye+fldfzhjqmye+fzhjqcye+fzhjqmye+sszbqcye+sszbqmye+zbgjqcye+zbgjqmye+kcgqcye+kcgqmye+qtzhsyqcye+qtzhsyqmye+yygjqcye+yygjqmye+wfplrqcye+wfplrqmye+syzqyhjqcye+syzqyhjqmye+fzhsyzqyzjqcye+fzhsyzqyzjqmye	
S11	利润表	利润表是反映企业在一定会计期间内的经营成果的报表	账套号+年会计期间+月会计期间+营业收入上期金额+营业收入本期金额+营业成本上期金额+营业成本本期金额+税金及附加上期金额+税金及附加本期金额+销售费用上期金额+销售费用本期金额+管理费用上期金额+管理费用本期金额+研发费用上期金额+研发费用本期金额+财务费用上期金额+财务费用本期金额+利息费用上期金额+利息费用本期金额+利息收入上期金额+利息收入本期金额+资产减值损失上期金额+资产减值损失本期金额+其他收益上期金额+其他收益本期金额+投资收益上期金额+投资收益本期金额+公允价值变动收益上期金额+公允价值变动收益本期金额+资产处置收益上期金额+资产处置收益本期金额+营业利润上期金额+营业利润本期金额+营业外收入上期金额+营业外收入本期金额+营业外支出上期金额+营业外支出本期金额+利润总额上期金额+利润总额本期金额+所得税费用上期金额+所得税费用本期金额+净利润上期金额+净利润本期金额+其他综合收益的税后净额上期金额+其他综合收益的税后净额本期金额+综合收益总额上期金额+综合收益总额本期金额+每股收益上期金额+每股收益本期金额 zth+nkjqj+ykjqj+yysrsqje+yysrbqje+yycbsqje+yycbbqje+sjjfjsqje+sjjfjbqje+xsfysqje+xsfybqje+glfysqje+glfybqje+yffysqje+yffybqje+cwfysqje+cwfybqje+lxfysqje+lxfybqje+lxsrsqje+lxsrbqje+zcjzsssqje+zcjzssbqje+qtsysqje+qtsybqje+tzsysqje+tzsybqje+gyjzbdsysqje+gyjzbdsybqje+zcczsysqje+zcczsybqje+yylrsqje+yylrbqje+yywsrsqje+yywsrbqje+yywzcsqje+yywzcbqje+lrzesqje+lrzebqje+sdsfysqje+sdsfybqje+jlrsqje+jlrbqje+qtzhsydshjesqje+qtzhsydshjebqje+zhsyzesqje+zhsyzebqje+mgsysqje+mgsybqje	P14

5. 数据处理描述

账务处理系统案例中的数据处理描述，通过当期所有的已记账的凭证来更新科目余额表，如表2-17所示。

表2-17 账务处理系统数据处理描述

处理逻辑编号	处理逻辑名称	输入的数据流	处理逻辑的描述	输出的数据流
P1	新建账套		确定账套名称、行业、本位币及会计期间等信息。新建账套时，可根据所选行业预设对应的会计科目体系。对会计期间的处理要求严格控制，如"起始日期、结束日期应在年会计期间内""起始日期应小于结束日期""账套启用日期应大于等于起始日期"等 对所建账套，可以通过账套管理进行修改（注意：不能修改账套号）与删除操作。账套删除需要删除与账套相关的所有数据，包括账套信息表、会计科目编码表、科目余额表、操作员信息表、凭证主表、凭证明细表、明细账表等数据，同时自动新增一个操作员编号为【0】、密码为【000】的系统主管	S1、S3
P2	初始化设置	S1	初次使用系统时，根据企业的实际情况进行相关参数设置。主要包括码表的初始化处理、操作员管理等，然后根据企业所在行业和性质进行会计科目设置，注意科目编码的合法性控制	S2
P3	余额初始化	S2	初始化设置完成后，需要先进行科目余额初始化操作，将上期借贷方余额输入到对应科目中。余额初始化包含初始设置、试算平衡、初始化完毕三个步骤 初始设置是生成账套号为【0】、年会计期间为【0000】、月会计期间为【00】的初始数据 试算平衡是根据科目余额表中对所有科目的期初余额的汇总计算和比较，满足以下规则：①发生额依据借贷记账法的记账规则："有借必有贷，借贷必相等"：全部账户本期借方发生额合计与全部账户本期贷方发生额合计是否保持平衡，即全部账户本期借方发生额合计=全部账户本期贷方发生额合计；②余额试算平衡的直接依据是财务状况等式，即资产=负债+所有者权益：全部账户借方期末（初）余额合计与全部账户贷方期末（初）余额合计是否保持平衡，即全部账户借方期末（初）余额合计=全部账户贷方期末（初）余额合计 试算平衡通过后进行科目余额初始化完毕操作，将初始数据转到启用账套期间的期初数，并将对应的账套的账套状态由"初始"改为"正常"。初始化完毕后才能进行日常业务处理	S8
P4	凭证输入	D1、S3	根据原始凭证输入相应的凭证信息，包括凭证摘要、会计科目、借贷方金额等。在控制设计中，要求凭证号自动生成、对会计科目输入的正确性进行判断、凭证的借贷方金额必须相等、附单据数不能为空、默认审核标记为"否"，记账标记为"否"	S4
P5	凭证审核	S4	对未审核凭证进行合规性、完整性和正确性审核，并输入审核人（审核人与制单人、记账人互不相同）、审核日期，审核标记更新为"是"	S5
P6	凭证审核取消	S5	记账人员发现已审核凭证存在错误，返回审核人员进行取消审核标记操作，之后再回到待审流程	S4
P7	凭证记账	S5	输入凭证记账标记及记账人（记账人与制单人、审核人互不相同）、记账日期，记账标记更新为"是"，同时根据凭证中涉及的会计科目，更新其科目余额表、明细账表数据	S6
P8	凭证冲销	S6	若会计主管发现已记账凭证是错误的，则根据错误的已记账凭证在当期自动新增一张冲销凭证（其借贷金额为被冲销凭证金额的负数）	S4

续表

处理逻辑编号	处理逻辑名称	输入的数据流	处理逻辑的描述	输出的数据流
P9	明细账表计算	S6	在凭证记账的同时对凭证中涉及的会计科目更新其明细账表数据 更新方法如下：首先计算出明细账序号，然后插入一条最新的记录	S7
P10	科目余额表计算	S6	在凭证记账的同时对凭证中涉及的会计科目更新其科目余额表数据 更新方法如下：将科目余额表中原来的借方发生额、借方累计、期末借方余额均加上凭证信息中的借方金额，将原来的贷方发生额、贷方累计、期末贷方余额均加上凭证信息中的贷方金额。最后根据公式"期末余额=期末借方余额-期末贷方余额"或者"期末余额=期末贷方余额-期末借方余额"计算期末余额	S8
P11	损益结转	S6	在设定的会计期间内，将含有损益类科目的未进行损益结转的凭证进行损益结转，并自动生成对应的未审核未记账损益结转凭证 步骤如下：①将损类科目从贷方转入本年利润借方，将益类科目从借方转入本年利润贷方；②把本年利润贷方金额减去本年利润借方金额的余额转入利润分配中	S9
P12	期末结账	S6	在会计期末(本案例指月末)将本期内所有发生的经济业务全部登记到明细账表以后，在科目余额表中计算出各会计科目的本期借方发生额、本期贷方发生额、借方累计发生额、贷方累计发生额、期末借方余额、期末贷方余额和期末余额，并将期末借方余额、期末贷方余额和期末余额结转到下期，作为下期的期初余额项目	S8
P13	资产负债表计算	S6	根据已记账凭证和自动生成的已记账损益结转凭证中的数据计算资产负债表。报表各内容相关计算方法如下： 资产负债表 账套号：所属的账套号 年会计期间：年会计期间 月会计期间：月会计期间 "期初余额"栏内的各项数字应根据上期该资产负债表"期末余额"栏内的所填数字填列 货币资金项目期末余额=库存现金科目期末余额+银行存款科目期末余额+其他货币资金科目期末余额 其他应收款项目期末余额=其他应收款、应收利息、应收股利科目的期末余额-坏账准备科目中有关坏账准备期末余额 存货项目期末余额=材料采购、原材料、发出商品、库存商品、周转材料、委托加工物资、生产成本、受托代销商品等科目的期末余额-受托代销商品款、存货跌价准备等科目期末余额 流动资产合计项目期末余额=货币资金项目期末余额+以公允价值计量且其变动计入当期损益的金融资产项目期末余额+应收票据及应收账款项目期末余额+预付款项目期末余额+其他应收款项目期末余额+存货项目期末余额 固定资产项目期末余额=固定资产和固定资产清理科目的期末余额-与固定资产相关的累计折旧的期末余额-固定资产减值准备科目的期末余额 无形资产项目期末余额=无形资产科目的期末余额-与无形资产相关的累计摊销的期末余额-与无形资产相关的减值准备的期末余额 非流动资产合计项目期末余额=持有至到期投资项目期末余额+长期应收款项目期末余额+长期股权投资项目期末余额+投资性房地产项目期末余额+固定资产项目期末余额+在建工程项目期末余额+无形资产项目期末余额+开发支出项目期末余额+长期待摊费用项目期末余额+递延所得税资产项目期末余额	S10

续表

处理逻辑编号	处理逻辑名称	输入的数据流	处理逻辑的描述	输出的数据流
P13	资产负债表计算	S6	资产总计项目期末余额=流动资产合计项目期末余额+非流动资产合计项目期末余额 短期借款项目期末余额=与短期借款科目有关的总账科目的期末余额 应付票据及应付账款项目期末余额=应付票据总账科目余额+应付账款和预付账款科目所属的相关明细科目的期末贷方余额合计数 应付职工薪酬项目期末余额=应付职工薪酬科目的明细科目期末余额 应交税费项目期末余额=应交税费科目的明细科目期末余额 其他应付款项目期末余额=其他应付款总账科目余额+应付利息总账科目余额+应付股利总账科目余额 流动负债合计项目期末余额=短期借款项目期末余额+应付票据及应付账款项目期末余额+预收款项目期末余额+应付职工薪酬项目期末余额+应交税费项目期末余额+其他应付款项目期末余额 非流动负债合计项目期末余额=长期借款项目期末余额+应付债券项目期末余额+长期应付款项目期末余额+递延所得税负债项目期末余额 负债合计项目期末余额=流动负债合计项目期末余额+非流动负债合计项目期末余额 实收资本项目期末余额=与实收资本科目有关的总账科目的期末余额 未分配利润项目期末余额=利润分配科目中所属的未分配利润明细科目期末余额 所有者权益合计项目期末余额=实收资本项目期末余额+资本公积项目期末余额−库存股项目期末余额+其他综合收益项目期末余额+盈余公积项目期末余额+未分配利润项目期末余额 负债和所有者权益总计项目期末余额=负债合计项目期末余额+所有者权益合计项目期末余额	S10
P14	利润表计算	S6	根据已记账凭证和自动生成的已记账损益结转凭证是的数据计算利润表。报表各内容含义相关计算方法如下： 利润表 账套号：所属的账套号 年会计期间：年会计期间 月会计期间：月会计期间 "上期金额"栏内的各项数字应根据上期该利润表"本期金额"栏内的所填数字填列 本期营业收入=本期的主营业务收入+其他业务收入 本期营业成本=本期的主营业务成本+其他业务成本 本期销售费用=本期的销售费用科目的发生额 本期管理费用=本期的管理费用科目的发生额 本期财务费用=本期的财务费用科目的发生额 本期营业利润=营业收入−营业成本−税金及附加−销售费用−管理费用−研发费用−财务费用−资产减值损失+其他收益+投资收益+公允价值变动收益+资产处置收益 本期利润总额=营业利润+营业外收入−营业外支出 本期所得税费用=利润总额×25%(本系统适用的所得税税率为25%) 本期净利润=利润总额−所得税费用 本期综合收益总额=净利润+其他综合收益的税后净额	S11

2.4 系统功能分析

2.4.1 进销存系统功能分析

【案例02-8】进销存系统功能分析。

进销存系统的主要功能结构如图 2-14 所示。

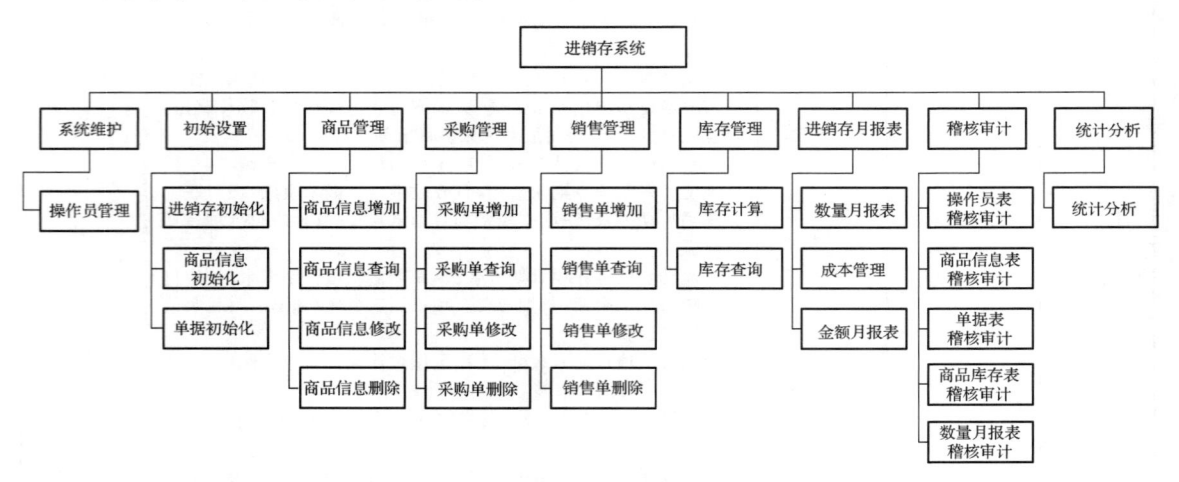

图 2-14 进销存系统功能结构图

进销存系统的功能分析如表 2-18 所示。

表 2-18 进销存系统功能分析

模 块	子 模 块	功 能 描 述	备 注
系统维护	操作员管理	对操作员进行信息查询、修改、删除和增加操作，主要包括操作员的编码、姓名、密码等	操作员是指有权对进销存系统进行操作的人员。管理员需要根据操作员所担任的职务和分工来决定是否增加其为操作员，并及时对不再使用系统的人员进行删除等操作
初始设置	进销存初始化	对进销存案例数据进行初始化	初始设置是指首次使用进销存系统时，根据实际情况的需要，对进销存案例数据、商品信息和单据进行初始化，以便后续对系统的使用
	商品信息初始化	对商品信息进行初始化	
	单据初始化	对单据进行初始化	
商品管理	商品信息增加	输入商品的基本信息，包括商品编码、商品名称、商品种类、规格型号、计量单位、零售价、供应商、商品图片及备注等。商品图片文件名为商品编码，格式为.jpg，由系统自动写入	商品的编码不能重复
	商品信息查询	可以根据商品编码、种类、价格等进行条件查询	
	商品信息修改	可以对除商品编码以外的信息进行修改操作	商品编码为主键必须唯一，不可修改
	商品信息删除	可以对不必要的商品信息进行删除操作	

续表

模 块	子 模 块	功 能 描 述	备 注
采购管理	采购单增加	输入采购单的单据号、日期、制单人、商品编码、数量、单价、金额及备注等；新增采购单时，单据号自动生成；金额=数量×单价	
	采购单查询	按照输入的条件进行条件查询	
	采购单修改	采购单可对除单据号以外的其他信息进行修改	采购单号为主键必须唯一，不可修改
	采购单删除	可以对采购单数据进行删除操作	
销售管理	销售单增加	输入销售单的单据号、日期、制单人、商品编码、数量、单价、金额及备注等；新增销售单时，单据号自动生成；金额=数量×单价	
	销售单查询	按照输入的条件进行条件查询	
	销售单修改	销售单可对除单据号以外的其他信息进行修改	销售单据号为主键必须唯一，不可修改
	销售单删除	采购单数据删除操作	
库存管理	库存计算	根据采购单和销售单中的数据计算更新商品库存表数据，其规则如下：采购单增加采购商品库存数量 销售单减少销售商品库存数量	库存表数据需要根据采购单、销售单的增加或删除进行实时更新
	库存查询	可查询商品库存表中的商品库存数量	按照输入的商品编码查询当前的库存数量
进销存月报表	数量月报表	根据设定的起始日期和结束日期计算进销存数量月报表	月末，在计算销售成本后，需要先进行数量月报表的计算，之后再计算金额月报表
	成本管理	根据设定的起始日期、结束日期和商品编码，由进销存系统根据月末一次加权平均法计算出相应的数据	企业可根据《企业会计准则》选择成本计算方法
	金额月报表	根据设定的起始日期和结束日期计算进销存金额月报表	月末，在计算销售成本后，需要先进行数量月报表的计算，之后再计算金额月报表
稽核审计	操作员表稽核审计	稽核操作员表中存在的各类非正常数据	通过稽核发现操作员姓名为空、操作员密码为空、操作员编码为空、操作员姓名重复等错误
	商品信息表稽核审计	稽核商品信息表中存在的各类非正常数据	通过稽核发现价格为空或小于0、商品名称为空、商品种类为空、商品规格型号为空、计量单位为空、图片为空、供应商为空、商品名称重复等错误
	单据表稽核审计	稽核采购单、销售单中存在的各类非正常数据	通过稽核发现金额≠单价×数量、日期为空、制单人为空、商品编码为空、数量小于0或为空、价格小于0或为空等错误
	商品库存表稽核审计	稽核商品库存表中存在的各类非正常数据	通过稽核发现商品编码不存在于商品信息表中、库存数量小于0或为空、库存数量与数量月报期末数量不一致等错误

续表

模块	子模块	功能描述	备注
稽核审计	数量月报表稽核审计	稽核进销存数量月报表中存在的各类非正常数据	通过稽核发现期末库存数量≠期初库存数量+采购数量−销售数量、本月的期初库存数量≠上月的期末库存数量、商品编码不存在于商品信息表中、起始日期>结束日期等错误

2.4.2 账务处理系统功能分析

【案例02-9】账务处理系统功能分析。

账务处理系统案例的主要功能结构如图2-15所示。

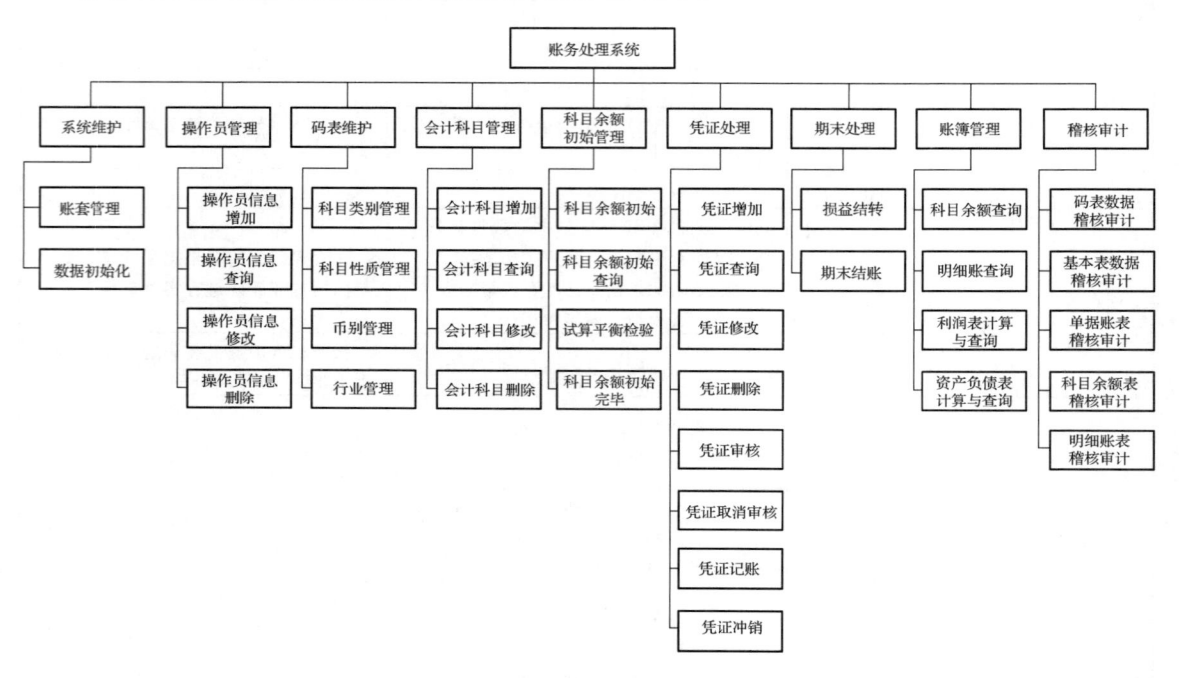

图 2-15 账务处理系统功能结构图

账务处理系统功能分析如表2-19所示。

表 2-19 账务处理系统功能分析

模块	子模块	功能描述	备注
系统维护	账套管理	实现对账套的增加、删除、修改、查询等操作，主要内容包括账套号、账套名称、所属行业、本位币、期间数、起始日期、结束日期、启用日期、账套状态等信息	在本系统中会计期间数为12，且取年度自然月份
	数据初始化	当第一次启用账务处理系统时对科目性质、科目类别、币别、行业等系统码表进行初始化操作，即将账务处理系统所涉及的各类码表常用数据进行初始化设置，以方便用户使用	科目性质、科目类别、币别、行业等系统码表不区分账套，账套启用后，相关码表可以根据需要进行修改

续表

模　块	子　模　块	功　能　描　述	备　注
操作员管理	操作员信息增加	输入操作员的编码、姓名、密码、所属部门和权限 第一次使用空数据库时，系统默认增加一超级用户（账套号为"00"、编码为"0"、名称为"超级用户"、密码为"0"），便于启动系统	账套新建完毕，系统默认为该账套增加一个编码为"1"、名称为"管理员"、密码为"1"的操作员；用户在进入系统后可对操作员信息进行修改
操作员管理	操作员信息查询	查询所有账套的操作员信息	
操作员管理	操作员信息修改	对操作员信息进行修改操作	操作员编码作为主键，不能修改
操作员管理	操作员信息删除	对操作员信息进行删除操作	
码表维护	科目类别管理	实现对科目类别码表的增加、删除、修改、查询等管理	科目类别用于定义会计科目的类别，包括资产、负债、权益、共同、成本、损益
码表维护	科目性质管理	实现对科目性质码表的增加、删除、修改、查询等管理	科目性质用于定义会计科目的性质，系统默认有六种科目性质：现金、银行、应收、应付、存货和其他
码表维护	币别管理	实现对币别码表的增加、删除、修改、查询等管理	定义企业所涉及的货币种类，系统默认有人民币、美元等
码表维护	行业管理	实现对行业性质码表的增加、删除、修改、查询等管理	根据行业分类的不同，系统可以预设会计科目编码体系。系统默认有工业企业、商品流通企业两类
会计科目管理	会计科目增加	实现对会计科目的增加操作 会计科目主要包括科目编码、科目名称、科目类别、科目性质、余额方向等内容	科目增加、修改过程需要进行严格控制，包括会计科目编码、科目名称、科目类别等。该功能的运行时序是在"码表管理"功能后，"科目余额初始管理"功能前
会计科目管理	会计科目查询	实现对会计科目的查询操作	系统提供科目编码、名称、类别等多项条件查询功能
会计科目管理	会计科目修改	实现对会计科目的修改操作	科目修改时需要控制账套号、科目编码主键不能修改
会计科目管理	会计科目删除	实现对会计科目的删除操作	
科目余额初始管理	科目余额初始	输入会计科目余额表中的初始数据 科目余额初始数据输入在会计科目余额表中，系统默认期初的年会计期间为0000，月会计期间为00	用户只需要输入科目的期初余额，系统会自动计算期末余额 该功能的运行时序是在"会计科目管理"功能后，"试算平衡"功能前
科目余额初始管理	科目余额初始查询	实现对会计科目余额初始数据的查询操作；系统提供科目编码、名称、类别、余额方向、期末余额范围等多项条件查询功能	默认只能查询年会计期间、月会计期间的期初数据
科目余额初始管理	试算平衡检验	对会计科目初始余额进行试算平衡检验 按照会计制度的要求进行余额试算平衡检查	主要判断、检查借方金额之和是否等于贷方金额之和。该功能的运行时序是在"科目余额初始"功能后，"凭科目余额初始完毕"功能前，并且只能使用一次
科目余额初始管理	科目余额初始完毕	实现对会计科目余额初始完毕确定操作 系统在余额初始完毕处理时，需要先进行试算平衡操作，若试算平衡检验不通过，则不能进行余额初始完毕处理	会计科目余额初始完毕，不能再进行科目期初余额修改操作。初始完毕操作时序是在"试算平衡"之后，"凭证输入"功能前

续表

模 块	子 模 块	功 能 描 述	备 注
凭证处理	凭证增加	输入未审核的凭证数据 凭证输入是账务处理系统中使用最频繁的功能。凭证主要包括以下数据：账套号、凭证号、日期、附单据数、制单人、制单日期、审核人、审核日期、审核标记、记账人、记账日期、记账标记，以及科目编码、摘要、借方金额、贷方金额	凭证号自动生成。在凭证输入过程中，系统会对会计科目进行正确性检查；在保存凭证数据正确时，将判断借贷方金额是否相等。该操作时序是在"科目余额初始完毕"之后，"凭证审核"功能前
	凭证查询	实现凭证条件查询	按年会计期间、月会计期间、凭证号、日期、制单人、审核标记、记账标记等条件查询凭证主表中的数据；双击选中的行，即可查询出凭证全部数据
	凭证修改	只能对未审核未记账的凭证进行修改操作	如果凭证已经审核，则需要取消审核后才能进行修改；如果凭证已经记账，则需要进行凭证冲销并重新输入正确凭证处理
	凭证删除	只能对未审核未记账的凭证进行删除操作	如果凭证已经审核，则需要取消审核后才能进行删除；如果凭证已经记账，则需要进行凭证冲销并重新输入正确凭证处理
	凭证审核	实现对未审核凭证进行单张审核操作；审核人员应该按照会计制度的要求，对制单人员填制的记账凭证进行审核，主要审核记账凭证是否与原始凭证相符，会计分录是否正确、记账凭证内容是否完整无缺等	审核人员不能直接修改会计凭证，如发现有错，应先取消审核，然后交由制单人员修改。只有经过审核无误的记账凭证，才能作为记账的依据。该操作时序是在"凭证输入"之后，"凭证记账"功能前
	凭证审核取消	实现对已审核凭证进行单张审核取消操作	系统只能取消已审核且未记账凭证；凭证审核后发现错误，应先取消审核，然后交由制单人员修改。该操作时序是在"凭证审核"之后
	凭证记账	实现对已审核凭证进行单张记账的功能	系统根据已审核凭证中的数据，分别更新科目余额表、账簿中的数据。该操作时序是在"凭证审核"之后
	凭证冲销	实现对已记账凭证进行单张冲销的功能	系统将根据已记账凭证的数据生成一张与原凭证借贷科目相反、金额相反的凭证进行冲销。该操作时序是在"凭证记账"之后
期末处理	损益结转	实现当前月会计期间的损益结转	根据已记账的凭证数据结转主营业务收入、营业外收入、其他业务收入等损益类科目
	期末结账	实现期末结账操作；结账就是在将一定时期内发生的经济业务全部登入账的基础上，把各类账簿的数据进行期末结转，将本期的期末余额结转到下一期的期初余额，为下一会计期间的业务处理做好初始准备；期末结账后，系统将在相关表中插入下一会计期间的相关数据	在结账之前，应先检查本期发生的各种经济业务是否都已经编制凭证并审核记账，对各种成本费用类账户，也应当在结账前对余额进行结转，并审核记账，需要注意以下几点： ①上月未结账的，本月不能结账；②本月还有未记账凭证时，则本月不能结账；③已结账月份不能再填制凭证；④"期末结账"功能有相当严格的时序限制，只能每月进行一次，结账后本月不能再进行凭证处理工作

续表

模 块	子 模 块	功 能 描 述	备 注
账簿管理	科目余额查询	实现科目余额条件查询 科目余额主要包括：套账号、科目编码、年会计期间、月会计期间、期初借方余额、期初贷方余额、期初余额、借方发生额、贷方发生、借方累计发生额、贷方累计发生额、期末借方余额、期末贷方余额、期末余额等内容	科目余额中的数据均由系统自动计算生成
账簿管理	明细账查询	实现明细账条件查询 明细账主要包括套账号、年会计期间、月会计期间、科目编码、序号、日期、凭证类型、凭证号、摘要、借方金额、贷方金额等内容 会计科目的明细账信息在明细账表中，系统的明细账可根据凭证号查询出涉及该会计科目的所有经济业务发生情况	明细账的数据均由系统自动计算生成
账簿管理	利润表计算与查询	实现利润表相关数据的计算与查询；利润表主要包括账套号、年会计期间、月会计期间、上期营业收入、本期营业收入、上期营业成本、本期营业成本、上期税金及附加、本期税金及附加等内容	计算及查询利润表数据
账簿管理	资产负债表计算与查询	实现对资产负债表的相关数据的计算与查询；资产负债表主要包括账套号、年会计期间、月会计期间、制表人、货币资金期初余额、货币资金期末余额等内容	计算及查询资产负债表数据
稽核审计	码表数据稽核审计	稽核码表中存在的各类非正常数据	如稽核除科目类别码表为空等错误
稽核审计	基本表数据稽核审计	稽核基本表中存在的各类非正常数据	稽核操作员表、账套信息表中非主键数据为空等错误
稽核审计	单据表稽核审计	稽核单据表中存在的各类非正常数据	稽核凭证相关的各类错误，如借贷不相等
稽核审计	科目余额表稽核审计	稽核科目余额表中存在的各类非正常数据	
稽核审计	明细账表稽核审计	稽核明细账表中存在的各类非正常数据	

思考题

1．简述信息技术的作用与目的。
2．简述会计信息收集、处理与输出的过程。
3．简述会计信息系统的基本功能。
4．简述会计信息系统各子系统间的数据联系。
5．简述业务处理流程调查的主要内容。
6．简述业务处理流程图的主要作用。
7．简述数据处理流程调查的主要内容。
8．简述数据处理流程图的主要作用。
9．简述数据字典的主要作用。
10．简述数据字典的主要内容。
11．分析和思考进销存系统案例在流程分析、功能设计上的不足。
12．分析和思考账务处理系统案例在流程分析、功能设计上的不足。

第 3 章 会计信息系统设计

【学习目的】

了解会计信息系统设计的工作与原则，理解系统输入输出应注意的问题；了解数据库设计的基本步骤与方法。

能根据会计业务数据处理流程图和数据字典，绘制 E-R 图，进行合理的数据库设计。

【教学案例】

【案例 03-1】进销存系统案例的 E-R 图。
【案例 03-2】账务处理系统案例的 E-R 图。
【案例 03-3】进销存系统案例的数据库设计。
【案例 03-4】账务处理系统案例的数据库设计。

3.1 系统设计的工作与原则

系统设计是在系统分析的基础上，进行系统的物理设计。系统设计的任务是实现系统分析阶段确定的逻辑模型所规定的系统功能，即建立系统的物理模型。

3.1.1 系统设计的主要工作

系统设计的主要任务是提出系统实施(如编程、调试、试运行等)的方案，并写出系统设计报告，以作为系统实现和维护的依据。系统设计的主要工作如表 3-1 所示。

表 3-1 系统设计的主要工作

主 要 工 作	内　　容
应用系统设计	包括应用软件设计和数据库设计两个阶段 应用软件设计过程划分为总体设计和详细设计两个阶段。总体设计阶段的任务是确定软件的总体结构并划分子系统和模块。详细设计阶段的任务是确定每一模块实现的功能，除了要对模块的具体内容，包括输入、处理和输出及编程语言、算法和流程逻辑等加以严格说明，还必须对某些特定的内容进行设计，如编码设计、输出设计、输入设计、界面设计、处理过程设计及数据存储设计等，要从整体上满足系统的需求和用户应用的需求
技术系统设计	技术系统设计是将各种分布的设备和任务、功能、数据资源等集中起来统一管理，以支持企业的信息结构。技术系统设计包括系统软件设计、硬件配置设计、网络设计等

续表

主要工作	内容
物理模型的建立	系统设计阶段的主要任务就是要建立系统的物理模型,即确定信息系统的具体结构及具体的物理实现方案。物理模型的建立包括系统流程图设计、模块结构图设计、模块描述、数据结构图等

3.1.2 系统设计应遵循的原则

系统设计是信息系统开发的重要环节,其实现必须遵循一定的基本原则,如表 3-2 所示。

表 3-2 系统设计应遵循的基本原则

原则	说明
系统性	从系统的全局出发,做到系统编码统一、设计规范、传递语言一致,对系统的数据采集要做到数出一处、全局共享,使一次输入得到多次利用
经济性	充分考虑系统的投资效益比。一方面,在硬件投资上不能盲目追求技术上的先进,而应以满足应用需要为前提;另一方面,系统设计中应尽量避免不必要的复杂处理,各模块应尽量简洁,以便缩短处理流程、减少处理费用
灵活性	设计中应体现系统的可扩展性和可变性。企业处理业务的发展必然伴随系统功能的变更和应用需求的扩展,在设计中既要体现出系统对环境变化的适应性和灵活性,又要确保系统整体功能的稳定性
安全性	信息系统的安全保障是系统能否正常运行的基本保证。数据是信息系统的核心,数据的安全保证措施是整个系统安全性设计的重中之重
可靠性	可靠性是指系统抵御外界干扰的能力及受外界干扰时的恢复能力。一个成功的会计信息系统必须具有较高的可靠性,如安全保密性、检错及纠错能力、抗病毒能力等
效率和质量	系统效率体现在系统的处理能力、速度、响应时间等指标上。质量是与系统提供的信息的完整性、准确性和表现形式等有关的指标。系统效率和质量是系统能否推广应用,并产生效果的基本保证
技术的先进性和成熟性	成熟的技术和产品有助于提高系统的成熟度,先进的技术能使系统具有更长的生命周期。在设计系统时,应尽量选择先进成熟的技术和产品,增强系统的推广能力,降低系统潜在的风险
系统设计报告的完成	系统设计的最后阶段产生的是系统设计报告,它不仅是系统实施的依据,而且是系统运行期间用以维护系统的依据。因此,在系统设计过程中,应严格遵循系统分析报告所提供的文档资料,设计者不能随意更改系统功能和性能要求。如有必要变更,需严格审核并由主管部门批准。只有这样,才能使设计报告更符合系统分析的实际情况

3.2 输入/输出设计

系统的输入/输出设计对用户方便使用系统起着非常重要的作用。输入/输出设计得好坏在一定程度决定了系统使用的简便性、安全性、可靠性、快捷性、友好性和实用性。良好输入/输出设计的关键在于设计者能充分理解用户的专业背景、系统应用环境和系统标准设置的含义。

3.2.1 输出设计

输出是系统产生的结果或为用户提供的信息,是系统开发的目的和评价系统开发成功与否的标准。输出设计的目的是为了准确、及时地反映系统的输出信息。系统设计过程不是从输入设计到输出设计,而是从输出设计到输入设计。在详细设计阶段要根据用户对信息的需求进行输出设计,然后再根据输出所需获得的信息来进行输入设计。

信息系统输出有内部输出与外部输出两种类型。

内部输出主要是指为企业内部的各类用户提供的输出内容，主要是企业内部每天的业务信息、监督、决策等，输出内容常常包括详细报表、汇总报表和异常报表。详细报表主要提供详细的没有经过各种加工、过滤的业务信息，这类报表记载的主要是企业发生的历史数据。例如，所有的客户订单、银行流水账、应收应付流水账、产品销售明细表等。汇总报表指的是为管理者提供的对数据进行了加工、汇总等操作的各类报表，常常使用图形或图像形式来表示。制定汇总报表的目的在于让企业管理者在最短时间内了解整个企业的经营状况，辅助其进行各种经营管理决策。常用的汇总报表包括财务的产品销售分析表、利润表等。异常报表指的是不满足制定的标准和条件的各种数据报表。例如，整个企业库存分析表、应收账款分析报表、不合格产品统计报表、银行逾期贷款现状统计和分析报表等。

外部输出主要是指有关的业务统计报表，如企业的资产负债表等。外部输出信息的服务对象主要是处于企业外部环境中的各种用户、组织机构等。

为了提高信息系统输出的质量，确保信息系统开发项目的成功，信息系统输出设计应遵循如表 3-3 所示的基本原则。

表 3-3　输出设计的基本原则

基 本 原 则	说　　明
易读性	简洁明了，易于阅读和理解。用户只需通过简单的操作就能生成报表，各种报表或显示的信息应该均衡，输出时尽量只显示必要的信息
及时性	只要用户需要，随时可以生成用户需要的各种信息
安全性	未经授权的用户不能访问相应的输出信息
有效性	信息系统输出的内容、格式等应该满足用户的需要

3.2.2　输入设计

输入设计对于整个信息系统的质量至关重要。在信息系统输入的过程中，人的因素是非常重要的。输入设计包括数据规范和数据准备。信息系统的输入应该尽可能简单，避免重复输入，减少错误的发生，输入数据能直接满足处理的需要而无须转换。

输入设计的基本原则如表 3-4 所示。

表 3-4　输入设计的基本原则

基 本 原 则	说　　明
控制输入量	输入数据越多，系统效率越低，越容易发生错误，同时也浪费了很多人力资源，增加系统的运行成本。因此，在输入设计中，应尽量控制输入数据总量，在输入时只需输入基本的信息，而其他可通过计算、统计、检索得到的信息则由系统自动生成
确保有效性	输入设计中应采用多种输入校验方法和有效性验证技术，减少输入错误
减少输入的延迟	输入数据的速度往往是提高信息系统运行效率的瓶颈。在输入设计时，应尽量避免不必要的输入步骤，简化输入过程，提高输入效率

在输入过程中，要保证输入的速度和质量，还要考虑对数据出错的校验。常见的输入错误如表 3-5 所示。

表 3-5 常见输入错误类型

错误类型	说明
数据本身错误	由于原始数据填错等原因引起的输入数据错误
数据多余或不足	在数据收集过程中所产生的数据遗漏或重复等引起的数据错误
数据的延误	数据的收集和运行具有一定的时间性。在数据收集过程中由于时间上的延误会造成开票、传送等环节延误，严重时会导致整个输出毫无利用价值

为了减少输入错误，常采用输入检验。输入检验最常见的方法有两大类：一类是人工校验，它是一种对数据准确性要求较高的程序采用的基本方法，但这种方法会增加人力负担；另一类是程序校验，它是根据输入数据的约束特性，编写相应的程序对输入的数据进行检查，并自动显示出错信息，提示重新输入。常见的输入校验方法如表 3-6 所示。

表 3-6 常见的输入校验方法

输入校验方法	说明
对比校验	一种方法是将输入的数据与基本文件的数据相核对，检查两者是否一致。例如，在输入的同时，由计算机打印或显示输入数据，然后与原始单据进行比较，找出差错 另一种方法是将同一数据先后输入两次，然后由计算机程序自动予以对比校验，如两次输入内容不一致，计算机显示或打印出错信息 此外，工作人员可以先用手工算出数据的总值，然后在数据的输入过程中由计算机程序累计总值，将两者对比，进行控制总数校验
格式校验	校验数据记录中各数据项的类型、位数及位置是否符合预先规定的格式，如日期格式
校验位及界限校验	通过系统计算出校验位，检验输入数据是否出错。此外，还可根据业务上各种数据的逻辑性，检查某项输入数据的内容是否位于规定范围之内，以及数据有无矛盾。例如，商品价格只能在 0 至 10 000 元之间，若不在范围内则会出错
记录校验	进行记录顺序及计数检查。例如，要求输入单据无缺号时，可以通过顺序校验，发现被遗漏的记录。也可通过计算记录个数来检查记录有否遗漏和重复
平衡校验	平衡校验的目的是检查项目间的平衡关系。例如，会计凭证中借贷数据的平衡校验，单据、日报、月报中的明细数据与汇总数据的平衡校验

对原始数据准确性的要求是系统有效运行且产生效果的基本保证，也是容易产生问题的环节。因此，除应充分发挥技术手段来保证输入质量外，还应对数据加强管理。在程序校验时，要尽可能地对输入数据及数据间的逻辑约束关系进行分析与设计，并将其反映在程序中。

3.2.3 输入/输出设计应注意的问题

对交互式输入/输出，要注意设计简单的有提示的输入方式、出错检查和友好的交互界面。无论是批处理，还是交互系统的输入/输出方式均应注意以下问题：

(1) 检查所有的输入数据是否合理。
(2) 检查输入项的各种重要组合是否合理。
(3) 输出的格式应简单。
(4) 应采用数据结束指示符，而不应要求用户来确定输入数据的数量。
(5) 应明确提示交互式输入的请求，详细说明可用的选择及边界数值。
(6) 把计算机的内部特性掩盖起来，不让用户看到。
(7) 采取一定的防范措施，保证程序不会被用户破坏，使用户无法让程序不正常结束。

(8)如果用户的请求可能会产生严重的后果,应提醒用户注意。
(9)交互式程序应提供联机帮助功能。
(10)区别对待不同类型的用户。
(11)对所有同类用户应保持一致的响应时间。
(12)应尽量减少用户处理的工作量。

3.3 数据库设计

常言道"三分技术、七分管理、十二分基础数据",由此可见数据库设计的重要性。数据库设计包括结构特性的设计和行为特性的设计。结构特性的设计是确定数据库的数据模型。数据模型反映了现实世界的数据及数据间的联系,要求在满足应用需求的前提下,尽可能减少冗余,实现数据共享。行为特性的设计是确定数据库应用的行为和动作,应用的行为体现在应用程序中,所以行为特性的设计主要是应用程序的设计。

3.3.1 数据库的基本概念

1. 数据库

数据库(DataBase,DB)是指长期存储在计算机内的,有组织、可共享的数据的集合。数据库中的数据按一定的数学模型组织、描述和存储,具有较小的冗余,较高的数据独立性和易扩展性,并可为各种用户共享。

2. 数据库管理系统

数据库管理系统(DataBase Management System,DBMS)是一种操纵和管理数据库的软件,用于建立、使用和维护数据库。它对数据库进行统一管理控制,以保证数据库的安全性和完整性,可使多个应用程序和用户用不同的方法建立、修改和访问数据库。用户通过DBMS访问数据库中的数据,数据库管理员通过DBMS进行数据库的维护工作。数据库管理系统主要提供数据定义、数据操纵、数据库运行管理、数据组织存储与管理、数据库保护、数据库的维护、通信等功能。

3. 数据库系统

数据库系统(DataBase System,DBS)包括数据、数据库、数据库管理系统与操作数据库的应用程序,硬件平台(构成计算机系统的各种物理设备,包括存储所需的外部设备)、软件平台(包括操作系统、数据库管理系统及应用程序),与数据库相关的人员(系统分析员和数据库设计人员、数据库管理员、开发数据库应用程序的程序员、利用系统接口或查询语言访问数据库的用户)。

4. 应用程序和程序开发工具

应用程序和程序开发工具:数据库管理员(DataBase Administrator,DBA),负责数据库的总体信息控制,一般可以直接使用DBMS操作数据库。但由于DBMS过于专业,普通用户无法使用,普通用户使用应用程序来操作数据库;应用程序是由程序员通过程序开发工具来开发应用程序。

数据库系统的构成如图 3-1 所示。

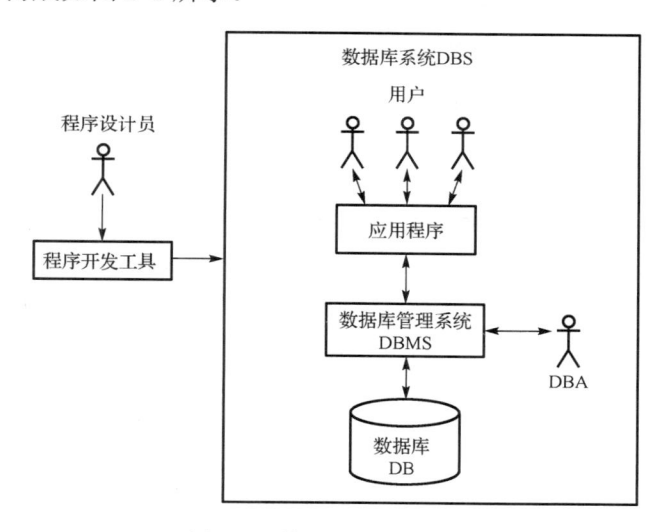

图 3-1 数据库系统的构成

3.3.2 数据库设计的基本步骤

传统的数据库设计，比较重视研究在给定的应用环境下如何建造数据库的结构，而较少考虑或容易忽视用户对应用功能的要求，即在数据库设计中未能很好地体现数据库的结构特性和行为特性，这是在独立的数据库设计过程中应注重的问题。现在，数据库设计往往是将数据库设计与信息系统应用设计相结合的完整过程和步骤。同信息系统设计的步骤类似，独立的数据库设计过程一般分为 6 个阶段：需求分析、概念结构设计、逻辑结构设计、物理结构设计、数据库实施、数据库运行和维护。

1．需求分析

了解用户需求，分析数据来源及其处理过程。需求分析是数据库设计过程的第一步、是基础，也是最困难最耗费时的阶段。需求分析是否全面与准确决定了构建数据库的速度与质量。如果需求分析不到位，将导致整个数据库设计返工重做。

2．概念结构设计

概念结构设计是整个数据库设计的关键。通过对用户需求进行综合、归纳与抽象处理，形成一个独立、具体的概念模型。描述概念结构设计最常见的工具就是 E-R 模型。

3．逻辑结构设计

逻辑结构设计是将概念结构设计阶段的 E-R 模型转换为某个 DBMS 产品所支持的数据模型（常用的是关系模型），并对其进行优化处理，形成逻辑数据模型。

4．物理结构设计

物理结构设计是为逻辑数据模型选取一个最适合应用要求环境的物理结构。包括确定数据库的物理结构，在关系数据库中主要指存取方法和存储结构；对物理结构进行评价，评价的重点是时间和空间效率。

5. 数据库实施

在数据库实施阶段，主要应用 DBMS 提供的数据库语言(SQL)及软件开发平台，根据逻辑结构设计和物理结构设计的结果，建立数据库，开发应用程序，实现对数据增加、删除、修改、查询等基本操作，对数据进行稽核审计、计算处理及统计分析。

6. 数据库运行和维护

数据库应用系统，经过系统测试与试运行后，即可投入正式运行。在数据库系统运行过程中，需要不断对其进行日常维护、评价、调整与修改完善。

完整的数据库系统的建立过程包含了从需求分析到运行维护的全过程。如果把数据库设计原理应用到信息系统的开发中，数据库设计的几个步骤就与系统开发的各个阶段相对应且融为一体，如图 3-2 所示。

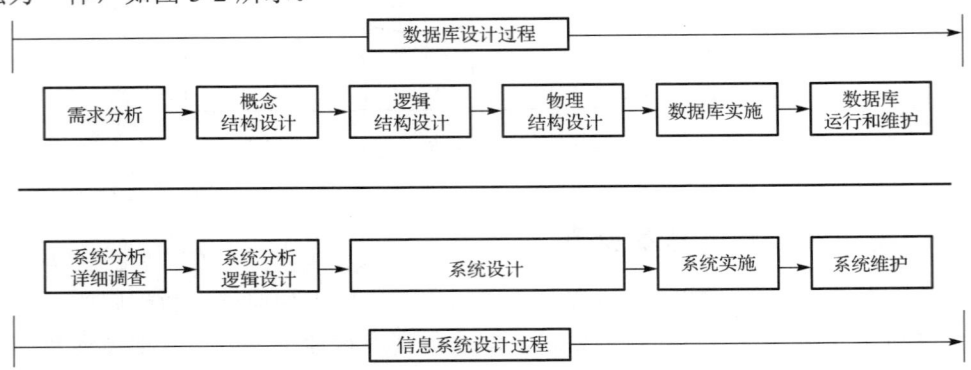

图 3-2 数据库设计与信息系统设计的对照

由图 3-2 可知，当数据库设计作为信息系统设计的组成环节时，主要应考虑数据库的逻辑结构设计和物理结构设计，将需求分析和概念结构设计纳入信息系统的分析阶段，将数据库实施、运行与维护纳入信息系统的应用程序设计和实施中。

3.3.3 E-R 模型

1. E-R 图

最常用的概念数据模型是用 E-R 方法描述的 E-R 模型，这种模型描述的是现实世界中的实体及它们之间的关系。E-R 模型中包含实体(Entity)、联系(Relationship)、属性(Attribute)三种基本成分，如表 3-7 所示。

表 3-7 E-R 模型的组成

组　成	图　符	说　明
实体	矩形	实体是客观世界中存在的且可相互区分的事物。实体可以是人也可以是物，可以是具体事物也可以是抽象概念，如供应商、库房、库管员等
属性	椭圆	属性是实体或联系所具有的性质。通常一个实体可用若干个属性来描述。例如，实体"供应商"有供应商编码、名称、地址、邮编、联系人、联系电话等属性；实体"商品"有商品编码、名称、种类、规格型号、价格、计量单位等属性
联系	菱形	联系是指实体之间存在的对应关系。一般可分为：一对一的联系(1:1)、一对多的联系(1:n)、多对多的联系($m:n$)

E-R 图形符号如图 3-3 所示。

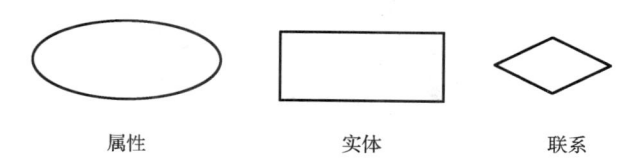

图 3-3　E-R 图形符号示例

将实体、联系、属性加以连接，就形成了对存储信息结构的描述，它是对要存储的数据的抽象描述，这是分析阶段应完成的任务，也是数据库设计中建立概念模型的相应内容，而设计阶段的任务，则是把这种抽象逻辑结构设计作为具体软件运行环境所需要的具体数据结构。

某企业采购销售的 E-R 图如图 3-4 所示，它表达了供应商、客户及商品这三个实体的相关属性：供应商的基本属性包括编码、名称、地址、邮编、联系人、电话等，客户的基本属性包括编码、姓名、地址、邮编、电话等，商品的基本属性包括编码、名称、种类、价格、计量单位、规格型号、商品图片等。同时也表达了供应商与商品之间多对多的采购关系（采购单据号、采购日期、采购单价、采购数量、采购金额），客户与商品之间多对多的销售关系（销售单据号、销售日期、销售单价、销售数量、销售金额）。

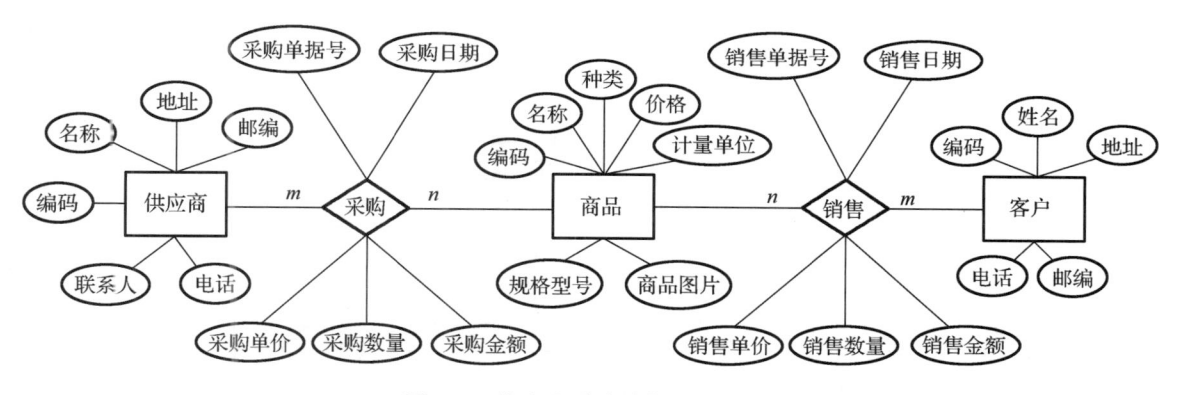

图 3-4　某企业采购销售的 E-R 图

在现实生活中，人们通常是用实体、联系和属性这三个概念来理解问题。因此，E-R 模型比较接近人的习惯思维方式。此外，E-R 模型使用简单的图形符号来表达系统分析员对问题的理解，这使得不熟悉计算机技术的用户也能理解它。因此，可用 E-R 模型来描述新系统的概念结构图，它最大的好处是可以作为用户与分析员之间有效的交流工具。

【案例 03-1】进销存系统案例的 E-R 图。

进销存系统案例的 E-R 图如图 3-5 所示。

【案例 03-2】账务处理系统案例的 E-R 图。

账务处理系统案例的 E-R 图如图 3-6 所示。

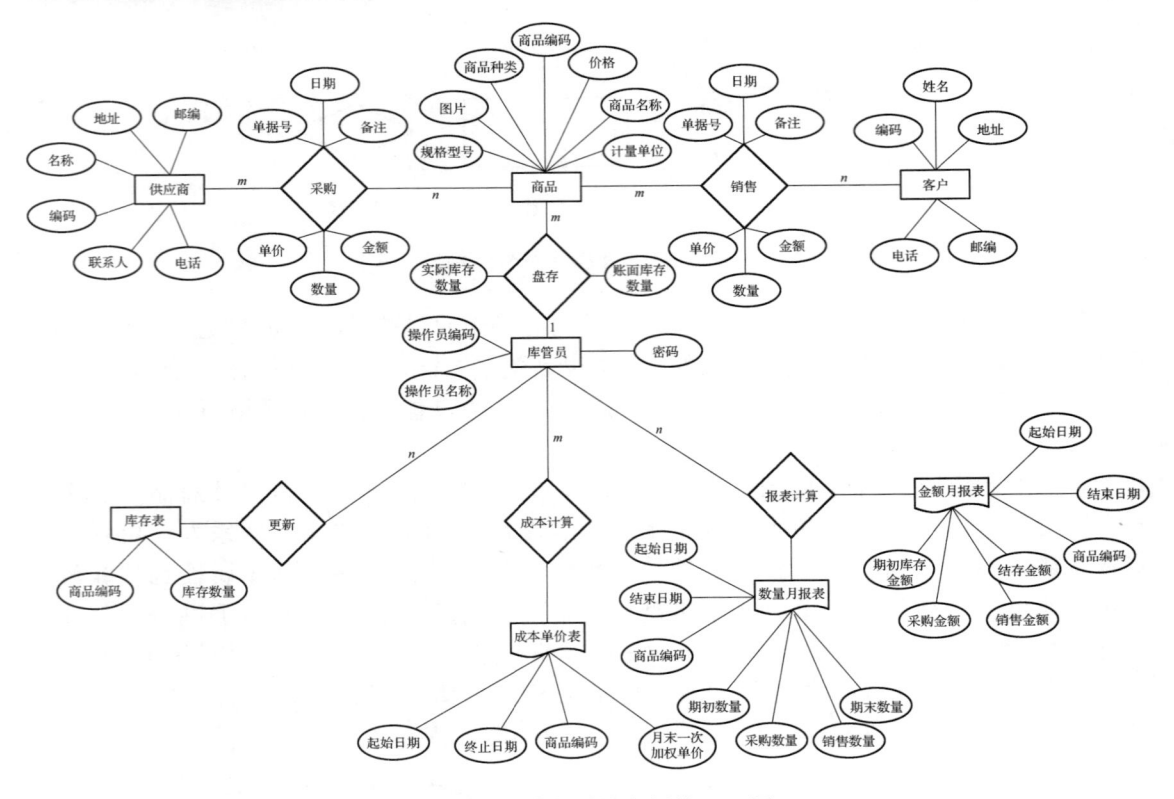

图 3-5 进销存系统案例的 E-R 图

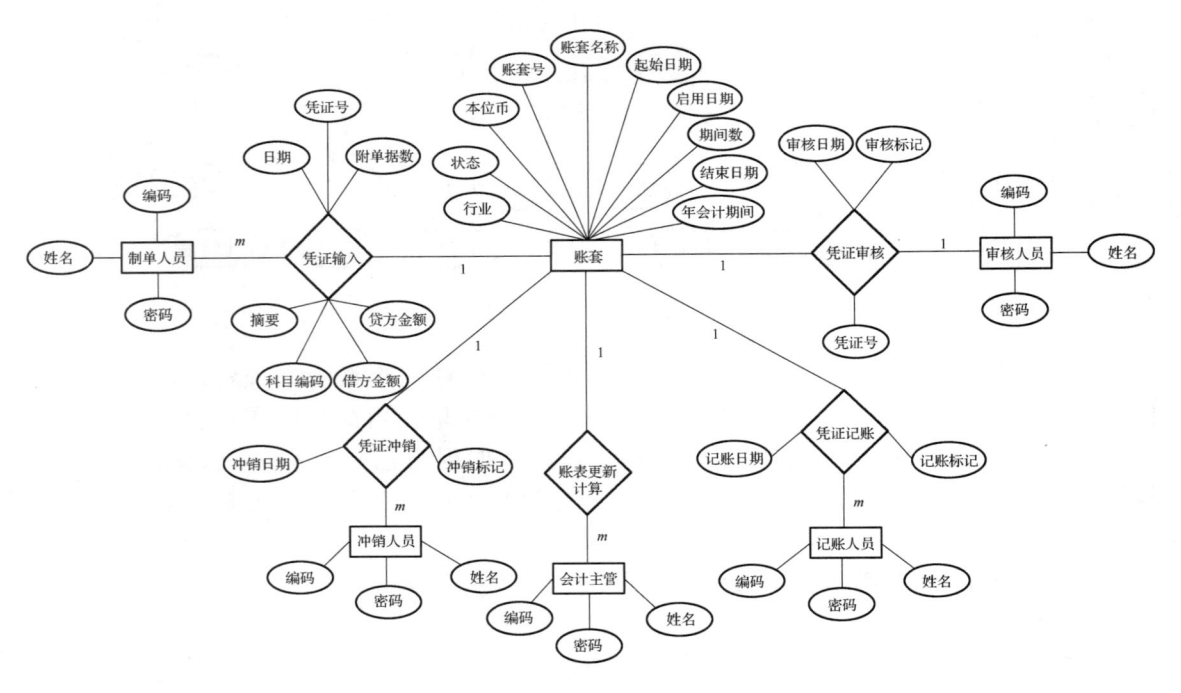

图 3-6 账务处理系统案例的 E-R 图

2. E-R 模型向关系数据模型的转换

E-R 模型可以向现有的各种数据库模型转换，对不同的数据库模型有不同的转换规则。E-R 模型向关系模型转换的规则如表 3-8 所示。

表 3-8　E-R 模型向关系数据模型转换的规则

转换对象	规则
实体	一个实体类型转换成一个关系模式，实体的属性就是关系的属性，实体的码就是关系的码
实体之间的联系	1∶1 联系可以转换为一个独立的关系模式，也可以与联系的任意一端实体所对应的关系模式合并。如果转换为一个独立的关系模式，则与该联系相连的各实体的码及联系本身的属性均转换为关系的属性，每个实体的码均是该关系的候选码。如果与联系的任意一端实体所对应的关系模式合并，则需要在该关系模式的属性中加入另一个实体的码和联系本身的属性
	1∶n 联系可以转换为一个独立的关系模式，也可以与联系的任意 n 端实体所对应的关系模式合并。如果转换为一个独立的关系模式，则与该联系相连的各实体的码及联系本身的属性均转换为关系的属性，而联系的码为 n 端实体的码。如果与联系的 n 端实体所对应的关系模式合并，则需要在该关系模式的属性中加入一端实体的码和联系本身的属性
	m∶n 联系转换为一个关系模式。与该联系相连的各实体的码及联系本身的属性均转换为关系的属性，而关系的码为各实体码的组合
多元联系	三个或三个以上的实体间的多元联系转换为一个关系模式。与该多元联系相连的各实体的码及联系本身的属性均转换为关系的属性，而关系的码为各实体码的组合
合并	具有相同码的关系模式可合并

3.3.4　关系数据库设计

1. 数据库逻辑设计

关系数据库的逻辑设计如表 3-9 所示。

表 3-9　关系数据库的逻辑设计

逻辑设计	内容
从 E-R 图导出初始关系模式	将 E-R 图按规则转换成关系模式
进行规范化处理	通过规范化分解，消除数据的冗余异常，提高完整性、一致性和存储效率。规范化过程实际上就是单一化过程，即让一个关系描述一个概念，若多于一个概念的就将其分离出来
	属于第一范式(1NF)的关系应满足的基本条件是：元组中的每一个分量都必须是不可分割的数据项。在满足第一范式的基础上，关系的所有非主属性完全依赖于其主码，这种关系称为第二范式(2NF)。第三范式，则是指关系不仅满足第二范式，且它的任何一个非主属性既不部分依赖于码也不传递依赖于码
	在实际应用中，规范化处理需要结合系统的处理效率，适当的数据冗余可能会改善系统的运行效率
模式评价	目的是检查数据库模式是否满足用户的要求，包括功能评价和性能评价
优化模式	疏漏的要新增关系和属性，性能不好的要采用合并、分解或选用另外结构等。合并是指对具有相同关键字的关系模式，如果它们的处理主要是查询操作，且常在一起使用，可将这类关系模式合并
	对关系模式进行必要的分解，提高数据操作的效率和存储空间的利用率。常用的两种分解方法是水平分解和垂直分解
	按属性组分解的称为垂直分解。垂直分解要注意每一关系都包含主码。垂直分解的原则是：将经常在一起使用的属性分解出来形成一个子关系模式。垂直分解可以提高某些事务的效率，但也可能使另一些事务不得不执行连接操作，从而降低了效率。因此，是否进行垂直分解取决于分解后所有事务的总效率是否得到了提高。垂直分解需要确保分解后具有无损连接性和保持函数依赖性，即保证分解后的关系具有无损连接性和保持函数依赖性
	水平分解是把(基本)关系的元组分为若干子集合，定义每个子集合为一个子关系，以提高系统的效率。根据"20/80 原则"，在一个大关系中，经常被使用的数据约占其中的 20%，可以把经常使用的数据分解出来，形成一个子关系

续表

逻辑设计	内容
形成逻辑设计说明书	逻辑设计说明书包括：应用设计指南，包括访问方式、查询路径、处理要求、约束条件等；物理设计指南，包括数据访问量、传输量、存储量、递增量等；模式和子模式的集合，可用DBMS语言描述，也可列表描述

2．数据库的物理结构设计

数据库的物理结构设计，是指给已确定的数据逻辑模型设计出一个有效的、可实现的物理模型的过程。物理结构设计常常包括某些操作约束，如响应时间与存储要求等。设计的主要任务是为数据模型在设备上选定合适的存储结构和存取方法，以获得数据库的最佳存取效率。数据库物理结构依赖于给定的计算机系统，而且与具体选用的DBMS密切相关。

3．数据库安全设计

数据库中存储的数据需要受到保护，以防止未授权访问、恶意破坏或修改及意外引入的不一致性。数据库安全性通常是指保护数据库不受恶意访问，而完整性则指避免数据的一致性遭到意外破坏。

恶意访问数据库通常具有以下几种形式：一是未经授权读取数据，即窃取信息；二是未经授权修改数据；还有一种是未经授权删除数据。针对以上几种恶意访问数据库的形式，可以分层地从以下几个方面采取保护数据库的措施，如表3-10所示。

表3-10 数据库安全性措施的层次

层次	说明
物理层	计算机系统所在的节点必须在物理上受到保护，以防止入侵者强行闯入或暗中潜入
人员层	减少授权用户利用职务之便给入侵者提供访问的机会
操作系统层	不管数据库系统有多安全，操作系统安全性方面的弱点总是可能成为对数据库进行未经授权访问的一种威胁
网络层	重视网络软件的安全性能
数据库系统层	通过对用户的权限进行合理的分配和授权，阻止用户非法访问数据库中的数据

3.3.5 数据库设计案例

【案例03-3】 进销存系统案例的数据库设计。

根据进销存系统案例的背景描述、业务流程及功能需求，进销存系统案例的数据库表可分为基本信息表、单据表和账表3大类，共计8张表。其中，基本信息表2张，包括操作员表(jxc_operator)、商品信息表(jxc_goods)；单据表2张，包括采购单(jxc_sheet_buy)、销售单(jxc_sheet_sale)；账表 4 张，包括商品库存表(jxc_goods_amount)、成本单价表(jxc_goods_price)、进销存数量月报表(jxc_report_amount)、进销存金额月报表(jxc_report_mone)。

1．基本信息表

(1)操作员表，如表3-11所示。

表名：jxc_operator

关键字：zth+oper_code

表 3-11 操作员表

列　　名	中 文 名 称	类型与长度	是否为空	说　　　明
zth	账套号	char(2)	否	定义操作员所属的账套号
oper_code	操作员编码	char(10)	否	系统操作员的编码
oper_name	操作员姓名	char(10)	是	系统操作员的姓名
password	密码	char(10)	是	设定操作员登录系统的密码，避免非法用户进入系统

（2）商品信息表，如表 3-12 所示。

表名：jxc_goods

关键字：zth+code

表 3-12 商品信息表

列　　名	中 文 名 称	类型与长度	是否为空	说　　　明
zth	账套号	char(2)	否	定义商品所属的账套号
code	商品编码	char(13)	否	商品的编码
name	商品名称	char(60)	是	商品的名称
sort	商品种类	char(20)	是	商品的种类
model	规格型号	char(50)	是	商品的规格型号
unit	计量单位	char(10)	是	商品的计量单位
price	价格	decimal(12, 2)	是	商品的零售价
manufacturer	供应商	char(10)	是	商品的供应商
photo	图片	char(100)	是	商品的图片文件。文件名为商品编码，格式为.jpg，由系统自动写入

2．单据表

（1）采购单，如表 3-13 所示。

表名：jxc_sheet_buy

关键字：zth+sheetid

表 3-13 采购单

列　　名	中 文 名 称	类型与长度	是否为空	说　　　明
zth	账套号	char(2)	否	定义采购单所属的账套号
sheetid	单据号	char(13)	否	在新增采购单时，采购单单据号由系统自动生成
sheetdate	日期	date	是	采购单的制单日期
oper_code	制单人	char(10)	是	默认为登录系统的操作员，不可修改
code	商品编码	char(13)	是	采购商品的编码
amount	数量	integer	是	采购商品的数量
price	单价	decimal(12, 2)	是	采购商品的采购单价（含税）
money	金额	decimal(12, 2)	是	计算方法：金额=单价×数量
note	备注	char(200)	是	对商品采购情况进行解释说明

（2）销售单，如表 3-14 所示。

表名：jxc_sheet_sale

关键字：zth+sheetid

表 3-14 销售单

列　　名	中文名称	类型与长度	是否为空	说　　明
zth	账套号	char(2)	否	定义销售单所属的账套号
sheetid	单据号	char(13)	否	在新增销售单时，销售单据号由系统自动生成
sheetdate	日期	date	是	销售单的制单日期
oper_code	制单人	char(10)	是	默认为登录系统的操作员，不可修改
code	商品编码	char(13)	是	销售商品的编码
amount	数量	integer	是	销售商品的数量
price	单价	decimal(12, 2)	是	销售商品的单价(含税)，由系统根据商品信息中的价格自动生成
mone	金额	decimal(12, 2)	是	计算方法：金额=单价×数量
note	备注	char(200)	是	对商品销售情况进行解释说明

3. 账表

(1) 商品库存表，如表 3-15 所示。

表名：jxc_goods_amount

关键字：zth+code

表 3-15 商品库存表

列　　名	中文名称	类型与长度	是否为空	备　　注
zth	账套号	char(2)	否	定义商品所属的账套号
code	商品编码	char(13)	否	商品的编码
amount	库存	integer	是	商品当前的库存数量 当采购单保存时，自动增加商品库存；当销售单保存时，自动减少商品库存

(2) 成本单价表，如表 3-16 所示。

表名：jxc_goods_price

关键字：zth+date_min+code

表 3-16 成本单价表

列　　名	中文名称	类型与长度	是否为空	说　　明
zth	账套号	char(2)	否	定义商品所属的账套号
date_min	起始日期	date	否	成本单价表的起始日期
date_max	结束日期	date	是	成本单价表的结束日期
code	商品编码	char(13)	否	商品的编码
price	存货单位成本	decimal(12, 2)	是	存货单位成本=[月初库存的实际成本+Σ(当月各批进货的实际单位成本×当月各批进货的数量)]/(月初库存数量+当月各批进货数量之和) 当月发出存货成本=当月发出存货的数量×存货单位成本 当月月末库存存货成本=月末库存存货的数量×存货单位成本 (注：price 是不含税存货单位成本)

(3) 进销存数量月报表，如表 3-17 所示。

表名：jxc_report_amount

关键字：zth+date_min+code

表 3-17 进销存数量月报表

列名	中文名称	类型与长度	是否为空	说明
zth	账套号	char(2)	否	定义商品所属的账套号
date_min	起始日期	date	否	进销存数量月报表的起始日期
date_max	结束日期	date	是	进销存数量月报表的结束日期
code	商品编码	char(13)	否	商品的编码
amount_ini	期初数量	integer	是	本期期初数量=上期期末数量
amount_buy	采购数量	integer	是	在本期起始至结束日期范围内，商品采购数量总和
amount_sale	销售数量	integer	是	在本期起始至结束日期范围内，商品销售数量总和
amount_end	期末数量	integer	是	期末数量=期初数量+采购数量−销售数量

(4) 进销存金额月报表，如表 3-18 所示。

表名：jxc_report_mone

关键字：zth+date_min+code

表 3-18 进销存金额月报表

列名	中文名称	类型与长度	是否为空	说明
zth	账套号	char(2)	否	定义商品所属的账套号
date_min	起始日期	date	否	进销存金额月报表的起始日期
date_max	结束日期	date	是	进销存金额月报表的结束日期
code	商品编码	char(13)	否	商品的编码
mone_ini	期初金额	decimal(12, 2)	是	本期期初金额=上期结存金额
mone_buy	采购金额	decimal(12, 2)	是	在本期起始至结束日期范围内，商品采购金额总和
mone_sale	销售金额	decimal(12, 2)	是	在本期起始至结束日期范围内，商品销售金额总和
mone_end	结存金额	decimal(12, 2)	是	结存金额=期末数量×存货单位成本

【案例 03-4】账务处理系统案例的数据库设计。

根据账务处理系统案例的背景描述、业务流程及功能需求，账务处理系统案例数据库的表分为码表、基本信息表、单据表和账表 4 大类，共计 15 张表。其中，码表 5 张，包括科目类别码表 zw_c_kmlb、科目性质码表 zw_c_kmxz、币别码表 zw_c_bb、行业码表 zw_c_hy、财务指标码表 zw_c_cwzbmb；基本信息表 3 张，包括账套信息表 zw_d_ztxxb、会计科目编码表 zw_d_kjkmbmb、操作员信息表 zw_d_czy；单据表 2 张，包括凭证主表 zw_pz_zb、凭证明细表 zw_pz_mxb；账表 5 张，包括科目余额表 zw_zb_kmyeb、明细账表 zw_zb_mxzb、资产负债表 zw_yb_zcfzb、利润表 zw_yb_lrb、财务指标统计表 zw_yb_cwzbtjb。

1. 码表

(1) 科目类别码表，如表 3-19 所示。

表名：zw_c_kmlb

关键字：kmlb_code

备注：系统提供了六种科目类别，分别为"资产""负债""共同""权益""成本""损益"。会计科目编码与科目类别之间存在严格的对应关系，根据会计科目编码第一位的值分别设定为："1"：资产类；"2"：负债类；"3"：共同类；"4"：权益类，"5"：成本类；"6"：损益类。

表 3-19 科目类别码表

列　　名	中文名称	类型与长度	是否为空	说　　明
kmlb_code	科目类别编码	char(2)	否	"1"：资产；"2"：负债；"3"：共同；"4"：权益；"5"：成本；"6"：损益
kmlb_name	科目类别名称	char(10)	是	科目类别编码为数字，科目类别名称必须符合会计准则的规定

(2) 科目性质码表，如表 3-20 所示。

表名：zw_c_kmxz

关键字：kmxz_code

备注：系统提供了六种科目性质，分别为"现金""银行""应收""应付""存货"及"其他"。

表 3-20 科目性质码表

列　　名	中文名称	类型与长度	是否为空	说　　明
kmxz_code	科目性质编码	char(2)	否	"01"：现金；"02"：银行；"03"：应收；"04"：应付；"05"：存货；"06"：其他
kmxz_name	科目性质名称	char(4)	是	科目性质编码为数字，不能为空并且不可以重复

(3) 币别码表，如表 3-21 所示。

表名：zw_c_bb

关键字：bb_code

备注：设定企业本位币及币种辅助核算中所涉及的币别。

表 3-21 币别码表

列　　名	中文名称	类型与长度	是否为空	说　　明
bb_code	币别编码	char(2)	否	币别名称默认为："01"：人民币；"02"：美元
bb_name	币别名称	char(10)	是	币别编码为数字，不能为空并且不可以重复

(4) 行业码表，如表 3-22 所示。

表名：zw_c_hy

关键字：hy_code

备注：设定系统拥有的行业类型，在新建账套时系统可以根据选定的行业生成预设的会计科目表。

表 3-22 行业码表

列　　名	中文名称	类型与长度	是否为空	说　　明
hy_code	行业编码	char(10)	否	系统默认行业："01"：工业企业；"02"：商品流通企业。行业编码为数字，不能为空并且不可以重复
hy_name	行业名称	char(50)	是	

(5) 财务指标码表，如表 3-23 所示。

表名：zw_c_cwzbmb

关键字：zth+cwzb_code

备注：定义账套使用的财务指标。

表 3-23　财务指标码表

列　　名	中文名称	类型与长度	是否为空	说　　明
zth	账套号	char(2)	否	财务指标所属的账套号
cwzb_code	财务指标编码	char(10)	否	系统默认指标： "1001"：流动比率 "1002"：速动比率 "1003"：资产负债率 "1004"：股东权益比率 "2001"：流动资产周转率 "3001"：资产报酬率 "3002"：销售毛利率 "4001"：销售增长率 "4002"：资产增长率 "4003"：股权资本增长率 "4004"：净利润增长率 财务指标编码为数字
cwzb_name	财务指标名称	char(30)	是	
cwzb_dy	财务指标定义	char(260)	是	财务指标是指企业总结和评价财务状况和经营成果的相对指标
cwzb_jsgs	计算公式	char(100)	是	用于计算财务指标的公式

2. 基本信息表

(1) 账套信息表，如表 3-24 所示。

表名：zw_d_ztxxb

关键字：zth

备注：记录账套的主要信息。

表 3-24　账套信息表

列　　名	中文名称	类型与长度	是否为空	说　　明
zth	账套号	char(2)	否	对系统所包含的账套进行编号，编号为两位数字，不能为空并且不可以重复
ztmc	账套名称	char(30)	是	定义企业的账套名称，一般为单位名称
hy_code	行业	char(10)	是	定义企业所属行业。系统默认有两种行业，分别为"01"：工业企业；"02"：商品流通企业。系统可根据行业选择预设会计科目，所选行业必须存在于行业编码表中 系统默认为："02"
bb_code	本位币	char(2)	是	定义企业使用的记账本位币 系统默认为"01"：人民币 所选币别必须存在于币表中
qjs	期间数	integer	是	根据会计准则要求进行会计分期,定义在年会计期间内所包含的期间数 系统规定期间数为12,且按自然月份定义

续表

列名	中文名称	类型与长度	是否为空	说明
qsrq	起始日期	date	是	定义年会计期间的起始日期 系统默认为当年的 1 月 1 日
jsrq	结束日期	date	是	定义年会计期间的结束日期 系统默认为当年的 12 月 31 日
qyrq	启用日期	date	是	定义账套的启用日期,一般指账套开始使用的日期 系统默认为当年的 1 月 1 日
nkjqj	年会计期间	char(10)	是	会计年度。在新建账套过程中,系统根据建账年份自动写入
zt	状态	char(10)	是	账套的使用状态,主要包括以下三种:"初始",表示该账套在进行初始化操作,新建账套完毕,系统自动将账套状态设置为"初始"; "正常",表示该账套进入日常操作,进行科目余额初始完毕操作后,账套状态修改为"正常"; "停用",根据需要,可控制账套为停用状态,此时,不能打开该账套,如果需要继续使用该账套,则需要在账套管理模块中,将该账套状态改为非停用状态

(2) 会计科目编码表,如表 3-25 所示。

表名:zw_d_kjkmbmb

关键字:zth+km_code

备注:定义账套使用的会计科目编码。

表 3-25　会计科目编码表

列名	中文名称	类型与长度	是否为空	说明
zth	账套号	char(2)	否	会计科目所属的账套号
km_code	科目编码	char(10)	否	会计科目编码,系统默认会计科目编码设定 1 级,长度 4 位。可根据需要扩展为三级会计科目【AAAA-BB-CC】:一级会计科目可以为 4 位(AAAA),二级会计科目为 2 位(BB),三级会计科目为 2 位(CC),且都为数字
km_name	科目名称	char(30)	是	科目名称必须符合企业会计准则的规定
kmlb_code	科目类别	char(2)	是	根据企业会计准则要求,系统提供了 6 类科目类别,根据科目编码的第 1 位,确定科目类别编码:"1":资产;"2":负债;"3":共同;"4":权益;"5":成本;"6":损益
kmxz_code	科目性质	char(2)	是	系统提供了六种科目性质,分别为"现金""银行""应收""应付""存货"及"其他"
yefx	余额方向	char(2)	是	根据科目类别,可确定该科目的余额方向。 资产类科目的余额方向一般在借方,"累计折旧"等部分科目的余额方向在贷方;负债类科目的余额方向一般在贷方;权益类科目的余额方向一般在贷方;成本类科目期末无余额;损益类科目的余额方向为借方时,表示"损",为贷方时,表示"益"。一般而言,损益类科目期末无余额

(3) 操作员表,如表 3-26 所示。

表名:zw_d_czy

关键字:zth+czy_code

备注:记录所有账套的操作员信息。

表 3-26 操作员表

列 名	中文名称	类型与长度	是否为空	说 明
zth	账套号	char(2)	否	定义操作员所属账套号 系统允许操作员对多个账套进行管理
czy_code	操作员编码	char(10)	否	对操作员进行编码 操作员编码只能是数字且连续，不能为空
czy_name	操作员姓名	char(20)	是	定义操作员姓名
mm	密码	char(10)	是	操作员登录系统的密码，避免非法用户进入系统

3. 单据表

（1）凭证主表，如表 3-27 所示。

表名：zw_pz_zb

关键字：zth+nkjqj+ykjqj+pzh

备注：记录凭证的主要信息，不包括凭证的具体借贷内容。

表 3-27 凭证主表

列 名	中文名称	类型与长度	是否为空	说 明
zth	账套号	char(2)	否	定义凭证所属账套号，由系统根据当前使用的账套号自动填入，且不能修改
nkjqj	年会计期间	char(10)	否	定义进行账务处理的年会计期间。由系统自动填入，且不能修改
ykjqj	月会计期间	char(10)	否	定义进行账务处理的月会计期间。由系统自动填入，且不能修改
pzh	凭证号	char(4)	否	根据会计期间与凭证类型，生成凭证号。凭证号有四位。凭证号不能修改
rq	日期	date	是	手工凭证的日期是经济业务发生的日期，机制凭证的日期是经济业务发生当月月末的日期
fdjs	附单据数	integer	是	凭证所附的单据数
zdr	制单人	char(10)	是	录入会计凭证的操作员。由系统自动填入，默认为登录系统的操作员
zdrq	制单日期	date	是	手工凭证的制单日期是经济业务发生的日期，机制凭证的制单日期是经济业务发生当月月末的日期
shr	审核人	char(10)	是	对记账凭证进行审核的操作员。由系统自动填入，且不能修改，默认为登录系统的操作员
shrq	审核日期	date	是	手工凭证的审核日期是经济业务发生的日期，机制凭证的审核日期是经济业务发生当月月末的日期
shbj	审核标记	char(2)	是	凭证是否审核的标识。若已审核，则审核标记为"是"；若未审核，则审核标记为"否"。由系统自动填入或更新，不能修改。输入凭证时，默认为"否"
jzr	记账人	char(10)	是	进行凭证记账的操作员。由系统自动填入，且不能修改，默认值为登录系统的操作员
jzrq	记账日期	date	是	手工凭证的记账日期是经济业务发生的日期，机制凭证的记账日期是经济业务发生当月月末的日期
jzbj	记账标记	char(2)	是	表示凭证是否已记账。若已记账，则记账标记为"是"；若未记账，则记账标记为"否"。由系统自动填入或更新，不能修改。输入凭证时，默认为"否"。只有审核标记为"是"的时候才可记账
bz	备注	char(100)	是	用于描述机制凭证生成的来源，如来自采购单、销售单

(2) 凭证明细表，如表 3-28 所示。

表名：zw_pz_mxb

关键字：zth+nkjqj+ykjqj+pzh+km_code

备注：记录凭证的借贷明细信息，系统控制输入的科目编码不能重复输入，一行只能输入借方或贷方，金额不能同时输入，借贷金额要相等且金额不能为零。

表 3-28　凭证明细表

列　名	中文名称	类型与长度	是否为空	说　　明
zth	账套号	char(2)	否	与凭证主表中的列一致
nkjqj	年会计期间	char(10)	否	与凭证主表中的列一致
ykjqj	月会计期间	char(10)	否	与凭证主表中的列一致
pzh	凭证号	char(4)	否	与凭证主表中的列一致
km_code	科目编码	char(10)	否	凭证涉及的相关会计科目
zy	摘要	char(100)	是	对凭证相关业务进行简要描述
jfje	借方金额	decimal(12, 2)	是	会计科目借方发生金额。系统控制同一会计科目，不能同时存在借贷方金额
dfje	贷方金额	decimal(12, 2)	是	会计科目贷方发生金额。系统控制同一会计科目，不能同时存在借贷方金额

4. 账表

(1) 科目余额表，如表 3-29 所示。

表名：zw_zb_kmyeb

关键字：zth+nkjqj+ykjqj+km_code

备注：记录会计科目的期初余额、借方发生额、贷方发生额、期末余额等信息。进行科目余额初始化时，默认年会计期间为 0000、月会计期间为 00。科目余额初始化完毕，默认当期会计期间为本年度第一个月。在进行期末结账时，将上期的期末余额插入本期科目余额表中的期初余额。

表 3-29　科目余额表

列　名	中文名称	类型与长度	是否为空	说　　明
zth	账套号	char(2)	否	所属账套号
nkjqj	年会计期间	char(10)	否	进行科目余额初始化时，默认年会计期间为：0000；科目余额初始化完毕，默认当期年会计期间为当前年度
ykjqj	月会计期间	char(10)	否	进行科目余额初始化时，默认月会计期间为：00；科目余额初始化完毕，默认当期月会计期间为第一个月：01
km_code	科目编码	char(10)	否	账套中的会计科目编码。与会计科目编码表中的科目编码体系保持一致
qcjfye	期初借方余额	decimal(12, 2)	是	初次使用本系统时，由系统管理员根据企业提供的财务资料自行输入期初借方金额，试算平衡后保存 若系统非初次使用，则由上期期末借方余额结转得到

续表

列 名	中文名称	类型与长度	是否为空	说 明
qcdfye	期初贷方余额	decimal(12,2)	是	初次使用本系统时，由系统管理员根据企业提供的财务资料自行输入期初贷方金额，试算平衡后保存 若系统非初次使用，则由上期期末贷方余额结转得到
qcye	期初余额	decimal(12,2)	是	会计科目的期初余额。若初次使用本账套，则借方科目的期初余额=期初借方余额−期初贷方余额，贷方科目的期初余额=期初贷方余额−期初借方余额。若该账套已经存在上月数据，则期初余额由上期期末余额结转得到
jffse	借方发生额	decimal(12,2)	是	在会计期间内，该会计科目的借方发生额。由凭证借方金额汇总得到
dffse	贷方发生额	decimal(12,2)	是	在会计期间内，该会计科目的贷方发生额。由凭证贷方金额汇总得到
jflj	借方累计发生额	decimal(12,2)	是	该会计科目的借方累计发生额。由凭证借方金额累计得到
dflj	贷方累计发生额	decimal(12,2)	是	该会计科目的贷方累计发生额。由凭证贷方金额累计得到
qmjfye	期末借方余额	decimal(12,2)	是	在一定会计期间内，该会计科目的期末借方余额。若初次使用本账套，则期末借方余额等于期初借方余额。若该账套已经存在上月数据，则期末借方余额由期初借方余额与各凭证借方金额汇总得到
qmdfye	期末贷方余额	decimal(12,2)	是	在会计期间内，该会计科目的期末贷方余额。若初次使用本账套，则期末贷方余额等于期初贷方余额。若该账套已经存在上月数据，则期末贷方余额由期初贷方余额与各凭证贷方金额汇总得到
qmye	期末余额	decimal(12,2)	是	在会计期间内，该会计科目的期末余额。借方科目的期末余额=期末借方余额−期末贷方余额，贷方科目的期末余额=期末贷方余额−期末借方余额

(2) 明细账表，如表 3-30 所示。

表名：zw_zb_mxzb

关键字：zth+nkjqj+ykjqj+km_code+xh+pzh

备注：记录某一会计期间的每一笔业务的主要数据：凭证、会计科目、借方金额、贷方金额等。

表 3-30 明细账表

列 名	中文名称	类型与长度	是否为空	说 明
zth	账套号	char(2)	否	所属的账套号
nkjqj	年会计期间	char(10)	否	年会计期间
ykjqj	月会计期间	char(10)	否	月会计期间
km_code	科目编码	char(10)	否	与该账套会计科目编码表中的科目编码一致
xh	序号	integer	否	对同一会计科目所发生的经济业务进行排序。会计科目期初数据序号为"1"，当再次发生经济业务时，序号自动增加

续表

列 名	中文名称	类型与长度	是否为空	说 明
rq	日期	date	是	若为初始化数据,则默认日期为"0000-00-00"。若非期初数据,则为相应的凭证中经济业务发生的日期
pzh	凭证号	char(4)	否	若为初始化数据,则凭证号为"0000"。若非期初数据,则凭证号根据相应凭证中的凭证号得到
zy	摘要	char(100)	是	若为初始化数据,则摘要默认填入"余额初始"。若为非期初数据,摘要根据相应凭证中的摘要得到
jfje	借方金额	decimal(12,2)	是	若为初始化数据,根据科目余额表中期初借方余额得到。若为非期初数据,则根据相应凭证中借方金额得到
dfje	贷方金额	decimal(12,2)	是	若为初始化数据,根据科目余额表中期初贷方余额得到。若为非期初数据,则根据相应凭证中贷方金额得到

(3) 资产负债表,如表 3-31 所示。

表名: zw_yb_zcfzb

关键字: zth+nkjqj+ykjqj

备注:资产负债表是反映企业在某一特定日期的财务状况的报表。列名的具体说明可参考第 2 章的资产负债表数据项描述。

表 3-31 资产负债表

列 名	中文名称	类型与长度	是否为空	说 明
zth	账套号	char(2)	否	所属的账套号
nkjqj	年会计期间	char(10)	否	年会计期间
ykjqj	月会计期间	char(10)	否	月会计期间
hbzjqcye	货币资金期初余额	decimal(12,2)	是	
hbzjqmye	货币资金期末余额	decimal(12,2)	是	
gyjzjljrzcqcye	以公允价值计量且其变动计入当期损益的金融资产期初余额	decimal(12,2)	是	
gyjzjljrzcqmye	以公允价值计量且其变动计入当期损益的金融资产期末余额	decimal(12,2)	是	
yspjjyszkqcye	应收票据及应收账款期初余额	decimal(12,2)	是	
yspjjyszkqmye	应收票据及应收账款期末余额	decimal(12,2)	是	
yfkxqcye	预付款项期初余额	decimal(12,2)	是	
yfkxqmye	预付款项期末余额	decimal(12,2)	是	
qtyskqcye	其他应收款期初余额	decimal(12,2)	是	
qtyskqmye	其他应收款期末余额	decimal(12,2)	是	
chqcye	存货期初余额	decimal(12,2)	是	
chqmye	存货期末余额	decimal(12,2)	是	
ldzchjqcye	流动资产合计期初余额	decimal(12,2)	是	

续表

列　　名	中 文 名 称	类型与长度	是否为空	说　　明
ldzchjqmye	流动资产合计期末余额	decimal(12,2)	是	
cyzdqtzqcye	持有至到期投资期初余额	decimal(12,2)	是	
cyzdqtzqmye	持有至到期投资期末余额	decimal(12,2)	是	
cqyskqcye	长期应收款期初余额	decimal(12,2)	是	
cqyskqmye	长期应收款期末余额	decimal(12,2)	是	
cqgqtzqcye	长期股权投资期初余额	decimal(12,2)	是	
cqgqtzqmye	长期股权投资期末余额	decimal(12,2)	是	
tzxfdcqcye	投资性房地产期初余额	decimal(12,2)	是	
tzxfdcqmye	投资性房地产期末余额	decimal(12,2)	是	
gdzcqcye	固定资产期初余额	decimal(12,2)	是	
gdzcqmye	固定资产期末余额	decimal(12,2)	是	
zjgcqcye	在建工程期初余额	decimal(12,2)	是	
zjgcqmye	在建工程期末余额	decimal(12,2)	是	
wxzcqcye	无形资产期初余额	decimal(12,2)	是	
wxzcqmye	无形资产期末余额	decimal(12,2)	是	
kfzcqcye	开发支出期初余额	decimal(12,2)	是	
kfzcqmye	开发支出期末余额	decimal(12,2)	是	
cqdtfyqcye	长期待摊费用期初余额	decimal(12,2)	是	
cqdtfyqmye	长期待摊费用期末余额	decimal(12,2)	是	
dysdszcqcye	递延所得税资产期初余额	decimal(12,2)	是	
dysdszcqmye	递延所得税资产期末余额	decimal(12,2)	是	
fldzchjqcye	非流动资产合计期初余额	decimal(12,2)	是	
fldzchjqmye	非流动资产合计期末余额	decimal(12,2)	是	
zczjqcye	资产总计期初余额	decimal(12,2)	是	
zczjqmye	资产总计期末余额	decimal(12,2)	是	
dqjkqcye	短期借款期初余额	decimal(12,2)	是	
dqjkqmye	短期借款期末余额	decimal(12,2)	是	
yfpjjyfzkqcye	应付票据及应付账款期初余额	decimal(12,2)	是	
yfpjjyfzkqmye	应付票据及应付账款期末余额	decimal(12,2)	是	
yskxqcye	预收款项期初余额	decimal(12,2)	是	
yskxqmye	预收款项期末余额	decimal(12,2)	是	
yfzgxcqcye	应付职工薪酬期初余额	decimal(12,2)	是	
yfzgxcqmye	应付职工薪酬期末余额	decimal(12,2)	是	
yjsfqcye	应交税费期初余额	decimal(12,2)	是	
yjsfqmye	应交税费期末余额	decimal(12,2)	是	

续表

列名	中文名称	类型与长度	是否为空	说明
qtyfkqcye	其他应付款期初余额	decimal(12, 2)	是	
qtyfkqmye	其他应付款期末余额	decimal(12, 2)	是	
ldfzhjqcye	流动负债合计期初余额	decimal(12, 2)	是	
ldfzhjqmye	流动负债合计期末余额	decimal(12, 2)	是	
cqjkqcye	长期借款期初余额	decimal(12, 2)	是	
cqjkqmye	长期借款期末余额	decimal(12, 2)	是	
yfzqqcye	应付债券期初余额	decimal(12, 2)	是	
yfzqqmye	应付债券期末余额	decimal(12, 2)	是	
cqyfkqcye	长期应付款期初余额	decimal(12, 2)	是	
cqyfkqmye	长期应付款期末余额	decimal(12, 2)	是	
dysdsfzqcye	递延所得税负债期初余额	decimal(12, 2)	是	
dysdsfzqmye	递延所得税负债期末余额	decimal(12, 2)	是	
fldfzhjqcye	非流动负债合计期初余额	decimal(12, 2)	是	
fldfzhjqmye	非流动负债合计期末余额	decimal(12, 2)	是	
fzhjqcye	负债合计期初余额	decimal(12, 2)	是	
fzhjqmye	负债合计期末余额	decimal(12, 2)	是	
sszbqcye	实收资本期初余额	decimal(12, 2)	是	
sszbqmye	实收资本期末余额	decimal(12, 2)	是	
zbgjqcye	资本公积期初余额	decimal(12, 2)	是	
zbgjqmye	资本公积期末余额	decimal(12, 2)	是	
kcgqcye	库存股期初余额	decimal(12, 2)	是	
kcgqmye	库存股期末余额	decimal(12, 2)	是	
qtzhsyqcye	其他综合收益期初余额	decimal(12, 2)	是	
qtzhsyqmye	其他综合收益期末余额	decimal(12, 2)	是	
yygjqcye	盈余公积期初余额	decimal(12, 2)	是	
yygjqmye	盈余公积期末余额	decimal(12, 2)	是	
wfplrqcye	未分配利润期初余额	decimal(12, 2)	是	
wfplrqmye	未分配利润期末余额	decimal(12, 2)	是	
syzqyhjqcye	所有者权益合计期初余额	decimal(12, 2)	是	
syzqyhjqmye	所有者权益合计期末余额	decimal(12, 2)	是	
fzhsyzqyzjqcye	负债和所有者权益总计期初余额	decimal(12, 2)	是	
fzhsyzqyzjqmye	负债和所有者权益总计期末余额	decimal(12, 2)	是	

(4)利润表，如表3-32所示。

表名：zw_yb_lrb

关键字：zth+nkjqj+ykjqj

备注：反映企业在一定会计期间的经营成果的财务报表。列名的具体说明可参考第 2 章的利润表数据项描述。

表 3-32 利润表

列 名	中 文 名 称	类型与长度	是否为空	说 明
zth	账套号	char(2)	否	所属的账套号
nkjqj	年会计期间	char(10)	否	年会计期间
ykjqj	月会计期间	char(10)	否	月会计期间
yysrsqje	营业收入上期金额	decimal(12, 2)	是	
yysrbqje	营业收入本期金额	decimal(12, 2)	是	
yycbsqje	营业成本上期金额	decimal(12, 2)	是	
yycbbqje	营业成本本期金额	decimal(12, 2)	是	
sjjfjsqje	税金及附加上期金额	decimal(12, 2)	是	
sjjfjbqje	税金及附加本期金额	decimal(12, 2)	是	
xsfysqje	销售费用上期金额	decimal(12, 2)	是	
xsfybqje	销售费用本期金额	decimal(12, 2)	是	
glfysqje	管理费用上期金额	decimal(12, 2)	是	
glfybqje	管理费用本期金额	decimal(12, 2)	是	
yffysqje	研发费用上期金额	decimal(12, 2)	是	
yffybqje	研发费用本期金额	decimal(12, 2)	是	
cwfysqje	财务费用上期金额	decimal(12, 2)	是	
cwfybqje	财务费用本期金额	decimal(12, 2)	是	
lxfysqje	利息费用上期金额	decimal(12, 2)	是	
lxfybqje	利息费用本期金额	decimal(12, 2)	是	
lxsrsqje	利息收入上期金额	decimal(12, 2)	是	
lxsrbqje	利息收入本期金额	decimal(12, 2)	是	
zcjzsssqje	资产减值损失上期金额	decimal(12, 2)	是	
zcjzssbqje	资产减值损失本期金额	decimal(12, 2)	是	
qtsysqje	其他收益上期金额	decimal(12, 2)	是	
qtsybqje	其他收益本期金额	decimal(12, 2)	是	
tzsysqje	投资收益上期金额	decimal(12, 2)	是	
tzsybqje	投资收益本期金额	decimal(12, 2)	是	
gyjzbdsysqje	公允价值变动收益上期金额	decimal(12, 2)	是	
gyjzbdsybqje	公允价值变动收益本期金额	decimal(12, 2)	是	
zcczsysqje	资产处置收益上期金额	decimal(12, 2)	是	
zcczsybqje	资产处置收益本期金额	decimal(12, 2)	是	
yylrsqje	营业利润上期金额	decimal(12, 2)	是	
yylrbqje	营业利润本期金额	decimal(12, 2)	是	
yywsrsqje	营业外收入上期金额	decimal(12, 2)	是	
yywsrbqje	营业外收入本期金额	decimal(12, 2)	是	
yywzcsqje	营业外支出上期金额	decimal(12, 2)	是	

续表

列名	中文名称	类型与长度	是否为空	说明
yywzcbqje	营业外支出本期金额	decimal(12, 2)	是	
lrzesqje	利润总额上期金额	decimal(12, 2)	是	
lrzebqje	利润总额本期金额	decimal(12, 2)	是	
sdsfysqje	所得税费用上期金额	decimal(12, 2)	是	
sdsfybqje	所得税费用本期金额	decimal(12, 2)	是	
jlrsqje	净利润上期金额	decimal(12, 2)	是	
jlrbqje	净利润本期金额	decimal(12, 2)	是	
qtzhsydshjesqje	其他综合收益的税后净额上期金额	decimal(12, 2)	是	
qtzhsydshjebqje	其他综合收益的税后净额本期金额	decimal(12, 2)	是	
zhsyzesqje	综合收益总额上期金额	decimal(12, 2)	是	
zhsyzebqje	综合收益总额本期金额	decimal(12, 2)	是	
mgsysqje	每股收益上期金额	decimal(12, 2)	是	
mgsybqje	每股收益本期金额	decimal(12, 2)	是	

(5) 财务指标统计表，如表 3-33 所示。

表名：zw_yb_cwzbtjb

关键字：zth+nkjqj+ykjqj+cwzb_code

备注：企业某一会计期间的财务指标统计数据。

表 3-33 财务指标统计表

列名	中文名称	类型与长度	是否为空	说明
zth	账套号	char(2)	否	所属的账套号
nkjqj	年会计期间	char(10)	否	年会计期间
ykjqj	月会计期间	char(10)	否	月会计期间
cwzb_code	财务指标编码	char(10)	否	财务指标编码
cwzb_jsjg	计算结果	decimal(6, 4)	是	由财务指标计算公式计算得出
bz	备注	char(100)	是	对财务指标情况进行解释说明

思考题

1. 简述会计信息系统设计的主要工作。
2. 简述会计信息系统设计应遵循的原则。
3. 简述会计信息系统输入输出设计应注意的问题。
4. 简述数据库设计的基本步骤。
5. 什么是 E-R 模型？
6. 简述关系数据库逻辑设计的主要内容。
7. 简述数据库会计信息物理结构设计的主要内容。
8. 简述数据库安全设计的主要内容。

第 4 章 会计信息系统实施

【学习目的】

初步了解程序设计的质量标准、任务；了解软件测试的目的与方法；了解系统切换、运行及维护的过程。掌握会计软件操作的基本步骤。

【教学案例】

本章教学案例参见本书后面对进销存系统、账务处理系统的程序设计开发、软件测试及系统运行。

会计信息系统实施的主要内容包括物理系统的实施、程序设计与调试、项目管理、人员培训、数据初始准备、会计信息系统转换和评价等。在会计信息系统正式开始实施之前，需要制订周密的计划，确定会计信息系统实施的方法、步骤、所需的时间和费用，并监督计划的执行，做到既有计划又有检查，以保证会计信息系统实施工作的顺利进行。

会计信息系统实施阶段的主要任务如下：
(1) 数据库的设计和应用程序的编制；
(2) 计算机系统的安装、调试和试运行；
(3) 系统设备的安装和调试。

三项任务彼此相关，必须相互配合，其中工作量最大、技术要求最高的是数据库的设计和实施及应用程序的编制和调试。

4.1 程序设计

4.1.1 程序设计的质量标准

衡量软件质量的标准是多方面的，这些标准随着会计信息系统开发技术和计算机技术的发展不断变化。从管理的角度对软件质量进行度量，主要包括如表 4-1 所示的三个方面的标准。

表 4-1 程序设计的质量标准

标　准	说　明
与产品运行有关的质量标准	正确性：指系统满足需求规格说明和用户目标的程度，在预定环境下正确地完成预期功能的程度
	健壮性：指在硬件发生故障、输入的数据无效或操作错误时，系统能做出适当响应的程度
	效率：指为了完成预定的功能，系统需要多少资源
	安全性：指对未经授权的人使用软件或数据的企图，系统能够控制的程度
	可用性：指系统在完成预定应该完成的功能时，令人满意的程度
	风险：按预定的成本和进度把系统开发出来，并且能让用户满意的概率
	可靠性：指系统在规定的外部条件下，按照规定的功能，能够运行指定的一段时间的概率
与产品修改有关的质量标准	可理解性：理解和使用该系统的难易程度
	可维护性：软件被校正、修改或完善的难易程度
	适应性：修改或改进正在运行的系统需要的工作量的多少
	可测试性：指软件测试的难易程度
与产品转移有关的质量标准	可移植性：把程序从一种硬件配置和软件系统环境转换到另一种硬件配置和软件系统环境时，需要的工作量有多少。一种定量度量的方法是用原来程序设计和调试的成本除去移植时需要的费用
	可重用性：该系统或系统的一部分在开发其他应用系统时，可以被重复使用的程度
	互运行性：将该系统和另一个系统结合起来需要的工作量的多少

在过去的小型程序设计中，主要强调程序的正确性和效率，但对于大型程序，人们则更倾向于强调程序的可维护性、可靠性和可理解性，然后才是效率。

4.1.2 程序设计阶段的任务

程序设计阶段的任务是为每个模块编写程序，将详细设计的结果转换成用某种程序设计语言编写的源程序，编译程序再将这些源程序转换为依赖于具体机器的目标代码。这个转换过程会受各种各样因素的影响，可能会将各种错误引入源代码，从而影响软件的性能和质量。

对详细设计说明书的任何一点误解，都能导致错误的源代码。软件的开发平台不仅影响软件开发人员的思想方法，而且对软件设计的质量和效能、数据结构的选择及软件的测试和性能维护都会产生影响和制约。因此，正确地评价和选择软件的开发平台对于顺利地完成编码任务十分重要。

程序设计阶段要完成的主要任务及形成的文档资料如表 4-2 所示。

表 4-2 程序设计的主要任务及文档资料

内　容	说　明
主要任务	设计、绘制功能模块图
	针对功能模块图进行编码
	对功能模块进行测试
	写出有关技术资料和说明
	检查和修改程序编码

续表

内　容	说　明
主要任务	测试系统功能和性能
	确定系统执行过程中所需的技术资料
文档资料	形成软件包
	程序设计说明资料
	操作说明手册

4.1.3　程序设计方法

编写的程序应符合软件工程化的思想。应用软件的编程工作量极大，而且要经常维护、修改，如果编写程序不遵守正确的规律，就会给系统的开发、维护带来不可逾越的障碍。

软件工程化的思想即利用工程化的方法进行软件开发，通过建立软件工程环境来提高软件开发的效率。程序设计的方法一般有两种：一种是以功能为基础的设计方法，一种是以数据结构为基础的设计方法。一般来说，对以大量数据为基础的项目，采用以数据结构为基础的方法较好，因为用这种方法所编制的程序容易更改与维护，会计信息系统的开发一般也采用此方法。如果只涉及少量数据的处理，则采用以功能为基础的方法较好，例如，科学计算中以算法原理为基础的程序多采用此法。目前，程序设计的方法大多是按照结构化方法、原型方法、面向对象的方法进行。

系统开发的目的是为了实现开发者在系统分析和系统设计中提出的管理方法和处理构想，编程不是系统开发的目的。所以，在编程实现中，建议尽量利用现有的、成熟的软件开发平台和各种高效的软件开发工具，根据具体的应用需求进行软件的二次开发，以快速、方便地实现系统，而不要在具体的编程和调试工作中花费过多的精力和时间。

4.2　软件测试

4.2.1　软件测试的常用方法

软件测试就是在受控制的条件下对系统或应用程序进行操作并评价操作结果的过程，所谓控制条件，应包括正常条件与非正常条件。测试的目的是为了发现软件中的错误。

软件测试通常是指实际运行被测程序，输入相应的测试用例，判定执行结果是否符合要求，从而检验程序的正确性、可靠性和有效性。软件测试可采取的方法和技术是多种多样的，但通常情况下不论采用什么方法和技术，其测试都是不彻底、不完全的，因为任何一次完全测试（即让被测程序在一切可能的操作情况下，包括正确的操作，也包括错误的操作情况下全部执行一遍，也称为穷举测试）的工作量都很大，在实践上是行不通的。因此，任何实际测试都不能够保证被测试程序中不存在错误。软件测试的常用方法如表4-3所示。

表 4-3 软件测试的常用方法

常用方法	说明
动态测试	动态测试是指通常意义的上机测试,这种方法是使程序有控制地运行,并从多种角度观察程序运行时的行为,以发现其中的错误,测试是否能够发现错误取决于测试实例的设计 (1)黑盒测试 黑盒测试也称功能测试或数据驱动测试,它是在已知产品所应具有的功能的情况下,通过测试来检测每个功能是否都能正常使用。在测试时,把程序看作一个不能打开的黑盒子,在完全不考虑程序内部结构和内部特性的情况下,测试者在程序接口进行测试,它只检查程序功能是否按照需求规格说明书的规定正常使用,程序是否能适当地接收输入数据而产生正确的输出信息,并且保持外部信息(如数据库或文件)的完整性 黑盒测试方法主要用于软件确认测试。黑盒测试方法着眼于程序外部结构,不考虑内部逻辑结构,只针对软件界面和软件功能进行测试。黑盒测试方法是穷举输入测试,只有把所有可能的输入都作为测试情况使用,才能以这种方法查出程序中所有的错误 (2)白盒测试 白盒测试也称结构测试或逻辑驱动测试,它知道产品内部的工作流程,可通过测试来检测产品内部动作是否按照规格说明书的规定正常进行,它按照程序内部的结构测试程序,检验程序中的每条通路是否都能按预定要求正确工作,而不顾它的功能。白盒测试的主要方法有逻辑覆盖、基本路径测试等,主要用于软件验证
静态测试	一般是指人工评审软件文档或程序,借以发现其中的错误。由于被评审的文档或程序不必运行,所以称为静态测试。人工评审的手续虽然比较简单,但事实证明这是一个相当有效的检验手段。由于评审人的能力有限,静态测试显然不可能发现所有的错误
正确性证明	动态测试和静态测试只能发现错误而不能证明程序中不存在错误,从理论上讲,只有借助于程序正确性证明才有可能证明程序的正确性。程序证明最常用的方法是归纳断言法,它对程序提出一组命题,如能用数学方法证明这些命题成立,就可保证程序中不存在错误,即它对所有的输入都会产生预期的正确输出。但目前正确性证明尚处于理论研究阶段,其技术尚不成熟,并未达到实用阶段

4.2.2 软件测试的组成

软件测试是软件开发的重要组成环节,没有测试就没有合格和高质量的软件。软件测试的组成如表 4-4 所示。

表 4-4 软件测试的组成

组成	测试内容	测试目标
模块测试	通过测试发现该模块的子程序或过程的实际功能与该模块的功能和接口的描述是否相符,以及是否有错误编码存在。测试人员应该根据设计文档或源程序了解模块的功能和逻辑结构,以测试其功能和结构,使之对所有合理或不合理的输入都能正确地进行判别和响应,高可靠性的模块是组成可靠系统的坚实基础	是否实现说明书要求 文档是否完整且有意义 测试计划的遵守是否严格 错误是否完全改正 设计风格是否保持统一 错误类型统计、方法有效性等
集成测试	考虑将模块集成为系统的过程中可能出现的问题。模块之间传递的数据是否丢失,一个模块是否可能破坏另一模块的功能,子功能的组合是否达到预期要求的主功能,全程数据结构是否有问题,单个模块的误差集成放大是否会达到不能接受的程度。所以,需要在模块集成的同时进行整体测试,发现并清除模块连接中出现的问题	程序元素中数据项的相容性:它包括数据项的表示范围的相容性、类型的相关性、表示方式的一致性、重要数据量的范围或个数的相容性、数据对象顺序的正确性、传递方法的正确性、参数使用的合理性等 在尽量避免设计多入口和多出口的程序元素的同时,还应对此类元素进行认真测试,检查多入口元素的每个入口点,并验证选取入口的正确性和路径覆盖。多出口有时是必要的,但也应在集成测试中对其进行测试

续表

组成	测试内容	测试目标
有效性测试	软件的运行是否达到了用户的期望	全部的功能要求是否得到满足 全部的性能是否达到要求 文件与数据库是否正常 其他的要求,如可移植性、兼容性、出错自动恢复等是否满足用户要求
系统测试	将软件系统与硬件、外设或其他系统元素结合在一起,对整个软件系统进行测试。从全局来考查软件系统的功能和性能要求	功能测试:通过大量精心设计的测试实例对系统的功能做全面、系统的测试 性能测试:用特定设计的测试实例验证系统的性能要求 背景测试:用实际负载代替无负载情况的测试,即模拟真实运行环境的测试 配置测试:提供全部逻辑式物理设备,在指定的设备组合情况下,实现全部功能的测试 繁忙测试:系统全部资源处于高度繁忙情况下的一种"破坏"性测试,以验证系统的可靠性 恢复测试:测试系统的故障恢复能力,测试故障后整体和控制的可恢复性 安全性测试:测试系统对错误操作或非法用户的恶意破坏的安全保证的可靠程度
验收测试	确定系统功能的可接受性	用户根据合同进行逐项验收测试,确定软件的功能是否可接受

4.3 系统切换、运行及维护

4.3.1 信息系统切换

信息系统切换指由旧的手工处理系统向新的计算机信息系统过渡。信息系统的切换方法如表 4-5 所示。

表 4-5 系统的切换方法

切换方法	说明
直接切换法	在某一确定的时刻,旧系统停止运行,新系统投入运行
并行切换法	新老系统先同时运行,以旧系统作业为正式作业,新系统作校核用,经过一段时间运行,在验证新系统处理准确、可靠后,旧系统停止运行。并行处理的时间视业务内容而定,一般是 3 个月至 1 年。注意,转换工作不应急于求成
试点过渡法	先选用新系统的某一部分代替旧系统,作为试点,逐步地代替整个旧系统

系统切换过程中,应注意以下问题:

(1)新系统投入运行需要大量的基础与初始数据,这些数据的整理与录入工作量较大,需要认真准备,及时完成;

(2)系统切换不仅是机器的转换、程序的转换,同时也涉及人的观念、岗位、职能、操作方式的转变,因此要提前做好人员的培训工作;

(3)系统运行时出现的各类问题要做好记录,并及时分析解决。如果出现致命的问题,则说明系统设计质量不好。严重的话,可能导致整个系统需要重新分析、设计与开发。

4.3.2 信息系统运行管理及维护

信息系统运行管理及维护的内容如表 4-6 所示。

表 4-6 信息系统运行管理及维护

种类	内容	说明
日常运行管理	系统运行日常维护	包括数据收集、数据整理、数据录入及处理结果的整理。此外,还包括简单的硬件管理和设施管理
	系统运行情况记录	整个系统运行情况的记录能够反映出系统在大多数情况下的状态和工作效率,对于系统的评价与改进具有重要的参考价值。因此,对信息系统的运行情况一定要及时、准确、完整地记录下来,除了记录正常情况(如处理效率、数据存取率、更新率),还要记录意外情况发生的时间、原因与处理结果
系统的运行和维护	程序维护	根据需求的变化或硬件环境的变化对程序进行部分或全部修改。修改后要填写程序修改登记表,并在程序变更通知书上写明新旧程序的不同之处
	数据库维护	根据需要,定期做好数据库的备份。出现问题时,能及时、正确地进行数据库的恢复
	码表维护	码表的修改、添加、删除和重新设计应由码表管理小组(由业务人员和系统开发人员组成)进行。变更码表内容应经详细讨论,确定之后应用书面写清并严格执行

4.3.3 软件维护

软件维护是指软件交付使用进入正常运行阶段以后,为改正潜在错误、扩充功能、完善功能、结构更新、延长软件寿命而进行的软件修改活动,它是软件生命周期的最后阶段,也是持续时间最长、代价最大的阶段。

由于在系统的分析阶段对需求分析的不彻底,软件运行后,随着用户对系统的逐步熟悉及系统运行环境的升级变化,用户在应用中根据自己的实际情况提出新的、合理的增加或完善功能的要求,同时,对软件的测试与纠错不彻底等原因导致对软件的维护是不可避免的。

软件维护的内容即工作量依赖于软件本身的设计质量,因此,在进行软件的设计时,除了要考虑软件的功能、结构、易使用性,还要考虑软件的可维护性。

软件维护的分类如表 4-7 所示。

表 4-7 软件维护的分类

软件维护分类	说明
改正性维护	发现和改正软件中存在的错误
适应性维护	在硬件、软件环境改善的情况下,对交付使用的软件做相应的修改,以适应新的系统环境
完善性维护	根据用户提出的新功能和性能要求,进一步完善软件功能
预防性维护	为了提升软件将来的可靠性或可维护性,为将来的改进奠定更好的基础而对软件进行的修改或补充

软件维护工作中的典型问题表现为文档的不规范和不完整,阅读和理解别人编写的没有文档说明的程序是非常困难的;缺少相应的文档资料,或者是文档与源程序不一致,导致可理解性差,因而无助于对程序结构、功能和接口性能的理解;软件人员的流动性,当需要维护的时候,往往不能依赖开发者本人来解释、说明其开发的程序;假如在进行软件开发时,没有考虑以后可能的修改,则维护阶段的修改就会很困难,如果开发时没有采用模块化技术,那么任何小的改动都可能造成很大的危险,因为对程序结构、功能和接口性

能的任何误解或考虑不周，不但修改不了原有的错误，反而会引发更大的错误。

软件维护在某种意义上比软件开发更困难，更需要计划和经验，更需要工具辅助和加强组织管理，更需要创造性的工作。软件维护人员必须在短时间内了解别人编写的程序，程序的修改不能影响其正确性和完整性。软件维护的基本任务如下：

(1) 检查用户的要求和说明书；
(2) 与用户和开发者商讨；
(3) 检查程序和文档；
(4) 确定程序错误的性质和位置；
(5) 研究程序的修改可行性和修改可能引起的后果；
(6) 对改变部分进行编码；
(7) 修改程序文档和程序库、数据库。

4.3.4 软件文档

软件文档是影响软件可维护性的重要因素。软件文档描述了如何使用系统、如何安装和管理系统；系统的需求、分析和设计；系统的安装和测试，以提高系统的可维护性。

软件系统的文档可以分为用户文档和系统文档两类。用户文档主要描述系统功能和使用方法，并不关心这些功能是怎样实现的；用户文档的目的是使用户了解系统，它要使用户获得对系统准确的初步印象，文档的结构方式应该使用户能够根据需要方便地阅读有关的内容；系统文档是指从问题定义、需求说明到验收测试计划这样一系列与系统实现有关的文档，系统文档描述系统设计、实现和测试等方面的内容。文档的基本要求如表4-8所示。

表4-8 文档的基本要求

文档	说明
用户文档	功能描述：说明系统能做什么 安装文档：说明怎样安装这个系统及怎样使系统适应特定的硬件配置 使用手册：简要介绍如何学习、使用这个系统，通过例子说明怎样使用常用的系统功能，说明用户操作错误时怎样恢复和重新启动系统 参考手册：详尽描述用户可以使用的所有系统设施及它们的使用方法，解释系统可能产生的各种出错信息含义，对参考手册最主要的要求是完整 操作员指南：说明操作员应如何处理使用中出现的各种情况
系统文档	将用户从对系统概貌的了解，引导到对系统各个方面及特点的更形式化、更具体的认识。这些文档是在系统的分析、设计及实施各个阶段的工作中产生的

4.4 会计软件操作

熟悉会计软件操作是财会人员日常工作的基本技能。由于账务处理流程规范、严谨，会计软件的操作流程、使用方法与步骤基本上相同，一般而言，只要掌握了一种会计软件的操作，其他会计软件也很容易掌握。国内会计软件种类繁多，每个企业可根据自己的需求购买。教学上，大多数高校采用金蝶、用友、金算盘等会计软件。

本节内容可根据教学环境与实际情况，选择相关软件、参考相关软件的用户手册或会计软件操作类书籍进行学习。一般而言，只要理解会计日常工作流程，就能初步掌握会计软件的基本操作。表 4-9 简述了会计软件的基本操作步骤。

表 4-9 会计软件基本操作步骤

序号	步　　骤	主　要　内　容
1	新建账套	设置账套基础参数 建立新的企业账套
2	基础设置——编码设置	设置操作用户信息 设置账套的基本属性 设置凭证类型 设置币种汇率 设置部门职员 设置往来单位 设置会计科目 设置固定资产基本数据 设置商品劳务基本数据 设置付款方式
3	基础设置——期初数据处理	设置会计科目期初余额 设置往来单位期初余额 设置固定资产期初余额 设置库存期初数据 设置票据管理数据 各项数据之间的试算平衡
4	采购业务管理	采购业务中三种类型的普通采购业务(银货同讫、先付款后收货、先收货后付款)票据填制 订单、入库单据和采购发票之间的数据钩稽 采购凭证生成 采购相关账表查询
5	库存业务管理	库房调拨 库存查询 库存盘点处理 库存凭证生成
6	销售业务管理	销售业务中三种类型的普通销售业务(银货同讫、先收款后发货、先发货后收款)票据填制 订单、出库单据和销售发票之间的数据钩稽 销售凭证生成 销售相关账表查询 采购和销售业务中产生的应收应付账款核销 应收应付账款账龄分析 应收应付账款相关账表查询 其他应收应付账款处理
7	固定资产管理	固定资产增加、减少和变更处理 计提折旧 固定资产相关账表查询
8	工资业务管理	工资表的项目设置 工资计算公式设置 固定工资和变动工资计算 工资凭证生成 银行代发处理

续表

序号	步　骤	主　要　内　容
9	账务日常业务处理	日常业务凭证录入 凭证审核 凭证记账 凭证查询 各类明细账总账查询
10	期末结账处理	期末成本结转处理 期末调汇处理 通用转账处理 期末结转损益 期末结账
11	出纳管理	日记账期初设置 银行对账处理 期末余额调节表生成 现金和银行存款日记账查询 支付票据的购买和领用等管理
12	报表管理	常用会计报表(资产负债表、现金流量表、利润表和所有者权益变动表等)的生成及导出 自定义报表编制

思考题

1. 简述程序设计的主要任务。
2. 简述软件测试的目的与任务。
3. 简述信息系统切换的方法。
4. 简述信息系统运行管理及维护的主要内容。
5. 简述软件维护的主要内容。
6. 简述软件文档的作用和基本要求。

第二篇 数据库与SQL

第5章

数据库对象与数据管理

【学习目的】

了解 PowerBuilder，了解数据库管理器；理解 ODBC(Open Database Connectivity，开放数据库互联)的概念与配置；掌握数据库创建的基本流程；掌握对数据表及数据的基本操作。

【教学案例】

【案例 05-1】创建 ais 案例数据库。

【案例 05-2】创建 ais 案例数据库中的码表、基本信息表、单据表、账表。

【案例 05-3】利用 PowerBuilder 中的数据库管理工具，实现对 ais 案例数据库中各表的查询、增加、删除、修改、排序、筛选、导入与导出等基本数据操作。

5.1 数据库管理器

5.1.1 了解 PowerBuilder

PowerBuilder 是由 PowerSoft(美国著名的数据库应用工具开发厂商，先被数据库厂商 Sybase 收购，后被德国商务软件巨头 SAP 公司收购)推出的一种数据库应用软件开发工具。它可以直接与 Sybase、Oracle 等大型数据库连接，也可以通过 ODBC 与常见的数据库相连。通过利用丰富的控件进行直观的可视化界面设计，再选择相应的事件以及应用面向对象的编程语言 PowerScript，可以方便、快速地开发出基于数据库的应用系统。

1. PowerBuilder 简介

(1) 一种新型、快速的开发工具，是在客户/服务器结构下，基于 Windows 的一个集成化开发工具。

（2）包含一个直观的图形界面和可扩展的面向对象的编程语言 PowerScript。

（3）支持通过 ODBC 与数据库相连，提供与当前流行的关系数据库的专用数据库接口。

（4）在 PowerBuilder 的应用程序中，对数据库访问采用国际化标准数据库查询语言 SQL，这使得用 PowerBuilder 开发的应用程序可以不做修改或者只做少量的修改就可以在不同的后台数据库管理系统上使用。

2．PowerBuilder 的主要特点

（1）它是一款可视化、多特性的开发工具。

（2）它全面支持 Windows 提供的控制、事件和函数。

（3）它有与企业数据库的连接能力。支持应用系统同时访问多种数据库，可直接与 Sybase、SQLServer、Informix、Oracle 等数据库连接。

（4）它包含的 PowerScript 编程语言提供了一套完整的嵌入式 SQL 语句，大大增强了程序操纵和访问数据库的能力。

（5）它有强大的 DataWindow（数据窗口）对象。通过 DataWindow，无须编写 SQL 语句就可以方便地对数据库进行各种操作，也可以处理各种报表；通过 DataWindow，可以方便快速地实现对数据的增加、删除、修改和查询功能，也可快速地实现报表生成和图形展示等功能。

（5）它是一款适用面非常广的开发工具。既适合初学者快速学习数据库的开发，也可以让有经验的开发人员开发出功能强大的数据库，是特别适合经管类学生学习数据库开发的一种工具。

PowerBuilder 的安装与启动详见安装启动视频。

5.1.2 数据库管理器

PowerBuilder 中的数据库管理器使用起来非常方便，数据库的很多操作都可以通过数据库管理器来完成。选择菜单【Tools】|【Database Painter】即可进入数据库管理器，如图 5-1 所示。

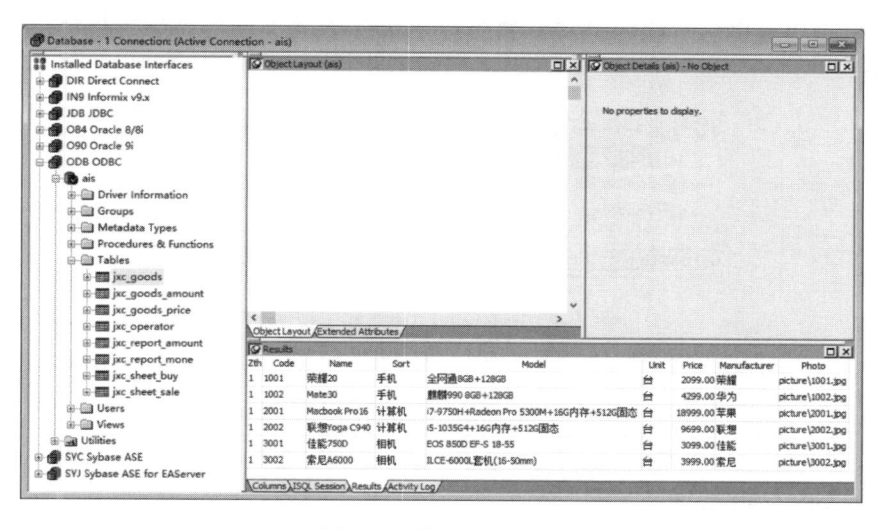

图 5-1 数据库管理器

5.1.3 数据库管理器视图

在数据库管理器窗口中，包括了很多视图，这些视图的功能如下所示。

1．Objects 视图

Objects 视图列出了数据库概要、结构信息及 ODBC 工具。对于活动的数据库连接，还列出了同数据库关联的对象，显示的信息由数据库和用户权限决定，如图 5-2 所示。

2．Object Layout 视图

Object Layout 视图用于显示表的图形外观，如图 5-3 所示。

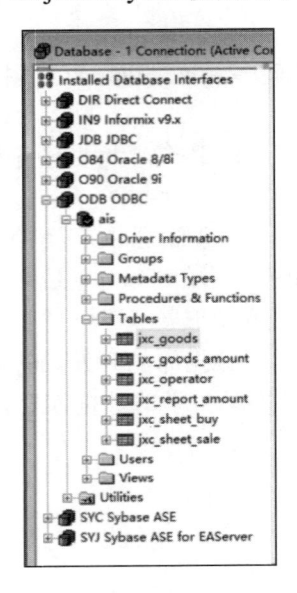

图 5-2　Objects 视图　　　　　　　图 5-3　Object Layout 视图

3．Extended Attributes 视图

Extended Attributes 视图显示连接数据库中定义的显示格式、编辑风格以及有效性规则，如图 5-4 所示。

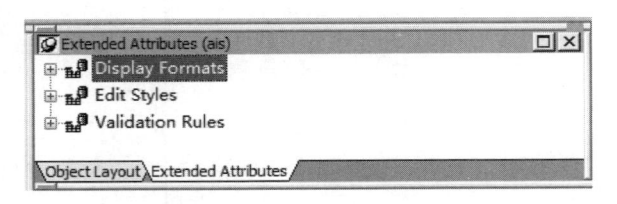

图 5-4　Extended Attributes 视图

4．Columns 视图

Columns 视图用于创建或者修改数据表的列，如图 5-5 所示。

5．ISQL Session 视图

ISQL Session 视图用于建立、执行和解释 SQL 语句，如图 5-6 所示。

图 5-5 Columns 视图

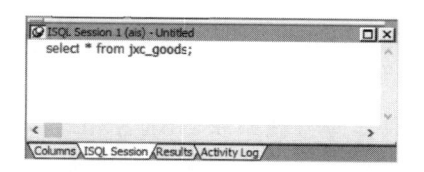

图 5-6 ISQL Session 视图

6. Results 视图

Results 视图用网格、表或自由表单等形式显示数据，如图 5-7 所示。

图 5-7 Results 视图

7. Activity Log 视图

Activity Log 视图显示需要执行的活动所生成的 SQL 语法。例如，选择对 jxc_goods 表 "Export Syntax" 的导出语法操作，将显示如图 5-8 所示的语法。

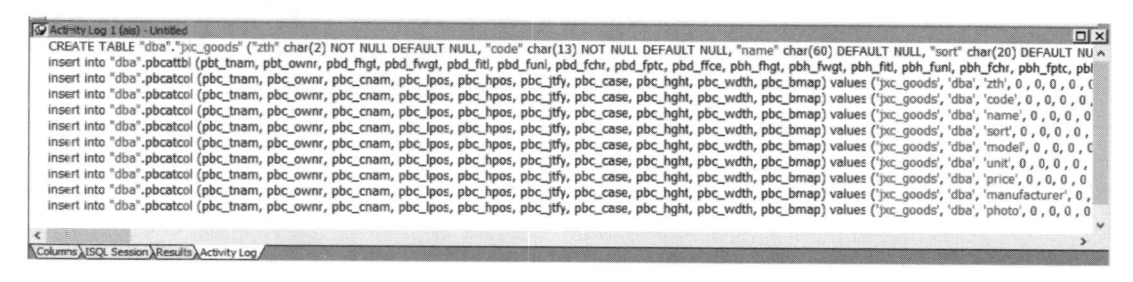

图 5-8 Activity Log 视图

8. Object Details 视图

Object Details 视图用于显示表对象的属性，如图 5-9 所示。

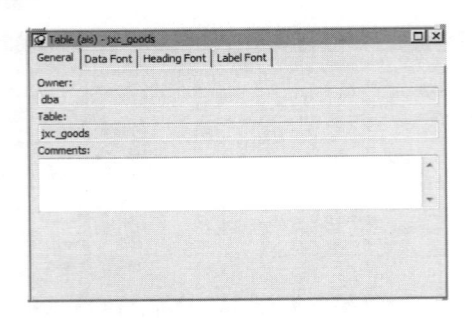

图 5-9 Object Details 视图

5.2 数据库接口

PowerBuilder 可以和多个数据库管理系统 DBMS 相连，也可以同时使用这些 DBMS。根据操作系统的不同，在 PowerBuilder 开发环境中与数据库连接一般有标准数据库接口（如 ODBC）和专用数据库接口两种方式。

5.2.1 标准数据库接口 ODBC

开放数据库连接（Open Database Connectivity，ODBC）是微软 Microsoft 公司提出的数据库访问接口标准，是开放服务结构（Windows Open Services Architecture，WOSA）中有关数据库的一个组成部分。ODBC建立了一组规范，并提供了一组对数据库访问的标准应用程序编程接口（Application Programming Interface，API）。这些 API 利用 SQL 来完成其大部分任务。

ODBC 能以统一的方式处理所有的数据库。基于 ODBC 的应用程序对数据库的操作不依赖任何 DBMS，所有的数据库操作由对应的 DBMS 的 ODBC 驱动程序完成。ODBC 使应用程序具有良好的互用性和可移植性，并且具备同时访问多种 DBMS 的能力。ODBC 的最大优点是能以统一的方式处理不同的数据库。

ODBC 数据源管理器如图 5-10 所示。

图 5-10 ODBC 数据源管理器

PowerBuilder 应用程序提供了 ODBC 接口，它可以访问有 ODBC 驱动程序的数据源。

5.2.2 专用数据库接口

专用数据库接口是指 PowerBuilder 中直接与数据库连接的接口。每个专用数据库接口都使用它自己的接口 DLL 或共享库，通过厂家指定的数据库 API 与指定数据库连接。专用数据库接口提供了数据库和 DBMS 的专用连接。

5.3 数据库管理

数据库是数据表、索引、视图及数据的集合。数据库的管理主要是对数据表、索引、视图和数据的管理。

5.3.1 创建数据库

创建本地 ASA 数据库的操作步骤如下：

(1) 选择【Tools】|【Database Painter】，或单击 PowerBar 工具栏中的 Database，进入数据库管理器界面。

(2) 双击【ODB ODBC】|【Utilities】|【Create ASA Database】，弹出 Create Adaptive Server Anywhere Database 对话框，如图 5-11 所示。

(3) 在 User ID 编辑框中输入数据库用户名，默认值为 DBA。

(4) 在 Password 编辑框中输入密码，默认值为 SQL。

(5) 在 Database Name 编辑框中定义新建的数据库的名称和所在路径。数据库文件的扩展名为.db。

(6) 如果选中 Prompt For Password During Connect 复选框，则在 PowerBuilder 连接到新建的数据库时提示输入用户名和密码，否则不提示。

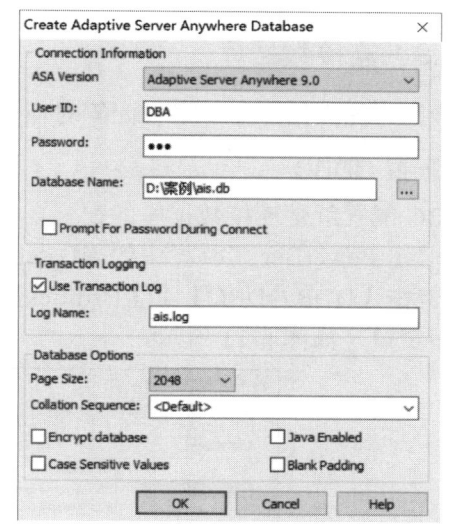

图 5-11 Create Adaptive Server Anywhere Database 对话框

(7) 定义数据库的其他属性。Use Transaction Log 复选框用于指示是否生成扩展名为.log 的日志文件，以记录对数据库的所有操作，日志文件主要用于数据库备份与恢复，可以不选。

(7) 单击【OK】结束。数据库创建完成。

5.3.2 删除数据库

删除 ASA 数据库的操作步骤如下：

(1) 选择【Tools】|【Database Painter】，进入数据库管理器界面。

(2)双击【ODB ODBC】|【Utilities】|【Delete ASA Database】,弹出 Delete Local Database 对话框,选择需要删除的 ASA 数据库文件,如图 5-12 所示。

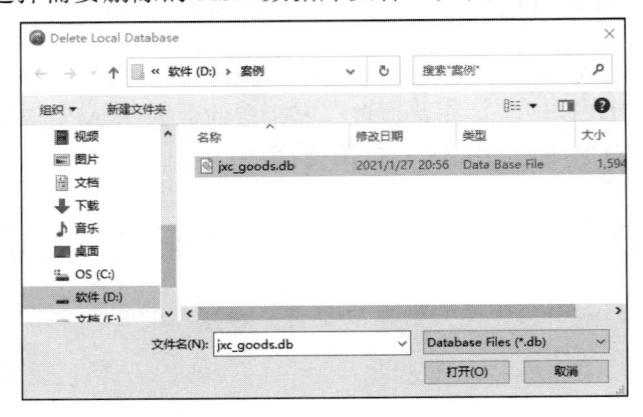

图 5-12　选择需要删除的 ASA 数据库文件

(3)选择要删除的数据库并单击【打开】。

(4)弹出提示是否删除的对话框,单击【是】后删除指定的数据库,同时还将删除该数据库相关描述文件。

5.3.3　连接数据库

连接已有的数据库需要经过配置对应的 ODBC 与 DB Profile 才能实现。

1. 配置 ODBC

ODBC 配置就是连接数据库的配置。ODBC 配置的基本步骤如下:

(1)单击 PowerBar 工具栏中的 Database,进入数据库管理器界面。

(2)双击【ODB ODBC】|【Utilities】|【ODBC Administrator】,弹出 ODBC 数据源管理程序窗口,如图 5-13 所示。

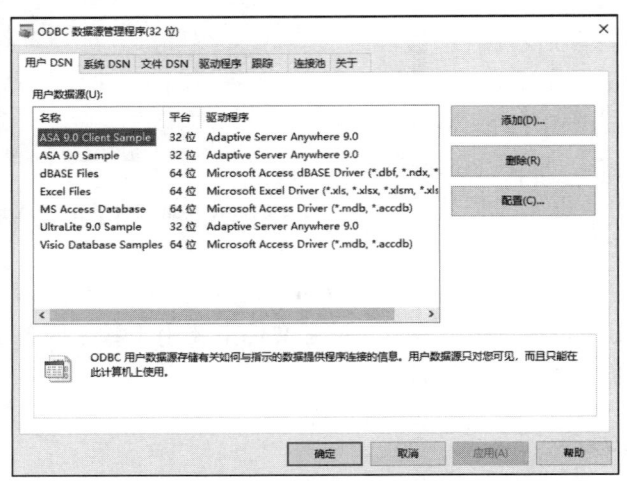

图 5-13　ODBC 数据源管理程序窗口

(3)单击【用户 DSN】|【添加】添加用户数据源,弹出创建新数据源窗口,如图 5-14 所示。

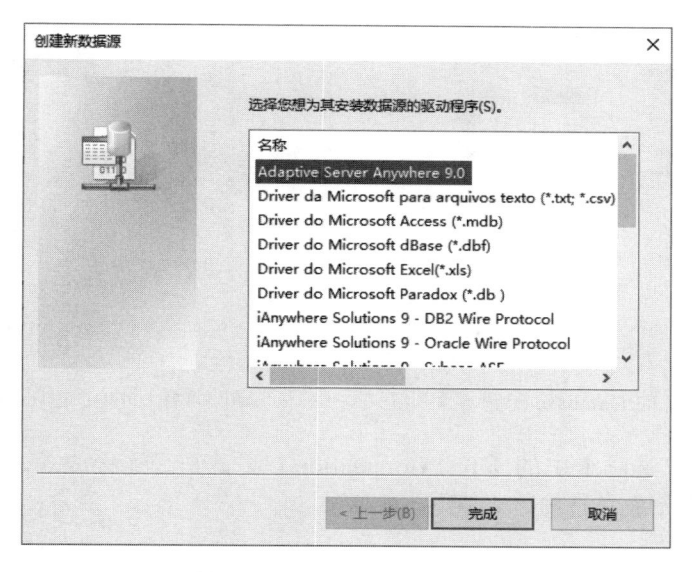

图 5-14　创建新数据源窗口

(4)选择驱动程序,PowerBuilder10 的驱动程序为 Adaptive Server Anywhere 9.0。单击【完成】进入 ODBC 配置界面,在 ODBC 选项卡中设置数据库名称"ais",如图 5-15 所示。

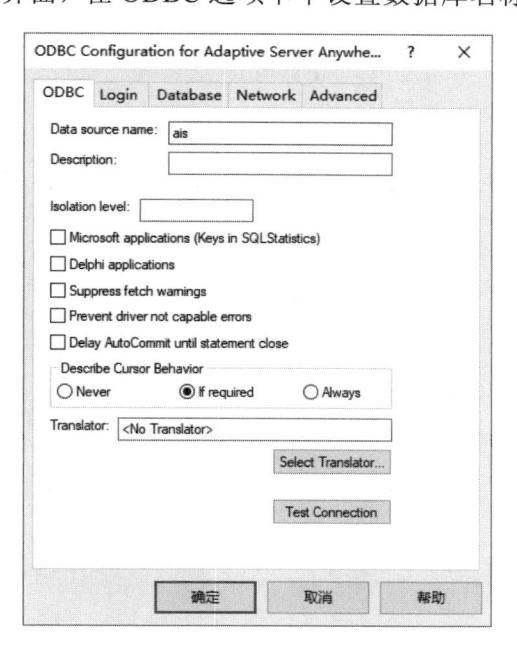

图 5-15　ODBC 配置界面

(5)在 Database 选项卡中选择需要配置的数据库文件,在 Login 选项卡中输入 User ID(默认为"dba")和 Password(默认为"sql"),如图 5-16、图 5-17 所示。

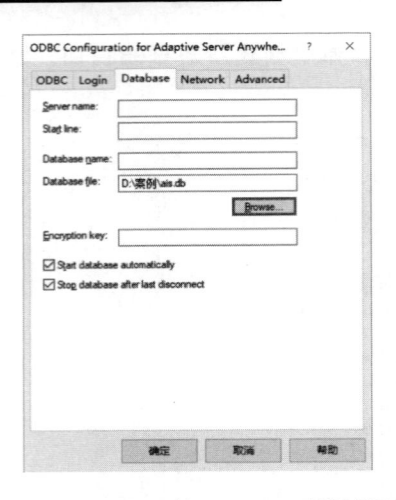

图 5-16 ODBC 的 Database 配置界面 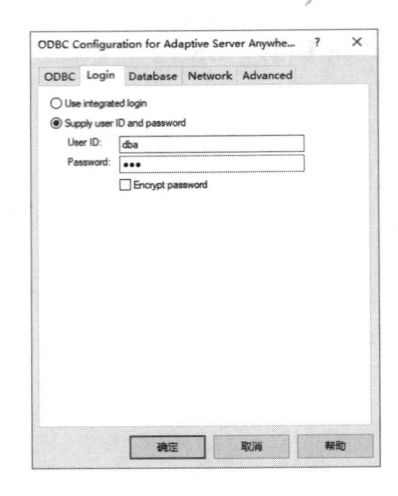　　　　图 5-17 ODBC 的 Login 配置界面

(6) 单击 ODBC 选项卡中的【Test Connection】测试是否连接成功，弹出提示对话框，单击确定，则数据库成功连接，如图 5-18 所示。

2. 配置 DB Profile

DB Profile 是建立 ODBC 方式的数据库连接所需要的接口配置文件。其配置的基本步骤如下：

(1) 单击右键选择【ODB ODBC】|【New Profile】，弹出配置 DB Profile 窗口。

(2) 在 Connection 选项卡中输入需要保存的数据库名称，并选择创建好的 ODBC 数据源，输入 User ID(默认为"dba")和 Password(默认为"sql")，单击【OK】完成配置，如图 5-19 所示。

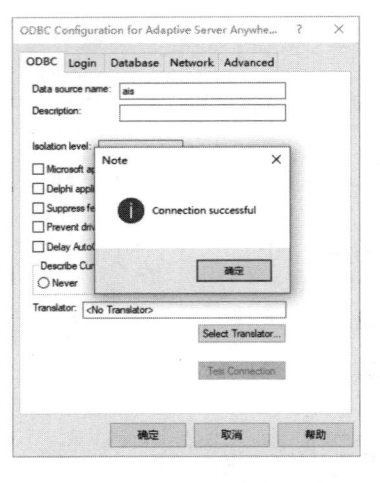

图 5-18 ODBC 连接测试 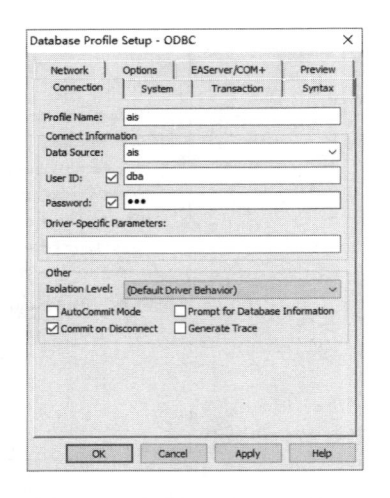　　　　图 5-19 配置 DB Profile 窗口

3. 连接数据库

数据库是独立于 PowerBuilder 开发的应用程序，所以要对应用程序进行访问并操作数据库是以数据库连接成功为前提的，数据库连接的方法为：

选择创建好的 DB Profile，单击右键选择【Connect】
完成数据库连接操作，也可以直接双击需要连接的 DB
Profile 进行数据库连接。单击右键选择【Disconnect】
可取消数据库连接操作，如图 5-20 所示。

5.3.4 创建数据库案例

【案例 05-1】创建 ais 案例数据库。

图 5-20　连接数据库

按本节创建数据库的步骤创建进销存系统、账务处理系统的 ais 案例数据库、删除 ais 案例数据库、连接其他的 ais 案例数据库。

5.4 操作数据库表

5.4.1 创建表

创建表的步骤如下：

（1）在菜单中选择【Object】|【Insert】|【Table】或者直接单击数据库管理器工具栏上的 (Create table) 图标或者单击右键选择所连接数据库对象的【Table】|【New Table...】，激活 Columns 视图，如图 5-21 所示。

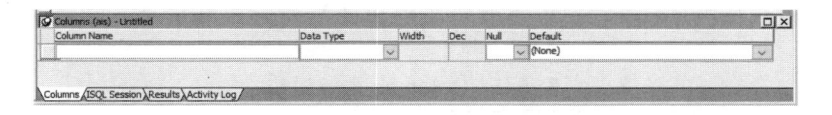

图 5-21　Columns 视图

（2）在 Columns 视图中定义相应的列属性，包括列名、数据类型、长度、小数点位数、是否为 Null 等。在定义数据列属性时可使用 Tab 键来切换输入焦点。如要删除多余的列，可选中需要删除的列，单击右键选择【Cut Column】进行删除。

（3）输入完成以后在菜单中选择【File】|【Save】，然后在 Create New Table 对话框中输入新表的名称。

5.4.2 删除表

删除表的步骤如下：

（1）在 Object 视图或者在 Objects Layout 视图中选中要删除的表，单击右键选择【Drop Table】，或者在菜单中选择【Object】|【Delete】命令。

（2）在弹出的提示框中，单击【Yes】，删除该表。

5.4.3 定义相关属性

1．定义表的属性

表的属性包括标题、标签、数据的字体及与该表相关的注释。

定义表的属性的步骤如下：

（1）在 Object 视图或者在 Objects Layout 视图里选择该表，单击右键选择【Properties】，出现如图 5-22 所示的对话框。各选项卡及属性如表 5-1 所示。

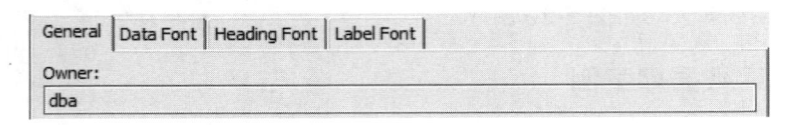

图 5-22　Table Properties 选项卡

表 5-1　Table Properties 的选项卡及属性

选项卡	属性
General	显示所定义表的所有者、表名及注释
Data Font	从数据库中检索到并显示在数据窗口对象里的数据字体设置
Heading Font	Grid、Tabular 和 N-Up 风格的数据窗口对象显示在数据操作窗口的列标识的字体设置
Label Font	Freeform 风格的数据窗口对象显示在数据操作窗口中的列标识的字体设置

（2）在各个选项卡中定义表的相关注释、标题、标签和数据字体等属性，保存所做的修改。

2．定义列的基本属性

在创建新表时必须定义每个列的名称、数据类型等基本属性。在 Columns 视图中显示的每个列的域与具体的 DBMS 有关，表的属性说明如表 5-2 所示。

表 5-2　Columns 的域说明

域	说　明
Columns Name	列的名称
Data Type	从下拉列表框中选择一种数据类型，当前 DBMS 支持的所有数据类型都列在此列表框中
Width	对可变长度的数据类型，指定字段中字符串的最大长度
Dec	对于数字型数据类型，指定小数点后保留的位数
Null	从 Null 下拉列表框里选择 Yes 或者 No 来定义该列是否允许空值
Default	默认值在数据窗口对象中插入一行时，如果没有为该行提供一个值，则使用这个默认值，下拉列表框中列出了内置的选择，也可以自己输入一个值

3．定义列的扩展属性

列的扩展属性包括标题与标签文本、显示格式、校验规则、数据编辑风格及与该列相关的注释。列扩展属性的定义步骤如下：

（1）在 Object 视图或者在 Objects Layout 视图里选择该列，单击右键选择【Properties】，出现如图 5-23 所示的对话框。

图 5-23　Column Properties 选项卡

列属性选项卡如表 5-3 所示。

表 5-3　列属性选项卡

选　项　卡	说　　明
General	列声明，显示列的基本属性
Headers	为 Freeform 风格的数据窗口对象定义标签文本，为 Grid、Tabular 和 N-Up 风格的数据窗口对象定义标题文本
Display	数据窗口对象列数据显示时的高度、宽度和位置等数据格式信息
Validation	在数据窗口对象中，列数据必须通过的校验标准
Edit Type	列数据在数据窗口中的显示格式

（2）在各个选项卡中定义表的相关注释、标题、标签和数据字体等扩展属性，并保存所做的修改。

5.4.4　创建表的索引

索引(Index)是表的一个重要概念，在进行表的搜索和排序时，索引起着关键性作用。索引与主键不同，索引既可以重复也可以为空值。

1．创建索引

在 ASA 数据库里，不能把一个已定义为外键的列作为索引列，因为这个列已经作为外部参照进行了优化。创建索引的步骤如下：

（1）在 Object Layout 视图中选择要创建索引的表，单击右键选择【New】|【Index】，或者在菜单中选择【Objects】|【Insert】|【Index】，打开 Index 的 General 选项卡，如图 5-24 所示。

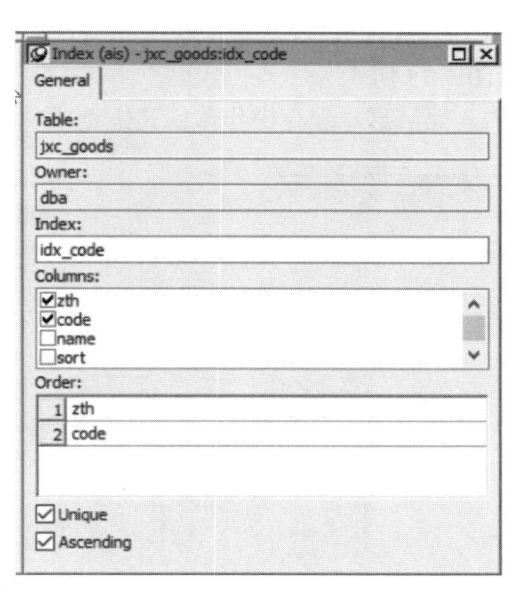

图 5-24　Index 的 General 选项卡

（2）在 Index 编辑框中输入索引名称。
（3）选择是否允许多值索引。
（4）定义数据库需要的其他信息。

(5)选择组成索引的列。
(6)保存设置的索引信息。

2. 修改索引

在 PowerBuilder 中,可以修改已定义的索引,操作如下:
(1)选中 Object 视图中表的展开树,单击右键选择【Properties】选项,出现 Index 编辑框。
(2)在 Index 编辑框中按照需要对 Index 进行修改,然后保存对索引的修改。

3. 删除索引

在 PowerBuilder 中,可以删除已定义的索引,操作如下:
(1)在 Objects 视图中选择要删除的索引,在该索引上单击右键。
(2)在弹出的快捷菜单中选择【Drop Index】,在打开的对话框中选择【Yes】,完成对索引的删除。

5.4.5 创建表的主键、外键

在数据库应用中,使用主键和外键可以加强数据库的参照完整性。通过这些键,可以使 DBMS 确保只有符合主键和外键相关规则的数据才能进入数据库系统。

1. 创建主键

(1)选择要创建主键的表,在菜单中选择【Objects】|【Insert】|【Primary Key】,或者在数据表上单击右键,在弹出的快捷菜单中选择【New】|【Primary Key】,打开 Primary Key 的 General 选项卡。
(2)选择一列或者多列作为主键,只有不允许为 Null 的列才可以作为主键,否则将显示关于 DBMS 的警告,如图 5-25 所示。
(3)定义 DBMS 需要的其他信息,保存操作。创建主键成功,如图 5-26 所示。

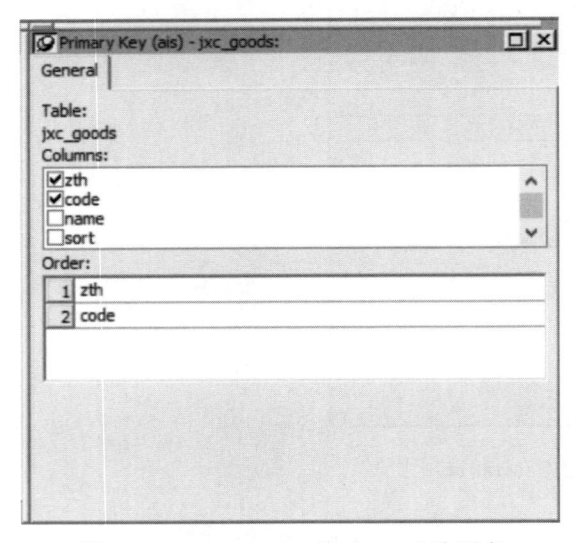

图 5-25 Primary Key 的 General 选项卡　　图 5-26 商品信息表的主键

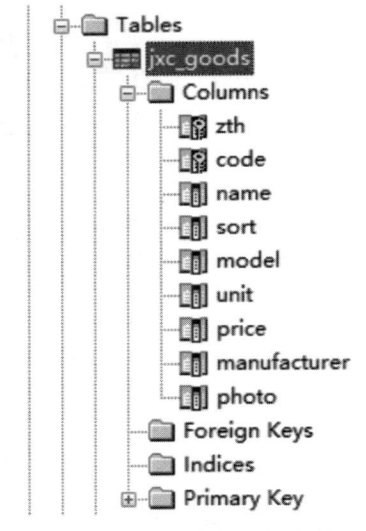

2. 创建外键

（1）在菜单中选择【Objects】|【Insert】|【Foreign Key】，或者在数据表上单击右键，在弹出的快捷菜单中选择【New】|【Foreign Key】，打开 Foreign Key 的 General 选项卡，如图 5-27 所示。

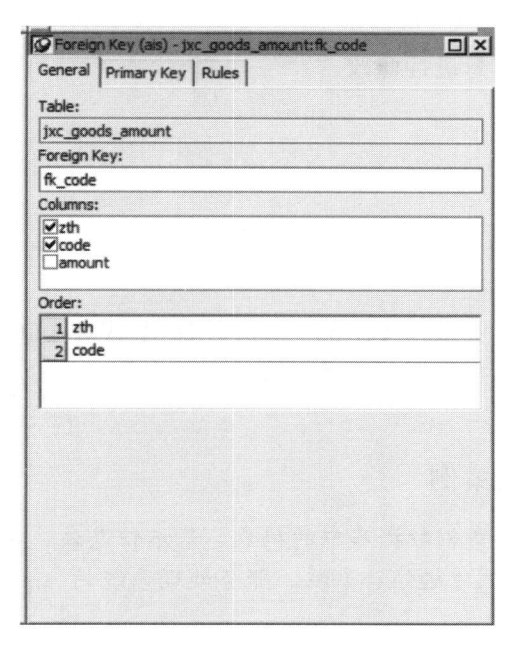

图 5-27 Foreign Key 的 General 选项卡

（2）在 Foreign Key 编辑框中命名外键。
（3）选择一列或多列为外键。
（4）在 Primary Key 的选项卡中选择外键所参照的表及其列的主键。
（5）在 Rules 选项卡中，设置当删除主表的数据行时所对应的从表数据行的操作选择（RESTRICT：不允许删除；CASCADE：删除从表对应的数据行；SET NULL：从表数据行设置为 NULL），如图 5-28 所示。
（6）保存操作，如图 5-29 所示。

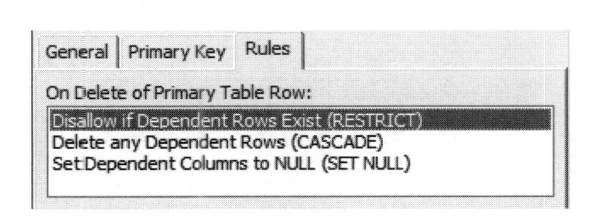

图 5-28 Foreign Key 的 Rules 选项卡

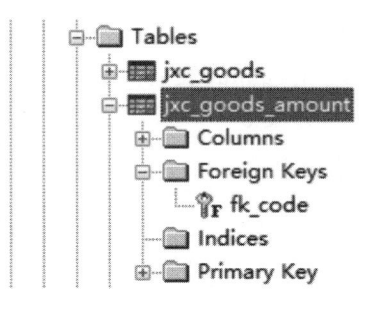

图 5-29 库存表中商品编码外键

3. 修改键

修改键的步骤如下：

(1)选择列在 Object 视图中表的展开树中的主键或外键：【数据库名】|【Tables】|【表名】|【Primary Key】或【Foreign Key】，单击右键选择【Properties】或者在菜单中选择【Objects】|【Properties】。

(2)对主键或外键的信息进行修改。

(3)保存修改。

4. 删除键

删除键的步骤如下：

(1)在 Object 视图中表的展开树中的主键或外键上，或者在 Object Layout 视图中的表上右击要删除的主键或外键。

(2)在弹出的快捷菜单中选择【Drop Primary Key】或者【Drop Foreign Key】。

(3)在弹出的确认对话框中，单击【Yes】。

(4)保存修改。

5.4.6 创建数据表案例

【案例 05-2】创建 ais 案例数据库中的码表、基本信息表、单据表、账表。

按本节创建表的步骤创建进销存系统、账务处理系统的 ais 案例数据库中的码表、基本信息表、单据表、账表。

5.5 操作数据

在使用数据库时，用户经常需要对数据进行检索、增加、删除、修改、排序、筛选及导入与导出操作。

5.5.1 打开数据操作窗口

打开数据操作窗口的具体步骤如下：

(1)在数据库管理器中，选择需要进行数据操作的表。

(2)在工具栏里单击 Grid、Tabular 或 Freeform 按钮，或者选择【Object】|【Data】菜单，右击选择的表后，从弹出的快捷菜单中选择【Edit Data】，单击【Grid】，显示 Grid 格式表，如图 5-30 所示。

Zth	Code	Name	Sort	Model	Unit	Price	Manufacturer	Photo
1	1001	荣耀20	手机	全网通8GB+128GB	台	2099.00	荣耀	picture\1001.jpg
1	1002	Mate30	手机	麒麟990 8GB+128GB	台	4299.00	华为	picture\1002.jpg
1	2001	Macbook Pro16	计算机	i7-9750H+Radeon Pro 5300M+16G内存+512G固态	台	18999.00	苹果	picture\2001.jpg
1	2002	联想Yoga C940	计算机	i5-1035G4+16G内存+512G固态	台	9699.00	联想	picture\2002.jpg
1	3001	佳能750D	相机	EOS 850D EF-S 18-55	台	3099.00	佳能	picture\3001.jpg
1	3002	索尼A6000	相机	ILCE-6000L套机(16-50mm)	台	3999.00	索尼	picture\3002.jpg

图 5-30 Grid 格式的商品信息表

5.5.2 增加、删除、修改、保存数据

1．增加数据

添加一行，将鼠标指针定位在要插入的位置，在菜单中选择【Rows】|【Insert】或者单击右键选择【Insert Row】即可增加一行，然后输入相应的数据。

2．删除数据

删除一行，选择要删除的数据行，即将鼠标指针定位在要删除的行，在菜单中选择【Rows】|【Delete】或者单击右键选择【Delete Row】即可删除该行。

3．修改数据

修改存在的数据，只需将鼠标指针定位在要修改的字段上，并输入一个新值即可。

4．保存数据

完成对数据的增加、删除、修改操作后，在菜单中选择【Rows】|【Update】即可保存所做的修改。

5.5.3 查询数据

1．检索数据

在工具栏中单击 Retrieve，或者在菜单中选择【Rows】|【Retrieve】可以检索数据库中该表的所有数据。检索数据时，Retrieve 的标题将变为 Cancel，这时单击该按钮可以中断对数据的检索。

2．过滤数据

数据进行过滤的操作步骤如下：

(1)选择要进行过滤的表，单击右键选择【Edit data】|【grid】。

(2)在菜单中选择【Rows】|【Filter】，弹出 Specify Filter 对话框。

(3)在对话框中输入过滤条件，对话框下面提供了相关函数、运算符及表列名，用户可以直接单击相关选项完成条件输入。如过滤商品价格大于 5 000 元的商品信息，输入过滤条件，如图 5-31 所示。

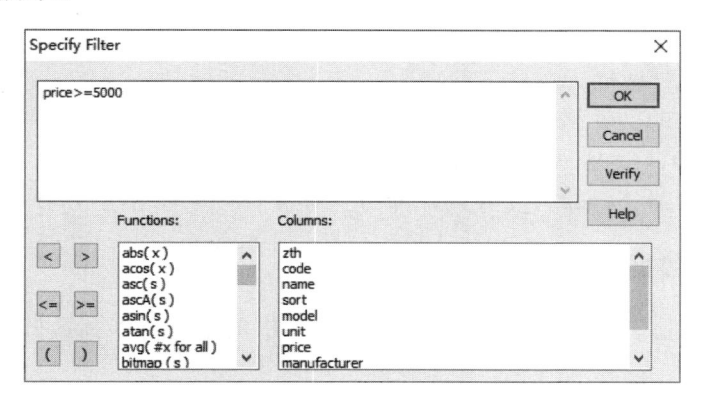

图 5-31　输入过滤条件

(4) 过滤条件输入完毕单击【OK】，即可查询到过滤后的数据，结果如图 5-32 所示。

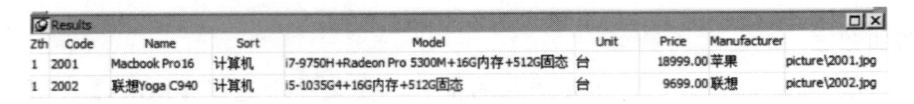

图 5-32　价格大于 5 000 元的结果

5.5.4　排序数据

数据进行排序检索的操作步骤如下：

(1) 选择要进行排序检索的表，单击右键选择【Edit data】|【grid】。

(2) 在菜单中选择【Rows】|【Sort】，弹出 Specify Sort Columns 对话框，如图 5-33 所示。

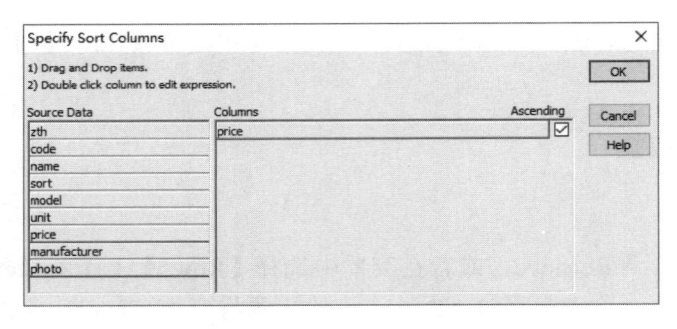

图 5-33　Specify Sort Columns 对话框

(3) 在 Source Data 中，按住左键将排序的列选中拖至 Columns 板块中，最右边的复选框是选择排序方式（升序或降序），默认是升序（Ascending）。

(4) 设置好排序方式后单击【OK】完成排序查询。

5.5.5　导出数据

数据的导出功能，可以将检索出来的数据保存到外部文件中。操作步骤如下：

(1) 选择需要导出数据的表，并将其检索打开。

(2) 在菜单中选择【File】|【Save Rows As】或者单击右键选择【Save Rows As】，将弹出 Save Rows As 对话框。

(3) 选择要导出的文件格式，PowerBuilder 支持多种格式的导出文件，包括 Excel、Text、SQL、XML、Dbase、CSV、PDF 和 HTML Table 等。

(4) 选择保存的路径并输入文件名，即可保存文件，如图 5-34 所示。

5.5.6　导入数据

数据的导入功能，可以将指定格式的外部文件中的数据导入到数据库的数据显示窗口中。操作步骤如下：

(1) 选择需要导入数据的表，并将其检索打开。

(2)在菜单中选择【Rows】|【Import】，将显示 Select Import File 对话框。
(3)选择导入数据文件的类型，支持.txt、.csv、.dbf、.xml 等文件类型。
(4)输入需要导入的数据文件后，单击【打开】即可开始导入数据，如图 5-35 所示。

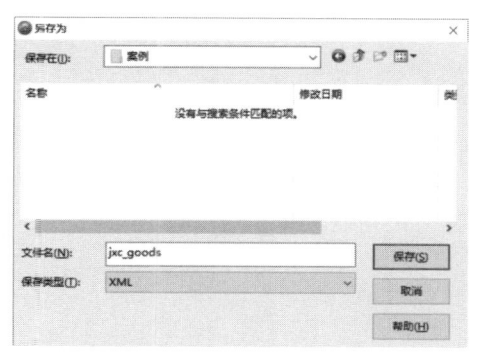

图 5-34　导出数据 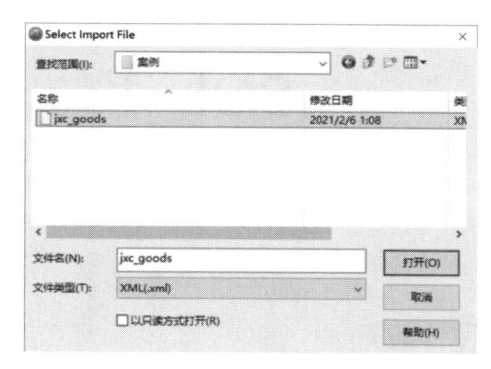　　　　　　　　　图 5-35　导入数据

5.5.7　数据管理操作案例

【案例 05-3】利用 **PowerBuilder** 中的数据库管理工具，实现对 **ais** 案例数据库中各表的查询、增加、删除、修改、排序、筛选、导入与导出等基本数据操作。

按本节操作数据的步骤实现对进销存系统、账务处理系统的 ais 案例数据库中各表的查询、增加、删除、修改、排序、筛选、导入与导出等基本数据操作。

思考题

1. 参照自己设计的进销存案例，先创建进销存数据库，再创建操作员表(jxc_operator)、商品信息表(jxc_goods)、采购单(jxc_sheet_buy)、销售单(jxc_sheet_sale)、商品库存表(jxc_goods_amount)、成本单价表(jxc_goods_price)、进销存数量月报表(jxc_report_amount)、进销存金额月报表(jxc_report_mone)等表，利用 PowerBuilder 中的数据库管理工具，根据业务数据，实现对数据库中各张表的数据处理。

2. 参照自己设计的账务处理系统案例，先创建账务处理系统数据库，再创建科目类别码表(zw_c_kmlb)、科目性质码表(zw_c_kmxz)、币别码表(zw_c_bb)、行业码表(zw_c_hy)、财务指标码表(zw_c_cwzbmb)、账套信息表(zw_d_ztxxb)、会计科目编码表(zw_d_kjkmbmb)、操作员信息表(zw_d_czy)、凭证主表(zw_pz_zb)、凭证明细表(zw_pz_mxb)、科目余额表(zw_zb_kmyeb)、明细账表(zw_zb_mxzb)、资产负债表(zw_yb_zcfzb)、利润表(zw_yb_lrb)、财务指标统计表(zw_yb_cwzbtjb)等表，利用 PowerBuilder 中的数据库管理工具，根据业务数据，实现对数据库中各张表的数据处理。

3. 选择自己感兴趣的业务，编制相应的案例数据；分析业务处理流程、设计数据库表结构；创建数据库，创建相关表，利用 PowerBuilder 中的数据库管理工具，根据业务数据，实现对数据库中各张表的数据处理。

第 6 章

SQL 语句

【学习目的】

掌握 SQL 语句。使用 SQL 语句实现对进销存系统、账务处理系统等案例数据库中表的创建；实现对码表、基本信息表、单据表及账表数据增加、删除、修改、查询等基本操作，实现对基本信息表、单据表及账表等数据的统计分析。

【教学案例】

【案例 06-1】使用 SQL 语句创建进销存系统案例数据库中的表。
【案例 06-2】使用 SQL 语句创建账务处理系统案例数据库中的表。
【案例 06-3】创建进销存系统案例数据库中表的外键。
【案例 06-4】创建账务处理系统案例数据库中表的外键。
【案例 06-5】初始化进销存系统案例数据库中的数据。
【案例 06-6】初始化账务处理系统案例数据库中的数据。
【案例 06-7】创建进销存系统案例数据库中表的视图。
【案例 06-8】创建账务处理系统案例数据库中表的视图。
【案例 06-9】通过 SQL 语句实现对进销存系统案例数据库中的单据、账表数据的统计分析。
【案例 06-10】通过 SQL 语句实现对账务处理系统案例数据库中的单据、账表数据的统计分析。

6.1 SQL 简介

关系数据库中的关系就是一张表，表中的每行(即数据库中的每条记录)就是一个元组，每列就是一个属性。结构化查询语言(Structured Query Language，SQL)作为一种关系数据库查询和程序设计语言被广泛应用和标准化，主要用于存取数据及查询、更新和管理关系数据库系统。

SQL 的主要功能包括数据定义(Data Definition)、数据操纵(Data Manipulation)、数据查询(Data Query)和数据控制(Data Control)，完成这些功能只需要 9 个动作，如表 6-1 所示。

表 6-1 SQL 动词

SQL 功能	说 明	动 词
数据定义	创建、删除、修改数据库对象(表、视图、索引等)	CREATE，DROP，ALTER
数据操纵	实现对数据的插入、更新、删除等操作	INSERT，UPDATE，DELETE
数据查询	实现对数据的查询、统计、排序、分组、检索等操作	SELECT
数据控制	更改数据库用户或角色权限,用于保证数据的安全性和完整性	GRANT，REVOKE

6.2 数据库操作

6.2.1 创建数据库

使用 CREATE DATABASE 命令，可以创建一个新数据库，其简明语法格式如下：

CREATE DATABASE 数据库名

例如：创建数据库 test.db。

CREATE DATABASE test

6.2.2 修改数据库

修改数据库使用 ALTER DATABASE 命令，其简明语法格式如下：

ALTER DATABASE 原数据库名 MODIFY name=新数据库名

例如：将数据库 test 更名为 ais。

ALTER DATABASE test MODIFY name=ais

6.2.3 关闭数据库

关闭当前数据库使用 CLOSE DATABASE 命令，其语法格式如下：

CLOSE DATABASE

在删除数据库前，必须先使用此命令。

6.2.4 删除数据库

删除数据库可以使用 DROP DATABASE 语句实现，其语法格式如下：

DROP DATABASE 数据库名

注意，被删除的数据库不能是当前正在使用的数据库。数据库一旦被删除，如果没有备份，就不能再恢复。

6.3 表操作

表是构成关系数据库的基本元素，包含表头和表体。其中表头定义各个列的列名、顺序、数据类型和长度等属性，确定数据库表的结构；表体包含数据行，是数据的内容部分。

表中的列也被称为字段,包含某特定的信息,表中的行(元组)被看作是文件中的记录,包含每个列对应的值。数据库中商品信息表的构成如表 6-2 所示。

表 6-2 商品信息表的构成

账套号	商品编码	商品名称	种类	规格型号	单位	价格	生产厂商	图片
1	1001	荣耀 20	手机	全网通 8GB+128GB	台	2 099.00	荣耀	picture\1001.jpg
1	1002	Mate30	手机	麒麟 990 8GB+128GB	台	4 299.00	华为	picture\1002.jpg
1	2001	Macbook Pro16	计算机	i7-9750H+Badeon Pro5300M+16G 内存+512G 固态	台	18 999.00	苹果	picture\2001.jpg
1	2002	联想 Yoga C940	计算机	i5-1035G4+16G 内存+512G 固态	台	9 699.00	联想	picture\2002.jpg
1	3001	佳能 750D	相机	EOS 850D EF-S 18-55	台	3 099.00	佳能	picture\3001.jpg
1	3002	索尼 A6000	相机	ILCE-6000L 套机 (16-50mm)	台	3 999.00	索尼	picture\3002.jpg

6.3.1 创建表

SQL 语言使用 CREATE TABLE 语句定义基本表,其基本格式如下:

CREATE TABLE <表名> (<列名><数据类型> [列级完整性约束条件]
[,<列名><数据类型> [列级完整性约束条件]]
…
[,<表级完整性约束条件>]);

建表的同时通常还可以定义与该表相关的完整性约束条件,这些完整性约束条件被存入系统的数据字典中。当用户操作表中数据时,由关系数据库管理系统自动检测该操作是否违背这些完整性约束条件。如果完整性约束条件涉及该表的多个属性列,则必须定义在表级上,否则既可以定义在列级也可以定义在表级。

为了维护关系数据表的完整性,通常以唯一确定的一条记录作为标识,这个标识即为主键。一个表只有一个主键,且主键不能重复,不能为空。在创建表时就可以对列添加主键约束(PRIMARY KEY)。

表名以"#"开头的表为临时表。临时表不存储在当前数据库内而是在数据库服务器的内存中,用完之后就会被销毁。

6.3.2 修改表

随着应用环境和应用需求的变化,有时需要修改已建好的表。SQL 语言用 ALTER TABLE 语句修改基本表,其一般格式为:

ALTER TABLE <表名>

```
[ADD [COLUMN] <新列名><数据类型> [完整性约束]]
[ADD <表级完整性约束>]
[DROP [COLUMN] <列名> [CASCADE|RESTRICT]]
[DROP CONSTRAINT <完整性约束名> [ RESTRICT | CASCADE]]
[ALTER COLUMN <列名><数据类型>];
```

其中<表名>是要修改的基本表，ADD 子句用于增加新列、新的列级完整性约束条件和新的表级完整性约束条件。DROP COLUMN 子句用于删除表中的列，如果指定了 CASCADE 短句，则自动删除引用了该列的其他对象，比如视图；如果指定了 RESTRICT 短语，则如果该列被其他对象引用，将拒绝删除该列。DROP CONSTRAINT 子句用于删除指定的完整性约束条件。ALTER COLUMN 子句用于修改原有的列定义，包括修改列名和数据类型。

6.3.3 删除表

当不再需要某个基本表时，可以使用 DROP TABLE 语句删除它，其一般格式为：

```
DROP TABLE <表名> [ RESTRICT | CASCADE];
```

若选择 RESTRICT，则该表的删除是有限制条件的。需要删除的基本表不能被其他表的约束所使用（如 CHECK，FOREIGN KEY 等约束），不能有视图，不能有触发器、存储过程或函数等。如果存在这些依赖该表的对象，则此表不能被删除。默认是 RESTRICT。

若选择 CASCADE，则该表的删除没有限制条件。在删除基本表的同时，相关的依赖对象，例如视图都将被一起删除。

6.3.4 索引

对于数据表中指定的列，索引提供指向其中数据值的指针，然后根据指定的排序顺序对这些指针排序。索引的作用相当于图书的目录，可以根据目录中的页码快速找到所需的内容。因此合理的索引可以加速数据的检索过程。索引所在的列不允许重复，可以为空。一个表可以建立多个索引。

1. 建立索引

在 SQL 语句中，建立索引使用 CREATE INDEX 语句，其一般格式为：

```
CREATE [UNIQUE] [CLUSTER] INDEX<索引名>
ON <表名>(<列名> [<次序>] [,<列名> [<次序>]]...);
```

其中，<表名>是要建索引的基本表的名字。索引可以建立在该表的一列或多列上，各列名之间用逗号分隔。每个<列名>后面还可以用<次序>指定索引值的排列次序，可选 ASC(升序)或 DESC(降序)，默认值为 ASC。

UNIQUE 表明此索引的每一个索引值只对应唯一的数据记录。

CLUSTER 表示要建立的索引是聚簇索引。聚簇索引是一种对磁盘上实际数据重新组织并按指定的一个或多个列的值的排序，它确定了表中数据的物理顺序，每张表只能建一个聚簇索引。

2. 修改索引

对于已经建立的索引，如果需要对其重新命名，可以使用 ALTER INDEX 语句，其一般格式为：

```
ALTER INDEX <旧索引名> RENAME TO <新索引名>;
```

3. 删除索引

索引一经建立就由系统使用和维护，不需用户干预。建立索引是为了减少查询操作的时间，但如果数据增加、删除、修改操作过于频繁，系统会花费很多时间来维护索引，从而降低查询效率，这时可以删除一些不必要的索引。

删除索引使用 DROP INDEX 语句，其一般格式为：

```
DROP INDEX <索引名>;
```

删除索引时，系统会同时从数据字典中删除有关该索引的描述。

6.3.5 约束

数据库的约束是为了保证数据库的完整性的一套机制。数据库的完整性是指数据的正确性、有效性和相容性，以防止错误数据进入数据库。数据的正确性是指数据的合法性，如数值型数据中只能包含数字而不能包含字母。数据的有效性是指数据是否属于所定义的有效范围。而数据的相容性是指同一事实的两个数据应相同。

数据库的完整性约束可以通过定义表时进行定义，也可以通过规则、索引、触发器等进行定义。完整性约束是一种规则，不占用任何数据库空间，在执行 SQL 期间使用。用户可以指明约束是启用还是禁用。

完整性约束有五种类型：唯一性和主键约束、检查约束、空值约束、默认值约束和外键约束，相应的五大关键词有 UNIQUE 和 PRIMARY KEY、CHECK、NOT NULL、DEFAULT、FOREIGN KEY。

1. 唯一性和主键约束

建立唯一性和主键约束时，数据库会根据约束列自动建立唯一索引，因此被约束的列不允许有重复的值。唯一性约束允许存在 NULL，而主键约束不允许存在 NULL。一个表只有一个主键，但是可以定义多个唯一性约束。

可以在 CREATE TABLE 时创建唯一性和主键约束，也可以在 ALTER TABLE 时创建约束。已经建立的约束通过 DROP CONSTRAINT 语句删除，常见格式如下：

```
CREATE TABLE <表名>(
…
<列名><数据类型>NOT NULL PRIMARY KEY
[,…]
);

CREATE TABLE <表名>(
…
<列名><数据类型>NOT NULL CONSTRAINT <约束名> PRIMARY KEY
```

```
[,…]
);
CREATE TABLE <表名>(
…
<列名1><数据类型> NOT NULL
[,<列名2><数据类型> NOT NULL/NULL]
,CONSTRAINT <主键名> PRIMARY KEY (<列名1>)
[,CONSTRAINT <约束名> UNIQUE (<列名2>)]
…
);
ALTER TABLE <表名>
CONSTRAINT <约束名> UNIQUE (<列名>);
```

2．检查约束

检查列是否满足某个条件，语法结构为：

```
ALTER TABLE <表名>
ADD CONSTRAINT <约束名> CHECK (<条件表达式>);
```

3．空值约束

限制列级别为非空，语法结构为：

```
MODIFY <列名> NOT NULL;
```

4．默认值约束

约束列默认为一定的数据，语法结构为：

```
ALTER TABLE <表名>
ADD CONSTRAINT <约束名> DEFAULT <默认值> FOR <列名>;
```

创建约束之后可以删除、禁用、启用约束和修改约束名，对应的语法结构为：

```
ALTER TABLE <表名>
DROP CONSTRAINT <约束名>;
ALTER TABLE <表名>
DISABLE CONSTRAINT <约束名>;
ALTER TABLE <表名>
ENABLE CONSTRAINT <约束名>;
ALTER TABLE <表名>
RENAME CONSTRAINT <约束名> TO <约束名1>.
```

5．外键约束

为了维护关系数据库的完整性，保持数据的一致性，在数据表中通过对表建立外键来建立与其他表之间的联系。外键通常是其他表的主键，外键所在的列可以重复，可以为空。一个表可以设置多个外键。

（1）创建外键。用 CREAT TABLE 建表时可以直接定义外键，其一般格式为：

```
CREAT TABLE <表名>(
…
[<列名 1><数据类型> REFERENCES <表名 1>（<列名>)]
[,<列名 2><数据类型>[列级完整性约束条件]]
[,FOREIGN KEY（<列名 3>）REFERENCES <表名 3>(<列名>)]
…
);
```

其中<表名 1>通过外键约束分别与<表名 1><表名 2>建立了关联。REFERENCES 关键字指定与当前创建或修改的表相关联的表和列。FOREIGN KEY 关键字指定当前创建的约束类型为外键约束。

如果创建表的时候没有创建外键，也可以手动添加外键。其格式为：

```
ALTER TABLE <表名>
ADD CONSTRAINT <外键约束名> FOREIGN KEY（<列名>）
REFERENCES <表名 1>(<列名 1>);
```

其中<表名>通过外键约束与<表名 1>建立关联。

（2）删除外键。SQL 语言采用 ALTER TABLE 语句来删除外键，其基本格式为：

```
ALTER TABLE <表名>
DROP CONSTRAINT <外键约束名>;
```

其中外键约束名可以在表的约束属性中找到，默认以"FK_"开头。

6.3.6 创建数据库表、外键案例

【案例 06-1】使用 SQL 语句创建进销存系统案例数据库中的表。

```
//删除进销存系统案例数据库中的表
//DROP TABLE jxc_operator;
//DROP TABLE jxc_goods;
//DROP TABLE jxc_sheet_buy;
//DROP TABLE jxc_sheet_sale;
//DROP TABLE jxc_goods_amount;
//DROP TABLE jxc_report_amount;
//DROP TABLE jxc_goods_price;
//DROP TABLE jxc_report_mone;

//创建进销存系统案例数据库中的表
//1.操作员表
CREATE TABLE jxc_operator(
    zth char(2) not null,
    oper_code char(10) not null,
    oper_name char(10),
    password char(10),
PRIMARY KEY(zth,oper_code));
//2.商品信息表
CREATE TABLE jxc_goods(
```

```sql
    zth char(2) not null,
    code char(13) not null,
    name char(60),
    sort char(20),
    model char(50),
    unit char(10),
    price decimal(12,2),
    manufacturer char(10),
    photo char(100),
PRIMARY KEY (zth,code));
//3.采购单
CREATE TABLE jxc_sheet_buy(
    zth char(2) not null,
    sheetid char(13) not null,
    sheetdate date,
    oper_code char(10),
    code char(13),
    amount integer,
    price decimal(12,2),
    mone decimal(12,2),
    note char(200),
PRIMARY KEY (zth,sheetid));
//4.销售单
CREATE TABLE jxc_sheet_sale(
    zth char(2) not null,
    sheetid char(13) not null,
    sheetdate date,
    oper_code char(10),
    code char(13),
    amount integer,
    price decimal(12,2),
    mone decimal(12,2),
    note char(200),
PRIMARY KEY (zth,sheetid));
//5.商品库存表
CREATE TABLE jxc_goods_amount(
    zth char(2) not null,
    code char(13) not null,
    amount integer,
PRIMARY KEY (zth,code));
//6.数量月报表
CREATE TABLE jxc_report_amount(
    zth char(2) not null,
    date_min date not null,
    date_max date,
    code char(13) not null,
    amount_ini integer,
    amount_buy integer,
    amount_sale integer,
```

```
        amount_end integer,
    PRIMARY KEY (zth,date_min,code));
//7.成本单价表
CREATE TABLE jxc_goods_price(
    zth char(2) not null,
    date_min date not null,
    date_max date,
    code char(13) not null,
    price decimal(12,2),
PRIMARY KEY(zth,code,date_min));
//8.金额月报表
CREATE TABLE jxc_report_mone(
    zth char(2) not null,
    date_min date not null,
    date_max date,
    code char(13) not null,
    mone_ini decimal(12,2),
    mone_buy decimal(12,2),
    mone_sale decimal(12,2),
    mone_end decimal(12,2),
PRIMARY KEY (zth,date_min,code));
```

进销存系统案例数据库中的表如图 6-1 所示。

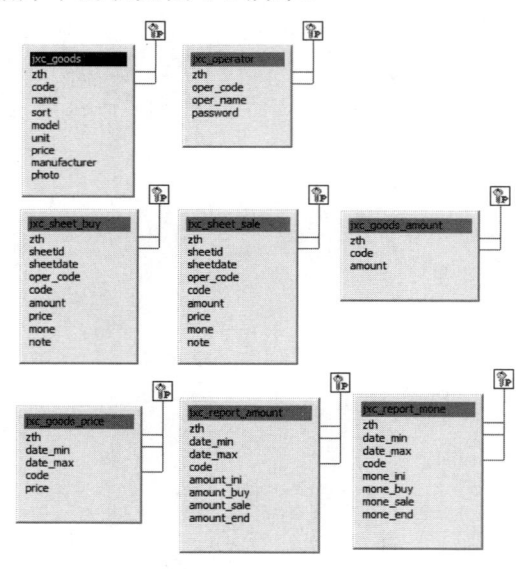

图 6-1 进销存系统案例数据库中的表

【案例 06-2】 使用 SQL 语句创建账务处理系统案例数据库中的表。

```
//删除账务处理系统案例数据库中的表
//DROP TABLE zw_c_kmlb;
//DROP TABLE zw_c_kmxz;
//DROP TABLE zw_c_bb;
```

```
//DROP TABLE zw_c_hy;
//DROP TABLE zw_c_cwzbmb;
//DROP TABLE zw_d_czy;
//DROP TABLE zw_d_ztxxb;
//DROP TABLE zw_d_kjkmbmb;
//DROP TABLE zw_pz_zb;
//DROP TABLE zw_pz_mxb;
//DROP TABLE zw_zb_kmyeb;
//DROP TABLE zw_zb_mxzb;
//DROP TABLE zw_yb_zcfzb;
//DROP TABLE zw_yb_lrb;
//DROP TABLE zw_yb_cwzbtjb;

//创建账务处理系统案例数据库中的表
//1.科目类别码表
CREATE TABLE zw_c_kmlb(
    kmlb_code char(2) not null,
    kmlb_name char(10),
PRIMARY KEY(kmlb_code));
//2.科目性质码表
CREATE TABLE zw_c_kmxz(
    kmxz_code char(2) not null,
    kmxz_name char(4),
PRIMARY KEY(kmxz_code));
//3.币别码表
CREATE TABLE zw_c_bb(
    bb_code char(2) not null,
    bb_name char(10),
PRIMARY KEY(bb_code));
//4.行业码表
CREATE TABLE zw_c_hy(
    hy_code char(10) not null,
    hy_name char(50),
PRIMARY KEY(hy_code));
//5.财务指标码表
CREATE TABLE zw_c_cwzbmb (
    zth char(2) not null,
    cwzb_code char(10) not null,
    cwzb_name char(30),
    cwzb_dy char(260),
    cwzb_jsgs char(100),
PRIMARY KEY(zth,cwzb_code));
//6.账套信息表
CREATE TABLE zw_d_ztxxb(
    zth char(2) not null,
    ztmc char(30),
    hy_code char(10),
```

```sql
        bb_code char(2),
        qjs integer,
        qsrq date,
        jsrq date,
        qyrq date,
        nkjqj char(10),
        zt char(10),
    PRIMARY KEY(zth));
//7.会计科目编码表
    CREATE TABLE zw_d_kjkmbmb(
        zth char(2) not null,
        km_code char(10) not null,
        km_name char(30),
        kmlb_code char(2),
        kmxz_code char(2),
        yefx char(2),
    PRIMARY KEY(zth, km_code));
//8.操作员表
    CREATE TABLE zw_d_czy(
        zth char(2) not null,
        czy_code char(10) not null,
        czy_name char(20),
        mm char(10),
    PRIMARY KEY(zth, czy_code));
//9.凭证主表
    CREATE TABLE zw_pz_zb(
        zth char(2) not null,
        nkjqj char(10) not null,
        ykjqj char(10) not null,
        pzh char(4) not null,
        rq date,
        fdjs integer,
        zdr char(10),
        zdrq date,
        shr char(10),
        shrq date,
        shbj char(2),
        jzr char(10),
        jzrq date,
        jzbj char(2),
        bz char(100),
    PRIMARY KEY(zth, nkjqj, ykjqj, pzh));
//10.凭证明细表
    CREATE TABLE zw_pz_mxb(
        zth char(2) not null,
        nkjqj char(10) not null,
        ykjqj char(10) not null,
```

```
        pzh char(4) not null,
        km_code char(10) not null,
        zy char(100),
        jfje decimal(12,2),
        dfje decimal(12,2),
    PRIMARY KEY(zth, nkjqj, ykjqj, pzh, km_code));
//11.科目余额表
CREATE TABLE zw_zb_kmyeb(
        zth char(2) not null,
        nkjqj char(10) not null,
        ykjqj char(10) not null,
        km_code char(10) not null,
        qcjfye decimal(12,2),
        qcdfye decimal(12,2),
        qcye decimal(12,2),
        jffse decimal(12,2),
        dffse decimal(12,2),
        jflj decimal(12,2),
        dflj decimal(12,2),
        qmjfye decimal(12,2),
        qmdfye decimal(12,2),
        qmye decimal(12,2),
    PRIMARY KEY(zth, km_code, nkjqj, ykjqj));
//12.明细账表
CREATE TABLE zw_zb_mxzb(
        zth char(2) not null,
        nkjqj char(10) not null,
        ykjqj char(10) not null,
        km_code char(10) not null,
        xh integer not null,
        rq date,
        pzh char(4) not null,
        zy char(100),
        jfje decimal(12,2),
        dfje decimal(12,2),
    PRIMARY KEY(zth, nkjqj, ykjqj, km_code, xh,pzh));
//13.资产负债表
CREATE TABLE zw_yb_zcfzb(
        zth char(2) not null,
        nkjqj char(10) not null,
        ykjqj char(10) not null,
        hbzjqcye decimal(12,2),
        hbzjqmye decimal(12,2),
        gyjzjljrzcqcye decimal(12,2),
        gyjzjljrzcqmye decimal(12,2),
        yspjjyszkqcye decimal(12,2),
        yspjjyszkqmye decimal(12,2),
```

```
yfkxqcye decimal(12,2),
yfkxqmye decimal(12,2),
qtyskqcye decimal(12,2),
qtyskqmye decimal(12,2),
chqcye decimal(12,2),
chqmye decimal(12,2),
ldzchjqcye decimal(12,2),
ldzchjqmye decimal(12,2),
cyzdqtzqcye decimal(12,2),
cyzdqtzqmye decimal(12,2),
cqyskqcye decimal(12,2),
cqyskqmye decimal(12,2),
cqgqtzqcye decimal(12,2),
cqgqtzqmye decimal(12,2),
tzxfdcqcye decimal(12,2),
tzxfdcqmye decimal(12,2),
gdzcqcye decimal(12,2),
gdzcqmye decimal(12,2),
zjgcqcye decimal(12,2),
zjgcqmye decimal(12,2),
wxzcqcye decimal(12,2),
wxzcqmye decimal(12,2),
kfzcqcye decimal(12,2),
kfzcqmye decimal(12,2),
cqdtfyqcye decimal(12,2),
cqdtfyqmye decimal(12,2),
dysdszcqcye decimal(12,2),
dysdszcqmye decimal(12,2),
fldzchjqcye decimal(12,2),
fldzchjqmye decimal(12,2),
zczjqcye decimal(12,2),
zczjqmye decimal(12,2),
dqjkqcye decimal(12,2),
dqjkqmye decimal(12,2),
yfpjjyfzkqcye decimal(12,2),
yfpjjyfzkqmye decimal(12,2),
yskxqcye decimal(12,2),
yskxqmye decimal(12,2),
yfzgxcqcye decimal(12,2),
yfzgxcqmye decimal(12,2),
yjsfqcye decimal(12,2),
yjsfqmye decimal(12,2),
qtyfkqcye decimal(12,2),
qtyfkqmye decimal(12,2),
ldfzhjqcye decimal(12,2),
ldfzhjqmye decimal(12,2),
cqjkqcye decimal(12,2),
```

```
        cqjkqmye decimal(12,2),
        yfzqqcye decimal(12,2),
        yfzqqmye decimal(12,2),
        cqyfkqcye decimal(12,2),
        cqyfkqmye decimal(12,2),
        dysdsfzqcye decimal(12,2),
        dysdsfzqmye decimal(12,2),
        fldfzhjqcye decimal(12,2),
        fldfzhjqmye decimal(12,2),
        fzhjqcye decimal(12,2),
        fzhjqmye decimal(12,2),
        sszbqcye decimal(12,2),
        sszbqmye decimal(12,2),
        zbgjqcye decimal(12,2),
        zbgjqmye decimal(12,2),
        kcgqcye decimal(12,2),
        kcgqmye decimal(12,2),
        qtzhsyqcye decimal(12,2),
        qtzhsyqmye decimal(12,2),
        yygjqcye decimal(12,2),
        yygjqmye decimal(12,2),
        wfplrqcye decimal(12,2),
        wfplrqmye decimal(12,2),
        syzqyhjqcye decimal(12,2),
        syzqyhjqmye decimal(12,2),
        fzhsyzqyzjqcye decimal(12,2),
        fzhsyzqyzjqmye decimal(12,2),
PRIMARY KEY(zth, nkjqj, ykjqj));
//14.利润表
CREATE TABLE zw_yb_lrb(
        zth char(2) not null,
        nkjqj char(10) not null,
        ykjqj char(10) not null,
        yysrsqje decimal(12,2),
        yysrbqje decimal(12,2),
        yycbsqje decimal(12,2),
        yycbbqje decimal(12,2),
        sjjfjsqje decimal(12,2),
        sjjfjbqje decimal(12,2),
        xsfysqje decimal(12,2),
        xsfybqje decimal(12,2),
        glfysqje decimal(12,2),
        glfybqje decimal(12,2),
        yffysqje decimal(12,2),
        yffybqje decimal(12,2),
        cwfysqje decimal(12,2),
        cwfybqje decimal(12,2),
```

```
        lxfysqje decimal(12,2),
        lxfybqje decimal(12,2),
        lxsrsqje decimal(12,2),
        lxsrbqje decimal(12,2),
        zcjzsssqje decimal(12,2),
        zcjzssbqje decimal(12,2),
        qtsysqje decimal(12,2),
        qtsybqje decimal(12,2),
        tzsysqje decimal(12,2),
        tzsybqje decimal(12,2),
        gyjzbdsysqje decimal(12,2),
        gyjzbdsybqje decimal(12,2),
        zcczsysqje decimal(12,2),
        zcczsybqje decimal(12,2),
        yylrsqje decimal(12,2),
        yylrbqje decimal(12,2),
        yywsrsqje decimal(12,2),
        yywsrbqje decimal(12,2),
        yywzcsqje decimal(12,2),
        yywzcbqje decimal(12,2),
        lrzesqje decimal(12,2),
        lrzebqje decimal(12,2),
        sdsfysqje decimal(12,2),
        sdsfybqje decimal(12,2),
        jlrsqje decimal(12,2),
        jlrbqje decimal(12,2),
        qtzhsydshjesqje decimal(12,2),
        qtzhsydshjebqje decimal(12,2),
        zhsyzesqje decimal(12,2),
        zhsyzebqje decimal(12,2),
        mgsysqje decimal(12,2),
        mgsybqje decimal(12,2),
    PRIMARY KEY(zth, nkjqj, ykjqj));
//15.财务指标统计表
CREATE TABLE zw_yb_cwzbtjb (
    zth char(2) not null,
    nkjqj char(10) not null,
    ykjqj char(10) not null,
    cwzb_code char(10) not null,
    cwzb_jsjg decimal(6,4),
    bz char(100),
PRIMARY KEY(zth,nkjqj,ykjqj,cwzb_code));
```

账务处理系统案例数据库中的表如图 6-2 所示。

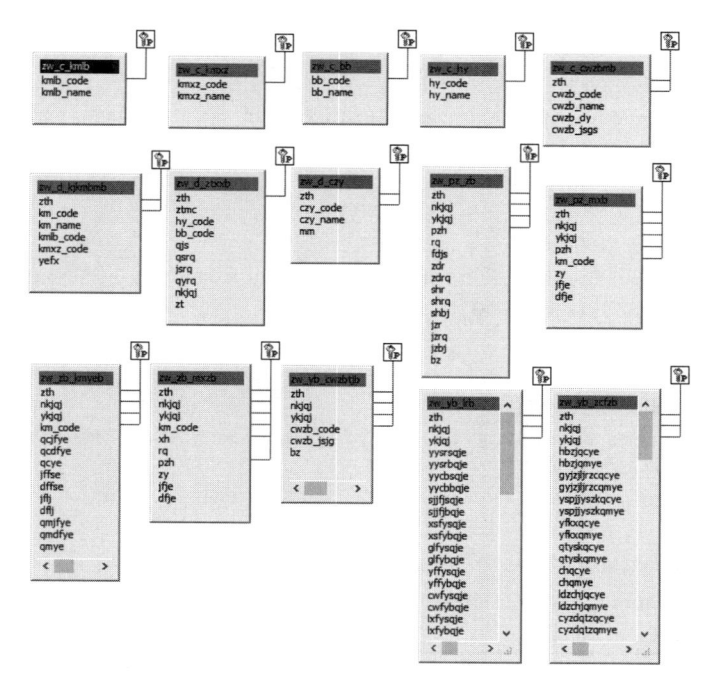

图 6-2　账务处理系统案例数据库中的表

【案例 06-3】创建进销存系统案例数据库中表的外键。

```
    //删除进销存系统案例数据库中表的外键
    //ALTER TABLE jxc_sheet_buy DROP CONSTRAINT fk_zth_oper_code_sheet_buy;
    //ALTER TABLE jxc_sheet_buy DROP CONSTRAINT fk_zth_code_sheet_buy;
    //ALTER TABLE jxc_sheet_sale DROP CONSTRAINT fk_zth_oper_code_sheet_sale;
    //ALTER TABLE jxc_sheet_sale DROP CONSTRAINT fk_zth_code_sheet_sale;
    //ALTER TABLE jxc_goods_amount DROP CONSTRAINT fk_zth_code_goods_amount;
    //ALTER TABLE jxc_report_amount DROP CONSTRAINT fk_zth_code_report_amount;
    //ALTER TABLE jxc_goods_price DROP CONSTRAINT fk_zth_code_goods_price;
    //ALTER TABLE jxc_report_mone DROP CONSTRAINT fk_zth_code_report_mone;

    //创建进销存系统案例数据库中表的外键
    //1.采购单
    //创建采购单中操作员编码的外键
    ALTER TABLE jxc_sheet_buy ADD CONSTRAINT fk_zth_oper_code_sheet_buy FOREIGN KEY(zth,oper_
code) REFERENCES jxc_operator(zth,oper_code);
    //创建采购单中商品编码的外键
    ALTER TABLE jxc_sheet_buy ADD CONSTRAINT fk_zth_code_sheet_buy FOREIGN KEY(zth,code)
REFERENCES jxc_goods(zth,code);

    //2.销售单
    //创建销售单中操作员编码的外键
    ALTER TABLE jxc_sheet_sale ADD CONSTRAINT fk_zth_oper_code_sheet_sale FOREIGN KEY(zth,
oper_code) REFERENCES jxc_operator(zth,oper_code);
    //创建销售单中商品编码的外键
    ALTER TABLE jxc_sheet_sale ADD CONSTRAINT fk_zth_code_sheet_sale FOREIGN KEY(zth,code)
REFERENCES jxc_goods(zth,code);
```

```
//3.库存表
//创建库存表中商品编码的外键
    ALTER TABLE jxc_goods_amount ADD CONSTRAINT fk_zth_code_goods_amount FOREIGN KEY(zth,
code) REFERENCES jxc_goods(zth,code);

//4.数量月报表
//创建数量月报表中商品编码的外键
    ALTER TABLE jxc_report_amount ADD CONSTRAINT fk_zth_code_report_amount FOREIGN KEY(zth,
code) REFERENCES jxc_goods(zth,code);

//5.成本单价表
//创建成本单价表中商品编码的外键
    ALTER TABLE jxc_goods_price ADD CONSTRAINT fk_zth_code_goods_price FOREIGN KEY(zth,code)
REFERENCES jxc_goods(zth,code);

//6.金额月报表
//创建金额月报表中商品编码的外键
    ALTER TABLE jxc_report_mone ADD CONSTRAINT fk_zth_code_report_mone FOREIGN KEY(zth,code)
REFERENCES jxc_goods(zth,code);
```

进销存系统案例数据库中表的外键如图 6-3 所示。

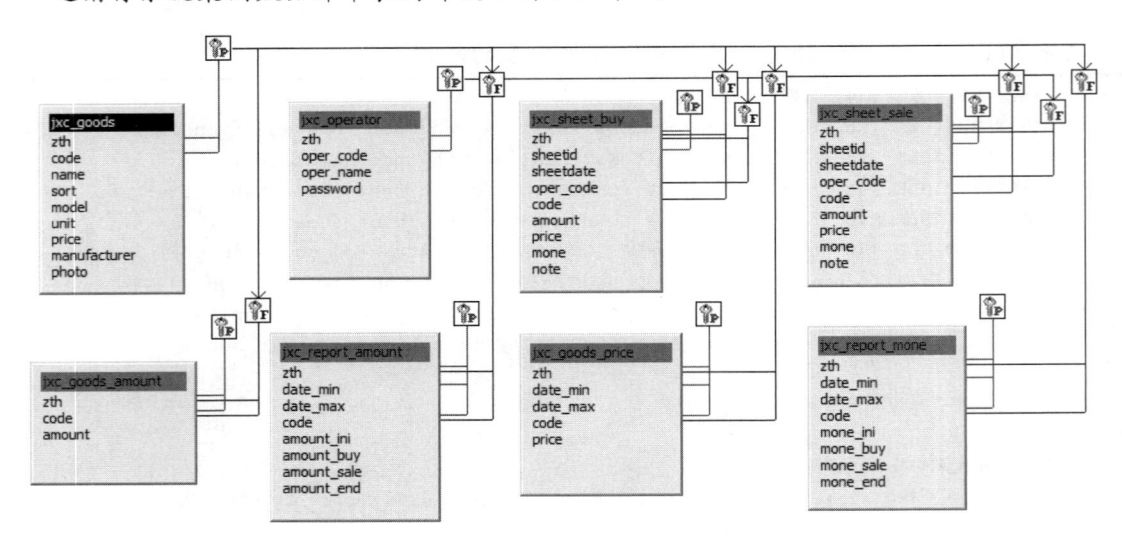

图 6-3　进销存系统案例数据库中表的外键

【案例 06-4】创建账务处理系统案例数据库中表的外键。

```
//删除账务处理系统案例数据库中表的外键
//ALTER TABLE zw_d_ztxxb DROP CONSTRAINT fk_hy_code_ztxxb;
//ALTER TABLE zw_d_ztxxb DROP CONSTRAINT fk_bb_code_ztxxb;
//ALTER TABLE zw_d_kjkmbmb DROP CONSTRAINT fk_kmlb_code_kjkmbmb;
//ALTER TABLE zw_d_kjkmbmb DROP CONSTRAINT fk_kmxz_code_kjkmbmb;
//ALTER TABLE zw_d_kjkmbmb DROP CONSTRAINT fk_zth_kjkmbmb;
//ALTER TABLE zw_d_czy DROP CONSTRAINT fk_zth_czy;
```

```sql
    //ALTER TABLE zw_pz_zb DROP CONSTRAINT fk_zth_pz_zb;
    //ALTER TABLE zw_pz_zb DROP CONSTRAINT fk_zth_zdr_pz_zb;
    //ALTER TABLE zw_pz_zb DROP CONSTRAINT fk_zth_shr_pz_zb;
    //ALTER TABLE zw_pz_zb DROP CONSTRAINT fk_zth_jzr_pz_zb;
    //ALTER TABLE zw_pz_mxb DROP CONSTRAINT fk_zth_pz_mxb;
    //ALTER TABLE zw_pz_mxb DROP CONSTRAINT fk_zth_pzh_pz_mxb;
    //ALTER TABLE zw_pz_mxb DROP CONSTRAINT fk_zth_km_code_pz_mxb;
    //ALTER TABLE zw_zb_kmyeb DROP CONSTRAINT fk_zth_kmyeb;
    //ALTER TABLE zw_zb_kmyeb DROP CONSTRAINT fk_zth_km_code_kmyeb;
    //ALTER TABLE zw_zb_mxzb DROP CONSTRAINT fk_zth_mxzb;
    //ALTER TABLE zw_zb_mxzb DROP CONSTRAINT fk_zth_km_code_mxzb;
    //ALTER TABLE zw_yb_zcfzb DROP CONSTRAINT fk_zth_zcfzb;
    //ALTER TABLE zw_yb_lrb DROP CONSTRAINT fk_zth_lrb;
    //ALTER TABLE zw_yb_cwzbtjb DROP CONSTRAINT fk_zth_cwzbtjb;
    //ALTER TABLE zw_yb_cwzbtjb DROP CONSTRAINT fk_cwzb_code_cwzbtjb;

    //创建账务处理系统案例数据库中表的外键
    //1.账套信息表
    //创建账套信息表中行业的外键
    ALTER TABLE zw_d_ztxxb ADD CONSTRAINT fk_hy_code_ztxxb FOREIGN KEY(hy_code) REFERENCES
zw_c_hy(hy_code);
    //创建账套信息表中本位币的外键
    ALTER TABLE zw_d_ztxxb ADD CONSTRAINT fk_bb_code_ztxxb FOREIGN KEY(bb_code) REFERENCES
zw_c_bb(bb_code);

    //2.会计科目编码表
    //创建会计科目编码表中账套号的外键
    ALTER TABLE zw_d_kjkmbmb ADD CONSTRAINT fk_zth_kjkmbmb FOREIGN KEY(zth) REFERENCES
zw_d_ztxxb(zth);
    //创建会计科目编码表中科目性质的外键
    ALTER TABLE zw_d_kjkmbmb ADD CONSTRAINT fk_kmxz_code_kjkmbmb FOREIGN KEY(kmxz_code)
REFERENCES zw_c_kmxz(kmxz_code);
    //创建会计科目编码表中科目类别的外键
    ALTER TABLE zw_d_kjkmbmb ADD CONSTRAINT fk_kmlb_code_kjkmbmb FOREIGN KEY(kmlb_code)
REFERENCES zw_c_kmlb(kmlb_code);

    //3.操作员表
    //创建操作员表中账套号的外键
    ALTER TABLE zw_d_czy ADD CONSTRAINT fk_zth_czy FOREIGN KEY(zth) REFERENCES zw_d_ztxxb(zth);

    //4.凭证主表
    //创建凭证主表中账套号的外键
    ALTER TABLE zw_pz_zb ADD CONSTRAINT fk_zth_pz_zb FOREIGN KEY(zth) REFERENCES
zw_d_ztxxb(zth);
    //创建凭证主表中制单人的外键
    ALTER TABLE zw_pz_zb ADD CONSTRAINT fk_zth_zdr_pz_zb FOREIGN KEY(zth,zdr) REFERENCES
zw_d_czy(zth,czy_code);
```

//创建凭证主表中审核人的外键
    ALTER TABLE zw_pz_zb ADD CONSTRAINT fk_zth_shr_pz_zb FOREIGN KEY(zth,shr) REFERENCES zw_d_czy (zth,czy_code);
//创建凭证主表中记账人的外键
    ALTER TABLE zw_pz_zb ADD CONSTRAINT fk_zth_jzr_pz_zb FOREIGN KEY(zth,jzr) REFERENCES zw_d_czy (zth,czy_code);

//5.凭证明细表
//创建凭证明细表中账套号的外键
    ALTER TABLE zw_pz_mxb ADD CONSTRAINT fk_zth_pz_mxb FOREIGN KEY(zth) REFERENCES zw_d_ztxxb(zth);
//创建凭证明细表中凭证号的外键
    ALTER TABLE zw_pz_mxb ADD CONSTRAINT fk_zth_pzh_pz_mxb FOREIGN KEY(zth,nkjqj,ykjqj,pzh) REFERENCES zw_pz_zb(zth,nkjqj,ykjqj,pzh);
//创建凭证明细表中科目编码的外键
    ALTER TABLE zw_pz_mxb ADD CONSTRAINT fk_zth_km_code_pz_mxb FOREIGN KEY(zth,km_code) REFERENCES zw_d_kjkmbmb(zth,km_code);

//6.科目余额表
//创建科目余额表中账套号的外键
    ALTER TABLE zw_zb_kmyeb ADD CONSTRAINT fk_zth_kmyeb FOREIGN KEY(zth) REFERENCES zw_d_ztxxb(zth);
//创建科目余额表中科目编码的外键
    ALTER TABLE zw_zb_kmyeb ADD CONSTRAINT fk_zth_km_code_kmyeb FOREIGN KEY(zth,km_code) REFERENCES zw_d_kjkmbmb(zth,km_code);

//7.明细账表
//创建明细账表中账套号的外键
    ALTER TABLE zw_zb_mxzb ADD CONSTRAINT fk_zth_mxzb FOREIGN KEY(zth) REFERENCES zw_d_ztxxb(zth);
//创建明细账表中科目编码的外键
    ALTER TABLE zw_zb_mxzb ADD CONSTRAINT fk_zth_km_code_mxzb FOREIGN KEY(zth,km_code) REFERENCES zw_d_kjkmbmb(zth,km_code);

//8.资产负债表
//创建资产负债表中账套号的外键
    ALTER TABLE zw_yb_zcfzb ADD CONSTRAINT fk_zth_zcfzb FOREIGN KEY(zth) REFERENCES zw_d_ztxxb(zth);

//9.利润表
//创建利润表中账套号的外键
    ALTER TABLE zw_yb_lrb ADD CONSTRAINT fk_zth_lrb FOREIGN KEY(zth) REFERENCES zw_d_ztxxb(zth);

//10.财务指标统计表
//创建财务指标统计表中账套号的外键
    ALTER TABLE zw_yb_cwzbtjb ADD CONSTRAINT fk_zth_cwzbtjb FOREIGN KEY(zth) REFERENCES zw_d_ztxxb(zth);
//创建财务指标统计表中财务指标编码的外键
    ALTER TABLE zw_yb_cwzbtjb ADD CONSTRAINT fk_cwzb_code_cwzbtjb FOREIGN KEY(zth,cwzb_code) REFERENCES zw_c_cwzbmb(zth,cwzb_code);

6.4 数据管理

6.4.1 数据查询

数据查询是数据库的核心操作。SQL 提供了 SELECT 语句进行数据查询，该语句具有灵活的使用方式和丰富的功能。其一般格式为：

```
SELECT [ALL|DISTINCT] [TOP n[PERCENT]]
<目标列表达式> [,<目标列表达式>]…|[<,目标列表达式> AS<别名>]
FROM <表名或视图名> [,<表名或视图名> …]
[WHERE <条件表达式>]
[GROUP BY <列名 1> [HAVING <条件表达式>]]
[ORDER BY<列名 2> [ASC|DESC]];
```

整个 SELECT 语句的含义是根据 WHERE 子句的条件表达式，从 FROM 子句指定的基本表、视图或派生表中找出满足条件的元组，再按 SELECT 子句中的目标列表达式选出元组中符合要求的属性值形成结果表。

如果有 GROUP BY 子句，则将结果按<列名 1>的值进行分组，该属性列值相等的元组为一个组。通常会在每组中使用聚集函数。如果 GROUP BY 子句带 HAVING 短语，则只输出满足 HAVING 指定条件的组。

如果有 ORDER BY 子句，则结果表还要按<列名 2>的值进行升序(ASC)或降序(DESC)排序。

SELECT 语句既可以完成简单的单表查询，也可以完成复杂的连接查询和嵌套查询。

1. 单表查询

单表查询是指仅涉及一个表的查询。

(1)选择表中的若干列。

选择表中的全部列或部分列。

1)查询指定列

在很多情况下，用户只对表中的一部分属性列感兴趣，这时可以在 SELECT 子句的<目标列表达式>中指定要查询的属性列。

<目标列表达式>中各个列的先后顺序可以与表中的顺序不一致。用户可以根据应用的需要改变列的显示顺序。

2)查询全部列

将表中的所有属性列都选出来有两种方法：一种方法就是在 SELECT 关键字后列出所有列名；如果列的显示顺序与其在表中的顺序相同，也可以简单地将<目标列表达式>指定为*。

3)查询经过计算的值

SELECT 子句的<目标列表达式>不仅可以是表中的属性列，也可以是表达式。

<目标列表达式>不仅可以是算术表达式，还可以是字符串常量、函数等。

用户可以通过指定别名来改变查询结果的列标题，这对于含算术表达式、常量、函数名的目标列表达式尤为有用。

4)查询结果改变显示列标题

SELECT <目标列表达式> AS <别名>

(2)选择表中的若干元组。

1)取消取值重复的行

两个本来并不完全相同的元组在投影到指定的某些列上后,可能变成相同的行。可以用 DISTINCT 取消它们。

如果没有指定 DISTINCT 关键词,则默认为 ALL,即保留结果表中取值重复的行。

2)输出前几行

如果从查询结果集中输出前 n 行,可使用 TOP n。

3)查询满足条件的元组

查询满足指定条件的元组可以通过 WHERE 子句实现。WHERE 子句常用的查询条件如表 6-3 所示。

表 6-3　WHERE 子句常用的查询条件

查询条件	谓词
比较	=,<,>,>=,<=,!=,<>,!>,!<,NOT+比较运算符
确定范围	BETWEEN AND,NOT BETWEEN AND
确定集合	IN,NOT IN
字符匹配	LIKE,NOT LIKE
空值	IS NULL,IS NOT NULL
多重条件(逻辑运算)	AND,OR,NOT

① 比较大小。用于进行比较的运算符一般包括:=(等于),>(大于),<(小于),>=(大于等于),<=(小于等于),!=或<>(不等于),!>(不大于),!<(不小于)。

NOT 表示条件取反。

② 确定范围。谓词 BETWEEN AND 和 NOT BETWEEN AND 可以用来查找属性值在或不在指定范围内的元组,其中 BETWEEN 后是范围的下限值,AND 后是范围的上限值。

③ 确定集合。谓词 IN 可以用来查找属性值属于指定集合的元组;与 IN 相对的谓词是 NOT IN,用于查找属性值不属于指定集合的元组。

④ 字符匹配。谓词 LIKE 可以用来进行字符串的匹配。其一般语法格式如下:

[NOT] LIKE '<匹配串>' [ESCAPE'<换码字符>']

其含义是查找指定的属性列值与<匹配串>相匹配的元组。<匹配串>可以是一个完整的字符串,也可以是含有通配符"%"、"_"、"[]"和"^"的字符串。其中:

"%(百分号)"代表任意长度(长度可以为 0)的字符串。

例如"a%b"表示以 a 开头,以 b 结尾的任意长度的字符串。如 acb,adcdgb,ab 等都满足该匹配串。

"_(下横线)"代表任意单个字符。

例如"a_b"表示以 a 开头,以 b 结尾的长度为 3 的任意字符串。如 acb,afb 等都满足该匹配串。

如果 LIKE 后面的匹配串中不含通配符，则可以用"=(等于)"运算符取代 LIKE 谓词，用"!="或"<>(不等于)"运算符取代 NOT LIKE 谓词。

如果用户要查询的字符串本身就含有通配符"%"或"_"，这时就要使用 ESCAPE'<换码字符>'短语对通配符进行转义。

如：'023_123456'ESCAPE'\'；

ESCAPE'\'表示"\"为换码字符，这样匹配串中紧跟在"\"后面的字符"_"不再具有通配符的含义，转义为普通的"_"字符。

⑤ 涉及空值的查询。IS NULL 和 IS NOT NULL 可以用来查找属性值是空值或者非空值的元组。注意这里的"IS"不能用 =(等于)代替。

⑥ 多重条件查询。逻辑运算符 AND 和 OR 可用来连接多个查询条件。AND 的优先级高于 OR，但用户可以用小括号来改变优先级。

(3) ORDER BY 子句。

用户可以用 ORDER BY 子句对查询结果按照一个或多个属性列的升序(ASC)或降序(DESC)排列，默认值为升序。

对于空值，排序时显示的次序由具体系统实现来决定。例如按升序排，含空值的元组最后显示；按降序排，含空值的元组则最先显示。各个系统的实现可以不同，只要系统内部保持一致就行。

(4) GROUP BY 子句。

GROUP BY 子句将查询结果按某一列或多列的值分组，值相等的为一组。

对查询结果分组的目的是细化聚集函数的作用对象。如果未对查询结果分组，聚集函数将作用于整个查询结果；分组后，聚集函数将作用于每一个组，即每一个组都有一个函数值。

如果分组后还要求按一定的条件对这些组进行筛选，最终只输出满足指定条件的组，则可以使用 HAVING 指定筛选条件。

WHERE 子句与 HAVING 短语的区别在于作用对象不同。WHERE 子句作用于基本表或视图，从中选择满足条件的元组。HAVING 短语作用于组，从中选择满足条件的组。

2．多表查询

前面的查询都是针对一个表进行的。若一个查询同时涉及两个及以上的表，则称之为连接查询。连接查询是关系数据库中最主要的查询，包括等值连接查询、自然连接查询、非等值连接查询、自身连接查询、外连接查询和复合条件连接查询等。表之间的连接方式常有以下两种。

在 SELECT 语句的 WHERE 子句中使用比较运算符给出连接条件，对表进行连接，将这种表示形式称为连接谓词表示形式。连接谓词中的比较运算符可以是<，<=，=，>，>=，!=，<>，!<和!>，当比较运算符为"="时，就是等值连接，等值连接的结果中有重复列，在目标列中去除相同的字段名就是自然连接。

以 JOIN 关键字指定的连接，T-SQL 扩展了以 JOIN 关键字指定连接的表示方式，使表的连接运算能力有所增强，以 JOIN 关键字指定的连接有三种类型：内连接、外连接、交叉连接(笛卡尔积)。

(1)等值连接(包含自然连接)与非等值连接查询。

连接查询的 WHERE 子句中用来连接两个表的条件称为连接条件，其一般格式为：

```
SELECT <投影的字段列表>
FROM <表1>,<表2>
WHERE [<表名1>.]<列名1><比较运算符> [<表名2>.]<列名2>
```

其中比较运算符主要有=，>，<，>=，<=，!=(或<>)等。

连接条件还可以使用如下形式：

```
WHERE 子句[<表名1>.]<列名1> BETWEEN [<表名2>.]<列名2> AND [<表名2>] <列名3>
```

当比较运算符为"="时，称为等值连接。使用其他运算符时被称为非等值连接。把目标列中重复的属性列去掉的等值连接称为自然连接。

连接条件中的列名称为连接字段。连接条件中的各连接字段类型必须是可比的，但名字不必相同。

(2)内连接查询。

指定了 INNER 关键字的连接是内连接，内连接按照 ON 所指定的连接条件合并两个表，返回满足条件的行。内连接是系统默认的，可以省略 INNER 关键字。使用内连接后仍可使用 WHERE 子句指定条件。

```
SELECT <投影的字段列表>
FROM <表1> JOIN <表2>
ON <表1.列名> = <表2.列名>;
```

(3)自身连接查询。

自身连接是将一个表与它自身进行连接。若要在一个表中查找具有相同列值的行，则可以使用自身连接。使用自身连接时需为表指定两个别名，且对所有列的引用均要用别名限定。

自身连接的语法结构为：

```
SELECT <投影的字段列表>
FROM <表1 别名1>,<表1 别名2>
WHERE <别名1.列名> = <别名2.列名>;
```

或

```
SELECT <投影的字段列表>
FROM <表1 别名1> JOIN <表1 别名2>
ON <别名1.列名> = <别名2.列名>;
```

(4)外连接查询。

指定了 OUTER 关键字的为外连接，外连接的结果表不但包含满足连接条件的行，还包括相应表中的所有行。外连接包括以下三种：

左外连接(LEFT OUTER JOIN)：结果表中除了包括满足连接条件的行，还包括左表的所有行。左外连接的语法结构为：

```
SELECT <投影的字段列表>
FROM <表1> LEFT OUTER JOIN <表2>
ON <表1.列名> = <表2.列名>;
```

右外连接(RIGHT OUTER JOIN)：结果表中除了包括满足连接条件的行，还包括右表的所有行。右外连接的语法结构为：

```
SELECT <投影的字段列表>
FROM <表1> RIGHT OUTER JOIN <表2>
ON <表1.列名> = <表2.列名>;
```

完全外连接(FULL OUTER JOIN)：结果表中除了包括满足连接条件的行，还包括两个表的所有行。全连接的语法结构为：

```
SELECT <投影的字段列表>
FROM <表1> FULL OUTER JOIN <表2>
ON <表1.列名> = <表2.列名>;
```

(5) 交叉连接(笛卡尔积)。

交叉连接实际上是将两个表进行笛卡尔积运算，结果表是由第一个表的每一行与第二个表的每一行拼接后形成的表，称为"笛卡尔积表"，查询所得的结果行数是两张表行数的乘积。

```
SELECT <投影的字段列表>
FROM <表1> JOIN <表2>;
```

注意，等值连接与内连接的查询效果一样，但是开发中建议使用内连接。因为等值连接在进行查询时将两张表先进行笛卡尔乘积运算，生成一个新表格，存在计算机内存里，当表的数据量很大时很耗内存，这种方法的效率比较低；内连接查询时两张表根据共同列进行逐条匹配，不会出现笛卡尔乘积的现象，效率比较高。

因此，当两张表的数据量比较大，又需要连接查询时，应使用 FROM <表1> JOIN <表2> ON <条件>的语法，避免使用 FROM <表1>,<表2> WHERE <条件>的语法。

(5) 复合条件连接查询。

WHERE 字句中含有多个连接条件时，称为复合条件连接查询。

3. 嵌套查询

在 SQL 语言中，一个 SELECT-FROM-WHERE 语句被称为一个查询块。将一个查询块嵌套在另一个查询块的 WHERE 子句或 HAVING 短语的条件中的查询被称为嵌套查询。例如：

```
SELECT name/*外层查询或父查询*/
FROM jxc_goods
WHERE code NOT IN
(SELECT code/*内层查询或子查询*/
FROM jxc_sheet_buy;
```

SQL 语言允许多层嵌套查询，即一个子查询中还可以嵌套其他子查询。需要特别指出的是，子查询的 SELECT 语句中不能使用 ORDER BY 子句，ORDER BY 子句只能对最终查询结果排序。

嵌套查询使用户可以用多个简单查询构成复杂的查询，从而增强 SQL 的查询能力。以层层嵌套的方式来构造程序正是 SQL 中结构化的含义所在。

(1) 带有 IN 的子查询。

在嵌套查询中，子查询的结果往往是一个集合，所以 IN 是嵌套查询中经常使用的。

如果子查询的查询条件不依赖父查询，则称为不相关子查询。如果子查询的查询条件依赖父查询，这类子查询被称为相关子查询，整个查询语句被称为相关嵌套查询语句。

(2) 带有比较运算符的子查询。

带有比较运算符的子查询是指父查询与子查询之间用比较运算符进行连接的查询。当用户能确切地知道内层查询返回的是单个值时，可以用>、<、=、>=、<=、!=或<>等比较运算符。

(3) 带有 ANY(SOME) 或 ALL 的子查询。

子查询返回单值时可以用比较运算符，但返回多值时要用 ANY(有的系统用 SOME)或 ALL 修饰符。而使用 ANY 或 ALL 时则必须同时使用比较运算符。其语义如表 6-4 所示：

表 6-4 使用 ANY 或 ALL 时必须同时使用比较运算符

ANY 或 ALL 谓词	说　　明
>ANY(等价于> MIN)	大于子查询结果中的某个值
>ALL(等价于> MAX)	大于子查询结果中的所有值
<ANY(等价于<MAX)	小于子查询结果中的某个值
<ALL(等价于<MIN)	小于子查询结果中的所有值
>=ANY(等价于>=MIN)	大于等于子查询结果中的某个值
>=ALL(等价于>=MAX)	大于等于子查询结果中的所有值
<=ANY(等价于<=MAX)	小于等于子查询结果中的某个值
<=ALL(等价于<=MIN)	小于等于子查询结果中的所有值
=ANY(等价于 IN)	等于子查询结果中的某个值
=ALL	等于子查询结果中的所有值
!=(或<>)ANY	不等于子查询结果中的某个值
!=(或<>)ALL(等价于 NOT IN)	不等于子查询结果中的任何一个值

(4) 带有 EXISTS 的子查询。

带有 EXISTS 的子查询不返回任何数据，只产生逻辑真值"True"或逻辑假值"False"。

使用 EXISTS 后，若内层查询结果非空，则外层的 WHERE 子句返回真值，否则返回假值。

由 EXISTS 引出的子查询，其目标列表达式通常都用*，因为带 EXISTS 的子查询只返回真值或假值，给出列名无实际意义。与 EXISTS 相对应的是 NOT EXISTS。使用 NOT EXISTS 后，若内层查询结果为空，则外层的 WHERE 子句返回真值，否则返回假值。

4．集合查询

SELECT 语句的查询结果是元组的集合，所以多个 SELECT 语句的结果可进行集合操作。集合操作主要包括并操作(UNION)、交操作()INTERSECT)和差操作(EXCEPT)。参加集合操作的各查询结果的列数必须相同,对应项的数据类型也必须相同。

```
SELECT <投影的字段列表1> FROM <表1>
UNION [ALL]
SELECT <投影的字段列表2> FROM <表2>
```

UNION 操作符默认选取不同的值。如果允许重复的值,则使用 UNION ALL。UNION 结果集中的列名总是等于 UNION 中第一个 SELECT 语句中的列名。

5. 基于派生表的查询

子查询不仅可以出现在 WHERE 子句中,还可以出现在 FROM 子句中,这时子查询生成的临时派生表成为主查询的查询对象。

通过 FROM 子句生成派生表时,AS 关键字可以省略,但必须为派生关系指定一个列名。而对于基本表,别名是可选项。

6.4.2 数据更新

1. 数据插入

SQL 语言的数据插入语句 INSERT 通常有两种形式:一种是插入一个元组,另一种是子查询结果。后者可以一次插入多个元组。

(1) 插入元组。

插入元组的 INSERT 语句的格式为:

```
INSERT INTO <表名> [(<属性列1>[,<属性列2>]…)]
VALUES (<常量1>[,<常量2>]…);
```

其功能是将新元组插入指定表中。其中新元组的属性列 1 的值为常量 1,属性列 2 的值为常量 2……INTO 子句中没有出现的属性列,新元组在这些列上将取空值。但必须注意的是,在表定义时说明了 NOT NULL 的属性列不能取空值,否则会出错。

如果 INTO 子句中没有指明任何属性列名,则新插入的元组必须在每个属性列上均有值。字符串常数要用单引号括起来。

(2) 插入子查询结果。

子查询不仅可以嵌套在 SELECT 语句中用以构造查询的条件,也可以嵌套在 INSERT 语句中用以生成要插入的批量数据。

插入子查询结果的 INSERT 语句结构为:

```
INSERT INTO <表名> [(<属性列1>[,<属性列2>]…)]
子查询;
```

2. 数据修改

修改语句又称为更新语句,其语句的一般格式为:

```
UPDATE <表名>
SET <列名> = <表达式>[,<列名> = <表达式>]…
[WHERE <条件>];
```

其功能是修改指定表中满足 WHERE 子句条件的元组。其中 SET 子句给出<表达式>

的值用于取代相应的属性列值。如果省略 WHERE 子句，则表示要更新表中的所有元组。子查询也可以嵌套在 UPDATE 语句中，用以构造更新条件。

3. 数据删除

删除语句的一般格式为：

DELETE FROM <表名>
[WHERE <条件>];

DELETE 语句的功能是从指定表中删除满足 WHERE 子句条件的所有元组。如果省略 WHERE 子句则表示删除表中全部元组，但表的定义仍在字典中。也就是说，DELETE 语句删除的是表中的数据，而不是关于表的定义。子查询同样可以嵌套在 DELETE 语句中，用以构造执行删除操作的条件。

6.4.3 数据初始化案例

【案例 06-5】*初始化进销存系统案例数据库中的数据。*

```
//初始化进销存系统案例数据库中的数据
//清空进销存系统案例数据库中的数据
DELETE FROM jxc_goods_amount;
DELETE FROM jxc_goods_price;
DELETE FROM jxc_report_amount;
DELETE FROM jxc_report_mone;
DELETE FROM jxc_sheet_buy;
DELETE FROM jxc_sheet_sale;
DELETE FROM jxc_operator;
DELETE FROM jxc_goods;

//1.操作员表
INSERT INTO jxc_operator(zth,oper_code,oper_name,password) VALUES ('1', '1','陈亮','111');
INSERT INTO jxc_operator(zth,oper_code,oper_name,password) VALUES ('1', '2','黄佳','222');
INSERT INTO jxc_operator(zth,oper_code,oper_name,password) VALUES ('1', '3','吴海','333');
INSERT INTO jxc_operator(zth,oper_code,oper_name,password) VALUES ('1', '4','李蓉','444');

//2.商品信息表
INSERT INTO jxc_goods(zth,code,name,sort,model,unit,price,manufacturer, photo) VALUES ('1', '1001','荣耀 20','手机','全网通 8GB+128GB','台',2099,'荣耀','picture\1001.jpg');
INSERT INTO jxc_goods(zth,code,name,sort,model,unit,price,manufacturer, photo) VALUES ('1', '1002','Mate30','手机','麒麟 990 8GB+128GB','台',4299,'华为','picture\1002.jpg');
INSERT INTO jxc_goods(zth,code,name,sort,model,unit,price,manufacturer, photo) VALUES ('1', '2001','Macbook Pro16','计算机','i7-9750H+Radeon Pro 5300M+16G 内存+512G 固态','台',18999,'苹果','picture\2001.jpg');
INSERT INTO jxc_goods(zth,code,name,sort,model,unit,price,manufacturer, photo) VALUES ('1', '2002','联想 Yoga C940','计算机','i5-1035G4+16G 内存+512G 固态','台',9699,'联想','picture\2002.jpg');
INSERT INTO jxc_goods(zth,code,name,sort,model,unit,price,manufacturer, photo) VALUES ('1', '3001','佳能 750D','相机','EOS 850D EF-S 18-55','台',3099,'佳能','picture\3001.jpg');
```

INSERT INTO jxc_goods(zth,code,name,sort,model,unit,price,manufacturer, photo) VALUES ('1', '3002',' 索 尼 A6000',' 相 机 ','ILCE-6000L 套 机 (16-50mm)',' 台 ',3999,' 索 尼 ','picture\3002.jpg');

// 3.采购单
INSERT INTO jxc_sheet_buy(zth,sheetid,sheetdate,oper_code,code,amount,price,mone,note) VALUES ('1','0001','2021-01-03','1', '1001',50,1552,77600,'');
INSERT INTO jxc_sheet_buy(zth,sheetid,sheetdate,oper_code,code,amount,price,mone,note) VALUES ('1','0002','2021-01-05','1', '1002',40,3801,152040,'');
INSERT INTO jxc_sheet_buy(zth,sheetid,sheetdate,oper_code,code,amount,price,mone,note) VALUES ('1','0003','2021-01-06','1', '3001',50,2640,132000,'');
INSERT INTO jxc_sheet_buy(zth,sheetid,sheetdate,oper_code,code,amount,price,mone,note) VALUES ('1','0004','2021-01-08','1', '2001',50,10349,517450,'');
INSERT INTO jxc_sheet_buy(zth,sheetid,sheetdate,oper_code,code,amount,price,mone,note) VALUES ('1','0005','2021-01-11','1', '1002',60,3733.2,223992,'');
INSERT INTO jxc_sheet_buy(zth,sheetid,sheetdate,oper_code,code,amount,price,mone,note) VALUES ('1','0006','2021-01-12','1', '2001',60,9479,568740,'');
INSERT INTO jxc_sheet_buy(zth,sheetid,sheetdate,oper_code,code, amount, price,mone,note) VALUES ('1','0007','2021-01-12','1', '2002',100,5879,587900,'');
INSERT INTO jxc_sheet_buy(zth,sheetid,sheetdate,oper_code,code,amount,price,mone,note) VALUES ('1','0008','2021-01-19','1', '2002',20,6831.6,136632,'');
INSERT INTO jxc_sheet_buy(zth,sheetid,sheetdate,oper_code,code,amount,price,mone,note) VALUES ('1','0009','2021-01-20','1', '2001',30,9936.6,298098,'');
INSERT INTO jxc_sheet_buy(zth,sheetid,sheetdate,oper_code,code,amount,price,mone,note) VALUES ('1','0010','2021-02-03','1', '3002',80,3350.8,268064,'');
INSERT INTO jxc_sheet_buy(zth,sheetid,sheetdate,oper_code,code,amount,price,mone,note) VALUES ('1','0011','2021-02-05','1', '1002',80,3857.5,308600,'');
INSERT INTO jxc_sheet_buy(zth,sheetid,sheetdate,oper_code,code,amount,price,mone,note) VALUES ('1','0012','2021-02-06','1', '1001',30,1552,46560,'');
INSERT INTO jxc_sheet_buy(zth,sheetid,sheetdate,oper_code,code,amount,price,mone,note) VALUES ('1','0013','2021-02-10','1', '2001',50,10739,536950,'');
INSERT INTO jxc_sheet_buy(zth,sheetid,sheetdate,oper_code,code,amount,price,mone,note) VALUES ('1','0014','2021-02-10','1', '2002',50,6683,334150,'');
INSERT INTO jxc_sheet_buy(zth,sheetid,sheetdate,oper_code,code,amount,price,mone,note) VALUES ('1','0015','2021-02-10','1', '3001',30,2775.6,83268,'');
INSERT INTO jxc_sheet_buy(zth,sheetid,sheetdate,oper_code,code,amount,price,mone,note) VALUES ('1','0016','2021-02-12','1', '1002',100,3857.5,385750,'');
INSERT INTO jxc_sheet_buy(zth,sheetid,sheetdate,oper_code,code,amount,price,mone,note) VALUES ('1','0017','2021-02-12','1', '3002',30,3296,98880,'');
INSERT INTO jxc_sheet_buy(zth,sheetid,sheetdate,oper_code,code,amount,price,mone,note) VALUES ('1','0018','2021-02-16','1', '1001',20,1552,31040,'');
INSERT INTO jxc_sheet_buy(zth,sheetid,sheetdate,oper_code,code,amount,price,mone,note) VALUES ('1','0019','2021-02-18','1', '3002',50,3116.9,155845,'');
INSERT INTO jxc_sheet_buy(zth,sheetid,sheetdate,oper_code,code,amount,price,mone,note) VALUES ('1','0020','2021-02-25','1', '1002',66,3925.3,259069.8,'');
INSERT INTO jxc_sheet_buy(zth,sheetid,sheetdate,oper_code,code,amount,price,mone,note) VALUES ('1','0021','2021-02-25','1', '2001',60,9944,596640,'');

```sql
    INSERT INTO jxc_sheet_buy(zth,sheetid,sheetdate,oper_code,code,amount, price,mone,note)
VALUES ('1','0022','2021-02-25','1', '2002',30,7042.9,211287,'');
    INSERT INTO jxc_sheet_buy(zth,sheetid,sheetdate,oper_code,code,amount, price,mone,note)
VALUES ('1','0023','2021-02-26','1', '3002',66,3005.6,198369.6,'');
    INSERT INTO jxc_sheet_buy(zth,sheetid,sheetdate,oper_code,code,amount, price,mone,note)
VALUES ('1','0024','2021-02-28','1', '3001',20,2730.4,54608,'');
    INSERT INTO jxc_sheet_buy(zth,sheetid,sheetdate,oper_code,code,amount, price,mone,note)
VALUES ('1','0025','2021-03-05','1', '1001',30,1665,49950,'');
    INSERT INTO jxc_sheet_buy(zth,sheetid,sheetdate,oper_code,code,amount, price,mone,note)
VALUES ('1','0026','2021-03-10','1', '1002',20,4117.4,82348,'');
    INSERT INTO jxc_sheet_buy(zth,sheetid,sheetdate,oper_code,code,amount, price,mone,note)
VALUES ('1','0027','2021-03-15','1', '2001',30,12417,372510,'');

    //4.销售单
    INSERT INTO jxc_sheet_sale(zth,sheetid,sheetdate,oper_code,code,amount, price,mone,note)
VALUES ('1','0001','2021-01-06','1', '1002',30,4479,134370,'');
    INSERT INTO jxc_sheet_sale(zth,sheetid,sheetdate,oper_code,code,amount, price,mone,note)
VALUES ('1','0002','2021-01-08','1', '1002',10,4422.5,44225,'');
    INSERT INTO jxc_sheet_sale(zth,sheetid,sheetdate,oper_code,code,amount, price,mone,note)
VALUES ('1','0003','2021-01-08','1', '2001',45,21299,958455,'');
    INSERT INTO jxc_sheet_sale(zth,sheetid,sheetdate,oper_code,code,amount, price,mone,note)
 VALUES ('1','0004','2021-01-15','1', '2002',60,10789,647340,'');
    INSERT INTO jxc_sheet_sale(zth,sheetid,sheetdate,oper_code,code,amount, price,mone,note)
VALUES ('1','0005','2021-01-17','1', '2001',55,20169,1109295,'');
    INSERT INTO jxc_sheet_sale(zth,sheetid,sheetdate,oper_code,code,amount, price,mone,note)
VALUES ('1','0006','2021-01-17','1', '2002',20,11907.7,238154,'');
    INSERT INTO jxc_sheet_sale(zth,sheetid,sheetdate,oper_code,code,amount, price,mone,note)
VALUES ('1','0007','2021-01-18','1', '1001',35,2341.87,81965.45,'');
    INSERT INTO jxc_sheet_sale(zth,sheetid,sheetdate,oper_code,code,amount,price,mone,note) VALUES ('1','0008','2021-01-19','1', '1002',56,4477.87,250760.72,'');
    INSERT INTO jxc_sheet_sale(zth,sheetid,sheetdate,oper_code,code,amount, price,mone,note)
VALUES ('1','0009','2021-01-23','1', '2001',10,20039,200390,'');
    INSERT INTO jxc_sheet_sale(zth,sheetid,sheetdate,oper_code,code,amount, price,mone,note)
VALUES ('1','0010','2021-02-03','1', '2002',30,9657.87,289736.1,'');
    INSERT INTO jxc_sheet_sale(zth,sheetid,sheetdate,oper_code,code,amount, price,mone,note)
VALUES ('1','0011','2021-02-04','1', '1001',15,2230,33450,'');
    INSERT INTO jxc_sheet_sale(zth,sheetid,sheetdate,oper_code,code,amount, price,mone,note)
VALUES ('1','0012','2021-02-05','1', '3001',35,3090.87,108180.45,'');
    INSERT INTO jxc_sheet_sale(zth,sheetid,sheetdate,oper_code,code,amount, price,mone,note)
VALUES ('1','0013','2021-02-06','1', '2002',10,11919,119190,'');
    INSERT INTO jxc_sheet_sale(zth,sheetid,sheetdate,oper_code,code,amount, price,mone,note)
VALUES ('1','0014','2021-02-06','1', '3002',56,3978.5,222796,'');
    INSERT INTO jxc_sheet_sale(zth,sheetid,sheetdate,oper_code,code,amount, price,mone,note)
VALUES ('1','0015','2021-02-08','1', '2001',20,19039,380780,'');
    INSERT INTO jxc_sheet_sale(zth,sheetid,sheetdate,oper_code,code,amount, price,mone,note)
VALUES ('1','0016','2021-02-08','1', '3001',10,3205,32050,'');
    INSERT INTO jxc_sheet_sale(zth,sheetid,sheetdate,oper_code,code,amount, price,mone,note)
VALUES ('1','0017','2021-02-10','1', '1001',25,2331.7,58292.5,'');
```

```sql
    INSERT INTO jxc_sheet_sale(zth,sheetid,sheetdate,oper_code,code,amount,price,mone,note)
VALUES ('1','0018','2021-02-12','1', '1002',60,4366,261960,'');
    INSERT INTO jxc_sheet_sale(zth,sheetid,sheetdate,oper_code,code,amount,price,mone,note)
VALUES ('1','0019','2021-02-15','1', '3002',45,4111.84,185032.8,'');
    INSERT INTO jxc_sheet_sale(zth,sheetid,sheetdate,oper_code,code,amount,price,mone,note)
VALUES ('1','0020','2021-02-16','1', '1002',110,4343.4,477774,'');
    INSERT INTO jxc_sheet_sale(zth,sheetid,sheetdate,oper_code,code,amount,price,mone,note)
VALUES ('1','0021','2021-02-16','1', '2002',20,11907.7,238154,'');
    INSERT INTO jxc_sheet_sale(zth,sheetid,sheetdate,oper_code,code,amount,price,mone,note)
VALUES ('1','0022','2021-02-17','1', '2001',55,21604,1188220,'');
    INSERT INTO jxc_sheet_sale(zth,sheetid,sheetdate,oper_code,code,amount,price,mone,note)
VALUES ('1','0023','2021-02-18','1', '3001',20,3202.74,64054.8,'');
    INSERT INTO jxc_sheet_sale(zth,sheetid,sheetdate,oper_code,code,amount,price,mone,note)
VALUES ('1','0024','2021-02-20','1', '1001',18,2331.7,41970.6,'');
    INSERT INTO jxc_sheet_sale(zth,sheetid,sheetdate,oper_code,code,amount,price,mone,note)
VALUES ('1','0025','2021-02-20','1', '3002',30,4091.5,122745,'');
    INSERT INTO jxc_sheet_sale(zth,sheetid,sheetdate,oper_code,code,amount,price,mone,note)
VALUES ('1','0026','2021-02-23','1', '3002',25,4111.84,102796,'');
    INSERT INTO jxc_sheet_sale(zth,sheetid,sheetdate,oper_code,code,amount,price,mone,note)
VALUES ('1','0027','2021-02-25','1', '3001',10,3227.6,32276,'');
    INSERT INTO jxc_sheet_sale(zth,sheetid,sheetdate,oper_code,code,amount,price,mone,note)
VALUES ('1','0028','2021-02-26','1', '1002',50,4399.9,219995,'');
    INSERT INTO jxc_sheet_sale(zth,sheetid,sheetdate,oper_code,code,amount,price,mone,note)
VALUES ('1','0029','2021-02-28','1', '2001',30,20169,605070,'');
    INSERT INTO jxc_sheet_sale(zth,sheetid,sheetdate,oper_code,code,amount,price,mone,note)
VALUES ('1','0030','2021-02-28','1', '3002',10,4111.84,41118.4,'');
    INSERT INTO jxc_sheet_sale(zth,sheetid,sheetdate,oper_code,code,amount,price,mone,note)
VALUES ('1','0031','2021-03-05','1', '2001',10,21259.4,212594,'');
    INSERT INTO jxc_sheet_sale(zth,sheetid,sheetdate,oper_code,code,amount,price,mone,note)
VALUES ('1','0032','2021-03-06','1', '1002',10,4422.5,44225,'');
    INSERT INTO jxc_sheet_sale(zth,sheetid,sheetdate,oper_code,code,amount,price,mone,note)
VALUES ('1','0033','2021-03-08','1', '1001',15,2331.7,34975.5,'');
    INSERT INTO jxc_sheet_sale(zth,sheetid,sheetdate,oper_code,code,amount,price,mone,note)
VALUES ('1','0034','2021-03-10','1', '1001',18,2331.7,41970.6,'');
    INSERT INTO jxc_sheet_sale(zth,sheetid,sheetdate,oper_code,code,amount,price,mone,note)
VALUES ('1','0035','2021-03-10','1', '1002',5,4479,22395,'');
    INSERT INTO jxc_sheet_sale(zth,sheetid,sheetdate,oper_code,code,amount,price,mone,note)
VALUES ('1','0036','2021-03-13','1', '2001',5,22282,111410,'');
    INSERT INTO jxc_sheet_sale(zth,sheetid,sheetdate,oper_code,code,amount,price,mone,note)
VALUES ('1','0037','2021-03-13','1', '1002',20,4399.9,87998,'');
    INSERT INTO jxc_sheet_sale(zth,sheetid,sheetdate,oper_code,code,amount,price,mone,note)
VALUES ('1','0038','2021-03-14','1', '3002',10,4111.84,41118.4,'');
    INSERT INTO jxc_sheet_sale(zth,sheetid,sheetdate,oper_code,code,amount,price,mone,note)
VALUES ('1','0039','2021-03-20','1', '2001',8,22259.4,178075.2,'');

    //5.商品库存表
    INSERT INTO jxc_goods_amount (zth,code,amount ) VALUES ('1','1001',4);
```

```sql
    INSERT INTO jxc_goods_amount (zth,code,amount ) VALUES ('1','1002',15);
    INSERT INTO jxc_goods_amount (zth,code,amount ) VALUES ('1','2001',42);
    INSERT INTO jxc_goods_amount (zth,code,amount ) VALUES ('1','2002',60);
    INSERT INTO jxc_goods_amount (zth,code,amount ) VALUES ('1','3001',25);
    INSERT INTO jxc_goods_amount (zth,code,amount ) VALUES ('1','3002',50);

//6.数量月报表
    INSERT INTO jxc_report_amount(zth,date_min,date_max,code,amount_ini, amount_buy,amount_sale,amount_end) VALUES ('1','2021-01-01','2021-01-31', '1001',0,50,35,15);
    INSERT INTO jxc_report_amount(zth,date_min,date_max,code,amount_ini, amount_buy,amount_sale,amount_end) VALUES ('1','2021-01-01','2021-01-31', '1002',0,100,96,4);
    INSERT INTO jxc_report_amount(zth,date_min,date_max,code,amount_ini, amount_buy,amount_sale,amount_end) VALUES ('1','2021-01-01','2021-01-31', '2001',0,140,110,30);
    INSERT INTO jxc_report_amount(zth,date_min,date_max,code,amount_ini, amount_buy,amount_sale,amount_end) VALUES ('1','2021-01-01','2021-01-31', '2002',0,120,80,40);
    INSERT INTO jxc_report_amount(zth,date_min,date_max,code,amount_ini, amount_buy,amount_sale,amount_end) VALUES ('1','2021-01-01','2021-01-31', '3001',0,50,0,50);
    INSERT INTO jxc_report_amount(zth,date_min,date_max,code,amount_ini, amount_buy,amount_sale,amount_end) VALUES ('1','2021-01-01','2021-01-31', '3002',0,0,0,0);
    INSERT INTO jxc_report_amount(zth,date_min,date_max,code,amount_ini, amount_buy,amount_sale,amount_end) VALUES ('1','2021-02-01','2021-02-28', '1001',15,50,58,7);
    INSERT INTO jxc_report_amount(zth,date_min,date_max,code,amount_ini, amount_buy,amount_sale,amount_end) VALUES ('1','2021-02-01','2021-02-28', '1002',4,246,220,30);
    INSERT INTO jxc_report_amount(zth,date_min,date_max,code,amount_ini, amount_buy,amount_sale,amount_end) VALUES ('1','2021-02-01','2021-02-28', '2001',30,110,105,35);
    INSERT INTO jxc_report_amount(zth,date_min,date_max,code,amount_ini, amount_buy,amount_sale,amount_end) VALUES ('1','2021-02-01','2021-02-28', '2002',40,80,60,60);
    INSERT INTO jxc_report_amount(zth,date_min,date_max,code,amount_ini, amount_buy,amount_sale,amount_end) VALUES ('1','2021-02-01','2021-02-28', '3001',50,50,75,25);
    INSERT INTO jxc_report_amount(zth,date_min,date_max,code,amount_ini, amount_buy,amount_sale,amount_end) VALUES ('1','2021-02-01','2021-02-28','3002',0,226,166,60);
    INSERT INTO jxc_report_amount(zth,date_min,date_max,code,amount_ini, amount_buy,amount_sale,amount_end) VALUES ('1','2021-03-01','2021-03-31', '1001',7,30,33,4);
    INSERT INTO jxc_report_amount(zth,date_min,date_max,code,amount_ini, amount_buy,amount_sale,amount_end) VALUES ('1','2021-03-01','2021-03-31', '1002',30,20,35,15);
    INSERT INTO jxc_report_amount(zth,date_min,date_max,code,amount_ini, amount_buy,amount_sale,amount_end) VALUES ('1','2021-03-01','2021-03-31', '2001',35,30,23,42);
    INSERT INTO jxc_report_amount(zth,date_min,date_max,code,amount_ini, amount_buy,amount_sale,amount_end) VALUES ('1','2021-03-01','2021-03-31', '2002',60,0,0,60);
    INSERT INTO jxc_report_amount(zth,date_min,date_max,code,amount_ini, amount_buy,amount_sale,amount_end) VALUES ('1','2021-03-01','2021-03-31', '3001',25,0,0,25);
    INSERT INTO jxc_report_amount(zth,date_min,date_max,code,amount_ini, amount_buy,amount_sale,amount_end) VALUES ('1','2021-03-01','2021-03-31', '3002',60,0,10,50);

//7.商品单价表
    INSERT INTO jxc_goods_price(zth,date_min,date_max,code,price) VALUES ('1','2021-01-01','2021-01-31','1001',1373.45);
```

```
    INSERT INTO jxc_goods_price(zth,date_min,date_max,code,price) VALUES ('1','2021-01-01',
'2021-01-31','1002',3327.72);
    INSERT INTO jxc_goods_price(zth,date_min,date_max,code,price) VALUES ('1','2021-01-01',
'2021-01-31','2001',8750.24);
    INSERT INTO jxc_goods_price(zth,date_min,date_max,code,price) VALUES ('1','2021-01-01',
'2021-01-31','2002',5343.16);
    INSERT INTO jxc_goods_price(zth,date_min,date_max,code,price) VALUES ('1','2021-01-01',
'2021-01-31','3001',2336.28);
    INSERT INTO jxc_goods_price(zth,date_min,date_max,code,price) VALUES ('1','2021-01-01',
'2021-01-31','3002',0);
    INSERT INTO jxc_goods_price(zth,date_min,date_max,code,price) VALUES ('1','2021-02-01',
'2021-02-28','1001',1373.45);
    INSERT INTO jxc_goods_price(zth,date_min,date_max,code,price) VALUES ('1','2021-02-01',
'2021-02-28','1002',3428.18);
    INSERT INTO jxc_goods_price(zth,date_min,date_max,code,price) VALUES ('1','2021-02-01',
'2021-02-28','2001',9040.6);
    INSERT INTO jxc_goods_price(zth,date_min,date_max,code,price) VALUES ('1','2021-02-01',
'2021-02-28','2002',5803.45);
    INSERT INTO jxc_goods_price(zth,date_min,date_max,code,price) VALUES ('1','2021-02-01',
'2021-02-28','3001',2388.28);
    INSERT INTO jxc_goods_price(zth,date_min,date_max,code,price) VALUES ('1','2021-02-01',
'2021-02-28','3002',2823.86);
    INSERT INTO jxc_goods_price(zth,date_min,date_max,code,price) VALUES ('1','2021-03-01',
'2021-03-31','1001',1454.53);
    INSERT INTO jxc_goods_price(zth,date_min,date_max,code,price) VALUES ('1','2021-03-01',
'2021-03-31','1002',3514.39);
    INSERT INTO jxc_goods_price(zth,date_min,date_max,code,price) VALUES ('1','2021-03-01',
'2021-03-31','2001',9939.63);
    INSERT INTO jxc_goods_price(zth,date_min,date_max,code,price) VALUES ('1','2021-03-01',
'2021-03-31','2002',5803.45);
    INSERT INTO jxc_goods_price(zth,date_min,date_max,code,price) VALUES ('1','2021-03-01',
'2021-03-31','3001',2388.28);
    INSERT INTO jxc_goods_price(zth,date_min,date_max,code,price) VALUES ('1','2021-03-01',
'2021-03-31','3002',2823.86);

    //8.金额月报表
    INSERT INTO jxc_report_mone(zth,date_min,date_max,code,mone_ini,mone_ buy,mone_sale,
mone_end) VALUES ('1','2021-01-01','2021-01-31','1001',0,77600, 81965.45,20601.75);
    INSERT INTO jxc_report_mone(zth,date_min,date_max,code,mone_ini,mone_ buy,mone_sale,
mone_end) VALUES ('1','2021-01-01','2021-01-31','1002',0,376032, 429355.72,13310.88);
    INSERT INTO jxc_report_mone(zth,date_min,date_max,code,mone_ini,mone_ buy,mone_sale,
mone_end) VALUES ('1','2021-01-01','2021-01-31','2001',0,1384288, 2268140,262507.2);
    INSERT INTO jxc_report_mone(zth,date_min,date_max,code,mone_ini,mone_ buy,mone_sale,
mone_end) VALUES ('1','2021-01-01','2021-01-31','2002',0,724532, 885494,213726.4);
    INSERT INTO jxc_report_mone(zth,date_min,date_max,code,mone_ini,mone_ buy,mone_sale,
mone_end) VALUES ('1','2021-01-01','2021-01-31','3001',0,132000, 0,116814);
```

```
    INSERT INTO jxc_report_mone(zth,date_min,date_max,code,mone_ini,mone_ buy,mone_sale,
mone_end) VALUES ('1','2021-01-01','2021-01-31','3002',0,0,0,0);
    INSERT INTO jxc_report_mone(zth,date_min,date_max,code,mone_ini,mone_ buy,mone_sale,
mone_end) VALUES ('1','2021-02-01','2021-02-28','1001',20601.75, 77600,133713.1,9614.15);
    INSERT INTO jxc_report_mone(zth,date_min,date_max,code,mone_ini,mone_ buy,mone_sale,
mone_end) VALUES ('1','2021-02-01','2021-02-28','1002',13310.88, 953419.8,959729,102845.4);
    INSERT INTO jxc_report_mone(zth,date_min,date_max,code,mone_ini,mone_ buy,mone_sale,
mone_end) VALUES ('1','2021-02-01','2021-02-28','2001',262507.2, 1133590,2174070,316421);
    INSERT INTO jxc_report_mone(zth,date_min,date_max,code,mone_ini,mone_ buy,mone_sale,
mone_end) VALUES ('1','2021-02-01','2021-02-28','2002',213726.4, 545437,647080.1,348207);
    INSERT INTO jxc_report_mone(zth,date_min,date_max,code,mone_ini,mone_ buy,mone_sale,
mone_end) VALUES ('1','2021-02-01','2021-02-28','3001',116814, 137876,236561.25,59707);
    INSERT INTO jxc_report_mone(zth,date_min,date_max,code,mone_ini,mone_ buy,mone_sale,
mone_end) VALUES ('1','2021-02-01','2021-02-28','3002',0,721158.6, 674488.2,169431.6);
    INSERT INTO jxc_report_mone(zth,date_min, date_max,code,mone_ini,mone_ buy,mone_sale,
mone_end) VALUES ('1','2021-03-01','2021-03-31','1001',9614.15, 49950,76946.1,5818.12);
    INSERT INTO jxc_report_mone(zth,date_min,date_max,code,mone_ini,mone_ buy,mone_sale,
mone_end) VALUES ('1','2021-03-01','2021-03-31','1002',102845.4, 82348,154618,52715.85);
    INSERT INTO jxc_report_mone(zth,date_min,date_max,code,mone_ini,mone_ buy,mone_sale,
mone_end) VALUES ('1','2021-03-01','2021-03-31','2001',316421, 372510,502079.2,417464.46);
    INSERT INTO jxc_report_mone(zth,date_min,date_max,code,mone_ini,mone_ buy,mone_sale,
mone_end) VALUES ('1','2021-03-01','2021-03-31','2002',348207, 0,0,348207);
    INSERT INTO jxc_report_mone(zth,date_min,date_max,code,mone_ini,mone_ buy,mone_sale,
mone_end) VALUES ('1','2021-03-01','2021-03-31','3001',59707, 0,0,59707);
    INSERT INTO jxc_report_mone(zth,date_min,date_max,code,mone_ini,mone_ buy,mone_sale,
mone_end) VALUES ('1','2021-03-01','2021-03-31','3002',169431.6, 0,41118.4,141193);
```

【案例 06-6】 初始化账务处理系统案例数据库中的数据。

SQL 语句与文档参见课件中的案例资料。

6.4.4 游标

游标（Cursor）用于临时存储一个查询返回的多行数据结果集，通过遍历游标逐行访问处理该结果集的数据。游标提供了一种对从表中检索出的数据进行操作的灵活手段，是系统为用户开设的一个数据缓冲区，存放 SQL 语句的执行结果。当 SELECT 语句的查询结果是包含多个元组的集合时，游标提供了在结果集合中一次以一行或者多行前进或后向浏览数据的能力。

游标与一条 SELECT 查询语句相关联，它是一种数据处理的方法，能对结果集中的数据进行逐条处理。可以将游标视为数据指针，能指向结果集中的任何一行数据。每个游标区都有游标名，用户可以用 SQL 语句逐一从游标中获取数据，并赋给相应的变量，同进行相应的处理。游标的使用包含五个步骤：声明→打开→读取→关闭→删除。

(1) 声明游标。

```
DECLARE <游标名> CURSOR FOR SELECT 语句
```

(2)打开游标。

```
OPEN <游标名>
```

(3)读取游标数据。

```
FETCH [NEXT| PRIOR| FIRST| LAST| ABSOLUTE N| RELATIVE N] FROM <游标名> INTO
@name1, @name2, …
    WHILE (@@FETCH_STATUS = 0)
        BEGIN
            要执行的语句
             FETCH NEXT FROM <游标名> INTO @name1, @name2, …
        END
```

开启游标后,默认位于结果集的第一行前,因此需要 FETCH NEXT,取第一个元组。利用@@FETCH_STATUS 判断是否有数据,若有,执行 WHILE 循环中 BEGIN 开始的语句,添加 FETCH NEXT 语句使游标不断移动到下一条数据。其中:

NEXT 返回结果集中当前行的下一行记录,如果第一次读取则返回第一行。默认读取选项为 NEXT。

PRIOR 返回结果集中当前行的前一行记录,如果第一次读取则没有行返回,并且把游标置于第一行之前。

FIRST 返回结果集中的第一行,并且将其作为当前行。

LAST 返回结果集中的最后一行,并且将其作为当前行。

ABSOLUTE N,如果 N 为正数,则返回从游标头开始的第 N 行,并且返回行变成新的当前行;如果 N 为负,则返回从游标末尾开始的第 N 行,并且返回行为新的当前行;如果 N 为 0,则返回当前行。

RELATIVE N,如果 N 为正数,则返回从当前行开始的第 N 行;如果 N 为负,则返回从当前行之前的第 N 行;如果为 0,则返回当前行。

(4)关闭游标。

```
CLOSE <游标名>
```

关闭后不能再对游标进行读取等操作。

(5)删除游标。

```
DEALLOCATE <游标名>
```

删除游标,不再使用。

例如,通过游标显示商品编码、商品名称。

在 SQL Server 中的代码如下。

```
DECLARE
    @R_CODE CHAR(13)      //商品编码
    @R_NAME CHAR(60)      //商品名称
DECLARE C_CUR FOR SELECT CODE,NAME FROM JXC_GOODS
OPEN C_CUR
FETCH NEXT FROM C_CUR INTO @R_CODE, @R_NAME
```

```
    WHILE @@FETCH_STATUS=0
       BEGIN
PRINT('商品编码：'+ @R_CODE+'|商品名称：'+ @R_NAME)
       FETCH NEXT FROM C_CUR INTO @R_CODE, @R_NAME
       END
CLOSE C_CUR
DEALLOCATE C_CUR
```

在 PowerBuilder 应用程序中使用嵌入 SQL 的代码如下。

```
STRING R_CODE,R_NAME
BOOLEAN R_FLAG=TRUE
DECLARE C_CUR FOR SELECT CODE,NAME FROM JXC_GOODS;
OPEN C_CUR;
DO WHILE R_FLAG=TRUE
       FETCH C_CUR INTO :R_CODE,:R_NAME;
       IF SQLCA.SQLCODE=100 THEN
           R_FLAG=FALSE
       END IF
       IF SQLCA.SQLCODE =-1 THEN
           MESSAGEBOX('提示','读取数据失败！')
           RETURN
       END IF
       IF SQLCA.SQLCODE=0 THEN
           MESSAGEBOX('提示','商品编码：'+R_CODE+'|商品名称：'+R_NAME+')
       END IF
LOOP
CLOSE C_CUR ;
DEALLOCATE C_CUR;
```

6.4.5 视图

视图是从当前数据库中一个或多个基本表（或视图）中导出的表，是虚表。创建视图的主要目的是为了数据管理，根据用户不同的权限，向其展示可以使用的数据。视图便于用户操作，可以增加数据库使用的安全性。

1. 创建视图

视图除可以通过图形化界面（视图设计器）创建之外，还可以直接使用 CREATE VIEW 语句创建，其格式为：

```
CREATE VIEW  <视图名>
[WITH 视图参数]
AS <SELECT 语句>;
```

其中"WITH 视图参数"子句是可选项，定义了视图的属性。

2. 修改视图

利用 ALTER VIEW 语句修改视图，其格式为：

```
ALTER VIEW  <视图名>
[WITH 视图参数]
AS <SELECT 语句>;
```

3. 删除视图

有相关权限的用户可以删除视图，而表和视图所基于的数据并不受影响。可以使用 DROP VIEW 语句删除视图，基本语法如下：

DROP VIEW <视图名>;

【案例 06-7】 创建进销存系统案例数据库中表的视图。

```sql
//创建采购单视图，包含人员姓名、商品名称、商品种类、供应商、计量单位等
DROP VIEW view_jxc_sheet_buy;
CREATE VIEW view_jxc_sheet_buy AS
    SELECT   jxc_sheet_buy.zth,sheetid,sheetdate,jxc_sheet_buy.oper_code,jxc_operator.oper_name,jxc_sheet_buy.code,jxc_goods.name,jxc_goods.sort,jxc_goods.manufacturer, jxc_goods.unit,amount,jxc_sheet_buy.price,mone,note
    FROM jxc_sheet_buy,jxc_goods ,jxc_operator
    WHERE jxc_sheet_buy.zth=jxc_goods.zth AND jxc_sheet_buy.code=jxc_goods.code AND jxc_sheet_buy.zth=jxc_operator.zth AND jxc_sheet_buy.oper_code=jxc_operator.oper_code;

//创建销售单视图，包含人员姓名、商品名称、商品种类、供应商、计量单位等
DROP VIEW view_jxc_sheet_sale;
CREATE VIEW view_jxc_sheet_sale AS
    SELECT jxc_sheet_sale.zth,sheetid,sheetdate,jxc_sheet_sale.oper_code,jxc_operator.oper_name,
           jxc_sheet_sale.code,jxc_goods.name,jxc_goods.sort,jxc_goods.manufacturer,jxc_goods.unit,
           amount,jxc_sheet_sale.price,mone,note
    FROM jxc_sheet_sale,jxc_goods ,jxc_operator
    WHERE  jxc_sheet_sale.zth=jxc_goods.zth  AND  jxc_sheet_sale.code=jxc_goods.code AND  jxc_sheet_sale.zth=jxc_operator.zth AND jxc_sheet_sale.oper_code=jxc_operator.oper_code;

//创建库存视图，包含商品名称、商品种类、供应商等
DROP VIEW view_jxc_goods_amount;
CREATE VIEW view_jxc_goods_amount AS
    SELECT jxc_goods_amount.zth,jxc_goods_amount.code,jxc_goods.name,jxc_goods.sort,jxc_goods.manufacturer,amount
    FROM jxc_goods_amount,jxc_goods
    WHERE jxc_goods_amount.zth=jxc_goods.zth AND jxc_goods_amount.code=jxc_goods.code;

//创建进销存数量月报表视图，包含商品名称、商品种类、供应商等
DROP VIEW view_jxc_report_amount;
CREATE VIEW view_jxc_report_amount AS
    SELECT jxc_report_amount.zth,date_min,date_max,jxc_report_amount.code,jxc_goods.name,jxc_goods.sort, jxc_goods.manufacturer,
           amount_ini,amount_buy,amount_sale,amount_end
    FROM jxc_report_amount,jxc_goods
    WHERE jxc_report_amount.zth=jxc_goods.zth AND jxc_report_amount.code=jxc_goods.code;

//SELECT * FROM view_jxc_sheet_buy;
//SELECT * FROM view_jxc_sheet_sale;
//SELECT * FROM view_jxc_goods_amount;
//SELECT * FROM view_jxc_report_amount;
```

进销存系统案例数据库中表的视图如图 6-4 所示。

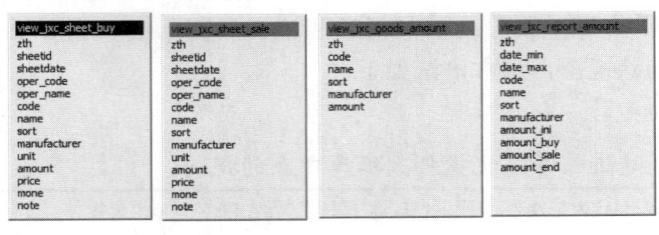

图 6-4 进销存系统案例数据库中表的视图

【案例 06-8】 创建账务处理系统案例数据库中表的视图。

```
//创建凭证视图,包含凭证主表、凭证明细表的所有列
DROP VIEW view_zw_pz;
CREATE VIEW view_zw_pz AS
    SELECT zw_pz_zb.zth,zw_pz_zb.nkjqj,zw_pz_zb.ykjqj,zw_pz_zb.pzh,zw_pz_zb.rq,zw_pz_zb.fdjs,zw_pz_zb.zdr,zw_pz_zb.zdrq,zw_pz_zb.shr,zw_pz_zb.shbj,zw_pz_zb.shrq,zw_pz_zb.jzr,zw_pz_zb.jzrq,zw_pz_zb.jzbj,zw_pz_zb.bz,zw_pz_mxb.km_code,zw_pz_mxb.zy,zw_pz_mxb.jfje,zw_pz_mxb.dfje
    FROM zw_pz_zb,zw_pz_mxb
    WHERE zw_pz_zb.zth=zw_pz_mxb.zth AND zw_pz_zb.nkjqj=zw_pz_mxb.nkjqj AND zw_pz_zb.ykjqj=zw_pz_mxb.ykjqj AND zw_pz_zb.pzh=zw_pz_mxb.pzh;

//创建凭证视图,包含凭证主表、凭证明细表的所有列,以及账套名称列
DROP VIEW view_zw_pz_zth;
CREATE VIEW view_zw_pz_zth AS
    SELECT zw_d_ztxxb.zth,zw_d_ztxxb.ztmc,zw_pz_zb.nkjqj,zw_pz_zb.ykjqj,zw_pz_zb.pzh,zw_pz_zb.rq,zw_pz_zb.fdjs,zw_pz_zb.zdr,zw_pz_zb.zdrq,zw_pz_zb.shr,zw_pz_zb.shbj,zw_pz_zb.shrq,zw_pz_zb.jzr,zw_pz_zb.jzrq,zw_pz_zb.jzbj,zw_pz_zb.bz,zw_pz_mxb.km_code,zw_pz_mxb.zy,zw_pz_mxb.jfje,zw_pz_mxb.dfje
    FROM zw_pz_zb,zw_pz_mxb,zw_d_ztxxb
    WHERE zw_pz_zb.zth=zw_d_ztxxb.zth AND zw_pz_zb.zth=zw_pz_mxb.zth AND zw_pz_zb.nkjqj=zw_pz_mxb.nkjqj AND zw_pz_zb.ykjqj=zw_pz_mxb.ykjqj AND zw_pz_zb.pzh=zw_pz_mxb.pzh;

//创建账套信息表视图,包含行业名称、币别名称
DROP VIEW view_zw_d_ztxxb;
CREATE VIEW view_zw_d_ztxxb AS
    SELECT zth, ztmc,zw_d_ztxxb.hy_code, hy_name, zw_d_ztxxb.bb_code, bb_name, qjs, qsrq, jsrq, qyrq, nkjqj, zt
    FROM zw_d_ztxxb,zw_c_hy,zw_c_bb
    WHERE zw_d_ztxxb.hy_code=zw_d_ztxxb.hy_code AND zw_d_ztxxb.bb_code= zw_c_bb.bb_code;

//创建会计科目编码表视图,包含账套名称、科目类别名称、科目性质名称
DROP VIEW view_zw_d_kjkmbmb;
CREATE VIEW view_zw_d_kjkmbmb AS
    SELECT    zw_d_kjkmbmb.zth,zw_d_ztxxb.ztmc,km_code,km_name,zw_d_kjkmbmb. kmlb_code, kmlb_name,zw_d_kjkmbmb.kmxz_code,kmxz_name,yefx
    FROM zw_d_kjkmbmb,zw_d_ztxxb,zw_c_kmlb,zw_c_kmxz
    WHERE  zw_d_kjkmbmb.zth=zw_d_ztxxb.zth  AND  zw_d_kjkmbmb.kmlb_code= zw_c_kmlb.kmlb_code AND zw_d_kjkmbmb.kmxz_code=zw_c_kmxz.kmxz_code;
```

//创建科目余额表视图，包含账套名称、会计科目名称、科目类别名称、科目性质名称、余额方向
DROP VIEW view_zw_zb_kmyeb;
CREATE VIEW view_zw_zb_kmyeb AS
    SELECT zw_zb_kmyeb.zth,view_zw_d_kjkmbmb.ztmc,nkjqj,ykjqj,zw_zb_kmyeb.km_code,
view_zw_d_kjkmbmb.km_name,view_zw_d_kjkmbmb.kmlb_name,view_zw_d_kjkmbmb.kmxz_name,view_zw_d_kjkmbmb.yefx
            qcjfye,qcdfye,qcye,jffse,dffse,jflj,dflj,qmjfye,qmdfye,qmye
    FROM zw_zb_kmyeb,view_zw_d_kjkmbmb
        WHERE zw_zb_kmyeb.zth=view_zw_d_kjkmbmb.zth AND zw_zb_kmyeb.km_code= view_zw_d_kjkmbmb.km_code;

//创建明细账表视图，包含明细账表的所有列
DROP VIEW view_zw_pz_zb;
CREATE VIEW view_zw_pz_zb AS
    SELECT zw_pz_zb.zth,zw_pz_zb.nkjqj,zw_pz_zb.ykjqj,km_code,
            row_number() over(partition by zw_pz_zb.zth,zw_pz_zb.nkjqj, zw_pz_zb.ykjqj,km_code order by zw_pz_zb.zth,zw_pz_zb.nkjqj,zw_pz_zb.ykjqj,zw_pz_zb.pzh,km_code ASc) xh,
            zw_pz_zb.rq,zw_pz_zb.pzh,zw_pz_mxb.zy,zw_pz_mxb.jfje,zw_pz_mxb.dfje
    FROM zw_pz_zb,zw_pz_mxb
        WHERE zw_pz_zb.zth=zw_pz_mxb.zth AND zw_pz_zb.nkjqj=zw_pz_mxb.nkjqj AND zw_pz_zb.ykjqj=zw_pz_mxb.ykjqj AND zw_pz_zb.pzh=zw_pz_mxb.pzh
    order by zw_pz_zb.zth,zw_pz_zb.nkjqj,zw_pz_zb.ykjqj,km_code;

//创建明细账表视图，包含明细账表的所有列以及账套名称列和会计科目名称
DROP VIEW view_zw_zb_mxzb;
CREATE VIEW view_zw_zb_mxzb AS
    SELECT zw_zb_mxzb.zth,view_zw_d_kjkmbmb.ztmc,nkjqj,ykjqj,zw_zb_mxzb.km_code,
view_zw_d_kjkmbmb.km_name,xh,rq,pzh,zy,jfje,dfje
    FROM zw_zb_mxzb,view_zw_d_kjkmbmb
        WHERE zw_zb_mxzb.zth=view_zw_d_kjkmbmb.zth AND zw_zb_mxzb.km_code=view_zw_d_kjkmbmb.km_code;

//创建银行存款日记账视图
DROP VIEW view_zw_yhckrjz;
CREATE VIEW view_zw_yhckrjz AS
    SELECT a.zth,a.nkjqj,a.ykjqj,
            a.rq,a.pzh,b.zy,b.jfje,b.dfje,
        (isnull((SELECT sum(jfje)-sum(dfje) FROM zw_pz_zb,zw_pz_mxb
        WHERE zw_pz_zb.zth=zw_pz_mxb.zth AND zw_pz_zb.zth=a.zth AND zw_pz_zb. nkjqj=zw_pz_mxb.nkjqj AND zw_pz_zb.ykjqj=zw_pz_mxb.ykjqj AND zw_pz_zb.pzh= zw_pz_mxb.pzh
        AND zw_pz_zb.rq<a.rq AND km_code='1002' AND zw_pz_zb.shbj = '是' AND zw_pz_zb.jzbj = '是'),0)+
        (SELECT sum(jfje)-sum(dfje) FROM zw_pz_zb,zw_pz_mxb
        WHERE zw_pz_zb.zth=zw_pz_mxb.zth AND zw_pz_zb.zth=a.zth AND zw_pz_zb. nkjqj=zw_pz_mxb.nkjqj AND zw_pz_zb.ykjqj=zw_pz_mxb.ykjqj AND zw_pz_zb.pzh= zw_pz_mxb.pzh
        AND zw_pz_zb.rq=a.rq AND CONVERT(int,zw_pz_mxb.pzh)<=CONVERT(int, b.pzh)AND km_code='1002' AND zw_pz_zb.shbj = '是' AND zw_pz_zb.jzbj = '是')) ye
    FROM zw_pz_zb a,zw_pz_mxb b
        WHERE a.zth=b.zth AND a.nkjqj=b.nkjqj AND a.ykjqj=b.ykjqj AND a.pzh=b.pzh AND b.km_code='1002' AND a.shbj = '是' AND a.jzbj = '是'

```
         group by a.zth,a.nkjqj,a.ykjqj,b.km_code,a.rq,a.pzh,b.zy,b.jfje, b.dfje,b.pzh,b.
ykjqj order by a.zth,a.nkjqj,a.ykjqj,a.rq,a.pzh,b.zy,b.jfje,b.dfje;

    //SELECT * FROM view_zw_pz;
    //SELECT * FROM view_zw_pz_zth;
    //SELECT * FROM view_zw_d_ztxxb;
    //SELECT * FROM view_zw_d_kjkmbmb;
    //SELECT * FROM view_zw_zb_kmyeb;
    //SELECT * FROM view_zw_pz_zb;
    //SELECT * FROM view_zw_zb_mxzb;
    //SELECT * FROM view_zw_yhckrjz;
```

账务处理系统案例数据库中表的视图如图 6-5 所示。

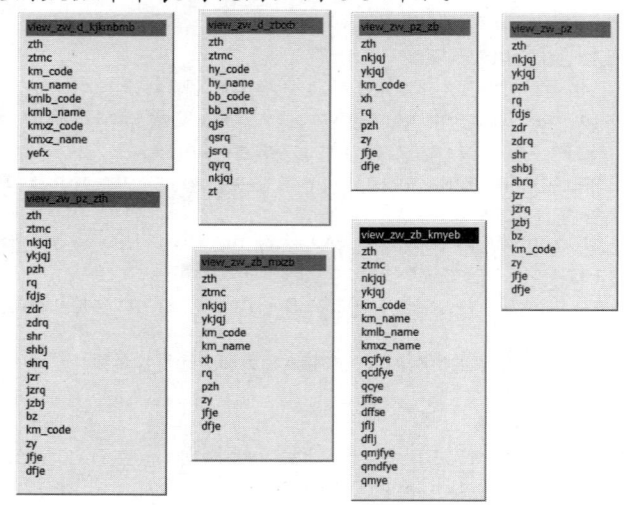

图 6-5 账务处理系统案例数据库中表的视图

账务处理系统案例数据库中的凭证视图数据如图 6-6 所示。

图 6-6 账务处理系统案例数据库中的凭证视图数据

6.5 SQL 常用函数

SQL 函数通常分为聚合函数(Aggregate function)与标量函数(Scalar function)。

聚合函数对一组值执行计算并返回单个值。除了 COUNT，聚合函数都会忽略空值。聚合函数经常与 SELECT 语句的 GROUP BY 子句一起使用。所有聚合函数都具有确定性。任何时候用一组给定的输入值调用它们时，都返回相同的值。

标量函数只能对单个的数字或值进行计算，并返回基于输入值的一个单一的值。主要包括字符函数、日期/时间函数、数值函数和转换函数这四类。

如果函数中需要使用用户变量，在 T-SQL 中，用户变量以@符号开头。变量要先定义后使用。DECLARE 用于定义变量类型，SET 或者 SELECT 语句用于给变量赋值。SELECT 语句可以在一个操作内同时给多个变量赋值。

```
DECLARE @<变量> 变量类型
SET @<变量> = <表达式>
SELECT @<变量> = <表达式>
```

6.5.1 聚合函数

聚合函数表如表 6-5 所示。

表 6-5 聚合函数表

函数	格式	功能
AVG	AVG ([ALL|DISTINCT] EXPRESSION)	返回表达式 EXPRESSION 的平均值
COUNT	COUNT ([[ALL|DISTINCT] EXPRESSION]| *)	返回组中项目的数量，这里的表达式 EXPRESSION 可以是除 TEXT、NTEXT、IMAGE 以外任意类型，不允许使用聚合函数和子查询
MAX	MAX ([ALL|DISTINCT] EXPRESSION)	返回表达式 EXPRESSION 的最大值
MIN	MIN ([ALL|DISTINCT] EXPRESSION)	返回表达式 EXPRESSION 的最小值
SUM	SUM ([ALL|DISTINCT] EXPRESSION)	返回表达式 EXPRESSION 的所有值之和，或只返回 DISTINCT 的值。SUM 只能用于列
STDEV	STDEV ([ALL|DISTINCT] EXPRESSION)	返回表达式 EXPRESSION 的所有值的统计标准差。EXPRESSION 必须是一个数值表达式，不允许使用聚合函数和子查询
STDEVP	STDEVP ([ALL|DISTINCT] EXPRESSION)	返回表达式 EXPRESSION 的所有值的填充的统计标准差
VAR	VAR ([ALL|DISTINCT] EXPRESSION)	返回表达式 EXPRESSION 的所有值的统计方差
VARP	VARP ([ALL|DISTINCT] EXPRESSION)	返回表达式 EXPRESSION 的所有值的填充的统计方差
GROUPING	GROUPING (EXPRESSION)	产生一个附加的列。当用 CUBE 或 ROLLUP 运算符添加行时，输出值为 1；当所添加的行不是由 CUBE 或 ROLLUP 产生时，输出值为 0

注：

(1) ALL 为默认值，表示对所用的数据都计算平均值。DISTINCT 表示对每个值的唯一值计算平均值，不管相同的值出现多次，多个行相同的值仅仅出现一次作为计算。该解释对后续所有 ALL 和 DISTINCT 都有效。

(2) COUNT(*)：返回所有的项数，包括 NULL 值和重复项。而除了 COUNT(*)，其他任何形式的 COUNT () 函数都会忽略 NULL 行。同时，除了 COUNT(*) 函数，其他任何聚合函数都会忽略 NULL 值。举例来说，AVG() 参数里的值如果为 NULL，则这一行会被忽略。COUNT(ALL EXPRESSION)：返回非空的项数。COUNT(DISTINCT EXPRESSION)：返回唯一非空的项数。

6.5.2 日期和时间函数

日期和时间函数表如表 6-6 所示。

表 6-6 日期和时间函数表

函 数	格 式	功 能
GETDATE	GETDATE()	以 DATETIME 值的 SQL Server 标准内部格式返回当前系统日期和时间
DATENAME	DATENAME(DATEPART, DATE)	返回指定日期 DATE 的指定日期部分 DATEPART 的字符串。DATEPART 说明：<table><tr><td>日期部分</td><td>缩 写</td></tr><tr><td>年</td><td>YY, YYYY</td></tr><tr><td>季度</td><td>QQ, Q</td></tr><tr><td>月</td><td>MM, M</td></tr><tr><td>年中的日</td><td>DY, Y</td></tr><tr><td>日</td><td>DD, D</td></tr><tr><td>周</td><td>WK, WW</td></tr><tr><td>星期</td><td>DW</td></tr><tr><td>小时</td><td>HH</td></tr><tr><td>分钟</td><td>MI, N</td></tr><tr><td>秒</td><td>SS, S</td></tr><tr><td>毫秒</td><td>MS</td></tr></table>
DATEPART	DATEPART(DATEPART, DATE)	返回指定日期 DATE 的指定日期部分 DATEPART 的整数
DATEADD	DATEADD(DATEPART, NUMBER, DATE)	返回给指定日期 DATE 加上 NUMBER 个时间段 DATEPART 后的新的 DATETIME 的值
DATEDIFF	DATEDIFF(DATEPART, STARTDATE, ENDDATE)	返回跨两个指定日期 STARTDATE 和 ENDDATE 的日期边界和时间边界数。DATEPART 可取 YEAR、MONTH、DAY
GETUTCDATE	GETUTCDATE()	返回表示当前 UTC 时间(通用协调时间或格林尼治标准时间)的 DATETIME 值。当前的 UTC 时间得自当前的本地时间和运行 Microsoft SQL Server 实例的计算机操作系统中的时区设置
DAY	DAY(DATE)	返回指定日期 DATE 中天数的整数
MONTH	MONTH(DATE)	返回指定日期 DATE 中月份部分的整数
YEAR	YEAR(DATE)	返回指定日期 DATE 中年份部分的整数

CONVERT()函数可以把日期转换为新数据类型的通用函数，可以用 CONVERT() 函数转化不同的日期/时间数据显示格式。

语法：

CONVERT(DATA_TYPE(LENGTH),DATA_TO_BE_CONVERTED,STYLE)
DATA_TYPE(LENGTH)：规定目标数据类型(带有可选的长度)；
DATA_TO_BE_CONVERTED：含有需要转换的值；

STYLE：规定日期/时间的输出格式。可以使用的 STYLE 值如表 6-7 所示。

表 6-7 日期/时间的输出格式

STYLE ID	STYLE 格式
100 或者 0	MON DD YYYY HH:MIAM(或者 PM)
101	MM/DD/YY

续表

STYLE ID	STYLE 格式
102	YY.MM.DD
103	DD/MM/YY
104	DD.MM.YY
105	DD-MM-YY
106	DD MON YY
107	MON DD, YY
108	HH:MM:SS
109 或者 9	MON DD YYYY HH:MI:SS:MMMAM（或者 PM）
110	MM-DD-YY
111	YY/MM/DD
112	YYMMDD
113 或者 13	DD MON YYYY HH:MM:SS:MMM（24H）
114	HH:MI:SS:MMM（24H）
120 或者 20	YYYY-MM-DD HH:MI:SS（24H）
121 或者 21	YYYY-MM-DD HH:MI:SS.MMM（24H）
126	YYYY-MM-DDTHH:MM:SS.MMM（没有空格）
130	DD MON YYYY HH:MI:SS:MMMAM
131	DD/MM/YY HH:MI:SS:MMMAM

下面使用 CONVERT（）函数来显示不同的格式。用 GETDATE（）函数来获得当前的日期时间：

```
CONVERT(VARCHAR(19),GETDATE())
CONVERT(VARCHAR(10),GETDATE(),110)
CONVERT(VARCHAR(11),GETDATE(),106)
CONVERT(VARCHAR(24),GETDATE(),113)
CONVERT(VARCHAR(10),GETDATE(),120) ;
```

结果如下：

```
Feb 13 2021 07:36PM
02-13-2021
13 Feb 2021
13 Feb 2021 19:36:19:881
2021-02-13
```

6.5.3 数学函数

数学函数表如表 6-8 所示。

表 6-8 数学函数表

函　数	格　式	功　能
ABS	ABS(EXPRESSION)	返回与表达式 EXPRESSION 类型一致的数据
CEILING	CEILING(EXPRESSION)	返回大于等于所给表达式 EXPRESSION 的最小整数值
FLOOR	FLOOR(EXPRESSION)	返回小于等于所给数字表达式 EXPRESSION 的最大整数值
EXP	EXP(EXPRESSION)	返回所给表达式 EXPRESSION 的指数值

续表

函　数	格　式	功　能
LOG	LOG(EXPRESSION)	返回给定表达式 EXPRESSION 的自然对数值
LOG10	LOG10(EXPRESSION)	返回给定表达式 EXPRESSION 的以 10 为底的对数值
PI	PI()	返回圆周率的常量值
POWER	POWER(EXPRESSION, INDEX)	返回指定表达式 EXPRESSION 的指定次方 INDEX 的值
RAND	RAND([SEED])	返回 0—1 之间的随机值
ROUND	ROUND(EXPRESSION, LENGTH)	返回表达式 EXPRESSION，并四舍五入到指定的长度或者精度
SQUARE	SQUARE(EXPRESSION)	返回给定表达式 EXPRESSION 的平方
SQRT	SQRT(EXPRESSION)	返回给定表达式 EXPRESSION 的平方根

6.5.4　字符串函数

字符串函数表如表 6-9 所示。

表 6-9　字符串函数表

函　数	格　式	功　能
ASCII	ASCII(EXPRESSION)	返回字符表达式 EXPRESSION 最左端字符的 ASCII 码值
CHAR	CHAR(EXPRESSION)	将 ASCII 码(EXPRESSION)转换为字符。如果没有输入 0—255 之间的 ASCII 码值，返回 NULL
CHARINDEX	CHARINDEX(CODE, EXPRESSION)	返回表达式 EXPRESSION 中指定字符 CODE 的开始位置
LEFT	LEFT(EXPRESSION, NUMBER)	返回字符表达式 EXPRESSION 最左侧指定数目 NUMBER 的字符串
LEN	LEN(EXPRESSION)	返回字符表达式 EXPRESSION 字符的个数，且不包含尾随空格
LOWER	LOWER(EXPRESSION)	将大写字符表达式 EXPRESSION 转换为小写字符，并返回
LTRIM	LTRIM(EXPRESSION)	返回删除左空格后的字符串表达式 EXPRESSION
PATINDEX	PATINDEX(PATTERN, EXPRESSION)	返回指定表达式 EXPRESSION 中模式 PATTERN 第一次出现的起始位置。若没有找到该模式，则返回 0
REPLACE	REPLACE(EXPRESSION1, EXPRESSION2, EXPRESSION3)	用字符表达式 EXPRESSION3 替换 EXPRESSION1 中出现的所有 EXPRESSION2，并返回
REPLICATE	REPLICATE(EXPRESSION, NUMBER)	以指定的次数 NUMBER 重复字符表达式 EXPRESSION，并返回
REVERSE	REVERSE(EXPRESSION)	返回字符表达式 EXPRESSION 的反转
RIGHT	RIGHT(EXPRESSION, NUMBER)	返回字符表达式 EXPRESSION 最右侧指定数目 NUMBER 的字符串
RTRIM	LTRIM(EXPRESSION)	返回删除尾空格后的字符串表达式 EXPRESSION
SPACE	SPACE(INDEX)	返回由重复 INDEX 次数的空格组成的字符串
STR	STR(EXPRESSION, [LENGTH [, <DECIMAL>]])	返回由数字数据 EXPRESSION 转化的字符数据，且字符数据的长度为 LENGTH，小数位数指定为 DECIMAL。其中 LENGTH 缺省值为 10，DECIMAL 缺省值为 10
SUBSTRING	SUBSTRING(EXPRESSION, INDEX, LENGTH)	截取字符表达式 EXPRESSION 中第 INDEX 位开始，长度为 LENGTH 的字符串，并返回
UPPER	UPPER(EXPRESSION)	将小写字符表达式 EXPRESSION 转换为大写字符，并返回

6.5.5 其他函数

其他函数表如表 6-10 所示。

表 6-10 其他函数表

函 数	格 式	功 能
CAST	CAST（EXPRESSION AS DATA_TYPE [（LENGTH）]）	数据类型的转换，将表达式 EXPRESSION 转换为数据类型 DATA_TYPE，后面可带参数 LENGTH，如转换为 50 个长度的 NVARCHAR 类型可写成 NVARCHAR(50)；转换为十进制类型 DECIMAL，并且要求最大长度为 10，必须两位有效小数，可写成 DECIMAL(10,2)
CONVERT	CONVERT（DATA_TYPE [（LENGTH）]，EXPRESSION[，STYLE]）	数据类型的转换。表达式 EXPRESSION 转换为数据类型 DATA_TYPE
ROW_NUMBER	ROW_NUMBER() OVER(PARTITION BY COL1 ORDER BY COL2)	表示根据 COL1 分组，在分组内部根据 COL2 排序，而此函数计算的值就表示每组内部排序后的顺序编号(组内连续的、唯一的编号)。执行顺序要晚于 WHERE、GROUP BY、ORDER BY。如：ROW_NUMBER() OVER (ORDER BY COL2 DESC)，表示 ROW_NUMBER() 从 1 开始，为每一条分组记录返回一个数字，这里是先按 COL2 列降序，再为降序以后的每条 COL2 记录返回一个序号

6.5.6 数据统计分析案例

【案例 06-9】通过 SQL 语句实现对进销存系统案例数据库中的单据、账表数据的统计分析。

	1. 商品信息表
J1001	统计高于平均单价的商品信息，包括商品编码、商品名称和价格 SQL 语句： SELECT code 商品编码,name 商品名称, price 价格 FROM jxc_goods WHERE price>(SELECT avg(price) FROM jxc_goods); 运行效果： 商品编码　商品名称　　　　价格 2001　　　Macbook Pro 16　18999.00 2002　　　联想Yoga C940　　9699.00
J1002	统计种类为"手机"的价格最高的商品信息，包括商品编码、商品名称、种类和价格 SQL 语句： SELECT code 商品编码, name 商品名称, sort 种类, price 价格 from jxc_goods WHERE price=(SELECT max(price) FROM jxc_goods WHERE sort='手机') AND sort='手机'; 运行效果： 商品编码　商品名称　种类　价格 1002　　　Mate30　　手机　4299.00
J1003	统计价格在 3000～10000 之间的商品个数 SQL 语句： SELECT count(*) 商品个数 FROM jxc_goods WHERE price>3000 AND price<10000; 运行效果： 商品个数 　4
J1004	统计价格相同的商品信息，包括商品编码、商品名称和价格 SQL 语句： SELECT distinct a.code 商品编码,a.name 商品名称,a.price 价格 FROM jxc_goods a,jxc_goods b WHERE

	a.code<>b.code AND a.price=b.price; 运行效果： Jxc Goods　　Jxc Goods　　Jxc Goods 商品编码　　商品名称　　　价格
J1005	统计价格从高到低排名前三的商品信息，包括商品编码、商品名称和价格 SQL 语句： SELECT top 3 code 商品编码,name 商品名称,price 价格 FROM jxc_goods ORDER BY price DESC; 运行效果： 商品编码　　商品名称　　　价格 2001　　　　Macbook Pro16　18999.00 2002　　　　联想Yoga C940　9699.00 1002　　　　Mate30　　　　4299.00
J1006	统计商品条数最多的供应商及其商品信息，包括商品编码、商品名称、供应商名称和供应商条数 SQL 语句： SELECT code 商品编码, name 商品名称, manufacturer 供应商名称,count(*) 供应商条数 FROM jxc_goods GROUP BY code,name,manufacturer HAVING 供应商条数 =(SELECT MAX(条数) FROM(SELECT COUNT(*) 条数 FROM jxc_goods GROUP BY manufacturer) as t); 运行效果： 商品编码　　商品名称　　　供应商名称　供应商条数 2001　　　　Macbook Pro16　苹果　　　　1 2002　　　　联想Yoga C940　联想　　　　1 3002　　　　索尼A6000　　　索尼　　　　1 1001　　　　荣耀20　　　　　荣耀　　　　1 3001　　　　佳能750D　　　　佳能　　　　1 1002　　　　Mate30　　　　　华为　　　　1
2．采购单	
J2001	统计 2021 年 01 月 08 日到 2021 年 02 月 08 日的采购总金额，包括起始日期、结束日期和总金额 SQL 语句： SELECT '2021-01-08' 起始日期 ,'2021-02-08' 结束日期 ,sum(mone) 总金额 FROM jxc_sheet_buy WHERE sheetdate>='2021-01-08' AND sheetdate<='2021-02-08'; 运行效果： 起始日期　　结束日期　　　总金额 2021-01-08　2021-02-08　　2956036.00
J2002	统计 2021 年 01 月 01 日到 2021 年 03 月 31 日高于平均采购金额的单据信息，包括单据号和采购金额 SQL 语句： SELECT sheetid 单据号,mone 采购金额 FROM jxc_sheet_buy WHERE mone>(SELECT avg(mone) FROM jxc_sheet_buy WHERE sheetdate>='2021-01-01' AND sheetdate<='2021-03-31') AND sheetdate>='2021-01-01' AND sheetdate<='2021-03-31'; 运行效果： 单据号　　采购金额 0004　　　517450.00 0006　　　568740.00 0007　　　587900.00 0009　　　298098.00 0010　　　268064.00 0011　　　308600.00 0013　　　536950.00 0014　　　334150.00 0016　　　385750.00 0020　　　259069.80 0021　　　596640.00 0027　　　372510.00
J2003	统计 2021 年 02 月 06 日到 2021 年 03 月 26 日的最高采购金额，包括起始日期、结束日期、单据号和最高采购金额

	SQL 语句： SELECT '2021-02-06' 起始日期 ,'2021-03-26' 结束日期 ,sheetid 单据号,mone 最高采购金额 FROM jxc_sheet_buy WHERE mone=(SELECT max(mone) FROM jxc_sheet_buy WHERE sheetdate>='2021-02-06' AND sheetdate<='2021-03-26') AND sheetdate>='2021-02-06' AND sheetdate<='2021-03-26'; 运行效果： | 起始日期 | 结束日期 | 单据号 | 最高采购金额 | | 2021-02-06 | 2021-03-26 | 0021 | 596640.00 |
J2004	统计 2021 年 02 月 01 日到 2021 年 02 月 28 日每个采购日的采购总金额，包括日期和采购总金额 SQL 语句： SELECT sheetdate 日期,sum(mone) 采购总金额 FROM jxc_sheet_buy WHERE sheetdate>='2021-02-01' AND sheetdate<='2021-02-28' GROUP BY sheetdate ORDER BY sheetdate; 运行效果： | 日期 | 采购总金额 | | 2021-02-03 | 268064.00 | | 2021-02-05 | 308600.00 | | 2021-02-06 | 46560.00 | | 2021-02-10 | 954368.00 | | 2021-02-12 | 484630.00 | | 2021-02-16 | 31040.00 | | 2021-02-18 | 155845.00 | | 2021-02-25 | 1066996.80 | | 2021-02-26 | 198369.60 | | 2021-02-28 | 54608.00 |
J2005	统计 2021 年 01 月 01 日到 2021 年 03 月 31 日每种商品最低采购单价的单据信息，包括单据号、商品编码和单价 SQL 语句： SELECT a.sheetid 单据号,a.code 商品编码,a.price 单价 FROM jxc_sheet_buy a WHERE a.price = (SELECT min(price) FROM jxc_sheet_buy b WHERE a.code = b.code AND sheetdate>='2021-01-01' AND sheetdate<='2021-03-31') AND sheetdate>='2021-01-01' AND sheetdate<='2021-03-31' GROUP BY a.code,a.sheetid,a.price ORDER BY code; 运行效果： | 单据号 | 商品编码 | 单价 | | 0001 | 1001 | 1552.00 | | 0012 | 1001 | 1552.00 | | 0018 | 1001 | 1552.00 | | 0005 | 1002 | 3733.20 | | 0006 | 2001 | 9479.00 | | 0007 | 2002 | 5879.00 | | 0003 | 3001 | 2640.00 | | 0023 | 3002 | 3005.60 |
J2006	统计 2021 年 01 月 01 日到 2021 年 01 月 31 日每种商品的采购次数，包括商品编码和采购次数 SQL 语句： SELECT code 商品编码,count(code) 采购次数 FROM jxc_sheet_buy WHERE sheetdate>='2021-01-01' AND sheetdate<='2021-01-31' GROUP BY code; 运行效果： | 商品编码 | 采购次数 | | 1002 | 2 | | 2002 | 2 | | 1001 | 1 | | 2001 | 3 | | 3001 | 1 |
J2007	统计 2021 年 01 月 01 日到 2021 年 01 月 31 日每种商品的采购数量，包括商品编码和采购数量 SQL 语句： SELECT code 商品编码,sum(amount) 采购数量 FROM jxc_sheet_buy WHERE sheetdate>='2021-01-01' AND sheetdate<='2021-01-31' GROUP BY code ORDER BY 采购数量 DESC; 运行效果：

		商品编码 采购数量 2001 140 2002 120 1002 100 1001 50 3001 50
J2008	统计 2021 年 03 月 01 日到 2021 年 03 月 31 日单笔采购数量最多的商品，包括商品编码、采购数量、单价和金额 SQL 语句： SELECT code 商品编码,amount 采购数量,price 单价,mone 金额 FROM jxc_sheet_buy WHERE sheetdate>='2021-03-01' AND sheetdate<='2021-03-31' AND amount=(SELECT max(amount) FROM jxc_sheet_buy WHERE sheetdate>='2021-03-01' AND sheetdate<='2021-03-31'); 运行效果： 商品编码 采购数量 单价 金额 1001 30 1665.00 49950.00 2001 30 12417.00 372510.00	
J2009	统计 2021 年 01 月 01 日到 2021 年 03 月 31 日采购次数最多的商品，包括商品编码和采购次数 SQL 语句： SELECT code 商品编码,count(*) 采购次数 FROM jxc_sheet_buy WHERE sheetdate>='2021-01-01' AND sheetdate<='2021-03-31' GROUP BY code HAVING count(*) >= ALL(SELECT count(code) FROM jxc_sheet_buy WHERE sheetdate>='2021-01-01' AND sheetdate<='2021-03-31' GROUP BY code); 运行效果： 商品编码 采购次数 1002 6 2001 6	
J2010	统计 2021 年 01 月 01 日到 2021 年 03 月 31 日采购数量在 80 以上的采购单据，并按采购数量升序排序，包括单据号、商品编码和采购数量 SQL 语句： SELECT sheetid 单据号,code 商品编码,amount 采购数量 FROM jxc_sheet_buy WHERE amount >80 AND sheetdate>='2021-01-01' AND sheetdate<='2021-03-31' ORDER BY amount; 运行效果： 单据号 商品编码 采购数量 0007 2002 100 0016 1002 100	
J2011	统计 2021 年 01 月 01 日到 2021 年 02 月 28 日各产品的平均采购金额，包括商品编码和平均采购金额 SQL 语句： SELECT code 商品编码,avg(mone) 平均采购金额 FROM jxc_sheet_buy WHERE sheetdate>='2021-01-01' and sheetdate<='2021-02-28' GROUP BY code ORDER BY code; 运行效果： 商品编码 平均采购金额 1001 51733.333333333333 1002 265890.360000000000 2001 503575.600000000000 2002 317492.250000000000 3001 89958.666666666667 3002 180289.650000000000	
J2012	统计 2021 年 02 月 01 日到 2021 年 02 月 28 日商品编码为 1001 的商品的第一次采购日期与最后一次采购日期的间隔天数，包括商品编码、第一次采购日期、最后一次采购日期和日期间隔 SQL 语句： SELECT code 商品编码,min(sheetdate) 第一次采购日期,max(sheetdate) 最后一次采购日期,DATE(max(sheetdate)) - DATE(min(sheetdate)) 日期间隔 FROM jxc_sheet_buy WHERE code='1001' AND month(sheetdate)=2 GROUP BY code; 运行效果： 商品编码 第一次采购日期 最后一次采购日期 日期间隔 1001 2021-02-06 2021-02-16 10	

J2013	统计 2021 年 01 月 01 日到 2021 年 03 月 31 日每种商品的平均采购单价，包括商品编码、总数量、总金额和平均单价 SQL 语句： SELECT code 商品编码,sum(amount) 总数量,sum(mone) 总金额,isnull((sum(mone)/nullif(sum(amount), 0)),0) as 平均单价 FROM jxc_sheet_buy WHERE sheetdate>='2021-01-01' AND sheetdate<='2021-03-31' GROUP BY code ORDER BY code; 运行效果： | 商品编码 | 总数量 | 总金额 | 平均单价 | |---|---|---|---| | 1001 | 130 | 205150.00 | 1578.076923076923 | | 1002 | 366 | 1411799.80 | 3857.376502732240 | | 2001 | 280 | 2890388.00 | 10322.814285714286 | | 2002 | 200 | 1269969.00 | 6349.845000000000 | | 3001 | 100 | 269876.00 | 2698.760000000000 | | 3002 | 226 | 721158.60 | 3190.967256637168 |
J2014	统计 2021 年 01 月 01 日到 2021 年 03 月 31 日每种商品的采购情况，包括商品编码、商品名称和采购数量 SQL 语句： SELECT DISTINCT a.code 商品编码, b.name 商品名称,sum(a.amount) 采购数量 FROM jxc_sheet_buy a,jxc_goods b WHERE a.code=b.code AND sheetdate>='2021-01-01' AND sheetdate<='2021-03-31' GROUP BY a.code, b.name ORDER BY sum(a.amount) DESC; 运行效果： | Jxc Sheet Buy 商品编码 | Jxc Goods 商品名称 | 采购数量 | |---|---|---| | 1002 | Mate30 | 366 | | 2001 | Macbook Pro 16 | 280 | | 3002 | 索尼A6000 | 226 | | 2002 | 联想Yoga C940 | 200 | | 1001 | 荣耀20 | 130 | | 3001 | 佳能750D | 100 |

3．销售单

J3001	统计 2021 年 01 月 01 日到 2021 年 03 月 31 日销售量大于 50 的天数 SQL 语句： SELECT count(sheetid) 达标天数 FROM jxc_sheet_sale WHERE sheetdate<='2021-03-31' AND sheetdate>='2021-01-01' AND amount>=50; 运行效果： | 达标天数 | |---| | 8 |
J3002	统计 2021 年 01 月 01 日到 2021 年 03 月 31 日每种商品的销售次数，包括商品编码和销售次数 SQL 语句： SELECT code 商品编码,count(code) 销售次数 FROM jxc_sheet_sale WHERE sheetdate>='2021-01-01' AND sheetdate<='2021-03-31' GROUP BY code; 运行效果： | 商品编码 | 销售次数 | |---|---| | 1002 | 9 | | 2002 | 5 | | 3002 | 6 | | 1001 | 6 | | 2001 | 9 | | 3001 | 4 |
J3003	统计 2021 年 01 月 01 日到 2021 年 03 月 31 日高于平均销售金额的单据信息，包括单据号和销售金额 SQL 语句： SELECT sheetid 单据号,mone 销售金额 FROM jxc_sheet_sale WHERE mone>=(SELECT avg(mone) FROM jxc_sheet_sale WHERE sheetdate>='2021-01-01' AND sheetdate<='2021-03-31') AND sheetdate>='2021-01-01' AND sheetdate<='2021-03-31' ; 运行效果：

		单据号　销售金额 0003　958455.00 0004　647340.00 0005　1109295.00 0006　238154.00 0008　250760.72 0010　289736.10 0015　380780.00 0018　261960.00 0020　477774.00 0021　238154.00 0022　1188220.00 0029　605070.00
J3004	统计 2021 年 01 月 01 日到 2021 年 01 月 31 日销售数量最高的日期和数量 SQL 语句： SELECT sheetdate 日期,amount 数量 FROM jxc_sheet_sale WHERE amount=(SELECT max(amount) FROM jxc_sheet_sale WHERE sheetdate BETWEEN '2021-01-01' AND '2021-01-31') AND sheetdate BETWEEN '2021-01-01' AND '2021-01-31' ; 运行效果：	
	日期　　数量 2021-01-15　60	
J3005	统计 2021 年 01 月 01 日到 2021 年 01 月 31 日销售数量最高的商品，包括商品编码和销售数量 SQL 语句： SELECT TOP 1 code 商品编码,sum(amount) 销售数量 FROM jxc_sheet_sale WHERE sheetdate BETWEEN '2021-01-01' AND '2021-01-31' GROUP BY code ORDER BY sum(amount) DESC; 运行效果： 商品编码　销售数量 2001　　　110	
J3006	统计 2021 年 01 月 01 日到 2021 年 03 月 31 日每种商品销量最高的日期，包括商品编码、单据号、日期和销售数量 SQL 语句： SELECT a.code 商品编码,a.sheetid 单据号, a.sheetdate 日期,a.amount 销售数量 FROM jxc_sheet_sale a WHERE a.amount = (SELECT max(amount) FROM jxc_sheet_sale b WHERE a.code = b.code AND sheetdate>='2021-01-01' AND sheetdate<='2021-03-31') AND sheetdate>='2021-01-01' AND sheetdate<='2021-03-31' GROUP BY a.code,a.sheetid, a.sheetdate ,a.amount order by 商品编码; 运行效果： 商品编码　单据号　日期　　　销售数量 1001　　0007　2021-01-18　35 1002　　0020　2021-02-16　110 2001　　0022　2021-02-17　55 2001　　0005　2021-01-17　55 2002　　0004　2021-01-15　60 3001　　0012　2021-02-05　35 3002　　0014　2021-02-06　56	
J3007	统计 2021 年 01 月 01 日到 2021 年 03 月 31 日每种商品的最高销售单价，包括商品编码和最高销售单价 SQL 语句： SELECT code 商品编码,max(price) 最高销售单价 FROM jxc_sheet_sale WHERE sheetdate>='2021-01-01' AND sheetdate<='2021-03-31' GROUP BY code ORDER BY code; 运行效果： 商品编码　最高销售单价 1001　　2341.87 1002　　4479.00 2001　　22282.00 2002　　11919.00 3001　　3227.60 3002　　4111.84	
J3008	统计 2021 年 01 月 01 日到 2021 年 01 月 31 日单次销售金额最高的单据信息，包括单据号、商品编码、销售数量、单价和金额	

编号	内容
	SQL 语句： SELECT sheetid 单据号,code 商品编码,amount 销售数量,price 单价,mone 金额 FROM jxc_sheet_sale WHERE sheetdate>='2021-01-01' AND sheetdate<='2021-01-31' AND mone=(SELECT max(mone) FROM jxc_sheet_sale WHERE sheetdate>='2021-01-01' AND sheetdate<='2021-01-31'); 运行效果： <table><tr><th>单据号</th><th>商品编码</th><th>销售数量</th><th>单价</th><th>金额</th></tr><tr><td>0005</td><td>2001</td><td>55</td><td>20169.00</td><td>1109295.00</td></tr></table>
J3009	统计 2021 年 01 月 01 日到 2021 年 03 月 31 日销售数量最高的单据信息，包括单据号、日期、商品编码、销售数量、单价、金额和备注 SQL 语句： SELECT sheetid 单据号,sheetdate 日期,code 商品编码,amount 销售数量,price 单价,mone 金额,note 备注 FROM jxc_sheet_sale WHERE amount=(SELECT max(amount) FROM jxc_sheet_sale WHERE sheetdate>='2021-01-01' AND sheetdate<='2021-03-31') AND sheetdate>='2021-01-01' AND sheetdate<='2021-03-31' ; 运行效果： <table><tr><th>单据号</th><th>日期</th><th>商品编码</th><th>销售数量</th><th>单价</th><th>金额</th><th>备注</th></tr><tr><td>0020</td><td>2021-02-16</td><td>1002</td><td>110</td><td>4343.40</td><td>477774.00</td><td></td></tr></table>
J3010	统计 2021 年 01 月 01 日到 2021 年 03 月 31 日每种商品的平均销售数量（按平均销售数量降序排列），包括商品编码和平均销售数量 SQL 语句： SELECT code 商品编码,avg(amount) 平均销售数量 FROM jxc_sheet_sale WHERE sheetdate>='2021-01-01' AND sheetdate<='2021-03-31' GROUP BY code ORDER BY 平均销售数量 DESC; 运行效果： <table><tr><th>商品编码</th><th>平均销售数量</th></tr><tr><td>1002</td><td>39.000000</td></tr><tr><td>3002</td><td>29.333333</td></tr><tr><td>2002</td><td>28.000000</td></tr><tr><td>2001</td><td>26.444444</td></tr><tr><td>1001</td><td>21.000000</td></tr><tr><td>3001</td><td>18.750000</td></tr></table>
J3011	统计 2021 年 01 月 01 日到 2021 年 03 月 31 日每种商品的销售次数（按销售次数降序排列），包括商品编码和销售次数 SQL 语句： SELECT code 商品编码,count(code) 销售次数 FROM jxc_sheet_sale WHERE sheetdate>='2021-01-01' AND sheetdate<='2021-03-31' GROUP BY code ORDER BY 销售次数 DESC; 运行效果： <table><tr><th>商品编码</th><th>销售次数</th></tr><tr><td>1002</td><td>9</td></tr><tr><td>2001</td><td>9</td></tr><tr><td>3002</td><td>6</td></tr><tr><td>1001</td><td>6</td></tr><tr><td>2002</td><td>5</td></tr><tr><td>3001</td><td>4</td></tr></table>
J3012	统计 2021 年 01 月 01 日到 2021 年 03 月 31 日每种商品单笔最高销售额和单笔最低销售额之间的差额，包括商品编码、最高销售额、最低销售额和差额 SQL 语句： SELECT code 商品编码,max(mone) 最高销售额,min(mone) 最低销售额, max(mone)-min(mone) 差额 FROM jxc_sheet_sale WHERE sheetdate>='2021-01-01' AND sheetdate<='2021-03-31' GROUP BY code; 运行效果： <table><tr><th>商品编码</th><th>最高销售额</th><th>最低销售额</th><th>差额</th></tr><tr><td>1002</td><td>477774.00</td><td>22395.00</td><td>455379.00</td></tr><tr><td>2002</td><td>647340.00</td><td>119190.00</td><td>528150.00</td></tr><tr><td>3002</td><td>222796.00</td><td>41118.40</td><td>181677.60</td></tr><tr><td>1001</td><td>81965.45</td><td>33450.00</td><td>48515.45</td></tr><tr><td>2001</td><td>1188220.00</td><td>111410.00</td><td>1076810.00</td></tr><tr><td>3001</td><td>108180.45</td><td>32050.00</td><td>76130.45</td></tr></table>

编号	内容
J3013	统计 2021 年 03 月 01 日到 2021 年 03 月 31 日每种商品的最低销量和最高销量，包括商品编码、最高销量和最低销量 SQL 语句： SELECT code 商品编码, max(amount) 最高销量,min(amount) 最低销量 FROM jxc_sheet_sale a WHERE sheetdate>='2021-03-01' and sheetdate<='2021-03-31' GROUP BY code; 运行效果： | 商品编码 | 最高销量 | 最低销量 | | 1002 | 20 | 5 | | 3002 | 10 | 10 | | 1001 | 18 | 15 | | 2001 | 10 | 5 |
J3014	统计 2021 年 01 月 01 日到 2021 年 03 月 31 日每种商品的平均销售单价，包括商品编码和平均销售单价 SQL 语句： SELECT code 商品编码 ,avg(jxc_sheet_sale.price) 平均销售单价 FROM jxc_sheet_sale where sheetdate>='2021-01-01' AND sheetdate<='2021-03-31' GROUP BY code ORDER BY code; 运行效果： | 商品编码 | 平均销售单价 | | 1001 | 2316.445000000000 | | 1002 | 4421.118888888889 | | 2001 | 20902.200000000000 | | 2002 | 11236.254000000000 | | 3001 | 3181.552500000000 | | 3002 | 4086.226666666667 |
J3015	统计 2021 年 03 月 01 日到 2021 年 03 月 31 日每个销售日的销售次数，包括日期和销售次数 SQL 语句： SELECT sheetdate 日期,count(sheetid) 销售次数 FROM jxc_sheet_sale WHERE jxc_sheet_sale.sheetdate>='2021-03-01' AND jxc_sheet_sale.sheetdate<='2021-03-31' GROUP BY sheetdate ORDER BY 销售次数 DESC; 运行效果： | 日期 | 销售次数 | | 2021-03-10 | 2 | | 2021-03-13 | 2 | | 2021-03-06 | 1 | | 2021-03-14 | 1 | | 2021-03-08 | 1 | | 2021-03-20 | 1 | | 2021-03-05 | 1 |
J3016	统计 2021 年 01 月 01 日到 2021 年 03 月 31 日销售的所有商品的名称和对应的销售总额，按销售总额升序排序，包括商品名称和销售总额 SQL 语句： SELECT name 商品名称,sum(mone) 销售总额 FROM jxc_sheet_sale JOIN jxc_goods ON jxc_sheet_sale.code=jxc_goods.code WHERE sheetdate>='2021-01-01' AND sheetdate<='2021-03-31' GROUP BY jxc_goods.name ORDER BY sum(mone); 运行效果： | Jxc Goods 商品名称 | 销售总额 | | 佳能750D | 236561.25 | | 荣耀20 | 292624.65 | | 索尼A6000 | 715606.20 | | 联想Yoga C940 | 1532574.10 | | Mate30 | 1543702.72 | | Macbook Pro16 | 4944289.20 |
J3017	统计 2021 年 01 月 01 日到 2021 年 03 月 31 日每种商品每月的销售情况，包括商品编码、商品名称和销量 SQL 语句： SELECT a.code 商品编码,name 商品名称,sum(case when month(date_min)='1' then amount_sale end) as '一月销量',

	sum(case when month(date_min)='2' then amount_sale end) as '二月销量', sum(case when month(date_min)='3' then amount_sale end) as '三月销量' FROM jxc_goods a,jxc_report_amount b WHERE a.code=b.code GROUP BY a.code,name ORDER BY a.code; 运行效果: | Jxc Goods 商品编码	Jxc Goods 商品名称	一月销量	二月销量	三月销量
---	---	---	---	---
1001	荣耀20	35	58	33
1002	Mate30	96	220	35
2001	Macbook Pro 16	110	105	23
2002	联想Yoga C940	80	60	0
3001	佳能750D	0	75	0
3002	索尼A6000	0	166	10	
J3018	统计2021年01月01日到2021年03月31日大于平均销售数量的商品信息,包括商品编码、商品名称和销售数量 SQL 语句: SELECT jxc_goods.code 商品编码, jxc_goods.name 商品名称, sum(jxc_sheet_sale.amount) 销售数量 FROM jxc_sheet_sale, jxc_goods WHERE jxc_sheet_sale.code= jxc_goods.code AND sheetdate>='2021-01-01' AND sheetdate<='2021-03-31' GROUP BY jxc_goods.code, jxc_goods.name HAVING sum(jxc_sheet_sale.amount) > (SELECT isnull((sum(jxc_sheet_sale.amount)/nullif(count(jxc_goods.code),0)),0) FROM jxc_sheet_sale WHERE sheetdate>='2021-01-01' AND sheetdate<='2021-03-31'); 运行效果: 	Jxc Goods 商品编码	Jxc Goods 商品名称	销售数量
---	---	---
1002	Mate30	351
2001	Macbook Pro 16	238	
J3019	统计销售额最大的月份及其销售情况,包括年、月和销售额 SQL 语句: SELECT year(sheetdate) 年,month(sheetdate) 月,sum(mone) 销售额 FROM jxc_sheet_sale GROUP BY 年,月 HAVING 销售额 = (SELECT MAX(销售额) FROM(SELECT sum(mone) 销售额 FROM jxc_sheet_sale GROUP BY year(sheetdate),month(sheetdate)) AS t); 运行效果: 	年	月	销售额
---	---	---
2021	2	4825641.65	
J3020	统计2021年01月01日到2021年03月31日销售数量排名前5的商品,包括商品编码和销售数量 SQL 语句: SELECT top 5 code 商品编码,sum(amount) 销售数量 FROM jxc_sheet_sale where sheetdate>='2021-01-01' AND sheetdate<='2021-03-31' GROUP BY code ORDER BY 销售数量 DESC; 运行效果: 	商品编码	销售数量
1002	351
2001	238
3002	176
2002	140
1001	126	
J3021	统计每月的销售总额,包括年、月和销售金额 SQL 语句: SELECT year(sheetdate) 年,month(sheetdate) 月,sum(mone) 销售金额 FROM jxc_sheet_sale GROUP BY year(sheetdate),month(sheetdate) ORDER BY year(sheetdate),month(sheetdate); 运行效果: 	年	月	销售金额
---	---	---
2021	1	3664955.17
2021	2	4825641.65
2021	3	774761.70	

编号	内容

J3022	查询最高的销售金额的月份，包括年、月和销售金额
	SQL 语句：
	//方案1：
	SELECT top 1 年,月,销售金额 FROM (SELECT year(sheetdate) 年,month(sheetdate) 月,sum(mone) 销售金额 FROM jxc_sheet_sale GROUP BY year(sheetdate),month(sheetdate)) AS t;
	//方案2：
	SELECT 年,月,销售金额 FROM (SELECT row_number() over (ORDER BY 销售金额 ASC) AS xh, year(sheetdate) 年,month(sheetdate) 月,sum(mone) 销售金额
	FROM jxc_sheet_sale GROUP BY year(sheetdate),month(sheetdate))
	AS table_mone WHERE xh=1;
	运行效果：
	
	| 年 | 月 | 销售金额 |
	| 2021 | 3 | 774761.70 |

J3023	查询最低的销售金额的月份，包括年、月和销售金额。
	SQL 语句：
	//方案1：
	SELECT top 1 年,月,销售金额 FROM (SELECT year(sheetdate) 年,month(sheetdate) 月,sum(mone) 销售金额 FROM jxc_sheet_sale GROUP BY year(sheetdate),month(sheetdate) ORDER BY 销售金额 desc) AS t;
	//方案2：
	SELECT 年,月,销售金额 FROM (SELECT row_number() over (ORDER BY 销售金额 desc) AS xh, year(sheetdate) 年,month(sheetdate) 月,sum(mone) 销售金额
	FROM jxc_sheet_sale GROUP BY year(sheetdate),month(sheetdate))
	AS table_mone WHERE xh=1;
	运行效果：
	
	| 年 | 月 | 销售金额 |
	| 2021 | 2 | 4825641.65 |

J3024	统计各种商品每月的销售总额，包括年、月、种类和销售总额 SQL 语句： SELECT year(sheetdate) 年,month(sheetdate) 月,sort 种类,sum(mone) 销售总额 FROM jxc_goods,jxc_sheet_sale WHERE jxc_goods.zth=jxc_sheet_sale.zth 　　AND jxc_goods.code=jxc_sheet_sale.code GROUP BY year(sheetdate),month(sheetdate),sort ORDER BY year(sheetdate),month(sheetdate),sort; 运行效果： | 年 | 月 | Jxc Goods 种类 | 销售总额 | | 2021 | 1 | 计算机 | 3153634.00 | | 2021 | 1 | 手机 | 511321.17 | | 2021 | 2 | 计算机 | 2821150.10 | | 2021 | 2 | 手机 | 1093442.10 | | 2021 | 2 | 相机 | 911049.45 | | 2021 | 3 | 计算机 | 502079.20 | | 2021 | 3 | 手机 | 231564.10 | | 2021 | 3 | 相机 | 41118.40 |
J3025	统计各种商品每月销售额所占月销售总额的比率，包括年、月、种类和种类销售占比。 SQL 语句： SELECT a.年 年,a.月 月,a.sort 种类,金额 1/金额 2 种类销售占比　FROM 　(SELECT year(sheetdate)年,month(sheetdate)月,sort,sum(mone) 金额 1 FROM jxc_goods,jxc_sheet_sale WHERE jxc_goods.zth=jxc_sheet_sale.zth 　　AND jxc_goods.code=jxc_sheet_sale.code GROUP BY year(sheetdate),month(sheetdate),sort ORDER BY year(sheetdate),month(sheetdate),sort) AS a, 　(SELECT year(sheetdate) 年,month(sheetdate) 月, sum(mone) 金额 2 FROM jxc_sheet_sale GROUP BY year(sheetdate),month(sheetdate)) AS b 　where　a.年=b.年　AND a.月=b.月　ORDER BY 年,月,种类; 运行效果：

年	月	种类	种类销售占比
2021	1	计算机	0.8604836495
2021	1	手机	0.1395163505
2021	2	计算机	0.5846165763
2021	2	手机	0.2265899914
2021	2	相机	0.1887934323
2021	3	计算机	0.6480433919
2021	3	手机	0.2988842892
2021	3	相机	0.0530723189

4. 库存表

J4001

统计库存最多的商品和库存数，包括商品编码和库存数

SQL 语句：

SELECT code 商品编码,amount 库存数 FROM jxc_goods_amount WHERE amount=(SELECT max(amount) FROM jxc_goods_amount);

运行效果：

商品编码	库存数
2002	60

5. 数量月报表

J5001

统计 2021 年 02 月 01 日到 2021 年 02 月 28 日销售数量最差的商品，包括商品编码和销售数量

SQL 语句：

SELECT DISTINCT code 商品编码,amount_sale 销售数量 FROM jxc_report_amount WHERE amount_sale=(SELECT min(amount_sale) FROM jxc_report_amount WHERE date_min= '2021-02-01' AND date_max='2021-02-28 ') AND date_min='2021-02-01' AND date_max='2021-02-28' ORDER BY code;

运行效果：

商品编码	销售数量
1001	58

J5002

统计 2021 年 01 月 01 日到 2021 年 01 月 31 日剩余库存最少的商品，包括商品编码和期末数量

SQL 语句：

SELECT code 商品编码,amount_end 期末数量 FROM jxc_report_amount WHERE amount_end=(SELECT min(amount_end) FROM jxc_report_amount WHERE date_min='2021-01-01' AND date_max='2021-01-31') AND date_min='2021-01-01';

运行效果：

商品编码	期末数量
3002	0

6. 综合分析

J6001

汇总 2021 年 01 月 01 日到 2021 年 03 月 31 日采购、销售的数量和金额，包括业务类型、商品编码、数量和金额

SQL 语句：

select '采购' 业务类型,code 商品编码,sum(amount) 数量,sum(mone) 金额

from jxc_sheet_buy where zth='1' and sheetdate>='2021-01-01' AND sheetdate<='2021-03-31' group by code

UNION

select '销售' 业务类型,code 商品编码,sum(amount) 数量 ,sum(mone) 金额

from jxc_sheet_sale where zth='1' and sheetdate>='2021-01-01' AND sheetdate<='2021-03-31' group by code

order by 业务类型, 商品编码;

运行效果：

业务类型	商品编码	数量	金额
采购	1001	130	205150.00
采购	1002	366	1411799.80
采购	2001	280	2890388.00
采购	2002	200	1269969.00
采购	3001	100	269876.00
采购	3002	226	721158.60
销售	1001	126	292624.65
销售	1002	351	1543702.72
销售	2001	238	4944289.20
销售	2002	140	1532574.10

	销售	3001		75	236561.25
	销售	3002		176	715606.60

J6002	统计 2021 年 01 月 01 日到 2021 年 03 月 31 日每种商品的销售额占总销售额的比例（销售额占比=每种商品季度销售额/全部商品的季度销售额），包括商品编码和销售额占比 SQL 语句： SELECT DISTINCT code 商品编码,ISNULL(((SELECT sum(mone) FROM jxc_sheet_sale WHERE code='1001' AND sheetdate>='2021-01-01' AND sheetdate<='2021-03-31')/NULLIF((SELECT sum(mone) FROM jxc_sheet_sale WHERE sheetdate>='2021-01-01' AND sheetdate<='2021-03-31'),0)),0) 销售额占比 FROM jxc_sheet_sale WHERE code='1001' 　UNION SELECT DISTINCT code 商品编码,ISNULL(((SELECT sum(mone) FROM jxc_sheet_sale WHERE code='1002' AND sheetdate>='2021-01-01' AND sheetdate<='2021-03-31')/NULLIF((SELECT sum(mone) FROM jxc_sheet_sale WHERE sheetdate>='2021-01-01' AND sheetdate<='2021-03-31'),0)),0) 销售额占比 FROM jxc_sheet_sale WHERE code='1002' 　UNION SELECT DISTINCT code 商品编码,ISNULL(((SELECT sum(mone) FROM jxc_sheet_sale WHERE code='2001' AND sheetdate>='2021-01-01' AND sheetdate<='2021-03-31')/NULLIF((SELECT sum(mone) FROM jxc_sheet_sale WHERE sheetdate>='2021-01-01' AND sheetdate<='2021-03-31'),0)),0) 销售额占比 FROM jxc_sheet_sale WHERE code='2001' 　UNION SELECT DISTINCT code 商品编码,ISNULL(((SELECT sum(mone) FROM jxc_sheet_sale WHERE code='2002' AND sheetdate>='2021-01-01' AND sheetdate<='2021-03-31')/NULLIF((SELECT sum(mone) FROM jxc_sheet_sale WHERE sheetdate>='2021-01-01' AND sheetdate<='2021-03-31'),0)),0) 销售额占比 FROM jxc_sheet_sale WHERE code='2002' 　UNION SELECT DISTINCT code 商品编码,ISNULL(((SELECT sum(mone) FROM jxc_sheet_sale WHERE code='3001' AND sheetdate>='2021-01-01' AND sheetdate<='2021-03-31')/NULLIF((SELECT sum(mone) FROM jxc_sheet_sale WHERE sheetdate>='2021-01-01' AND sheetdate<='2021-03-31'),0)),0) 销售额占比 FROM jxc_sheet_sale WHERE code='3001' 　UNION SELECT DISTINCT code 商品编码,ISNULL(((SELECT sum(mone) FROM jxc_sheet_sale WHERE code='3002' AND sheetdate>='2021-01-01' AND sheetdate<='2021-03-31')/NULLIF((SELECT sum(mone) FROM jxc_sheet_sale WHERE sheetdate>='2021-01-01' AND sheetdate<='2021-03-31'),0)),0) 销售额占比 FROM jxc_sheet_sale WHERE code='3002' ORDER BY　商品编码; 运行效果： <table><tr><th>商品编码</th><th>销售额占比</th></tr><tr><td>1001</td><td>0.0315826581</td></tr><tr><td>1002</td><td>0.1666101443</td></tr><tr><td>2001</td><td>0.5336317196</td></tr><tr><td>2002</td><td>0.1654090445</td></tr><tr><td>3001</td><td>0.0255317967</td></tr><tr><td>3002</td><td>0.0772346368</td></tr></table>
J6003	通过等值连接查询，统计 2021 年 01 月 01 日到 2021 年 03 月 31 日某一商品在同一天既发生采购又发生销售的业务信息，包括采购日期、采购商品编码、采购数量、销售日期、销售商品编码和销售数量 SQL 语句： SELECT DISTINCT jxc_sheet_buy.sheetdate 采购日期,jxc_sheet_buy.code 采购商品编码,jxc_sheet_buy.amount 采购数量,jxc_sheet_sale.sheetdate 销售日期,jxc_sheet_sale.code 销售商品编码,jxc_sheet_sale.amount 销售数量 FROM jxc_sheet_buy ,jxc_sheet_sale 　WHERE jxc_sheet_buy.sheetdate=jxc_sheet_sale.sheetdate AND jxc_sheet_buy.code=jxc_sheet_sale.code AND jxc_sheet_buy.sheetdate>='2021-01-01' AND jxc_sheet_buy.sheetdate<='2021-03-31'AND jxc_sheet_sale.sheetdate>='2021-01-01'AND jxc_sheet_sale.sheetdate<='2021-03-31'; 运行效果：

编号	内容
	<table><tr><th>Jxc Sheet Buy 采购日期</th><th>Jxc Sheet Buy 采购商品编码</th><th>Jxc Sheet Buy 采购数量</th><th>Jxc Sheet Sale 销售日期</th><th>Jxc Sheet Sale 销售商品编码</th><th>Jxc Sheet Sale 销售数量</th></tr><tr><td>2021-01-08</td><td>2001</td><td>50</td><td>2021-01-08</td><td>2001</td><td>45</td></tr><tr><td>2021-02-12</td><td>1002</td><td>100</td><td>2021-02-12</td><td>1002</td><td>60</td></tr><tr><td>2021-03-10</td><td>1002</td><td>20</td><td>2021-03-10</td><td>1002</td><td>5</td></tr></table>
J6004	通过内连接连接查询，统计 2021 年 01 月 01 日到 2021 年 03 月 31 日某一商品在同一天既发生采购又发生销售的业务信息，包括采购日期、采购商品编码、采购数量、销售日期、销售商品编码和销售数量 SQL 语句： SELECT DISTINCT jxc_sheet_buy.sheetdate 采购日期,jxc_sheet_buy.code 采购商品编码,jxc_sheet_buy.amount 采购数量,jxc_sheet_sale.sheetdate 销售日期,jxc_sheet_sale.code 销售商品编码,jxc_sheet_sale.amount 销售数量 FROM jxc_sheet_sale INNER JOIN jxc_sheet_buy ON jxc_sheet_buy.sheetdate=jxc_sheet_sale.sheetdate and jxc_sheet_buy.code=jxc_sheet_sale.code WHERE jxc_sheet_buy.sheetdate>='2021-01-01' AND jxc_sheet_buy.sheetdate<='2021-03-31' AND jxc_sheet_sale.sheetdate>='2021-01-01' AND jxc_sheet_sale.sheetdate<='2021-03-31'; 运行效果： <table><tr><th>Jxc Sheet Buy 采购日期</th><th>Jxc Sheet Buy 采购商品编码</th><th>Jxc Sheet Buy 采购数量</th><th>Jxc Sheet Sale 销售日期</th><th>Jxc Sheet Sale 销售商品编码</th><th>Jxc Sheet Sale 销售数量</th></tr><tr><td>2021-01-08</td><td>2001</td><td>50</td><td>2021-01-08</td><td>2001</td><td>45</td></tr><tr><td>2021-02-12</td><td>1002</td><td>100</td><td>2021-02-12</td><td>1002</td><td>60</td></tr><tr><td>2021-03-10</td><td>1002</td><td>20</td><td>2021-03-10</td><td>1002</td><td>5</td></tr></table>
J6005	通过左外连接查询，统计 2021 年 01 月 01 日到 2021 年 03 月 31 日某一商品在同一天既发生采购又发生销售的业务信息，包括采购日期、采购商品编码、采购数量、销售日期、销售商品编码和销售数量 SQL 语句： SELECT DISTINCT jxc_sheet_buy.sheetdate 采购日期,jxc_sheet_buy.code 采购商品编码,(jxc_sheet_buy.amount) 采购数量,jxc_sheet_sale.sheetdate 销售日期,jxc_sheet_sale.code 销售商品编码,(jxc_sheet_sale.amount) 销售数量 FROM jxc_sheet_sale LEFT OUTER JOIN jxc_sheet_buy ON jxc_sheet_buy.sheetdate=jxc_sheet_sale.sheetdate AND jxc_sheet_buy.code=jxc_sheet_sale.code WHERE jxc_sheet_sale.sheetdate>='2021-01-01' AND jxc_sheet_sale.sheetdate<='2021-03-31'; 运行效果： <table><tr><th>Jxc Sheet Buy 采购日期</th><th>Jxc Sheet Buy 采购商品编码</th><th>采购数量</th><th>Jxc Sheet Sale 销售日期</th><th>Jxc Sheet Sale 销售商品编码</th><th>销售数量</th></tr><tr><td></td><td></td><td></td><td>2021-01-06</td><td>1002</td><td>30</td></tr><tr><td></td><td></td><td></td><td>2021-01-08</td><td>1002</td><td>10</td></tr><tr><td>2021-01-08</td><td>2001</td><td>50</td><td>2021-01-08</td><td>2001</td><td>45</td></tr><tr><td></td><td></td><td></td><td>2021-01-15</td><td>1002</td><td>60</td></tr><tr><td></td><td></td><td></td><td>2021-01-17</td><td>2001</td><td>55</td></tr><tr><td></td><td></td><td></td><td>2021-01-17</td><td>2002</td><td>20</td></tr><tr><td></td><td></td><td></td><td>2021-01-18</td><td>1001</td><td>35</td></tr><tr><td></td><td></td><td></td><td>2021-01-19</td><td>1002</td><td>56</td></tr><tr><td></td><td></td><td></td><td>2021-01-23</td><td>2001</td><td>10</td></tr><tr><td></td><td></td><td></td><td>2021-02-03</td><td>2002</td><td>30</td></tr><tr><td></td><td></td><td></td><td>2021-02-04</td><td>1001</td><td>15</td></tr><tr><td></td><td></td><td></td><td>2021-02-05</td><td>3001</td><td>35</td></tr><tr><td></td><td></td><td></td><td>2021-02-06</td><td>2002</td><td>10</td></tr><tr><td></td><td></td><td></td><td>2021-02-06</td><td>3002</td><td>56</td></tr><tr><td></td><td></td><td></td><td>2021-02-08</td><td>2001</td><td>20</td></tr><tr><td></td><td></td><td></td><td>2021-02-08</td><td>3001</td><td>10</td></tr><tr><td></td><td></td><td></td><td>2021-02-10</td><td>1001</td><td>25</td></tr><tr><td>2021-02-12</td><td>1002</td><td>100</td><td>2021-02-12</td><td>1002</td><td>60</td></tr><tr><td></td><td></td><td></td><td>2021-02-15</td><td>3002</td><td>45</td></tr><tr><td></td><td></td><td></td><td>2021-02-16</td><td>1002</td><td>110</td></tr></table>
J6006	通过右外连接查询，统计 2021 年 01 月 01 日到 2021 年 03 月 31 日某一商品在同一天既发生采购又发生销售的业务信息，包括采购日期、采购商品编码、采购数量、销售日期、销售商品编码和销售数量 SQL 语句： SELECT DISTINCT jxc_sheet_buy.sheetdate 采购日期,jxc_sheet_buy.code 采购商品编码,jxc_sheet_buy.amount 采购数量,jxc_sheet_sale.sheetdate 销售日期,jxc_sheet_sale.code 销售商品编码,jxc_sheet_sale.amount 销售数量

FROM jxc_sheet_sale

RIGHT OUTER JOIN jxc_sheet_buy ON jxc_sheet_buy.sheetdate=jxc_sheet_sale.sheetdate and jxc_sheet_buy.code=jxc_sheet_sale.code

WHERE jxc_sheet_buy.sheetdate>='2021-01-01' AND jxc_sheet_buy.sheetdate<='2021-03-31';

运行效果:

Jxc Sheet Buy 采购日期	Jxc Sheet Buy 采购商品编码	Jxc Sheet Buy 采购数量	Jxc Sheet Sale 销售日期	Jxc Sheet Sale 销售商品编码	Jxc Sheet Sale 销售数量
2021-01-03	1001	50			
2021-01-05	1002	40			
2021-01-06	3001	50			
2021-01-08	2001	50	2021-01-08	2001	45
2021-01-11	1002	60			
2021-01-12	2001	60			
2021-01-12	2002	100			
2021-01-19	2002	20			
2021-01-20	2001	30			
2021-02-03	3002	80			
2021-02-05	1002	80			
2021-02-06	1001	30			
2021-02-10	3001	30			
2021-02-10	2001	50			
2021-02-10	2002	50			
2021-02-12	3002	30			
2021-02-12	1002	100	2021-02-12	1002	60
2021-02-16	1001	20			
2021-02-18	3002	50			
2021-02-25	2001	60			

J6007

通过完全外连接查询,统计某一商品在同一天既发生采购又发生销售的业务信息,包括采购日期、采购商品编码、采购数量、销售日期、销售商品编码和销售数量

SQL 语句:

SELECT DISTINCT jxc_sheet_buy.sheetdate 采购日期,jxc_sheet_buy.code 采购商品编码,jxc_sheet_buy.amount 采购数量,jxc_sheet_sale.sheetdate 销售日期,jxc_sheet_sale.code 销售商品编码,jxc_sheet_sale.amount 销售数量

FROM jxc_sheet_sale

FULL OUTER JOIN jxc_sheet_buy ON jxc_sheet_buy.sheetdate=jxc_sheet_sale.sheetdate and jxc_sheet_buy.code=jxc_sheet_sale.code;

运行效果:

Jxc Sheet Buy 采购日期	Jxc Sheet Buy 采购商品编码	Jxc Sheet Buy 采购数量	Jxc Sheet Sale 销售日期	Jxc Sheet Sale 销售商品编码	Jxc Sheet Sale 销售数量
2021-01-03	1001	50			
2021-01-05	1002	40			
2021-01-06	3001	50			
2021-01-08	2001	50	2021-01-08	2001	45
2021-01-11	1002	60			
2021-01-12	2001	60			
2021-01-12	2002	100			
2021-01-19	2002	20			
2021-01-20	2001	30			
2021-02-03	3002	80			
2021-02-05	1002	80			
2021-02-06	1001	30			
2021-02-10	2001	50			
2021-02-10	2002	50			
2021-02-10	3001	30			
2021-02-12	1002	100	2021-02-12	1002	60
2021-02-12	3002	30			
2021-02-16	1001	20			
2021-02-18	3002	50			
2021-02-25	1002	66			
2021-02-25	2001	60			
2021-02-25	2002	30			

J6008	通过并操作查询2021年01月01日到2021年03月31日采购单、销售单中的日期、商品编码和数量(不包括重复行) SQL语句： SELECT '采购' 业务类型,sheetdate 日期,code 商品编码,amount 数量 FROM jxc_sheet_buy WHERE sheetdate>='2021-01-01' AND sheetdate<='2021-03-31' UNION SELECT '销售' 业务类型,sheetdate 日期,code 商品编码,amount 数量 FROM jxc_sheet_sale WHERE sheetdate>='2021-01-01' AND sheetdate<='2021-03-31'; 运行效果： | 业务类型	日期	商品编码	数量
---	---	---	---
采购	2021-01-03	1001	50
采购	2021-01-05	1002	40
采购	2021-01-06	3001	50
销售	2021-01-06	1002	30
销售	2021-01-08	2001	45
销售	2021-01-08	1002	10
采购	2021-01-08	2001	50
采购	2021-01-11	1002	60
采购	2021-01-12	2001	60
采购	2021-01-12	2002	100
销售	2021-01-15	2002	60
销售	2021-01-17	2001	55	
J6009	通过并操作查询2021年01月01日到2021年03月31日采购单、销售单中的日期、商品编码和数量(包括重复行) SQL语句： SELECT '采购'业务类型,sheetdate 日期,code 商品编码,amount 数量 FROM jxc_sheet_buy WHERE sheetdate>= '2021-01-01' AND sheetdate<='2021-03-31' UNION ALL SELECT '销售'业务类型,sheetdate 日期,code 商品编码,amount 数量 FROM jxc_sheet_sale WHERE sheetdate>= '2021-01-01' AND sheetdate<='2021-03-31'; 运行效果： | 业务类型	日期	商品编码	数量
---	---	---	---
采购	2021-01-03	1001	50
采购	2021-01-05	1002	40
采购	2021-01-06	3001	50
销售	2021-01-06	1002	30
销售	2021-01-08	2001	45
销售	2021-01-08	1002	10
采购	2021-01-08	2001	50
采购	2021-01-11	1002	60
采购	2021-01-12	2001	60
采购	2021-01-12	2002	100
销售	2021-01-15	2002	60
销售	2021-01-17	2001	55	
J6010	通过交操作查询2021年01月01日到2021年03月31日采购单、销售单中的日期、商品编码和数量 SQL语句： SELECT sheetdate 日期,code 商品编码,amount 数量 FROM jxc_sheet_buy WHERE sheetdate>= '2021-01-01' AND sheetdate<='2021-03-31' INTERSECT SELECT sheetdate 日期,code 商品编码,amount 数量 FROM jxc_sheet_sale WHERE sheetdate>= '2021-01-01' AND sheetdate<='2021-03-31'; 运行效果： 	日期	商品编码	数量
---	---	---	
J6011	通过差操作,'从采购单中查询2021年01月01日到2021年03月31日在销售单中没有找到的所有非重复值，包括日期、商品编码和数量

	SQL 语句： 　　SELECT　sheetdate 日期,code 商品编码,amount 数量 FROM jxc_sheet_buy WHERE sheetdate>='2021-01-01' AND sheetdate<='2021-03-31' 　　EXCEPT 　　SELECT　sheetdate,code,amount FROM jxc_sheet_sale WHERE sheetdate>='2021-01-01' AND sheetdate<='2021-03-31'; 运行效果： | 日期	商品编码	数量
---	---	---
2021-01-03	1001	50
2021-01-05	1002	40
2021-01-06	3001	50
2021-01-08	2001	50
2021-01-11	1002	60
2021-01-12	2001	60
2021-01-12	2002	100
2021-01-19	2002	20
2021-01-20	2001	30
2021-02-03	3002	80
2021-02-05	1002	80
2021-02-06	1001	30	
J6012	通过差操作，从销售单中查询 2021 年 01 月 01 日到 2021 年 03 月 31 日在采购单中没有找到的所有非重复值，包括日期、商品编码和数量。 SQL 语句： 　　SELECT　sheetdate 日期,code 商品编码,amount 数量 FROM jxc_sheet_sale WHERE sheetdate>='2021-01-01' AND sheetdate<='2021-03-31' 　　EXCEPT 　　SELECT　sheetdate 日期,code 商品编码,amount 数量 FROM jxc_sheet_buy WHERE sheetdate>='2021-01-01' AND sheetdate<='2021-03-31'; 运行效果： | 日期	商品编码	数量
---	---	---
2021-01-06	1002	30
2021-01-08	1002	10
2021-01-08	2001	45
2021-01-15	2002	60
2021-01-17	2001	55
2021-01-17	2002	20
2021-01-18	1001	35
2021-01-19	1002	56
2021-01-23	2001	10
2021-02-03	2002	30
2021-02-04	1001	15	

【案例 06-10】通过 SQL 语句实现对账务处理系统案例数据库中的单据、账表数据的统计分析。

1. 会计科目编码表	
Z1001	统计每种科目类别的科目数量，包括账套号、科目类别编码、科目类别名称和数量。 SQL 语句： 　　SELECT zth 账套号,zw_d_kjkmbmb.kmlb_code 科目类别编码,zw_c_kmlb.kmlb_name 科目类别名称,count(*) 数量 FROM zw_d_kjkmbmb ,zw_c_kmlb WHERE zw_d_kjkmbmb.kmlb_code=zw_c_kmlb.kmlb_code GROUP BY zth,zw_d_kjkmbmb.kmlb_code,kmlb_name; 运行效果： | Zw D Kjkmbmb 账套号	Zw D Kjkmbmb 科目类别编码	Zw C Kmlb 科目类别名称	数量
---	---	---	---
1	2	负债	5
1	1	资产	8
1	6	损益	6
1	4	权益	3	

编号	内容
Z1002	统计科目类别为负债类的科目，包括账套号、科目编码和科目名称。 SQL 语句： SELECT zth 账套号,km_code 科目编码,km_name 科目名称 FROM zw_d_kjkmbmb WHERE kmlb_code='2' GROUP BY zth,km_code,kmlb_code,km_name; 运行效果： | 账套号 | 科目编码 | 科目名称 | |---|---|---| | 1 | 2221 | 应交税费 | | 1 | 2001 | 短期借款 | | 1 | 2211 | 应付职工薪酬 | | 1 | 2201 | 应付票据 | | 1 | 2231 | 应付利息 |
Z1003	统计科目类别为资产类、余额方向为贷的科目，包括账套号、科目编码和科目名称。 SQL 语句： SELECT zth 账套号,km_code 科目编码,km_name 科目名称 FROM zw_d_kjkmbmb WHERE kmlb_code='1' AND yefx='贷' GROUP BY zth,km_code,km_name; 运行效果： | 账套号 | 科目编码 | 科目名称 | |---|---|---| | 1 | 1602 | 累计折旧 | | 1 | 1702 | 累计摊销 |

2．凭证主表

编号	内容
Z2001	统计各月凭证张数，包括账套号、年会计期间、月会计期间和凭证张数。 SQL 语句： SELECT zth 账套号,nkjqj 年会计期间,ykjqj 月会计期间, count(*) 凭证张数 FROM zw_pz_zb GROUP BY zth,nkjqj,ykjqj; 运行效果： | 账套号 | 年会计期间 | 月会计期间 | 凭证张数 | |---|---|---|---| | 1 | 2021 | 01 | 43 | | 1 | 2021 | 02 | 69 | | 1 | 2021 | 03 | 31 |
Z2002	统计各月生成机制凭证的张数，包括账套号、年会计期间、月会计期间和凭证张数。 SQL 语句： SELECT zth 账套号,nkjqj 年会计期间,ykjqj 月会计期间, count(*) 凭证张数 FROM zw_pz_zb WHERE bz like '%[机]%' GROUP BY zth,nkjqj,ykjqj ORDER BY zth,nkjqj,ykjqj; 运行效果： | 账套号 | 年会计期间 | 月会计期间 | 凭证张数 | |---|---|---|---| | 1 | 2021 | 01 | 32 | | 1 | 2021 | 02 | 62 | | 1 | 2021 | 03 | 26 |
Z2003	统计各月已审核凭证的张数，包括账套号、年会计期间、月会计期间和凭证张数。 SQL 语句： SELECT zth 账套号,nkjqj 年会计期间,ykjqj 月会计期间, count(*) 凭证张数 FROM zw_pz_zb WHERE shbj='是' GROUP BY zth,nkjqj,ykjqj ORDER BY zth,nkjqj,ykjqj; 运行效果： | 账套号 | 年会计期间 | 月会计期间 | 凭证张数 | |---|---|---|---| | 1 | 2021 | 01 | 43 | | 1 | 2021 | 02 | 69 | | 1 | 2021 | 03 | 31 |
Z2004	统计 2021 年第一季度各月制单日期与记账日期间隔大于 5 天的凭证张数，包括账套号、年会计期间、月会计期间和凭证张数。 SQL 语句： SELECT zth 账套号,nkjqj 年会计期间,ykjqj 月会计期间, (SELECT count(*) FROM zw_pz_zb WHERE DATEDIFF(day,zdrq,jzrq)>5 AND zth='1' AND nkjqj='2021' AND ykjqj='01') 凭证张数 FROM zw_pz_zb WHERE zth='1' AND nkjqj='2021' AND ykjqj='01' GROUP BY zth,nkjqj,ykjqj UNION SELECT zth 账套号,nkjqj 年会计期间,ykjqj 月会计期间, (SELECT count(*) FROM zw_pz_zb WHERE

	DATEDIFF(day,zdrq,jzrq)>5 AND zth='1' AND nkjqj='2021' AND ykjqj='02') 凭证张数 FROM zw_pz_zb WHERE zth='1' AND nkjqj='2021' AND ykjqj='02' GROUP BY zth,nkjqj,ykjqj 　UNION 　SELECT zth 账套号,nkjqj 年会计期间,ykjqj 月会计期间, (SELECT count(*) FROM zw_pz_zb WHERE DATEDIFF(day,zdrq,jzrq)>5 AND zth='1' AND nkjqj='2021' AND ykjqj='03') 凭证张数 FROM zw_pz_zb WHERE zth='1' AND nkjqj='2021' AND ykjqj='03' GROUP BY zth,nkjqj,ykjqj; 　运行效果： 	账套号	年会计期间	月会计期间	凭证张数
---	---	---	---
1	2021	01	27
1	2021	03	21
1	2021	02	42	
3. 凭证明细表	
Z3001	统计 2021 年 2 月每种商品的采购金额合计，包括账套号、年会计期间、月会计期间、商品编码和采购金额。 SQL 语句： 　SELECT zth 账套号,nkjqj 年会计期间,ykjqj 月会计期间,substr(zy,6,4) 商品编码, sum(jfje) 采购金额 FROM zw_pz_mxb WHERE zth='1' and nkjqj='2021' and ykjqj='02' and zy like '采购商品%' GROUP BY zth,nkjqj,ykjqj,substr(zy,6,4) order by zth,nkjqj,ykjqj,substr(zy,6,4); 　运行效果： | 账套号	年会计期间	月会计期间	商品编码	采购金额
---	---	---	---	---
1	2021	02	1001	77600.00
1	2021	02	1002	953419.80
1	2021	02	2001	1133590.00
1	2021	02	2002	545437.00
1	2021	02	3001	137876.00
1	2021	02	3002	721158.60	
Z3002	统计 2021 年第一季度各月销售商品编码为 1001 的凭证张数，包括账套号、年会计期间、月会计期间、摘要和凭证张数。 SQL 语句： 　SELECT zth 账套号,nkjqj 年会计期间,ykjqj 月会计期间,zy 摘要, count(distinct(pzh)) 凭证张数 FROM zw_pz_mxb WHERE zy='销售商品[1001]' GROUP BY zth,nkjqj,ykjqj,zy ORDER BY zth,nkjqj,ykjqj,zy; 　运行效果： | 账套号	年会计期间	月会计期间	摘要	凭证张数
---	---	---	---	---
1	2021	01	销售商品[1001]	1
1	2021	02	销售商品[1001]	3
1	2021	03	销售商品[1001]	2	
Z3003	统计 2021 年第一季度各月商品编码为 2001 的销售金额，包括账套号、年会计期间、月会计期间、摘要和销售金额。 SQL 语句： 　SELECT zth 账套号,nkjqj 年会计期间,ykjqj 月会计期间,zy 摘要, sum(dfje) 销售金额 FROM zw_pz_mxb WHERE zy='销售商品[2001]' GROUP BY zth,nkjqj,ykjqj,zy ORDER BY zth,nkjqj,ykjqj,zy; 　运行效果： | 账套号	年会计期间	月会计期间	摘要	销售金额
---	---	---	---	---
1	2021	01	销售商品[2001]	2268140.00
1	2021	02	销售商品[2001]	2174070.00
1	2021	03	销售商品[2001]	502079.20	
Z3004	查询各会计期间现金、银行存款的流水账 SQL 语句： 　SELECT view_zw_pz.zth 账套号,nkjqj 年会计期间,ykjqj 月会计期间,view_zw_pz.km_code 科目编码,km_name 科目名称, 　ROW_NUMBER() OVER(PARTITION BY view_zw_pz.zth,nkjqj,ykjqj,view_zw_pz.km_code ORDER BY view_zw_pz.zth,nkjqj,ykjqj,view_zw_pz.km_code,pzh) as 序号,pzh 凭证号,zy 摘要,jfje 借方金额,dfje 贷方金额 　FROM view_zw_pz,zw_d_kjkmbmb 　WHERE view_zw_pz.zth=zw_d_kjkmbmb.zth and view_zw_pz.km_code=zw_d_kjkmbmb.km_code and jzbj = '是' and view_zw_pz.km_code in ('1001','1002') 　ORDER BY 账套号,年会计期间,月会计期间,科目编码,序号;

运行效果：

账套号	年会计期间	月会计期间	科目编码	科目名称	序号	凭证号	摘要	借方金额	贷方金额
1	2021	01	1001	库存现金	1 0006		提出现金以备日常开销	1000.00	0
1	2021	01	1001	库存现金	2 0007		以现金支付采购人员预借的差旅费	0	800.00
1	2021	01	1001	库存现金	3 0008		采购人员出差返回，报销差旅费	200.00	0
1	2021	01	1002	银行存款	1 0001		接受股东投资	1000000.00	0
1	2021	01	1002	银行存款	2 0002		向银行贷款	500000.00	0
1	2021	01	1002	银行存款	3 0003		购买办公用品	0	32363.20
1	2021	01	1002	银行存款	4 0006		提出现金以备日常开销	0	1000.00
1	2021	01	1002	银行存款	5 0011		用银行存款支付员工薪酬	0	51500.00
1	2021	01	1002	银行存款	6 0012		采购商品[1001]	0	77600.00
1	2021	01	1002	银行存款	7 0013		采购商品[1002]	0	152040.00
1	2021	01	1002	银行存款	8 0014		采购商品[3001]	0	132000.00
1	2021	01	1002	银行存款	9 0015		采购商品[2001]	0	517450.00
1	2021	01	1002	银行存款	10 0016		采购商品[1002]	0	223992.00
1	2021	01	1002	银行存款	11 0017		采购商品[2001]	0	568740.00
1	2021	01	1002	银行存款	12 0018		采购商品[2002]	0	587900.00
1	2021	01	1002	银行存款	13 0019		采购商品[2002]	0	136632.00
1	2021	01	1002	银行存款	14 0020		采购商品[2001]	0	298098.00
1	2021	01	1002	银行存款	15 0021		销售商品[1002]	134370.00	0
1	2021	01	1002	银行存款	16 0023		销售商品[1002]	44225.00	0
1	2021	01	1002	银行存款	17 0025		销售商品[2001]	958455.00	0
1	2021	01	1002	银行存款	18 0027		销售商品[2002]	647340.00	0
1	2021	01	1002	银行存款	19 0029		销售商品[2001]	1109295.00	0

Z3005

查询各会计期间库存商品的流水账

SQL 语句：

SELECT view_zw_pz.zth 账套号,nkjqj 年会计期间,ykjqj 月会计期间,view_zw_pz.km_code 科目编码,km_name 科目名称,

ROW_NUMBER() OVER(PARTITION BY view_zw_pz.zth,nkjqj,ykjqj,view_zw_pz.km_code ORDER BY view_zw_pz.zth,nkjqj,ykjqj,view_zw_pz.km_code,pzh) as 序号,pzh 凭证号,zy 摘要,jfje 借方金额,dfje 贷方金额

FROM view_zw_pz,zw_d_kjkmbmb

WHERE view_zw_pz.zth=zw_d_kjkmbmb.zth and view_zw_pz.km_code=zw_d_kjkmbmb.km_code and jzbj ='是' and view_zw_pz.km_code ='1405'

ORDER BY 账套号,年会计期间,月会计期间,科目编码,序号；

运行效果：

账套号	年会计期间	月会计期间	科目编码	科目名称	序号	凭证号	摘要	借方金额	贷方金额
1	2021	01	1405	库存商品	1 0012		采购商品[1001]	68672.57	0
1	2021	01	1405	库存商品	2 0013		采购商品[1002]	134548.67	0
1	2021	01	1405	库存商品	3 0014		采购商品[3001]	116814.16	0
1	2021	01	1405	库存商品	4 0015		采购商品[2001]	457920.35	0
1	2021	01	1405	库存商品	5 0016		采购商品[1002]	198223.01	0
1	2021	01	1405	库存商品	6 0017		采购商品[2001]	503309.73	0
1	2021	01	1405	库存商品	7 0018		采购商品[2002]	520265.49	0
1	2021	01	1405	库存商品	8 0019		采购商品[2002]	120913.27	0
1	2021	01	1405	库存商品	9 0020		采购商品[2001]	263803.54	0
1	2021	01	1405	库存商品	10 0022		结转商品[1002]的销售成本	0	99831.60
1	2021	01	1405	库存商品	11 0024		结转商品[1002]的销售成本	0	33277.20
1	2021	01	1405	库存商品	12 0026		结转商品[2001]的销售成本	0	393760.80
1	2021	01	1405	库存商品	13 0028		结转商品[2002]的销售成本	0	320589.60
1	2021	01	1405	库存商品	14 0030		结转商品[2001]的销售成本	0	481263.20
1	2021	01	1405	库存商品	15 0032		结转商品[2002]的销售成本	0	106863.20
1	2021	01	1405	库存商品	16 0034		结转商品[1001]的销售成本	0	48070.75
1	2021	01	1405	库存商品	17 0036		结转商品[1001]的销售成本	0	186352.32
1	2021	01	1405	库存商品	18 0038		结转商品[2001]的销售成本	0	87502.40
1	2021	02	1405	库存商品	1 0008		采购商品[3002]	237224.78	0
1	2021	02	1405	库存商品	2 0009		采购商品[1002]	273097.35	0
1	2021	02	1405	库存商品	3 0010		采购商品[1001]	41203.54	0

4. 科目余额表

Z4001

统计 2021 年第一季度各月银行存款的贷方发生额，包括账套号、年会计期间、月会计期间、科目编码、科目名称和贷方发生额。

SQL 语句：

	SELECT zw_pz_zb.zth 账套号,zw_pz_zb.nkjqj 年会计期间,zw_pz_zb.ykjqj 月会计期间,zw_pz_mxb.km_code 科目编码,zw_d_kjkmbmb.km_name 科目名称,sum(dfje) 贷方发生额 　　　FROM zw_pz_zb,zw_pz_mxb,zw_d_kjkmbmb WHERE zw_pz_zb.zth = zw_pz_mxb.zth AND zw_pz_mxb.zth = zw_d_kjkmbmb.zth AND zw_pz_zb.zth = '1' 　　　AND zw_pz_zb.nkjqj = zw_pz_mxb.nkjqj AND zw_pz_zb.nkjqj = '2021' AND zw_pz_zb.ykjqj = zw_pz_mxb.ykjqj AND zw_pz_zb.pzh = zw_pz_mxb.pzh 　　　AND zw_pz_zb.shbj = '是' AND zw_pz_zb.jzbj = '是' AND zw_pz_mxb.km_code = zw_d_kjkmbmb.km_code AND zw_pz_mxb.km_code = '1002' 　　　GROUP　BY　zw_pz_zb.zth,zw_pz_zb.nkjqj,zw_pz_zb.ykjqj,zw_pz_mxb.km_code,zw_d_kjkmbmb.km_name ORDER BY zw_pz_zb.zth,zw_pz_zb.nkjqj,zw_pz_zb.ykjqj,zw_pz_mxb.km_code; 　　　运行效果： 　　　<table><tr><th>Zw Pz Zb 账套号</th><th>Zw Pz Zb 年会计期间</th><th>Zw Pz Zb 月会计期间</th><th>Zw Pz Mxb 科目编码</th><th>Zw D Kjkmbmb 科目名称</th><th>贷方发生额</th></tr><tr><td>1</td><td>2021</td><td>01</td><td>1002</td><td>银行存款</td><td>2779315.20</td></tr><tr><td>1</td><td>2021</td><td>02</td><td>1002</td><td>银行存款</td><td>3625452.08</td></tr><tr><td>1</td><td>2021</td><td>03</td><td>1002</td><td>银行存款</td><td>556308.00</td></tr></table>
Z4002	统计2021年第一季度各月库存商品的借方发生额，包括账套号、年会计期间、月会计期间、科目编码、科目名称和借方发生额。 SQL 语句： 　　　SELECT zw_pz_zb.zth 账套号,zw_pz_zb.nkjqj 年会计期间,zw_pz_zb.ykjqj 月会计期间,zw_pz_mxb.km_code 科目编码,zw_d_kjkmbmb.km_name 科目名称,sum(jfje) 借方发生额 　　　FROM zw_pz_zb,zw_pz_mxb,zw_d_kjkmbmb WHERE zw_pz_zb.zth = zw_pz_mxb.zth AND zw_pz_mxb.zth = zw_d_kjkmbmb.zth AND zw_pz_zb.zth = '1' 　　　AND zw_pz_zb.nkjqj = zw_pz_mxb.nkjqj AND zw_pz_zb.nkjqj = '2021' AND zw_pz_zb.ykjqj = zw_pz_mxb.ykjqj AND zw_pz_zb.pzh = zw_pz_mxb.pzh 　　　AND zw_pz_zb.shbj = '是' AND zw_pz_zb.jzbj = '是' AND zw_pz_mxb.km_code = zw_d_kjkmbmb.km_code AND zw_pz_mxb.km_code = '1405' 　　　GROUP　BY　zw_pz_zb.zth,zw_pz_zb.nkjqj,zw_pz_zb.ykjqj,zw_pz_mxb.km_code,zw_d_kjkmbmb.km_name ORDER BY zw_pz_zb.zth,zw_pz_zb.nkjqj,zw_pz_zb.ykjqj,zw_pz_mxb.km_code; 　　　运行效果： 　　　<table><tr><th>Zw Pz Zb 账套号</th><th>Zw Pz Zb 年会计期间</th><th>Zw Pz Zb 月会计期间</th><th>Zw Pz Mxb 科目编码</th><th>Zw D Kjkmbmb 科目名称</th><th>借方发生额</th></tr><tr><td>1</td><td>2021</td><td>01</td><td>1405</td><td>库存商品</td><td>2384470.79</td></tr><tr><td>1</td><td>2021</td><td>02</td><td>1405</td><td>库存商品</td><td>3158479.12</td></tr><tr><td>1</td><td>2021</td><td>03</td><td>1405</td><td>库存商品</td><td>446732.75</td></tr></table>
Z4003	统计2021年第一季度各月所有科目的借方发生额合计和贷方发生额合计，包含账套号、年会计期间、月会计期间、借方发生额合计和贷方发生额合计。 SQL 语句： 　　　SELECT zw_pz_zb.zth 账套号,zw_pz_zb.nkjqj 年会计期间,zw_pz_zb.ykjqj 月会计期间,sum(jfje) 借方发生额,sum(dfje) 贷方发生额 FROM zw_pz_zb,zw_pz_mxb 　　　WHERE zw_pz_zb.zth = zw_pz_mxb.zth AND zw_pz_zb.zth = '1' AND zw_pz_zb.nkjqj = zw_pz_mxb.nkjqj AND zw_pz_zb.nkjqj = '2021' AND zw_pz_zb.ykjqj = zw_pz_mxb.ykjqj AND zw_pz_zb.pzh = zw_pz_mxb.pzh 　　　AND zw_pz_zb.shbj = '是' AND zw_pz_zb.jzbj = '是' GROUP BY zw_pz_zb.zth,zw_pz_zb.nkjqj,zw_pz_zb.ykjqj ORDER BY zw_pz_zb.zth,zw_pz_zb.nkjqj,zw_pz_zb.ykjqj; 　　　运行效果： 　　　<table><tr><th>Zw Pz Zb 账套号</th><th>Zw Pz Zb 年会计期间</th><th>Zw Pz Zb 月会计期间</th><th>借方发生额</th><th>贷方发生额</th></tr><tr><td>1</td><td>2021</td><td>01</td><td>16730530.78</td><td>16730530.78</td></tr><tr><td>1</td><td>2021</td><td>02</td><td>20332793.95</td><td>20332793.95</td></tr><tr><td>1</td><td>2021</td><td>03</td><td>3237357.83</td><td>3237357.83</td></tr></table>

5. 明细账表

Z5001	统计2021年第一季度各月销售商品收到的现金，包括账套号、年会计期间、月会计期间和金额。 SQL 语句： 　　　SELECT zw_pz_zb.zth 账套号,zw_pz_zb.nkjqj 年会计期间,zw_pz_zb.ykjqj 月会计期间,sum(jfje) 金额 FROM zw_pz_zb,zw_pz_mxb WHERE zw_pz_zb.zth = zw_pz_mxb.zth 　　　AND zw_pz_zb.zth = '1' AND zw_pz_zb.nkjqj = zw_pz_mxb.nkjqj AND zw_pz_zb.nkjqj = '2021' AND

	zw_pz_zb.ykjqj = zw_pz_mxb.ykjqj AND zw_pz_zb.pzh = zw_pz_mxb.pzh 　　AND zw_pz_zb.shbj = '是' AND zw_pz_zb.jzbj = '是' AND zw_pz_mxb.km_code IN ('1001','1002') AND zw_pz_mxb.zy LIKE '%销售商品%' 　　GROUP BY zw_pz_zb.zth,zw_pz_zb.nkjqj,zw_pz_zb.ykjqj ORDER BY zw_pz_zb.zth,zw_pz_zb.nkjqj, zw_pz_zb.ykjqj; 运行效果： | Zw Pz Zb 账套号 | Zw Pz Zb 年会计期间 | Zw Pz Zb 月会计期间 | 金额 | |---|---|---|---| | 1 | 2021 | 01 | 3664955.17 | | 1 | 2021 | 02 | 4825641.65 | | 1 | 2021 | 03 | 774761.70 |
Z5002	统计 2021 年第一季度各月支付给职工的薪酬，包括账套号、年会计期间、月会计期间和金额。 SQL 语句： SELECT zw_pz_zb.zth 账套号,zw_pz_zb.nkjqj 年会计期间,zw_pz_zb.ykjqj 月会计期间,sum(dfje) 金额 FROM zw_pz_zb,zw_pz_mxb WHERE zw_pz_zb.zth = zw_pz_mxb.zth 　　AND zw_pz_zb.zth = '1' AND zw_pz_zb.nkjqj = zw_pz_mxb.nkjqj AND zw_pz_zb.nkjqj = '2021' AND zw_pz_zb.ykjqj = zw_pz_mxb.ykjqj AND zw_pz_zb.pzh = zw_pz_mxb.pzh 　　AND zw_pz_zb.shbj = '是' AND zw_pz_zb.jzbj = '是' AND zw_pz_mxb.km_code IN ('1001','1002') AND zw_pz_mxb.zy LIKE '%支付%工薪酬%' 　　GROUP BY zw_pz_zb.zth,zw_pz_zb.nkjqj,zw_pz_zb.ykjqj ORDER BY zw_pz_zb.zth,zw_pz_zb.nkjqj, zw_pz_zb.ykjqj; 运行效果： | Zw Pz Zb 账套号 | Zw Pz Zb 年会计期间 | Zw Pz Zb 月会计期间 | 金额 | |---|---|---|---| | 1 | 2021 | 01 | 51500.00 | | 1 | 2021 | 02 | 51500.00 | | 1 | 2021 | 03 | 51500.00 |
Z5003	统计 2021 年 1 月各科目出现的次数，包含账套号、年会计期间、月会计期间、科目编码和出现次数。 SQL 语句： SELECT zw_pz_zb.zth 账套号,zw_pz_zb.nkjqj 年会计期间,zw_pz_zb.ykjqj 月会计期间,km_code 科目编码,count(*) 出现次数 FROM zw_pz_zb,zw_pz_mxb WHERE zw_pz_zb.zth = zw_pz_mxb.zth AND zw_pz_zb.zth = '1' AND zw_pz_zb.nkjqj = zw_pz_mxb.nkjqj AND zw_pz_zb.nkjqj = '2021' AND zw_pz_zb.ykjqj = zw_pz_mxb.ykjqj 　　AND zw_pz_zb.ykjqj = '01' AND zw_pz_zb.pzh = zw_pz_mxb.pzh AND zw_pz_zb.shbj = '是' AND zw_pz_zb.jzbj = '是' 　　GROUP BY zw_pz_zb.zth,zw_pz_zb.nkjqj,zw_pz_zb.ykjqj,zw_pz_mxb.km_code ORDER BY zw_pz_zb.zth,zw_pz_zb.nkjqj, zw_pz_zb.ykjqj,zw_pz_mxb.km_code; 运行效果： | Zw Pz Zb 账套号 | Zw Pz Zb 年会计期间 | Zw Pz Zb 月会计期间 | Zw Pz Mxb 科目编码 | 出现次数 | |---|---|---|---|---| | 1 | 2021 | 01 | 1001 | 3 | | 1 | 2021 | 01 | 1002 | 23 | | 1 | 2021 | 01 | 1221 | 2 | | 1 | 2021 | 01 | 1405 | 18 | | 1 | 2021 | 01 | 1601 | 1 | | 1 | 2021 | 01 | 1701 | 1 | | 1 | 2021 | 01 | 1702 | 1 | | 1 | 2021 | 01 | 2001 | 1 | | 1 | 2021 | 01 | 2201 | 1 | | 1 | 2021 | 01 | 2211 | 2 | | 1 | 2021 | 01 | 2221 | 21 | | 1 | 2021 | 01 | 2231 | 1 | | 1 | 2021 | 01 | 4001 | 1 | | 1 | 2021 | 01 | 4103 | 4 | | 1 | 2021 | 01 | 4104 | 1 | | 1 | 2021 | 01 | 6001 | 10 | | 1 | 2021 | 01 | 6401 | 10 | | 1 | 2021 | 01 | 6601 | 2 | | 1 | 2021 | 01 | 6602 | 4 | | 1 | 2021 | 01 | 6603 | 2 | | 1 | 2021 | 01 | 6801 | 2 |

6. 资产负债表

Z6001	统计 2021 年 1 月货币资金期末余额，包括账套号、年会计期间、月会计期间和货币资金期末余额。 SQL 语句： SELECT DISTINCT zth 账套号,nkjqj 年会计期间，ykjqj 月会计期间,(SELECT isnull(sum(jfje),0) -isnull(sum(dfje),0) FROM zw_pz_zb,zw_pz_mxb WHERE zw_pz_zb.zth = zw_pz_mxb.zth AND zw_pz_zb.zth = '1' AND zw_pz_zb.nkjqj = zw_pz_mxb.nkjqj AND zw_pz_zb.nkjqj = '2021'AND zw_pz_zb.ykjqj = zw_pz_mxb.ykjqj AND zw_pz_zb.ykjqj = '01' AND zw_pz_zb.pzh = zw_pz_mxb.pzh AND zw_pz_zb.shbj = '是' AND zw_pz_zb.jzbj = '是' AND zw_pz_mxb.km_code IN ('1001','1002','1012')) 货币资金期末余额 FROM zw_pz_zb WHERE zw_pz_zb.zth = '1' AND zw_pz_zb.nkjqj = '2021' AND zw_pz_zb.ykjqj = '01'; 运行效果： 账套号　年会计期间　月会计期间　货币资金期末余额 1　　　2021　　　01　　　2386039.97
Z6002	统计 2021 年 2 月固定资产期末余额，包括账套号、年会计期间、月会计期间和固定资产期末余额。 SQL 语句： SELECT DISTINCT zth 账套号,nkjqj 年会计期间，ykjqj 月会计期间,(SELECT isnull(sum(jfje),0) -isnull(sum(dfje),0) FROM zw_pz_zb,zw_pz_mxb WHERE zw_pz_zb.zth = zw_pz_mxb.zth AND zw_pz_zb.zth = '1' AND zw_pz_zb.nkjqj = zw_pz_mxb.nkjqj AND zw_pz_zb.nkjqj = '2021' AND zw_pz_zb.ykjqj = zw_pz_mxb.ykjqj AND zw_pz_zb.ykjqj <= '02' AND zw_pz_zb.pzh = zw_pz_mxb.pzh AND zw_pz_zb.shbj = '是' AND zw_pz_zb.jzbj = '是' AND zw_pz_mxb.km_code IN ('1601','1602','1603'))固定资产期末余额 FROM zw_pz_zb WHERE zw_pz_zb.zth = '1' AND zw_pz_zb.nkjqj = '2021' AND zw_pz_zb.ykjqj = '02'; 运行效果： 账套号　年会计期间　月会计期间　固定资产期末余额 1　　　2021　　　02　　　161470.68
Z6003	统计 2021 年 3 月应交税费期末余额，包括账套号、年会计期间、月会计期间和应交税费期末余额。 SQL 语句： SELECT DISTINCT zth 账套号,nkjqj 年会计期间，ykjqj 月会计期间,(SELECT isnull(sum(dfje),0) -isnull(sum(jfje),0) FROM zw_pz_zb,zw_pz_mxb WHERE zw_pz_zb.zth = zw_pz_mxb.zth AND zw_pz_zb.zth = '1' AND zw_pz_zb.nkjqj = zw_pz_mxb.nkjqj AND zw_pz_zb.nkjqj = '2021' AND zw_pz_zb.ykjqj = zw_pz_mxb.ykjqj AND zw_pz_zb.ykjqj <= '03' AND zw_pz_zb.pzh = zw_pz_mxb.pzh AND zw_pz_zb.shbj = '是' AND zw_pz_zb.jzbj = '是' AND zw_pz_mxb.km_code = '2221')应交税费期末余额 FROM zw_pz_zb WHERE zw_pz_zb.zth = '1' AND zw_pz_zb.nkjqj = '2021' AND zw_pz_zb.ykjqj = '03'; 运行效果： 账套号　年会计期间　月会计期间　应交税费期末余额 1　　　2021　　　03　　　1025096.54

7. 利润表

Z7001	统计 2021 年 1 月营业收入本期金额，包括账套号、年会计期间、月会计期间和营业收入本期金额。 SQL 语句： SELECT DISTINCT zth 账套号,nkjqj 年会计期间，ykjqj 月会计期间,(SELECT isnull(sum(dfje),0) -isnull(sum(jfje),0) FROM zw_pz_zb,zw_pz_mxb WHERE zw_pz_zb.zth = zw_pz_mxb.zth AND zw_pz_zb.zth = '1' AND zw_pz_zb.nkjqj = zw_pz_mxb.nkjqj AND zw_pz_zb.nkjqj = '2021' AND zw_pz_zb.ykjqj = zw_pz_mxb.ykjqj AND zw_pz_zb.ykjqj = '01' AND zw_pz_zb.pzh = zw_pz_mxb.pzh AND zw_pz_zb.shbj = '是' AND zw_pz_zb.jzbj = '是' AND zw_pz_mxb.km_code IN ('6001','6051') AND zw_pz_mxb.zy NOT LIKE '%结转本年利润%') 营业收入本

	期金额 FROM zw_pz_zb WHERE zw_pz_zb.zth = '1' AND zw_pz_zb.nkjqj = '2021' AND zw_pz_zb.ykjqj = '01'; 运行效果： 账套号　年会计期间　月会计期间　营业收入本期金额 1　　　　2021　　　　01　　　　3243323.16
Z7002	统计 2021 年 1 月营业成本本期金额，包括账套号、年会计期间、月会计期间和营业成本本期金额。 SQL 语句： SELECT DISTINCT zth 账套号,nkjqj 年会计期间, ykjqj 月会计期间,(SELECT isnull(sum(jfje),0) - isnull(sum(dfje),0) 　　FROM zw_pz_zb,zw_pz_mxb WHERE zw_pz_zb.zth = zw_pz_mxb.zth AND zw_pz_zb.zth = '1' AND zw_pz_zb.nkjqj = zw_pz_mxb.nkjqj AND zw_pz_zb.nkjqj = '2021' 　　AND zw_pz_zb.ykjqj = zw_pz_mxb.ykjqj AND zw_pz_zb.ykjqj = '01' AND zw_pz_zb.pzh = zw_pz_mxb.pzh AND zw_pz_zb.shbj = '是' AND zw_pz_zb.jzbj = '是' 　　AND zw_pz_mxb.km_code IN ('6401','6402') AND zw_pz_mxb.zy NOT LIKE '%结转本年利润%') 营业成本本期金额 　　FROM zw_pz_zb WHERE zw_pz_zb.zth = '1' AND zw_pz_zb.nkjqj = '2021' AND zw_pz_zb.ykjqj = '01'; 运行效果： 账套号　年会计期间　月会计期间　营业成本本期金额 1　　　　2021　　　　01　　　　1757511.07

思考题

1．使用 SQL 语句实现对进销存系统案例数据库中基本信息表、单据表、账表的查询、插入、删除、修改等基本数据处理，实现对数据的统计分析、稽核审计。

2．使用 SQL 语句实现对账务处理系统案例数据库中基本信息表、单据表、账表的查询、插入、删除、修改等基本数据处理，实现对数据的统计分析、稽核审计。

3．使用 SQL 语句实现对其他业务数据中基本信息表、单据表、账表的查询、插入、删除、修改等基本数据处理，实现对数据的统计分析、稽核审计。

第 7 章 SQL 应用

【学习目的】

使用 SQL 语句实现账表计算与稽核审计。使用 SQL 语句，通过开发与调用存储过程实现对进销存系统案例数据库中库存表、数量月报表、成本单价表、金额月报表的计算；实现对账务处理系统案例数据库中科目余额表、明细账表、资产负债表、利润表、财务指标的计算。分析案例数据库中可能存在的非正常数据；在正常数据库中，应用 SQL 制造非正常数据，并使用 SQL 语句稽核审计非正常数据。

【教学案例】

【案例 07-1】使用 SQL 语句清空进销存系统案例数据库中的所有数据。
【案例 07-2】使用 SQL 语句清空账务处理系统案例数据库中的所有数据。
【案例 07-3】使用 SQL 语句初始化进销存系统案例数据库中的数据。
【案例 07-4】使用 SQL 语句初始化账务处理系统案例数据库中的数据。
【案例 07-5】使用 SQL 语句对进销存系统案例数据库中的库存进行计算。
【案例 07-6】使用 SQL 语句对进销存系统案例数据库中的数量月报表进行计算。
【案例 07-7】使用 SQL 语句，采用月末一次加权平均法对进销存系统案例数据库中的成本进行计算。
【案例 07-8】使用 SQL 语句对进销存系统案例数据库中的金额月报表进行计算。
【案例 07-9】进销存系统数据批处理计算。
【案例 07-10】使用 SQL 语句对账务处理系统案例数据库中的科目余额表进行计算。
【案例 07-11】使用 SQL 语句对账务处理系统案例数据库中的明细账表进行计算。
【案例 07-12】使用 SQL 语句对账务处理系统案例数据库中的资产负债表进行计算。
【案例 07-13】使用 SQL 语句对账务处理系统案例数据库中的利润表进行计算。
【案例 07-14】使用 SQL 语句对账务处理系统案例数据库中的财务指标统计表进行计算。
【案例 07-15】账务处理系统数据批处理计算。
【案例 07-16】分析进销存系统案例数据库中可能存在的非正常数据。
【案例 07-17】使用 SQL 语句制造进销存系统案例数据库中的非正常数据。
【案例 07-18】使用 SQL 语句稽核审计进销存系统案例数据库中的非正常数据。
【案例 07-19】分析账务处理系统案例数据库中可能存在的非正常数据。

【案例07-20】使用 SQL 语句制造财务处理系统案例数据库中的非正常数据。
【案例07-21】使用 SQL 语句稽核审计账务处理系统案例数据库中的非正常数据。

7.1 SQL 语言编程

在实际应用中，经常需要将多条 SQL 语句组织起来完成比较复杂的数据处理，如计算进销存系统、账务处理系统中的各类账表，这就需要进行 SQL 语言编程，涉及的语言元素包括变量、运算符与表达式、流程控制语句函数、存储过程等。

7.1.1 变量类型与定义

变量分全局变量和局部变量两种。全局变量是由系统定义的，在内都能访问到的变量。全局变量以两个@@符号作为开头，用户只能访问，不能赋值。SQL Server 共提供了 30 多个全局变量，如@@ERROR（返回最后执行的 SQL 语句的错误代码，没有错误则为零）、@@ROWCOUNT（返回受上一语句影响的行数，任何不返回行的语句将这一变量设置为 0）、@@FETCH_STATUS（返回上一次 FETCH 语句的状态值）等。

局部变量由用户定义，只在一个批处理内有效。局部变量以一个@符号开头，由用户自己定义，并用 SELECT 或 SET 进行赋值。

1．变量类型

常用的变量类型如表 7-1 所示。

表 7-1 常用变量类型

数 据 类 型	描 述
DATE	日期型
INTEGER	数值型，整数值
DECIMAL(n,m)	数值型，小数值，精度 n，小数点后位数 m
NUMERIC(n,m)	数值型，小数值，精度 n，小数点后位数 m。与 DECIMAL 相同
CHAR(n)	字符型，长度 n
VARCHAR(n)	可变字符型，最大长度 n
BOOLEAN	布尔型，TRUE 或 FALSE

2．变量定义

通过 DECLARE 定义需要使用的变量及类型。

```
DECLARE @变量 数据类型
```

3．变量赋值

用 SELECT 或 SET 对变量进行赋值，但其用法和效果有些不同。SET 是美国国家标准协会标准（American National Standards Institute，ANSI）的赋值方式，SELECT 则不是；SELECT 可以一次对多个变量进行赋值，而 SET 一次只能对一个变量赋值。

7.1.2 运算符与表达式

1．运算符

运算符是一种符号，用来指定在一个或多个表达式中执行的操作，包括算术运算符、位运算符、比较运算符、逻辑运算符、字符串连接运算符、赋值运算符、一元运算符等。

（1）算术运算符在两个表达式间执行数学运算，这两个表达式可以是任何数字或数据类型，包括：+(加)、-(减)、*(乘)、/(除)、**(指数幂)、%(模)等。

（2）位运算符用于对两个表达式进行的位操作，这两个表达式可以是整型或与整型兼容的数据类型。位运算符包括：&(按位与)、|(按位或)、^(按位异或)等。

（3）比较运算符用于对两个表达式进行比较,运算结果返回 TRUE、FALSE。包括：=(相等)、!=(<>, ~=, ^=, 不相等)、<(小于)、>(大于)、<=(小于或等于)、>=(大于或等于)、Like(判断该值与一个自定义的规则是否匹配)、BETWEEN...AND(判断该值是否在设定值的范围内)、IN(判断值是否是一个集合中的元素或子集)、IS NULL(判断该值是否为空)、IS NOT NULL(判断该值是否不为空)等。

（4）逻辑运算符用于对某个条件进行测试，运算结果为 TRUE 或 FALSE。包括：AND(逻辑与)、OR(逻辑或)、NOT(逻辑非)。

（5）字符串连接运算符通过运算符"+"实现两个或多个字符串的连接运算。

（6）一元运算符指只有一个操作数的运送符，包含+(正)、-(负)和~(按位取反)。

运算符优先级如表 7-2 所示。

表 7-2 运算符的优先级

运 算 符	优先级	运 算 符	优先级
+(正)、-(负)、~(按位取反)	1 (高)	NOT(逻辑非)	6
*(乘)、/(除)、**(指数幂)、%(模)	2	AND(逻辑与)	7
+(加)、+(串联)、-(减)	3	ALL、ANY、BETWEEN、IN、LIKE、OR	8
=、<、>、<=、>=、<>、!=、!<、!>比较运算符	4	=(赋值)	9 (低)
&(位与)、|(位或)、^(位异或)	5		

当一个复杂的表达式有多个运算符时，运算符优先级决定执行运算的先后顺序，执行的顺序会影响所得到的运算结果。在一个表达式中按先高(优先级数字小)后低(优先级数字大)的顺序进行运算。当两个运算符有相同的优先级时，根据位置从左到右进行运算。括号可以用于改变优先级。

2．表达式

表达式就是常量、变量、列名、计算、运算符和函数的组合，一般用在 SELECT 及 SELECT 语句的 WHERE 子句中。

7.1.3 流程控制语句

常用的流程控制语句如表 7-3 所示。

表 7-3 常用的流程控制语句

控 制 语 句	说　　明	语 法 格 式
BEGIN...END	语句块	BEGIN 　　{SQL 语句|SQL 语句块} END

续表

控制语句	说明	语法格式
IF...ELSE	条件语句	IF 条件表达式 　　{SQL 语句|SQL 语句块} [ELSE 　　{SQL 语句|SQL 语句块}] END
CASE	分支语句	CASE 输入表达式 　　WHEN 表达式 THEN 结果表达式 　　[...] 　　[ELSE 结果表达式] END 或 CASE 　　WHEN 布尔表达式 THEN 结果表达式 　　[...] 　　[ELSE 结果表达式] END
GOTO	无条件转移语句	GOTO 标号 标号：语句
WHILE	循环语句	WHILE 条件表达式 　　{SQL 语句|SQL 语句块}
CONTINUE	重新开始下一次循环	CONTINUE
BREAK	退出最内层的循环	BREAK
RETURN	无条件返回	RETURN [整数表达式]

7.1.4 存储过程

1．定义

存储过程(Stored Procedure)是一组为了完成特定功能的 SQL 语句集，经编译后存储在数据库。用户通过指定存储过程的名字并给定对应参数(如果该存储过程带有参数)就可以执行完成任务。

在开发程序时，为了一个特定的业务功能，会对数据库进行多次连接关闭，需要对数据库进行多次 I/O 读写，性能比较低；如果把这些放到存储过程中，就可以实现连接关闭一次数据库来实现业务。使用存储过程，可以提高代码的重用性、简化操作、减少编译次数、减少与数据库服务器的连接次数，提高效率。

存储过程的特点：

(1)存储过程在创建时进行编译，以后每次执行时不再需要重新编译，而一般的 SQL 语句每执行一次就要编译一次，所以使用存储过程可提高数据库执行速度。

(2)当对数据库进行复杂操作时[如对多个表进行增加(Insert)、删除(Delete)、修改(Update)、查询(Select)时]，可将此复杂操作存储过程封装起来，与数据库提供的事务处理结合一起使用。

(3)存储过程可以重复使用，从而减少数据库开发人员的工作量。

(4)安全性高，可设定对指定存储过程的使用权。

相对于直接使用 SQL 语句，在应用程序中直接调用存储过程的优缺点如表 7-4 所示。

表 7-4 调用存储过程的优缺点

优缺点	说 明
优点	减少网络通信量。调用一个行数不多的存储过程与直接调用 SQL 语句的网络通信量可能不会有很大的差别，但如果存储过程包含多行 SQL 语句，那么其性能将比一条一条调用 SQL 语句要高
	执行速度更快。由于在存储过程创建时，数据库已经对其进行了解析和优化，一旦执行，将在内存中保留这个存储过程，待下次再执行同样的存储过程时，可从内存中直接调用
	更强的适应性。由于存储过程对数据库的访问是通过存储过程来进行的，因此数据库开发人员可以在不改动存储过程接口的情况下对数据库进行任何改动，而这些改动不会对应用程序造成影响
	分布式工作。应用程序和数据库的编码工作可以分别独立进行，而不会相互压制
缺点	如果更改范围大到需要对输入存储过程的参数进行更改，或者要更改由其返回的数据，则仍需要更新程序集中的代码以添加参数、更新调用等
	可移植性差。由于存储过程将应用程序绑定到 SQL Server，因此使用存储过程封装业务逻辑将限制应用程序的可移植性

2．语法

（1）创建存储过程

通过 CREATE PROCEDURE 或 CREATE PROC 创建存储过程。

```
CREATE PROCEDURE 存储过程名 [{@参数 数据类型}]
AS
    BEGIN
        {SQL 语句|SQL 语句块}
    END;
```

（2）调用存储过程

通过 EXECUTE 或 EXEC 调用执行存储过程。

```
EXECUTE 存储过程名 {[@参数=]{值|@变量}];
```

（3）删除存储过程

通过 DROP PROCEDURE 或 DROP PROC 删除存储过程。

```
DROP PROCEDURE 存储过程名;
```

【案例 07-1】 使用 SQL 语句清空进销存系统案例数据库中的所有数据。

```
参见存储过程：p_clear_jxc
//清空进销存系统案例数据库中的所有数据
drop procedure p_clear_jxc;
create procedure p_clear_jxc
as
    begin
        delete from jxc_goods_amount
        delete from jxc_goods_price
        delete from jxc_report_amount
        delete from jxc_report_mone
        delete from jxc_sheet_buy
        delete from jxc_sheet_sale
        delete from jxc_operator
        delete from jxc_goods
    end;
```

清空进销存系统案例数据库中的所有数据：

EXEC p_clear_jxc;

【案例07-2】使用SQL语句清空账务处理系统案例数据库中的所有数据。

```
参见存储过程：p_clear_zw
//清空账务处理系统案例数据库中的所有数据
drop procedure p_clear_zw;
create procedure p_clear_zw
as
    begin
        delete from zw_pz_mxb
        delete from zw_pz_zb
        delete from zw_zb_kmyeb
        delete from zw_zb_mxzb
        delete from zw_yb_zcfzb
        delete from zw_yb_lrb
        delete from zw_yb_cwzbtjb
        delete from zw_d_czy
        delete from zw_d_kjkmbmb
        delete from zw_d_ztxxb
        delete from zw_c_bb
        delete from zw_c_hy
        delete from zw_c_kmlb
        delete from zw_c_kmxz
        delete from zw_c_cwzbmb
    end;
```

清空账务处理系统案例数据库中的所有数据：

EXEC p_clear_zw;

【案例07-3】使用SQL语句初始化进销存系统案例数据库中的数据。

```
参见存储过程：p_ini_jxc
//初始化进销存系统案例数据库中的数据
drop procedure p_ini_jxc;
create procedure p_ini_jxc  @r_zth char(2)
as
    begin
        delete from jxc_goods_amount where zth=@r_zth
        delete from jxc_goods_price where zth=@r_zth
        delete from jxc_report_amount where zth=@r_zth
        delete from jxc_report_mone where zth=@r_zth
        delete from jxc_sheet_buy where zth=@r_zth
        delete from jxc_sheet_sale where zth=@r_zth
        delete from jxc_operator where zth=@r_zth
        delete from jxc_goods where zth=@r_zth
//1.操作员表
insert into jxc_operator(zth,oper_code,oper_name,password) values (@r_zth,'1','陈亮','111')
insert into jxc_operator(zth,oper_code,oper_name,password) values (@r_zth,'2','黄佳','222')
insert into jxc_operator(zth,oper_code,oper_name,password) values (@r_zth,'3','吴海','333')
```

        insert into jxc_operator(zth,oper_code,oper_name,password) values (@r_zth,'4','李蓉','444')

    //2.商品信息表
        insert into jxc_goods(zth,code,name,sort,model,unit,price,manufacturer,photo) values (@r_zth, '1001','荣耀20','手机','全网通8gb+128gb','台',2099,'荣耀','picture\1001.jpg')
        insert into jxc_goods(zth,code,name,sort,model,unit,price,manufacturer,photo) values (@r_zth, '1002','mate30','手机','麒麟990 8gb+128gb','台',4299,'华为','picture\1002.jpg')
        insert into jxc_goods(zth,code,name,sort,model,unit,price,manufacturer,photo) values (@r_zth, '2001','macbook pro16','计算机','i7-9750h+radeon pro 5300m+16g 内存+512g 固态','台',18999,'苹果','picture\2001.jpg')
        insert into jxc_goods(zth,code,name,sort,model,unit,price,manufacturer,photo) values (@r_zth, '2002','联想 yoga c940','计算机','i5-1035g4+16g 内存+512g 固态','台',9699,'联想','picture\2002.jpg')
        insert into jxc_goods(zth,code,name,sort,model,unit,price,manufacturer,photo) values (@r_zth, '3001','佳能750d','相机','eos 850d ef-s 18-55','台',3099,'佳能','picture\3001.jpg')
        insert into jxc_goods(zth,code,name,sort,model,unit,price,manufacturer,photo) values (@r_zth, '3002','索尼 a6000','相机','ilce-6000l 套机(16-50mm)','台',3999,'索尼','picture\3002.jpg')

    //3.采购单
        insert into jxc_sheet_buy(zth,sheetid,sheetdate,oper_code,code,amount,price,mone,note) values (@r_zth,'0001','2021-01-03','1', '1001',50,1552,77600,'')
        insert into jxc_sheet_buy(zth,sheetid,sheetdate,oper_code,code,amount,price,mone,note) values (@r_zth,'0002','2021-01-05','1', '1002',40,3801,152040,'')
        insert into jxc_sheet_buy(zth,sheetid,sheetdate,oper_code,code,amount,price,mone,note) values (@r_zth,'0003','2021-01-06','1', '3001',50,2640,132000,'')
        insert into jxc_sheet_buy(zth,sheetid,sheetdate,oper_code,code,amount,price,mone,note) values (@r_zth,'0004','2021-01-08','1', '2001',50,10349,517450,'')
        insert into jxc_sheet_buy(zth,sheetid,sheetdate,oper_code,code,amount,price,mone,note) values (@r_zth,'0005','2021-01-11','1', '1002',60,3733.2,223992,'')
        insert into jxc_sheet_buy(zth,sheetid,sheetdate,oper_code,code,amount,price,mone,note) values (@r_zth,'0006','2021-01-12','1', '2001',60,9479,568740,'')
        insert into jxc_sheet_buy(zth,sheetid,sheetdate,oper_code,code,amount,price,mone,note) values (@r_zth,'0007','2021-01-12','1', '2002',100,5879,587900,'')
        insert into jxc_sheet_buy(zth,sheetid,sheetdate,oper_code,code,amount,price,mone,note) values (@r_zth,'0008','2021-01-19','1', '2002',20,6831.6,136632,'')
        insert into jxc_sheet_buy(zth,sheetid,sheetdate,oper_code,code,amount,price,mone,note) values (@r_zth,'0009','2021-01-20','1', '2001',30,9936.6,298098,'')
        insert into jxc_sheet_buy(zth,sheetid,sheetdate,oper_code,code,amount,price,mone,note) values (@r_zth,'0010','2021-02-03','1', '3002',80,3350.8,268064,'')
        insert into jxc_sheet_buy(zth,sheetid,sheetdate,oper_code,code,amount,price,mone,note) values (@r_zth,'0011','2021-02-05','1', '1002',80,3857.5,308600,'')
        insert into jxc_sheet_buy(zth,sheetid,sheetdate,oper_code,code,amount,price,mone,note) values (@r_zth,'0012','2021-02-06','1', '1001',30,1552,46560,'')
        insert into jxc_sheet_buy(zth,sheetid,sheetdate,oper_code,code,amount,price,mone,note) values (@r_zth,'0013','2021-02-10','1', '2001',50,10739,536950,'')
        insert into jxc_sheet_buy(zth,sheetid,sheetdate,oper_code,code,amount,price,mone,note) values (@r_zth,'0014','2021-02-10','1', '2002',50,6683,334150,'')
        insert into jxc_sheet_buy(zth,sheetid,sheetdate,oper_code,code,amount,price,mone,note) values (@r_zth,'0015','2021-02-10','1', '3001',30,2775.6,83268,'')
        insert into jxc_sheet_buy(zth,sheetid,sheetdate,oper_code,code,amount,price,mone,

note) values (@r_zth,'0016','2021-02-12','1', '1002',100,3857.5,385750,'')
    insert into jxc_sheet_buy(zth,sheetid,sheetdate,oper_code,code,amount,price,mone,note) values (@r_zth,'0017','2021-02-12','1', '3002',30,3296,98880,'')
    insert into jxc_sheet_buy(zth,sheetid,sheetdate,oper_code,code,amount,price,mone,note) values (@r_zth,'0018','2021-02-16','1', '1001',20,1552,31040,'')
    insert into jxc_sheet_buy(zth,sheetid,sheetdate,oper_code,code,amount,price,mone,note) values (@r_zth,'0019','2021-02-18','1', '3002',50,3116.9,155845,'')
    insert into jxc_sheet_buy(zth,sheetid,sheetdate,oper_code,code,amount,price,mone,note) values (@r_zth,'0020','2021-02-25','1', '1002',66,3925.3,259069.8,'')
    insert into jxc_sheet_buy(zth,sheetid,sheetdate,oper_code,code,amount,price,mone,note) values (@r_zth,'0021','2021-02-25','1', '2001',60,9944,596640,'')
    insert into jxc_sheet_buy(zth,sheetid,sheetdate,oper_code,code,amount,price,mone,note) values (@r_zth,'0022','2021-02-25','1', '2002',30,7042.9,211287,'')
    insert into jxc_sheet_buy(zth,sheetid,sheetdate,oper_code,code,amount,price,mone,note) values (@r_zth,'0023','2021-02-26','1', '3002',66,3005.6,198369.6,'')
    insert into jxc_sheet_buy(zth,sheetid,sheetdate,oper_code,code,amount,price,mone,note) values (@r_zth,'0024','2021-02-28','1', '3001',20,2730.4,54608,'')
    insert into jxc_sheet_buy(zth,sheetid,sheetdate,oper_code,code,amount,price,mone,note) values (@r_zth,'0025','2021-03-05','1', '1001',30,1665,49950,'')
    insert into jxc_sheet_buy(zth,sheetid,sheetdate,oper_code,code,amount,price,mone,note) values (@r_zth,'0026','2021-03-10','1', '1002',20,4117.4,82348,'')
    insert into jxc_sheet_buy(zth,sheetid,sheetdate,oper_code,code,amount,price,mone,note) values (@r_zth,'0027','2021-03-15','1', '2001',30,12417,372510,'')

    //4.销售单
    insert into jxc_sheet_sale(zth,sheetid,sheetdate,oper_code,code,amount,price,mone,note) values (@r_zth,'0001','2021-01-06','1', '1002',30,4479,134370,'')
    insert into jxc_sheet_sale(zth,sheetid,sheetdate,oper_code,code,amount,price,mone,note) values (@r_zth,'0002','2021-01-08','1', '1002',10,4422.5,44225,'')
    insert into jxc_sheet_sale(zth,sheetid,sheetdate,oper_code,code,amount,price,mone,note) values (@r_zth,'0003','2021-01-08','1', '2001',45,21299,958455,'')
    insert into jxc_sheet_sale(zth,sheetid,sheetdate,oper_code,code,amount,price,mone,note) values (@r_zth,'0004','2021-01-15','1', '2002',60,10789,647340,'')
    insert into jxc_sheet_sale(zth,sheetid,sheetdate,oper_code,code,amount,price,mone,note) values (@r_zth,'0005','2021-01-17','1', '2001',55,20169,1109295,'')
    insert into jxc_sheet_sale(zth,sheetid,sheetdate,oper_code,code,amount,price,mone,note) values (@r_zth,'0006','2021-01-17','1', '2002',20,11907.7,238154,'')
    insert into jxc_sheet_sale(zth,sheetid,sheetdate,oper_code,code,amount,price,mone,note) values (@r_zth,'0007','2021-01-18','1', '1001',35,2341.87,81965.45,'')
    insert into jxc_sheet_sale(zth,sheetid,sheetdate,oper_code,code,amount,price,mone,note) values (@r_zth,'0008','2021-01-19','1', '1002',56,4477.87,250760.72,'')
    insert into jxc_sheet_sale(zth,sheetid,sheetdate,oper_code,code,amount,price,mone,note) values (@r_zth,'0009','2021-01-23','1', '2001',10,20039,200390,'')
    insert into jxc_sheet_sale(zth,sheetid,sheetdate,oper_code,code,amount,price,mone,note) values (@r_zth,'0010','2021-02-03','1', '2002',30,9657.87,289736.1,'')
    insert into jxc_sheet_sale(zth,sheetid,sheetdate,oper_code,code,amount,price,mone,note) values (@r_zth,'0011','2021-02-04','1', '1001',15,2230,33450,'')
    insert into jxc_sheet_sale(zth,sheetid,sheetdate,oper_code,code,amount,price,mone,note) values (@r_zth,'0012','2021-02-05','1', '3001',35,3090.87,108180.45,'')
    insert into jxc_sheet_sale(zth,sheetid,sheetdate,oper_code,code,amount,price,mone,note) values (@r_zth,'0013','2021-02-06','1', '2002',10,11919,119190,'')

```sql
    insert into jxc_sheet_sale(zth,sheetid,sheetdate,oper_code,code,amount,price,mone,note) values (@r_zth,'0014','2021-02-06','1', '3002',56,3978.5,222796,'')
    insert into jxc_sheet_sale(zth,sheetid,sheetdate,oper_code,code,amount,price,mone,note) values (@r_zth,'0015','2021-02-08','1', '2001',20,19039,380780,'')
    insert into jxc_sheet_sale(zth,sheetid,sheetdate,oper_code,code,amount,price,mone,note) values (@r_zth,'0016','2021-02-08','1', '3001',10,3205,32050,'')
    insert into jxc_sheet_sale(zth,sheetid,sheetdate,oper_code,code,amount,price,mone,note) values (@r_zth,'0017','2021-02-10','1', '1001',25,2331.7,58292.5,'')
    insert into jxc_sheet_sale(zth,sheetid,sheetdate,oper_code,code,amount,price,mone,note) values (@r_zth,'0018','2021-02-12','1', '1002',60,4366,261960,'')
    insert into jxc_sheet_sale(zth,sheetid,sheetdate,oper_code,code,amount,price,mone,note) values (@r_zth,'0019','2021-02-15','1', '3002',45,4111.84,185032.8,'')
    insert into jxc_sheet_sale(zth,sheetid,sheetdate,oper_code,code,amount,price,mone,note) values (@r_zth,'0020','2021-02-16','1', '1002',110,4343.4,477774,'')
    insert into jxc_sheet_sale(zth,sheetid,sheetdate,oper_code,code,amount,price,mone,note) values (@r_zth,'0021','2021-02-16','1', '2002',20,11907.7,238154,'')
    insert into jxc_sheet_sale(zth,sheetid,sheetdate,oper_code,code,amount,price,mone,note) values (@r_zth,'0022','2021-02-17','1', '2001',55,21604,1188220,'')
    insert into jxc_sheet_sale(zth,sheetid,sheetdate,oper_code,code,amount,price,mone,note) values (@r_zth,'0023','2021-02-18','1', '3001',20,3202.74,64054.8,'')
    insert into jxc_sheet_sale(zth,sheetid,sheetdate,oper_code,code,amount,price,mone,note) values (@r_zth,'0024','2021-02-20','1', '1001',18,2331.7,41970.6,'')
    insert into jxc_sheet_sale(zth,sheetid,sheetdate,oper_code,code,amount,price,mone,note) values (@r_zth,'0025','2021-02-20','1', '3002',30,4091.5,122745,'')
    insert into jxc_sheet_sale(zth,sheetid,sheetdate,oper_code,code,amount,price,mone,note) values (@r_zth,'0026','2021-02-23','1', '3002',25,4111.84,102796,'')
    insert into jxc_sheet_sale(zth,sheetid,sheetdate,oper_code,code,amount,price,mone,note) values (@r_zth,'0027','2021-02-25','1', '3001',10,3227.6,32276,'')
    insert into jxc_sheet_sale(zth,sheetid,sheetdate,oper_code,code,amount,price,mone,note) values (@r_zth,'0028','2021-02-26','1', '1002',50,4399.9,219995,'')
    insert into jxc_sheet_sale(zth,sheetid,sheetdate,oper_code,code,amount,price,mone,note) values (@r_zth,'0029','2021-02-28','1', '2001',30,20169,605070,'')
    insert into jxc_sheet_sale(zth,sheetid,sheetdate,oper_code,code,amount,price,mone,note) values (@r_zth,'0030','2021-02-28','1', '3002',10,4111.84,41118.4,'')
    insert into jxc_sheet_sale(zth,sheetid,sheetdate,oper_code,code,amount,price,mone,note) values (@r_zth,'0031','2021-03-05','1', '2001',10,21259.4,212594,'')
    insert into jxc_sheet_sale(zth,sheetid,sheetdate,oper_code,code,amount,price,mone,note) values (@r_zth,'0032','2021-03-06','1', '1002',10,4422.5,44225,'')
    insert into jxc_sheet_sale(zth,sheetid,sheetdate,oper_code,code,amount,price,mone,note) values (@r_zth,'0033','2021-03-08','1', '1001',15,2331.7,34975.5,'')
    insert into jxc_sheet_sale(zth,sheetid,sheetdate,oper_code,code,amount,price,mone,note) values (@r_zth,'0034','2021-03-10','1', '1001',18,2331.7,41970.6,'')
    insert into jxc_sheet_sale(zth,sheetid,sheetdate,oper_code,code,amount,price,mone,note) values (@r_zth,'0035','2021-03-10','1', '1002',5,4479,22395,'')
    insert into jxc_sheet_sale(zth,sheetid,sheetdate,oper_code,code,amount,price,mone,note) values (@r_zth,'0036','2021-03-13','1', '2001',5,22282,111410,'')
    insert into jxc_sheet_sale(zth,sheetid,sheetdate,oper_code,code,amount,price,mone,note) values (@r_zth,'0037','2021-03-13','1', '1002',20,4399.9,87998,'')
    insert into jxc_sheet_sale(zth,sheetid,sheetdate,oper_code,code,amount,price,mone,note) values (@r_zth,'0038','2021-03-14','1', '3002',10,4111.84,41118.4,'')
    insert into jxc_sheet_sale(zth,sheetid,sheetdate,oper_code,code,amount,price,mone,
```

```sql
note) values (@r_zth,'0039','2021-03-20','1', '2001',8,22259.4,178075.2,'')
    //5.商品库存表
    insert into jxc_goods_amount (zth,code,amount ) values (@r_zth,'1001',4)
    insert into jxc_goods_amount (zth,code,amount ) values (@r_zth,'1002',15)
    insert into jxc_goods_amount (zth,code,amount ) values (@r_zth,'2001',42)
    insert into jxc_goods_amount (zth,code,amount ) values (@r_zth,'2002',60)
    insert into jxc_goods_amount (zth,code,amount ) values (@r_zth,'3001',25)
    insert into jxc_goods_amount (zth,code,amount ) values (@r_zth,'3002',50)

    //6.数量月报表
    insert into jxc_report_amount(zth,date_min,date_max,code,amount_ini,amount_buy,amount_sale,amount_end) values (@r_zth,'2021-01-01','2021-01-31','1001',0,50,35,15)
    insert into jxc_report_amount(zth,date_min,date_max,code,amount_ini,amount_buy,amount_sale,amount_end) values (@r_zth,'2021-01-01','2021-01-31','1002',0,100,96,4)
    insert into jxc_report_amount(zth,date_min,date_max,code,amount_ini,amount_buy,amount_sale,amount_end) values (@r_zth,'2021-01-01','2021-01-31','2001',0,140,110,30)
    insert into jxc_report_amount(zth,date_min,date_max,code,amount_ini,amount_buy,amount_sale,amount_end) values (@r_zth,'2021-01-01','2021-01-31','2002',0,120,80,40)
    insert into jxc_report_amount(zth,date_min,date_max,code,amount_ini,amount_buy,amount_sale,amount_end) values (@r_zth,'2021-01-01','2021-01-31','3001',0,50,0,50)
    insert into jxc_report_amount(zth,date_min,date_max,code,amount_ini,amount_buy,amount_sale,amount_end) values (@r_zth,'2021-01-01','2021-01-31','3002',0,0,0,0)
    insert into jxc_report_amount(zth,date_min,date_max,code,amount_ini,amount_buy,amount_sale,amount_end) values (@r_zth,'2021-02-01','2021-02-28','1001',15,50,58,7)
    insert into jxc_report_amount(zth,date_min,date_max,code,amount_ini,amount_buy,amount_sale,amount_end) values (@r_zth,'2021-02-01','2021-02-28','1002',4,246,220,30)
    insert into jxc_report_amount(zth,date_min,date_max,code,amount_ini,amount_buy,amount_sale,amount_end) values (@r_zth,'2021-02-01','2021-02-28','2001',30,110,105,35)
    insert into jxc_report_amount(zth,date_min,date_max,code,amount_ini,amount_buy,amount_sale,amount_end) values (@r_zth,'2021-02-01','2021-02-28','2002',40,80,60,60)
    insert into jxc_report_amount(zth,date_min,date_max,code,amount_ini,amount_buy,amount_sale,amount_end) values (@r_zth,'2021-02-01','2021-02-28','3001',50,50,75,25)
    insert into jxc_report_amount(zth,date_min,date_max,code,amount_ini,amount_buy,amount_sale,amount_end) values (@r_zth,'2021-02-01','2021-02-28','3002',0,226,166,60)
    insert into jxc_report_amount(zth,date_min,date_max,code,amount_ini,amount_buy,amount_sale,amount_end) values (@r_zth,'2021-03-01','2021-03-31','1001',7,30,33,4)
    insert into jxc_report_amount(zth,date_min,date_max,code,amount_ini,amount_buy,amount_sale,amount_end) values (@r_zth,'2021-03-01','2021-03-31','1002',30,20,35,15)
    insert into jxc_report_amount(zth,date_min,date_max,code,amount_ini,amount_buy,amount_sale,amount_end) values (@r_zth,'2021-03-01','2021-03-31','2001',35,30,23,42)
    insert into jxc_report_amount(zth,date_min,date_max,code,amount_ini,amount_buy,amount_sale,amount_end) values (@r_zth,'2021-03-01','2021-03-31','2002',60,0,0,60)
    insert into jxc_report_amount(zth,date_min,date_max,code,amount_ini,amount_buy,amount_sale,amount_end) values (@r_zth,'2021-03-01','2021-03-31','3001',25,0,0,25)
    insert into jxc_report_amount(zth,date_min,date_max,code,amount_ini,amount_buy,amount_sale,amount_end) values (@r_zth,'2021-03-01','2021-03-31','3002',60,0,10,50)

    //7.成本单价表
    insert into jxc_goods_price(zth,date_min,date_max,code,price) values (@r_zth,'2021-01-01','2021-01-31','1001',1373.45)
```

```
    insert into jxc_goods_price(zth,date_min,date_max,code,price) values (@r_zth,'2021-01-01','2021-01-31','1002',3327.72)
    insert into jxc_goods_price(zth,date_min,date_max,code,price) values (@r_zth,'2021-01-01','2021-01-31','2001',8750.24)
    insert into jxc_goods_price(zth,date_min,date_max,code,price) values (@r_zth,'2021-01-01','2021-01-31','2002',5343.16)
    insert into jxc_goods_price(zth,date_min,date_max,code,price) values (@r_zth,'2021-01-01','2021-01-31','3001',2336.28)
    insert into jxc_goods_price(zth,date_min,date_max,code,price) values (@r_zth,'2021-01-01','2021-01-31','3002',0)
    insert into jxc_goods_price(zth,date_min,date_max,code,price) values (@r_zth,'2021-02-01','2021-02-28','1001',1373.45)
    insert into jxc_goods_price(zth,date_min,date_max,code,price) values (@r_zth,'2021-02-01','2021-02-28','1002',3428.18)
    insert into jxc_goods_price(zth,date_min,date_max,code,price) values (@r_zth,'2021-02-01','2021-02-28','2001',9040.6)
    insert into jxc_goods_price(zth,date_min,date_max,code,price) values (@r_zth,'2021-02-01','2021-02-28','2002',5803.45)
    insert into jxc_goods_price(zth,date_min,date_max,code,price) values (@r_zth,'2021-02-01','2021-02-28','3001',2388.28)
    insert into jxc_goods_price(zth,date_min,date_max,code,price) values (@r_zth,'2021-02-01','2021-02-28','3002',2823.86)
    insert into jxc_goods_price(zth,date_min,date_max,code,price) values (@r_zth,'2021-03-01','2021-03-31','1001',1454.53)
    insert into jxc_goods_price(zth,date_min,date_max,code,price) values (@r_zth,'2021-03-01','2021-03-31','1002',3514.39)
    insert into jxc_goods_price(zth,date_min,date_max,code,price) values (@r_zth,'2021-03-01','2021-03-31','2001',9939.63)
    insert into jxc_goods_price(zth,date_min,date_max,code,price) values (@r_zth,'2021-03-01','2021-03-31','2002',5803.45)
    insert into jxc_goods_price(zth,date_min,date_max,code,price) values (@r_zth,'2021-03-01','2021-03-31','3001',2388.28)
    insert into jxc_goods_price(zth,date_min,date_max,code,price) values (@r_zth,'2021-03-01','2021-03-31','3002',2823.86)
    //8.金额月报表
    insert into jxc_report_mone(zth,date_min,date_max,code,mone_ini,mone_buy,mone_sale,mone_end) values (@r_zth,'2021-01-01','2021-01-31','1001',0,77600,81965.45,20601.75)
    insert into jxc_report_mone(zth,date_min,date_max,code,mone_ini,mone_buy,mone_sale,mone_end) values (@r_zth,'2021-01-01','2021-01-31','1002',0,376032,429355.72,13310.88)
    insert into jxc_report_mone(zth,date_min,date_max,code,mone_ini,mone_buy,mone_sale,mone_end) values (@r_zth,'2021-01-01','2021-01-31','2001',0,1384288,2268140,262507.2)
    insert into jxc_report_mone(zth,date_min,date_max,code,mone_ini,mone_buy,mone_sale,mone_end) values (@r_zth,'2021-01-01','2021-01-31','2002',0,724532,885494,213726.4)
    insert into jxc_report_mone(zth,date_min,date_max,code,mone_ini,mone_buy,mone_sale,mone_end) values (@r_zth,'2021-01-01','2021-01-31','3001',0,132000,0,116814)
    insert into jxc_report_mone(zth,date_min,date_max,code,mone_ini,mone_buy,mone_sale,mone_end) values (@r_zth,'2021-01-01','2021-01-31','3002',0,0,0,0)
    insert into jxc_report_mone(zth,date_min,date_max,code,mone_ini,mone_buy,mone_sale,mone_end) values (@r_zth,'2021-02-01','2021-02-28','1001',20601.75,77600,133713.1,9614.15)
    insert into jxc_report_mone(zth,date_min,date_max,code,mone_ini,mone_buy,mone_sale,
```

```
      mone_end) values (@r_zth,'2021-02-01','2021-02-28','1002',13310.88,953419.8,959729,102845.4)
        insert into jxc_report_mone(zth,date_min,date_max,code,mone_ini,mone_buy,mone_sale,
      mone_end) values (@r_zth,'2021-02-01','2021-02-28','2001',262507.2,1133590,2174070,316421)
        insert into jxc_report_mone(zth,date_min,date_max,code,mone_ini,mone_buy,mone_sale,
      mone_end) values (@r_zth,'2021-02-01','2021-02-28','2002',213726.4,545437,647080.1,348207)
        insert into jxc_report_mone(zth,date_min,date_max,code,mone_ini,mone_buy,mone_sale,
      mone_end) values (@r_zth,'2021-02-01','2021-02-28','3001',116814,137876,236561.25,59707)
        insert into jxc_report_mone(zth,date_min,date_max,code,mone_ini,mone_buy,mone_sale,
      mone_end) values (@r_zth,'2021-02-01','2021-02-28','3002',0,721158.6,674488.2,169431.6)
        insert into jxc_report_mone(zth,date_min,date_max,code,mone_ini,mone_buy,mone_sale,
      mone_end) values (@r_zth,'2021-03-01','2021-03-31','1001',9614.15,49950,76946.1,5818.12)
        insert into jxc_report_mone(zth,date_min,date_max,code,mone_ini,mone_buy,mone_sale,
      mone_end) values (@r_zth,'2021-03-01','2021-03-31','1002',102845.4,82348,154618,52715.85)
        insert into jxc_report_mone(zth,date_min,date_max,code,mone_ini,mone_buy,mone_sale,
      mone_end) values (@r_zth,'2021-03-01','2021-03-31','2001',316421,372510,502079.2,417464.46)
        insert into jxc_report_mone(zth,date_min,date_max,code,mone_ini,mone_buy,mone_sale,
      mone_end) values (@r_zth,'2021-03-01','2021-03-31','2002',348207,0,0,348207)
        insert into jxc_report_mone(zth,date_min,date_max,code,mone_ini,mone_buy,mone_sale,
      mone_end) values (@r_zth,'2021-03-01','2021-03-31','3001',59707,0,0,59707)
        insert into jxc_report_mone(zth,date_min,date_max,code,mone_ini,mone_buy,mone_sale,
      mone_end) values (@r_zth,'2021-03-01','2021-03-31','3002',169431.6,0,41118.4,141193)
        end;
```

初始化账套号为"1"的进销存系统案例数据库中的数据：

　　EXEC p_ini_jxc @r_zth='1';

【案例07-4】使用 SQL 语句初始化账务处理系统案例数据库中的数据。

```
参见存储过程：p_ini_zw
/p_ini_zw
//初始化账务处理系统案例数据库中的数据
drop procedure p_ini_zw;
create procedure p_ini_zw @r_zth char(2)
as
    begin
       …
    end;
```

初始化账套号为"1"的账务处理系统案例数据库中的数据：

　　EXEC p_ini_zw @r_zth='1';

7.2　进销存账表计算

7.2.1　库存计算

【案例07-5】使用 SQL 语句对进销存系统案例数据库中的库存进行计算。

```
进销存系统案例数据库中库存计算(方案1)
    //方案1    计算指定账套、指定商品的库存数据
    参见存储过程：p_comp_jxc_goods_amount1 @r_zth char(2),@r_code char(13)
```

进销存系统案例数据库中库存计算(方案2)
//方案2　　计算指定账套的库存数据
参见存储过程：p_comp_jxc_goods_amount @r_zth char(2)
进销存系统案例数据库中库存计算(方案3)
//方案3　　计算所有账套的库存数据
参见存储过程：p_comp_jxc_goods_amount2
进销存系统案例数据库中库存计算(方案4)
//方案4　　计算所有账套的库存数据
参见存储过程：p_comp_jxc_goods_amount3

```sql
//计算库存表
//方案1    计算指定账套、指定商品的库存数据
drop procedure p_comp_jxc_goods_amount1;
create procedure p_comp_jxc_goods_amount1 @r_zth char(2),@r_code char(13)
as
    begin
        delete from jxc_goods_amount where zth=@r_zth and code=@r_code
        insert jxc_goods_amount(zth,code,amount) select zth,code,0 from jxc_goods
where zth=@r_zth and code=@r_code
        update jxc_goods_amount
        set jxc_goods_amount.amount=jxc_goods_amount.amount
         + isnull( (select sum(jxc_sheet_buy.amount) from jxc_sheet_buy
              where  jxc_goods_amount.zth=jxc_sheet_buy.zth and jxc_goods_ amount.code=jxc_sheet_buy.code and jxc_goods_amount.zth=@r_zth and jxc_goods_ amount.code=@r_code),0)
           - isnull((select sum(jxc_sheet_sale.amount) from jxc_sheet_sale
              where  jxc_goods_amount.zth=jxc_sheet_sale.zth and jxc_ goods_amount.code=jxc_sheet_sale.code and jxc_goods_amount.zth=@r_zth and jxc_goods_amount.code=@r_code),0)
        end;

//方案2    计算指定账套的库存数据
drop procedure p_comp_jxc_goods_amount;
create procedure p_comp_jxc_goods_amount @r_zth char(2)
as
    begin
        delete from jxc_goods_amount where zth=@r_zth
        insert jxc_goods_amount(zth,code,amount) select zth,code,0 from jxc_goods
where zth=@r_zth
        update jxc_goods_amount
        set jxc_goods_amount.amount=jxc_goods_amount.amount
         + isnull( (select sum(jxc_sheet_buy.amount) from jxc_sheet_buy
              where  jxc_goods_amount.zth=jxc_sheet_buy.zth and jxc_goods_amount.code=jxc_sheet_buy.code and jxc_goods_amount.zth=@r_zth),0)
           - isnull((select sum(jxc_sheet_sale.amount) from jxc_sheet_sale
              where  jxc_goods_amount.zth=jxc_sheet_sale.zth and jxc_goods_amount.code=jxc_sheet_sale.code and jxc_goods_amount.zth=@r_zth),0)
        end;

//方案3    计算所有账套的库存数据
drop procedure p_comp_jxc_goods_amount2;
create procedure p_comp_jxc_goods_amount2
as
```

```
        begin
            delete from jxc_goods_amount
            insert jxc_goods_amount(zth,code,amount) select zth,code,0 from jxc_goods
            update jxc_goods_amount
            set jxc_goods_amount.amount=jxc_goods_amount.amount + jxc_sheet_buy.amount
from jxc_sheet_buy
            where jxc_goods_amount.zth=jxc_sheet_buy.zth and   jxc_goods_amount.code=
jxc_sheet_buy.code
            update jxc_goods_amount
            set jxc_goods_amount.amount=jxc_goods_amount.amount - jxc_sheet_sale.amount
from jxc_sheet_sale
            where jxc_goods_amount.zth=jxc_sheet_sale.zth and   jxc_goods_amount.code=
jxc_sheet_sale.code
        end;

    //方案 4   计算所有账套的库存数据
    drop procedure p_comp_jxc_goods_amount3;
    create procedure p_comp_jxc_goods_amount3
    as
        begin
            delete from jxc_goods_amount
            insert jxc_goods_amount(zth,code,amount) select zth,code,0 from jxc_goods
            update jxc_goods_amount
            set jxc_goods_amount.amount=jxc_goods_amount.amount
            + isnull((select sum(jxc_sheet_buy.amount) from jxc_sheet_buy where  jxc_goods_
amount.zth=jxc_sheet_buy.zth and jxc_goods_amount.code=jxc_sheet_buy.code),0)
             - isnull((select sum(jxc_sheet_sale.amount) from jxc_sheet_sale where  jxc_
goods_amount.zth=jxc_sheet_sale.zth and jxc_goods_amount.code=jxc_sheet_sale.code),0)

        end;
```

计算指定账套号为"1"的商品编码为"1001""1002""2001""2002""3001""3002"的商品的库存数据：

```
DELETE FROM jxc_goods_amount;
EXEC p_comp_jxc_goods_amount1 @r_zth='1',@r_code='1001';
EXEC p_comp_jxc_goods_amount1 @r_zth='1',@r_code='1002';
EXEC p_comp_jxc_goods_amount1 @r_zth='1',@r_code='2001';
EXEC p_comp_jxc_goods_amount1 @r_zth='1',@r_code='2002';
EXEC p_comp_jxc_goods_amount1 @r_zth='1',@r_code='3001';
EXEC p_comp_jxc_goods_amount1 @r_zth='1',@r_code='3002';
```

计算指定账套号为"1"的所有商品的库存数据：

```
EXEC p_comp_jxc_goods_amount @r_zth='1';
```

计算所有账套的库存数据：

```
EXEC p_comp_jxc_goods_amount2;
```

计算所有账套的库存数据：

```
EXEC p_comp_jxc_goods_amount3;
```

7.2.2 进销存数量月报表计算

【案例 07-6】 使用 SQL 语句对进销存系统案例数据库中的数量月报表进行计算。

进销存系统案例数据库中数量月报表计算(方案1)
//方案1　计算指定账套、指定商品在日期范围内的数量月报表
参见存储过程：p_comp_jxc_report_amount1 @r_zth char(2),@r_date_min date,@r_date_max date,@r_code char(13)
进销存系统案例数据库中数量月报表计算(方案2)
//方案2　计算指定账套在日期范围内的商品数量月报表
参见存储过程：p_comp_jxc_report_amount @r_zth char(2),@r_date_min date,@r_date_max date

```
//计算数量月报表
//方案1  计算指定账套、指定商品在日期范围内的数量月报表
drop procedure p_comp_jxc_report_amount1;
create procedure p_comp_jxc_report_amount1 @r_zth char(2),@r_date_min date,@r_date_max date,@r_code char(13)
as
    begin
        declare @r_date_min1 date
        declare @r_date_max1 date
        declare @r_amount_buy  integer
        declare @r_amount_sale  integer
        //清空数量月报表数据
        delete from jxc_report_amount where zth=@r_zth and code=@r_code and date_min>=@r_date_min
        //上期最大日期
        select @r_date_max1=dateadd(dd,-1,@r_date_min)
        //上期最小日期
        select distinct @r_date_min1=date_min from jxc_report_amount where zth=@r_zth and code=@r_code and date_max=@r_date_max1
        if @r_date_min1 is null
            begin
            //上期无数据，默认期初数量为0
            insert into jxc_report_amount (zth,date_min,date_max,code,amount_ini,amount_buy,amount_sale,amount_end)
                    values(@r_zth,@r_date_min ,@r_date_max,@r_code,0,0,0,0)
            end
        else
            begin
                //上期商品期末数据结转到本期初
                insert into jxc_report_amount(zth,date_min,date_max,code,amount_ini,amount_buy,amount_sale,amount_end)
                    select @r_zth,@r_date_min,@r_date_max,@r_code,isnull(amount_end,0),0,0,isnull(amount_end,0)
                    from jxc_report_amount where zth=@r_zth and code=@r_code and date_min=@r_date_min1
            end
        //计算本期进销存数量月报表发生数据
        select @r_amount_buy=isnull(sum(amount),0) from jxc_sheet_buy
            where zth=@r_zth and code=@r_code and sheetdate>=@r_date_min and
```

```
                  sheetdate<=@r_date_max
                        select @r_amount_sale=isnull(sum(amount),0) from jxc_sheet_sale
                              where  zth=@r_zth  and  code=@r_code   and   sheetdate>=@r_date_min  and
sheetdate<=@r_date_max
                        update  jxc_report_amount  set    amount_buy=@r_amount_buy,amount_sale=  @r_
amount_sale where zth=@r_zth and code=@r_code and date_min=@r_date_min
                  //计算本期进销存数量月报表期末数据
                        update jxc_report_amount set amount_end=amount_ini + amount_buy - amount_sale
where zth=@r_zth and code=@r_code and date_min=@r_date_min
            end ;

      //方案2    计算指定账套在日期范围内的商品数量月报表
      drop procedure p_comp_jxc_report_amount;
      create procedure p_comp_jxc_report_amount @r_zth char(2),@r_date_min date,@r_date_max date
         as
            begin
                  declare @r_date_min1 date
                  declare @r_date_max1 date
                  //清空数量月报表数据
                  delete from jxc_report_amount where  zth=@r_zth and date_min>=@r_date_min
                  //上期最大日期
                  select @r_date_max1=dateadd(dd,-1,@r_date_min)
                  //上期最小日期
                  select distinct @r_date_min1=date_min from jxc_report_amount where zth=@r_zth
and date_max=@r_date_max1
            if @r_date_min1 is null
                  begin
                        //上期无数据，默认期初数量为0
                        insert into jxc_report_amount (zth,date_min,date_max,code,amount_
ini,amount_buy,amount_sale,amount_end)
                              select @r_zth,@r_date_min ,@r_date_max,code,0,0,0,0
                              from jxc_goods  where zth=@r_zth
                  end
            else
                  begin
                        //上期商品期末数据结转到本期初
                        insert   into   jxc_report_amount(zth,date_min,date_max,code,amount_
ini,amount_buy,amount_sale,amount_end)
                              select
@r_zth,@r_date_min,@r_date_max,code,isnull(amount_end,0),0,0,isnull(amount_end,0)
                              from jxc_report_amount where zth=@r_zth and date_min=@r_date_min1
                  end
                  //计算本期进销存数量月报表发生数据
                  update jxc_report_amount
                        set amount_buy=isnull((select sum(amount) from jxc_sheet_buy
                                          where  jxc_report_amount.zth=jxc_sheet_buy.
zth and  jxc_report_amount.code=jxc_sheet_buy.code
                                                and jxc_report_amount.zth=@r_zth and
sheetdate>=@r_date_min and sheetdate<=@r_date_max),0) ,
                              amount_sale=isnull((select sum(amount) from jxc_sheet_sale
                                          where
```

```
            jxc_report_amount.zth=jxc_sheet_sale.zth and  jxc_report_amount.code=jxc_sheet_sale.code
                                                     and jxc_report_amount.zth=@r_zth  and
sheetdate>=@r_date_min and sheetdate<=@r_date_max),0)
                   where zth=@r_zth and date_min=@r_date_min
         //计算本期进销存数量月报表期末数据
                update jxc_report_amount set amount_end=amount_ini + amount_buy - amount_sale
where zth=@r_zth and date_min=@r_date_min
        end ;
```

计算账套号为"1",2021-01-01 到 2021-01-31 的商品编码为"1001""1002""2001""2002""3001""3002"的商品的数量月报表:

```
DELETE FROM jxc_report_amount;
    EXEC  p_comp_jxc_report_amount1  @r_zth='1',@r_date_min='2021-01-01',@r_date_max='2021-01-31',@r_code='1001';
    EXEC  p_comp_jxc_report_amount1  @r_zth='1',@r_date_min='2021-01-01',@r_date_max='2021-01-31',@r_code='1002';
    EXEC  p_comp_jxc_report_amount1  @r_zth='1',@r_date_min='2021-01-01',@r_date_max='2021-01-31',@r_code='2001';
    EXEC  p_comp_jxc_report_amount1  @r_zth='1',@r_date_min='2021-01-01',@r_date_max='2021-01-31',@r_code='2002';
    EXEC  p_comp_jxc_report_amount1  @r_zth='1',@r_date_min='2021-01-01',@r_date_max='2021-01-31',@r_code='3001';
    EXEC  p_comp_jxc_report_amount1  @r_zth='1',@r_date_min='2021-01-01',@r_date_max='2021-01-31',@r_code='3002';
```

计算账套号为"1",2021-01-01 到 2021-03-31 所有商品的数量月报表:

```
DELETE FROM jxc_report_amount;
    EXEC  p_comp_jxc_report_amount  @r_zth='1',@r_date_min='2021-01-01',@r_date_max='2021-01-31';
    EXEC  p_comp_jxc_report_amount  @r_zth='1',@r_date_min='2021-02-01',@r_date_max='2021-02-28';
    EXEC  p_comp_jxc_report_amount  @r_zth='1',@r_date_min='2021-03-01',@r_date_max='2021-03-31';
```

7.2.3 成本计算

【案例 07-7】使用 SQL 语句,采用月末一次加权平均法对进销存系统案例数据库中的成本进行计算。

```
    按月末一次加权法计算单位成本(方案1)
    //方案1 按月末一次加权法计算指定账套、指定商品在日期范围内的单位成本
    参见存储过程: p_comp_jxc_goods_price1 @r_zth char(2),@r_date_min date,@r_date_max date,@r_code char(13)
    按月末一次加权法计算单位成本(方案2)
    //方案2 按月末一次加权法计算指定账套在日期范围内的所有商品的单位成本
    参见存储过程: p_comp_jxc_goods_price @r_zth char(2),@r_date_min date,@r_date_max date
    //计算成本单价表
    //方案1 按月末一次加权法计算指定账套、指定商品在日期范围内的单位成本
      drop procedure p_comp_jxc_goods_price1;
```

```
create procedure p_comp_jxc_goods_price1 @r_zth char(2),@r_date_min date,@r_date_max
date,@r_code char(13)
    as
        begin
            //定义变量
            declare @r_tax decimal(7,6)
            declare @r_amount_end integer
            declare @r_amount_buy integer
            declare @r_mone_end decimal(12,2)
            declare @r_mone_buy decimal(12,2)
            declare @r_price decimal(12,2)
            declare @r_count integer
            declare @r_date_min1 date    //上期最小日期
            set @r_tax=1.13
            delete from jxc_goods_price where  zth=@r_zth and code=@r_code and date_min>=
@r_date_min
            select @r_date_min1=convert(char(8),dateadd(mm,-1,@r_date_min),120)+'01'

            select @r_count=count(*)  from jxc_report_amount,jxc_report_mone
                    where jxc_report_amount.zth=jxc_report_mone.zth  and jxc_report_amount.
date_min=jxc_report_mone.date_min and jxc_report_amount.code=jxc_report_mone.code
                        and jxc_report_amount.zth=@r_zth and jxc_report_amount.date_
min=@r_date_min1
            if @r_count=0
                begin
                    select @r_mone_end=0,@r_amount_end=0
                end
            else
                begin
                    select @r_amount_end=isnull(amount_end,0)  from jxc_report_amount
where zth=@r_zth and date_min=@r_date_min1 and code=@r_code
                    select @r_mone_end=isnull(mone_end,0)  from jxc_report_mone where
zth=@r_zth and date_min=@r_date_min1 and code=@r_code
                end
            //计算当月采购数量和不含税金额
            select @r_amount_buy=isnull(sum(amount),0),@r_mone_buy=isnull(sum(mone/@r_tax),0)
                from  jxc_sheet_buy  where  zth=@r_zth  and  sheetdate>=@r_date_min  and
sheetdate<=@r_date_max and code=@r_code
            //计算成本
            select   @r_price=isnull((@r_mone_end+@r_mone_buy)/nullif((@r_amount_end+@r_
amount_buy),0),0)
            //插入商品成本数据
            insert into jxc_goods_price (zth,date_min,date_max,code,price) values (@r_zth,
@r_date_min,@r_date_max,@r_code,@r_price)
    end;

//方案2 按月末一次加权法计算指定账套在日期范围内的所有商品的单位成本
drop procedure p_comp_jxc_goods_price;
create procedure p_comp_jxc_goods_price @r_zth char(2),@r_date_min date,@r_date_max date
    as
        begin
            //定义变量
            declare @r_tax decimal(7,6)
```

```
            declare @r_date_min1 date    //上期最小日期
            set @r_tax=1.13
            //创建临时表 #jxc_goods_price
            create table #jxc_goods_price(
                zth char(2) not null,
                date_min date not null,
                date_max date,
                code char(13) not null,
                amount_ini integer,
                mone_ini decimal(12,2),
                amount_buy integer,
                mone_buy decimal(12,2),
                price decimal(12,2),
            primary key(zth,code,date_min))
            delete from jxc_goods_price where  zth=@r_zth and date_min>=@r_date_min
            select @r_date_min1=convert(char(8),dateadd(mm,-1,@r_date_min),120)+'01'
            insert into #jxc_goods_price (zth,date_min,date_max,code,amount_ini,mone_ini,amount_buy,mone_buy,price)
                select @r_zth,@r_date_min,@r_date_max,code,0,0,0,0,0
                from jxc_goods where zth=@r_zth
        //计算当月期初数量和金额
            update #jxc_goods_price set amount_ini=isnull(amount_end,0)
                from jxc_report_amount
                where #jxc_goods_price.zth=jxc_report_amount.zth and #jxc_goods_price.code=jxc_report_amount.code and jxc_report_amount.date_min=@r_date_min1
            update #jxc_goods_price set mone_ini=isnull(mone_end,0)
                from jxc_report_mone
                where #jxc_goods_price.zth=jxc_report_mone.zth and #jxc_goods_price.code=jxc_report_mone.code  and jxc_report_mone.date_min=@r_date_min1
            //计算当月采购的数量和金额
            update #jxc_goods_price
                set amount_buy=isnull( (select sum(amount) from jxc_sheet_buy
                                       where #jxc_goods_price.zth=jxc_sheet_buy.zth and  #jxc_goods_price.code=jxc_sheet_buy.code  and  sheetdate>=@r_date_min  and sheetdate<=@r_date_max),0)
            update #jxc_goods_price
                set mone_buy=isnull( (select sum(mone) from jxc_sheet_buy
                                      where #jxc_goods_price.zth=jxc_sheet_buy.zth and  #jxc_goods_price.code=jxc_sheet_buy.code  and  sheetdate>=@r_date_min  and sheetdate<=@r_date_max),0)
            //计算成本
            update #jxc_goods_price set price=isnull((mone_ini + mone_buy/@r_tax)/nullif((amount_ini + amount_buy),0),0)
            //插入商品成本数据
            insert into jxc_goods_price (zth,date_min,date_max,code,price)
                select zth,date_min,date_max,code,price from #jxc_goods_price
            //删除临时表 #jxc_goods_price
            drop table #jxc_goods_price
        end;
```

按月末一次加权平均法计算账套号为"1"，2021-01-01 到 2021-01-31 的商品编码为"1001""1002""2001""2002""3001""3002"的商品的单位成本：

```
DELETE FROM jxc_goods_price;
```

```
        EXEC p_comp_jxc_goods_price1 @r_zth='1',@r_date_min='2021-01-01',@r_date_
max='2021-01-31',@r_code='1001';
        EXEC p_comp_jxc_goods_price1 @r_zth='1',@r_date_min='2021-01-01',@r_date_
max='2021-01-31',@r_code='1002';
        EXEC p_comp_jxc_goods_price1 @r_zth='1',@r_date_min='2021-01-01',@r_date_
max='2021-01-31',@r_code='2001';
        EXEC p_comp_jxc_goods_price1 @r_zth='1',@r_date_min='2021-01-01',@r_date_
max='2021-01-31',@r_code='2002';
        EXEC p_comp_jxc_goods_price1 @r_zth='1',@r_date_min='2021-01-01',@r_date_
max='2021-01-31',@r_code='3001';
        EXEC p_comp_jxc_goods_price1 @r_zth='1',@r_date_min='2021-01-01',@r_date_
max='2021-01-31',@r_code='3002';
```

按月末一次加权法平均计算账套号为"1"，2021-01-01 到 2021-03-31 的所有商品的单位成本：

```
        DELETE FROM jxc_goods_price;
        EXEC p_comp_jxc_goods_price @r_zth='1',@r_date_min='2021-01-01',@r_date_
max='2021-01-31';
        EXEC p_comp_jxc_goods_price @r_zth='1',@r_date_min='2021-02-01',@r_date_
max='2021-02-28';
        EXEC p_comp_jxc_goods_price @r_zth='1',@r_date_min='2021-03-01',@r_date_
max='2021-03-31';
```

7.2.4 进销存金额月报表计算

【案例 07-8】使用 SQL 语句对进销存系统案例数据库中的金额月报表进行计算。

```
  进销存系统案例数据库中金额月报表计算(方案 1)
  //方案 1 计算指定账套、指定商品在日期范围内的金额月报表
  参见存储过程：p_comp_jxc_report_mone1 @r_zth char(2),@r_date_min date,@r_date_max date,@r_code char(13)
  进销存系统案例数据库中金额月报表计算(方案 2)
  //方案 2 计算指定账套在日期范围内的金额月报表
  参见存储过程：p_comp_jxc_report_mone @r_zth char(2),@r_date_min date,@r_date_max date
```

```
  //计算金额月报表(先计算数量月报表、成本单价，后计算金额月报表)
  //方案 1 计算指定账套、指定商品在日期范围内的金额月报表
  drop procedure p_comp_jxc_report_mone1;
  create procedure p_comp_jxc_report_mone1 @r_zth char(2),@r_date_min date,@r_date_max
date,@r_code char(13)
      as
          begin
              declare @r_date_min1 date
              declare @r_date_max1 date
              //清空金额月报表数据
              delete from jxc_report_mone where  zth=@r_zth and code=@r_code and date_min>=
@r_date_min
              //上期最大日期
              select @r_date_max1=dateadd(dd,-1,@r_date_min)
              //上期最小日期
              select   @r_date_min1=date_min from  jxc_report_mone where zth=@r_zth and
code=@r_code and date_max=@r_date_max1
              if @r_date_min1 is null
```

```sql
                    begin
                        //上期无数据,默认期初数量为0
                        insert into jxc_report_mone (zth,date_min,date_max,code,mone_ini,mone_buy,mone_sale,mone_end)
                            select @r_zth,@r_date_min ,@r_date_max,code,0,0,0,0
                            from jxc_goods where zth=@r_zth and code=@r_code
                    end
                else
                    begin
                        //上期商品期末数据结转到本期初
                        insert into jxc_report_mone (zth,date_min,date_max,code,mone_ini,mone_buy,mone_sale,mone_end)
                            select @r_zth,@r_date_min,@r_date_max,code,isnull(mone_end,0),0,0,isnull(mone_end,0)
                            from jxc_report_mone where zth=@r_zth and date_min=@r_date_min1 and code=@r_code
                    end
            //计算本期进销存金额月报表发生数据
            update jxc_report_mone
                set mone_buy=isnull((select sum(mone) from jxc_sheet_buy
                                    where jxc_report_mone.zth=jxc_sheet_buy.zth and jxc_report_mone.code=jxc_sheet_buy.code
                                    and jxc_report_mone.zth=@r_zth and sheetdate>=@r_date_min and sheetdate<=@r_date_max),0) ,
                    mone_sale=isnull((select sum(mone) from jxc_sheet_sale
                                    where jxc_report_mone.zth=jxc_sheet_sale.zth and jxc_report_mone.code=jxc_sheet_sale.code
                                    and jxc_report_mone.zth=@r_zth and sheetdate>=@r_date_min and sheetdate<=@r_date_max),0)
                where zth=@r_zth and date_min=@r_date_min and code=@r_code
            //计算本期进销存金额月报表期末数据
            update jxc_report_mone
                set mone_end=amount_end * price
                from jxc_report_amount,jxc_goods_price
                where jxc_report_mone.zth=jxc_report_amount.zth and jxc_report_mone.zth=jxc_goods_price.zth
                    and jxc_report_mone.date_min=jxc_report_amount.date_min and jxc_report_mone.date_min=jxc_goods_price.date_min
                    and jxc_report_mone.code=jxc_report_amount.code and jxc_report_mone.code=jxc_goods_price.code
                    and jxc_report_mone.zth=@r_zth and jxc_report_mone.date_min=@r_date_min and jxc_report_mone.code=@r_code
        end;

    //方案2 计算指定账套在日期范围内的金额月报表
    drop procedure p_comp_jxc_report_mone;
    create procedure p_comp_jxc_report_mone @r_zth char(2),@r_date_min date,@r_date_max date
        as
        begin
            declare @r_date_min1 date
            declare @r_date_max1 date
            //清空金额月报表数据
            delete from jxc_report_mone where  zth=@r_zth and date_min>=@r_date_min
```

```sql
                //上期最大日期
                select @r_date_max1=dateadd(dd,-1,@r_date_min)
                //上期最小日期
                select distinct @r_date_min1=date_min from jxc_report_mone where zth=@r_zth and date_max=@r_date_max1
            if @r_date_min1 is null
                begin
                    //上期无数据，默认期初数量为0
                    insert into jxc_report_mone (zth,date_min,date_max,code,mone_ini,mone_buy,mone_sale,mone_end)
                        select @r_zth,@r_date_min ,@r_date_max,code,0,0,0,0
                        from jxc_goods  where zth=@r_zth
                end
            else
                begin
                    //上期商品期末数据结转到本期初
                    insert into jxc_report_mone (zth,date_min,date_max,code,mone_ini,mone_buy,mone_sale,mone_end)
                        select @r_zth,@r_date_min,@r_date_max,code,isnull(mone_end,0),0,0,isnull(mone_end,0)
                        from jxc_report_mone where zth=@r_zth and date_min=@r_date_min1
                end
            //计算本期进销存金额月报表发生数据
            update jxc_report_mone
                set mone_buy=isnull((select sum(mone) from jxc_sheet_buy
                                where jxc_report_mone.zth=jxc_sheet_buy.zth and  jxc_report_mone.code=jxc_sheet_buy.code
                                                    and jxc_report_mone.zth=@r_zth and sheetdate>=@r_date_min and sheetdate<=@r_date_max),0) ,
                    mone_sale=isnull((select sum(mone) from jxc_sheet_sale
                                where jxc_report_mone.zth=jxc_sheet_sale.zth and  jxc_report_mone.code=jxc_sheet_sale.code
                                                    and jxc_report_mone.zth=@r_zth and sheetdate>=@r_date_min and sheetdate<=@r_date_max),0)
                where zth=@r_zth and date_min=@r_date_min
            //计算本期进销存金额月报表期末数据
            update jxc_report_mone
                set mone_end=amount_end * price
                from jxc_report_amount,jxc_goods_price
                where jxc_report_mone.zth=jxc_report_amount.zth and jxc_report_mone.zth=jxc_goods_price.zth
                    and  jxc_report_mone.date_min=jxc_report_amount.date_min and jxc_report_mone.date_min=jxc_goods_price.date_min
                    and  jxc_report_mone.code=jxc_report_amount.code  and jxc_report_mone.code=jxc_goods_price.code
                    and  jxc_report_mone.zth=@r_zth  and jxc_report_mone.date_min=@r_date_min
        end;
```

按月末一次加权平均法计算账套号为"1"，2021-01-01 到 2021-01-31 的商品编码为 "1001""1002""2001""2002""3001""3002"的商品的金额月报表：

```
DELETE FROM jxc_report_mone;
```

```
    EXEC p_comp_jxc_report_mone1 @r_zth='1',@r_date_min='2021-01-01',@r_date_
max='2021-01-31',@r_code='1001';
    EXEC p_comp_jxc_report_mone1 @r_zth='1',@r_date_min='2021-01-01',@r_date_
max='2021-01-31',@r_code='1002';
    EXEC p_comp_jxc_report_mone1 @r_zth='1',@r_date_min='2021-01-01',@r_date_
max='2021-01-31',@r_code='2001';
    EXEC p_comp_jxc_report_mone1 @r_zth='1',@r_date_min='2021-01-01',@r_date_
max='2021-01-31',@r_code='2002';
    EXEC p_comp_jxc_report_mone1 @r_zth='1',@r_date_min='2021-01-01',@r_date_
max='2021-01-31',@r_code='3001';
    EXEC p_comp_jxc_report_mone1 @r_zth='1',@r_date_min='2021-01-01',@r_date_
max='2021-01-31',@r_code='3002';
```

按月末一次加权平均法计算账套号为"1"，2021-01-01 到 2021-03-31 的所有商品的金额月报表：

```
DELETE FROM jxc_report_mone;
    EXEC p_comp_jxc_report_mone @r_zth='1',@r_date_min='2021-01-01',@r_date_
max='2021-01-31';
    EXEC p_comp_jxc_report_mone @r_zth='1',@r_date_min='2021-02-01',@r_date_
max='2021-02-28';
    EXEC p_comp_jxc_report_mone @r_zth='1',@r_date_min='2021-03-01',@r_date_
max='2021-03-31';
```

7.2.5 进销存系统数据批处理计算

【案例07-9】进销存系统数据批处理计算。

```
进销存系统数据批处理计算
计算所有账套、所有商品、所有会计期间的账表(库存、进销存数量月报表、成本单价表、进销存金额月报表等)
参见存储过程：p_ais_jxc

批处理计算库存
//批处理计算库存        （从每一张采购单、销售单计算库存）
参见存储过程：p_ais_jxc_goods_amount2
//批处理计算库存        （从每一个商品计算库存）
参见存储过程：p_ais_jxc_goods_amount1

//进销存系统数据批处理计算
//计算所有账套、所有商品、所有会计期间的账表(库存、进销存数量月报表、成本单价表、进销存金额月报表等)
//进销存系统案例数据库中数据批处理计算
drop procedure p_ais_jxc;
create procedure p_ais_jxc
as
    begin
        declare @i_zth integer
        declare @r_count_zth integer
        declare @r_zth char(2)
        declare @r_date_min date
        declare @r_date_max date
        declare @r_date_min1 date
        declare @r_date_max1 date
```

```sql
            declare @r_date_min_buy date
            declare @r_date_max_buy date
            declare @r_date_min_sale date
            declare @r_date_max_sale date
            select @i_zth=1
            select @r_count_zth=count(*) from (select row_number() over (order by zth) as xh,zth from (select distinct zth from jxc_goods) as table_zth) as table_xh
            while @i_zth<=@r_count_zth
                begin
                    select @r_zth=zth from (select row_number() over (order by zth) as xh,zth from (select distinct zth from jxc_goods) as table_zth) as table_xh where xh=@i_zth
                    //计算会计期间的日期
                    select @r_date_min_buy=min(sheetdate) from jxc_sheet_buy where zth=@r_zth
                    select @r_date_max_buy=max(sheetdate) from jxc_sheet_buy where zth=@r_zth
                    select @r_date_min_sale=min(sheetdate) from jxc_sheet_sale where zth=@r_zth
                    select @r_date_max_sale=max(sheetdate) from jxc_sheet_sale where zth=@r_zth
                    if (@r_date_min_buy>=@r_date_min_sale)
                        begin
                            set @r_date_min=@r_date_min_sale
                        end
                    else
                        begin
                            set @r_date_min=@r_date_min_buy
                        end
                    if (@r_date_max_buy>=@r_date_max_sale)
                        begin
                            set @r_date_max=@r_date_max_buy
                        end
                    else
                        begin
                            set @r_date_max=@r_date_max_sale
                        end
                    //第一个会计期间的期初日期
                    select @r_date_min=convert(char(8),@r_date_min,120)+'01'
                    //最后一个会计期间的期初日期
                    select @r_date_max=dateadd(dd,-1,(select dateadd(mm,1,(select convert (char(8),@r_date_max,120)+'01'))))
                    //按会计期间(自然月)计算进销存
                    while @r_date_min<=@r_date_max
                        begin
                            set @r_date_min1=@r_date_min
                            select @r_date_max1=dateadd(dd,-1,(select dateadd(mm,1,@r_date_min)))
                            select @r_nkjqj=left(@r_date_min1,4)
                            select @r_ykjqj=right(left(@r_date_min1,7),2)
                            //计算进销存系统账表
                            //计算库存
```

```
                                    exec p_comp_jxc_goods_amount @r_zth=@r_zth
                                    //计算本期间内的进销存数量月报表
                                    exec p_comp_jxc_report_amount @r_zth=@r_zth,@r_date_min=@r_date_min1,@r_date_max=@r_date_max1
                                    //计算本期间内的成本单价表
                                    exec p_comp_jxc_goods_price @r_zth=@r_zth,@r_date_min=@r_date_min1,@r_date_max=@r_date_max1
                                    //计算本期间内的进销存金额月报表
                                    exec p_comp_jxc_report_mone @r_zth=@r_zth,@r_date_min=@r_date_min1,@r_date_max=@r_date_max1
                                    //下一个会计期间
                                    select @r_date_min=convert(char(8),dateadd(mm,1,@r_date_min),120)+'01'
                                end
                            select @i_zth=@i_zth+1
                    end
            end;

    //批处理计算库存
    //从每一张采购单计算库存
    drop procedure p_jz_jxc_sheet_buy;
    create procedure p_jz_jxc_sheet_buy @r_zth char(2),@r_sheetid char(13)
    as
        begin
            declare @r_amount integer
            declare @r_code char(13)
            //在库存中插入新的采购商品
            insert jxc_goods_amount(zth,code,amount)
                select zth,code,0 from jxc_sheet_buy
                    where zth=@r_zth and sheetid=@r_sheetid and code not in (select code from jxc_goods_amount where zth=@r_zth)
            select @r_code=code,@r_amount=Isnull(amount,0) from jxc_sheet_buy where zth=@r_zth and sheetid=@r_sheetid
            update jxc_goods_amount  SET amount=amount + @r_amount where zth=@r_zth and code=@r_code
        end;

    //从每一张销售单计算库存
    drop procedure p_jz_jxc_sheet_sale;
    create procedure p_jz_jxc_sheet_sale @r_zth char(2),@r_sheetid char(13)
    as
        begin
            declare @r_amount integer
            declare @r_code char(13)
            //在库存中插入新的销售商品
            insert jxc_goods_amount(zth,code,amount)
                select zth,code,0 from jxc_sheet_sale
                    where zth=@r_zth and sheetid=@r_sheetid and code not in (select code from jxc_goods_amount where zth=@r_zth)
            select @r_code=code,@r_amount=Isnull(amount,0) from jxc_sheet_sale where zth=@r_zth and sheetid=@r_sheetid
            update jxc_goods_amount set amount=amount - @r_amount where zth=@r_zth and code=@r_code
        end;
```

```sql
//批处理计算库存    (从每一张采购单、销售单计算库存)
drop procedure p_ais_jxc_goods_amount2;
create procedure p_ais_jxc_goods_amount2
as
    begin
        declare @i_zth integer
        declare @i_sheetid integer
        declare @r_count_zth integer
        declare @r_count_sheetid integer
        declare @r_zth char(2)
        declare @r_sheetid char(13)
        select @i_zth=1
        select @r_count_zth=count(*) from (select row_number() over (order by zth) as xh,zth from (select distinct zth from jxc_goods) as table_zth) as table_xh
        while @i_zth<=@r_count_zth
            begin
                select @r_zth=zth from (select row_number() over (order by zth) as xh,zth from (select distinct zth from jxc_goods) as table_zth) as table_xh where xh=@i_zth

                //计算采购单商品库存
                select @i_sheetid=1
                select @r_count_sheetid=count(*) from (select row_number() over (order by sheetid) as xh,sheetid from (select sheetid from jxc_sheet_buy where zth=@r_zth) as table_sheetid) as table_xh
                while @i_sheetid<=@r_count_sheetid
                    begin
                        select @r_sheetid=sheetid from (select row_number() over (order by sheetid) as xh,sheetid from (select sheetid from jxc_sheet_buy where zth=@r_zth) as table_sheetid) as table_xh where xh=@i_sheetid
                        exec              p_jz_jxc_sheet_buy @r_zth=@r_zth,@r_sheetid=@r_sheetid
                        select @i_sheetid=@i_sheetid+1
                    end
                //计算销售单商品库存
                select @i_sheetid=1
                select @r_count_sheetid=count(*) from (select row_number() over (order by sheetid) as xh,sheetid from (select sheetid from jxc_sheet_sale where zth=@r_zth) as table_sheetid) as table_xh
                while @i_sheetid<=@r_count_sheetid
                    begin
                        select @r_sheetid=sheetid from (select row_number() over (order by sheetid) as xh,sheetid from (select sheetid from jxc_sheet_sale where zth=@r_zth) as table_sheetid) as table_xh where xh=@i_sheetid
                        exec              p_jz_jxc_sheet_sale @r_zth=@r_zth,@r_sheetid=@r_sheetid
                        select @i_sheetid=@i_sheetid+1
                    end
                select @i_zth=@i_zth+1
            end
    end;

//批处理计算库存    (从每一个商品计算库存)
drop procedure p_ais_jxc_goods_amount1;
```

```
    create procedure p_ais_jxc_goods_amount1
    as
        begin
            declare @i_zth integer
            declare @i_code integer
            declare @r_count_zth integer
            declare @r_count_code integer
            declare @r_zth char(2)
            declare @r_code char(13)
            select @i_zth=1
            select  @r_count_zth=count(*)  from (select row_number() over (order by zth)
as xh,zth from (select distinct zth from jxc_goods) as table_zth) as table_xh
            while @i_zth<=@r_count_zth
                begin
                    select @r_zth=zth from (select row_number() over (order by zth) as
xh,zth from (select distinct zth from jxc_goods) as table_zth) as table_xh where xh=@i_zth

                    //计算库存
                    select @i_code=1
                    select  @r_count_code=count(*)  from(select row_number() over (order
by code) as xh,code from (select code from jxc_goods where zth=@r_zth) as table_code) as table_xh
                    while @i_code<=@r_count_code
                        begin
                            select @r_code=code from (select row_number() over (order
by code) as xh,code from (select code from jxc_goods where zth=@r_zth) as table_code) as table_xh
where xh=@i_code
                            //计算单个商品库存
                            exec                      p_comp_jxc_goods_amount1
@r_zth=@r_zth,@r_code=@r_code
                            select @i_code=@i_code+1
                        end
                    select @i_zth=@i_zth+1
                end
        end;
```

计算所有账套、所有商品、所有会计期间的账表(库存、进销存数量月报表、成本单价表、进销存金额月报表等)：

    EXEC p_ais_jxc;

7.3 账务处理系统账表计算

7.3.1 科目余额表计算

【案例 07-10】 使用 SQL 语句对账务处理系统案例数据库中的科目余额表进行计算。

账务处理系统案例数据库中科目余额表计算(方案 1)
　　//方案 1 计算指定账套、指定会计期间、指定凭证号的科目余额表
　　参见存储过程：p_comp_zw_zb_kmyeb1 @r_zth char(2),@r_nkjqj char(10),@r_ykjqj char(10),@r_pzh char(4)

账务处理系统案例数据库中科目余额表计算(方案 2)
//方案 2 计算指定账套、指定会计期间、指定会计科目的科目余额表
参见存储过程：p_comp_zw_zb_kmyeb2 @r_zth char(2),@r_nkjqj char(10),@r_ykjqj char(10),@r_km_code char(10)

账务处理系统案例数据库中科目余额表计算(方案 3)
//方案 3 计算指定账套、指定会计期间的科目余额表
参见存储过程： p_comp_zw_zb_kmyeb @r_zth char(2),@r_nkjqj char(10),@r_ykjqj char(10)
//计算科目余额表
//方案 1 计算指定账套、指定会计期间、指定凭证号的科目余额表

```sql
drop procedure p_comp_zw_zb_kmyeb1;
create procedure p_comp_zw_zb_kmyeb1 @r_zth char(2),@r_nkjqj char(10),@r_ykjqj char(10), @r_pzh char(4)
as
    begin
        declare @r_date_min date
        declare @r_date_min1 date
        declare @r_nkjqj1 char(10)
        declare @r_ykjqj1 char(10)
        //获取上期的年会计期间和月会计期间
        set @r_date_min=@r_nkjqj + '-' + @r_ykjqj +'-01'
        set @r_date_min1=dateadd(mm,-1,@r_date_min)
        set @r_nkjqj1=left(@r_date_min1,4)
        set @r_ykjqj1=right(left(@r_date_min1,7),2)
        //借方、贷方发生额
        update zw_zb_kmyeb
            set jffse=jffse + jfje,dffse=dffse + dfje
             from view_zw_pz
                where zw_zb_kmyeb.zth=view_zw_pz.zth and  zw_zb_kmyeb.nkjqj= view_zw_pz.nkjqj and  zw_zb_kmyeb.ykjqj=view_zw_pz.ykjqj and  zw_zb_kmyeb. km_code=view_zw_pz.km_code
                    and  zw_zb_kmyeb.zth=@r_zth and  zw_zb_kmyeb.nkjqj= @r_nkjqj and  zw_zb_kmyeb.ykjqj=@r_ykjqj and view_zw_pz.pzh=@r_pzh
        //借方、贷方累计
        update zw_zb_kmyeb
            set jflj=jflj + jfje,dflj=dflj + dfje
             from view_zw_pz
                where zw_zb_kmyeb.zth=view_zw_pz.zth and  zw_zb_kmyeb.nkjqj= view_zw_pz.nkjqj and  zw_zb_kmyeb.ykjqj=view_zw_pz.ykjqj and  zw_zb_kmyeb. km_code=view_zw_pz.km_code
                    and  zw_zb_kmyeb.zth=@r_zth and  zw_zb_kmyeb.nkjqj=@r_nkjqj and  zw_zb_kmyeb.ykjqj=@r_ykjqj and view_zw_pz.pzh=@r_pzh
        //期末借方余额
        update zw_zb_kmyeb set qmjfye=qcjfye+jffse  where zth=@r_zth and nkjqj=@r_nkjqj and ykjqj=@r_ykjqj
        //期末贷方余额
        update zw_zb_kmyeb set qmdfye=qcdfye+dffse  where zth=@r_zth and nkjqj=@r_nkjqj and ykjqj=@r_ykjqj
        //期末余额
        update zw_zb_kmyeb set qmye =qmjfye - qmdfye
            from view_zw_pz,zw_d_kjkmbmb
                where  zw_zb_kmyeb.zth=view_zw_pz.zth and  zw_zb_kmyeb.nkjqj=view_zw_pz.nkjqj and  zw_zb_kmyeb.ykjqj=view_zw_pz.ykjqj and zw_zb_kmyeb.km_code=view_zw_pz.km_code
                    and  zw_zb_kmyeb.zth=@r_zth and  zw_zb_kmyeb.nkjqj=@r_nkjqj and  zw_zb_kmyeb.ykjqj=@r_ykjqj and view_zw_pz.pzh=@r_pzh
                        and zw_zb_kmyeb.zth=zw_d_kjkmbmb.zth and zw_zb_kmyeb.km_code=
```

```sql
zw_d_kjkmbmb.km_code
                            and zw_zb_kmyeb.zth=@r_zth and zw_zb_kmyeb.nkjqj=@r_nkjqj and
zw_zb_kmyeb.ykjqj=@r_ykjqj and yefx='借'
            update zw_zb_kmyeb set qmye =qmdfye - qmjfye
                from view_zw_pz,zw_d_kjkmbmb
                    where  zw_zb_kmyeb.zth=view_zw_pz.zth  and   zw_zb_kmyeb.nkjqj=view_
zw_pz.nkjqj and zw_zb_kmyeb.ykjqj=view_zw_pz.ykjqj and zw_zb_kmyeb.km_code=view_zw_pz.km_code
                        and   zw_zb_kmyeb.zth=@r_zth  and   zw_zb_kmyeb.nkjqj=@r_nkjqj
and zw_zb_kmyeb.ykjqj=@r_ykjqj and view_zw_pz.pzh=@r_pzh
                        and zw_zb_kmyeb.zth=zw_d_kjkmbmb.zth   and   zw_zb_kmyeb.km_
code=zw_d_kjkmbmb.km_code
                        and zw_zb_kmyeb.zth=@r_zth and zw_zb_kmyeb.nkjqj=@r_nkjqj and
zw_zb_kmyeb.ykjqj=@r_ykjqj and yefx='贷'
        end;

    //方案2 计算指定账套、指定会计期间、指定会计科目的科目余额表
    drop procedure p_comp_zw_zb_kmyeb2;
    create  procedure  p_comp_zw_zb_kmyeb2  @r_zth  char(2),@r_nkjqj   char(10),@r_ykjqj
char(10),@r_km_code char(10)
        as
        begin
            declare @r_date_min date
            declare @r_date_min1 date
            declare @r_nkjqj1 char(10)
            declare @r_ykjqj1 char(10)
            declare @r_yefx char(10)
            //获取上期的年会计期间和月会计期间
            set @r_date_min=@r_nkjqj + '-' +@r_ykjqj +'-01'
            set @r_date_min1=dateadd(mm,-1,@r_date_min)
            set @r_nkjqj1=left(@r_date_min1,4)
            set @r_ykjqj1=right(left(@r_date_min1,7),2)
            delete from zw_zb_kmyeb where zth=@r_zth and nkjqj=@r_nkjqj and ykjqj=@r_ykjqj
and km_code=@r_km_code
            insert  into  zw_zb_kmyeb(zth,nkjqj,ykjqj,km_code,qcjfye,qcdfye,qcye,jffse,
dffse,jflj,dflj,qmjfye,qmdfye,qmye)
                    values( @r_zth,@r_nkjqj,@r_ykjqj,@r_km_code,0,0,0,0,0,0,0,0,0,0)
            //期初借方余额等于上期期末借方余额
            update zw_zb_kmyeb a set a.qcjfye= isnull((select b.qmjfye from zw_zb_kmyeb b
where a.zth=b.zth and b.nkjqj=@r_nkjqj1 and b.ykjqj=@r_ykjqj1 and a.km_code=b.km_code),0)
                    where a.zth=@r_zth and a.nkjqj=@r_nkjqj and a.ykjqj=@r_ykjqj and
a.km_code=@r_km_code
            //期初贷方余额等于上期期末贷方余额
            update zw_zb_kmyeb a set a.qcdfye= isnull((select b.qmdfye from zw_zb_kmyeb b
where a.zth=b.zth and b.nkjqj=@r_nkjqj1 and b.ykjqj=@r_ykjqj1 and a.km_code=b.km_code),0)
                    where a.zth=@r_zth and a.nkjqj=@r_nkjqj and a.ykjqj=@r_ykjqj and
a.km_code=@r_km_code
            //期初余额等于上期期末余额
            update zw_zb_kmyeb a set a.qcye= isnull((select b.qmye from zw_zb_kmyeb b where
a.zth=b.zth and b.nkjqj=@r_nkjqj1 and b.ykjqj=@r_ykjqj1 and a.km_code=b.km_code),0)
                    where a.zth=@r_zth and a.nkjqj=@r_nkjqj and a.ykjqj=@r_ykjqj and
```

```
a.km_code=@r_km_code
        //借方发生额
        update zw_zb_kmyeb
            set jffse=(select isnull(sum(jfje),0) from view_zw_pz
                        where zw_zb_kmyeb.zth=view_zw_pz.zth and  zw_zb_kmyeb.
nkjqj=view_zw_pz.nkjqj and  zw_zb_kmyeb.ykjqj=view_zw_pz.ykjqj  and  zw_zb_kmyeb.km_code=
view_zw_pz.km_code and view_zw_pz. jzbj='是')
                where zth=@r_zth and nkjqj=@r_nkjqj and ykjqj=@r_ykjqj and km_code=@r_km_code
        //贷方发生额
        update zw_zb_kmyeb
            set dffse=(select isnull(sum(dfje),0) from view_zw_pz
                        where zw_zb_kmyeb.zth=view_zw_pz.zth and  zw_zb_kmyeb.
nkjqj=view_zw_pz.nkjqj and  zw_zb_kmyeb.ykjqj=view_zw_pz.ykjqj  and  zw_zb_kmyeb.km_code=
view_zw_pz.km_code and view_zw_pz. jzbj='是')
                where zth=@r_zth and nkjqj=@r_nkjqj and ykjqj=@r_ykjqj and km_code=@r_km_code
        //借方累计
        update zw_zb_kmyeb set jflj=isnull((select jflj from zw_zb_kmyeb where
zth=@r_zth and nkjqj=@r_nkjqj1 and ykjqj=@r_ykjqj1 and km_code=@r_km_code),0)
                                                + jffse  where zth=@r_zth and
nkjqj=@r_nkjqj and ykjqj=@r_ykjqj  and km_code=@r_km_code
        //贷方累计
        update zw_zb_kmyeb set dflj=isnull((select dflj from zw_zb_kmyeb where
zth=@r_zth and nkjqj=@r_nkjqj1 and ykjqj=@r_ykjqj1 and km_code=@r_km_code),0)
                                                + dffse  where zth=@r_zth and nkjqj=
@r_nkjqj and ykjqj=@r_ykjqj  and km_code=@r_km_code
        //期末借方余额
        update zw_zb_kmyeb set qmjfye=qcjfye+jffse  where zth=@r_zth and nkjqj=@r_nkjqj
and ykjqj=@r_ykjqj  and km_code=@r_km_code
        //期末贷方余额
        update zw_zb_kmyeb set qmdfye=qcdfye+dffse  where zth=@r_zth and nkjqj=@r_nkjqj
and ykjqj=@r_ykjqj  and km_code=@r_km_code
        //期末余额
        set @r_yefx =(select yefx from zw_d_kjkmbmb where zth=@r_zth and km_code=
@r_km_code)
        if   @r_yefx='借'
            begin
                update zw_zb_kmyeb set qmye =qmjfye - qmdfye where zth=@r_zth and
nkjqj=@r_nkjqj and ykjqj=@r_ykjqj and km_code=@r_km_code
            end
        else
            begin
                update zw_zb_kmyeb set qmye =qmdfye - qmjfye where zth=@r_zth and
nkjqj=@r_nkjqj and ykjqj=@r_ykjqj and km_code=@r_km_code
            end
    end;

//方案3 计算指定账套、指定会计期间的科目余额表
drop procedure p_comp_zw_zb_kmyeb;
create procedure p_comp_zw_zb_kmyeb @r_zth char(2),@r_nkjqj char(10),@r_ykjqj char(10)
as
    begin
        declare @r_date_min date
        declare @r_date_min1 date
```

```sql
            declare @r_nkjqj1 char(10)
            declare @r_ykjqj1 char(10)
            //获取上期的年会计期间和月会计期间
            set @r_date_min=@r_nkjqj + '-' + @r_ykjqj +'-01'
            set @r_date_min1=dateadd(mm,-1,@r_date_min)
            set @r_nkjqj1=left(@r_date_min1,4)
            set @r_ykjqj1=right(left(@r_date_min1,7),2)
            delete from zw_zb_kmyeb where zth=@r_zth and nkjqj=@r_nkjqj and ykjqj=@r_ykjqj
            insert   into   zw_zb_kmyeb(zth,nkjqj,ykjqj,km_code,qcjfye,qcdfye,qcye,jffse,
dffse,jflj,dflj,qmjfye,qmdfye,qmye)
                    select @r_zth,@r_nkjqj,@r_ykjqj,km_code,0,0,0,0,0,0,0,0,0,0
                        from zw_d_kjkmbmb where zth=@r_zth
            //期初借方余额等于上期期末借方余额
            update zw_zb_kmyeb a set a.qcjfye= isnull((select b.qmjfye from zw_zb_kmyeb b
where a.zth=b.zth and b.nkjqj=@r_nkjqj1 and b.ykjqj=@r_ykjqj1 and a.km_code=b.km_code),0)
                    where a.zth=@r_zth and a.nkjqj=@r_nkjqj and a.ykjqj=@r_ykjqj
            //期初贷方余额等于上期期末贷方余额
            update zw_zb_kmyeb a set a.qcdfye= isnull((select b.qmdfye from zw_zb_kmyeb b
where a.zth=b.zth and b.nkjqj=@r_nkjqj1 and b.ykjqj=@r_ykjqj1 and a.km_code=b.km_code),0)
                    where a.zth=@r_zth and a.nkjqj=@r_nkjqj and a.ykjqj=@r_ykjqj
            //期初余额等于上期期末余额
            update zw_zb_kmyeb a set a.qcye= isnull((select b.qmye from zw_zb_kmyeb b where
a.zth=b.zth and b.nkjqj=@r_nkjqj1 and b.ykjqj=@r_ykjqj1 and a.km_code=b.km_code),0)
                    where a.zth=@r_zth and a.nkjqj=@r_nkjqj and a.ykjqj=@r_ykjqj
            //借方发生额
            update zw_zb_kmyeb
                set jffse=(select isnull(sum(jfje),0) from view_zw_pz
                        where zw_zb_kmyeb.zth=view_zw_pz.zth and  zw_zb_kmyeb.
nkjqj=view_zw_pz.nkjqj and  zw_zb_kmyeb.ykjqj=view_zw_pz.ykjqj and  zw_zb_kmyeb.km_code=
view_zw_pz.km_code and view_zw_pz. jzbj='是')
                    where zth=@r_zth and nkjqj=@r_nkjqj and ykjqj=@r_ykjqj
            //贷方发生额
            update zw_zb_kmyeb
                set dffse=(select isnull(sum(dfje),0) from view_zw_pz
                        where zw_zb_kmyeb.zth=view_zw_pz.zth and  zw_zb_kmyeb.
nkjqj=view_zw_pz.nkjqj and  zw_zb_kmyeb.ykjqj=view_zw_pz.ykjqj and  zw_zb_kmyeb.km_code=
view_zw_pz.km_code and view_zw_pz. jzbj='是')
                    where zth=@r_zth and nkjqj=@r_nkjqj and ykjqj=@r_ykjqj
            //借方累计
            update zw_zb_kmyeb a
                set jflj=isnull((select b.jflj from zw_zb_kmyeb b where a.zth=b.zth and
b.nkjqj=@r_nkjqj1 and b.ykjqj=@r_ykjqj1 and a.km_code=b.km_code),0)
                                            + jffse  where zth=@r_zth and nkjqj=
@r_nkjqj and ykjqj=@r_ykjqj
            //贷方累计
            update zw_zb_kmyeb a
                set dflj=isnull((select b.dflj from zw_zb_kmyeb b where a.zth=b.zth and
b.nkjqj=@r_nkjqj1 and b.ykjqj=@r_ykjqj1 and a.km_code=b.km_code),0)
                                            + dffse  where zth=@r_zth and nkjqj=
@r_nkjqj and ykjqj=@r_ykjqj
```

```
            //期末借方余额
            update zw_zb_kmyeb set qmjfye=qcjfye+jffse  where zth=@r_zth and nkjqj=@r_nkjqj
and ykjqj=@r_ykjqj
            //期末贷方余额
            update zw_zb_kmyeb set qmdfye=qcdfye+dffse  where zth=@r_zth and nkjqj=@r_nkjqj
and ykjqj=@r_ykjqj
            //期末余额
            update zw_zb_kmyeb set qmye =qmjfye - qmdfye
                from   zw_d_kjkmbmb
                  where  zw_zb_kmyeb.zth=zw_d_kjkmbmb.zth and zw_zb_kmyeb.km_code=zw_d_
kjkmbmb.km_code
                             and zw_zb_kmyeb.zth=@r_zth and nkjqj=@r_nkjqj and ykjqj=@r_
ykjqj and yefx='借'
            update zw_zb_kmyeb set qmye =qmdfye - qmjfye
                from   zw_d_kjkmbmb
                  where  zw_zb_kmyeb.zth=zw_d_kjkmbmb.zth and zw_zb_kmyeb.km_code=zw_d_
kjkmbmb.km_code
                             and zw_zb_kmyeb.zth=@r_zth and nkjqj=@r_nkjqj and ykjqj=
@r_ykjqj and yefx='贷'
            end;
```

计算账套号为"1"、年会计期间为"2021"、月会计期间为"01""02""03"的科目编码为"1001"的科目余额表：

```
DELETE FROM zw_zb_kmyeb;
EXEC p_comp_zw_zb_kmyeb2 @r_zth='1',@r_nkjqj='2021',@r_ykjqj='01',@r_km_code='1001';
EXEC p_comp_zw_zb_kmyeb2 @r_zth='1',@r_nkjqj='2021',@r_ykjqj='02',@r_km_code='1001';
EXEC p_comp_zw_zb_kmyeb2 @r_zth='1',@r_nkjqj='2021',@r_ykjqj='03',@r_km_code='1001';
…
```

计算账套号为"1"、年会计期间为"2021"、月会计期间"01""02""03"的所有科目的科目余额表：

```
DELETE FROM zw_zb_kmyeb;
EXEC p_comp_zw_zb_kmyeb @r_zth='1',@r_nkjqj='2021',@r_ykjqj='01';
EXEC p_comp_zw_zb_kmyeb @r_zth='1',@r_nkjqj='2021',@r_ykjqj='02';
EXEC p_comp_zw_zb_kmyeb @r_zth='1',@r_nkjqj='2021',@r_ykjqj='03';
```

7.3.2 明细账表计算

【案例07-11】 使用 SQL 语句对账务处理系统案例数据库中的明细账表进行计算。

账务处理系统案例数据库中明细账表计算(方案1)
　　//方案1 计算指定账套、指定会计期间、指定凭证号的明细账表
　　参见存储过程：procedure p_comp_zw_zb_mxzb1 @r_zth char(2),@r_nkjqj char(10),@r_ykjqj char(10),@r_pzh char(4)
账务处理系统案例数据库中明细账表计算(方案2)
　　//方案2 计算指定账套、指定会计期间、指定会计科目的明细账表
　　参见存储过程：p_comp_zw_zb_mxzb2 @r_zth char(2),@r_nkjqj char(10),@r_ykjqj char(10),@r_km_code char(10)

账务处理系统案例数据库中明细账表计算(方案2)
//方案3 计算指定账套、指定会计期间的明细账表
参见存储过程：p_comp_zw_zb_mxzb @r_zth char(2),@r_nkjqj char(10),@r_ykjqj char(10)
//计算明细账表
//方案1 计算指定账套、指定会计期间、指定凭证号的明细账表
//drop procedure p_comp_zw_zb_mxzb1;
//create procedure p_comp_zw_zb_mxzb1 @r_zth char(2),@r_nkjqj char(10),@r_ykjqj char(10),@r_pzh char(4)
//as
//   begin
//   delete from zw_zb_mxzb where zth = @r_zth and nkjqj = @r_nkjqj and ykjqj = @r_ykjqj and pzh=@r_pzh
//   insert into zw_zb_mxzb(zth,nkjqj,ykjqj,km_code,xh,rq,pzh,zy,jfje,dfje)
//   select zth ,nkjqj,ykjqj,km_code,row_number() over (partition by zth,nkjqj,ykjqj,km_code order by zth,nkjqj,ykjqj,km_code,pzh) as xh,rq ,pzh ,zy,jfje,dfje
//   from view_zw_pz
//   where jzbj='是' and zth=@r_zth and nkjqj=@r_nkjqj and ykjqj=@r_ykjqj and pzh = @r_pzh order by zth,nkjqj,ykjqj,km_code,pzh
//   end;
drop procedure p_comp_zw_zb_mxzb1;
create procedure p_comp_zw_zb_mxzb1 @r_zth char(2),@r_nkjqj char(10),@r_ykjqj char(10),@r_pzh char(4)
as
    begin
        delete from zw_zb_mxzb where zth = @r_zth and nkjqj = @r_nkjqj and ykjqj = @r_ykjqj and pzh=@r_pzh
        insert into zw_zb_mxzb(zth,nkjqj,ykjqj,km_code,xh,rq,pzh,zy,jfje,dfje)
            select zth ,nkjqj,ykjqj,km_code,
                (select isnull(max(xh),0) from zw_zb_mxzb,view_zw_pz
                    where view_zw_pz.zth=zw_zb_mxzb.zth and view_zw_pz.nkjqj=zw_zb_mxzb.nkjqj and view_zw_pz.ykjqj=zw_zb_mxzb.ykjqj and view_zw_pz.km_code=zw_zb_mxzb.km_code)
                + row_number() over (partition by zth,nkjqj,ykjqj,km_code order by zth,nkjqj,ykjqj,km_code,pzh) as xh,
                rq ,pzh ,zy,jfje,dfje
                from view_zw_pz
                where jzbj='是' and zth=@r_zth and nkjqj=@r_nkjqj and ykjqj=@r_ykjqj and pzh = @r_pzh order by zth,nkjqj,ykjqj,km_code,pzh
    end;

//方案2 计算指定账套、指定会计期间、指定会计科目的明细账表
drop procedure p_comp_zw_zb_mxzb2;
create procedure p_comp_zw_zb_mxzb2 @r_zth char(2),@r_nkjqj char(10),@r_ykjqj char(10),@r_km_code char(10)
as
    begin
        delete from zw_zb_mxzb where zth = @r_zth and nkjqj = @r_nkjqj and ykjqj = @r_ykjqj and km_code=@r_km_code
        insert into zw_zb_mxzb(zth,nkjqj,ykjqj,km_code,xh,rq,pzh,zy,jfje,dfje)
            select zth,nkjqj,ykjqj,km_code,xh,rq,pzh,zy,jfje,dfje
                from (select a.zth ,a.nkjqj,a.ykjqj ,a.km_code,row_number() over (partition by b.zth,b.nkjqj,b.ykjqj,a.km_code order by b.zth,b.nkjqj,b.ykjqj,a.km_code,b.pzh) as xh,b.rq ,a.pzh ,a.zy,a.jfje,a.dfje

```
                            from zw_pz_mxb a,zw_pz_zb b
                        where a.zth=b.zth and a.nkjqj=b.nkjqj and a.ykjqj=b.ykjqj
and b. jzbj='是'   and a.pzh=b.pzh
                                       and a.zth = @r_zth and a.nkjqj = @r_nkjqj and a.ykjqj
= @r_ykjqj and  km_code=@r_km_code  order by  b.zth,b.nkjqj,b.ykjqj,a.km_code,b.pzh) as
table_zw_zb_mxzb
        end;

    //方案3 计算指定账套、指定会计期间的明细账表
    drop procedure p_comp_zw_zb_mxzb;
    create procedure p_comp_zw_zb_mxzb @r_zth char(2),@r_nkjqj char(10),@r_ykjqj char(10)
        as
        begin
            delete from zw_zb_mxzb where zth = @r_zth and nkjqj = @r_nkjqj and ykjqj =
@r_ykjqj
            insert into zw_zb_mxzb(zth,nkjqj,ykjqj,km_code,xh,rq,pzh,zy,jfje,dfje)
                select zth ,nkjqj,ykjqj,km_code,row_number() over (partition by zth,nkjqj,
ykjqj,km_code order by zth,nkjqj,ykjqj,km_code,pzh) as xh,rq ,pzh ,zy,jfje,dfje
                    from view_zw_pz
                    where jzbj='是'  and zth = @r_zth and nkjqj = @r_nkjqj and ykjqj = @r_ykjqj
order by zth,nkjqj,ykjqj,km_code,pzh
        end;

    //drop procedure p_comp_zw_zb_mxzb;
    //create procedure p_comp_zw_zb_mxzb @r_zth char(2),@r_nkjqj char(10),@r_ykjqj char(10)
    //as
    //   begin
    //       delete from zw_zb_mxzb where zth = @r_zth and nkjqj = @r_nkjqj and ykjqj =
@r_ykjqj
    //        insert into zw_zb_mxzb(zth,nkjqj,ykjqj,km_code,xh,rq,pzh,zy,jfje,dfje)
    //        select zth,nkjqj,ykjqj,km_code,xh,rq,pzh,zy,jfje,dfje
    //         from (select a.zth ,a.nkjqj,a.ykjqj ,a.km_code,row_number() over (partition
by b.zth,b.nkjqj,b.ykjqj,a.km_code  order by  b.zth,b.nkjqj,b.ykjqj,a.km_code,b.pzh) as
xh,b.rq ,a.pzh ,a.zy,a.jfje,a.dfje
    //                         from zw_pz_mxb a,zw_pz_zb b
    //                        where a.zth=b.zth and a.nkjqj=b.nkjqj and a.ykjqj=b.ykjqj
and b. jzbj='是'   and a.pzh=b.pzh
    //                                       and a.zth = @r_zth and a.nkjqj = @r_nkjqj and a.ykjqj
= @r_ykjqj order by b.zth,b.nkjqj,b.ykjqj,a.km_code,b.pzh) as table_zw_zb_mxzb
    //   end;
```

计算账套号为"1"、年会计期间为"2021"、月会计期间为"01""02""03"且科目编码为"1001"的明细账表：

```
DELETE FROM zw_zb_mxzb;
EXEC p_comp_zw_zb_mxzb2 @r_zth='1',@r_nkjqj='2021',@r_ykjqj='01',@r_km_code='1001';
EXEC p_comp_zw_zb_mxzb2 @r_zth='1',@r_nkjqj='2021',@r_ykjqj='02',@r_km_code='1001';
EXEC p_comp_zw_zb_mxzb2 @r_zth='1',@r_nkjqj='2021',@r_ykjqj='03',@r_km_code='1001';
…
```

计算账套号为"1"、年会计期间为"2021"、月会计期间为"01""02""03"的所有科目的明细账表：

```
DELETE FROM zw_zb_mxzb;
EXEC p_comp_zw_zb_mxzb @r_zth='1',@r_nkjqj='2021',@r_ykjqj='01';
EXEC p_comp_zw_zb_mxzb @r_zth='1',@r_nkjqj='2021',@r_ykjqj='02';
EXEC p_comp_zw_zb_mxzb @r_zth='1',@r_nkjqj='2021',@r_ykjqj='03';
```

7.3.3 资产负债表计算

【案例 07-12】 使用 SQL 语句对账务处理系统案例数据库中的资产负债表进行计算。

```
账务处理系统案例数据库中资产负债表计算
//计算指定账套、指定会计期间的资产负债表
参见存储过程：p_comp_zw_yb_zcfzb @r_zth char(10),@r_nkjqj char(10),@r_ykjqj char(10)
```

```
//计算资产负债表
//p_comp_zw_yb_zcfzb
drop procedure p_comp_zw_yb_zcfzb;
create procedure p_comp_zw_yb_zcfzb @r_zth char(2),@r_nkjqj char(10),@r_ykjqj char(10)
as
    begin
        declare @r_date_min date
        declare @r_date_min1 date
        declare @r_nkjqj1 char(10)
        declare @r_ykjqj1 char(10)
        declare @r_temp1 decimal(16, 2)
        declare @r_temp2 decimal(16, 2)
        declare @r_temp3 decimal(16, 2)
        declare @r_temp4 decimal(16, 2)
        set @r_date_min=@r_nkjqj + '-' + @r_ykjqj +'-01'
        set @r_date_min1=dateadd(mm,-1,@r_date_min)
        set @r_nkjqj1=left(@r_date_min1,4)
        set @r_ykjqj1=right(left(@r_date_min1,7),2)
        delete from zw_yb_zcfzb where zth=@r_zth and nkjqj=@r_nkjqj and ykjqj=@r_ykjqj
        insert into  zw_yb_zcfzb(zth,nkjqj,ykjqj,hbzjqcye,hbzjqmye,gyjzjljrzcqcye,
gyjzjljrzcqmye,yspjjyszkqcye,
            yspjjyszkqmye,yfkxqcye,yfkxqmye,qtyskqcye,qtyskqmye,chqcye,chqmye,ldzchjqcye,
ldzchjqmye,cyzdqtzqcye,
            cyzdqtzqmye,cqyskqcye,cqyskqmye,cqgqtzqcye,cqgqtzqmye,tzxfdcqcye,tzxfdcqmye,
gdzcqcye,gdzcqmye,zjgcqcye,
            zjgcqmye,wxzcqcye,wxzcqmye,kfzcqcye,kfzcqmye,cqdtfyqcye,cqdtfyqmye,dysdszcqcye,
dysdszcqmye,fldzchjqcye,
            fldzchjqmye,zczjqcye,zczjqmye,dqjkqcye,dqjkqmye,yfpjjyfzkqcye,  yfpjjyfzkqmye,
yskxqcye,yskxqmye,yfzgxcqcye,
            yfzgxcqmye,yjsfqcye,yjsfqmye,qtyfkqcye,qtyfkqmye,ldfzhjqcye,ldfzhjqmye,cqjkqcye,
cqjkqmye,yfzqcye,yfzqqmye,
            cqyfkqcye,cqyfkqmye,dysdsfzqcye,dysdsfzqmye,fldfzhjqcye,fldfzhjqmye,fzhjqcye,
fzhjqmye,sszbqcye,sszbqmye,
            zbgjqcye,zbgjqmye,kcgqcye,kcgqmye,qtzhsyqcye,qtzhsyqmye,yygjqcye,yygjqmye,
wfplrqcye,wfplrqmye,syzqyhjqcye,
            syzqyhjqmye,fzhsyzqyzjqcye,fzhsyzqyzjqmye) values (@r_zth,@r_nkjqj,@r_ykjqj,
```

```
0,0,0,0,0,0,0,0,0,0,0,0,0,0,0,0,0,0,
                0,0,0,0,0,0,0,0,0,0,0,0,0,0,0,0,0,0,0,0,0,0,0,0,0,0,0,0,0,0,0,0,0,
0,0,0,0,0,0,0,0,0,0,0,0,0,0,0,0,0,0,0,0,0,0,0)
                //计算货币资金期初余额
                update zw_yb_zcfzb set hbzjqcye=isnull((select sum(hbzjqmye) from zw_yb_zcfzb where zth = @r_zth and nkjqj=@r_nkjqj1 and ykjqj=@r_ykjqj1 ),0)
                where zth=@r_zth and nkjqj=@r_nkjqj and ykjqj=@r_ykjqj
                //计算货币资金期末余额
                update zw_yb_zcfzb set hbzjqmye=hbzjqcye +(select isnull(sum(jfje) ,0)  - isnull(sum(dfje),0) from view_zw_pz where zth=@r_zth and nkjqj=@r_nkjqj and ykjqj=@r_ykjqj  and  jzbj='是' and km_code in('1001','1002'))
                where zth=@r_zth and nkjqj=@r_nkjqj and ykjqj=@r_ykjqj
                //计算存货期初余额
                update zw_yb_zcfzb set chqcye=isnull((select sum(chqmye) from zw_yb_zcfzb where zth = @r_zth and nkjqj=@r_nkjqj1 and ykjqj=@r_ykjqj1 ),0)
                where zth=@r_zth and nkjqj=@r_nkjqj and ykjqj=@r_ykjqj
                //计算存货期末余额
                update zw_yb_zcfzb set chqmye=chqcye + (select isnull(sum(jfje) ,0) - isnull(sum(dfje),0)
 from view_zw_pz where jzbj='是' and km_code in('1405') and  zth=@r_zth and nkjqj=@r_nkjqj and ykjqj=@r_ykjqj)
                where zth=@r_zth and nkjqj=@r_nkjqj and ykjqj=@r_ykjqj
                //计算流动资产合计期初余额
                update zw_yb_zcfzb set ldzchjqcye=isnull((select sum(ldzchjqmye) from zw_yb_zcfzb where zth = @r_zth and nkjqj=@r_nkjqj1 and ykjqj=@r_ykjqj1 ),0)
                where zth=@r_zth and nkjqj=@r_nkjqj and ykjqj=@r_ykjqj
                //计算流动资产合计期末余额
                update zw_yb_zcfzb set  ldzchjqmye=  hbzjqmye+gyjzjljrzcqmye+yspjjyszkqmye+yfkxqmye+qtyskqmye+chqmye
                where zth=@r_zth and nkjqj=@r_nkjqj and ykjqj=@r_ykjqj
                //计算固定资产期初余额
                update zw_yb_zcfzb set gdzcqcye=isnull((select sum(gdzcqmye) from zw_yb_zcfzb where zth = @r_zth and nkjqj=@r_nkjqj1 and ykjqj=@r_ykjqj1 ),0)
                where zth=@r_zth and nkjqj=@r_nkjqj and ykjqj=@r_ykjqj
                //计算固定资产期末余额
                select @r_temp1=isnull(sum(jfje) ,0) - isnull(sum(dfje),0)
                from view_zw_pz where jzbj='是' and km_code in('1601') and zth=@r_zth and nkjqj=@r_nkjqj and ykjqj=@r_ykjqj
                select @r_temp2=isnull(sum(dfje) ,0) - isnull(sum(jfje),0)
                from view_zw_pz where jzbj='是' and km_code in('1602') and zth=@r_zth and nkjqj=@r_nkjqj and ykjqj=@r_ykjqj
                select @r_temp3=isnull(sum(dfje) ,0) - isnull(sum(jfje),0)
                from view_zw_pz where jzbj='是' and km_code in('1603') and zth=@r_zth and nkjqj=@r_nkjqj and ykjqj=@r_ykjqj
                update zw_yb_zcfzb set gdzcqmye=gdzcqcye + @r_temp1 - @r_temp2 - @r_temp3 where zth=@r_zth and nkjqj=@r_nkjqj and ykjqj=@r_ykjqj
                //计算无形资产期初余额
                update zw_yb_zcfzb set wxzcqcye=isnull((select sum(wxzcqmye) from zw_yb_zcfzb where zth = @r_zth and nkjqj=@r_nkjqj1 and ykjqj=@r_ykjqj1 ),0)
                where zth=@r_zth and nkjqj=@r_nkjqj and ykjqj=@r_ykjqj
```

```sql
        //计算无形资产期末余额
        select @r_temp1=isnull(sum(jfje) ,0) - isnull(sum(dfje),0)
        from view_zw_pz where jzbj='是' and km_code in('1701') and zth=@r_zth and nkjqj=@r_nkjqj and ykjqj=@r_ykjqj
        select @r_temp2=isnull(sum(dfje) ,0) - isnull(sum(jfje),0)
        from view_zw_pz where jzbj='是' and km_code in('1702') and zth=@r_zth and nkjqj=@r_nkjqj and ykjqj=@r_ykjqj
        select @r_temp3=isnull(sum(dfje) ,0) - isnull(sum(jfje),0)
        from view_zw_pz where jzbj='是' and km_code in('1703') and zth=@r_zth and nkjqj=@r_nkjqj and ykjqj=@r_ykjqj
        update zw_yb_zcfzb set wxzcqmye=wxzcqcye + @r_temp1 - @r_temp2 - @r_temp3 where zth=@r_zth and nkjqj=@r_nkjqj and ykjqj=@r_ykjqj
        //计算非流动资产合计期初余额
        update zw_yb_zcfzb set fldzchjqcye=isnull((select sum(fldzchjqmye) from zw_yb_zcfzb where zth = @r_zth and nkjqj=@r_nkjqj1 and ykjqj=@r_ykjqj1 ),0)
        where zth=@r_zth and nkjqj=@r_nkjqj and ykjqj=@r_ykjqj
        //计算非流动资产合计期末余额
        update zw_yb_zcfzb set fldzchjqmye=isnull(cqyskqmye,0)+isnull(cyzdqtzqmye,0)+isnull(cqgqtzqmye,0)+isnull(tzxfdcqmye,0)+ isnull(gdzcqmye,0)+isnull(zjgcqmye,0)+isnull(wxzcqmye,0)+isnull(kfzcqmye,0)+isnull(cqdtfyqmye,0)+isnull(dysdszcqmye,0)
        where zth=@r_zth and nkjqj=@r_nkjqj and ykjqj=@r_ykjqj
        //计算资产总计期初余额
        update zw_yb_zcfzb set zczjqcye=isnull((select sum(zczjqmye) from zw_yb_zcfzb where zth = @r_zth and nkjqj=@r_nkjqj1 and ykjqj=@r_ykjqj1 ),0)
        where zth=@r_zth and nkjqj=@r_nkjqj and ykjqj=@r_ykjqj
        //计算资产总计期末余额
        update zw_yb_zcfzb set zczjqmye=isnull(ldzchjqmye,0)+isnull(fldzchjqmye,0)
        where zth=@r_zth and nkjqj=@r_nkjqj and ykjqj=@r_ykjqj
        //计算短期借款期初余额
        update zw_yb_zcfzb set dqjkqcye=isnull((select sum(dqjkqmye) from zw_yb_zcfzb where zth = @r_zth and nkjqj=@r_nkjqj1 and ykjqj=@r_ykjqj1 ),0)
        where zth=@r_zth and nkjqj=@r_nkjqj and ykjqj=@r_ykjqj
        //计算短期借款期末余额
        update zw_yb_zcfzb set dqjkqmye=dqjkqcye + (select isnull(sum(dfje) ,0) - isnull(sum(jfje),0)
        from view_zw_pz where jzbj='是' and km_code in('2001') and zth=@r_zth and nkjqj=@r_nkjqj and ykjqj=@r_ykjqj)
        where zth=@r_zth and nkjqj=@r_nkjqj and ykjqj=@r_ykjqj
        //计算应付票据及应付账款期初余额
        update zw_yb_zcfzb set yfpjjyfzkqcye=isnull((select sum(yfpjjyfzkqmye) from zw_yb_zcfzb where zth = @r_zth and nkjqj=@r_nkjqj1 and ykjqj=@r_ykjqj1 ),0)
        where zth=@r_zth and nkjqj=@r_nkjqj and ykjqj=@r_ykjqj
        //计算应付票据及应付账款期末余额
        select @r_temp1=isnull(sum(dfje) ,0) - isnull(sum(jfje) ,0)
        from view_zw_pz where jzbj='是' and km_code in('2201') and zth=@r_zth and nkjqj=@r_nkjqj and ykjqj=@r_ykjqj
        select @r_temp2=isnull(sum(dfje) ,0)
        from view_zw_pz where jzbj='是' and km_code in('2202') and zth=@r_zth and nkjqj=@r_nkjqj and ykjqj=@r_ykjqj
        select @r_temp3=isnull(sum(dfje) ,0)
```

```
               from view_zw_pz where jzbj='是' and km_code in('1123') and zth=@r_zth and
nkjqj=@r_nkjqj and ykjqj=@r_ykjqj
               update      zw_yb_zcfzb    set    yfpjjyfzkqmye=yfpjjyfzkqcye    +
@r_temp1+@r_temp2+@r_temp3 where zth=@r_zth and nkjqj=@r_nkjqj and ykjqj=@r_ykjqj
               //计算应付职工薪酬期初余额
               update  zw_yb_zcfzb set  yfzgxcqcye=isnull((select  sum(yfzgxcqmye)  from
zw_yb_zcfzb where zth = @r_zth and nkjqj=@r_nkjqj1 and ykjqj=@r_ykjqj1 ),0)
               where zth=@r_zth and nkjqj=@r_nkjqj and ykjqj=@r_ykjqj
               //计算应付职工薪酬期末余额
               update zw_yb_zcfzb set yfzgxcqmye=yfzgxcqcye + (select isnull(sum(dfje) ,0) -
isnull(sum(jfje),0)
               from view_zw_pz where jzbj='是' and km_code in('2211') and zth=@r_zth and
nkjqj=@r_nkjqj and ykjqj=@r_ykjqj)
               where zth=@r_zth and nkjqj=@r_nkjqj and ykjqj=@r_ykjqj
               //计算应交税费期初余额
               update zw_yb_zcfzb set yjsfqcye=isnull((select sum(yjsfqmye) from zw_yb_zcfzb
where zth = @r_zth and nkjqj=@r_nkjqj1 and ykjqj=@r_ykjqj1 ),0)
               where zth=@r_zth and nkjqj=@r_nkjqj and ykjqj=@r_ykjqj
               //计算应交税费期末余额
               update zw_yb_zcfzb set yjsfqmye=yjsfqcye + (select isnull(sum(dfje) ,0) -
isnull(sum(jfje),0)
               from view_zw_pz where jzbj='是' and km_code in('2221') and zth=@r_zth and
nkjqj=@r_nkjqj and ykjqj=@r_ykjqj)
               where zth=@r_zth and nkjqj=@r_nkjqj and ykjqj=@r_ykjqj
               //计算其他应付款期初余额
               update zw_yb_zcfzb set qtyfkqcye=isnull((select sum(qtyfkqmye) from zw_yb_zcfzb
where zth = @r_zth and nkjqj=@r_nkjqj1 and ykjqj=@r_ykjqj1 ),0)
               where zth=@r_zth and nkjqj=@r_nkjqj and ykjqj=@r_ykjqj
               //计算其他应付款期末余额
               update zw_yb_zcfzb set qtyfkqmye=qtyfkqcye + (select isnull(sum(dfje) ,0) -
isnull(sum(jfje),0)
               from view_zw_pz where jzbj='是' and km_code in('2241','2231','2232') and
zth=@r_zth and nkjqj=@r_nkjqj and ykjqj=@r_ykjqj)
               where zth=@r_zth and nkjqj=@r_nkjqj and ykjqj=@r_ykjqj
               //计算流动负债合计期初余额
               update  zw_yb_zcfzb  set  ldfzhjqcye  =isnull((select  sum(ldfzhjqmye)  from
zw_yb_zcfzb where zth = @r_zth and nkjqj=@r_nkjqj1 and ykjqj=@r_ykjqj1 ),0)
               where zth=@r_zth and nkjqj=@r_nkjqj and ykjqj=@r_ykjqj
               //计算流动负债合计期末余额
               update zw_yb_zcfzb set ldfzhjqmye = isnull(dqjkqmye,0)+isnull(yfpjjyfzkqmye,0)
+isnull(yskxqmye,0)+isnull(yfzgxcqmye,0)+isnull(yjsfqmye,0)+isnull(qtyfkqmye,0)
               where zth=@r_zth and nkjqj=@r_nkjqj and ykjqj=@r_ykjqj
               //计算非流动负债合计期初余额
               update  zw_yb_zcfzb set  fldfzhjqcye  =isnull((select  sum(fldfzhjqmye)  from
zw_yb_zcfzb where zth = @r_zth and nkjqj=@r_nkjqj1 and ykjqj=@r_ykjqj1 ),0)
               where zth=@r_zth and nkjqj=@r_nkjqj and ykjqj=@r_ykjqj
               //计算非流动负债合计期末余额
               update  zw_yb_zcfzb  set  fldfzhjqmye  =isnull(cqjkqmye,0)+isnull(yfzqqmye,0)
+isnull(cqyfkqmye,0)+isnull(dysdsfzqmye,0)
               where zth=@r_zth and nkjqj=@r_nkjqj and ykjqj=@r_ykjqj
               //计算负债合计期初余额
```

```sql
                    update zw_yb_zcfzb set fzhjqcye =isnull((select sum(fzhjqmye) from zw_yb_zcfzb
where zth = @r_zth and nkjqj=@r_nkjqj1 and ykjqj=@r_ykjqj1 ),0)
                    where zth=@r_zth and nkjqj=@r_nkjqj and ykjqj=@r_ykjqj
                    //计算负债合计期末余额
                    update zw_yb_zcfzb set fzhjqmye =isnull(ldfzhjqmye,0)+isnull(fldfzhjqmye,0)
where zth=@r_zth and nkjqj=@r_nkjqj and ykjqj=@r_ykjqj
                    //计算实收资本期初余额
                    update zw_yb_zcfzb set sszbqcye=isnull((select sum(sszbqmye) from zw_yb_zcfzb
where zth = @r_zth and nkjqj=@r_nkjqj1 and ykjqj=@r_ykjqj1 ),0)
                    where zth=@r_zth and nkjqj=@r_nkjqj and ykjqj=@r_ykjqj
                    //计算实收资本期末余额
                    update zw_yb_zcfzb set sszbqmye=sszbqcye + (select isnull(sum(dfje) ,0) -
isnull(sum(jfje),0)
                    from view_zw_pz where jzbj='是' and km_code in('4001') and zth=@r_zth and
nkjqj=@r_nkjqj and ykjqj=@r_ykjqj)
                    where zth=@r_zth and nkjqj=@r_nkjqj and ykjqj=@r_ykjqj
                    //计算未分配利润期初余额
                    update zw_yb_zcfzb set wfplrqcye=isnull((select sum(wfplrqmye) from zw_yb_zcfzb
where zth = @r_zth and nkjqj=@r_nkjqj1 and ykjqj=@r_ykjqj1 ),0)
                    where zth=@r_zth and nkjqj=@r_nkjqj and ykjqj=@r_ykjqj
                    //计算未分配利润期末余额
                    update zw_yb_zcfzb set wfplrqmye=wfplrqcye + (select isnull(sum(dfje) ,0) -
isnull(sum(jfje),0)
                    from view_zw_pz where jzbj='是' and km_code in('4104') and zth=@r_zth and
nkjqj=@r_nkjqj and ykjqj=@r_ykjqj)
                    where zth=@r_zth and nkjqj=@r_nkjqj and ykjqj=@r_ykjqj
                    //计算所有者权益合计期初余额
                    update zw_yb_zcfzb set syzqyhjqcye =isnull((select sum(syzqyhjqmye) from
zw_yb_zcfzb where zth = @r_zth and nkjqj=@r_nkjqj1 and ykjqj=@r_ykjqj1 ),0)
                    where zth=@r_zth and nkjqj=@r_nkjqj and ykjqj=@r_ykjqj
                    //计算所有者权益合计期末余额
                    update zw_yb_zcfzb set syzqyhjqmye = isnull(sszbqmye,0)+isnull(zbgjqmye,0) -
isnull(kcgqmye,0)+isnull(qtzhsyqmye,0)+isnull(yygjqmye,0)+isnull(wfplrqmye,0)
                    where zth=@r_zth and nkjqj=@r_nkjqj and ykjqj=@r_ykjqj
                    //计算负债和所有者权益总计期初余额
                    update zw_yb_zcfzb set fzhsyzqyzjqcye=isnull((select sum(fzhsyzqyzjqmye) from
zw_yb_zcfzb where zth = @r_zth and nkjqj=@r_nkjqj1 and ykjqj=@r_ykjqj1 ),0)
                    where zth=@r_zth and nkjqj=@r_nkjqj and ykjqj=@r_ykjqj
                    //计算负债和所有者权益总计期末余额
                    update zw_yb_zcfzb set fzhsyzqyzjqmye=isnull(fzhjqmye,0)+isnull(syzqyhjqmye,
0) where zth=@r_zth and nkjqj=@r_nkjqj and ykjqj=@r_ykjqj
        end;
```

计算账套号为"1"、年会计期间为"2021"、月会计期间为"01""02""03"的资产负债表：

```sql
DELETE FROM zw_yb_zcfzb;
EXEC p_comp_zw_yb_zcfzb   @r_zth='1',@r_nkjqj='2021',@r_ykjqj='01';
EXEC p_comp_zw_yb_zcfzb   @r_zth='1',@r_nkjqj='2021',@r_ykjqj='02';
EXEC p_comp_zw_yb_zcfzb   @r_zth='1',@r_nkjqj='2021',@r_ykjqj='03';
```

7.3.4 利润表计算

【案例 07-13】 使用 SQL 语句对账务处理系统案例数据库中的利润表进行计算。

账务处理系统案例数据库中利润表计算
//计算指定账套、指定会计期间的利润表
参见存储过程：p_comp_zw_yb_lrb @r_zth char(10),@r_nkjqj char(10),@r_ykjqj char(10)
注：该存储过程未考虑当利润总额为负时和存在未弥补亏损时的数据处理情况

```
//计算利润表
//p_comp_zw_yb_lrb
//计算某账套会计期间的利润表
drop  procedure p_comp_zw_yb_lrb;
create procedure p_comp_zw_yb_lrb @r_zth char(2),@r_nkjqj char(10),@r_ykjqj char(10)
as
    begin
        declare @r_date_min date
        declare @r_date_min1 date
        declare @r_nkjqj1 char(10)
        declare @r_ykjqj1 char(10)
        declare @r_tax decimal(7,6)         //所得税税率 0.25
        declare @r_count integer
        declare @r_gpsl integer             //股票数量
        set @r_tax=0.25
        set @r_gpsl=0
        set @r_date_min=@r_nkjqj + '-' + @r_ykjqj +'-01'
        set @r_date_min1=dateadd(mm,-1,@r_date_min)
        set @r_nkjqj1=left(@r_date_min1,4)
        set @r_ykjqj1=right(left(@r_date_min1,7),2)
        delete from zw_yb_lrb where zth=@r_zth and nkjqj=@r_nkjqj and ykjqj=@r_ykjqj
        insert  into  zw_yb_lrb(zth,nkjqj,ykjqj,yysrsqje,yysrbqje,yycbsqje,yycbbqje,
sjjfjsqje,sjjfjbqje,xsfysqje,xsfybqje,glfysqje,
    glfybqje,yffysqje,yffybqje,cwfysqje,cwfybqje,lxfysqje,lxfybqje,lxsrsqje,
lxsrbqje,zcjzsssqje,zcjzssbqje,qtsysqje,qtsybqje,
    tzsysqje,tzsybqje,gyjzbdsysqje,gyjzbdsybqje,zcczsysqje,zcczsybqje,yylrsqje,yylrbqje
,yywsrsqje,yywsrbqje,yywzcsqje,
    yywzcbqje,lrzesqje,lrzebqje,sdsfysqje,sdsfybqje,jlrsqje,jlrbqje,qtzhsydshjesqje,qtz
hsydshjebqje,zhsyzesqje,zhsyzebqje,mgsysqje,mgsybqje) values          (@r_zth,@r_nkjqj,
@r_ykjqj,0,0,0,0,0,0,0,0,0,0,0,0,0,0,0,0,0,0,0,0,0,0,0,0,0,0,0,0,0,0,0,0,0,0
,0,0,0,0,0)
                //计算营业收入期初余额
                update zw_yb_lrb set yysrsqje=isnull((select sum(yysrbqje) from zw_yb_lrb where
zth = @r_zth and nkjqj=@r_nkjqj1 and ykjqj=@r_ykjqj1 ),0)
                    where zth=@r_zth and nkjqj=@r_nkjqj and ykjqj=@r_ykjqj
                //计算营业收入本期金额
                update zw_yb_lrb set yysrbqje=(select isnull(sum(jfje) ,0) - isnull(sum(dfje),0)
                                from view_zw_pz where zth=@r_zth and nkjqj=@r_nkjqj
and ykjqj=@r_ykjqj and  jzbj='是'  and km_code in('6001','6051') and bz ='[机]结转本年利润')
                    where zth=@r_zth and nkjqj=@r_nkjqj and ykjqj=@r_ykjqj
                //营业成本上期金额
```

```sql
            update zw_yb_lrb set yycbsqje=isnull((select sum(yycbbqje) from zw_yb_lrb where
zth = @r_zth and nkjqj=@r_nkjqj1 and ykjqj=@r_ykjqj1 ),0)
            where zth=@r_zth and nkjqj=@r_nkjqj and ykjqj=@r_ykjqj
            //计算营业成本本期金额
            update zw_yb_lrb set yycbbqje=(select isnull(sum(dfje) ,0) - isnull(sum (jfje),0)
                                    from view_zw_pz where zth=@r_zth and nkjqj=@r_nkjqj
and ykjqj=@r_ykjqj and  jzbj='是'  and km_code in('6401','6402') and bz ='[机]结转本年利润')
            where zth=@r_zth and nkjqj=@r_nkjqj and ykjqj=@r_ykjqj
            //销售费用上期金额
            update zw_yb_lrb set xsfysqje=isnull((select sum(xsfybqje) from zw_yb_lrb where
zth = @r_zth and nkjqj=@r_nkjqj1 and ykjqj=@r_ykjqj1 ),0)
            where zth=@r_zth and nkjqj=@r_nkjqj and ykjqj=@r_ykjqj
            //计算销售费用本期金额
            update zw_yb_lrb set xsfybqje=(select isnull(sum(dfje) ,0) - isnull(sum (jfje),0)
                                    from view_zw_pz where zth=@r_ zth and nkjqj=@r_nkjqj and
ykjqj=@r_ykjqj and  jzbj='是'  and km_code in('6601') and bz ='[机]结转本年利润')
            where zth=@r_zth and nkjqj=@r_nkjqj and ykjqj=@r_ykjqj
            //管理费用上期金额
            update zw_yb_lrb set glfysqje=isnull((select sum(glfybqje) from zw_yb_lrb where
zth = @r_zth and nkjqj=@r_nkjqj1 and ykjqj=@r_ykjqj1 ),0)
            where zth=@r_zth and nkjqj=@r_nkjqj and ykjqj=@r_ykjqj
            //计算管理费用本期金额
            update zw_yb_lrb set glfybqje=(select isnull(sum(dfje) ,0) - isnull(sum(jfje),0)
                                    from view_zw_pz where zth=@r_ zth and nkjqj=@r_nkjqj
and ykjqj=@r_ykjqj and  jzbj='是'  and km_code in('6602') and bz ='[机]结转本年利润')
            where zth=@r_zth and nkjqj=@r_nkjqj and ykjqj=@r_ykjqj
            //财务费用上期金额
            update zw_yb_lrb set cwfysqje=isnull((select sum(cwfybqje) from zw_yb_lrb where
zth = @r_zth and nkjqj=@r_nkjqj1 and ykjqj=@r_ykjqj1 ),0)
            where zth=@r_zth and nkjqj=@r_nkjqj and ykjqj=@r_ykjqj
            //计算财务费用本期金额
            update zw_yb_lrb set cwfybqje=(select isnull(sum(dfje) ,0) - isnull(sum(jfje),0)
                                       from view_zw_pz where zth=@r_
zth and nkjqj=@r_nkjqj and ykjqj=@r_ykjqj and  jzbj='是'  and km_code in('6603')and bz ='[机]
结转本年利润')
            where zth=@r_zth and nkjqj=@r_nkjqj and ykjqj=@r_ykjqj

            //营业利润上期金额
            update zw_yb_lrb set yylrsqje=isnull((select sum(yylrbqje) from zw_yb_lrb where
zth = @r_zth and nkjqj=@r_nkjqj1 and ykjqj=@r_ykjqj1 ),0)
            where zth=@r_zth and nkjqj=@r_nkjqj and ykjqj=@r_ykjqj
            //计算营业利润本期金额
            update zw_yb_lrb set yylrbqje=isnull(yysrbqje,0) - isnull(yycbbqje,0) - isnull
(sjjfjbqje,0) - isnull(xsfybqje,0) - isnull(glfybqje,0) - isnull(yffybqje,0) - isnull(cwfybqje,0) -
isnull(zcjzssbqje,0) + isnull(tzsybqje,0) + isnull(gyjzbdsybqje,0) + isnull(zcczsybqje,0)
            where zth=@r_zth and nkjqj=@r_nkjqj and ykjqj=@r_ykjqj
            //营业外收入上期金额
            update zw_yb_lrb set yywsrsqje=isnull((select sum(yywsrbqje) from zw_yb_lrb
where zth = @r_zth and nkjqj=@r_nkjqj1 and ykjqj=@r_ykjqj1 ),0)
```

```sql
            where zth=@r_zth and nkjqj=@r_nkjqj and ykjqj=@r_ykjqj
            //计算营业外收入本期金额
            update zw_yb_lrb set yywsrbqje=(select isnull(sum(jfje) ,0) - isnull(sum(dfje),0)
                              from view_zw_pz where zth= @r_zth and nkjqj=@r_nkjqj
and ykjqj=@r_ykjqj and  jzbj='是'  and km_code in('6301') and bz ='[机]结转本年利润')
            where zth=@r_zth and nkjqj=@r_nkjqj and ykjqj=@r_ykjqj
            //营业外支出上期金额
            update zw_yb_lrb set yywzcsqje=isnull((select sum(yywzcbqje) from zw_yb_lrb
where zth = @r_zth and nkjqj=@r_nkjqj1 and ykjqj=@r_ykjqj1 ),0)
            where zth=@r_zth and nkjqj=@r_nkjqj and ykjqj=@r_ykjqj
            //计算营业外支出本期金额
            update zw_yb_lrb set yywzcbqje=(select isnull(sum(dfje) ,0) - isnull(sum(jfje),0)
                              from view_zw_pz where zth=@r_zth and nkjqj=@r_nkjqj
and ykjqj=@r_ykjqj and  jzbj='是'  and km_code in('6711') and bz ='[机]结转本年利润')
            where zth=@r_zth and nkjqj=@r_nkjqj and ykjqj=@r_ykjqj
            //利润总额上期金额
            update zw_yb_lrb set lrzesqje=isnull((select sum(lrzebqje) from zw_yb_lrb where
zth = @r_zth and nkjqj=@r_nkjqj1 and ykjqj=@r_ykjqj1 ),0)
            where zth=@r_zth and nkjqj=@r_nkjqj and ykjqj=@r_ykjqj
            //计算利润总额本期金额
            update  zw_yb_lrb  set  lrzebqje=isnull(yylrbqje,0) + isnull(yywsrbqje,0) -
isnull(yywzcbqje,0)
            where zth=@r_zth and nkjqj=@r_nkjqj and ykjqj=@r_ykjqj
            //所得税费用上期金额
            update zw_yb_lrb set sdsfysqje=isnull((select sum(sdsfybqje) from zw_yb_lrb
where zth = @r_zth and nkjqj=@r_nkjqj1 and ykjqj=@r_ykjqj1 ),0)
            where zth=@r_zth and nkjqj=@r_nkjqj and ykjqj=@r_ykjqj
            //计算所得税费用本期金额
            update zw_yb_lrb set sdsfybqje=lrzebqje*@r_tax
            where zth=@r_zth and nkjqj=@r_nkjqj and ykjqj=@r_ykjqj
            //净利润上期金额
            update zw_yb_lrb set jlrsqje=isnull((select sum(jlrbqje) from zw_yb_lrb where
zth = @r_zth and nkjqj=@r_nkjqj1 and ykjqj=@r_ykjqj1 ),0)
            where zth=@r_zth and nkjqj=@r_nkjqj and ykjqj=@r_ykjqj
            //计算净利润本期金额
            update zw_yb_lrb set jlrbqje=lrzebqje - round(lrzebqje*@r_tax,2)
            where zth=@r_zth and nkjqj=@r_nkjqj and ykjqj=@r_ykjqj
            //综合收益总额上期金额
            update zw_yb_lrb set zhsyzesqje=isnull((select sum(zhsyzebqje) from zw_yb_lrb
where zth = @r_zth and nkjqj=@r_nkjqj1 and ykjqj=@r_ykjqj1 ),0)
            where zth=@r_zth and nkjqj=@r_nkjqj and ykjqj=@r_ykjqj
            //计算综合收益总额本期金额
            update zw_yb_lrb set zhsyzebqje=isnull(jlrbqje,0) + isnull(qtzhsydshjebqje,0)
where zth=@r_zth and nkjqj=@r_nkjqj and ykjqj=@r_ykjqj
            //每股收益上期金额
            update zw_yb_lrb set mgsysqje=isnull((select sum(mgsybqje) from zw_yb_lrb where
zth = @r_zth and nkjqj=@r_nkjqj1 and ykjqj=@r_ykjqj1 ),0)
```

```
                where zth=@r_zth and nkjqj=@r_nkjqj and ykjqj=@r_ykjqj
            //计算每股收益本期金额
                update zw_yb_lrb set mgsybqje=isnull(zhsyzebqje/nullif(@r_gpsl,0),0) where
zth=@r_zth and nkjqj=@r_nkjqj and ykjqj=@r_ykjqj
            end;
```

计算账套号为"1"、年会计期间为"2021"、月会计期间为"01""02""03"的利润表:

```
DELETE FROM zw_yb_lrb;
EXEC p_comp_zw_yb_lrb   @r_zth='1',@r_nkjqj='2021',@r_ykjqj='01';
EXEC p_comp_zw_yb_lrb   @r_zth='1',@r_nkjqj='2021',@r_ykjqj='02';
EXEC p_comp_zw_yb_lrb   @r_zth='1',@r_nkjqj='2021',@r_ykjqj='03';
```

7.3.5 财务指标统计表计算

【案例07-14】使用 SQL 语句对账务处理系统案例数据库中的财务指标统计表进行计算。

```
账务处理系统案例数据库中财务指标统计表计算
//计算指定账套、指定会计期间的财务指标统计表
参见存储过程:p_comp_zw_yb_cwzbtjb @r_zth char(10),@r_nkjqj char(10),@r_ykjqj char(10)

//计算财务指标统计表
//p_comp_zw_yb_cwzbtjb
//计算某账套会计期间的财务指标统计表
drop procedure p_comp_zw_yb_cwzbtjb;
create procedure p_comp_zw_yb_cwzbtjb @r_zth char(2),@r_nkjqj char(10),@r_ykjqj char(10)
as
    begin
        declare @r_count integer
        declare @r_ldzc decimal(12,4)           //流动资产
        declare @r_ldfz decimal(12,4)           //流动负债
        declare @r_sdzc decimal(12,4)           //速动资产
        declare @r_zcze decimal(12,4)           //资产总额
        declare @r_fzze decimal(12,4)           //负债总额
        declare @r_ldzcpjye decimal(12,4)       //流动资产平均余额
        declare @r_xssr decimal(12,4)           //销售收入
        declare @r_jlr decimal(12,4)            //净利润
        declare @r_zcpjze decimal(12,4)         //资产平均总额
        declare @r_xscb decimal(12,4)           //销售成本
        declare @r_xszzl decimal(12,4)          //销售增长率
        declare @r_zczzl decimal(12,4)          //资产增长率
        declare @r_gqzbzzl decimal(12,4)        //股权资本增长率
        declare @r_jlrzzl decimal(12,4)         //净利润增长率
        //删除财务指标表中的数据
        delete from zw_yb_cwzbtjb where zth=@r_zth and nkjqj=@r_nkjqj and ykjqj=@r_ykjqj
        //插入在@r_zth,@r_nkjqj,@r_ykjqj 中的财务指标编码
        insert into zw_yb_cwzbtjb   (zth,nkjqj,ykjqj,cwzb_code,cwzb_jsjg)    select
@r_zth,@r_nkjqj,@r_ykjqj,cwzb_code,0 from zw_c_cwzbmb where zth=@r_zth
        //计算1001 流动比率=流动资产/流动负债
            select @r_ldzc=ldzchjqmye,@r_ldfz=ldfzhjqmye from zw_yb_zcfzb where zth=@r_zth
and nkjqj=@r_nkjqj and ykjqj=@r_ykjqj
            update zw_yb_cwzbtjb set cwzb_jsjg=isnull(@r_ldzc/nullif(@r_ldfz,0),0)
```

```
            where zth=@r_zth and nkjqj=@r_nkjqj and ykjqj=@r_ykjqj and cwzb_code='1001'
        //计算1002 速动比率=(流动资产－存货)/流动负债
            select @r_sdzc=(ldzchjqmye - chqmye) from zw_yb_zcfzb where zth=@r_zth and nkjqj=@r_nkjqj and ykjqj=@r_ykjqj
            update zw_yb_cwzbtjb set cwzb_jsjg=isnull(@r_sdzc/nullif(@r_ldfz,0),0)
            where zth=@r_zth and nkjqj=@r_nkjqj and ykjqj=@r_ykjqj and cwzb_code='1002'
        //计算1003 资产负债率=负债总额/资产总额
            select @r_zcze=zczjqmye, @r_fzze=fzhjqmye from zw_yb_zcfzb where zth=@r_zth and nkjqj=@r_nkjqj and ykjqj=@r_ykjqj
            update zw_yb_cwzbtjb set cwzb_jsjg=isnull(@r_fzze/nullif(@r_zcze,0),0)
            where zth=@r_zth and nkjqj=@r_nkjqj and ykjqj=@r_ykjqj and cwzb_code='1003'
        //计算1004 股东权益比率=1－资产负债率
            update zw_yb_cwzbtjb set cwzb_jsjg=1 - isnull(@r_fzze/nullif(@r_zcze,0),0)
            where zth=@r_zth and nkjqj=@r_nkjqj and ykjqj=@r_ykjqj and cwzb_code='1004'
        //计算2001 流动资产周转率=销售收入/流动资产平均余额
            select @r_ldzcpjye=(ldzchjqcye + ldzchjqmye)/2 from zw_yb_zcfzb where zth=@r_zth and nkjqj=@r_nkjqj and ykjqj=@r_ykjqj
            select @r_xssr=yysrbqje from zw_yb_lrb where zth=@r_zth and nkjqj=@r_nkjqj and ykjqj=@r_ykjqj
            update zw_yb_cwzbtjb set cwzb_jsjg=isnull(@r_xssr/nullif(@r_ldzcpjye,0),0)
            where zth=@r_zth and nkjqj=@r_nkjqj and ykjqj=@r_ykjqj and cwzb_code='2001'
        //计算3001 资产报酬率=净利润/资产平均总额
            select @r_zcpjze=(zczjqcye + zczjqmye)/2 from zw_yb_zcfzb where zth=@r_zth and nkjqj=@r_nkjqj and ykjqj=@r_ykjqj
            select @r_jlr=jlrbqje from zw_yb_lrb where zth=@r_zth and nkjqj=@r_nkjqj and ykjqj=@r_ykjqj
            update zw_yb_cwzbtjb set cwzb_jsjg=isnull(@r_jlr/nullif(@r_zcpjze,0),0)
            where zth=@r_zth and nkjqj=@r_nkjqj and ykjqj=@r_ykjqj and cwzb_code='3001'
        //计算3002 销售毛利率=(销售收入净额－销售成本)/销售收入净额
            select @r_xscb=yycbbqje from zw_yb_lrb where zth=@r_zth and nkjqj=@r_nkjqj and ykjqj=@r_ykjqj
            update zw_yb_cwzbtjb set cwzb_jsjg=isnull((@r_xssr - @r_xscb)/nullif(@r_xssr,0),0)
            where zth=@r_zth and nkjqj=@r_nkjqj and ykjqj=@r_ykjqj and cwzb_code='3002'
        //计算4001 销售增长率=(本期销售额－上期销售额)/上期销售额
            select @r_xszzl =isnull( (yysrbqje - yysrsqje)/nullif(yysrsqje,0),1) from zw_yb_lrb where zth=@r_zth and nkjqj=@r_nkjqj and ykjqj=@r_ykjqj
            update zw_yb_cwzbtjb set cwzb_jsjg=@r_xszzl
            where zth=@r_zth and nkjqj=@r_nkjqj and ykjqj=@r_ykjqj and cwzb_code='4001'
        //计算4002 资产增长率=(本期资产总额－上期资产总额)/上期资产总额
            select @r_zczzl =isnull( (zczjqmye - zczjqcye)/nullif(zczjqcye,0),1) from zw_yb_zcfzb where zth=@r_zth and nkjqj=@r_nkjqj and ykjqj=@r_ykjqj
            update zw_yb_cwzbtjb set cwzb_jsjg=@r_zczzl
            where zth=@r_zth and nkjqj=@r_nkjqj and ykjqj=@r_ykjqj and cwzb_code='4002'
        //计算4003 股权资本增长率=(本期所有者权益总额－上期所有者权益总额)/上期所有者权益总额
            select @r_gqzbzzl=isnull( (syzqyhjqmye-syzqyhjqcye)/nullif(syzqyhjqcye,0),1) from zw_yb_zcfzb where zth=@r_zth and nkjqj=@r_nkjqj and ykjqj=@r_ykjqj
            update zw_yb_cwzbtjb set cwzb_jsjg=@r_gqzbzzl
            where zth=@r_zth and nkjqj=@r_nkjqj and ykjqj=@r_ykjqj and cwzb_code='4003'
        //计算4004 净利润增长率=(本期净利润－上期净利润)/上期净利润
            select @r_jlrzzl =isnull( (jlrbqje - jlrsqje)/nullif(jlrsqje,0),1) from zw_yb_lrb where zth=@r_zth and nkjqj=@r_nkjqj and ykjqj=@r_ykjqj
```

```
            update zw_yb_cwzbtjb set cwzb_jsjg=@r_jlrzzl
                where zth=@r_zth and nkjqj=@r_nkjqj and ykjqj=@r_ykjqj and cwzb_code='4004'
        end;
```

计算账套号为"1"、年会计期间为"2021"、月会计期间为"01""02""03"的财务指标统计表：

```
DELETE FROM zw_yb_cwzbtjb;
EXEC p_comp_zw_yb_cwzbtjb  @r_zth='1',@r_nkjqj='2021',@r_ykjqj='01';
EXEC p_comp_zw_yb_cwzbtjb  @r_zth='1',@r_nkjqj='2021',@r_ykjqj='02';
EXEC p_comp_zw_yb_cwzbtjb  @r_zth='1',@r_nkjqj='2021',@r_ykjqj='03';
```

7.3.6 账务处理系统数据批处理计算

【案例07-15】 账务处理系统数据批处理计算。

账务处理系统数据批处理计算
//计算所有账套、所有会计科目、所有会计期间的账表
//凭证审核、凭证记账、损益结转凭证、结转所得税凭证、计算账务处理系统账表（科目余额表、明细账表、资产负债表、利润表、财务指标统计表等）
参见存储过程：p_ais_zw

```
drop procedure p_ais_zw;
create procedure p_ais_zw
as
    begin
        declare @i_zth integer
        declare @r_count_zth integer
        declare @r_zth char(2)
        declare @r_date_min date
        declare @r_date_max date
        declare @r_date_min1 date
        declare @r_date_max1 date
        declare @r_date_min_buy date
        declare @r_date_max_buy date
        declare @r_date_min_sale date
        declare @r_date_max_sale date
        declare @r_nkjqj char(10),@r_ykjqj char(10)
        select @i_zth=1
        select  @r_count_zth=count(*)  from (select row_number() over (order by zth) as xh,zth from (select distinct zth from jxc_goods) as table_zth) as table_xh
            while @i_zth<=@r_count_zth
                begin
                    select @r_zth=zth from (select row_number() over (order by zth) as xh,zth from (select distinct zth from jxc_goods) as table_zth) as table_xh where xh=@i_zth

                    //计算会计期间的日期
                    select @r_date_min_buy=min(sheetdate) from jxc_sheet_buy where zth=@r_zth
                    select @r_date_max_buy=max(sheetdate) from jxc_sheet_buy where zth=@r_zth
                    select @r_date_min_sale=min(sheetdate) from jxc_sheet_sale where zth=@r_zth
                    select @r_date_max_sale=max(sheetdate) from jxc_sheet_sale where zth=@r_zth
                    if (@r_date_min_buy>=@r_date_min_sale)
```

```
                        begin
                            set @r_date_min=@r_date_min_sale
                        end
                    else
                        begin
                            set @r_date_min=@r_date_min_buy
                        end
                    if (@r_date_max_buy>=@r_date_max_sale)
                        begin
                            set @r_date_max=@r_date_max_buy
                        end
                    else
                        begin
                            set @r_date_max=@r_date_max_sale
                        end
                    //第一个会计期间的期初日期
                    select @r_date_min=convert(char(8),@r_date_min,120)+'01'
                    //最后一个会计期间的期初日期
                    select @r_date_max=dateadd(dd,-1,(select dateadd(mm,1,(select convert(char(8),@r_date_max,120)+'01'))))
                    //按会计期间(自然月)计算账务处理系统
                    while @r_date_min<=@r_date_max
                        begin
                            set @r_date_min1=@r_date_min
                            select @r_date_max1=dateadd(dd,-1,(select dateadd(mm,1,@r_date_min)))
                            select @r_nkjqj=left(@r_date_min1,4)

                            select @r_ykjqj=right(left(@r_date_min1,7),2)

                            //对会计期间所有未审核凭证进行审核标记处理
                            exec  p_zw_pz_shbj  @r_zth=@r_zth,@r_nkjqj=@r_nkjqj,@r_ykjqj=@r_ykjqj
                            //对会计期间所有已审核未记账的凭证进行记账
                            exec  p_zw_pz_jzbj  @r_zth=@r_zth,@r_nkjqj=@r_nkjqj,@r_ykjqj=@r_ykjqj
                            //生成会计期间的损益结转凭证
                            exec p_zw_pz_syjz   @r_zth=@r_zth,@r_nkjqj=@r_nkjqj,@r_ykjqj=@r_ykjqj
                            //审核记账
                            exec  p_zw_pz_shbj  @r_zth=@r_zth,@r_nkjqj=@r_nkjqj,@r_ykjqj=@r_ykjqj
                            exec  p_zw_pz_jzbj  @r_zth=@r_zth,@r_nkjqj=@r_nkjqj,@r_ykjqj=@r_ykjqj
                            //生成一个会计期间的结转所得税凭证
                            exec  p_zw_pz_sds   @r_zth=@r_zth,@r_nkjqj=@r_nkjqj,@r_ykjqj=@r_ykjqj
                            //审核记账
                            exec  p_zw_pz_shbj  @r_zth=@r_zth,@r_nkjqj=@r_nkjqj,@r_ykjqj=@r_ykjqj
```

```
                                        exec  p_zw_pz_jzbj  @r_zth=@r_zth,@r_nkjqj=@r_nkjqj,
@r_ykjqj=@r_ykjqj
                                        //计算账务处理系统账表
                                        //计算会计期间的科目余额表
                                        exec  p_comp_zw_zb_kmyeb  @r_zth=@r_zth,@r_nkjqj=@r_
nkjqj,@r_ykjqj=@r_ykjqj
                                        //计算明细账表
                                        exec  p_comp_zw_zb_mxzb  @r_zth=@r_zth,@r_nkjqj=@r_
nkjqj,@r_ykjqj=@r_ykjqj
                                        //计算资产负债表
                                        exec  p_comp_zw_yb_zcfzb  @r_zth=@r_zth,@r_nkjqj=@r_
nkjqj,@r_ykjqj=@r_ykjqj
                                        //计算利润表
                                        exec  p_comp_zw_yb_lrb  @r_zth=@r_zth,@r_nkjqj=@r_
nkjqj,@r_ykjqj=@r_ykjqj
                                        //计算财务指标统计表
                                        exec p_comp_zw_yb_cwzbtjb @r_zth=@r_zth,@r_nkjqj=@r_
nkjqj,@r_ykjqj=@r_ykjqj
                                        //下一个会计期间
                                        select   @r_date_min=convert(char(8),dateadd(mm,1,@r_
date_min),120)+'01'
                                  end
                            select @i_zth=@i_zth+1
                      end
            end;
```

计算所有账套、所有会计科目、所有会计期间的账表：

EXEC p_ais_zw;

7.4 进销存系统稽核审计

7.4.1 分析进销存系统数据库中可能存在的非正常数据

【案例07-16】分析进销存系统案例数据库中可能存在的非正常数据。

分析进销存系统案例数据库中可能存在的非正常数据，如表7-5所示。

表7-5 分析进销存系统案例数据库中可能存在的非正常数据

编码	非正常数据	举例
	一、基本信息表中非正常数据分析	
	1. 操作员表	账套号、操作员编码、操作员姓名、操作员密码
J1101	（1）操作员姓名为空	账套号为"1"、操作员编码为"1"的操作员表数据行，将操作员姓名修改为空
J1102	（2）操作员姓名重复	账套号为"1"、操作员编码为"2"的操作员表数据行，将操作员姓名修改为'李蓉'
J1103	（3）操作员密码为空	账套号为"1"、操作员编码为"3"的操作员表数据行，将操作员密码修改为空
	2. 商品信息表	账套号、商品编码、商品名称、商品种类、商品规格型号、计量单位、价格、供应商、图片

续表

编码	非正常数据	举例
J1201	(1)商品名称为空	账套号为"1"、商品编码为"2001"的商品信息表数据行，将商品名称修改为空
J1202	(2)商品名称重复	账套号为"1"、商品编码为"1002"的商品信息表数据行，将商品名称修改为'荣耀20'
J1203	(3)商品种类为空	账套号为"1"、商品编码为"1002"的商品信息表数据行，将商品种类修改为空
J1204	(4)商品规格型号为空	账套号为"1"、商品编码为"2001"的商品信息表数据行，将商品规格型号修改为空
J1205	(5)计量单位为空	账套号为"1"、商品编码为"2001"的商品信息表数据行，将计量单位修改为空
J1206	(6)价格小于等于0	账套号为"1"、商品编码为"2002"的商品信息表数据行，将价格修改为"-1000"
J1207	(7)供应商为空	账套号为"1"、商品编码为"3001"的商品信息表数据行，将供应商修改为空
J1208	(8)图片为空	账套号为"1"、商品编码为"3002"的商品信息表数据行，将图片修改为空
	二、单据表中非正常数据分析	
	1. 采购单	账套号、单据号、日期、制单人、商品编码、数量、单价、金额、备注
J2101	(1)日期为空	账套号为"1"、单据号为"0010"的采购单数据行，将日期修改为空
J2102	(2)制单人为空	账套号为"1"、单据号为"0002"的采购单数据行，将制单人修改为空
J2103	(3)商品编码为空	账套号为"1"、单据号为"0003"的采购单数据行，将商品编码修改为空
J2104	(4)数量小于等于0	账套号为"1"、单据号为"0004"的采购单数据行，将数量修改为"-10"
J2105	(5)单价小于等于0	账套号为"1"、单据号为"0005"的采购单数据行，将单价修改为"-500"
J2106	(6)金额为空	账套号为"1"、单据号为"0006"的采购单数据行，将金额修改为空
J2107	(7)金额不等于数量×单价	账套号为"1"、单据号为"0007"的采购单数据行，将金额修改为"数量×单价×0.9"
J2108	(8)商品编码不存在于商品信息表中	账套号为"1"、单据号为"0008"的采购单数据行，将商品编码修改为"666"
J2109	(9)制单人不存在于操作员表中	账套号为"1"、单据号为"0009"的采购单数据行，将制单人修改为"999"
	2. 销售单	账套号、单据号、日期、制单人、商品编码、数量、单价、金额、备注
J2201	(1)日期为空	账套号为"1"、单据号为"0010"的销售单数据行，将日期修改为空
J2202	(2)制单人为空	账套号为"1"、单据号为"0002"的销售单数据行，将制单人修改为空
J2203	(3)商品编码为空	账套号为"1"、单据号为"0003"的销售单数据行，将商品编码修改为空
J2204	(4)数量小于等于0	账套号为"1"、单据号为"0004"的销售单数据行，将数量修改为"-10"

续表

编码	非正常数据	举 例
J2205	(5)单价小于等于0	账套号为"1"、单据号为"0005"的销售单数据行,将单价修改为"−500"
J2206	(6)金额为空	账套号为"1"、单据号为"0006"的销售单数据行,将金额修改为空
J2207	(7)金额不等于数量×单价	账套号为"1"、单据号为"0007"的销售单数据行,将金额修改为"数量×单价×0.9"
J2208	(8)商品编码不存在于商品信息表中	账套号为"1"、单据号为"0008"的销售单数据行,将商品编码修改为"666"
J2209	(9)制单人不存在于操作员表中	账套号为"1"、单据号为"0009"的销售单数据行,将制单人修改为"999"
	三、报表中非正常数据分析	
	1. 商品库存表	账套号、商品编码、库存
J3101	(1)商品编码不存在于商品信息表中	账套号为"1"、商品编码为"1001"的商品库存表数据行,将商品编码修改为"1111"
J3102	(2)库存数量错误	账套号为"1"、商品编码为"2001"的商品库存表数据行,将库存修改为"−100"
	2. 进销存数量月报表	账套号、起始日期、结束日期、商品编码、期初库存数量、采购数量、销售数量、期末库存数量
J3201	(1)起始日期大于结束日期	账套号为"1"、起始日期为"2021-01-01"、商品编码为"1001"的进销存数量月报表数据行,将结束日期修改为"2020-01-01"
J3202	(2)商品编码不存在于商品信息表中	账套号为"1"、起始日期为"2021-01-01"、商品编码为"1002"的进销存数量月报表数据行,将商品编码修改为"2222"
J3203	(3)期末库存数量≠期初库存数量 + 采购数量−销售数量	账套号为"1"、起始日期为"2021-01-01"、商品编码为"2001"的进销存数量月报表数据行,将期末库存数量修改为"期初库存数量+采购数量−销售数量+10"
J3204	(4)本月的期初库存数量≠上月的期末库存数量	账套号为"1"、起始日期为"2021-02-01"、商品编码为"2002"的进销存数量月报表数据行,将期初库存数量修改为"1"

7.4.2 使用SQL语句制造进销存系统案例数据库中非正常数据

【案例07-17】 使用SQL语句制造进销存系统案例数据库中的非正常数据。

使用SQL语句制造进销存系统案例数据库中的非正常数据,如表7-6所示。

表7-6 使用SQL语句制造进销存系统案例数据库中的非正常数据

编码	使用SQL语句制造进销存系统案例数据库中的非正常数据
J1101	UPDATE jxc_operator SET oper_name='' WHERE oper_code='1' AND zth='1';
J1102	UPDATE jxc_operator SET oper_name='李蓉' WHERE oper_code='2' AND zth='1';
J1103	UPDATE jxc_operator SET password='' WHERE oper_code='3' AND zth='1';
J1201	UPDATE jxc_goods SET name='' WHERE code ='2001' AND zth='1';
J1202	UPDATE jxc_goods SET name='荣耀 20' WHERE code ='1002' AND zth='1';
J1203	UPDATE jxc_goods SET sort='' WHERE code ='1002' AND zth='1';
J1204	UPDATE jxc_goods SET model='' WHERE code ='2001' AND zth='1';
J1205	UPDATE jxc_goods SET unit='' WHERE code ='2001' AND zth='1';
J1206	UPDATE jxc_goods SET price=-1000 WHERE code ='2002' AND zth='1';

续表

编码	使用 SQL 语句制造进销存系统案例数据库中的非正常数据
J1207	UPDATE jxc_goods SET manufacturer='' WHERE code ='3001' AND zth='1';
J1208	UPDATE jxc_goods SET photo='' WHERE code ='3002' AND zth='1';
J2101	UPDATE jxc_sheet_buy SET sheetdate=null WHERE sheetid ='0010' AND zth='1';
J2102	UPDATE jxc_sheet_buy SET oper_code ='' WHERE sheetid ='0002' AND zth='1';
J2103	UPDATE jxc_sheet_buy SET code ='' WHERE sheetid ='0003' AND zth='1';
J2104	UPDATE jxc_sheet_buy SET amount=-10 WHERE sheetid ='0004' AND zth='1';
J2105	UPDATE jxc_sheet_buy SET price=-500 WHERE sheetid ='0005' AND zth='1';
J2106	UPDATE jxc_sheet_buy SET mone=null WHERE sheetid ='0006' AND zth='1';
J2107	UPDATE jxc_sheet_buy SET mone =amount * price * 0.9 WHERE sheetid ='0007' AND zth='1';
J2108	UPDATE jxc_sheet_buy SET code ='666' WHERE sheetid ='0008' AND zth='1';
J2109	UPDATE jxc_sheet_buy SET oper_code ='999' WHERE sheetid ='0009' AND zth='1';
J2201	UPDATE jxc_sheet_sale SET sheetdate=null WHERE sheetid ='0010' AND zth='1';
J2202	UPDATE jxc_sheet_sale SET oper_code ='' WHERE sheetid ='0002' AND zth='1';
J2203	UPDATE jxc_sheet_sale SET code ='' WHERE sheetid ='0003' AND zth='1';
J2204	UPDATE jxc_sheet_sale SET amount=-10 WHERE sheetid ='0004' AND zth='1';
J2205	UPDATE jxc_sheet_sale SET price=-500 WHERE sheetid ='0005' AND zth='1';
J2206	UPDATE jxc_sheet_sale SET mone=null WHERE sheetid ='0006' AND zth='1';
J2207	UPDATE jxc_sheet_sale SET mone =amount * price * 0.9 WHERE sheetid ='0007' AND zth='1';
J2208	UPDATE jxc_sheet_sale SET code ='666' WHERE sheetid ='0008' AND zth='1';
J2209	UPDATE jxc_sheet_sale SET oper_code ='999' WHERE sheetid ='0009' AND zth='1';
J3101	UPDATE jxc_goods_amount SET code ='1111' WHERE code ='1001' AND zth='1';
J3102	UPDATE jxc_goods_amount SET amount =-100 WHERE code ='2001' AND zth='1';
J3201	UPDATE jxc_report_amount SET date_max ='2020-01-01' WHERE date_min='2021-01-01' AND code ='1001' AND zth='1';
J3202	UPDATE jxc_report_amount SET code ='2222' WHERE date_min='2021-01-01' AND code ='1002' AND zth='1';
J3203	UPDATE jxc_report_amount SET amount_end = amount_ini + amount_buy - amount_sale + 10 WHERE date_min='2021-01-01' AND code ='2001' AND zth='1';
J3204	UPDATE jxc_report_amount SET amount_ini = 1 WHERE date_min='2021-02-01' AND code ='2002' AND zth='1';

7.4.3 使用 SQL 语句稽核审计进销存系统案例数据库中的非正常数据

【案例07-18】使用 SQL 语句稽核审计进销存系统案例数据库中的非正常数据。

使用 SQL 语句稽核审计非正常数据语句，如表7-7所示。

表 7-7 使用 SQL 语句稽核审计进销存系统案例数据库中的非正常数据

编码	使用 SQL 语句稽核审计非正常数据
J1101	SELECT * FROM jxc_operator WHERE trim(oper_name)='' OR oper_name IS NULL AND zth='1';
J1102	SELECT DISTINCT a.oper_code,a.oper_name FROM jxc_operator a , jxc_operator b WHERE a.oper_code <>b. oper_code AND a. oper_name =b. oper_name AND a.zth=b.zth AND a.zth='1';
J1103	SELECT * FROM jxc_operator WHERE trim(password)='' OR password IS NULL AND zth='1';
J1201	SELECT * FROM jxc_goods WHERE trim(name)='' OR name IS NULL AND zth='1';
J1202	SELECT DISTINCT a.code,a.name FROM jxc_goods a , jxc_goods b WHERE a. code <>b. code AND a. name =b. name AND a.zth=b.zth AND a.zth='1';

续表

编码	使用 SQL 语句稽核审计非正常数据
J1203	SELECT * FROM jxc_goods WHERE trim(sort)='' OR sort IS NULL AND zth='1';
J1204	SELECT * FROM jxc_goods WHERE trim(model)='' OR model IS NULL AND zth='1';
J1205	SELECT * FROM jxc_goods WHERE trim(unit)='' OR unit IS NULL AND zth='1';
J1206	SELECT * FROM jxc_goods WHERE price<0 OR price IS NULL AND zth='1';
J1207	SELECT * FROM jxc_goods WHERE trim(manufacturer)='' OR manufacturer IS NULL AND zth='1';
J1208	SELECT * FROM jxc_goods WHERE trim(photo)='' OR photo IS NULL AND zth='1';
J2101	SELECT * FROM jxc_sheet_buy WHERE trim(sheetdate)='' OR sheetdate IS NULL AND zth='1';
J2102	SELECT * FROM jxc_sheet_buy WHERE trim(oper_code)='' OR oper_code IS NULL AND zth='1';
J2103	SELECT * FROM jxc_sheet_buy WHERE trim(code)='' OR code is NULL AND zth='1';
J2104	SELECT * FROM jxc_sheet_buy WHERE amount IS NULL OR amount<=0 AND zth='1';
J2105	SELECT * FROM jxc_sheet_buy WHERE price IS NULL OR price<=0 AND zth='1';
J2106	SELECT * FROM jxc_sheet_buy WHERE mone IS NULL OR mone=0 AND zth='1';
J2107	SELECT * FROM jxc_sheet_buy WHERE mone <> amount * price AND zth='1';
J2108	SELECT * FROM jxc_sheet_buy WHERE code not in (SELECT code FROM jxc_goods) AND zth='1';
J2109	SELECT * FROM jxc_sheet_buy WHERE oper_code not in (SELECT oper_code FROM jxc_operator) AND zth='1';
J2201	SELECT * FROM jxc_sheet_sale WHERE trim(sheetdate)='' OR sheetdate IS NULL AND zth='1';
J2202	SELECT * FROM jxc_sheet_sale WHERE trim(oper_code)='' OR oper_code IS NULL AND zth='1';
J2203	SELECT * FROM jxc_sheet_sale WHERE trim(code)='' OR code is NULL AND zth='1';
J2204	SELECT * FROM jxc_sheet_sale WHERE amount IS NULL OR amount<=0 AND zth='1';
J2205	SELECT * FROM jxc_sheet_sale WHERE price IS NULL OR price<=0 AND zth='1';
J2206	SELECT * FROM jxc_sheet_sale WHERE mone IS NULL OR mone=0 AND zth='1';
J2207	SELECT * FROM jxc_sheet_sale WHERE mone <> amount * price AND zth='1';
J2208	SELECT * FROM jxc_sheet_sale WHERE code not in (SELECT code FROM jxc_goods) AND zth='1';
J2209	SELECT * FROM jxc_sheet_sale WHERE oper_code not in (SELECT oper_code FROM jxc_operator) AND zth='1';
J3101	SELECT * FROM jxc_goods_amount WHERE code NOT IN (SELECT code FROM jxc_goods) AND zth='1';
J3102	SELECT * FROM jxc_goods_amount WHERE jxc_goods_amount.amount <> (SELECT sum(jxc_sheet_buy.amount) FROM jxc_sheet_buy WHERE jxc_goods_amount.code=jxc_sheet_buy.code) - (SELECT sum(jxc_sheet_sale.amount) FROM jxc_sheet_sale WHERE jxc_goods_amount.code=jxc_sheet_sale.code) AND zth='1';
J3201	SELECT * FROM jxc_report_amount WHERE date_min > date_max AND zth='1';
J3202	SELECT * FROM jxc_report_amount WHERE code NOT IN (SELECT code FROM jxc_goods) AND zth='1';
J3203	SELECT * FROM jxc_report_amount WHERE amount_end <> amount_ini + amount_buy - amount_sale AND zth='1';
J3204	SELECT a.date_min,a.code,b.amount_end,a.amount_ini FROM jxc_report_amount a,jxc_report_amount b WHERE a.code=b.code AND a.date_min='2021-02-01' AND b.date_min='2021-01-01' AND b.amount_end <> a.amount_ini AND a.zth='1';

7.5 账务处理系统稽核审计

7.5.1 分析账务处理系统案例数据库中可能存在的非正常数据

【案例07-19】分析账务处理系统案例数据库中可能存在的非正常数据。

分析账务处理系统案例数据库中可能存在的非正常数据，如表7-8所示。

表7-8 分析账务处理系统案例数据库中可能存在的非正常数据

编码	非正常数据	举例
	一、码表中非正常数据分析	
	1. 币别表	币别编码、币别名称
Z1101	币别表中币别编码不符合编码规则	增加币别编码为"03"、币别名称为"日元"的数据行
Z1102	币别表中币别名称为空	增加币别编码为"04"、币别名称为空的数据行
Z1103	币别表中币别名称重复	增加币别编码为"05"、币别名称为"人民币"的数据行
	2. 行业表	行业编码、行业名称
Z1201	行业表中行业编码不符合编码规则	增加行业编码为"03"、行业名称为"建筑"的数据行
Z1202	行业表中行业名称为空	增加行业编码为"04"、行业名称为空的数据行
Z1203	行业表中行业名称重复	增加行业编码为"05"、行业名称为"工业企业"的数据行
	3. 科目类别表	科目类别编码、科目类别名称
Z1301	科目类别表中科目类别编码不符合编码规则	增加科目类别编码为"7"、科目类别名称为"其他"的数据行
Z1302	科目类别名称为空	增加科目类别编码为"8"、科目类别名称为空的数据行
Z1303	科目类别表中科目类别名称重复	增加科目类别编码为"9"、科目类别名称为"负债"的数据行
	4. 科目性质表	科目性质编码、科目性质名称
Z1401	科目性质表中科目性质编码不符合编码规则	增加科目性质编码为"0L"、科目性质名称为"其他"的数据行
Z1402	科目性质表中科目性质名称为空	增加科目性质编码为"08"、科目性质名称为空的数据行
Z1403	科目性质表中科目性质名称重复	增加科目性质编码为"09"、科目性质名称为"现金"的数据行
	二、基本信息表中非正常数据分析	
	1. 账套信息表	账套号、账套名称、行业、本位币、期间数、起始日期、结束日期、启用日期、年会计期间、状态
Z2101	账套信息表中账套号不为数字	增加账套号为"A"，其余数据(账套名称、行业、本位币、期间数、起始日期、结束日期、启用日期、年会计期间、状态)均为空的数据行
Z2102	账套信息表中账套名称为空	同上
Z2103	账套信息表中行业为空	同上
Z2104	账套信息表中币别为空	同上
Z2105	账套信息表中期间数为空	同上
Z2106	账套信息表中日期为空	同上
Z2107	账套信息表中年会计期间为空	同上
Z2108	账套信息表中状态为空	同上
Z2109	账套信息表中行业编码不存在于行业码表中	增加账套号为"90"、账套名称为"测试账套"、行业为"10"、本位币为"10"、期间数为"10"、起始日期为"2021-10-01"、结束日期为"2021-06-01"、启用日期为"2021-01-01"、年会计期间为"2020"、状态为"备用"的数据行

续表

编码	非正常数据	举例
Z2110	账套信息表中本位币编码不存在于币别码表中	同上
Z2111	账套信息表中年会计期间与起始日期的年份不一致	同上
Z2112	账套信息表中期间数不为"12"	同上
Z2113	账套信息表中启用日期不在起始日期和结束日期之间（起始日期<=启用日期<=结束日期）	同上
Z2114	账套信息表中状态数据不为"初始""正常""停用"	同上
	2. 操作员表	账套号、操作员编码、操作员姓名、密码
Z2201	操作员表中的账套号不为当前账套号	增加账套号为"99"、操作员编码为"6"、操作员名称为"陈红"、密码为"666666"的数据行
Z2202	操作员表中的操作员姓名为空	增加账套号为"1"、操作员编码为"7"、操作员姓名为空、密码为"123456"的数据行
Z2203	操作员表中的操作员密码为空	增加账套号为"1"、操作员编码为"8"、操作员姓名为"徐娥"、密码为空的数据行
	3. 会计科目编码表	账套号、科目编码、科目名称、科目类别、科目性质、余额方向
Z2301	科目编码表中的账套号不为当前账套号	增加账套号为"99"、科目编码为"1001"、科目名称为"现金"、科目类别为"1"、科目性质为"01"、余额方向为"借"的数据行
Z2302	科目编码表中的科目名称为空	增加账套号为"1"、科目编码为"1009"、科目名称、科目类别、科目性质、余额方向均为空的数据行
Z2303	科目编码表中的科目类别为空	同上
Z2304	科目编码表中的科目性质为空	同上
Z2305	科目编码表中的余额方向为空	同上
Z2306	科目编码表中的会计科目名称重复	增加账套号为"1"、科目编码为"1003"、科目名称为"银行存款"、科目类别为"1"、科目性质为"01"、余额方向为"借"的数据行
Z2307	科目编码表中的会计科目编码不符合编码规则	增加账套号为"1"、科目编码为"0001"、科目名称为"现金"、科目类别为"0"、科目性质为"00"、余额方向为"J"的数据行
Z2308	科目编码表中的会计科目类别不存在于会计科目类别码表中	同上
Z2309	科目编码表中的会计科目性质不存在于会计科目性质码表中	同上
Z2310	科目编码表中的会计科目编码与会计科目类别不相符	将账套号为"1"、科目编码为"1001"数据行的会计科目类别修改为"2"
Z2311	科目编码表中的会计科目编码与会计科目性质不相符	将账套号为"1"、科目编码为"1001"数据行的科目性质修改为"06"
Z2312	科目编码表中的余额方向不符合会计准则的规定	将账套号为"1"、科目编码为"2001"数据行的余额方向修改为"借"
	三、单据表中非正常数据分析	
	1. 凭证主表	账套号、年会计期间、月会计期间、凭证号、日期、附单据数、制单人、制单日期、审核人、审核标记、审核日期、记账人、记账日期、记账标记
Z3101	凭证主表中的账套号不是当前账套号	账套号为"1"、年会计期间为"2021"、月会计期间为"01"、凭证号为"0001"的凭证主表数据行，将账套号修改为"99"
Z3102	凭证主表中的年会计期间与账套信息表中的不一致	账套号为"1"、年会计期间为"2021"、月会计期间为"01"、凭证号为"0002"的凭证主表数据行，将年会计期间修改为"2020"

续表

编码	非正常数据	举例
Z3103	凭证主表中的日期为空	账套号为"1"、年会计期间为"2021"、月会计期间为"01"、凭证号为"0003"的凭证主表数据行,将日期、制单日期、制单人修改为空
Z3104	凭证主表中的制单日期为空	同上
Z3105	凭证主表中的制单人为空	同上
Z3106	凭证主表中的年会计期间和制单日期不一致	账套号为"1"、年会计期间为"2021"、月会计期间为"01"、凭证号为"0004"的凭证主表数据行,将制单日期修改为"2020-01-01"
Z3107	凭证主表中的月会计期间和制单日期不一致	账套号为"1"、年会计期间为"2021"、月会计期间为"01"、凭证号为"0005"的凭证主表数据行,将制单日期修改为"2021-11-01"
Z3108	凭证主表中的制单日期、审核日期、记账日期顺序有误	账套号为"1"、年会计期间为"2021"、月会计期间为"01"、凭证号为"0006"的凭证主表数据行,将制单日期修改为"2021-01-03",审核日期修改为"2021-01-02",记账日期修改为"2021-01-01"
Z3109	凭证主表中的凭证号不连续	账套号为"1"、年会计期间为"2021"、月会计期间为"02"、凭证号为"0007"的凭证主表数据行,将凭证号修改为"1007"
Z3110	凭证主表中的凭证号不符合编码规则	账套号为"1"、年会计期间为"2021"、月会计期间为"01"、凭证号为"0008"的凭证主表数据行,将凭证号修改为"0008"
Z3111	凭证主表中的审核标记不为"是"与"否"	账套号为"1"、年会计期间为"2021"、月会计期间为"01"、凭证号为"0009"的凭证主表数据行,将审核标记修改为"Y"
Z3112	凭证主表中的记账标记不为"是"与"否"	账套号为"1"、年会计期间为"2021"、月会计期间为"01"、凭证号为"0010"的凭证主表数据行,将记账标记修改为"T"
Z3113	凭证主表中的附单据数小于0	账套号为"1"、年会计期间为"2021"、月会计期间为"01"、凭证号为"0011"的凭证主表数据行,将附单据数修改为"-2"
Z3114	凭证主表中的制单人编码不存在于操作员表内	账套号为"1"、年会计期间为"2021"、月会计期间为"01"、凭证号为"0012"的凭证主表数据行,将制单人修改为"99"
Z3115	凭证主表中的审核人编码不存在于操作员表内	账套号为"1"、年会计期间为"2021"、月会计期间为"01"、凭证号为"0013"的凭证主表数据行,将审核人修改为"WH"
Z3116	凭证主表中的记账人编码不存在于操作员表内	账套号为"1"、年会计期间为"2021"、月会计期间为"01"、凭证号为"0014"的凭证主表数据行,将记账人修改为"李蓉"
Z3117	凭证主表中的制单人、审核人、记账人是同一人	账套号为"1"、年会计期间为"2021"、月会计期间为"01"、凭证号为"0015"的凭证主表数据行,将制单人、审核人、记账人均修改为"1"
Z3118	凭证主表中的审核标记为"是"但审核人为空	账套号为"1"、年会计期间为"2021"、月会计期间为"01"、凭证号为"0016"的凭证主表数据行,将审核人修改为空
Z3119	凭证主表中的审核标记为"是"但审核日期为空	账套号为"1"、年会计期间为"2021"、月会计期间为"01"、凭证号为"0017"的凭证主表数据行,将审核日期修改为空
Z3120	凭证主表中的记账标记为"是"但记账人为空	账套号为"1"、年会计期间为"2021"、月会计期间为"01"、凭证号为"0018"的凭证主表数据行,将记账人修改为空
Z3121	凭证主表中的记账标记为"是"但记账日期为空	账套号为"1"、年会计期间为"2021"、月会计期间为"01"、凭证号为"0019"的凭证主表数据行,将记账日期修改为空
Z3122	凭证主表中的审核标记为"否"但记账标记为"是"(未审核就已记账)	账套号为"1"、年会计期间为"2021"、月会计期间为"01"、凭证号为"0020"的凭证主表数据行,将审核标记修改为"否"
	2. 凭证明细表	账套号、年会计期间、月会计期间、凭证号、科目编码、摘要、借方金额、贷方金额
Z3201	凭证明细表中的账套号不是当前账套号	账套号为"1"、年会计期间为"2021"、月会计期间为"02"、凭证号为"0001"的凭证明细表数据行,将账套号修改为"99"
Z3202	凭证明细表中的年会计期间与账套信息表中的不一致	账套号为"1"、年会计期间为"2021"、月会计期间为"02"、凭证号为"0002"的凭证明细表数据行,将年会计期间修改为"2020"

续表

编码	非正常数据	举　例
Z3203	凭证明细表中的凭证号不连续	账套号为"1"、年会计期间为"2021"、月会计期间为"01"、凭证号为"0003"的凭证明细表数据行，将凭证号修改为"1003"
Z3204	凭证明细表中的凭证号不符合编码规则	账套号为"1"、年会计期间为"2021"、月会计期间为"02"、凭证号为"0004"的凭证明细表数据行，将凭证号修改为"00004"
Z3205	凭证明细表中的科目编码不存在于科目编码表中	账套号为"1"、年会计期间为"2021"、月会计期间为"01"、凭证号为"0001"、科目编码为"1002"的凭证明细表数据行，将科目编码表修改为"1666"
Z3206	凭证明细表中的无摘要	账套号为"1"、年会计期间为"2021"、月会计期间为"02"、凭证号为"0006"的凭证明细表数据行，将摘要修改为空
Z3207	凭证明细表的一条记录里借贷金额均为0	账套号为"1"、年会计期间为"2021"、月会计期间为"01"、凭证号为"0002"、科目编码为"1002"的凭证明细表数据行，将借方金额、贷方金额均修改为"0"
		账套号为"1"、年会计期间为"2021"、月会计期间为"01"、凭证号为"0002"、科目编码为"2001"的凭证明细表数据行，将借方金额、贷方金额均修改为"0"
Z3208	凭证明细表一条记录里借贷金额均为不0	账套号为"1"、年会计期间为"2021"、月会计期间为"01"、凭证号为"0004"、科目编码为"2211"的凭证明细表数据行，将借方金额、贷方金额均修改为"51 500.00"
Z3209	凭证明细表中的同一经济业务借贷不平	账套号为"1"、年会计期间为"2021"、月会计期间为"01"、凭证号为"0005"、科目编码为"2201"的凭证明细表数据行，将贷方金额修改为"130 000.00"
Z3210	凭证明细表中的同一经济业务，借贷只有贷方金额无借方金额	删除账套号为"1"、年会计期间为"2021"、月会计期间为"02"、凭证号为"0003"、科目编码为"2221"的凭证明细表数据行
		删除账套号为"1"、年会计期间为"2021"、月会计期间为"02"、凭证号为"0003"、科目编码为"1601"的凭证明细表数据行
Z3211	凭证明细表中的同一经济业务，借贷只有借方金额无贷方金额	删除账套号为"1"、年会计期间为"2021"、月会计期间为"03"、凭证号为"0001"、科目编码为"2211"的凭证明细表数据行
	3. 凭证主表与明细表之间的关系	
Z3301	凭证有主表中的但无对应的凭证明细表	删除账套号为"1"、年会计期间为"2021"、月会计期间为"02"、凭证号为"0023"的凭证明细表
Z3302	凭证有明细表但无对应的凭证主表	删除账套号为"1"、年会计期间为"2021"、月会计期间为"01"、凭证号为"0025"的凭证主表
	四、账表中非正常数据分析	
	1. 科目余额表	账套号、科目编码、年会计期间、月会计期间、期初借方余额、期初贷方余额、期初余额、借方发生额、贷方发生额、借方累计发生额、贷方累计发生额、期末借方余额、期末贷方余额、期末余额
Z4101	科目余额表中的账套号不是当前账套号	账套号为"1"、年会计期间为"2021"、月会计期间为"01"、科目编码为"1001"的科目余额表数据行，将账套号修改为"99"
Z4102	科目余额表中的科目编码不存在于科目编码表中	账套号为"1"、年会计期间为"2021"、月会计期间为"01"、科目编码为"1221"的科目余额表数据行，将科目编码修改为"1222"
Z4103	科目余额表的期初借贷不平	账套号为"1"、年会计期间为"2021"、月会计期间为"01"、科目编码为"1405"的科目余额表数据行，将期初借方余额修改为"1 000"
Z4104	科目余额表的期末借贷不平	账套号为"1"、年会计期间为"2021"、月会计期间为"01"、科目编码为"1601"的科目余额表数据行，将期末借方余额修改为"100 000.00"
Z4105	科目余额表中的损益类科目有期初余额	账套号为"1"、年会计期间为"2021"、月会计期间为"01"、科目编码为"6001"的科目余额表数据行，将期初余额修改为"100 000.00"

续表

编码	非正常数据	举例
Z4106	科目余额表中的损益类科目有期末余额	账套号为"1"、年会计期间为"2021"、月会计期间为"01"、科目编码为"6602"的科目余额表数据行,将期末余额修改为"100 000.00"
Z4107	科目余额表的借方累计发生额不等于借方发生额的累计	账套号为"1"、年会计期间为"2021"、月会计期间为"02"、科目编码为"1001"的科目余额表数据行,将借方累计发生额修改为"100 000.00"
Z4108	科目余额表的贷方累计发生额不等于贷方发生额的累计	账套号为"1"、年会计期间为"2021"、月会计期间为"02"、科目编码为"1002"的科目余额表数据行,将贷方累计发生额修改为"100 000.00"
Z4109	科目余额表的期末借方余额不等于期初借方余额与借方发生额之和	账套号为"1"、年会计期间为"2021"、月会计期间为"02"、科目编码为"1405"的科目余额表数据行,将期末借方余额修改为"100 000.00"
Z4110	科目余额表的期末贷方余额不等于期初贷方余额与贷方发生额之和	账套号为"1"、年会计期间为"2021"、月会计期间为"02"、科目编码为"1601"的科目余额表数据行,将期末贷方余额修改为"100 000.00"
Z4111	科目余额表的期初余额计算有误(借方科目不等于期初借方余额与贷方余额之差)	账套号为"1"、年会计期间为"2021"、月会计期间为"02"、科目编码为"1701"的科目余额表数据行,将期初借方余额修改为"90 000.00"、期初贷方余额修改为"0"、期初余额修改为"-90 000.00"
Z4112	科目余额表的期初余额计算有误(贷方科目不等于期初贷方余额与借方余额之差)	账套号为"1"、年会计期间为"2021"、月会计期间为"02"、科目编码为"2001"的科目余额表数据行,将期初借方余额修改为"0"、期初贷方余额修改为"20 000.00"、期初余额修改为"-20 000.00"
Z4113	科目余额表的期末余额计算有误(借方科目不等于期末借方余额与贷方余额之差)	账套号为"1"、年会计期间为"2021"、月会计期间为"01"、科目编码为"1701"的科目余额表数据行,将期末借方余额修改为"90 000.00"、期末贷方余额修改为"0"、期末余额修改为"-90 000.00"
Z4114	科目余额表的期末余额计算有误(贷方科目不等于期末贷方余额与借方余额之差)	账套号为"1"、年会计期间为"2021"、月会计期间为"01"、科目编码为"2001"的科目余额表数据行,将期末借方余额修改为"0"、期末贷方余额修改为"20 000.00"、期末余额修改为"-20 000.00"
Z4115	科目余额表的本月期初余额不等于上月的期末余额	账套号为"1"、年会计期间为"2021"、月会计期间为"02"、科目编码为"1702"的科目余额表数据行,将期初借方余额修改为"1"、期初贷方余额修改为"100 000.00"、期初余额修改为"100 000.00"
	2. 明细账表	账套号、年会计期间、月会计期间、科目编码、序号、日期、凭证号、摘要、借方金额、贷方金额
Z4201	明细账表的账套号不是当前账套号	账套号为"1"、年会计期间为"2021"、月会计期间为"01"、科目编码为"4001"、序号为"1"、凭证号为"0001"的明细账表数据行,将账套号修改为"99"
Z4202	明细账表的年会计期间与账套信息表中的不一致	账套号为"1"、年会计期间为"2021"、月会计期间为"01"、科目编码为"1002"、序号为"1"、凭证号为"0001"的明细账表数据行,将年会计期间修改为"2020"
Z4203	明细账表的日期为空	账套号为"1"、年会计期间为"2021"、月会计期间为"01"、科目编码为"1001"、序号为"1"、凭证号为"0006"的明细账表数据行,将日期修改为空
Z4204	明细账表的凭证号为空	账套号为"1"、年会计期间为"2021"、月会计期间为"01"、科目编码为"6602"、序号为"2"、凭证号为"0008"的明细账表数据行,将凭证号修改为空
Z4205	明细账表中的摘要为空	账套号为"1"、年会计期间为"2021"、月会计期间为"01"、科目编码为"6602"、序号为"3"、凭证号为"0009"的明细账表数据行,将摘要修改为空
Z4206	明细账表中的科目编码不存在于科目编码表中	账套号为"1"、年会计期间为"2021"、月会计期间为"02"、科目编码为"1405"、序号为"3"、凭证号为"0010"的明细账表数据行,将科目编码修改为"1222"

续表

编码	非正常数据	举例
Z4207	明细账表同一经济业务的借贷方不平	账套号为"1"、年会计期间为"2021"、月会计期间为"01"、凭证号为"0010"、科目编码为"6603"、序号为"1"的明细账表数据行,将借方金额修改为"10 000.00"
Z4208	明细账表中的一条记录里,借贷金额均为0	账套号为"1"、年会计期间为"2021"、月会计期间为"01"、凭证号为"0030"、科目编码为"6401"、序号为"5"的明细账表数据行,将借方金额修改为"0" 账套号为"1"、年会计期间为"2021"、月会计期间为"01"、凭证号为"0030"、科目编码为"1405"、序号为"14"的明细账表数据行,将贷方金额修改为"0"
Z4209	明细账表中的一条记录里,借贷金额均不为0	账套号为"1"、年会计期间为"2021"、月会计期间为"01"、凭证号为"0037"、科目编码为"1002"、序号为"23"的明细账表数据行,将借方金额修改为"200 390"
Z4210	明细账表中的同一经济业务,借贷只有借方金额无贷方金额	删除账套号为"1"、年会计期间为"2021"、月会计期间为"01"、凭证号为"0017"、科目编码为"1002"、序号为"11"的明细账表数据行
Z4211	明细账表中的同一经济业务借贷只有贷方金额无借方金额	删除账套号为"1"、年会计期间为"2021"、月会计期间为"01"、凭证号为"0011"、科目编码为"2211"、序号为"2"的明细账表数据行
Z4212	明细账表中的同一会计科目的会计科目出现序号不连续	账套号为"1"、年会计期间为"2021"、月会计期间为"01"、凭证号为"0016"、科目编码为"1405"、序号为"5"的明细账表数据行,将序号修改为"30"
五、单据账表之间非正常数据分析		
Z5101	凭证明细表与明细账表的条数不等	删除账套号为"1"、年会计期间为"2021"、月会计期间为"01"、凭证号为"0026"的凭证主表 删除账套号为"1"、年会计期间为"2021"、月会计期间为"01"、凭证号为"0026"的凭证明细表
Z5102	已记账凭证无对应的明细账表(明细账表无对应的已记账凭证)	删除账套号为"1"、年会计期间为"2021"、月会计期间为"02"、凭证号为"0021"的明细账表数据行
Z5103	明细账表有对应的未记账凭证	账套号为"1"、年会计期间为"2021"、月会计期间为"02"、凭证号为"0022"的凭证主表数据行,将记账标记修改为"否"
Z5104	同一账套与会计期间的凭证,其凭证明细表的科目编码不在明细账表中	账套号为"1"、年会计期间为"2021"、月会计期间为"02"、科目编码为"1405"、序号为"4"、凭证号为"0011"的明细账表数据行,将科目编码修改为"1601"
Z5105	同一账套与会计期间的凭证,其明细账表的科目编码不在凭证明细表中	同上
Z5106	同一账套与会计期间的凭证,其凭证明细表与明细账表的摘要不一致	账套号为"1"、年会计期间为"2021"、月会计期间为"01"、凭证号为"0026"的明细账表数据行,将摘要修改为"支付工资"
Z5107	同一账套与会计期间的凭证,其明细账表与凭证主表的日期(非期初数据)不一致	账套号为"1"、年会计期间为"2021"、月会计期间为"01"、凭证号为"0024"的明细账表数据行,将日期修改为"2021-01-30"
Z5108	同一账套与会计期间的凭证,其凭证明细表与明细账表的借方金额(非期初数据)不一致	账套号为"1"、年会计期间为"2021"、月会计期间为"02"、凭证号为"0006"、科目编码为"6603"的明细账表数据行,将借方金额修改为"10 000.00"
Z5109	同一账套与会计期间的凭证,其凭证明细表与明细账表的贷方金额(非期初数据)不一致	账套号为"1"、年会计期间为"2021"、月会计期间为"02"、凭证号为"0006"、科目编码为"2231"的明细账表数据行,将贷方金额修改为"10 000.00"
Z5110	科目余额表中的科目编码不在明细账表中	账套号为"1"、年会计期间为"2021"、月会计期间为"01"、科目编码为"1602"的科目余额表数据行,将科目编码修改为"1662"
Z5111	同一账套与会计期间的明细账表,其科目编码不在科目余额表中	同上

续表

编码	非正常数据	举例
Z5112	科目余额表借方发生额不等于对应账套与会计期间的凭证明细表借方发生额	账套号为"1"、年会计期间为"2021"、月会计期间为"02"、科目编码为"1702"的科目余额表数据行，将借方发生额修改为"1"、贷方发生额修改为"1"、借方累计发生额修改为"1"、贷方累计发生额修改为"1"、期末借方余额修改为"1"、期末贷方余额修改为"1"、期末余额修改为"1"
Z5113	科目余额表中的贷方发生额不等于对应账套与会计期间的凭证明细表中的贷方发生额	同上
Z5114	科目余额表中的累计借方发生额不等于对应账套与会计期间的凭证明细表中的累计借方发生额	同上
Z5115	科目余额表中的累计贷方发生额不等于对应账套与会计期间的凭证明细表中的累计贷方发生额	同上
Z5116	科目余额表中的借方发生额不等于对应账套与会计期间的明细账表中的借方发生额	同上
Z5117	科目余额表中的贷方发生额不等于对应账套与会计期间的明细账表中的贷方发生额	同上
Z5118	科目余额表中的累计借方发生额不等于对应账套与会计期间的明细账表中的累计借方发生额	同上
Z5119	科目余额表中的累计贷方发生额不等于对应账套与会计期间的明细账表中的累计贷方发生额	同上

7.5.2 使用 SQL 语句制造账务处理系统案例数据库中的非正常数据

【案例07-20】使用 SQL 语句制造账务处理系统案例数据库中的非正常数据。

使用 SQL 语句制造非正常数据，如表 7-9 所示。

表 7-9 使用 SQL 语句制造账务处理系统案例中的非正常数据

编码	使用 SQL 语句制造非正常数据
Z1101	INSERT INTO zw_c_bb(bb_code,bb_name) VALUES ('03','日元');
Z1102	INSERT INTO zw_c_bb(bb_code,bb_name) VALUES ('04','');
Z1103	INSERT INTO zw_c_bb(bb_code,bb_name) VALUES ('05','人民币');
Z1201	INSERT INTO zw_c_hy(hy_code,hy_name) VALUES ('03','建筑');
Z1202	INSERT INTO zw_c_hy(hy_code,hy_name) VALUES ('04','');
Z1203	INSERT INTO zw_c_hy(hy_code,hy_name) VALUES ('05','工业企业');
Z1301	INSERT INTO zw_c_kmlb(kmlb_code,kmlb_name) VALUES ('7','其他');
Z1302	INSERT INTO zw_c_kmlb(kmlb_code,kmlb_name) VALUES ('8','');
Z1303	INSERT INTO zw_c_kmlb(kmlb_code,kmlb_name) VALUES ('9','负债');
Z1401	INSERT INTO zw_c_kmxz(kmxz_code,kmxz_name) VALUES ('0L','其他');
Z1402	INSERT INTO zw_c_kmxz(kmxz_code,kmxz_name) VALUES ('08','');
Z1403	INSERT INTO zw_c_kmxz(kmxz_code,kmxz_name) VALUES ('09','现金');

续表

编码	使用 SQL 语句制造非正常数据
Z2101	INSERT INTO zw_d_ztxxb(zth,ztmc,hy_code,bb_code,qjs,qsrq,jsrq,qyrq,nkjqj,zt) VALUES ('a','','','',null,null,null,null,'','');
Z2102	同上
Z2103	同上
Z2104	同上
Z2105	同上
Z2106	同上
Z2107	同上
Z2108	同上
Z2109	INSERT INTO zw_d_ztxxb(zth,ztmc,hy_code,bb_code,qjs,qsrq,jsrq,qyrq,nkjqj,zt) VALUES ('90','测试账套','10','10',10,'2021-10-01','2021-06-01','2021-01-01','2020','备用');
Z2110	同上
Z2111	同上
Z2112	同上
Z2113	同上
Z2114	同上
Z2201	INSERT INTO zw_d_czy(zth,czy_code,czy_name,mm) VALUES ('99','6','陈红','666666');
Z2202	INSERT INTO zw_d_czy(zth,czy_code,czy_name,mm) VALUES ('1','7',' ','123456');
Z2203	INSERT INTO zw_d_czy(zth,czy_code,czy_name,mm) VALUES ('1','8','徐娥','');
Z2301	INSERT INTO zw_d_kjkmbmb(zth,km_code,km_name,kmlb_code,kmxz_code,yefx) VALUES ('99','1001','现金','1','01','借');
Z2302	INSERT INTO zw_d_kjkmbmb(zth,km_code,km_name,kmlb_code,kmxz_code,yefx) VALUES ('1','1009',' ','','','');
Z2303	同上
Z2304	同上
Z2305	同上
Z2306	INSERT INTO zw_d_kjkmbmb(zth,km_code,km_name,kmlb_code,kmxz_code,yefx) VALUES ('1','1003','银行存款','1','01','借');
Z2307	INSERT INTO zw_d_kjkmbmb(zth,km_code,km_name,kmlb_code,kmxz_code,yefx) VALUES ('1','0001','现金','0','00','J');
Z2308	同上
Z2309	同上
Z2310	UPDATE zw_d_kjkmbmb SET kmlb_code='2' WHERE zth='1' AND km_code='1001';
Z2311	UPDATE zw_d_kjkmbmb SET kmxz_code='06' WHERE zth='1' AND km_code='1001';
Z2312	UPDATE zw_d_kjkmbmb SET yefx='借' WHERE zth='1' AND km_code='2001';
Z3101	UPDATE zw_pz_zb SET zth='99' WHERE zth='1' AND nkjqj='2021' AND ykjqj='01' AND pzh='0001';
Z3102	UPDATE zw_pz_zb SET nkjqj='2020' WHERE zth='1' AND nkjqj='2021' AND ykjqj='01' AND pzh='0002';
Z3103	UPDATE zw_pz_zb SET rq=null,zdrq=null,zdr=null WHERE zth='1' AND nkjqj='2021' AND ykjqj='01' AND pzh='0003';
Z3104	同上
Z3105	同上

续表

编码	使用 SQL 语句制造非正常数据
Z3106	UPDATE zw_pz_zb SET zdrq='2020-01-01' WHERE zth='1' AND nkjqj='2021' AND ykjqj='01' AND pzh='0004';
Z3107	UPDATE zw_pz_zb SET zdrq='2021-11-01' WHERE zth='1' AND nkjqj='2021' AND ykjqj='01' AND pzh='0005';
Z3108	UPDATE zw_pz_zb SET zdrq='2021-01-03',shrq='2021-01-02',jzrq='2021-01-01' WHERE zth='1' AND nkjqj='2021' AND ykjqj='01' AND pzh='0006';
Z3109	UPDATE zw_pz_zb SET pzh='1007' WHERE zth='1' AND nkjqj='2021' AND ykjqj='02' AND pzh='0007';
Z3110	UPDATE zw_pz_zb SET pzh='0O08' WHERE zth='1' AND nkjqj='2021' AND ykjqj='01' AND pzh='0008';
Z3111	UPDATE zw_pz_zb SET shbj='Y' WHERE zth='1' AND nkjqj='2021' AND ykjqj='01' AND pzh='0009';
Z3112	UPDATE zw_pz_zb SET jzbj='T' WHERE zth='1' AND nkjqj='2021' AND ykjqj='01' AND pzh='0010';
Z3113	UPDATE zw_pz_zb SET fdjs=-2 WHERE zth='1' AND nkjqj='2021' AND ykjqj='01' AND pzh='0011';
Z3114	UPDATE zw_pz_zb SET zdr='99' WHERE zth='1' AND nkjqj='2021' AND ykjqj='01' AND pzh='0012';
Z3115	UPDATE zw_pz_zb SET shr='WH' WHERE zth='1' AND nkjqj='2021' AND ykjqj='01' AND pzh='0013';
Z3116	UPDATE zw_pz_zb SET jzr='李蓉' WHERE zth='1' AND nkjqj='2021' AND ykjqj='01' AND pzh='0014';
Z3117	UPDATE zw_pz_zb SET zdr='1',shr='1',jzr='1' WHERE zth='1' AND nkjqj='2021' AND ykjqj='01' AND pzh='0015';
Z3118	UPDATE zw_pz_zb SET shbj='是',shr='' WHERE zth='1' AND nkjqj='2021' AND ykjqj='01' AND pzh='0016';
Z3119	UPDATE zw_pz_zb SET shbj='是',shrq=null WHERE zth='1' AND nkjqj='2021' AND ykjqj='01' AND pzh='0017';
Z3120	UPDATE zw_pz_zb SET jzbj='是' ,jzr='' WHERE zth='1' AND nkjqj='2021' AND ykjqj='01' AND pzh='0018';
Z3121	UPDATE zw_pz_zb SET jzbj='是' ,jzrq=null WHERE zth='1' AND nkjqj='2021' AND ykjqj='01' AND pzh='0019';
Z3122	UPDATE zw_pz_zb SET jzbj='是',shbj='否' WHERE zth='1' AND nkjqj='2021' AND ykjqj='01' AND pzh='0020';
Z3201	UPDATE zw_pz_mxb SET zth='99' WHERE zth='1' AND nkjqj='2021' AND ykjqj='02' AND pzh='0001';
Z3202	UPDATE zw_pz_mxb SET nkjqj='2020' WHERE zth='1' AND nkjqj='2021' AND ykjqj='02' AND pzh='0002';
Z3203	UPDATE zw_pz_mxb SET pzh='1003' WHERE zth='1' AND nkjqj='2021' AND ykjqj='01' AND pzh='0003';
Z3204	UPDATE zw_pz_mxb SET pzh='0O04' WHERE zth = '1' AND nkjqj ='2021' AND ykjqj ='02' AND pzh ='0004';
Z3205	UPDATE zw_pz_mxb SET km_code='1666' WHERE zth='1' AND nkjqj='2021' AND ykjqj='01' AND pzh='0001' AND km_code='1002';
Z3206	UPDATE zw_pz_mxb SET zy='' WHERE zth='1' AND nkjqj='2021' AND ykjqj='02' AND pzh='0006';
Z3207	UPDATE zw_pz_mxb SET jfje=0,dfje=0 WHERE zth='1' AND nkjqj='2021' AND ykjqj='01' AND pzh='0002' AND km_code='1002'; UPDATE zw_pz_mxb SET jfje=0,dfje=0 WHERE zth='1' AND nkjqj='2021' AND ykjqj='01' AND pzh='0002' AND km_code='2001';

续表

编码	使用 SQL 语句制造非正常数据
Z3208	UPDATE zw_pz_mxb SET jfje=51500.00,dfje=51500.00 WHERE zth='1' AND nkjqj='2021' AND ykjqj='01' AND pzh='0004' AND km_code='2211';
Z3209	UPDATE zw_pz_mxb SET dfje=130000.00 WHERE zth='1' AND nkjqj='2021' AND ykjqj='01' AND pzh='0005' AND km_code='2201';
Z3210	DELETE FROM zw_pz_mxb WHERE zth='1' AND nkjqj='2021' AND ykjqj='02' AND pzh='0003' AND km_code='2221'; DELETE FROM zw_pz_mxb WHERE zth='1' AND nkjqj='2021' AND ykjqj='02' AND pzh='0003' AND km_code='1601';
Z3211	DELETE FROM zw_pz_mxb WHERE zth='1' AND nkjqj='2021' AND ykjqj='03' AND pzh='0001' AND km_code='2211';
Z3301	DELETE FROM zw_pz_mxb WHERE zth='1' AND nkjqj='2021' AND ykjqj='02' AND pzh='0023';
Z3302	DELETE FROM zw_pz_zb WHERE zth='1' AND nkjqj='2021' AND ykjqj='01' AND pzh='0025';
Z4101	UPDATE zw_zb_kmyeb SET zth='99' WHERE zth='1' AND nkjqj='2021' AND ykjqj='01' AND km_code='1001';
Z4102	UPDATE zw_zb_kmyeb SET km_code='1222' WHERE zth='1' AND nkjqj='2021' AND ykjqj='01' AND km_code='1221';
Z4103	UPDATE zw_zb_kmyeb SET qcjfye=1000.00 WHERE zth='1' AND nkjqj='2021' AND ykjqj='01' AND km_code='1405';
Z4104	UPDATE zw_zb_kmyeb SET qmjfye=100000.00 WHERE zth='1' AND nkjqj='2021' AND ykjqj='01' AND km_code='1601';
Z4105	UPDATE zw_zb_kmyeb SET qcye=100000.00 WHERE zth='1' AND nkjqj='2021' AND ykjqj='01' AND km_code='6001';
Z4106	UPDATE zw_zb_kmyeb SET qmye=100000.00 WHERE zth='1' AND nkjqj='2021' AND ykjqj='01' AND km_code='6602';
Z4107	UPDATE zw_zb_kmyeb SET jflj=100000.00 WHERE zth='1' AND nkjqj='2021' AND ykjqj='02' AND km_code='1001';
Z4108	UPDATE zw_zb_kmyeb SET dflj=100000.00 WHERE zth='1' AND nkjqj='2021' AND ykjqj='02' AND km_code='1002';
Z4109	UPDATE zw_zb_kmyeb SET qmjfye=100000.00 WHERE zth='1' AND nkjqj='2021' AND ykjqj='02' AND km_code='1405';
Z4110	UPDATE zw_zb_kmyeb SET qmdfye=100000.00 WHERE zth='1' AND nkjqj='2021' AND ykjqj='02' AND km_code='1601';
Z4111	UPDATE zw_zb_kmyeb SET qcjfye=90000.00,qcdfye=0,qcye=-90000.00 WHERE zth='1' AND nkjqj='2021' AND ykjqj='02' AND km_code='1701';
Z4112	UPDATE zw_zb_kmyeb SET qcjfye=0,qcdfye=20000.00,qcye=-20000.00 WHERE zth='1' AND nkjqj='2021' AND ykjqj='02' AND km_code='2001';
Z4113	UPDATE zw_zb_kmyeb SET qmjfye=90000.00,qmdfye=0,qmye=-90000.00 WHERE zth='1' AND nkjqj='2021' AND ykjqj='01' AND km_code='1701';
Z4114	UPDATE zw_zb_kmyeb SET qmjfye=0,qmdfye=20000.00,qmye=-20000.00 WHERE zth='1' AND nkjqj='2021' AND ykjqj='01' AND km_code='2001';
Z4115	UPDATE zw_zb_kmyeb SET qcjfye=1,qcdfye=100000.00,qcye=100000.00 WHERE zth='1' AND nkjqj='2021' AND ykjqj='02' AND km_code='1702';
Z4201	UPDATE zw_zb_mxzb SET zth='99' WHERE zth='1' AND nkjqj='2021' AND ykjqj='01' AND km_code='4001' AND xh=1 AND pzh='0001';
Z4202	UPDATE zw_zb_mxzb SET nkjqj='2020' WHERE zth='1' AND nkjqj='2021' AND ykjqj='01' AND km_code='1002' AND xh=1 AND pzh='0001';

续表

编码	使用 SQL 语句制造非正常数据
Z4203	UPDATE zw_zb_mxzb SET rq=null WHERE zth='1' AND nkjqj='2021' AND ykjqj='01' AND km_code='1001' AND xh=1 AND pzh='0006';
Z4204	UPDATE zw_zb_mxzb SET pzh='' WHERE zth='1' AND nkjqj='2021' AND ykjqj='01' AND km_code='6602' AND xh=2 AND pzh='0008';
Z4205	UPDATE zw_zb_mxzb SET zy='' WHERE zth='1' AND nkjqj='2021' AND ykjqj='01' AND km_code='6602' AND xh=3 AND pzh='0009';
Z4206	UPDATE zw_zb_mxzb SET km_code='1222' WHERE zth='1' AND nkjqj='2021' AND ykjqj='02' AND km_code='1405' AND xh=3 AND pzh='0010';
Z4207	UPDATE zw_zb_mxzb SET jfje=10000.00 WHERE zth='1' AND nkjqj='2021' AND ykjqj='01' AND km_code='6603' AND xh=1 AND pzh='0010';
Z4208	UPDATE zw_zb_mxzb SET jfje=0 WHERE zth='1' AND nkjqj='2021' AND ykjqj='01' AND km_code='6401' AND xh=5 AND pzh='0030'; UPDATE zw_zb_mxzb SET dfje=0 WHERE zth='1' AND nkjqj='2021' AND ykjqj='01' AND km_code='1405' AND xh=14 AND pzh='0030';
Z4209	UPDATE zw_zb_mxzb SET dfje=200390.00 WHERE zth='1' AND nkjqj='2021' AND ykjqj='01' AND km_code='1002' AND xh=23 AND pzh='0037';
Z4210	DELETE FROM zw_zb_mxzb WHERE zth='1' AND nkjqj='2021' AND ykjqj='01' AND km_code='1002' AND xh=11 AND pzh='0017';
Z4211	DELETE FROM zw_zb_mxzb WHERE zth='1' AND nkjqj='2021' AND ykjqj='01' AND km_code='2211' AND xh=2 AND pzh='0011';
Z4212	UPDATE zw_zb_mxzb SET xh=30 WHERE zth='1' AND nkjqj='2021' AND ykjqj='01' AND km_code='1405' AND xh=5 AND pzh='0016';
Z5101	DELETE FROM zw_pz_zb WHERE zth='1' AND nkjqj='2021' AND ykjqj='01' AND pzh='0026'; DELETE FROM zw_pz_mxb WHERE zth='1' AND nkjqj='2021' AND ykjqj='01' AND pzh='0026';
Z5102	DELETE FROM zw_zb_mxzb WHERE zth='1' AND nkjqj='2021' AND ykjqj='02' AND pzh='0021';
Z5103	UPDATE zw_pz_zb SET jzbj='否' WHERE zth='1' AND nkjqj='2021' AND ykjqj='02' AND pzh='0022';
Z5104	UPDATE zw_zb_mxzb SET km_code='1601' WHERE zth='1' AND nkjqj='2021' AND ykjqj='02' AND km_code='1405' AND xh=4 AND pzh='0011';
Z5105	同上
Z5106	UPDATE zw_zb_mxzb SET zy='支付工资' WHERE zth='1' AND nkjqj='2021' AND ykjqj='01' AND pzh='0026';
Z5107	UPDATE zw_zb_mxzb SET rq='2021-01-30' WHERE zth='1' AND nkjqj='2021' AND ykjqj='01' AND pzh='0024';
Z5108	UPDATE zw_zb_mxzb SET jfje=10000.00 WHERE zth='1' AND nkjqj='2021' AND ykjqj='02' AND pzh='0006' AND km_code='6603';
Z5109	UPDATE zw_zb_mxzb SET dfje=10000.00 WHERE zth='1' AND nkjqj='2021' AND ykjqj='02' AND pzh='0006' AND km_code='2231';
Z5110	UPDATE zw_zb_kmyeb SET km_code='1662' WHERE zth='1' AND nkjqj='2021' AND ykjqj='01' AND km_code='1602';
Z5111	同上
Z5112	UPDATE zw_zb_kmyeb SET jffse=1,dffse=1,jflj=1,dflj=1,qmjfye=1,qmdfye=1,qmye=1 FROM zw_zb_kmyeb WHERE zth='1' AND nkjqj='2021' AND ykjqj='02' AND km_code='1702';
Z5113	同上
Z5114	同上
Z5115	同上

续表

编码	使用 SQL 语句制造非正常数据
Z5116	同上
Z5117	同上
Z5118	同上
Z5119	同上

7.5.3 使用 SQL 语句稽核审计账务处理系统案例数据库中的非正常数据

【案例 07-21】 使用 SQL 语句稽核审计账务处理系统案例数据库中的非正常数据。

使用 SQL 语句稽核审计非正常数据，如表 7-10 所示。

表 7-10 使用 SQL 语句稽核审计账务处理系统数据库案例中的非正常数据

编码	使用 SQL 语句稽核审计非正常数据
Z1101	SELECT bb_code,bb_name FROM zw_c_bb WHERE (SUBSTRING(bb_code,1,1)<'0' OR SUBSTRING(bb_code,1,1)>'9') OR (SUBSTRING(bb_code,2,1)<'0' OR SUBSTRING(bb_code,2,1)>'9') ;
Z1102	SELECT bb_code,bb_name FROM zw_c_bb WHERE TRIM(bb_name)='' OR bb_name IS NULL;
Z1103	SELECT a.bb_code,a.bb_name FROM zw_c_bb a ,zw_c_bb b WHERE a.bb_code<>b.bb_code AND a.bb_name=b.bb_name;
Z1201	SELECT hy_code,hy_name FROM zw_c_hy WHERE (SUBSTRING(hy_code,1,1)<'0' OR SUBSTRING(hy_code,1,1)>'9') OR (SUBSTRING(hy_code,2,1)<'0' OR SUBSTRING(hy_code,2,1)>'9') ;
Z1202	SELECT hy_code,hy_name FROM zw_c_hy WHERE TRIM(hy_name)='' OR hy_name IS NULL;
Z1203	SELECT a.hy_code,a.hy_name FROM zw_c_hy a ,zw_c_hy b WHERE a.hy_code<>b.hy_code AND a.hy_name=b.hy_name;
Z1301	SELECT kmlb_code,kmlb_name FROM zw_c_kmlb WHERE kmlb_code NOT IN ('1','2','3','4','5','6');
Z1302	SELECT kmlb_code,kmlb_name FROM zw_c_kmlb WHERE TRIM(kmlb_name)='' OR kmlb_name IS NULL;
Z1303	SELECT DISTINCT a.kmlb_code,a.kmlb_name FROM zw_c_kmlb a ,zw_c_kmlb b WHERE a.kmlb_code<>b.kmlb_code AND a.kmlb_name=b.kmlb_name;
Z1401	SELECT kmxz_code,kmxz_name FROM zw_c_kmxz WHERE (SUBSTRING(kmxz_code,1,1)<'0' OR SUBSTRING(kmxz_code,1,1)>'9') OR (SUBSTRING(kmxz_code,2,1)<'0' OR SUBSTRING(kmxz_code,2,1)>'9') ;
Z1402	SELECT kmxz_code,kmxz_name FROM zw_c_kmxz WHERE TRIM(kmxz_name)='' OR kmxz_name IS NULL;
Z1403	SELECT DISTINCT a.kmxz_code,a.kmxz_name FROM zw_c_kmxz a ,zw_c_kmxz b WHERE a.kmxz_code<>b.kmxz_code AND a.kmxz_name=b.kmxz_name;
Z2101	SELECT zth,ztmc FROM zw_d_ztxxb WHERE (SUBSTRING(zth,1,1)<'0' OR SUBSTRING(zth,1,1)>'9') ;
Z2102	SELECT zth,ztmc FROM zw_d_ztxxb WHERE TRIM(ztmc)='' OR ztmc IS NULL;
Z2103	SELECT zth,ztmc,hy_code FROM zw_d_ztxxb WHERE TRIM(hy_code)='' OR hy_code IS NULL;
Z2104	SELECT zth,ztmc,bb_code FROM zw_d_ztxxb WHERE TRIM(bb_code)='' OR bb_code IS NULL;
Z2105	SELECT zth,ztmc,qjs FROM zw_d_ztxxb WHERE TRIM(qjs)='' OR qjs IS NULL;
Z2106	SELECT zth,ztmc,qsrq,jsrq,qyrq FROM zw_d_ztxxb WHERE TRIM(qsrq)='' OR qsrq IS NULL OR TRIM(jsrq)='' OR jsrq IS NULL OR TRIM(qyrq)='' OR qyrq IS NULL;
Z2107	SELECT zth, ztmc,nkjqj FROM zw_d_ztxxb WHERE TRIM(nkjqj)='' OR nkjqj IS NULL ;
Z2108	SELECT zth, ztmc,zt FROM zw_d_ztxxb WHERE TRIM(zt)='' OR zt IS NULL ;
Z2109	SELECT zth, ztmc,hy_code FROM zw_d_ztxxb WHERE hy_code NOT IN (SELECT hy_code FROM zw_c_hy) ;

续表

编码	使用SQL语句稽核审计非正常数据
Z2110	SELECT zth, ztmc,bb_code FROM zw_d_ztxxb WHERE bb_code NOT IN (SELECT bb_code FROM zw_c_bb) ;
Z2111	SELECT zth, ztmc,nkjqj, qsrq FROM zw_d_ztxxb WHERE nkjqj<> SUBSTRING(qsrq,1,4);
Z2112	SELECT zth, ztmc,qjs FROM zw_d_ztxxb WHERE qjs<>12 OR qjs IS NULL;
Z2113	SELECT zth, ztmc,qsrq,jsrq,qyrq FROM zw_d_ztxxb WHERE qsrq>=jsrq OR qyrq>jsrq OR qyrq<qsrq;
Z2114	SELECT zth,ztmc,zt FROM zw_d_ztxxb WHERE zt NOT IN ('初始','正常','停用');
Z2201	SELECT zth,czy_code,czy_name FROM zw_d_czy WHERE zth NOT IN (SELECT zth FROM zw_d_ztxxb, WHERE zt='正常');
Z2202	SELECT zth,czy_code,czy_name FROM zw_d_czy WHERE TRIM(czy_name)='' OR czy_name IS NULL;
Z2203	SELECT zth,czy_code,czy_name,mm FROM zw_d_czy WHERE TRIM(mm)='' OR mm IS NULL;
Z2301	SELECT zth,km_code,km_name FROM zw_d_kjkmbmb WHERE zth NOT IN (SELECT zth FROM zw_d_ztxxb, WHERE zt='正常');
Z2302	SELECT zth,km_code,km_name FROM zw_d_kjkmbmb WHERE TRIM(km_name)='' OR km_name IS NULL;
Z2303	SELECT zth,km_code,km_name,kmlb_code FROM zw_d_kjkmbmb WHERE TRIM(kmlb_code)='' OR kmlb_code IS NULL;
Z2304	SELECT zth,km_code,km_name,km_name,kmxz_code FROM zw_d_kjkmbmb WHERE TRIM(kmxz_code)='' OR kmxz_code IS NULL;
Z2305	SELECT zth,km_code,km_name,yefx FROM zw_d_kjkmbmb WHERE TRIM(yefx)='' OR yefx IS NULL;
Z2306	SELECT a.zth,a.km_code,a.km_name FROM zw_d_kjkmbmb a , zw_d_kjkmbmb b WHERE a.km_code<>b.km_code AND a.km_name=b.km_name;
Z2307	SELECT zth,km_code,km_name,kmlb_code FROM zw_d_kjkmbmb WHERE SUBSTRING(km_code,1,1) NOT IN ('1','2','3','4','5','6');
Z2308	SELECT zth,km_code,km_name,kmlb_code FROM zw_d_kjkmbmb WHERE kmlb_code NOT IN (SELECT kmlb_code FROM zw_c_kmlb);
Z2309	SELECT zth,km_code,km_name,kmxz_code FROM zw_d_kjkmbmb WHERE kmxz_code NOT IN (SELECT kmxz_code FROM zw_c_kmxz);
Z2310	SELECT zth,km_code,km_name,kmlb_code FROM zw_d_kjkmbmb WHERE kmlb_code<> SUBSTRING(km_code,1,1);
Z2311	SELECT zth,km_code,km_name,kmxz_code FROM zw_d_kjkmbmb WHERE km_code='1001' AND kmxz_code<>'01'OR km_code='1002' AND kmxz_code<>'02'OR km_code ='1122' AND kmxz_code<>'03'OR km_code ='2202' AND kmxz_code<>'04'OR km_code in('1402','1403','1405') AND kmxz_code<>'05';
Z2312	SELECT zth,km_code,km_name,kmlb_code,yefx FROM zw_d_kjkmbmb WHERE kmlb_code='2' AND yefx<>'贷';
Z3101	SELECT zth,nkjqj,ykjqj,pzh FROM zw_pz_zb WHERE zth NOT IN (SELECT zth FROM zw_d_ztxxb, WHERE zt='正常');
Z3102	SELECT zth,nkjqj,ykjqj,pzh FROM zw_pz_zb WHERE nkjqj<> (SELECT nkjqj FROM zw_d_ztxxb WHERE zw_d_ztxxb.zth=zw_pz_zb.zth);
Z3103	SELECT zth,nkjqj,ykjqj,pzh,rq FROM zw_pz_zb WHERE TRIM(rq)='' OR rq IS NULL;
Z3104	SELECT zth,nkjqj,ykjqj,pzh,zdrq FROM zw_pz_zb WHERE TRIM(zdrq)='' OR zdrq IS NULL;
Z3105	SELECT zth,nkjqj,ykjqj,pzh,zdr FROM zw_pz_zb WHERE TRIM(zdr)='' OR zdr IS NULL;
Z3106	SELECT zth,nkjqj,ykjqj,pzh,zdrq FROM zw_pz_zb WHERE nkjqj<> SUBSTRING(zdrq,1,4);
Z3107	SELECT zth,nkjqj,ykjqj,pzh,zdrq FROM zw_pz_zb WHERE ykjqj<> SUBSTRING(zdrq,6,2);

续表

编码	使用 SQL 语句稽核审计非正常数据
Z3108	SELECT zth,nkjqj,ykjqj,pzh,rq,zdrq,shrq,jzrq FROM zw_pz_zb WHERE NOT(rq<=zdrq AND zdrq<=shrq AND shrq<=jzrq);
Z3109	SELECT zth,nkjqj,ykjqj,CONVERT(integer,max(pzh)) - CONVERT (integer,min(pzh))+1, count(pzh) FROM zw_pz_zb WHERE ykjqj='02' GROUP BY zth,nkjqj,ykjqj HAVING CONVERT (integer,max(pzh)) - CONVERT(integer,min(pzh))+1<>count(pzh) ;
Z3110	SELECT zth,nkjqj,ykjqj,pzh FROM zw_pz_zb WHERE (SUBSTRING(pzh,1 ,1)<'0' OR SUBSTRING(pzh,1,1)>'9') OR (SUBSTRING(pzh,2 ,1)<'0' OR SUBSTRING(pzh,2,1)>'9') OR (SUBSTRING(pzh,3 ,1)<'0' OR SUBSTRING(pzh,3,1)>'9') OR (SUBSTRING(pzh,4 ,1)<'0' OR SUBSTRING(pzh,4,1)>'9');
Z3111	SELECT zth,nkjqj,ykjqj,pzh,shbj FROM zw_pz_zb WHERE shbj NOT IN ('是' , '否');
Z3112	SELECT zth,nkjqj,ykjqj,pzh,jzbj FROM zw_pz_zb WHERE jzbj NOT IN ('是' , '否');
Z3113	SELECT zth,nkjqj,ykjqj,pzh,fdjs FROM zw_pz_zb WHERE fdjs<0;
Z3114	SELECT zth,nkjqj,ykjqj,pzh,zdr FROM zw_pz_zb WHERE zdr NOT IN (SELECT czy_code FROM zw_d_czy WHERE zw_d_czy.zth=zw_pz_zb.zth);
Z3115	SELECT zth,nkjqj,ykjqj,pzh,shr FROM zw_pz_zb WHERE shr NOT IN (SELECT czy_code FROM zw_d_czy WHERE zw_d_czy.zth=zw_pz_zb.zth);
Z3116	SELECT zth,nkjqj,ykjqj,pzh,jzr FROM zw_pz_zb WHERE jzr NOT IN (SELECT czy_code FROM zw_d_czy WHERE zw_d_czy.zth=zw_pz_zb.zth);
Z3117	SELECT zth,nkjqj,ykjqj,pzh,zdr,shr,jzr FROM zw_pz_zb WHERE zdr=shr OR zdr=jzr OR shr=jzr ;
Z3118	SELECT zth,nkjqj,ykjqj,pzh,shbj,shr FROM zw_pz_zb WHERE shbj='是' AND TRIM(shr)='' OR shr IS NULL;
Z3119	SELECT zth,nkjqj,ykjqj,pzh,shbj,shrq FROM zw_pz_zb WHERE shbj='是' AND TRIM(shrq)='' OR shrq IS NULL;
Z3120	SELECT zth,nkjqj,ykjqj,pzh,jzbj,jzr FROM zw_pz_zb WHERE jzbj='是' AND TRIM(jzr)='' OR jzr IS NULL;
Z3121	SELECT zth,nkjqj,ykjqj,pzh,jzbj,jzrq FROM zw_pz_zb WHERE jzbj='是' AND TRIM(jzrq)='' OR jzrq IS NULL;
Z3122	SELECT zth,nkjqj,ykjqj,pzh,jzbj,shbj FROM zw_pz_zb WHERE shbj='否' AND jzbj='是';
Z3201	SELECT DISTINCT zth,nkjqj,ykjqj,pzh FROM zw_pz_mxb WHERE zth NOT IN (SELECT zth FROM zw_d_ztxxb, WHERE zt='正常');
Z3202	SELECT DISTINCT zth,nkjqj,ykjqj,pzh FROM zw_pz_mxb WHERE nkjqj NOT IN (SELECT nkjqj FROM zw_d_ztxxb WHERE zw_pz_mxb.zth=zw_d_ztxxb.zth);
Z3203	SELECT zth,nkjqj,ykjqj,CONVERT(integer,max(pzh)) - CONVERT(integer,min(pzh))+1, count(DISTINCT pzh) FROM zw_pz_mxb WHERE ykjqj='01' GROUP BY zth,nkjqj,ykjqj HAVING CONVERT(integer,max(pzh)) - CONVERT(integer,min(pzh))+1<>count(DISTINCT pzh);
Z3204	SELECT DISTINCT zth,nkjqj,ykjqj,pzh FROM zw_pz_mxb WHERE (SUBSTRING(pzh,1 ,1)<'0' OR SUBSTRING(pzh,1,1)>'9') OR (SUBSTRING(pzh,2 ,1)<'0' OR SUBSTRING(pzh,2,1)>'9') OR (SUBSTRING(pzh,3 ,1)<'0' OR SUBSTRING(pzh,3,1)>'9') OR (SUBSTRING(pzh,4 ,1)<'0' OR SUBSTRING(pzh,4,1)>'9');
Z3205	SELECT zth,nkjqj,ykjqj,pzh,km_code FROM zw_pz_mxb WHERE km_code NOT IN (SELECT km_code FROM zw_d_kjkmbmb WHERE zw_d_kjkmbmb.zth=zw_pz_mxb.zth);
Z3206	SELECT zth,nkjqj,ykjqj,pzh,km_code,zy FROM zw_pz_mxb WHERE TRIM(zy)='' OR zy IS NULL ;
Z3207	SELECT zth,nkjqj,ykjqj,pzh,km_code,jfje,dfje FROM zw_pz_mxb WHERE (jfje=0 AND dfje=0);
Z3208	SELECT zth,nkjqj,ykjqj,pzh,km_code,jfje,dfje FROM zw_pz_mxb WHERE (jfje<>0 AND dfje<>0);

续表

编码	使用 SQL 语句稽核审计非正常数据
Z3209	SELECT zth,nkjqj,ykjqj,pzh,SUM(jfje),SUM(dfje) FROM zw_pz_mxb GROUP BY zth,nkjqj,ykjqj,pzh HAVING SUM(jfje) - SUM(dfje)<>0;
Z3210	SELECT zth,nkjqj,ykjqj,pzh,SUM(jfje),SUM(dfje) FROM zw_pz_mxb GROUP BY zth,nkjqj,ykjqj,pzh HAVING SUM(jfje)=0 AND SUM(dfje)<>0;
Z3211	SELECT zth,nkjqj,ykjqj,pzh,SUM(jfje),SUM(dfje) FROM zw_pz_mxb GROUP BY zth,nkjqj,ykjqj,pzh HAVING SUM(jfje)<>0 AND SUM(dfje)=0;
Z3301	SELECT zth,nkjqj,ykjqj,pzh FROM zw_pz_zb WHERE pzh NOT IN (SELECT pzh FROM zw_pz_mxb WHERE zw_pz_zb.zth=zw_pz_mxb.zth AND zw_pz_zb.nkjqj=zw_pz_mxb.nkjqj AND zw_pz_zb.ykjqj=zw_pz_mxb.ykjqj);
Z3302	SELECT DISTINCT zth,nkjqj,ykjqj,pzh FROM zw_pz_mxb WHERE pzh NOT IN (SELECT pzh FROM zw_pz_zb WHERE zw_pz_zb.zth=zw_pz_mxb.zth AND zw_pz_zb.nkjqj=zw_pz_mxb.nkjqj AND zw_pz_zb.ykjqj=zw_pz_mxb.ykjqj);
Z4101	SELECT zth,nkjqj,ykjqj,km_code FROM zw_zb_kmyeb WHERE zth NOT IN (SELECT zth FROM zw_d_ztxxb, WHERE zt='正常');
Z4102	SELECT zth,nkjqj,ykjqj,km_code FROM zw_zb_kmyeb WHERE km_code NOT IN (SELECT km_code FROM zw_d_kjkmbmb);
Z4103	SELECT zth,nkjqj,ykjqj,SUM(qcjfye),SUM(qcdfye) FROM zw_zb_kmyeb GROUP BY zth,nkjqj,ykjqj HAVING SUM(qcjfye)<>SUM(qcdfye);
Z4104	SELECT zth,nkjqj,ykjqj,SUM(qmjfye),SUM(qmdfye) FROM zw_zb_kmyeb GROUP BY zth,nkjqj,ykjqj HAVING SUM(qmjfye)<>SUM(qmdfye);
Z4105	SELECT zw_zb_kmyeb.zth,nkjqj,ykjqj,zw_zb_kmyeb.km_code,qcye FROM zw_zb_kmyeb,zw_d_kjkmbmb WHERE zw_zb_kmyeb.zth=zw_d_kjkmbmb.zth AND zw_zb_kmyeb.km_code=zw_d_kjkmbmb.km_code AND kmlb_code='6' AND qcye<>0;
Z4106	SELECT zw_zb_kmyeb.zth,nkjqj,ykjqj,zw_zb_kmyeb.km_code,qmye FROM zw_zb_kmyeb,zw_d_kjkmbmb WHERE zw_zb_kmyeb.zth=zw_d_kjkmbmb.zth AND zw_zb_kmyeb.km_code=zw_d_kjkmbmb.km_code AND kmlb_code='6' AND qmye<>0;
Z4107	SELECT a.zth,a.nkjqj,a.ykjqj,a.km_code,a.jflj,SUM(b.jffse) FROM zw_zb_kmyeb a,zw_zb_kmyeb b WHERE a.zth=b.zth AND a.nkjqj=b.nkjqj AND a.ykjqj>=b.ykjqj AND a.km_code=b.km_code GROUP BY a.zth,a.nkjqj,a.ykjqj,a.km_code,a.jflj HAVING a.jflj<>SUM(b.jffse);
Z4108	SELECT a.zth,a.nkjqj,a.ykjqj,a.km_code,a.dflj,SUM(b.dffse) FROM zw_zb_kmyeb a, zw_zb_kmyeb b WHERE a.zth=b.zth AND a.nkjqj=b.nkjqj AND a.ykjqj>=b.ykjqj AND a.km_code=b.km_code GROUP BY a.zth,a.nkjqj,a.ykjqj,a.km_code,a.dflj HAVING a.dflj<> SUM(b.dffse);
Z4109	SELECT zth,nkjqj,ykjqj,km_code,qmjfye,qcjfye ,jffse FROM zw_zb_kmyeb WHERE qmjfye<>qcjfye+ jffse;
Z4110	SELECT zth,nkjqj,ykjqj,km_code,qmdfye,qcdfye , dffse FROM zw_zb_kmyeb WHERE qmdfye<>qcdfye + dffse;
Z4111	SELECT zw_zb_kmyeb.zth,zw_zb_kmyeb.nkjqj,zw_zb_kmyeb.ykjqj,zw_zb_kmyeb.km_code,zw_d_kjkmbmb.yefx,qcjfye,qcdfye,qcye FROM zw_zb_kmyeb,zw_d_kjkmbmb WHERE zw_zb_kmyeb.km_code=zw_d_kjkmbmb.km_code AND yefx='借' AND qcye<>qcjfye - qcdfye;
Z4112	SELECT zw_zb_kmyeb.zth,zw_zb_kmyeb.nkjqj,zw_zb_kmyeb.ykjqj,zw_zb_kmyeb.km_code,zw_d_kjkmbmb.yefx,qcjfye,qcdfye,qcye FROM zw_zb_kmyeb,zw_d_kjkmbmb WHERE zw_zb_kmyeb.km_code=zw_d_kjkmbmb.km_code AND yefx='贷' AND qcye<>qcdfye - qcjfye;
Z4113	SELECT zw_zb_kmyeb.zth,zw_zb_kmyeb.nkjqj,zw_zb_kmyeb.ykjqj,zw_zb_kmyeb.km_code,zw_d_kjkmbmb.yefx,qmjfye,qmdfye,qmye FROM zw_zb_kmyeb,zw_d_kjkmbmb WHERE zw_zb_kmyeb.km_code=zw_d_kjkmbmb.km_code AND yefx='借' AND qmye<>qmjfye - qmdfye;
Z4114	SELECT zw_zb_kmyeb.zth,zw_zb_kmyeb.nkjqj,zw_zb_kmyeb.ykjqj,zw_zb_kmyeb.km_code,zw_d_kjkmbmb.yefx,qmjfye,qmdfye,qmye FROM zw_zb_kmyeb,zw_d_kjkmbmb WHERE zw_zb_kmyeb.km_code=zw_d_kjkmbmb.km_code AND yefx='贷' AND qmye<>qmdfye - qmjfye;

续表

编码	使用 SQL 语句稽核审计非正常数据
Z4115	SELECT a.zth,a.nkjqj,a.km_code,a.ykjqj,a.qcjfye,a.qcdfye,a.qcye,b.ykjqj,b.qmjfye,b.qmdfye,b.qmye FROM zw_zb_kmyeb a JOIN zw_zb_kmyeb b ON a.zth=b.zth AND a.nkjqj=b.nkjqj AND a.km_code=b.km_code WHERE CONVERT(INTEGER,a.ykjqj) - CONVERT (INTEGER,b.ykjqj) =1 AND (a.qcjfye <>b.qmjfye OR a.qcdfye <>b.qmdfye OR a.qcye <>b.qmye);
Z4201	SELECT DISTINCT zth,nkjqj,ykjqj,km_code FROM zw_zb_mxzb WHERE zth NOT IN (SELECT zth FROM zw_d_ztxxb, WHERE zt='正常');
Z4202	SELECT DISTINCT zth,nkjqj,ykjqj,km_code FROM zw_zb_mxzb WHERE nkjqj NOT IN (SELECT nkjqj FROM zw_d_ztxxb WHERE zw_zb_mxzb.zth=zw_d_ztxxb.zth);
Z4203	SELECT zth,nkjqj,ykjqj,km_code,xh,rq,pzh FROM zw_zb_mxzb WHERE TRIM(rq)='' OR rq IS NULL ;
Z4204	SELECT zth,nkjqj,ykjqj,km_code,xh,rq,pzh FROM zw_zb_mxzb WHERE TRIM(pzh)='' OR pzh IS NULL ;
Z4205	SELECT zth,nkjqj,ykjqj,km_code,xh,rq,pzh,zy FROM zw_zb_mxzb WHERE TRIM(zy)='' OR zy IS NULL ;
Z4206	SELECT zth,nkjqj,ykjqj,km_code,xh,rq,pzh FROM zw_zb_mxzb WHERE km_code NOT IN (SELECT km_code FROM zw_d_kjkmbmb);
Z4207	SELECT zth,nkjqj,ykjqj,pzh,SUM(jfje),SUM(dfje) FROM zw_zb_mxzb GROUP BY zth,nkjqj,ykjqj,pzh HAVING SUM(jfje) - SUM(dfje)<>0;
Z4208	SELECT zth,nkjqj,ykjqj,km_code,xh,rq,pzh,jfje,dfje FROM zw_zb_mxzb WHERE (jfje=0 AND dfje=0);
Z4209	SELECT zth,nkjqj,ykjqj,km_code,xh,rq,pzh,jfje,dfje FROM zw_zb_mxzb WHERE (jfje<>0 AND dfje<>0);
Z4210	SELECT zth,nkjqj,ykjqj,pzh,SUM(jfje),SUM(dfje) FROM zw_zb_mxzb GROUP BY zth,nkjqj,ykjqj,pzh HAVING SUM(jfje) <>0 AND SUM(dfje)=0;
Z4211	SELECT zth,nkjqj,ykjqj,pzh,SUM(jfje),SUM(dfje) FROM zw_zb_mxzb GROUP BY zth,nkjqj,ykjqj,pzh HAVING SUM(jfje) =0 AND SUM(dfje)<>0;
Z4212	SELECT zth,nkjqj,ykjqj,km_code,CONVERT(INTEGER,max(xh)) - CONVERT (INTEGER,min(xh)) +1,count(xh) FROM zw_zb_mxzb GROUP BY zth,nkjqj,ykjqj,km_code HAVING CONVERT(INTEGER,max(xh)) - CONVERT(INTEGER,min(xh))+1<>count(xh) ;
Z5101	SELECT (SELECT COUNT(*) FROM zw_pz_mxb) zw_pz_mxb 行数 ,(SELECT COUNT(*) FROM zw_zb_mxzb) zw_zb_mxzb 行数;
Z5102	SELECT zth,nkjqj,ykjqj,pzh FROM zw_pz_mxb WHERE pzh NOT IN (SELECT pzh FROM zw_zb_mxzb WHERE zth=zw_pz_mxb.zth AND nkjqj=zw_pz_mxb.nkjqj AND ykjqj=zw_pz_mxb.ykjqj); SELECT zw_pz_mxb.zth,zw_pz_mxb.nkjqj,zw_pz_mxb.ykjqj,zw_pz_mxb.pzh FROM zw_pz_mxb,zw_pz_zb WHERE zw_pz_mxb.zth=zw_pz_zb.zth AND zw_pz_mxb.nkjqj=zw_pz_zb.nkjqj AND zw_pz_mxb.ykjqj=zw_pz_zb.ykjqj AND zw_pz_mxb.pzh=zw_pz_zb.pzh AND jzbj='是' AND zw_pz_mxb.pzh NOT IN (SELECT pzh FROM zw_zb_mxzb WHERE zth=zw_pz_mxb.zth AND nkjqj=zw_pz_mxb.nkjqj AND ykjqj=zw_pz_mxb.ykjqj);
Z5103	SELECT zw_pz_mxb.zth,zw_pz_mxb.nkjqj,zw_pz_mxb.ykjqj,zw_pz_mxb.pzh FROM zw_pz_mxb,zw_pz_zb WHERE zw_pz_mxb.zth=zw_pz_zb.zth AND zw_pz_mxb.nkjqj=zw_pz_zb.nkjqj AND zw_pz_mxb.ykjqj=zw_pz_zb.ykjqj AND zw_pz_mxb.pzh=zw_pz_zb.pzh AND jzbj='否' AND zw_pz_mxb.pzh IN (SELECT pzh FROM zw_zb_mxzb WHERE zth=zw_pz_mxb.zth AND nkjqj=zw_pz_mxb.nkjqj AND ykjqj=zw_pz_mxb.ykjqj);
Z5104	SELECT zw_pz_mxb.zth,zw_pz_mxb.nkjqj,zw_pz_mxb.ykjqj,zw_pz_mxb.pzh,zw_pz_mxb.km_code FROM zw_pz_mxb,zw_pz_zb WHERE zw_pz_mxb.zth=zw_pz_zb.zth AND zw_pz_mxb.nkjqj=zw_pz_zb.nkjqj AND zw_pz_mxb.ykjqj=zw_pz_zb.ykjqj AND zw_pz_mxb.pzh=zw_pz_zb.pzh AND jzbj='是' AND zw_pz_mxb.km_code NOT IN (SELECT km_code FROM zw_zb_mxzb WHERE zth=zw_pz_mxb.zth AND nkjqj=zw_pz_mxb.nkjqj AND ykjqj=zw_pz_mxb.ykjqj AND pzh=zw_pz_mxb.pzh);

续表

编码	使用SQL语句稽核审计非正常数据
Z5105	SELECT zw_zb_mxzb.zth,zw_zb_mxzb.nkjqj,zw_zb_mxzb.ykjqj,zw_zb_mxzb.pzh,zw_zb_mxzb.km_code FROM zw_zb_mxzb WHERE zw_zb_mxzb.km_code NOT IN (SELECT km_code FROM zw_pz_mxb WHERE zth=zw_zb_mxzb.zth AND nkjqj=zw_zb_mxzb.nkjqj AND ykjqj=zw_zb_mxzb.ykjqj AND pzh=zw_zb_mxzb.pzh);
Z5106	SELECT zw_pz_mxb.zth,zw_pz_mxb.nkjqj,zw_pz_mxb.ykjqj,zw_pz_mxb.pzh,zw_pz_mxb.km_code,zw_pz_mxb.zy,zw_zb_mxzb.zy FROM zw_pz_mxb,zw_zb_mxzb WHERE zw_pz_mxb.zth=zw_zb_mxzb.zth AND zw_pz_mxb.nkjqj=zw_zb_mxzb.nkjqj AND zw_pz_mxb.ykjqj=zw_zb_mxzb.ykjqj AND zw_pz_mxb.pzh=zw_zb_mxzb.pzh AND zw_pz_mxb.km_code=zw_zb_mxzb.km_code AND zw_pz_mxb.zy<>zw_zb_mxzb.zy;
Z5107	SELECT zw_pz_mxb.zth,zw_pz_mxb.nkjqj,zw_pz_mxb.ykjqj,zw_pz_mxb.pzh,zw_pz_mxb.km_code,zw_pz_zb.rq,zw_zb_mxzb.rq FROM zw_pz_mxb,zw_pz_zb,zw_zb_mxzb WHERE zw_pz_mxb.zth=zw_pz_zb.zth AND zw_pz_mxb.nkjqj=zw_pz_zb.nkjqj AND zw_pz_mxb.ykjqj=zw_pz_zb.ykjqj AND zw_pz_mxb.pzh=zw_pz_zb.pzh AND zw_pz_mxb.zth=zw_zb_mxzb.zth AND zw_pz_mxb.nkjqj=zw_zb_mxzb.nkjqj AND zw_pz_mxb.ykjqj=zw_zb_mxzb.ykjqj AND zw_pz_mxb.pzh=zw_zb_mxzb.pzh AND zw_pz_mxb.km_code=zw_zb_mxzb.km_code AND zw_pz_zb.rq<>zw_zb_mxzb.rq;
Z5108	SELECT zw_pz_mxb.zth,zw_pz_mxb.nkjqj,zw_pz_mxb.ykjqj,zw_pz_mxb.pzh,zw_pz_mxb.km_code,zw_pz_mxb.jfje,zw_zb_mxzb.jfje FROM zw_pz_mxb,zw_zb_mxzb WHERE zw_pz_mxb.zth=zw_zb_mxzb.zth AND zw_pz_mxb.nkjqj=zw_zb_mxzb.nkjqj AND zw_pz_mxb.ykjqj=zw_zb_mxzb.ykjqj AND zw_pz_mxb.pzh=zw_zb_mxzb.pzh AND zw_pz_mxb.km_code=zw_zb_mxzb.km_code AND zw_pz_mxb.jfje<>zw_zb_mxzb.jfje;
Z5109	SELECT zw_pz_mxb.zth,zw_pz_mxb.nkjqj,zw_pz_mxb.ykjqj,zw_pz_mxb.pzh,zw_pz_mxb.km_code,zw_pz_mxb.dfje,zw_zb_mxzb.dfje FROM zw_pz_mxb,zw_zb_mxzb WHERE zw_pz_mxb.zth=zw_zb_mxzb.zth AND zw_pz_mxb.nkjqj=zw_zb_mxzb.nkjqj AND zw_pz_mxb.ykjqj=zw_zb_mxzb.ykjqj AND zw_pz_mxb.pzh=zw_zb_mxzb.pzh AND zw_pz_mxb.km_code=zw_zb_mxzb.km_code AND zw_pz_mxb.dfje<>zw_zb_mxzb.dfje;
Z5110	SELECT zth,nkjqj,ykjqj,km_code FROM zw_zb_kmyeb WHERE zw_zb_kmyeb.km_code NOT IN(SELECT km_code FROM zw_zb_mxzb);
Z5111	SELECT DISTINCT zth,nkjqj,ykjqj,km_code FROM zw_zb_mxzb WHERE zw_zb_mxzb.km_code NOT IN(SELECT km_code FROM zw_zb_kmyeb WHERE zw_zb_kmyeb.zth=zw_zb_mxzb.zth AND zw_zb_kmyeb.nkjqj=zw_zb_mxzb.nkjqj AND zw_zb_kmyeb.ykjqj=zw_zb_mxzb.ykjqj);
Z5112	SELECT zw_pz_mxb.zth,zw_pz_mxb.nkjqj,zw_pz_mxb.ykjqj,zw_pz_mxb.km_code,SUM(zw_pz_mxb.jfje),zw_zb_kmyeb.jffse FROM zw_pz_mxb,zw_zb_kmyeb WHERE zw_pz_mxb.zth=zw_zb_kmyeb.zth AND zw_pz_mxb.nkjqj=zw_zb_kmyeb.nkjqj AND zw_pz_mxb.ykjqj=zw_zb_kmyeb.ykjqj AND zw_pz_mxb.km_code=zw_zb_kmyeb.km_code GROUP BY zw_pz_mxb.zth,zw_pz_mxb.nkjqj,zw_pz_mxb.ykjqj,zw_pz_mxb.km_code,zw_zb_kmyeb.jffse HAVING SUM(zw_pz_mxb.jfje)<>zw_zb_kmyeb.jffse;
Z5113	SELECT zw_pz_mxb.zth,zw_pz_mxb.nkjqj,zw_pz_mxb.ykjqj,zw_pz_mxb.km_code,SUM(zw_pz_mxb.dfje),zw_zb_kmyeb.dffse FROM zw_pz_mxb,zw_zb_kmyeb WHERE zw_pz_mxb.zth=zw_zb_kmyeb.zth AND zw_pz_mxb.nkjqj=zw_zb_kmyeb.nkjqj AND zw_pz_mxb.ykjqj=zw_zb_kmyeb.ykjqj AND zw_pz_mxb.km_code=zw_zb_kmyeb.km_code GROUP BY zw_pz_mxb.zth,zw_pz_mxb.nkjqj,zw_pz_mxb.ykjqj,zw_pz_mxb.km_code,zw_zb_kmyeb.dffse HAVING SUM(zw_pz_mxb.dfje)<>zw_zb_kmyeb.dffse;

续表

编码	使用 SQL 语句稽核审计非正常数据
Z5114	SELECT zw_pz_mxb.zth,zw_pz_mxb.nkjqj,zw_zb_kmyeb.ykjqj,zw_pz_mxb.km_code,SUM(zw_pz_mxb.jfje),zw_zb_kmyeb.jflj FROM zw_pz_mxb,zw_zb_kmyeb WHERE zw_pz_mxb.zth=zw_zb_kmyeb.zth AND zw_pz_mxb.nkjqj=zw_zb_kmyeb.nkjqj AND zw_pz_mxb.ykjqj<=zw_zb_kmyeb.ykjqj AND zw_pz_mxb.km_code=zw_zb_kmyeb.km_code GROUP BY zw_pz_mxb.zth,zw_pz_mxb.nkjqj,zw_zb_kmyeb.ykjqj,zw_pz_mxb.km_code,zw_zb_kmyeb.jflj HAVING SUM(zw_pz_mxb.jfje)<>zw_zb_kmyeb.jflj;
Z5115	SELECT zw_pz_mxb.zth,zw_pz_mxb.nkjqj,zw_zb_kmyeb.ykjqj,zw_pz_mxb.km_code,SUM(zw_pz_mxb.dfje),zw_zb_kmyeb.dflj FROM zw_pz_mxb,zw_zb_kmyeb WHERE zw_pz_mxb.zth=zw_zb_kmyeb.zth AND zw_pz_mxb.nkjqj=zw_zb_kmyeb.nkjqj AND zw_pz_mxb.ykjqj<=zw_zb_kmyeb.ykjqj AND zw_pz_mxb.km_code=zw_zb_kmyeb.km_code GROUP BY zw_pz_mxb.zth,zw_pz_mxb.nkjqj,zw_zb_kmyeb.ykjqj,zw_pz_mxb.km_code,zw_zb_kmyeb.dflj HAVING SUM(zw_pz_mxb.dfje)<>zw_zb_kmyeb.dflj;
Z5116	SELECT zw_zb_mxzb.zth,zw_zb_mxzb.nkjqj,zw_zb_mxzb.ykjqj,zw_zb_mxzb.km_code,SUM(zw_zb_mxzb.jfje),zw_zb_kmyeb.jffse FROM zw_zb_mxzb,zw_zb_kmyeb WHERE zw_zb_mxzb.zth=zw_zb_kmyeb.zth AND zw_zb_mxzb.nkjqj=zw_zb_kmyeb.nkjqj AND zw_zb_mxzb.ykjqj=zw_zb_kmyeb.ykjqj AND zw_zb_mxzb.km_code=zw_zb_kmyeb.km_code GROUP BY zw_zb_mxzb.zth,zw_zb_mxzb.nkjqj,zw_zb_mxzb.ykjqj,zw_zb_mxzb.km_code,zw_zb_kmyeb.jffse HAVING SUM(zw_zb_mxzb.jfje)<>zw_zb_kmyeb.jffse;
Z5117	SELECT zw_zb_mxzb.zth,zw_zb_mxzb.nkjqj,zw_zb_mxzb.ykjqj,zw_zb_mxzb.km_code,SUM(zw_zb_mxzb.dfje),zw_zb_kmyeb.dffse FROM zw_zb_mxzb,zw_zb_kmyeb WHERE zw_zb_mxzb.zth=zw_zb_kmyeb.zth AND zw_zb_mxzb.nkjqj=zw_zb_kmyeb.nkjqj AND zw_zb_mxzb.ykjqj=zw_zb_kmyeb.ykjqj AND zw_zb_mxzb.km_code=zw_zb_kmyeb.km_code GROUP BY zw_zb_mxzb.zth,zw_zb_mxzb.nkjqj,zw_zb_mxzb.ykjqj,zw_zb_mxzb.km_code,zw_zb_kmyeb.dffse HAVING SUM(zw_zb_mxzb.dfje)<>zw_zb_kmyeb.dffse;
Z5118	SELECT zw_zb_mxzb.zth,zw_zb_mxzb.nkjqj,zw_zb_kmyeb.ykjqj,zw_zb_mxzb.km_code,SUM(zw_zb_mxzb.jfje),zw_zb_kmyeb.jflj FROM zw_zb_mxzb,zw_zb_kmyeb WHERE zw_zb_mxzb.zth=zw_zb_kmyeb.zth AND zw_zb_mxzb.nkjqj=zw_zb_kmyeb.nkjqj AND zw_zb_mxzb.ykjqj<=zw_zb_kmyeb.ykjqj AND zw_zb_mxzb.km_code=zw_zb_kmyeb.km_code GROUP BY zw_zb_mxzb.zth,zw_zb_mxzb.nkjqj,zw_zb_kmyeb.ykjqj,zw_zb_mxzb.km_code,zw_zb_kmyeb.jflj HAVING SUM(zw_zb_mxzb.jfje)<>zw_zb_kmyeb.jflj;
Z5119	SELECT zw_zb_mxzb.zth,zw_zb_mxzb.nkjqj,zw_zb_kmyeb.ykjqj,zw_zb_mxzb.km_code,SUM(zw_zb_mxzb.dfje),zw_zb_kmyeb.dflj FROM zw_zb_mxzb,zw_zb_kmyeb WHERE zw_zb_mxzb.zth=zw_zb_kmyeb.zth AND zw_zb_mxzb.nkjqj=zw_zb_kmyeb.nkjqj AND zw_zb_mxzb.ykjqj<=zw_zb_kmyeb.ykjqj AND zw_zb_mxzb.km_code=zw_zb_kmyeb.km_code GROUP BY zw_zb_mxzb.zth,zw_zb_mxzb.nkjqj,zw_zb_kmyeb.ykjqj,zw_zb_mxzb.km_code,zw_zb_kmyeb.dflj HAVING SUM(zw_zb_mxzb.dfje)<>zw_zb_kmyeb.dflj;

思考题

针对其他业务系统，使用 SQL 语句开发存储过程，实现对数据的基本处理、账表数据计算、数据统计分析、数据稽核审计等，从而实现对数据的管理。

第三篇　PowerBuilder 与会计信息系统开发

第 8 章　会计软件开发平台

【学习目的】

了解会计软件开发平台 PowerBuilder；理解脚本(Script)与事件(Event)的概念；掌握应用(程序)对象、窗口对象的创建；熟悉常用控件的特点及属性；了解编译发布的基本流程。

了解 PowerScript 语言的语法基础知识；理解标识符、代词、数据类型、变量、运算符的概念；掌握类型转换函数、控制结构的使用方法。

通过系列案例，学习会计软件开发平台中涉及的基本数据处理技术，理解窗口与控件，掌握日期时间、数值处理、字符处理等常用函数的使用；提升对会计信息系统进行界面设计、基本数据处理等技术能力。

【教学案例】

【案例 08-1】创建简单的单个商品介绍应用。

【案例 08-2】商品信息管理(方案 1)：一个窗口用相同的 6 组控件同时显示 6 个商品信息。

【案例 08-3】商品信息管理(方案 2)：用 6 个相同的窗口分别显示不同的商品信息。

【案例 08-4】商品信息管理(方案 3)：一个窗口用标签控件的 6 个 Tabpage 页分别显示 6 个商品信息。

【案例 08-5】商品信息管理(方案 4)：一个窗口用一组控件，通过 6 个按钮选择显示相应的商品信息。

【案例 08-6】商品信息管理(方案 5)：一个窗口用一组控件，通过在单行编辑框(或下拉列表框)中输入相应的商品编码来选择显示相应的商品信息。

【案例 08-7】商品信息管理(方案 6)：一个窗口用一组控件，通过依次单击一个按钮循环显示商品信息。

【案例 08-8】计算器：进行简单的计算器设计，并通过对比整数计算方案、实数计算方案、长整数计算方案，体会不同数据类型的计算效果。在此基础上，开发固定资产折旧计算器、税费计算器、杜邦分析计算器。

【案例 08-9】变量作用域演示：对不同种类的变量(局部变量、实例变量、共享变量、全局变量)实现加 1 处理，展示其作用域运行效果。

【案例 08-10】商品信息管理(方案 7)：一个窗口用一组控件，利用数组，通过依次单击一个按钮进行商品信息的循环显示。

【案例 08-11】系统登录(方案 1)：创建一个简单的登录窗口。如果用户输入的用户 ID 为"001"、密码为"123456"，则为合法用户，可进入系统。如果用户连续 3 次输入错误，立即退出系统。

【案例 08-12】函数应用：了解日期时间函数、字符处理函数、数值处理函数及其他函数的应用。

【案例 08-13】商品信息管理(方案 8)：通过定时器循环显示多个商品信息。

【案例 08-14】商品信息管理(方案 9)：商品图片动态变化，通过改变图片大小、图片位置、图片闪烁、按指定的速度自动循环显示商品信息。

【案例 08-15】商品信息管理(方案 10)：用集成方案对商品信息管理方案 1 至方案 9 涉及的窗口对象进行集成处理。

8.1 创建应用的基本步骤

8.1.1 创建应用开发环境

创建应用开发环境的基本步骤如下：

1. 创建工作区

选择菜单栏【File】|【New】命令，弹出如图 8-1 所示的 New 对话框，选择 Workspace 选项卡中的 Workspace 图标。

图 8-1　新建工作区

2．创建应用的库及目标文件

选择菜单栏【File】|【New】命令，双击 Target 选项卡中的 Application 图标，如图 8-2 所示，之后出现如图 8-3 所示的对话框。输入应用程序的名称"goods"，确定相应的 Library（库）及 Target（目标）文件目录，单击【Finish】按钮即可完成应用程序的建立，同时产生 goods.pbl 库文件和 goods.pbt 目标文件，如图 8-4 所示。

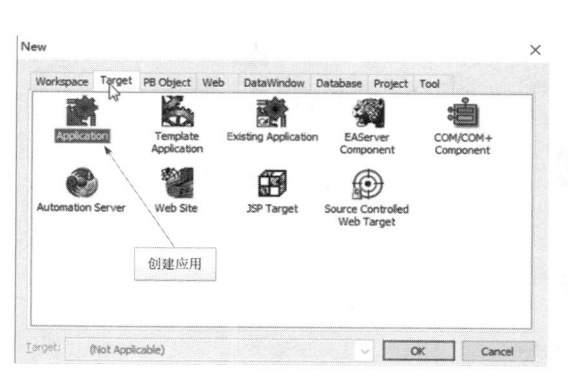

图 8-2　新建应用　　　　　　　　　　图 8-3　确定库和目标文件目录

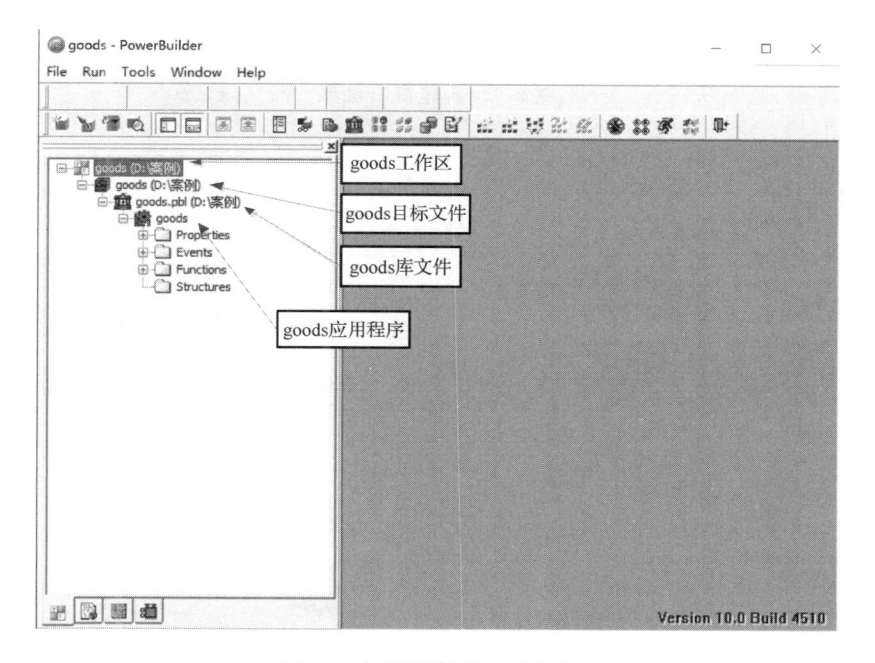

图 8-4　应用程序创建完成界面

8.1.2　窗口对象

1．创建窗口对象

创建窗口对象的基本步骤如下：

(1) 新建窗口对象

选择菜单栏【File】|【New】命令，打开 New 对话框，双击 PB Object 选项卡中的 Window 图标，如图 8-5 所示，在工作区中产生的新窗口如图 8-6 所示。

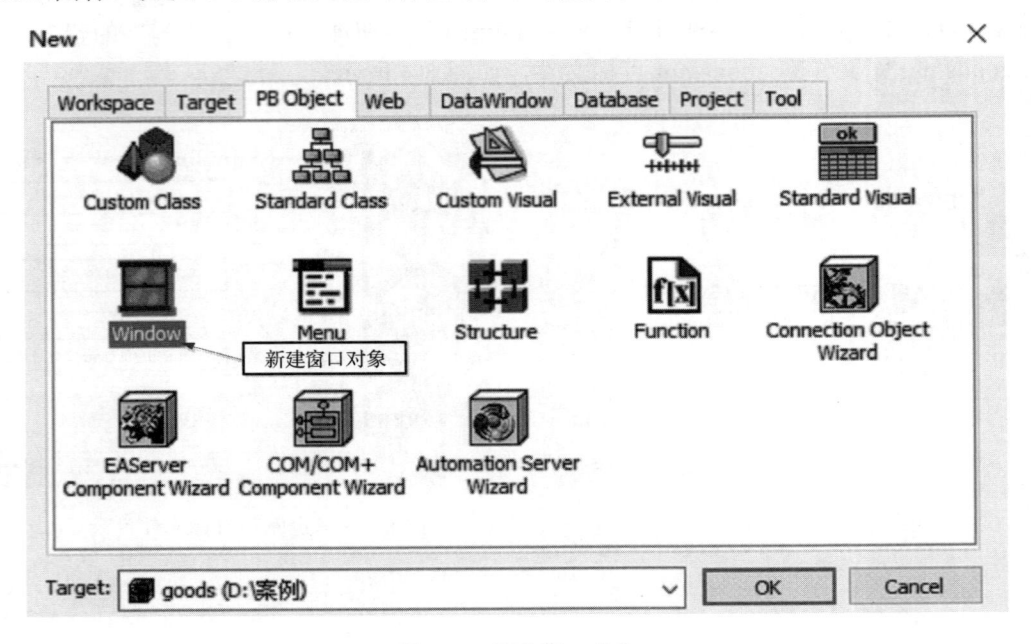

图 8-5　新建窗口对象

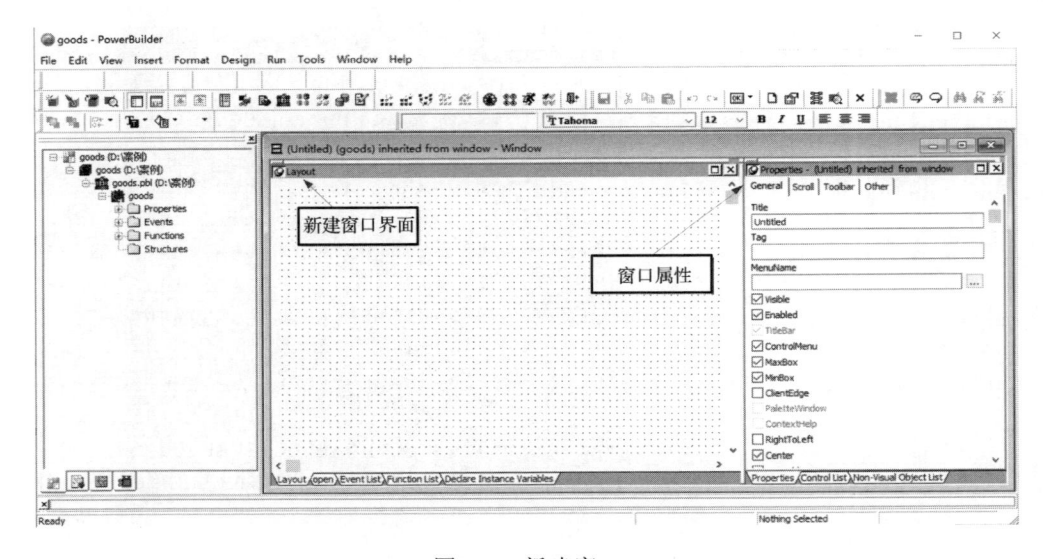

图 8-6　新建窗口

(2) 保存窗口对象

选择菜单栏【File】|【Save As】命令，出现 Save Window 对话框，输入窗口名称"w_goods1"及备注"商品信息介绍"，如图 8-7 所示，单击【OK】按钮保存。

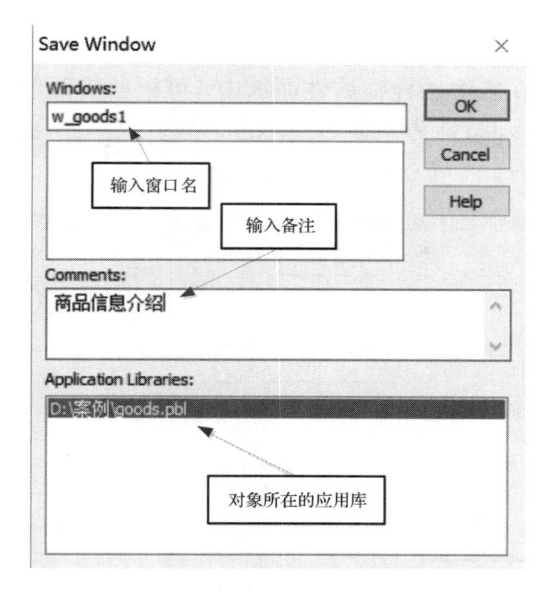

图 8-7 新建窗口保存界面

(3) 修改窗口属性

可根据窗口外观设置的需要，修改窗口属性。例如，调节窗口的大小，将窗口默认的 Title 属性从"Untitled"修改为"商品介绍"等。修改完后，单击菜单栏【File】|【Save】命令保存。

2．添加窗口控件

以添加命令按钮（CommandButton）为例介绍如何添加控件，基本步骤如下：

(1) 选择需要添加的窗口控件

选择菜单栏【Insert】|【Control】|【CommandButton】命令，如图 8-8 所示，并将命令按钮控件放在窗口指定的位置。

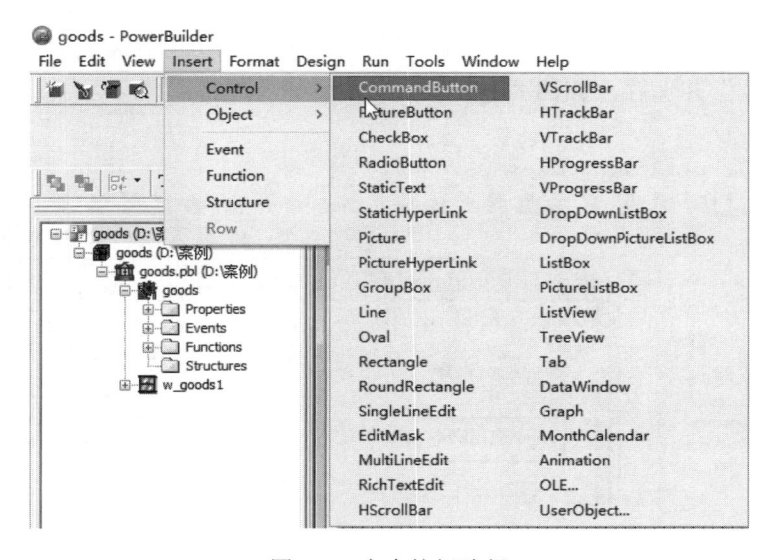

图 8-8 命令按钮选择

(2)修改窗口控件属性

在选中某个控件后,在右侧的控件属性面板中,可根据需要设置或修改此控件的属性。例如,修改命令按钮的 Text 属性为"关闭",Name 属性为"cb_close",如图 8-9 所示,修改完成后选择菜单栏【Flie】|【Save】命令即可。

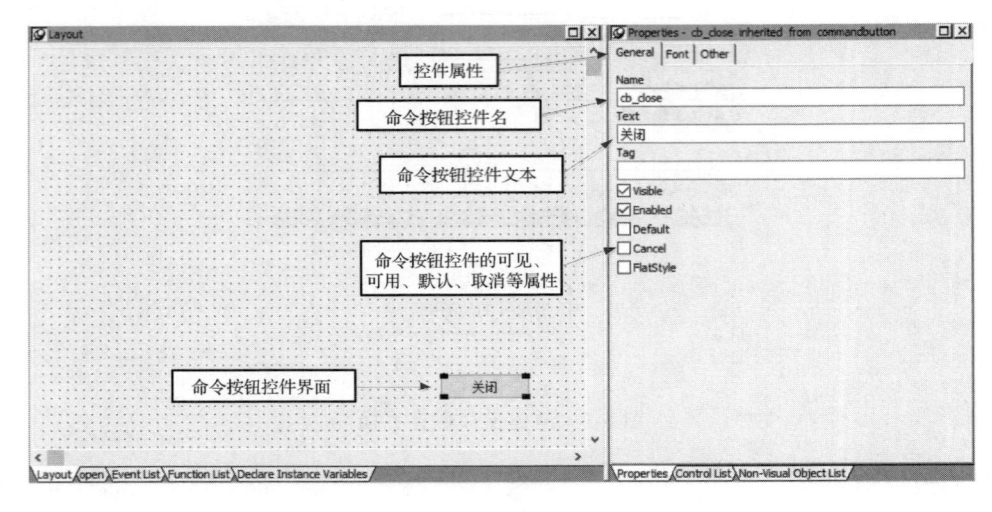

图 8-9　修改命令按钮的属性

3．事件与脚本

应用程序的正常运行是通过触发对象或控件的事件(Event),从而执行对应的脚本(Script)来实现的,因此需要选择合理的事件,编写正确的脚本。例如,通过触发命令按钮控件(CommandButton)的单击事件(Clicked!),从而执行脚本"close(w_goods1)",这样对应的实现效果是:当用户单击按钮时,关闭名为"w_goods1"的窗口。

运行简单应用程序所需事件与脚本的编写步骤如下:

(1)应用对象 Open!事件脚本

在应用面板中双击应用对象,在打开的 Script 对话框中编写 Open!事件的脚本"open(w_goods1)"并保存,如图 8-10 所示。

图 8-10　Open!事件的脚本编写

(2) 窗口命令按钮控件 Clicked!事件脚本

双击 w_goods1 窗口中的【关闭】按钮,在打开的 Script 对话框中编写 Clicked!事件的脚本"close(w_goods1)"并保存,如图 8-11 所示。

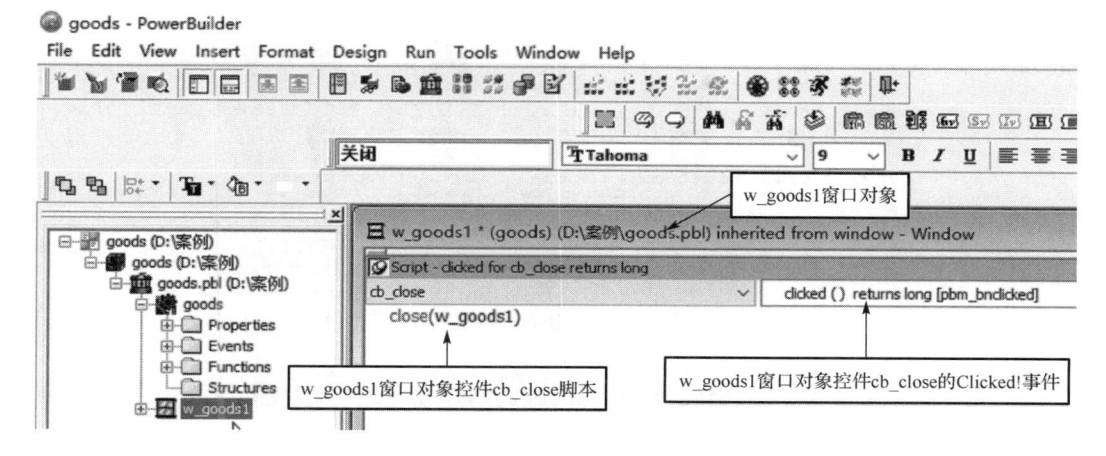

图 8-11　关闭按钮控件 Clicked!事件的脚本编写

4．运行效果

选择菜单栏【Run】|【Run goods】命令,即可运行应用程序,效果如图 8-12 所示。单击【关闭】按钮则关闭窗口,结束运行。

图 8-12　运行效果

8.1.3　编译发布

开发的应用程序经过编译,生成可执行文件,这时就可以脱离 PowerBuilder 开发平台独立运行了。

将开发的应用程序编译生成可执行文件,具体步骤如下:

1．创建应用的项目文件

将应用程序及所有窗口对象关闭后,选择菜单栏【File】|【New】命令,打开 New 对话框,如图 8-13 所示。双击 Project 选项卡中的 Application Wizard 图标,然后按照提示输入编译参数,一般情况下这些参数均可采用默认设置如图 8-14 所示,最后单击【Finish】按钮。

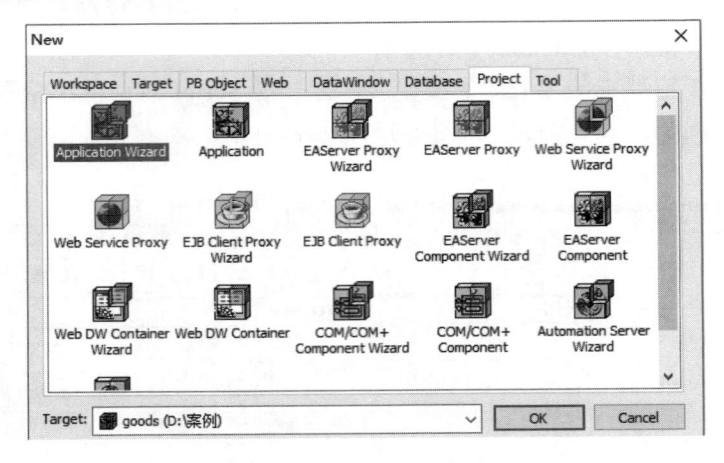

图 8-13 新建项目对话框

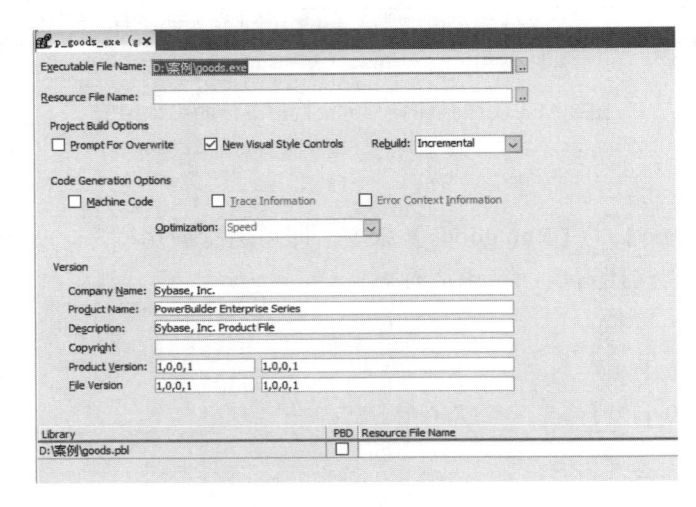

图 8-14 项目编译发布界面

2．编译发布

选择菜单栏【Design】│【Deploy Project】命令，编译发布程序，并在指定目录中生成可执行文件 goods.exe。

8.2 PowerBuilder 基础知识

8.2.1 PowerBuilder 文件类型说明

1．.pbw 文件

.pbw 是工作区（PowerBuilder Workspace）文件的后缀名，用于存放库文件。一个工作区下可以建立多个库文件。

2..pbl 文件

.pbl 是库(PowerBuilder Library)文件的后缀名。采用 PowerBuilder 开发应用程序时，建立的所有对象(包括对象函数、事件处理程序)、函数、结构和定义的所有变量，都存储在以.pbl 为后缀的库文件中。一个应用程序既可以存放在一个库中，也可以分别存储在多个库中，但要注意不要使单个库过大，库大小通常不超过 800KB，否则将增加系统的查库时间。库文件不能直接使用文本编辑器查看，但通过库管理画板(Library Painter)可以方便地浏览、操纵库。

3..pbt 文件

.pbt 是目标(PowerBuilder Target)文件的后缀名，用于记录应用程序的工作区所包含的库文件，相当于库文件的目录。

8.2.2 窗口的概念

窗口是联系用户和应用的主要接口界面。通过窗口向用户显示信息和从用户那里得到信息。在 PowerBuilder 中提供了 6 种类型的窗口，分别是主窗口(Main)、弹出窗口(Popup)、子窗口(Child)、响应窗口(Response)、多文件界面的窗口(MDI Frame)、带 MicroHelp 的多文档界面的窗口。PowerBuilder 给出了强大的窗口功能，可以通过简单的操作得到美观、实用的用户界面。

8.2.3 常用窗口控件

1. 常用控件

常用控件如表 8-1 所示。

表 8-1 常用控件

窗口控件	中文名	命名前缀	说明
CommandButton	命令按钮	cb_	标准的 Windows 按钮，能显示提示按钮功能的文字
PictureButton	图片按钮	pb_	PictureButton 与 CommandButton 按钮功能基本相同，除了具备文字标题，还可以指定显示在按钮上的图片(.bmp、.gif、.jpg、.jpeg 等格式)，并能够以不同图片表示按钮所处的不同状态
StaticText	静态文本框	st_	常用于显示提示信息或说明没有标题的控件等
SingleLineEdit	单行编辑框	sle_	在单行中输入、显示数据，主要用于输入较少的数据
EditMask	掩码编辑框	em_	创建一个掩码，使用户必须按指定格式输入字符，即只接受指定格式的字符，并且它能够完成用户输入的自动格式化
Picture	图片框	p_	用于显示.bmp、.gif、.jpg、.jpeg 等格式的图片
CheckBox	复选框	cbx_	用于设置多个选项
RadioButton	单选按钮	rb_	用于设置单一的选项。单选按钮可分组，在一组中只有一个处于被选中状态
Tab Control	标签	tab_	把多种数据和程序选项封装在一个控件中，并允许通过简单的操作访问这些数据和选项
DataWindow	数据窗口	dw_	数据窗口控件与数据窗口对象的结合构成了应用程序访问和操作数据库数据的主要手段
GroupBox	组合框	gb_	可美化界面，并可对单选按钮进行分组

续表

窗口控件	中文名	命名前缀	说　　明
ListBox	列表框	lb_	可显示多行文本
PictureListBox	图片列表框	plb_	PictureListBox 与列表框基本相似，不同之处在于图片列表框内不仅有选项，而且每个选项前还可以显示一个小图片
DropDownListBox	下拉列表框	ddlb_	下拉列表框将单行编辑框与列表框的功能结合起来，具有这两种控件的特点
DropDownPictureListBox	下拉图片列表框	ddplb_	下拉图片列表框与下拉列表框的区别在于下拉图片列表框在选项前面可以显示一个小图片
HScrollBar	水平滚动条	hsb_	指两端带有箭头、中间具有滚动条的水平条，用户可以通过单击箭头、滚动条的空白位置或者拖动滚动条，调整某个连续值
VScrollBar	垂直滚动条	vsb_	指两端带有箭头、中间具有滚动条的垂直条，用户可以通过单击箭头、滚动条的空白位置或者拖动滚动条，调整某个连续值

2．常用控件属性

常用控件属性如表 8-2 所示。

表 8-2　常用控件属性

属　　性	数 据 类 型	说　　明
Text	String	定义控件的文本。Picture 控件无此属性
Enabled	Boolean	定义控件是否启用，取值为 True(控件可用)或者 False(控件不可用)
Visible	Boolean	定义控件是否可见，取值为 True(控件可见)或者 False(控件不可见)
Height	Integer	定义控件的高度
Width	Integer	定义控件的宽度
X	Integer	定义控件在窗口中的 X 坐标
Y	Integer	定义控件在窗口中的 Y 坐标
PictureName	String	定义包含图片的文件名。是 Picture 控件的属性
BackColor	Long	定义背景颜色。CommandButton、PictureButton 及 Picture 控件无此属性
TextColor	Long	定义文本的颜色。Picture 控件无此属性
TextSize	Integer	定义控件中文本字体的大小。Picture 控件无此属性
MinPosition	Integer	当滑动框在 HScrollBar 控件或 VScrollBar 控件的左边或下边界上的时候，该属性定义了 Position 属性的值
MaxPosition	Integer	当滑动框在 HScrollBar 控件或 VScrollBar 控件的右边或上边界上的时候，该属性定义了 Position 属性的值
Position	Integer	定义 MinPosition 和 MaxPosition 之间的一个值，用于表达滚动条的位置。是 HScrollBar 控件和 VScrollBar 控件的属性
Checked	Boolean	定义控件是否被选中，取值为 True(控件被选中)或 False(控件未被选中)。是 CheckBox 控件和 RadioButton 控件所属属性
ThreeState	Boolean	定义 CheckBox 控件是否具有 3 种状态
ThirdState	Boolean	定义当 CheckBox 控件具有 3 种状态的时候，显示第 3 种状态

8.2.4　事件与脚本

1．事件

系统的运行由事件(Event)驱动。一些对象及控件均有相应的事件。事件是指作用在对象上的动作或对对象属性的修改。

应用对象 Open!事件：当应用启动后发生的事件，并且只触发一次。在这个事件的脚本中主要做初始化工作，如连接数据库、判断用户合法性、全局变量初始化、打开应用窗口等。

应用对象 Close!事件：在应用程序将要关闭的时候发生，这个事件的脚本是用来处理应用关闭前的善后工作的，比如和后台数据库断开连接等。

命令按钮控件 Clicked!事件：单击命令按钮控件的时候发生。

2．脚本

脚本（Script）也称为事件处理程序，是指当事件被触发时执行的一段程序。对于每个事件，其处理程序可有可无；对于编写了处理程序的事件，只有当事件被触发时，才执行其处理程序，否则不执行。

8.2.5 窗口函数

1．窗口打开函数

open(窗口名)：用于打开一个窗口。

2．窗口关闭函数

close(窗口名)：用于关闭一个窗口。

8.2.6 简单应用案例

【案例 08-1】创建简单的单个商品介绍应用。

（一）商品介绍系统开发说明

1．商品介绍.pbl 中的对象

商品介绍.pbl 中的对象，如图 8-15 所示。

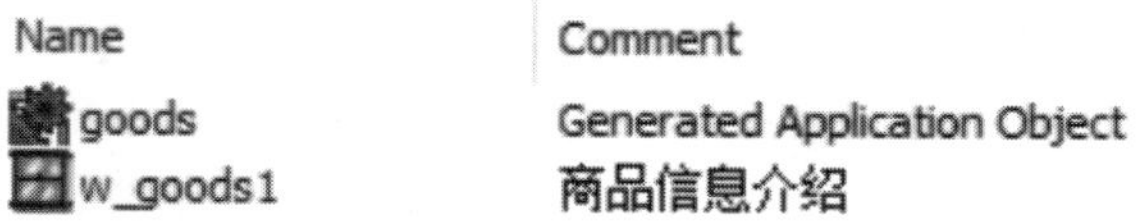

Name	Comment
goods	Generated Application Object
w_goods1	商品信息介绍

图 8-15　商品介绍.pbl 中的对象

2．系统对象设计说明

系统对象设计说明，如表 8-3 所示。

表 8-3　系统对象设计说明

对象类型	序号	对象名	功　　能
应用对象	1	goods	商品介绍
窗口	1	w_goods1	商品介绍窗口，显示商品信息

(二)系统主要对象说明

1. 应用说明

应用 goods 脚本,如表 8-4 所示。

表 8-4 应用 goods 脚本

项 目	说 明
应用对象名	goods
所在的 PBL 库	goods.pbl
主要功能	商品介绍系统
事 件	脚 本
goods:Open!	Open(w_goods1)

2. 窗口说明

案例商品的基本信息如表 8-5 所示。

表 8-5 商品的基本信息

账套号	商品编码	商品名称	种类	规格型号	单位	零售价(元)	生产厂商	图片
1	1001	荣耀 20	手机	全网通 8GB+128GB	台	2099.00	荣耀	

窗口 w_goods1 的设计说明,如表 8-6 所示。

表 8-6 窗口 w_goods1 的设计说明

项 目	说 明
窗口名	w_goods1
所在的 PBL 库	goods.pbl
功能	单个商品介绍
父窗口	window
界面设计	

续表

项 目	说 明
	窗口控件说明

	Control		Ancestor
	w_goods1		window
	p_photo		picture
	st_code		statictext
	st_manufacturer		statictext
	st_model		statictext
	st_name		statictext
	st_price		statictext
	st_sort		statictext
	st_unit		statictext
	st_zth		statictext
	cb_close		commandbutton
	sle_code		singlelineedit
	sle_manufacturer		singlelineedit
	sle_model		singlelineedit
	sle_name		singlelineedit
	sle_price		singlelineedit
	sle_sort		singlelineedit
	sle_unit		singlelineedit
	sle_zth1		singlelineedit

控件类型	控 件 名	内 容	说 明
图片控件	p_photo	荣耀手机图片	显示商品图片
静态文本框	st_zth	账套号	账套号标签
静态文本框	st_code	商品编码	商品编码标签
静态文本框	st_manufacturer	生产厂商	商品生产厂商标签
静态文本框	st_model	规格型号	商品规格型号标签
静态文本框	st_name	商品名称	商品名称标签
静态文本框	st_price	零售价(元)	商品零售价标签
静态文本框	st_sort	种类	商品种类标签
静态文本框	st_unit	单位	商品计量单位标签
命令按钮	cb_close	关闭	关闭 w_goods1 窗口
单行编辑框	sle_zth1	1	账套号编辑框
单行编辑框	sle_code	1001	商品编码编辑框
单行编辑框	sle_manufacturer	荣耀	商品生产厂商编辑框
单行编辑框	sle_model	全网通 8GB+128GB	商品规格型号编辑框
单行编辑框	sle_name	荣耀手机	商品名称编辑框
单行编辑框	sle_price	2,099.00	商品零售价编辑框
单行编辑框	sle_sort	手机	商品种类编辑框
单行编辑框	sle_unit	台	商品计量单位编辑框

事 件	脚 本
cb_close:Clicked!	close(w_goods1)

【运行效果】

案例的运行效果如图 8-16 所示，显示了一个商品的编码、名称、种类、规格型号、单位、零售价、生产厂商等信息。单击【关闭】按钮，将关闭该窗口。

图 8-16　商品介绍案例运行效果

8.3　PowerScript 基础

8.3.1　PowerScript 语言基础

应用程序要完成的任务是通过程序(脚本)来实现的。PowerBuilder 使用的编程语言是 PowerScript，它是一种面向对象的高级结构化编程语言，用它可以编写出各类函数和事件脚本，且编程过程与其他高级语言一样容易方便。

1．基本概念

(1)标识符

标识符是程序中用来代表变量、标号、函数、窗口、菜单、控件及对象等名称的符号。标识符需遵循以下命名规则：

① 以字母或下画线开头。
② 由字母、数字及特殊符号(-、_、$、#、%)组成，不能是 PowerScript 的保留字。
③ 不区分大小写。
④ 最长 40 个字符，中间不能有空格。
⑤ 减号的两边必须有空格。

(2)注释

在编写脚本的时候，如果需要对脚本进行解释说明或者防止脚本执行，可以使用注释。PowerScript 提供了两种注释方法。

1)双斜线法

//注释。双斜线法一般为单行语句加注释，它可以单独占一行，也可以放在可执行语句后面，如：

//金额计算

r_mone=r_amount * r_price   //销售金额=数量 * 单价

2）斜线—星号法

斜线—星号法一般表示为/*注释*/，用于添加大段的注释，它以"/*"开始，以"*/"结束，它可以是一行或多行。

（3）代词

PowerBuilder 的代词用于指定特定的对象或控件。使用代词可以避免因对象或控件名被修改等情况而出现引用错误，增加代码的通用性。常用的代词有 This、Parent。

This 表示正在处理的对象和控件本身，如窗口、自定义用户对象、菜单、应用对象或控件。在对象或控件的脚本中，可以调用其属性。

例如：定义窗口 w_goods 中命令按钮的可用性。

```
This.visible=false    //表示该命令按钮不可见
```

Parent 指包含当前对象或控件的对象，可以在窗口的控件、自定义用户对象、菜单、应用对象等脚本中使用该代码。如果某窗口中某命令按钮的脚本使用 Parent，则表示包含该命令按钮的窗口；如果菜单脚本中使用 Parent，则表示该菜单项的上一级菜单项。

例如：窗口 w_goods 中有命令按钮 cb_close，其功能为单击该按钮将关闭窗口 w_goods，cb_close 的 Click!事件中的脚本：

```
close(parent) //等同于close(w_goods)
```

（4）空值

空值(Null)是 PowerBuilder 数据库进行交互时所用的特殊值，代表一个错误或者未知的值，它与空字符串、数值零、日期 0000-00-00 的含义是不同的。Null 既不是 0，也不是非 0。Null 值参与运算的结果仍为 Null。

2．数据类型

数据类型表示数据的特点。PowerBuilder 常见的数据类型如表 8-7 所示。在 PowerScript 中，可以用这些数据类型来定义变量或者数组。

表 8-7　常见 PowerScript 数据类型

数据类型	示例	说　　明
Boolean	True/False	布尔型。表示逻辑的真假
Char	'A'	单个的 ASCII 字符
String	'computer'	字符型。每个字符可为任一 ASCII 字符，长度为 0～ 2 147 483 647
Date	2021-01-16	日期型。年：1000～3000，月：01～12，日：01～31
Time	16:01:28	时间型。小时：00～23，分：00～59，秒：00～59
DateTime	2021-01-28 15:33:16	日期时间型
Integer	3210	16 位整型。数值范围：–32 768～+32 767
Long	12 345 678	32 位长整型。数值范围：–2 147 483 648～2 147 483 648
Real	3.141 593	数值型。精度为 6 位小数
Decimal	3.141 592 6	数值型。小数点可出现在 18 个数字中的任何位置，这 18 个数字中不计小数点和符号位

3．运算符

PowerSript 支持四大类运算符：算术运算符、关系运算符、逻辑运算符和字符串连接运算符。

(1) 算术运算符

PowerSript 使用如表 8-8 所示的算术运算符对数字变量和常量进行运算。

表 8-8　算术运算符

算术运算符	功　能	说　明
+	加	
-	减	
*	乘	
/	除	
^	幂	
++	增 1	i++等同于：i = i + 1
--	减 1	i--等同于：i = i - 1
+=	加并赋值	i += 3 等同于：i = i + 3
-=	减并赋值	i -= 3 等同于：i = i - 3
*=	乘并赋值	i *= 3 等同于：i = i * 3
/=	除并赋值	i /= 3 等同于：i = i / 3
^=	乘方并赋值	i ^= 3 等同于：i = i ^ 3

(2) 关系运算符和逻辑运算符

PowerSript 的关系运算符和逻辑运算符如表 8-9 所示。

表 8-9　关系运算符和逻辑运算符

		说明
关系运算符	>	大于
	<	小于
	>=	大于或者等于
	<=	小于或者等于
	=	等于
	<>	不等于
逻辑运算符	AND	逻辑与
	OR	逻辑或
	NOT	逻辑非

(3) 字符串连接符

字符串连接操作是指将两个或多个字符串用拼接的方式连接成一个字符串的操作，PowerScript 用 "+" 表示拼接字符串操作。例如：

```
String r_name
r_name ='会计'+'信息化'
```

最后 r_name 的内容是 "会计信息化"。

(4) 表达式中的运算符

在表达式中的运算符如表 8-10 所示。

表 8-10 运算符

运 算 符	说 明
()	括号
+、-	正号、负号
^	乘方
*、/	乘、除
+、-	加或字符串连接、减
=、>、<、<=、>=、<>	关系运算符
NOT	逻辑非
AND	逻辑与
OR	逻辑或

运算符的优先级：() → +、-(正负号) → ^ → *、/ → +、-(加或字符串连接、减) → =、>、<、>=、<=、<> → NOT → AND → OR。

4．变量

在程序中使用变量前，必须先说明它的数据类型和名称（一个变量的类型可以是标准数据类型、结构或对象），同时还需要说明它的作用域。PowerBuilder 的变量按作用域可以分为全局变量、实例变量、共享变量和局部变量。

(1) 全局变量

全局变量（Global Variable）是在整个应用程序的任何地方都可访问的变量，它的作用域是整个应用程序。

(2) 实例变量

实例变量（Instance Variable）是某个特定对象的实例化。可以在应用对象、窗口对象、用户对象或菜单对象的画板中定义它，并在定义的范围内使用它。

(3) 共享变量

共享变量（Shared Variable）类似于实例变量。共享变量属于一个对象但是可以在这个对象的所有实例中引用。当一个对象关闭时，赋值给共享变量的值保持不变，再次打开这个对象时可以继续使用该值。

(4) 局部变量

局部变量（Local Variable）是一种在相应的代码段中定义和使用的临时变量，一旦代码段执行结束，则相应的变量就不复存在。

如图 8-17 所示，可以在声明窗口中选择变量的种类。

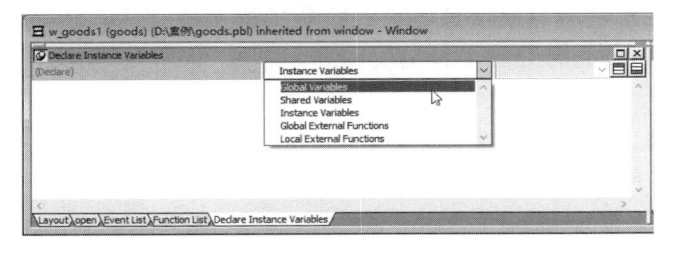

图 8-17 声明变量的种类

如果由于某种原因不同范围的变量使用了同样的名字，PowerBuilder 将按照局部变量、共享变量、全局变量和实例变量的顺序来搜索变量。

5．数组

数组是一系列数据类型相同的元素的有序集合。PowerScript 可以创建任何数据类型的数组，一维数组的定义格式如下：

`类型说明 数组名[下标]`

多维数组的定义格式如下：

`类型说明 数组名[下标1，下标2，下标3，…]`

例如：

`Integer r_amount[3], Real r_price[5,5]。`

数组的引用方式为：

`数组名[下标1，下标2，下标3，…]`

在通常情况下，数组元素的下标从 1 开始到最大下标。但 PowerBuilder 允许使用不同的下标方式，例如：

`Integer r_amount[-3 to 5], Integer r_number[-2 to 6,5 to 10]。`

PowerBuilder 允许使用可变数组，程序在运行的时候再来确定数组元素的个数。需要注意的是，可变数组只能是一维的，而且不能改变数组的下界，可变数组的下界永远是 1。

可变数组的定义格式如下：

`类型说明 数组名[]`

8.3.2　PowerScript 编程基础

1．控制结构

（1）赋值语句

`变量=表达式`

表示将赋值号（=）右边表达式的值赋给左边的变量。

例如：

`cb_close.text="关闭"    //把命令按钮 cb_close 的文本属性赋值为"关闭"。`

（2）条件分支结构

PowerBuilder 的条件语句共有两类：If 条件语句和 Choose Case 选择语句。If 条件语句先计算一个逻辑表达式，然后根据表达式的值是 True 还是 False 来决定下一步执行的语句块；Choose Case 语句可同时处理多种情况。

1）If 条件语句

①If…Then 结构（只有一种情况需要判断时使用）

If 后面是判断条件，形式为：

```
If  <表达式>关系符<表达式>  Then
    语句块
End If
```

条件表达式也可以用逻辑运算符连接，构成各种相对复杂的条件。

②If…Then…Else 结构(有两种情况需要判断时使用)

If…Then…Else 语句中的 Else 子句可以在条件不满足的情况下去执行 Then 语句块以外的语句或语句块，其形式为：

```
If <表达式>关系符<表达式> Then
    语句块 1
Else
    语句块 2
End If
```

③ If…Then…ElseIf…Else…EndIf 结构(有三种及以上情况需要判断时使用)

当判断情况比较复杂或为了提升应用程序的可读性，可以使用这个结构，其形式为：

```
 If <表达式>关系符<表达式> Then
    语句块 1
ElseIf <表达式>关系符<表达式> Then
    语句块 2
{ ElseIf <表达式>关系符<表达式> Then
    语句块 3}
{Else
    语句块 4}
End If
```

2) Choose…Case 选择语句

Choose…Case 语句根据测试表达式的值选择不同的操作，其形式为：

```
 Choose Case <测试表达式>
        Case <值 1>
            语句块 1
        Case <值 2>
            语句块 2
        …
        {  Case Else
            语句块 n }
End Choose
```

其中{}中的内容为可选项。

(3) 循环结构

PowerScript 提供了循环语句来处理重复的操作，它的循环语句有 2 种形式：For…Next 循环、Do 循环。

1) For… Next 循环

For… Next 是一个计数循环体。使用该语句可以使循环体中的语句被执行规定的次数。其语法格式为：

```
For 变量名=初值 To 终值 Step 步长
    语句块
```

```
Next
```
如果步长为 1，可省略 step 1。

2) Do 循环

Do…Loop 结构提供了 4 种基于条件的循环，以 Do 作为循环的开始，以 Loop 作为循环的结束。其语法格式为：

①Do Until…Loop

```
Do Until    条件
    语句块
Loop
```

其执行过程为：先计算条件，如果结果为 False，则执行语句块，接着再检查条件，直到结果为 True 时退出循环。

②Do While…Loop

```
Do While    条件
    语句块
Loop
```

其执行过程为：先计算条件，如果结果为 True，则执行语句块，接着再检查条件，直到结果为 False 时退出循环。

③Do…Loop Until

```
Do
    语句块
Loop Until    条件
```

其执行过程为：先执行语句块，然后计算条件，如果结果为 False，则继续执行语句块，直到结果为 True 时退出循环。

④Do…Loop While

```
Do
    语句块
Loop While    条件
```

其执行过程为：先执行语句块，然后计算条件，如果结果为 True，则继续执行语句块，直到结果为 False 时退出循环。

(4) 流程控制语句

1) Exit 语句

在 Do…Loop 或者 For…Next 语句循环体中，使用 Exit 可以跳出循环。

2) Continue 语句

在 Do…Loop 或者 For…Next 语句循环体中，使用 Continue 语句的时候，将不执行从 Continue 之后到循环结束之前的语句，直接开始新一轮的循环。

3) Return 语句

Return 语句用于从脚本中返回调用程序,其语法格式为:

```
Return {Expression}
```

其中 Expression 代表该脚本的返回值。

在程序中调用函数或事件处理程序时,执行到 Return 语句后,该语句立刻停止事件处理程序或函数的执行,并把控制返回给调用程序。

4) Halt 语句

Halt 语句用于停止应用程序的运行,其语法格式为:

```
Halt {Close}
```

遇到不包含 close 选项的 Halt 语句时,应用程序立即停止运行。当包含 close 选项的时候,应先执行 close 事件所对应的处理程序,然后再停止应用程序的运行。

2. 数据类型函数和消息函数

(1) 数据类型转换函数

PowerScript 提供了一些基本的转换函数,用于实现数据类型的转换。具体如表 8-11 所示。

表 8-11 常用转换函数

函　　数	返回值类型	功　　能
String(date, {format})	String	按指定格式将数据转换成字符串
Integer(string)	Integer	将字符串转换成 Integer 类型的值
Dec(string)	Decimal	将字符串转换成 Decimal 类型的值
Date(string)	Date	将其值为有效日期的字符串转换成 Date 类型的值

(2) 消息函数 MessageBox()

显示消息提示框,语法格式如下:

```
MessageBox(title,text{,icon{,button{,default}}})
```

参数选项说明如下:

1) {} 中内容表示可选参数。

2) title:标题。

3) text:文本,需要显示给用户看的消息,可以是字符串、数字、逻辑值。

4) icon:消息框中的图标,枚举数据类型,默认是 Information!,可以是如下枚举类型值:

　　Information! ——信息文本。

　　StopSign! ——错误终止。

　　Exclamation! ——惊叹号。

　　Question! ——问号。

　　None! ——无图标。

5) button:显示的按钮,枚举类型,默认是"确定"按钮,包括以下 6 种。

　　OK! ——"确认"按钮。

OKCancel！——"确认"和"取消"按钮。
YesNo！——"是"和"否"按钮。
YesNoCancel！——"是"、"否"和"取消"按钮。
RetryCancel！——"重试"和"取消"按钮。
AbortRetryIgnore！——"放弃"、"重试"和"忽略"按钮。

6）default：默认选择的消息框按钮。

返回值为用户所选的对应按钮的位置。例如：

`Messagebox('提示','是否进入系统？', Exclamation!, YesNo!,1)`

指定按钮为 YesNo！，默认选择 Yes。如果用户选择"是(Y)"，则返回 1，选择"否(N)"，则返回 2。

3．标签控件

根据案例开发的需要，本节简单介绍一下标签控件。控件的详细介绍见后面章节。

标签控件(Tab Control)由多个选项卡组成，它包括两部分，即放置各选项卡标题的标签部分和放置选项卡的区域。在选项卡标题区域单击右键，在弹出菜单中选择【Insert Tabpage】命令，即在标签控件中增添新的选项卡。标签控件常用属性如表 8-12 所示，相应的设置如图 8-18 所示。

表 8-12 标签控件的常用属性

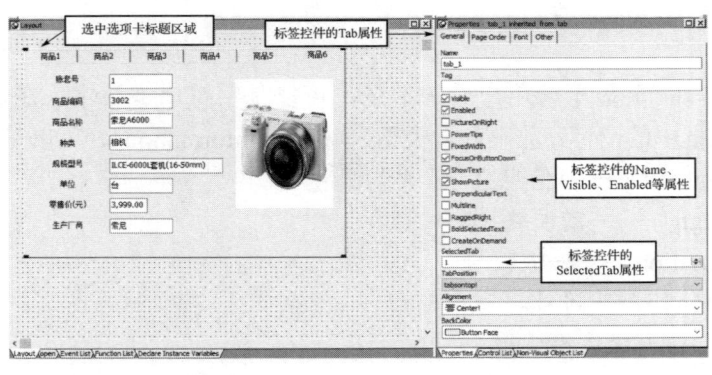

属性	数据类型	说明
Enabled	Boolean	定义标签控件、标签控件选项卡是否启用，取值为 True(控件可用)和 False(控件不可用)
Visible	Boolean	定义标签控件、标签控件选项卡是否可见，取值为 True(控件可见)和 False(控件不可见)
Height	Integer	定义标签控件的高度
Width	Integer	定义标签控件的宽度
X	Integer	定义标签控件在窗口中的 X 坐标
Y	Integer	定义标签控件在窗口中的 Y 坐标
Name	Integer	定义标签控件、标签控件选项卡的名称
Text	Integer	定义标签控件选项卡显示的内容
SelectedTab	Integer	选中的标签控件选项卡的序号

(a)

图 8-18 标签控件的常用属性

(b)

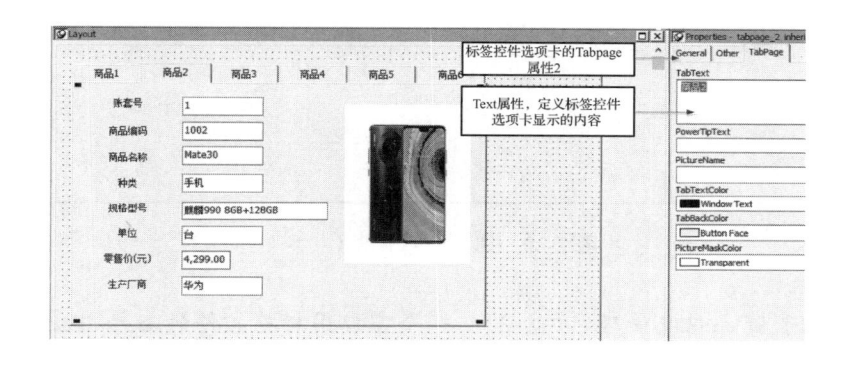

(c)

图 8-18　标签控件的常用属性(续)

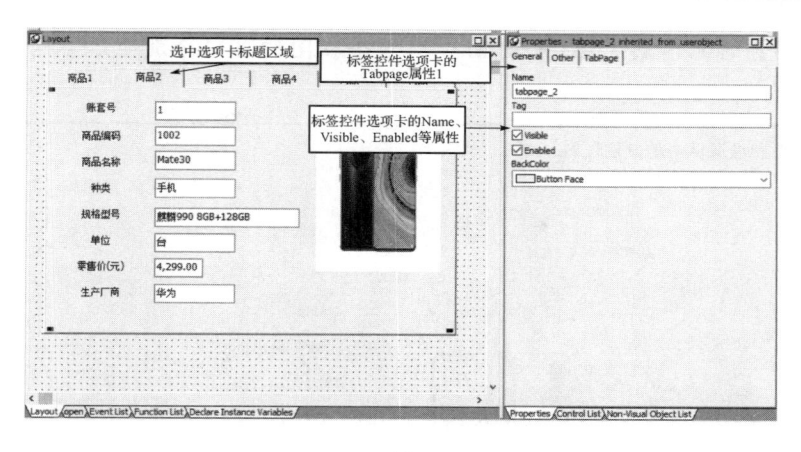

8.3.3　基础编程案例

【案例 08-2】商品信息管理(方案 1)：一个窗口用相同的 **6** 组控件同时显示 **6** 个商品信息(见图 **8-19**)。

图 8-19　商品信息管理(方案 1)

【案例08-3】商品信息管理(方案2)：用6个相同的窗口分别显示不同的商品信息(见图8-20)。

源代码与文档参见课件中的案例资料。
w_goods_2、w_goods_2_1、w_goods_2_2、w_goods_2_3、w_goods_2_4、w_goods_2_5、w_goods_2_6等窗口。

图8-20 商品信息管理(方案2)

【案例08-4】商品信息管理(方案3)：一个窗口用标签控件的6个Tabpage页分别显示6个商品信息(见图8-21)。

源代码与文档参见课件中的案例资料。
w_goods_3窗口。

图8-21 商品信息管理(方案3)

【案例08-5】商品信息管理(方案4)：一个窗口用一组控件，通过6个按钮选择显示相应的商品信息(见图8-22)。

源代码与文档参见课件中的案例资料。

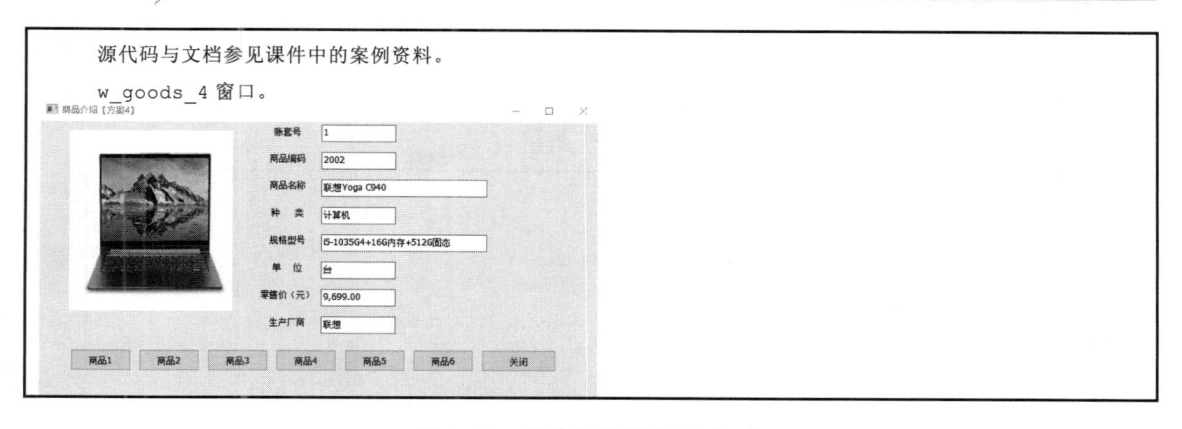

w_goods_4 窗口。

图 8-22　商品信息管理(方案 4)

【案例 08-6】商品信息管理(方案 5)：一个窗口用一组控件，通过在单行编辑框(或下拉列表框)中输入商品编码来选择显示相应的商品信息(见图 8-23)。

源代码与文档参见课件中的案例资料。

w_goods_5 窗口。

图 8-23　商品信息管理(方案 5)

【案例 08-7】商品信息管理(方案 6)：一个窗口用一组控件，通过依次单击一个按钮循环显示商品信息(见图 8-24)。

源代码与文档参见课件中的案例资料。

w_goods_6 窗口。

图 8-24　商品信息管理(方案 6)

【案例 08-8】计算器。进行简单的计算器设计,并通过对比整数计算方案、实数计算方案、长整数计算方案,体会不同数据类型的计算效果(见图 8-25)。在此基础上,开发固定资产折旧计算器、税费计算器、杜邦分析计算器。

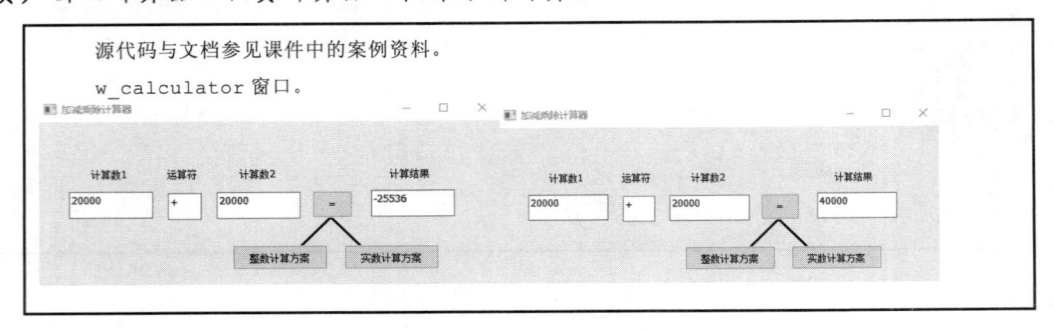

图 8-25　简单的计算器设计

【案例 08-9】变量作用域演示。对不同种类的变量(局部变量、实例变量、共享变量、全局变量)实现加 1 处理,展示其作用域运行效果(见图 8-26)。

图 8-26　变量作用域演示

【案例 08-10】商品信息管理(方案 7):一个窗口用一组控件,利用数组,通过依次单击一个按钮进行商品信息的循环显示(见图 8-27)。

图 8-27　商品信息管理(方案 7)

【案例 08-11】系统登录(方案 1)：创建一个简单的登录窗口(见图 8-28)。如果用户输入的用户 ID 为 "001"、密码为 "123456"，则为合法用户，可进入系统。如果用户连续 3 次输入错误，立即退出系统。

源代码与文档参见课件中的案例资料。
w_Log 窗口。

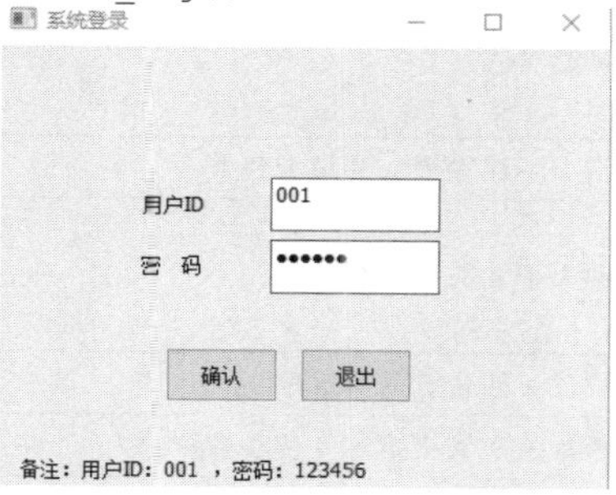

图 8-28　系统登录(方案 1)

8.4　函数

8.4.1　常用函数

1. 日期时间函数

常用的日期、时间函数如表 8-13 所示。

表 8-13　日期、时间函数

函　数	返回值类型	功　能
Today()	Date	获得当前系统日期
Now()	Time	获得当前系统时间
Year(date)	Integer	获得日期值中的年度(有效取值 1000～3000)
Month(date)	Integer	获得日期值中的月份，有效取值 1～12
Day(date)	Integer	获得日期型数据中的号数(1～31 之间的整数值)
DayName(date)	String	获得指定日期是一周中的星期几
DayNumber(date)	Integer	获得日期型数据是一星期中的第几天
Hour(time)	Integer	获得时间值中的小时，采用 24 小时制
Minute(time)	Integer	获得时间值中的分钟，有效取值在 00～59
Second(time)	Integer	获得时间值中的秒，有效取值在 00～59
RelativeDate(date,n)	Date	获得指定日期前多少天或后多少天的日期
RelativeTime(time,n)	Time	获得指定时间前多少秒或后多少秒的时间，采用 24 小时制
DaysAfter(date1,date2)	Long	获得两个日期之间的天数
SecondsAfter(time1,time2)	Long	获得两个时间之间的秒数。当前一个时间比后一个时间早时，该函数的值为正数，反之则为负数；两者相等时为零

2. 数值处理函数

常用数值处理函数如表 8-14 所示。

表 8-14 数值处理函数

函 数	返回值类型	功 能
Abs(n)	返回值的数据类型与参数 n 的数据类型相同，函数执行成功时返回 n 的绝对值。如果 n 的值为 Null，Abs()函数返回 Null	计算绝对值
Int(n)	Integer	得到小于或等于 n 的最大整数
Ceiling(n)	返回值的数据类型与参数 n 的数据类型相同。函数执行成功时返回大于 n 的最小整数。如果 n 的值为 Null，Ceiling()函数返回 Null	得到大于 n 的最小整数
Round(x,n)	Decimal	将数值 x 四舍五入到 n 位
Truncate(x,n)	Decimal	截断数值 x 到指定的 n 位小数位
Mod(x,y)	与参数 x,y 的数据类型相同	得到 x 除以 y 的余数
Rand(n)	与参数 n 的数据类型相同。函数执行成功时返回 1 与 n 之间的一个伪随机数，包括 1 和 n 在内。如果 n 的值为 Null，Rand()函数返回 Null	得到 1 与 n 之间的一个伪随机数

3. 字符处理函数

常用字符处理函数如表 8-15 所示。

表 8-15 字符处理函数

函 数	返回值类型	功 能
Mid(string, start{,length})	String	取字符串的子串。从字符串 string 的 start 位置开始取长度为 length 的字符串
Right(string,n)	String	从字符串 string 右端取指定的 n 个字符
Left(string,n)	String	从字符串 string 左端取指定的 n 个字符
Len(string)	Long	获得字符串 string 的长度
Pos(string1, string2{,start})	Long	在一个字符串 string1 的 start 位置开始查找所包含的另一个字符串 string2 的起始位置
Lower(string)	String	将字符串 string 中的大写字母转换为小写字母
Upper(string)	String	将字符串 string 中的小写字母转换为大写字母
Replace(string1, start, n, string2)	String	将一个字符串 string1 中从 start 开始的长度为 n 的字符串替换为另一个字符串 string2
Fill(char,n)	String	获得一个由指定字符串 char 填充的长度为 n 个的字符串。如果 char 的长度小于 n，则使用 char 反复填充；如果 char 的长度大于 n，则使用 char 的前 n 个字符填充
Trim(string)	String	删除字符串 string 首部和尾部的空格

4. 数据类型检查与转换函数

常用数据类型检查与转换函数如表 8-16 所示。

表 8-16 数据类型检查与转换函数

函 数	返回值类型	功 能
String(data{,format})	String	按指定格式将数据转换成字符串

续表

函　数	返回值类型	功　能
Integer(string)	Integer	将字符串转换成 Integer 类型
Long(string)	Long	将其他类型的数据转换为 Long 类型
Real(string)	Real	将字符串转换成 Real 类型
Dec(string)	Decimal	将字符串转换成 Decimal 类型
Date(datetime)	Date	将其他类型的数据转换为 Date 类型
Time(datetime)	Datetime	将其他类型的数据转换为 Time 类型
IsDate(datevalue)	Boolean	判断指定的字符串是否包含有效的日期
IsNumber(string)	Boolean	判断指定的字符串是否为数字型

8.4.2 其他函数

1．空值相关函数

常用空值相关函数如表 8-17 所示。

表 8-17　空值相关函数

函　数	返回值类型	功　能
IsNull(any)	Boolean	判断变量或表达式的值是否是 Null
SetNull(anyvariable)	Integer	将指定变量的值设置为 Null。这里的变量可以是除数组、结构、自动实例化对象之外的任何数据类型

2．数组函数

常用数组函数如表 8-18 所示。

表 8-18　常见数组函数

函　数	返回值类型	功　能
UpperBound(array)	Long	得到指定数组的上界
LowerBound(array)	Long	得到指定数组的下界

3．指针函数

常用指针函数如表 8-19 所示。

表 8-19　常见指针函数

函　数	返回值类型	功　能
PointerX()	Integer	设置鼠标指针的 X 坐标值
PointerY()	Integer	设置鼠标指针的 Y 坐标值
SetPointer(type)	Pointer	设置鼠标指针。type 参数的可能取值为：Arrow!、Cross!、Beam!、HourGlass!、SizeNS!、SizeNESW!、SizeWE!、SizeNWSE!和 UpArrow!

4．RGB 函数

RGB 函数如表 8-20 所示。

表 8-20　RGB 函数

函数		说明
RGB()	描述	设置颜色。由代表红、绿、蓝三原色的三个整数组合成一个表示颜色的长整数
	语法	RGB（red, green, blue） 参数 red：Integer 类型，指定颜色中的红色分量强度，有效值在 0~255 之间 green：Integer 类型，指定颜色中的绿色分量强度，有效值在 0~255 之间 blue：Integer 类型，指定颜色中的蓝色分量强度，有效值在 0~255 之间
	返回值类型	Long。函数执行成功时返回由指定分量确定的颜色，用长整数表示。发生错误时返回−1。如果任何参数的值为 Null，RGB() 函数返回 Null
	用法	RGB() 函数使用下述公式计算表示颜色的长整数： 65536 * blue+ 256 * green+ red 其中，blue 代表蓝色分量，green 代表绿色分量，red 代表红色分量。 各分量中，数值越小，亮度越低；数值越大，亮度越高。 例如，RGB（0,0,0）为黑色(亮度最低)，RGB（255,255,255）为白色(亮度最高)，RGB（255,0,0）为红色，RGB（0,255,0）为绿色，RGB（0,0,255）为蓝色，RGB（255,255,0）为黄色，RGB（128,128,0）为棕色，RGB（128,128,128）为深灰色

5. 窗口函数

常用窗口函数如表 8-21 所示。

表 8-21　常用窗口函数

函数	返回值类型	功能
Open（windowname）	Integer	打开窗口 windowname
close（windowname）	Integer	关闭窗口 windowname
OpenWithParm（windowname,parameter）	Integer	打开带参数 parameter 的窗口 windowname，返回值为 1 表示打开窗口成功，返回值为−1 表示打开失败。窗口打开后，参数 parameter 存储在 Message 对象中，由此可使用传递过来的参数
closeWithReturn（windowname,returnvalue）	Integer	关闭窗口 windowname。窗口关闭后，返回值 returnvalue 存储在 Message 对象中。该函数仅用于响应窗口

常用 Message 对象属性如表 8-22 所示。

表 8-22　常用 Message 对象属性

属性	数据类型	说明
DoubleParm	Double	Message.DoubleParm 表示消息对象存储的是数字或者数字变量
StringParm	String	Message.StringParm 表示消息对象存储的是字符或者字符变量
PowerObjectParm	PowerObject	Message.PowerObjectParm 表示消息对象存储的任何包含结构的 PowerBuilder 对象类型

8.4.3　触发器

PowerBuilder 提供了许多预定义事件和函数，其中一个很常见的事件就是窗口的 Timer 事件。它与 Timer() 函数相结合，可以为用户提供很多方便。Timer() 函数的功能是设置一个时间间隔，一旦达到指定的时间间隔就触发一次窗口的 Timer 事件，从而实现用户定制的功能，如定时显示系统时间、定时执行某种操作等。

利用 TriggerEvent()函数，可以方便地调用某一控件相关事件的脚本。例如，cb_size.Trigger Event(Clicked!)表示触发 cb_size 的 Clicked!事件并执行相应的脚本。

表 8-23　Timer()和 TriggerEvent()函数

函　　数	返回值类型和说明	功　　能
Timer（interval）	Integer 如果成功返回 1，如果发生错误则返回−1。如果参数的值是空的，定时器返回空	在指定的时间间隔 interval（单位为秒）内反复触发指定窗口的定时器 Timer 事件
objectname.TriggerEvent(event)	Integer 如果返回 1，表示该函数执行成功；如果指定事件中没有脚本或者函数执行错误，则返回−1。当参数为 Null 时，函数返回 Null	触发指定对象的指定事件，并且立即执行该事件中的脚本

8.4.4　自定义函数

PowerScript 语言有许多内部函数。但在实际系统开发过程中，开发人员需要根据特定的任务自己定义函数来实现相应的功能。自定义函数按使用的范围分为两类：全局函数和对象级函数。全局函数在整个程序中都能使用，而对象级函数则根据定义可以在整个程序中使用，也可以只限定在对象内部使用。

1．创建全局函数

创建全局函数可以使用函数画板，创建全局函数的步骤如下：

（1）从菜单栏中选择 【File】|【New】命令，打开 New 对话框，在 PB Object 选项卡中选择【Function】图标，系统将打开函数画板，弹出 New Function 对话框。下面以"计算商品库存表"全局函数的定义为例，解释该对话框中各部分的意义，如图 8-29 所示。

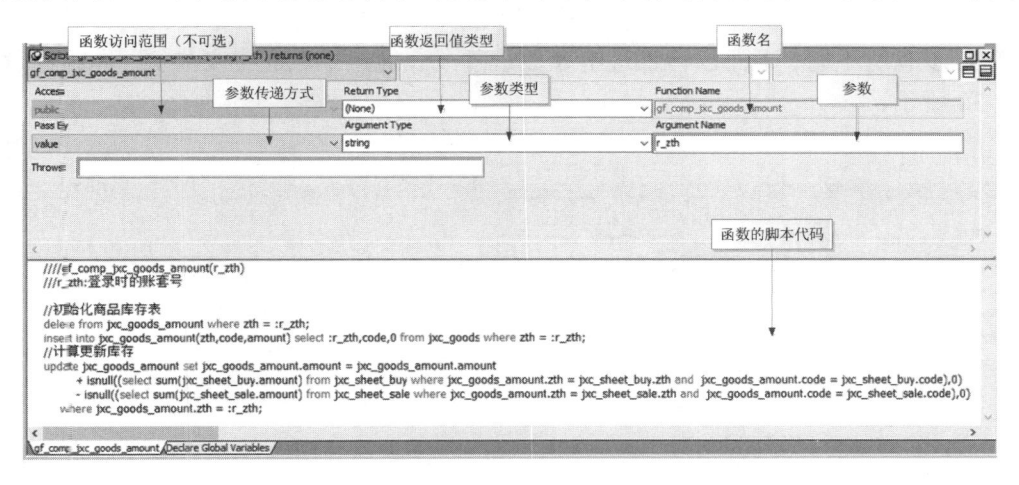

图 8-29　创建全局函数

Function Name 编辑框：用于指定新建函数的名称，用标识符表示，通常以 gf_开头（表示这是个用户自定义函数），以便与系统内置函数相区别。计算商品库存表函数命名为 gf_comp_jxc_goods_amount。

Access 下拉列表框：指定函数的访问范围，因为当前定义的函数是全局函数，所以该列表框不能选择。

Return Type 下拉列表框：用于指定函数返回值的类型，默认为 Integer。由于计算商品库存表函数无返回值，就选"(None)"。

在 Pass By 下拉列表框中指定参数传递方式，共有 3 种方式：选择"value"表示传值，将实际参数的值传递给函数；选择"reference"表示传地址，把实际参数的地址传递给函数，此时，函数如果修改了形式参数的值，那么实际参数的值也就被修改了；选择"readonly"也是传地址，不过不允许修改函数的值。

在 Argument Type 下拉列表框中选择参数类型。

在 Argument Name 编辑框中指定参数名称。在 Argument Name 编辑框中单击右键，可以在弹出菜单中添加参数、插入参数或删除参数。

Throws 编辑框用于声明触发事件异常，是可选项。

计算商品库存表函数有一个字符串型参数 r_zth，它表示登录时的账套号。

(2) 添加脚本代码，按函数的功能要求，编写相应的脚本代码。

(3) 编写完脚本代码后，单击函数画板工具栏上的返回(Return)图标或关闭函数窗口，系统弹出 Save Function 对话框，输入函数对象名并选择要保存的应用库后，单击【OK】按钮完成全局函数的创建。

2．创建窗口函数

可以在应用对象画板、菜单画板、窗口画板中创建自定义对象函数，这些函数与对象相关，并且与对象保存在一起。下面以创建窗口自定义对象函数的步骤为例，其他自定义对象函数的创建步骤类同。

创建窗口自定义对象函数的三个步骤中第(2)、(3)步与创建自定义全局函数的步骤类似，第(1)步有所不同。下面以计算进销存数量月报表窗口函数的定义为例，介绍第(1)步，如图 8-30 所示。

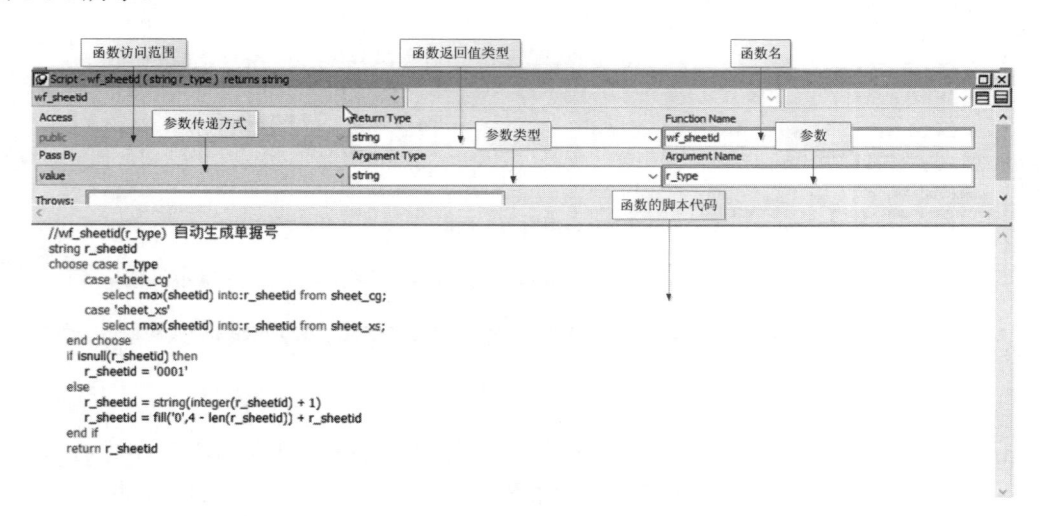

图 8-30 创建窗口函数

进入窗口画板,从菜单栏中选择【Insert】|【Function】命令,系统显示如图 8-30 所示的对话框。该对话框与创建全局函数时的对话框的不同之处在于,此时 Access 下拉列表框可选用,并可通过它自定义窗口函数的访问范围。当 Access 设置为 public 时,该函数在整个程序中都可以访问;当 Access 设置为 private 时,该函数只能在附属于当前窗口的程序中使用;当 Access 设置为 protected 时,该函数只能在附属于当前窗口的程序以及附属于该窗口的后续窗口的程序中使用。Access 的默认值为 public。窗口函数的名称通常以 wf_ 开头。

例如,窗口 w_jxc_sheet 的自动生成单据号窗口函数命名为 wf_sheetid,该窗口函数的功能是:根据函数传递的参数判断是采购单还是销售单,然后生成单据号。

3．调用函数

在脚本中,调用全局函数和调用窗口函数的方法是相同的。用户可以在事件脚本或其他窗口函数中调用函数。在编程窗口中,可以手工输入函数名来调用函数,也可以通过从菜单栏中选择【Edit】|【Paste Special】|【Function】命令,然后从 Function 子菜单中选择各类函数。

(1)调用全局函数

在窗口 w_jxc_report_comp 中调用计算商品库存表全局函数 gf_comp_jxc_goods_amount()的方法如下:

先定义全局函数需要的参数账套号 r_zth,在取得变量 r_zth 的值后,可以通过以下方式调用全局函数来计算商品库存表。

```
gf_comp_jxc_goods_amount(r_zth)
```

(2)调用窗口函数

在窗口 w_jxc_sheet 中调用自动生成单据号窗口函数 wf_sheetid()的方法如下:

先定义窗口函数需要的参数单据类型 string r_type,在取得变量 r_type 的值后,可以通过以下方式调用窗口函数来自动生成单据号。由于窗口函数 wf_sheetid()的返回值是单据号,因此需要定义单据号变量 r_sheetid。

```
r_sheetid=wf_sheetid(r_type)
```

8.4.5　对象集成

要将对象集成在一起,有四种方法,分别是重建需要集成的对象、导入与导出集成对象、利用库管理器直接复制对象以及在目标文件中加入相关的 PBL 库。

1．重建对象

利用重建对象来实现,即在同一个程序中依次重新创建需要集成的对象。此方法工作量大,费时费力。

2．导入与导出对象

对需要集成的对象进行导入与导出操作实现系统集成,基本步骤如下:

(1)选中需要导出的对象,单击鼠标右键,选择【Export】选项,如图 8-31 所示,选择导出文件路径，保存导出对象的文件，窗口对象的导出文件扩展名为".srw"。

（2）选中需要导入对象的 PBL 库，单击鼠标右键，选择【Import】选项，如图 8-32 所示，并选择需要导入的对象的文件即可。

此方法工作量依然比较大，对象不便维护。

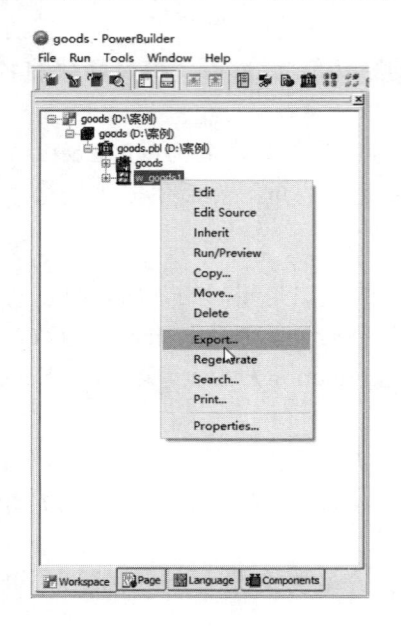

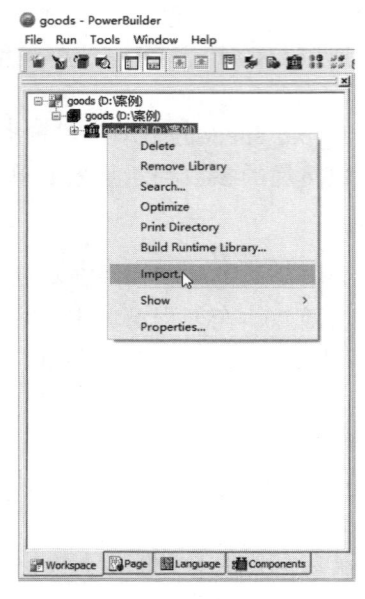

图 8-31　导出窗口对象　　　　图 8-32　导入窗口对象

3．利用库管理画板直接复制对象

利用库管理画板，从涉及对象的 PBL 库中，直接将需要的对象复制到当前应用中。

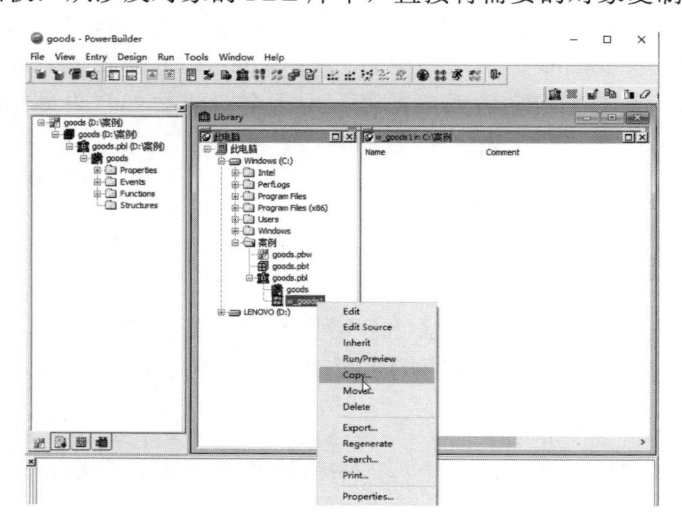

图 8-33　利用库管理画板直接复制对象

4．在当前应用中添加对象所在的 PBL 库

在当前应用的 Target 属性中，直接添加对象所在的 PBL 库，之后在应用中即可使用该

对象。具体步骤如下：

(1) 选中需要导入 PBL 库的应用，单击鼠标右键，选择【Properties】选项，如图 8-34 所示。

(2) 在 Target 属性框中，单击【Browse】按钮后，选择添加对象所在的 PBL 库，单击【OK】按钮即可，如图 8-35 所示。

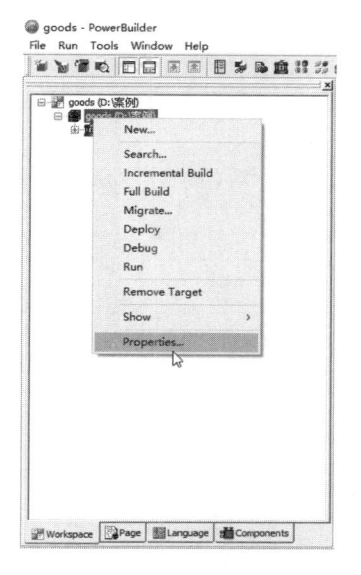

图 8-34　当前应用的 Target 属性

图 8-35　选择要添加的 PBL 库

8.4.6　函数应用案例

【案例 08-12】函数应用。了解日期时间函数、字符处理函数、数值处理函数及其他函数的应用（见图 8-36、图 8-37）。

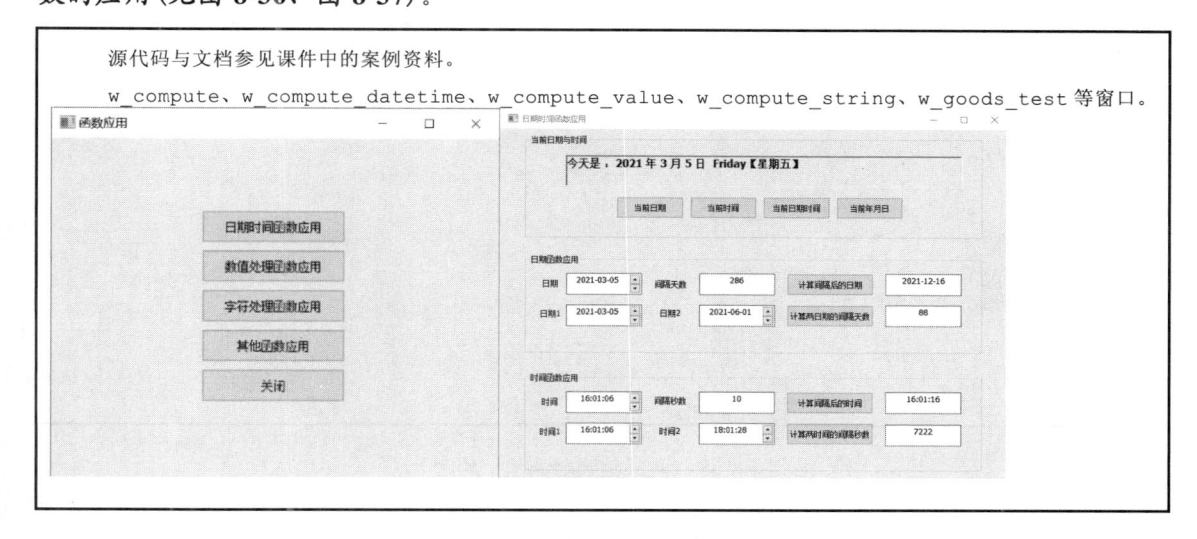

源代码与文档参见课件中的案例资料。
w_compute、w_compute_datetime、w_compute_value、w_compute_string、w_goods_test 等窗口。

图 8-36　日期时间函数

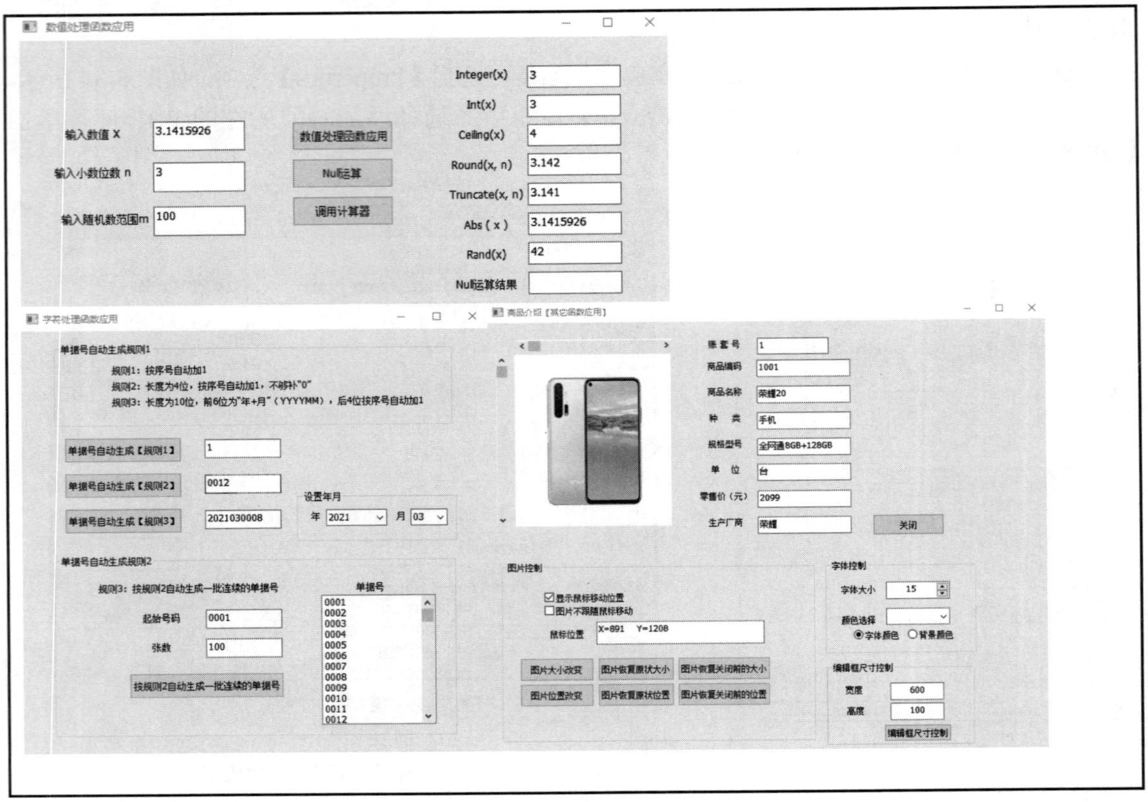

图 8-37　数值处理函数及其他函数

【案例 08-13】商品信息管理(方案 8)：通过定时器循环显示多个商品信息。

图 8-38 是案例 08-13 的运行效果。

源代码与文档参见课件中的案例资料。

w_goods_8 窗口。

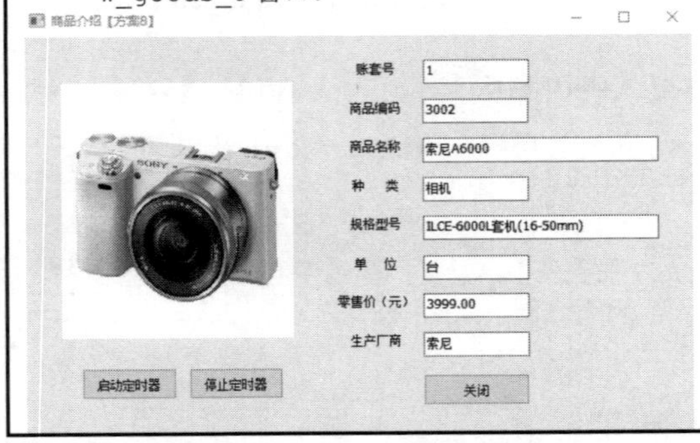

图 8-38　商品信息管理(方案 8)

【案例 08-14】商品信息管理(方案 9)：商品图片动态变化，通过改变图片大小、图片位置、图片闪烁、按指定的速度自动循环显示商品信息。

图 8-39 是案例 08-14 的运行效果。

源代码与文档参见课件中的案例资料。

w_goods_9 窗口。

图 8-39　商品信息管理（方案 9）

【案例 08-15】商品信息管理（方案 10）：用集成方案对商品信息管理方案 1 至方案 9 涉及的窗口对象进行集成处理。

图 8-40 是案例 08-15 的运行效果。

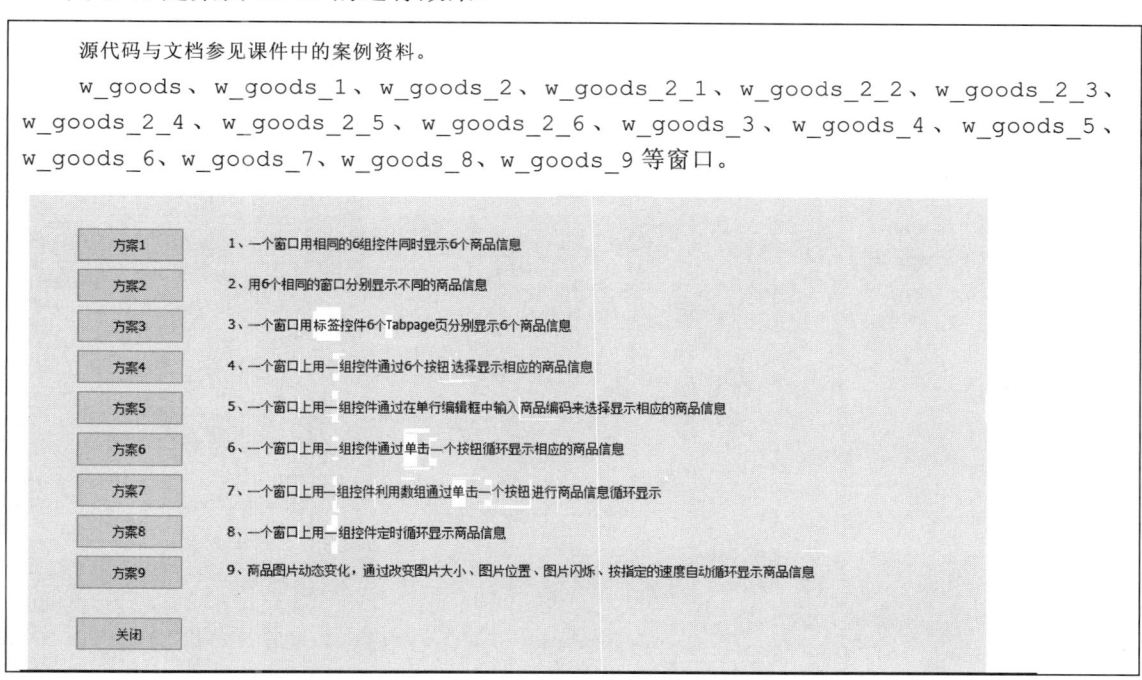

源代码与文档参见课件中的案例资料。

w_goods、w_goods_1、w_goods_2、w_goods_2_1、w_goods_2_2、w_goods_2_3、w_goods_2_4、w_goods_2_5、w_goods_2_6、w_goods_3、w_goods_4、w_goods_5、w_goods_6、w_goods_7、w_goods_8、w_goods_9 等窗口。

图 8-40　商品信息管理（方案 10）

思考题

1. 分析设计并开发一个简单的某企业介绍、员工个人自我介绍应用程序。
2. 分析设计并开发一个显示固定资产卡片的应用程序。
3. 分析设计并开发一个显示账套信息的应用程序。
4. 结合自己的专业，分析设计并开发会计计算工具软件。
5. 在应用程序开发中，什么情况下会导致 20 000+30 000 不等于 50 000？
6. 分析设计并开发计算机犯罪、作弊工具软件（如改变四舍五入规则、控制中奖号码、密码泄露等）。
7. 利用定时器分析设计并开发一款小游戏。
8. 分析设计并开发一个工资管理系统窗口。
9. 分析设计并开发一个固定资产管理系统窗口。
10. 分析设计并开发一个进销存管理系统窗口。
11. 分析设计并开发一个账务管理系统窗口。

第 9 章

嵌入式 SQL 语句

【学习目的】

　　了解事务对象的概念，熟悉事务对象的属性及事务管理语句；掌握数据库的连接方法；理解嵌入式 SQL 语句的作用，能通过嵌入式 SQL 语句进行会计数据的初始化、查询、增加、删除、修改、账表计算、统计分析、稽核审计等处理，能使用嵌入式 SQL 语句开发简单的进销存系统、账务处理系统等会计信息系统。

【教学案例】

　　【案例 09-1】商品信息管理（通过嵌入式 SQL 语句实现对商品信息的管理）。通过嵌入式 SQL 语句实现对商品信息的数据初始化、查询、增加、删除、修改等管理。

　　【案例 09-2】系统登录（通过嵌入式 SQL 语句实现登录）。应用已经创建的案例数据库，通过判断数据库中操作员表数据的合法性实现系统登录。

　　【案例 09-3】进销存系统简单管理。通过嵌入式 SQL 语句对进销存系统各个表中的数据实现初始化、增加、删除、修改、查询等基本处理操作。

　　【案例 09-4】进销存系统账表计算处理。通过嵌入式 SQL 语句实现进销存系统中库存、进销存数量月报表、进销存金额月报表、商品单位成本的计算、查询。

　　【案例 09-5】进销存系统数据统计分析。通过嵌入式 SQL 语句实现进销存系统中商品信息、采购单、销售单、商品库存、进销存数量月报表等数据的统计分析。

　　【案例 09-6】进销存系统数据稽核审计。通过嵌入式 SQL 语句实现进销存系统中商品信息、采购单、销售单、商品库存、进销存数量月报表等数据的稽核审计。

　　【案例 09-7】账务处理系统简单管理。通过嵌入式 SQL 语句对账务处理系统中各个表的数据实现初始化、增加、删除、修改、查询等基本处理操作；实现会计科目余额初始管理、试算平衡、初始化完毕操作；实现对凭证的输入、修改、审核、审核取消等日常会计操作。

　　【案例 09-8】账务处理系统账表的计算处理。通过嵌入式 SQL 语句实现账务处理系统中的凭证记账处理，同时更新科目余额表、明细账表。

　　【案例 09-9】结转损益。通过嵌入式 SQL 语句实现账务处理系统中的结转损益处理。

　　【案例 09-10】期末结账。通过嵌入式 SQL 语句实现账务处理系统中的期末结账处理。

　　【案例 09-11】资产负债表的计算处理。通过嵌入式 SQL 语句实现账务处理系统中资产负债表的计算处理。

　　【案例 09-12】利润表的计算处理。通过嵌入式 SQL 语句实现账务处理系统中利润表的计算处理。

【案例 09-13】财务指标表的计算处理。通过嵌入式 SQL 语句实现账务处理系统中财务指标表的计算处理。

【案例 09-14】账务处理系统中数据的统计分析。通过嵌入式 SQL 语句实现账务处理系统中会计科目编码表、凭证、科目余额表、明细账表、资产负债表、利润表的统计分析。

【案例 09-15】账务处理系统中数据的稽核审计。通过嵌入式 SQL 语句实现账务处理系统中数据的稽核审计。

9.1 事务对象

9.1.1 事务对象概念

事务对象(Transaction Object)是 PowerBuilder 中连接应用对象与数据库的专门对象，应用程序与数据库之间的所有通信都将通过事务对象来完成。

为了使用方便，在启动应用程序时，系统会自动创建一个默认的全局事务对象(SQL Communication Area, SQLCA)，该对象在应用程序的任何地方都可以被访问。除了直接使用系统默认事务对象，用户也可以根据需要创建自己的事务对象。当应用程序只与一个数据库连接时，可直接使用 SQLCA 作为与数据库进行交互的事务对象；当应用程序与多个数据库连接时，就需要创建连接不同数据库的事务对象。

PowerBuilder 应用程序与数据库进行交互的步骤如图 9-1 所示。

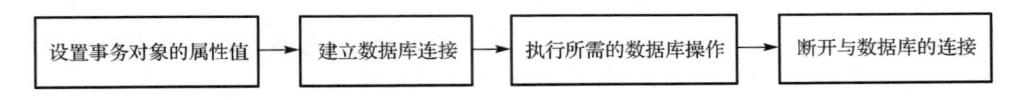

设置事务对象的属性值 → 建立数据库连接 → 执行所需的数据库操作 → 断开与数据库的连接

图 9-1　PowerBuilder 应用程序与数据库进行交互的步骤

9.1.2 事务对象属性

事务对象包含以下两组属性：

(1)包含 PowerBuilder 连接数据库所需的所有信息的属性，如数据库厂商名称、数据库实例名称、用户名和密码等。

(2)反映最近一次数据库操作完成状态的属性，如操作是否成功、操作所影响的行数、发生错误时的出错信息等。

事务对象共有 15 个属性，如表 9-1 所示。前 10 个用于建立与数据库的连接，后 5 个用于返回数据库的操作状态。各种数据库管理系统(DBMS)所要求的必不可少的属性是不同的。

表 9-1　事务对象的属性

序　号	属性名称	数据类型	说　明
1	DBMS	String	数据库厂商的标识(如 Sybase，ODBC 等)
2	Database	String	需要连接的数据库名称
3	UserID	String	与数据库连接的用户名或用户标识
4	DBPass	String	注册数据库的密码

续表

序号	属性名称	数据类型	说明
5	Lock	String	用于连接数据库的隔离层(专用于支持锁值和隔离层的DBMS)
6	LogID	String	进入数据库服务器所需的用户名或用户标识
7	LogPass	String	进入数据库服务器所需的密码
8	ServerName	String	数据库服务器名
9	AutoCommit	Boolean	定义应用程序时自动提交事务还是手动提交事务。取值为True,则自动提交;取值为False,则手动提交。默认为Fasle
10	DBParm	String	特定的DBMS参数。用ODBC接口连到数据库时用此参数
11	SQLCode	Long	最近一次执行的SQL语句操作是否成功。其取值为0表示操作成功;为-1表示操作失败;为100表示操作成功,但无返回数据。用SQLErrText、SQLDBCode可以得到错误的具体信息
12	SQLNRows	Long	最近一次SQL操作所影响的行数,该值由数据库厂商提供。对不同的DBMS,该值含义有所不同
13	SQLDBCode	Long	由数据库厂商提供的数据库错误代码。对不同的DBMS,该代码各不相同。大部分数据库厂商用0表示成功,100表示没有找到数据,负数表示错误编号
14	SQLErrText	String	与数据库错误代码SQLDBCode相对应的出错信息
15	SQLReturnData	String	返回DBMS,告诉用户任何附加信息

访问事务对象属性的方法与访问其他对象属性的方法相同,都通过点操作符"."来实现。例如,直接连接SQL Server数据库"ais"所需的代码如下:

```
SQLCA.DBMS = "MSS Microsoft SQL Server"
SQLCA.Database = "ais"
SQLCA.ServerName = "AISServer"
SQLCA.LogId ="sa"
SQLCA.LogPass="123456"
SQLCA.AutoCommit = False
SQLCA.DBParm =""
```

9.1.3 事务管理

PowerScript中常用的事务管理的语句如表9-2所示。

表9-2 事务管理语句

语句	说明
CONNECT;	建立与数据库的连接,一般用于应用程序的开始,也就是应用对象的Open!事件中
DISCONNECT;	取消与数据库的连接,一般用于应用程序的结束,也就是应用对象的Close!事件中
COMMIT;	事务提交。用于当一个事务的数据库修改完成后,将修改的数据提交给数据库。COMMIT语句是一个旧事务结束和一个新事务开始的界限。在修改被提交前,数据库的数据并没有被真正修改更新,这些修改被保留在某个工作区,只有做修改的用户才能看到这些被修改以后的值,提交之后,所有的用户都可以看到新值
ROLLBACK;	事务滚回。放弃将修改的数据提交给数据库

9.1.4 全局事务对象

全局的事务对象 SQLCA 是 PowerBuilder 应用程序与数据库通信区域的默认事务对象。如果应用程序只用到一个数据库，则可用 SQLCA 作为与数据库连接的事务对象。

一般来说，可以在应用对象的 Open!事件或窗口对象的 Open!事件中为 SQLCA 定义连接参数和连接数据库脚本，也可以在应用对象的 Close!事件或窗口对象的 Close!事件中断开与数据库的连接。

在应用对象的 Open!事件中定义 SQLCA 参数通过 ODBC 连接数据库 ais，并根据 SQLCA 的返回值确定是否连接成功的示例代码如下：

```
//设置事务对象
SQLCA.DBMS = "ODBC"
SQLCA.AutoCommit = False
SQLCA.DBParm = "Connectstring='DSN=ais;UID=dba;PWD=sql'"
//连接数据库
connect;
//判断数据库连接是否成功
if sqlca.sqlcode<> 0 then
MessageBox ("数据库连接错误", sqlca.sqlerrtext)
return
end if
//数据库连接成功后打开系统登录窗口
open(w_log)
```

设置事务对象 SQLCA 的连接属性和参数值可以通过复制/粘贴的方式写在 Open!事件中，具体方法如下：

（1）在数据库配置文件 Database Profile 中，选定所连接的数据库，选择菜单栏【Object】|【Properties】命令，打开 Database Profile Setup 对话框，如图 9-2 所示。

（2）在对话框中选择 Preview 选项卡，在 Database Connection Syntax 列表框中显示出与当前数据库 SQLCA 相关的属性设置，如图 9-3 所示。

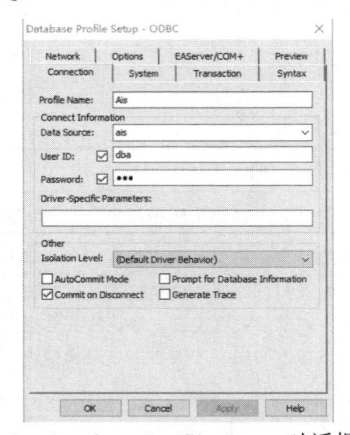

图 9-2　Database Profile Setup 对话框 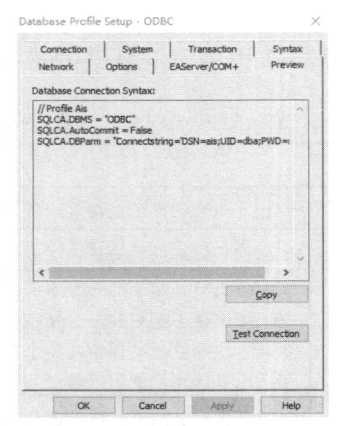　　　　图 9-3　Preview 选项卡

(3) 单击【Copy】按钮复制 SQLCA 相关的属性设置，然后可直接粘贴到应用对象的 Open!事件中作为数据库连接的脚本使用。

9.2 嵌入式 SQL 语句概述

9.2.1 嵌入式 SQL 语句的作用

嵌入式 SQL(Embedded SQL)是一种将 SQL 语句直接写入用 PowerBuilder、Python 等语言编写的源代码中的方法。通过嵌入式 SQL 语句，可使得应用程序拥有访问数据及处理数据的能力。一些大型的数据库厂商发布的数据库产品如 SQL Server、Sybase、Oracle、DB2、MySQL 等，都提供了对嵌入式 SQL 语句的支持。

在应用程序中，对数据库中表的数据处理可以通过嵌入式 SQL 语句来实现。常见的会计数据处理操作包括增加、修改、删除、查询、初始化、账表计算、统计分析、稽核审计等。

1．增加

码表(如科目类别、科目性质、币别、行业等)、基本信息表(如商品、账套信息、会计科目编码等)、单据(如采购单、销售单等)、会计凭证等数据的增加操作。

2．修改

码表、基本信息表、单据等数据的修改，以及会计凭证的修改、审核、记账等操作。

3．删除

码表、基本信息表、单据、会计凭证等的删除操作。

4．查询

码表、基本信息表、单据、会计凭证、账表等的查询操作。

5．初始化

码表、基本信息表，以及各类账表(如商品库存表、会计科目余额表等)的初始化操作。

6．账表计算

各类账表(如商品库存表、进销存月报表、会计科目余额表、明细账、资产负债表、利润表等)的计算。

7．统计分析

对各类单据、账表按需要进行统计分析。

8．稽核审计

稽核审计数据库中各类非正常的电子数据。例如，码表、基本信息表、单据错误，单据与账表数据不平，账表与账表之间的数据不平等。

9.2.2 嵌入式 SQL 语句的使用

PowerBuilder 中使用嵌入式 SQL 语句与数据库系统中使用的 SQL 语句在语法上有一定的差异，比如，PowerBuilder 的 SQL 语句以分号";"结束，变量以冒号":"开头。

PowerBuilder 中调用存储过程的格式如下：

declare 存储过程变量 procedure for 存储过程 存储过程为各个参数依次赋值;

execute 存储过程变量;

例如，计算指定账套、指定会计期间、指定凭证号的科目余额表存储过程为 p_comp_zw_zb_kmyeb1，计算指定账套、指定会计期间、指定凭证号的明细账表存储过程为 p_comp_zw_zb_mxzb1。PowerBuilder 进行凭证(假设凭证关键字为：账套号 r_zth、年会计期间 r_nkjqj、月会计期间 r_ykjqj、凭证号 r_pzh)记账时更新科目余额表、明细账表的代码如下：

//更新科目余额表

declare p_comp_zw_zb_kmyeb11 procedure for p_comp_zw_zb_kmyeb1 @r_zth = :r_zth,@r_nkjqj = :r_nkjqj, @r_ykjqj = :r_ykjqj,@r_pzh=:r_pzh;

EXEC p_comp_zw_zb_kmyeb11;

//更新明细账表

declare p_comp_zw_zb_mxzb11 procedure for p_comp_zw_zb_mxzb1 @r_zth = :r_zth,@r_nkjqj = :r_nkjqj,@r_ykjqj = :r_ykjqj,@r_pzh=:r_pzh;

EXEC p_comp_zw_zb_mxzb11;

嵌入式 SQL 语句的具体应用参见本章相关案例。

9.2.3 嵌入式 SQL 语句简单案例

【案例 09-1】商品信息管理(通过嵌入式 SQL 语句实现对商品信息的管理)。通过嵌入式 SQL 语句实现对商品信息的数据初始化、查询、增加、删除、修改等管理。

（一）商品信息管理开发说明

1. 商品信息管理.pbl 中的对象

商品信息管理.pbl 中的对象，如图 9-4 所示。

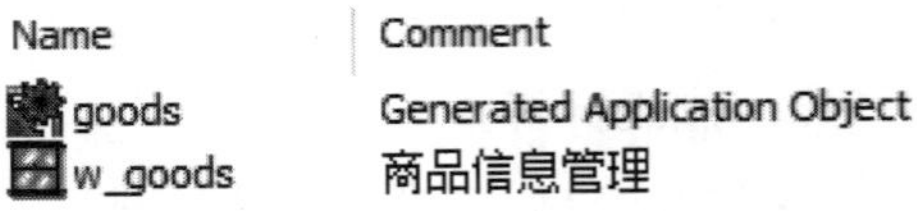

2. 系统对象设计说明

系统对象设计说明，如表 9-3 所示。

Name	Comment
goods	Generated Application Object
w_goods	商品信息管理

图 9-4　商品信息管理.pbl 中的对象

表 9-3　系统对象设计说明

对象类型	序号	对象名	功能	参数(传递、检索)	备注
应用对象	1	goods	商品信息管理应用		
窗口	1	w_goods	商品信息管理		

(二)系统主要对象说明

1. 应用说明

应用 goods 脚本,如表 9-4 所示。

表 9-4 应用 goods 脚本

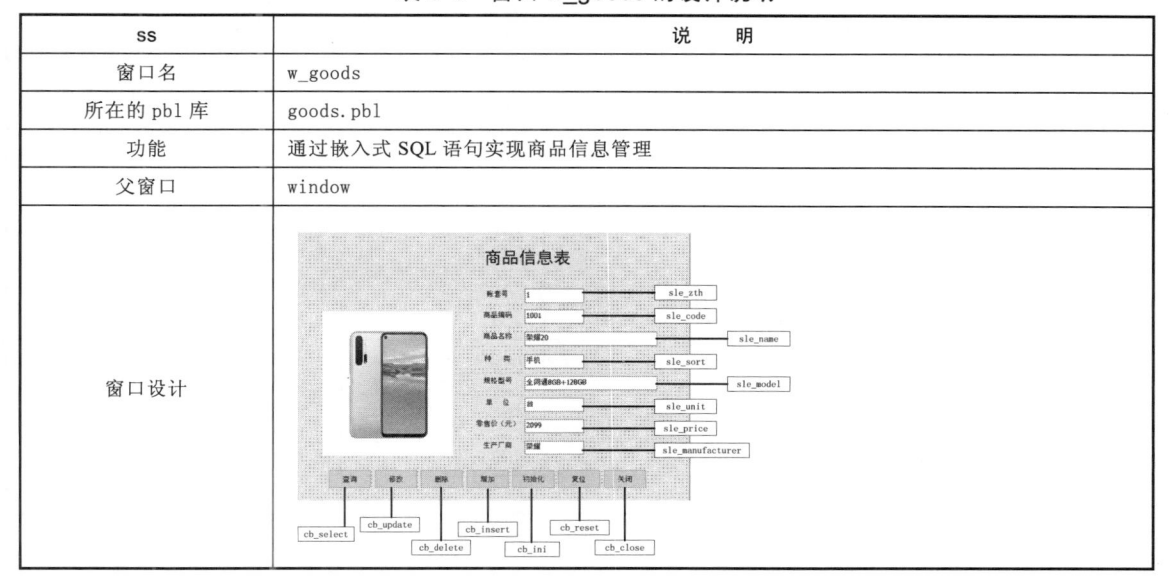

项 目	说 明
应用对象名	goods
所在的 pbl 库	goods.pbl
主要功能	商品介绍应用
事 件	脚 本
| goods:Open! | ```
// 事物对象 SQLCA
// Profile Ais
SQLCA.DBMS = "ODBC"
SQLCA.AutoCommit = False
SQLCA.DBParm = "Connectstring='DSN=ais;UID=dba;PWD=sql'"
//连接数据库
connect;
//判断数据库连接是否成功
if sqlca.sqlcode = -1 then
    messagebox('数据库连接失败!',sqlca.sqlerrtext)
    return
else
    messagebox('提示','数据库连接成功!')
    open(w_goods)
end if
``` |

2. 主要窗口说明

窗口 w_goods 如表 9-5 所示。

表 9-5 窗口 w_goods 的设计说明

ss	说 明
窗口名	w_goods
所在的 pbl 库	goods.pbl
功能	通过嵌入式 SQL 语句实现商品信息管理
父窗口	window
窗口设计	商品信息表 帐套号 1 → sle_zth 商品编码 1001 → sle_code 商品名称 荣耀20 → sle_name 种 类 手机 → sle_sort 规格型号 全网通8GB+128GB → sle_model 单 位 部 → sle_unit 零售价(元) 2099 → sle_price 生产厂商 荣耀 → sle_manufacturer 查询 修改 删除 增加 初始化 复位 关闭 cb_select cb_update cb_delete cb_insert cb_ini cb_reset cb_close

315
```

续表

窗口控件说明

Control	Ancestor
w_goods	window
p_photo	picture
st_code	statictext
st_goods	statictext
st_manufacturer	statictext
st_model	statictext
st_name	statictext
st_price	statictext
st_sort	statictext
st_unit	statictext
st_zth	statictext
cb_close	commandbutton
cb_delete	commandbutton
cb_ini	commandbutton
cb_insert	commandbutton
cb_reset	commandbutton
cb_select	commandbutton
cb_update	commandbutton
sle_code	singlelineedit
sle_manufacturer	singlelineedit
sle_model	singlelineedit
sle_name	singlelineedit
sle_price	singlelineedit
sle_sort	singlelineedit
sle_unit	singlelineedit
sle_zth	singlelineedit

控件类型	控件名	控件显示内容	说明
图片控件	p_photo	荣耀手机图片	显示商品图片
命令按钮	cb_close	关闭	关闭该窗口
命令按钮	cb_delete	删除商品信息	删除指定商品编码的商品信息
命令按钮	cb_ini	初始化商品信息	将商品信息表进行数据初始化
命令按钮	cb_insert	增加商品信息	将编辑框中输入的数据增加到商品信息表中，实现商品信息新增
命令按钮	cb_reset	复位商品信息	清空所有编辑框的内容
命令按钮	cb_select	查询商品信息	查询指定商品编码的商品信息
命令按钮	cb_update	修改商品信息	修改指定商品编码的商品信息
单行编辑框	sle_zth	账套号	账套号编辑框
单行编辑框	sle_code	1001	商品编码编辑框
单行编辑框	sle_manufacturer	荣耀	商品生产厂商编辑框
单行编辑框	sle_model	全网通 8GB+128GB	商品规格型号编辑框
单行编辑框	sle_name	荣耀 20	商品名称编辑框
单行编辑框	sle_price	2099	商品零售价编辑框
单行编辑框	sle_sort	手机	商品种类编辑框
单行编辑框	sle_unit	台	商品计量单位编辑框

续表

事 件	脚 本

cb_select:
Clicked!
	``
	string r_zth,r_code
	string r_name,r_sort,r_model,r_unit,r_manufacturer,r_photo
	decimal r_price
	
	r_zth=sle_zth.text
	r_code=sle_code.text
	if r_code='' then
	    messagebox('提示','请输入商品编码！')
	    return
	end if
	select name,sort,model,unit,price,manufacturer,photo
	    into :r_name,:r_sort,:r_model,:r_unit,:r_price,:r_manufacturer,:r_photo
	    from jxc_goods
	    where zth=:r_zth and code=:r_code;
	if sqlca.sqlcode=100 then
	    messagebox('提示','数据不存在，请重新输入！')
	    cb_reset.TriggerEvent(Clicked!)
	    return
	end if
	sle_name.text=r_name
	sle_sort.text=r_sort
	sle_model.text=r_model
	sle_unit.text=r_unit
	sle_price.text=string(r_price)
	sle_manufacturer.text=r_manufacturer
	p_photo.picturename=r_photo
	``

cb_update:
Clicked!
	``
	string r_zth,r_code,r_name,r_sort,r_model,r_unit,r_manufacturer,r_photo
	decimal r_price
	integer r_yesno,r_count
	
	r_zth=sle_zth.text
	r_code=sle_code.text
	if r_code='' then
	    messagebox('提示','请输入商品编码！')
	    return
	end if
	select count(*) into :r_count from jxc_goods where zth=:r_zth and code=:r_code;
	if r_count=0 then
	    messagebox('提示','数据不存在，请重新输入！')
	    cb_reset.TriggerEvent(Clicked!)
	    return
	end if
	r_yesno = messagebox('提示','是否真的要修改商品编码【'+r_code+'】的信息?',question!,yesno!,2)
	if r_yesno =2 then return
	
	r_name=sle_name.text
	r_sort=sle_sort.text
	r_model=sle_model.text
	r_unit=sle_unit.text
	r_price=dec(sle_price.text)
	r_manufacturer=sle_manufacturer.text
	r_photo=p_photo.picturename
	
	update jxc_goods
	    set name=:r_name,sort=:r_sort,model=:r_model,unit=:r_unit,
	price=:r_price,manufacturer=:r_manufacturer,photo=:r_photo
	    where zth=:r_zth and code=:r_code;
	//messagebox('sqlca.sqlcode',sqlca.sqlcode)
	//messagebox('sqlca.sqlnrows',sqlca.sqlnrows)
	if sqlca.sqlnrows>0 then
	    messagebox('提示','商品信息修改成功！')
	else
	    messagebox('提示','商品信息修改失败！')
	end if
	``

续表

cb_delete:
Clicked!
	``
	string r_zth,r_code
	integer r_yesno,r_count
	
	r_zth=sle_zth.text
	r_code=sle_code.text
	if r_code='' then
	    messagebox('提示','请输入商品编码！')
	    return
	end if
	select count(*) into :r_count from jxc_goods where zth=:r_zth and code=:r_code;
	if r_count=0 then
	    messagebox('提示','数据不存在，请重新输入！')
	    cb_reset.TriggerEvent(Clicked!)
	    return
	end if
	r_yesno = messagebox('提示','是否真的要删除商品编码【'+r_code+'】的信息?',question!,yesno!,2)
	if r_yesno =2 then return
	
	delete from jxc_goods where zth=:r_zth and code=:r_code;
	if sqlca.sqlnrows>0 then
	    messagebox('提示','商品信息删除成功！')
	    cb_reset.TriggerEvent(Clicked!)
	else
	    messagebox('提示','商品信息删除失败！')
	end if
	``

cb_insert:
Clicked!
	``
	string r_zth,r_code,r_name,r_sort,r_model,r_unit,r_manufacturer,r_photo
	decimal r_price
	integer r_yesno,r_count
	
	r_zth=sle_zth.text
	r_code=sle_code.text
	if r_code='' then
	    messagebox('提示','请输入商品编码！')
	    return
	end if
	select count(*) into :r_count from jxc_goods where zth=:r_zth and code=:r_code;
	if not r_count=0 then
	    messagebox('提示','数据已经存在，请重新输入！')
	    return
	end if
	r_yesno = messagebox('提示','是否真的要增加商品编码【'+r_code+'】的信息?',question!,yesno!,2)
	if r_yesno =2 then return
	r_name=sle_name.text
	r_sort=sle_sort.text
	r_model=sle_model.text
	r_unit=sle_unit.text
	r_price=dec(sle_price.text)
	r_manufacturer=sle_manufacturer.text
	r_photo=p_photo.picturename
	insert into jxc_goods (zth, code, name, sort, model,unit, price, manufacturer,photo)
	    values (:r_zth,:r_code,:r_name,:r_sort,:r_model,:r_unit,:r_price,:r_manufacturer,:r_photo) ;
	if sqlca.sqlcode=0 then
	    messagebox('提示','商品信息增加成功！')
	else
	    messagebox('提示','商品信息增加失败！')
	end if
	cb_reset.TriggerEvent(Clicked!)
	``

cb_ini: Clicked!	``` integer r_yesno r_yesno = messagebox('提示','是否真要对商品信息表进行初始化处理？',exclamation!,yesno!,2) if r_yesno = 2 then return ```

续表

| cb_ini:<br>Clicked! | ```
delete from jxc_goods WHERE zth=:g_zth;
insert into
jxc_goods(zth,code,name,sort,model,unit,price,manufacturer,photo)
values (:g_zth, '1001','荣耀20','手机','全网通 8GB+128GB','台',2099,'荣耀
','picture\1001.jpg');
insert into
jxc_goods(zth,code,name,sort,model,unit,price,manufacturer,photo)
values (:g_zth, '1002','Mate30','手机','麒麟 990 8GB+128GB','台',4299,'
华为','picture\1002.jpg');
insert into
jxc_goods(zth,code,name,sort,model,unit,price,manufacturer,photo)
values (:g_zth, '2001','Macbook Pro16','计算机','i7-9750H+Radeon Pro
5300M+16G 内存+512G 固态','台',18999,'苹果','picture\2001.jpg');
insert into
jxc_goods(zth,code,name,sort,model,unit,price,manufacturer,photo)
values (:g_zth, '2002','联想 Yoga C940','计算机','i5-1035G4+16G 内存+512G
固态','台',9699,'联想','picture\2002.jpg');
insert into
jxc_goods(zth,code,name,sort,model,unit,price,manufacturer,photo)
values (:g_zth, '3001','佳能 750D','相机','EOS 850D EF-S18-55','台',3099,'
佳能','picture\3001.jpg');
insert into
jxc_goods(zth,code,name,sort,model,unit,price,manufacturer,photo)
values (:g_zth, '3002','索尼 A6000','相机','ILCE-6000L 套机(16-50mm)','台
',3999,'索尼','picture\3002.jpg');
messagebox('提示','商品信息表初始化完毕！')
``` |
| cb_reset:<br>Clicked! | ```
sle_zth.text=''
sle_code.text=''
sle_name.text=''
sle_sort.text=''
sle_model.text=''
sle_unit.text=''
sle_price.text=''
sle_manufacturer.text=''
p_photo.picturename=''
``` |
| cb_close:
Clicked! | `close(parent)` |

【运行效果】

单击查询、修改、删除、增加、初始化按钮，即可对商品信息进行相关操作。案例的查询运行效果如图 9-5 所示。

图 9-5　案例 09-1 的查询运行效果

【案例09-2】系统登录(通过嵌入式 SQL 语句实现登录)。应用已经创建的案例数据库，通过判断数据库中操作员表数据的合法性实现系统登录。

源代码与文档参见课件中的案例资料。

w_log 窗口设计如表 9-6 所示。

表 9-6 案例 09-2 窗口设计

窗口	备注
w_log	通过判断数据库中操作员表数据的合法性实现系统登录

9.3 通过嵌入式 SQL 语句开发进销存系统

9.3.1 进销存系统基本原型开发

【案例09-3】进销存系统简单管理。通过嵌入式 SQL 语句对进销存系统各个表中的数据实现初始化、增加、删除、修改、查询等基本处理操作。

源代码与文档参见课件中的案例资料。

主要包含 w_jxc_log、w_jxc_cover、w_jxc_operator、w_jxc_goods、w_jxc_sheet_buy、w_jxc_sheet_sale、w_jxc_select 等窗口。表 9-7 为案例 09-3 的窗口设计。

表 9-7 案例 09-3 的窗口设计

窗口	备注
w_jxc_log	判断用户的合法性，实现进销存系统登录
	进销存系统功能窗口，包括进销存系统中数据初始化、商品信息管理、操作员管理、采购管理、销售单管理、商品库存更新、进销存数量月报表、进销存金额月报表、商品成本价计算等功能

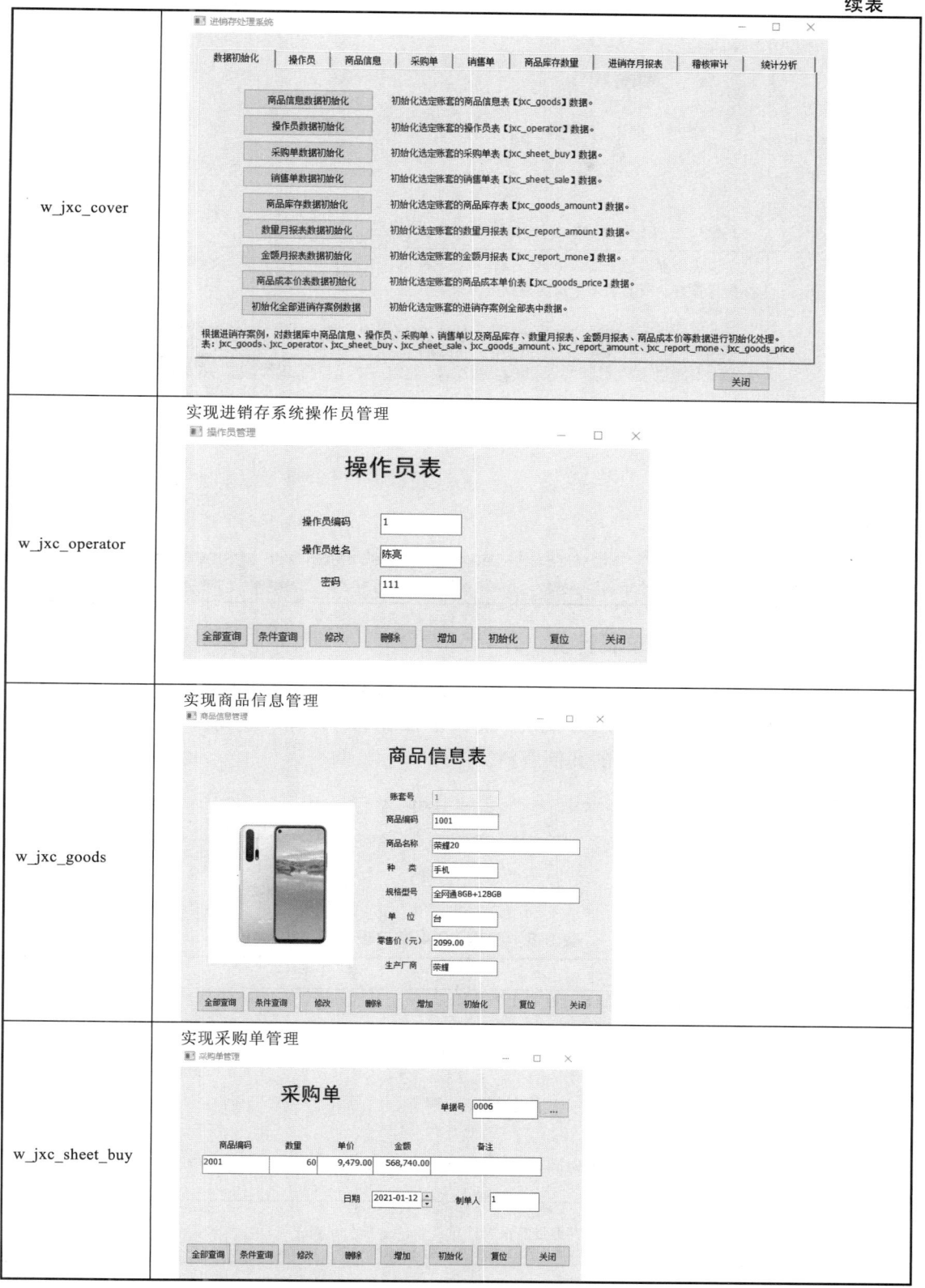

续表

w_jxc_cover	
w_jxc_operator	实现进销存系统操作员管理
w_jxc_goods	实现商品信息管理
w_jxc_sheet_buy	实现采购单管理

续表

窗 口	备 注
w_jxc_sheet_sale	实现销售单管理
w_jxc_select	实现进销存系统中商品信息、操作员、采购单、销售单、商品库存、进销存数量月报表、进销存金额月报表、商品成本单价的数据全部查询

9.3.2 进销存系统账表计算

【案例09-4】进销存系统账表计算处理。通过嵌入式SQL语句实现进销存系统中库存、进销存数量月报表、进销存金额月报表、商品单位成本的计算、查询。

源代码与文档参见课件中的案例资料。

主要包含 w_jxc_goods_amount、w_jxc_report_comp、w_jxc_report_comp_all、w_jxc_report_amount、w_jxc_goods_price、w_jxc_report_mone 等窗口。表9-8为案例09-4的窗口设计。

表9-8 案例09-4窗口设计

窗 口	备 注
w_jxc_goods_amount	实现商品库存的计算查询
w_jxc_report_comp	窗口的传递参数决定了计算报表的类型。 (1) 进销存数量月报表计算：'jxc_report_amount' (2) 单位成本计算：'jxc_goods_price'

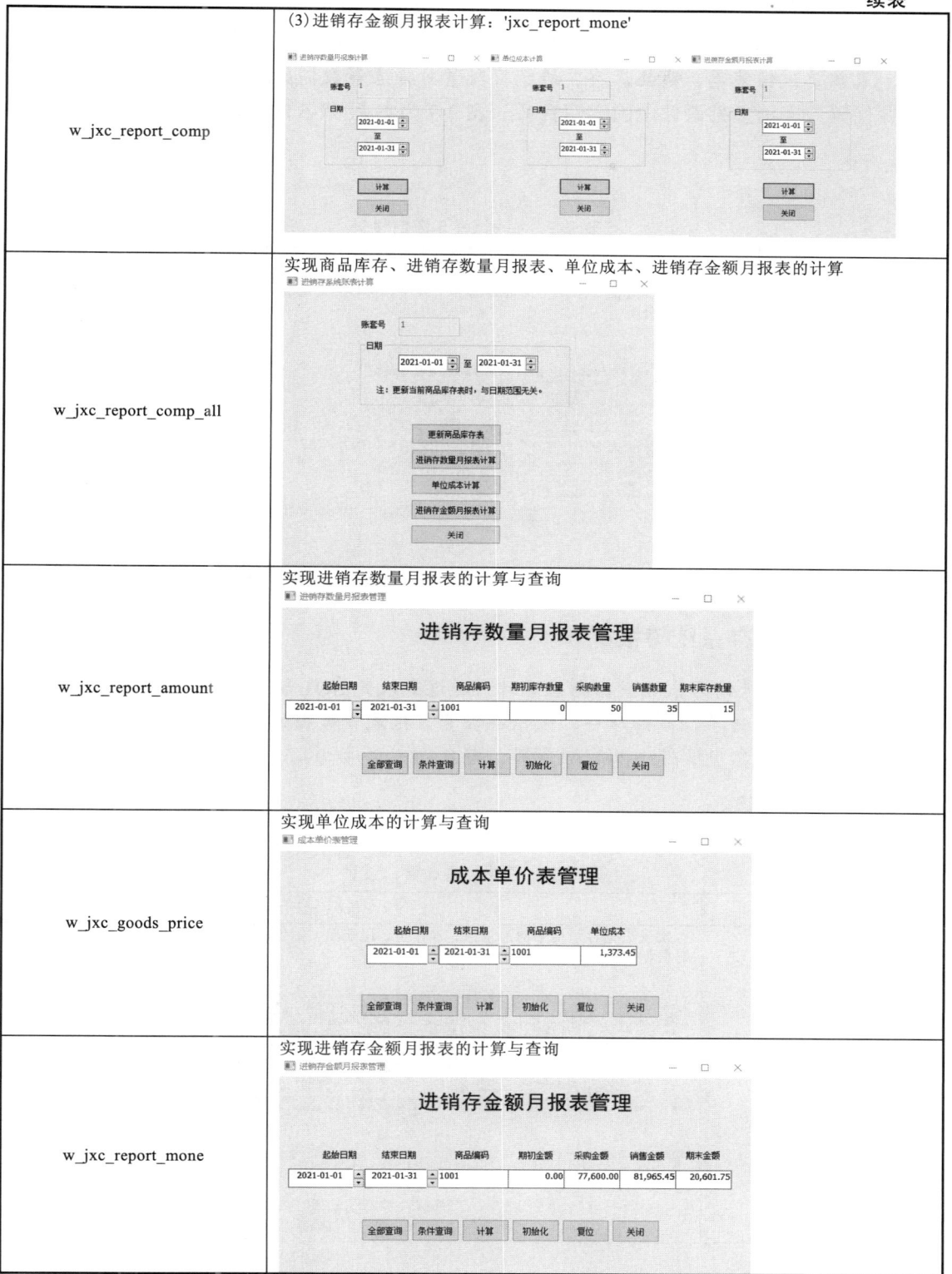

续表

w_jxc_report_comp	(3)进销存金额月报表计算：'jxc_report_mone'
w_jxc_report_comp_all	实现商品库存、进销存数量月报表、单位成本、进销存金额月报表的计算
w_jxc_report_amount	实现进销存数量月报表的计算与查询
w_jxc_goods_price	实现单位成本的计算与查询
w_jxc_report_mone	实现进销存金额月报表的计算与查询

9.3.3 进销存系统统计分析

【案例09-5】进销存系统数据统计分析。通过嵌入式SQL语句实现进销存系统中商品信息、采购单、销售单、商品库存、进销存数量月报表等数据的统计分析。

源代码与文档参见课件中的案例资料。表9-9为案例09-5的窗口设计。

`w_jxc_analysis`窗口。

表9-9 案例09-5窗口设计

窗 口	备 注
w_jxc_analysis	实现进销存系统中商品信息、采购单、销售单、商品库存、进销存数量月报表等数据的统计分析

9.3.4 进销存系统稽核审计

【案例09-6】进销存系统数据稽核审计。通过嵌入式SQL语句实现进销存系统中商品信息、采购单、销售单、商品库存、进销存数量月报表等数据的稽核审计。

源代码与文档参见课件中的案例资料。表9-10为案例09-6的窗口设计。

`w_jxc_audit`窗口。

表9-10 案例09-6窗口设计

窗 口	备 注
w_jxc_audit	实现进销存系统中商品信息、操作员、采购单、销售单、商品库存、进销存数量月报表等数据的稽核审计

9.4 通过嵌入式 SQL 语句开发账务处理系统

9.4.1 账务处理系统基本原型开发

【案例09-7】账务处理系统简单管理。通过嵌入式 SQL 语句对账务处理系统中各个表的数据实现初始化、增加、删除、修改、查询等基本处理操作；实现会计科目余额初始管理、试算平衡、初始化完毕操作；实现对凭证的输入、修改、审核、审核取消等日常会计操作。

源代码与文档参见课件中的案例资料。表 9-11 为案例 09-7 的窗口设计。

主要包含 w_zw_xtdl、w_zw_cover、w_zw_d_ztxxb、w_zw_d_czy、w_zw_mbgl、w_zw_c_cwzbmb、w_zw_d_kjkmbmb、w_zw_zb_kmyeb_csh、w_zw_zb_kmyeb、w_zw_zb_kmyeb_ssph、w_zw_cshwb、w_zw_pz_sr、w_zw_pz_cx、w_zw_cx 等窗口。

表 9-11 案例 09-7 窗口设计

窗　口	备　注
w_zw_xtdl	判断用户的合法性，实现账务处理系统登录。如果数据库中无账套，则要求新建账套；否则，打开选中的账套，同时设定系统的账套号、会计期间
w_zw_cover	账务处理系统功能窗口。包括账套管理、初始设置、凭证管理、期末处理、账表管理、会计报表、稽核审计、统计分析等功能

续表

w_zw_d_ztxxb	实现账套信息管理
w_zw_d_czy	实现操作员管理
w_zw_mbgl	实现科目类别、科目性质、币别、行业等码表的管理 参数： (1)'zw_c_kmlb'：科目类别码表 (2)'zw_c_kmxz'：科目性质码表 (3)'zw_c_hy'：行业码表 (4)'zw_c_bb'：币别码表
w_zw_c_cwzbmb	实现财务指标码表的管理

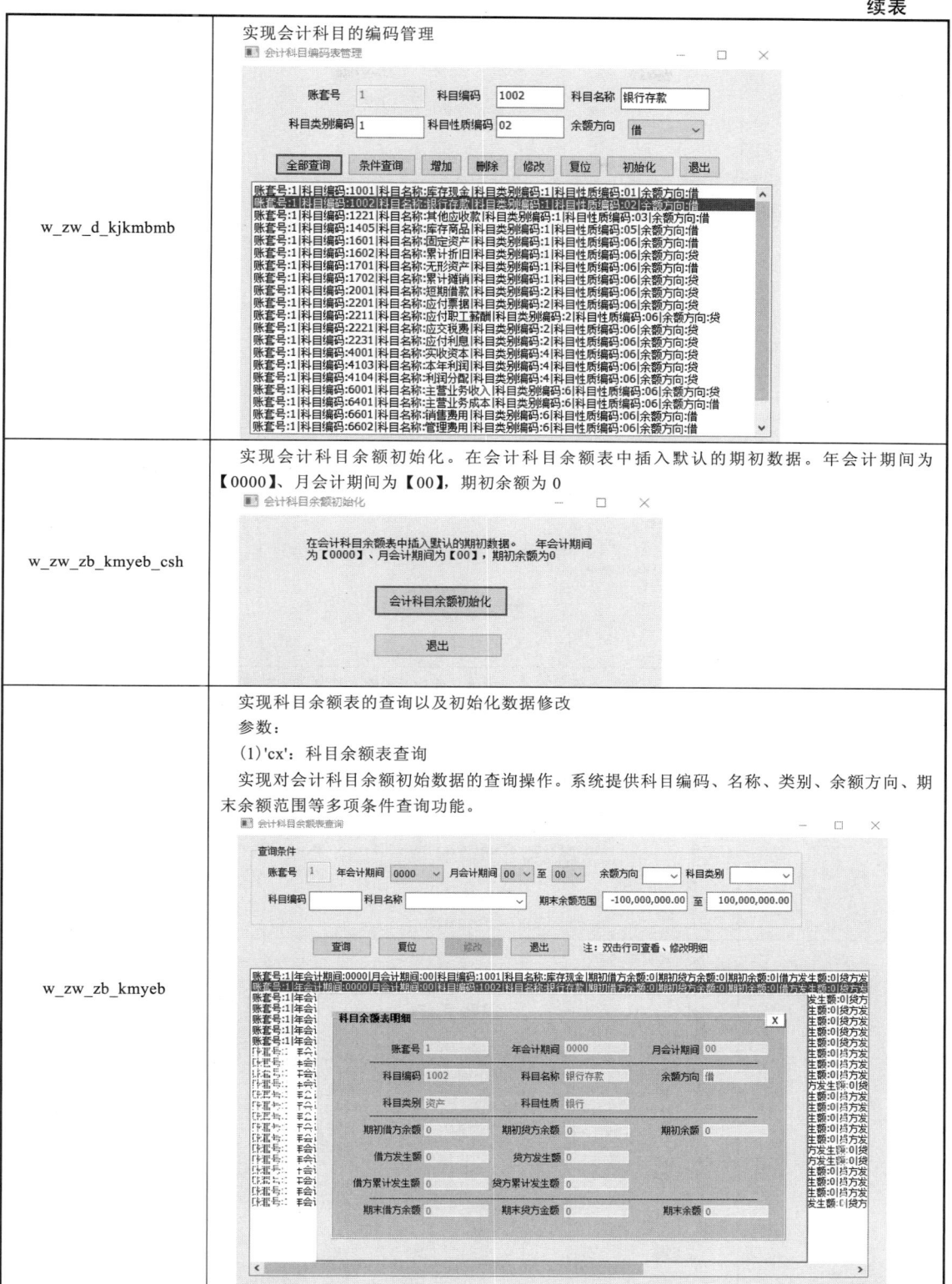

续表

w_zw_d_kjkmbmb	实现会计科目的编码管理
w_zw_zb_kmyeb_csh	实现会计科目余额初始化。在会计科目余额表中插入默认的期初数据。年会计期间为【0000】、月会计期间为【00】，期初余额为 0
w_zw_zb_kmyeb	实现科目余额表的查询以及初始化数据修改 参数： (1)'cx'：科目余额表查询 实现对会计科目余额初始数据的查询操作。系统提供科目编码、名称、类别、余额方向、期末余额范围等多项条件查询功能。

327

续表

w_zw_zb_kmyeb	(2) 'xg'：科目余额表修改 实现对会计科目余额初始数据的修改。
w_zw_zb_kmyeb_ssph	实现会计科目初始余额的试算平衡检验
w_zw_cshwb	实现账务处理系统初始化完毕确定操作。将账套信息表中的状态从初始更新为正常；将初始化余额转入下一会计期间的期初余额；在明细账表表中插入初始化数据
w_zw_pz_sr	实现凭证输入

续表

w_zw_pz_cx	参数： (1) 'cx'：凭证查询 实现凭证查询。 (2) 'xg'：凭证修改 实现凭证修改。 (3) 'sh'：凭证审核 实现凭证审核。	

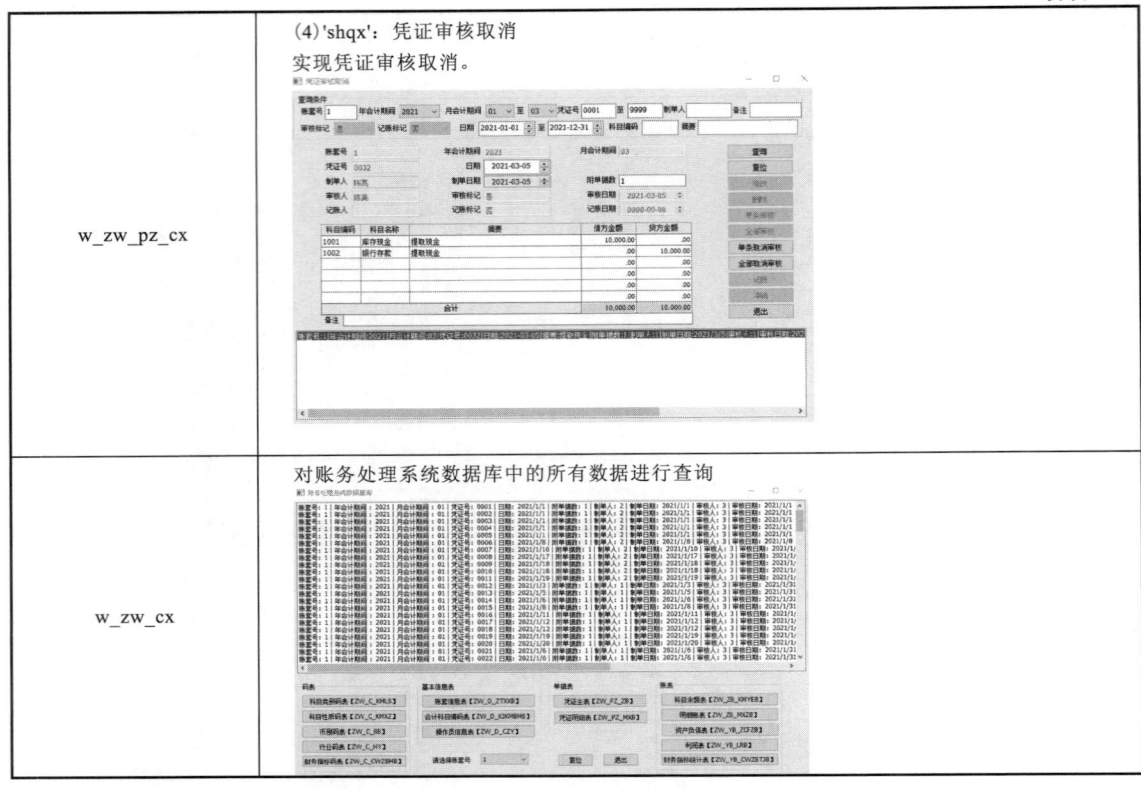

窗 口	备 注
w_zw_pz_cx	(4)'shqx'：凭证审核取消 实现凭证审核取消。
w_zw_cx	对账务处理系统数据库中的所有数据进行查询

9.4.2 账务处理系统账表的计算处理

【案例09-8】账务处理系统账表的计算处理。通过嵌入式SQL语句实现账务处理系统中的凭证记账处理，同时更新科目余额表、明细账表。

源代码与文档参见课件中的案例资料。表9-12为案例09-8的窗口设计。

主要包含w_zw_pz_cx、w_zw_zb_kmyeb、w_zw_zb_mxzb等窗口。

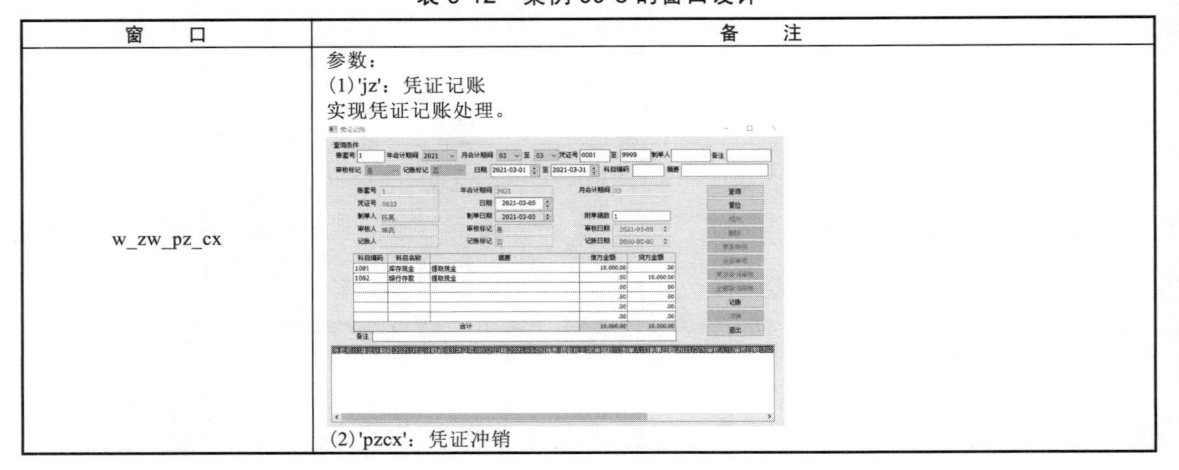

表9-12 案例09-8的窗口设计

窗 口	备 注
w_zw_pz_cx	参数： (1)'jz'：凭证记账 实现凭证记账处理。 (2)'pzcx'：凭证冲销

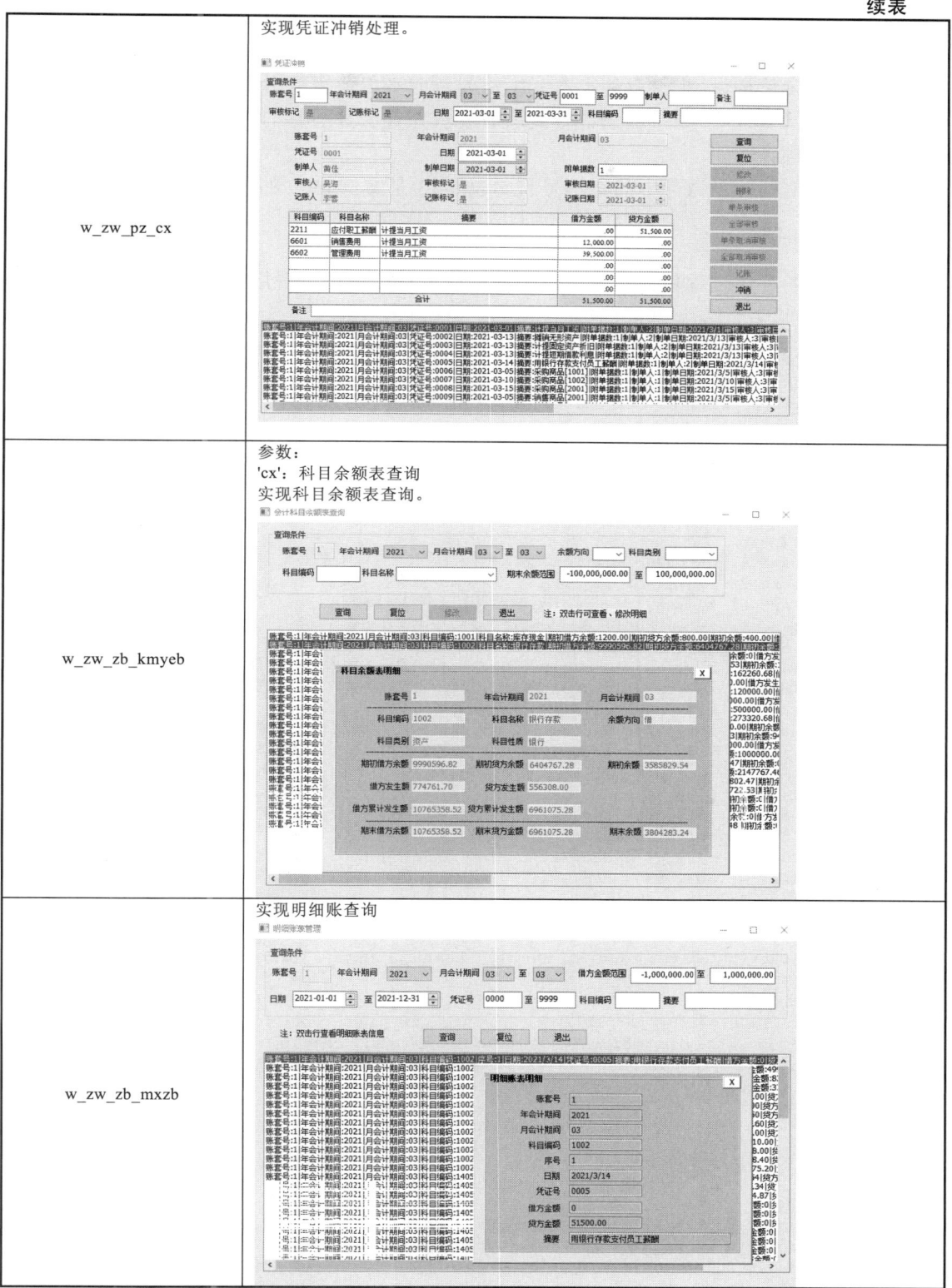

续表

w_zw_pz_cx	实现凭证冲销处理。
w_zw_zb_kmyeb	参数： 'cx'：科目余额表查询 实现科目余额表查询。
w_zw_zb_mxzb	实现明细账查询

9.4.3 期末处理

【案例 09-9】结转损益。通过嵌入式 SQL 语句实现账务处理系统中的结转损益处理。

把损益类会计科目(主营业务收入、主营业务成本、销售费用、管理费用、财务费用、所得税费用、营业外收入等)的余额转到所有者权益类会计科目的"本年利润",结转后,损益类科目余额为零。

源代码与文档参见课件中的案例资料。表 9-13 是案例 09-9 的窗口设计。

w_zw_qmcl 窗口。

需要调用的存储过程包括生成损益结转凭证、计提所得税费用。

1. 生成损益结转凭证存储过程

```
//生成损益结转凭证
//生成一个会计期间内的损益结转凭证
参见存储过程: p_zw_pz_syjz @r_zth char(2),@r_nkjqj char(10),@r_ykjqj char(10)
```

```
//生成损益结转凭证
//生成一个会计期间内的损益结转凭证
drop   procedure p_zw_pz_syjz;
create procedure p_zw_pz_syjz @r_zth char(2),@r_nkjqj char(10),@r_ykjqj char(10)
as
   begin
        //定义变量
        declare @r_bnlr decimal(12,2)    //本年利润 4103(科目编码)
        declare @r_zyywsr decimal(12,2)    //主营业务收入 6001
        declare @r_zyywsr_jfje decimal(12,2)   //主营业务收入 6001(借方金额)
        declare @r_zyywsr_dfje decimal(12,2)   //主营业务收入 6001(贷方金额)
        declare @r_zyywcb decimal(12,2)    //主营业务成本 6401
        declare @r_zyywcb_jfje decimal(12,2)   //主营业务成本 6401(借方金额)
        declare @r_zyywcb_dfje decimal(12,2)   //主营业务成本 6401(贷方金额)
        declare @r_xsfy decimal(12,2)    //销售费用 6601
        declare @r_xsfy_jfje decimal(12,2)   //销售费用 6601(借方金额)
        declare @r_xsfy_dfje decimal(12,2)   //销售费用 6601(贷方金额)
        declare @r_glfy decimal(12,2)    //管理费用 6602
        declare @r_glfy_jfje decimal(12,2)   //管理费用 6602(借方金额)
        declare @r_glfy_dfje decimal(12,2)   //管理费用 6602(贷方金额)
        declare @r_cwfy decimal(12,2)    //财务费用 6603
        declare @r_cwfy_jfje decimal(12,2)   //财务费用 6603(借方金额)
        declare @r_cwfy_dfje decimal(12,2)   //财务费用 6603(贷方金额)
        declare @r_pzh char(10)
        declare @r_rq date
        set
@r_rq=convert(char(10),dateadd(dd,-1,(convert(char(10),dateadd(mm,1,(@r_nkjqj+@r_ykjqj+'0
1')),120))),120)
        //(1)结转收入
        select @r_zyywsr_jfje=sum(jfje) from view_zw_pz where km_code='6001' and zth=@r_zth
and nkjqj=@r_nkjqj and ykjqj=@r_ykjqj and shbj='是' and jzbj='是'
        select @r_zyywsr_dfje=sum(dfje) from view_zw_pz  where km_code='6001' and zth=@r_zth
and nkjqj=@r_nkjqj and ykjqj=@r_ykjqj and shbj='是' and jzbj='是'
        set @r_zyywsr=@r_zyywsr_dfje - @r_zyywsr_jfje
        set @r_bnlr=@r_zyywsr
        //生成分录
        //借: 主营业务收入 6001
            //贷: 本年利润 4103
        //生成凭证号
        exec p_zw_pz_pzh @r_zth,@r_nkjqj,@r_ykjqj,@r_pzh
        insert into zw_pz_mxb( zth,nkjqj,ykjqj,pzh,km_code,zy,jfje,dfje )
        values(@r_zth,@r_nkjqj,@r_ykjqj,@r_pzh,'6001','结转本年利润',@r_zyywsr,0)
        insert into zw_pz_mxb( zth,nkjqj,ykjqj,pzh,km_code,zy,jfje,dfje )
        values(@r_zth,@r_nkjqj,@r_ykjqj,@r_pzh,'4103','结转本年利润',0,@r_zyywsr)
```

```
            insert into
zw_pz_zb( zth,nkjqj,ykjqj,pzh,rq,fdjs,zdr,zdrq,shr,shbj,shrq,jzr,jzrq,jzbj,bz)
            values (@r_zth,@r_nkjqj,@r_ykjqj,@r_pzh,@r_rq,0,'0',@r_rq,'0','否
',null,'',null,'否','[机]结转本年利润')
        //(2)结转成本和费用
        //主营业务成本
            select @r_zyywcb_jfje=sum(jfje) from view_zw_pz where km_code='6401' and zth=@r_zth
and nkjqj=@r_nkjqj and ykjqj=@r_ykjqj and shbj='是' and jzbj='是'
            select @r_zyywcb_dfje=sum(dfje) from view_zw_pz where km_code='6401' and zth=@r_zth
and nkjqj=@r_nkjqj and ykjqj=@r_ykjqj and shbj='是' and jzbj='是'
            set @r_zyywcb=@r_zyywcb_jfje - @r_zyywcb_dfje
        //销售费用
            select @r_xsfy_jfje=sum(jfje) from view_zw_pz where km_code='6601' and zth=@r_zth
and nkjqj=@r_nkjqj and ykjqj=@r_ykjqj and shbj='是' and jzbj='是'
            select @r_xsfy_dfje=sum(dfje) from view_zw_pz where km_code='6601'and zth=@r_zth
and nkjqj=@r_nkjqj and ykjqj=@r_ykjqj and shbj='是' and jzbj='是'
            set @r_xsfy=@r_xsfy_jfje - @r_xsfy_dfje
        //管理费用
            select @r_glfy_jfje=sum(jfje) from view_zw_pz where km_code='6602' and zth=@r_zth
and nkjqj=@r_nkjqj and ykjqj=@r_ykjqj and shbj='是' and jzbj='是'
            select @r_glfy_dfje=sum(dfje) from view_zw_pz  where km_code='6602' and zth=@r_zth
and nkjqj=@r_nkjqj and ykjqj=@r_ykjqj and shbj='是' and jzbj='是'
            set @r_glfy=@r_glfy_jfje - @r_glfy_dfje
        //财务费用
            select @r_cwfy_jfje=sum(jfje) from view_zw_pz  where km_code='6603' and zth=@r_zth
and nkjqj=@r_nkjqj and ykjqj=@r_ykjqj and shbj='是' and jzbj='是'
            select @r_cwfy_dfje=sum(dfje) from view_zw_pz where km_code='6603' and zth=@r_zth
and nkjqj=@r_nkjqj and ykjqj=@r_ykjqj and shbj='是' and jzbj='是'
            set @r_cwfy=@r_cwfy_jfje - @r_cwfy_dfje
        //借：本年利润 4103
        //     贷：主营业务成本 6401
        //          销售费用 6601
        //          管理费用 6602
        //          财务费用 6603
        //生成凭证号
            exec p_zw_pz_pzh @r_zth,@r_nkjqj,@r_ykjqj,@r_pzh
            set @r_bnlr=@r_zyywcb + @r_xsfy + @r_glfy + @r_cwfy
            insert into zw_pz_mxb( zth,nkjqj,ykjqj,pzh,km_code,zy,jfje,dfje )
            values(@r_zth,@r_nkjqj,@r_ykjqj,@r_pzh,'4103','结转本年利润',@r_bnlr,0)
            insert into zw_pz_mxb( zth,nkjqj,ykjqj,pzh,km_code,zy,jfje,dfje )
            values(@r_zth,@r_nkjqj,@r_ykjqj,@r_pzh,'6401','结转本年利润',0,@r_zyywcb)
            insert into zw_pz_mxb( zth,nkjqj,ykjqj,pzh,km_code,zy,jfje,dfje )
            values(@r_zth,@r_nkjqj,@r_ykjqj,@r_pzh,'6601','结转本年利润',0,@r_xsfy)
            insert into zw_pz_mxb( zth,nkjqj,ykjqj,pzh,km_code,zy,jfje,dfje )
            values(@r_zth,@r_nkjqj,@r_ykjqj,@r_pzh,'6602','结转本年利润',0,@r_glfy)
            insert into zw_pz_mxb( zth,nkjqj,ykjqj,pzh,km_code,zy,jfje,dfje )
            values(@r_zth,@r_nkjqj,@r_ykjqj,@r_pzh,'6603','结转本年利润',0,@r_cwfy)
            insert into
zw_pz_zb( zth,nkjqj,ykjqj,pzh,rq,fdjs,zdr,zdrq,shr,shbj,shrq,jzr,jzrq,jzbj,bz)
            values (@r_zth,@r_nkjqj,@r_ykjqj,@r_pzh,@r_rq,0,'0',@r_rq,'0','否
',null,'',null,'否','[机]结转本年利润')
        end ;
```

2．计提所得税费用存储过程

```
//计提所得税费用
//生成一个会计期间内的结转所得税凭证
参见存储过程：p_zw_pz_sds @r_zth char(2),@r_nkjqj char(10),@r_ykjqj char(10)
```

```
//计提所得税费用
//生成一个会计期间内的结转所得税凭证
drop  procedure p_zw_pz_sds;
create procedure p_zw_pz_sds @r_zth char(2),@r_nkjqj char(10),@r_ykjqj char(10)
as
    begin
        declare @r_bnlr decimal(12,2)  //本年利润 4103(科目编码)
```

```
            declare @r_bnlr_jfje decimal(12,2)  //本年利润 4103(科目编码)
            declare @r_bnlr_dfje decimal(12,2)  //本年利润 4103(科目编码)
            declare @r_lrfp decimal(12,2)  //利润分配 4104(科目编码)
            declare @r_sdsfy decimal(12,2)  //所得税费用 6801(科目编码)
            declare @r_yjsf decimal(12,2)  //应交税费 2221(科目编码)
            declare @r_km_code_jf1 char(10)
            declare @r_km_code_df1 char(10)
            declare @r_jfje1 decimal(12,2)
            declare @r_dfje1 decimal(12,2)
            declare @r_zy char(100)
            declare @r_bz char(100)
            declare @r_pzh char(10)
            declare @r_rq date
         declare @r_tax decimal(7,6)
            set @r_tax=0.25
            set
@r_rq=convert(char(10),dateadd(dd,-1,(convert(char(10),dateadd(mm,1,(@r_nkjqj+@r_ykjqj+'0
1')),120))),120)
            //结转本年利润
            select @r_bnlr_jfje=sum(jfje) from view_zw_pz where km_code='4103' and zth=@r_zth
and nkjqj=@r_nkjqj and ykjqj=@r_ykjqj and shbj='是' and jzbj='是'
            select @r_bnlr_dfje=sum(dfje) from view_zw_pz where km_code='4103'and zth=@r_zth
and nkjqj=@r_nkjqj and ykjqj=@r_ykjqj and shbj='是' and jzbj='是'
            set @r_bnlr=@r_bnlr_dfje - @r_bnlr_jfje
            set @r_sdsfy=@r_bnlr*@r_tax
            set @r_yjsf=@r_bnlr*@r_tax
            set @r_km_code_jf1='6801'
            set @r_km_code_df1='2221'
            set @r_jfje1=@r_sdsfy
            set @r_dfje1=@r_yjsf
            set @r_zy='计提所得税费用'
            set @r_bz='[机]计提所得税费用'
            //生成计提所得税费用的凭证
            exec p_zw_pz_j1d1
@r_zth,@r_nkjqj,@r_ykjqj,@r_rq,'0',@r_km_code_jf1,@r_km_code_df1,@r_jfje1,@r_dfje1,@r_zy
   ,@r_bz
            set @r_sdsfy=@r_bnlr*@r_tax
            set @r_km_code_jf1='4103'
            set @r_km_code_df1='6801'
            set @r_jfje1=@r_sdsfy
            set @r_dfje1=@r_bnlr*@r_tax
            set @r_zy='结转本年利润'
            set @r_bz='[机]结转本年利润'
            //结转本年利润(计提所得税的结转)
            exec p_zw_pz_j1d1
@r_zth,@r_nkjqj,@r_ykjqj,@r_rq,'0',@r_km_code_jf1,@r_km_code_df1,@r_jfje1,@r_dfje1,@r_zy,
@r_bz
            set @r_lrfp=@r_bnlr - round(@r_bnlr*@r_tax,2)
            set @r_bnlr=@r_bnlr - round(@r_bnlr*@r_tax,2)
            set @r_km_code_jf1='4103'
            set @r_km_code_df1='4104'
            set @r_jfje1=@r_bnlr
            set @r_dfje1=@r_lrfp
            set @r_zy='结转本年利润'
            set @r_bz='[机]结转本年利润'
            //结转本年利润(将本年利润导入利润分配)
            exec p_zw_pz_j1d1
@r_zth,@r_nkjqj,@r_ykjqj,@r_rq,'0',@r_km_code_jf1,@r_km_code_df1,@r_jfje1,@r_dfje1,@r_zy,
@r_bz
         end;
```

表 9-13 案例 09-9 的窗口设计

窗口	备注
w_zw_qmcl	实现账务处理系统中的结转损益处理 参数:

续表

窗口	备注
w_zw_qmcl	'jzsy'：结转损益 把损益类会计科目（主营业务收入、主营业务成本、销售费用、管理费用、财务费用、所得税费用、营业外收入等）的余额结转到所有者权益会计科目"本年利润"，结转后，损益类科目余额为零。

【**案例 09-10**】**期末结账。通过嵌入式 SQL 语句实现账务处理系统中的期末结账处理。**

结账就是在将一定时期内发生的经济业务全部登记入账的基础上，把各类账簿的数据进行期末结转，将本期的期末余额结转到下一期的期初余额，为下一会计期间的业务处理做好初始准备。

源代码与文档参见课件中的案例资料。表 9-14 为案例 09-10 的窗口设计。

`w_zw_qmjz` 窗口。

表 9-14　案例 09-10 的窗口设计

窗口	备注
w_zw_qmjz	实现期末结账处理。 结账就是在将一定时期内发生的经济业务全部登记入账的基础上，把各类账簿的数据进行期末结转，将本期的期末余额结转到下一期的期初余额，为下一会计期间的业务处理做好初始准备。

9.4.4　会计报表计算

【**案例 09-11**】**资产负债表的计算处理。通过嵌入式 SQL 语句实现账务处理系统中资产负债表的计算处理。**

源代码与文档参见课件中的案例资料。表 9-15 是案例 09-11 的窗口设计。

主要包含 `w_zw_qmcl`、`w_zw_yb_zcfzb` 窗口。

表 9-15　案例 09-11 的窗口设计

窗口	备注
w_zw_qmcl	实现资产负债表的计算 参数：

续表

窗 口	备 注
w_zw_qmcl	'zw_yb_zcfzb'：资产负债表计算
w_zw_yb_zcfzb	实现资产负债表的查询

【案例 09-12】利润表的计算处理。通过嵌入式 SQL 语句实现账务处理系统中利润表的计算处理。

源代码与文档参见课件中的案例资料。表 9-16 是案例 09-12 的窗口设计。

主要包含 w_zw_qmcl、w_zw_yb_lrb 窗口。

表 9-16　案例 09-12 的窗口设计

窗 口	备 注
w_zw_qmcl	实现利润表的计算 参数： 'zw_yb_lrb'：利润表计算

336

续表

窗口	备注
w_zw_yb_lrb	实现对利润表的查询

【案例09-13】财务指标表的计算处理。通过嵌入式 SQL 语句实现账务处理系统中财务指标表的计算处理。

计算流动比率、速动比率、资产负债率、股东权益比率、流动资产周转率、资产报酬率、销售毛利率、销售增长率、资产增长率、股权资本增长率、净利润增长率等。

源代码与文档参见课件中的案例资料。表 9-17 是案例 09-13 的窗口设计。

主要包含 w_zw_qmcl、w_zw_yb_cwzbtjb 窗口。

表 9-17 案例 09-13 的窗口设计

窗口	备注
w_zw_qmcl	实现财务指标表的计算 参数： zw_yb_cwzbtjb'：财务指标表计算

续表

窗口	备注
w_zw_yb_cwzbtjb	实现财务指标表的查询

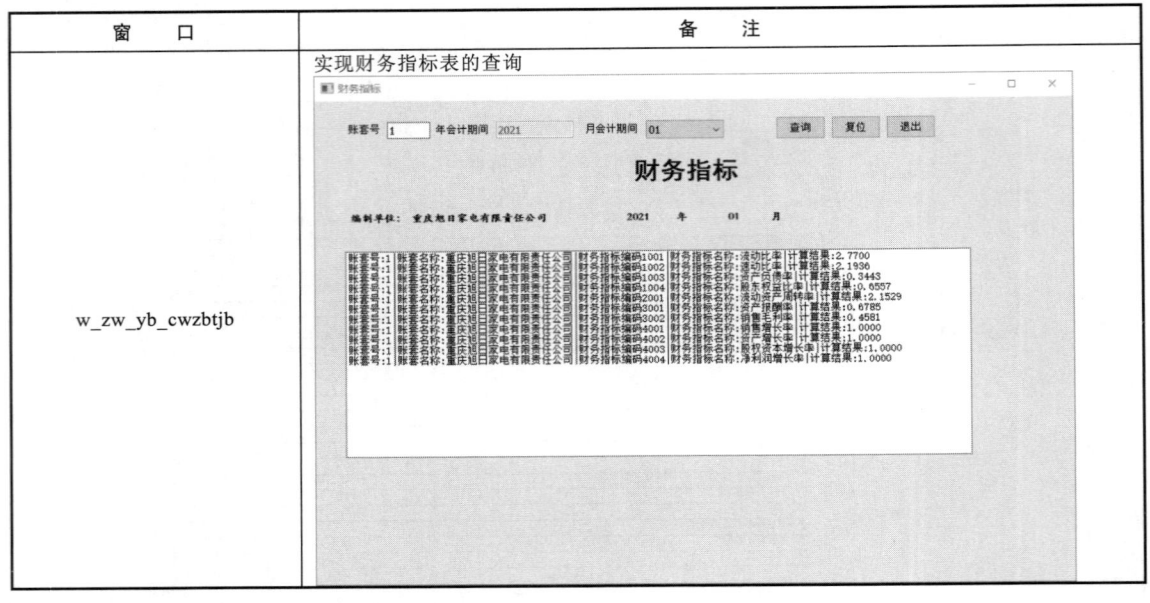

9.4.5 账务处理系统中数据的统计分析

【案例 09-14】账务处理系统中数据的统计分析。通过嵌入式 SQL 语句实现账务处理系统中会计科目编码表、凭证、科目余额表、明细账表、资产负债表、利润表的统计分析。

源代码与文档参见课件中的案例资料。表 9-18 为案例 09-14 的窗口设计。

w_zw_tjfx 窗口。

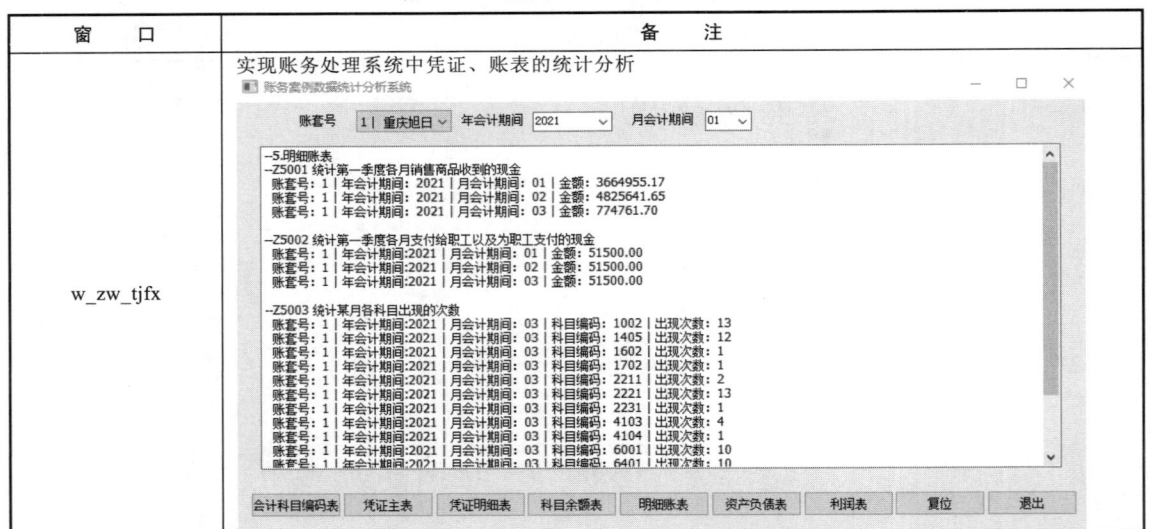

表 9-18 案例 09-14 的窗口设计

窗口	备注
w_zw_tjfx	实现账务处理系统中凭证、账表的统计分析

9.4.6 账务处理系统中数据的稽核审计

【案例 09-15】账务处理系统中数据的稽核审计。通过嵌入式 SQL 语句实现账务处理系统中数据的稽核审计。

源代码与文档参见课件中的案例资料。表 9-19 为案例 09-15 的窗口设计。

w_zw_jhsj

表 9-19 案例 09-15 的窗口设计

窗 口	备 注
w_zw_jhsj	实现账务处理系统中数据的稽核审计

思考题

使用嵌入式 SQL 语句，分析、设计并开发处理其他业务的管理信息系统。

第 10 章 数据窗口对象及应用

【学习目的】

了解数据窗口的基本概念及显示样式；熟悉数据窗口的创建及管理；掌握通过数据窗口实现数据管理的方法，熟悉数据的基本处理；理解数据窗口控件的常用事件；掌握数据的计算方法；熟悉数据窗口控件函数的使用。能应用数据窗口技术开发进销存系统、账务处理系统等会计信息系统，并对相关数据进行可视化图形统计分析。

【教学案例】

【案例 10-1】商品信息管理：利用数据窗口实现商品信息管理。创建不同格式的数据窗口，实现商品信息查询(Retrieve)、增加(Insert)、删除(Delete)、更新(Update)、排序(Sort)、过滤(Filter)、导出(Save Rows As)、导入(Import)等操作。

【案例 10-2】商品信息管理：利用数据窗口实现商品信息的增加、修改、删除、保存、查询等基本操作。

【案例 10-3】商品信息管理：通过两个数据窗口共享数据，实现商品信息的同步管理。

【案例 10-4】商品信息管理：利用数据窗口实现商品信息的条件查询操作。

【案例 10-5】商品信息管理：利用数据窗口实现商品信息的过滤、排序、导入、导出等操作。

【案例 10-6】应用数据窗口对象技术开发进销存系统。

【案例 10-7】应用数据窗口对象技术开发账务处理系统。

10.1 数据窗口对象

10.1.1 创建数据窗口对象

1. 数据窗口对象简介

数据窗口(Datawindow)对象是 PowerBuilder 最有特色的对象。它可以将需要处理的数据库中的数据即选择的数据窗口数据源(Data Source)，以不同的数据窗口显示样式(Style)展示出来，并通过操作数据窗口非常方便地进行数据的查询、增加、删除、更新、排序、过滤、导出、导入等操作。

数据窗口对数据库中数据进行的查询、增加、删除、更新等操作，本质上对应着相应的 SQL 语句，即 Select、Insert、Delete、Update。

(1)数据窗口显示样式

数据窗口对象能以不同的样式来表现数据，如网格(Grid)、自由列表(Freeform)、列表(Tabular)、统计图(Graph)、标签(Label)、分栏(N-Up)、分组(Group)、交叉列表(Crosstab)和复合(Composite)等。在创建数据窗口对象时，可以在数据窗口显示样式对话框中选择需要的样式。通过选择显示样式和设置数据窗口对象及其属性，可以方便地构建出适合与用户交互的显示窗口。常用的显示样式有：

1)网格(Grid)。网格样式数据窗口使用网格来展示数据的行和列。网格上方是选择的所有列的标题(Header)(称为表头)，以列名+"_t"命名。每一个数据在一个网格中，运行时可以通过拖拽来改变网格的宽度，也能调整列的左右位置。网格样式的数据窗口常用于批量输入数据或显示多行数据。

2)自由列表(Freeform)。自由列表样式数据窗口以垂直方式排列在数据窗口中，左边是选择的所有列的标题(Lable)(称为标签)，以列名+"_t"命名。自由列表样式数据窗口使用比较灵活，用户可以根据需要自由地调整列、标签及其他对象的位置。自由列表样式数据窗口一页每次只显示一行数据，常用于单行数据输入。

3)列表(Tabular)。列表样式数据窗口将数据按列排列在数据窗口中，列表上方是选择的所有列的标题(Header)(称为表头)，以列名+"_t"命名。每页显示的数据行数取决于数据窗口的大小，而且支持用户在设计时根据需要调整各列的宽度与位置。列表样式数据窗口常用于批量输入数据或显示固定格式的多行数据。

4)统计图(Graph)。统计图样式数据窗口以统计图的方式显示数据库中的数据。数据不是通过行和列显示出来，而是以图形的方式呈现。该样式的数据窗口提供了多种统计图，包括面积图(Area)、条形图(Bar)、饼图(Pie)、柱状图(Column)、线形图(Line)、散点图(Scatter)和堆积图(Stacked Bar)等。

(2)数据窗口数据源

PowerBuilder 提供了 5 种类型的数据源，分别是 Quick Select、SQL Select、Query、External 和 Store Procedure 类型。常用的是 SQL Select 数据源。

SQL Select 数据源主要用于从一个或多个数据表中通过 SQL 语句来选择数据列、指定查询条件、对数据排序等。

2. 数据窗口画板

数据窗口画板提供了 6 个与数据窗口相关的视图。通过这些视图可以对当前工作数据窗口进行操作，如图 10-1 所示。其中显示了 3 个视图，包括设计视图(the Design View)、预览视图(the Preview View)和属性视图(the Properties View)。

(1)设计视图

设计视图用来实时显示数据窗口对象和它的控件的层次和外观。用户可以使用视图设计数据窗口对象的外部和框架。为表现不同的显示样式，该视图被划分为多个工作栏，每个工作栏都在设计视图上分别用箭头指出相应的位置，修改视图栏尺寸的方法是将鼠标光标定位在指示栏位置的分割条上，然后通过拖动分割条来缩小或扩大指示栏的尺寸。

数据窗口的设计视图栏如图 10-2 所示，其功能如表 10-1 所示。分别为：标题栏(Header)(显示数据窗口的标题)、细节栏(Detail)(显示数据库和其他数据源的数据)、合计栏（Summary）（用于显示所有数据的合计信息）和脚注栏（Footer）（用于显示每页底部的信息），每个工作栏显示数据窗口不同的部分。每个工作栏都在设计视图上分别用箭头指出相应的位置，如图 10-2 所示，其功能如表 10-1 所示。

图 10-1　数据窗口的视图

图 10-2　设计视图栏

表 10-1　设计视图栏的功能

栏	栏的使用方法
标题栏	显示在屏幕或页的顶部，例如：商品信息表各列的表头，如商品编码、商品名称、商品种类、规格型号、计量单位和价格等
细节栏	显示从数据库和其他数据源获取的数据，如 code、name、sort、model、unit、price 等
合计栏	显示所有数据的合计信息，例如：平均价格 avg(price for all)
脚注栏	显示在每页底部的信息，例如：日期 today()

（2）属性视图

属性视图的主要作用就是修改当前选中的数据窗口或数据窗口中控件的属性，数据窗口中的每个对象（例如：文本、列、计算域、栏、图形或数据窗口本身）都由一系列属性定义，这些属性显示在属性视图上，可以通过改变属性来修改数据窗口，步骤如下：

1）将鼠标指针定位在需要修改的数据窗口部位，如 code 列上。然后单击右键，在弹出的快捷菜单中选择【Properties】选项，即可打开属性视图，如图 10-3 所示。

2)在弹出的属性窗口中,选择不同的标签页,根据需要修改相应的属性。对于商品的图片列(Photo),如果需要显示对应文件的图片,则勾选【Display As Picture】选项。

(3)控件列表视图

控件列表视图显示了数据窗口对象中的所有控件,如图 10-4 所示。在控件列表中可以直接选择需要操作的数据窗口控件,然后在属性列表中进行修改。

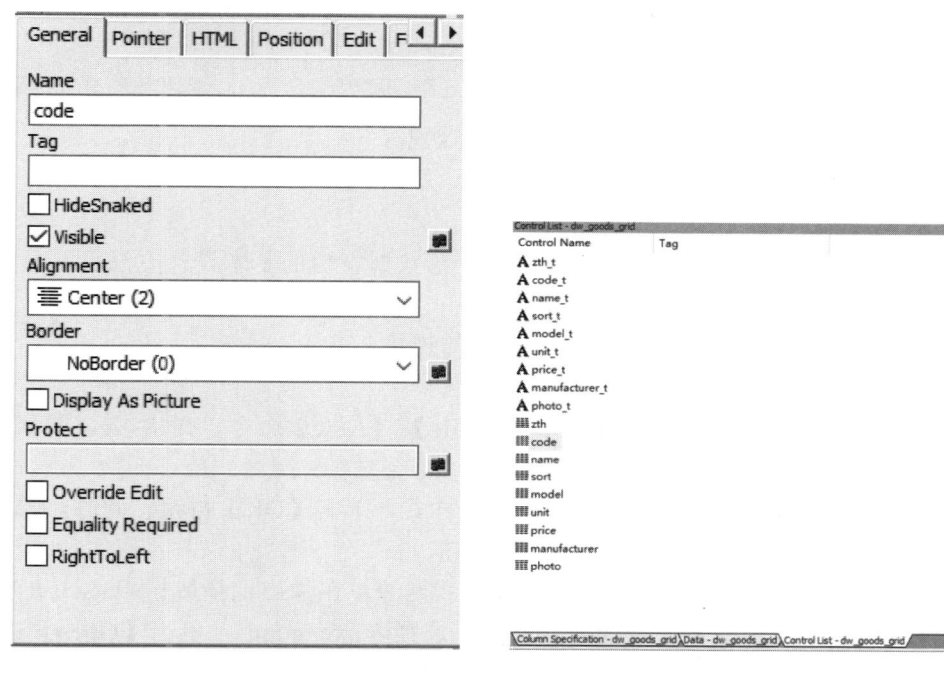

图 10-3　数据窗口属性视图

图 10-4　控件列表视图

(4)数据视图

数据视图显示了所操纵数据窗口对象中的数据,并且允许对数据进行修改,如图 10-5 所示。单击【Retrieve】图标,数据视图显示数据。

图 10-5　数据视图

(5)列定义视图

列定义视图显示了数据表中的列属性,并可以添加和删除属性、修改初始值和验证表达式等信息。当要添加列到数据窗口时,可用拖动的方式将列从列定义视图直接拖放到设计视图。对于外部数据源和存储的数据源,可以对列的名称、类型和长度等进行增加、删除、编辑等操作,如图 10-6 所示。

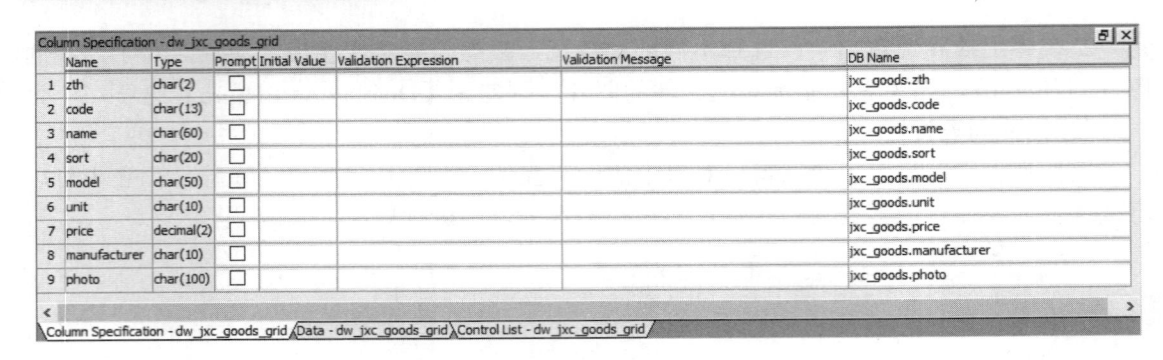

	Name	Type	Prompt	Initial Value	Validation Expression	Validation Message	DB Name
1	zth	char(2)	☐				jxc_goods.zth
2	code	char(13)	☐				jxc_goods.code
3	name	char(60)	☐				jxc_goods.name
4	sort	char(20)	☐				jxc_goods.sort
5	model	char(50)	☐				jxc_goods.model
6	unit	char(10)	☐				jxc_goods.unit
7	price	decimal(2)	☐				jxc_goods.price
8	manufacturer	char(10)	☐				jxc_goods.manufacturer
9	photo	char(100)	☐				jxc_goods.photo

图 10-6　列定义视图

3．创建数据窗口

本节的数据库以商品进销存数据库为例，介绍数据窗口的基本设计方法。

创建数据窗口的基本步骤如下：

① 创建新的数据库，或建立与已有数据库的连接。

② 创建应用，或打开已有的应用。

③ 新建 DataWindow 对象。选择菜单栏【File】|【New】命令，弹出 New 对话框，选择【DataWindow】选项。

④ 选择数据窗口显示样式。选择 Grid 显示样式，单击【OK】按钮。此时，弹出对话框，选择【SQL Select】图标，单击【Next】按钮。

⑤ 选择数据窗口数据源。选择 SQL Select 数据源。在弹出选择数据表（Select Tables）对话框时，可以选择一个或多个表作为数据源。选择表 jxc_goods，单击【Open】按钮。

⑥ 选择数据列。在选择数据列对话框（Table Layout）中选中需要显示的数据列，这里选中全部数据列。

⑦ 设置检索条件。在对话框的底部可以设置检索条件。

单击【Where】标签，显示"Where"选项卡，如图 10-7 所示。

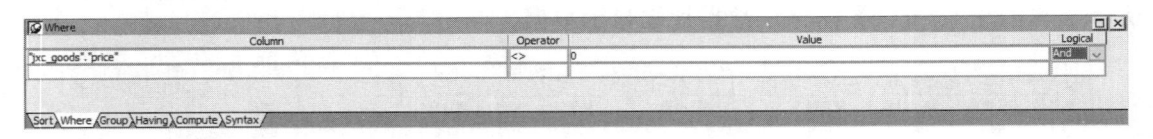

Column	Operator	Value	Logical
"jxc_goods"."price"	<>	0	And

图 10-7　数据检索条件

单击 Column 下的第一个空白行，显示一个列名下拉列表框，从中选择一个列名，这里选择 price。单击同行 Operator 列对应的单元格，显示一个运算符下拉列表框，从中选择需要的运算符，这里选择不等号"<>"；在 Value 列下的下拉列表框中输入检索数值或参数名，这里输入 0，表示检索条件为价格 price<>0。

需要多个条件时，单击 Logical 下的下拉列表框，根据需要选择 AND/OR 逻辑运算符后，在下一行重复上面介绍的步骤。

⑧ 初步完成数据窗口创建。设置完检索条件后，单击菜单栏上的【Return】图标。弹出编辑数据窗口的外观颜色窗口，默认单击【Next】按钮。弹出数据窗口配置清单对话框，

单击【Finish】按钮。

⑨ 修改数据窗口布局。在数据对象设置窗口中可以根据需要对数据窗口的布局进行修改。单击【保存】按钮，在保存对话框中输入数据窗口的名字"dw_jxc_goods_grid"，完成数据窗口的创建。如图 10-8 所示。

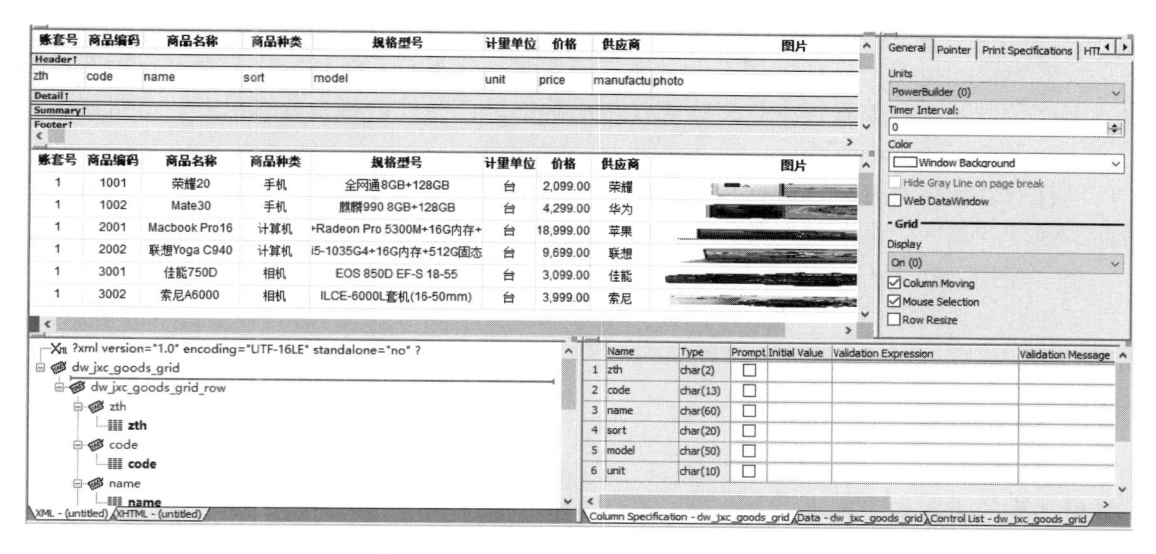

图 10-8　dw_jxc_goods_grid 数据窗口

10.1.2　管理数据窗口对象

管理数据窗口对象包括：增加（Insert）、删除列（Delete），数据更新管理（Update Properties），分组管理（Create Group、Delete Group、Edit Group）等。

1．数据窗口区域划分

数据窗口有六个区域，分别是页眉区、组标题区、细目区、组尾区、汇总区和脚注区。在数据窗口画板工作区的设计模式中，这些区彼此之间都用一条有区域名称及上箭头的栏隔开（称为区标栏），每个栏上方的区域即为所指示的区。运行时指示区域的栏并不存在，只是为了方便数据窗口的设计而显示的。不同样式的数据窗口拥有的区域类型和个数也不尽相同，如标签样式的数据窗口就没有页眉区与脚注区。上一节提到的标题栏、细节栏、合计栏和脚注栏分别对应页眉区、细目区、汇总区和脚注区。

（1）页眉区（Header）

页眉区主要用来放置每页或每屏顶部显示的信息，如报表名、列标题等，也可以在该区域添加文本、图片、计算域、线段、矩形和椭圆等控件。创建数据窗口时出现在该区的内容与选择的显示样式相关，当选择了列表、表格和分栏样式时，页眉区中显示数据列的列标题。

（2）组标题区（Group Header）

只有选择了分组样式或创建了分组后，组标题区才会自动地出现在数据窗口中。组标题区中通常放置每组数据名称，如按部门分组时的部门名称。

(3) 细目区（Detail）

细目区主要用于显示查询到的数据，数据窗口会根据窗口或报表页的大小尽可能多地安排细目区。细目区的数据可以排列成一行，也可以排列成多行，如报表样式数据窗口把细目区排成两行。

(4) 组尾区（Group Trailer）

与组标题区相似，只有选择了分组样式或创建了分组时，组尾区才会自动显示在数据窗口中，在该区通常放置每组数据的统计与汇总信息。另外，每个分组只有一个组尾区。

(5) 汇总区（Summary）

只有当显示完所有细目数据后汇总区中的数据才会出现在最后一屏或最后一页数据的后面。通常在该区中汇总整个数据窗口的统计信息，如数据行总数等。

(6) 脚注区（Footer）

脚注区与页眉区相对，该区中的数据出现在每一页或每一屏的底部。通常在脚注区中放置一些计算列、显示页码等。

2．增加和删除列

(1) 增加列

增加列的步骤如下：

① 打开需要增加列的数据窗口，选择菜单栏【Insert】|【Control】|【Column】命令。

② 在需要添加该列的位置上单击鼠标左键，弹出 Select Column 对话框。

③ 在对话框中选择要加入的列，单击【OK】按钮，完成列的添加。

(2) 增加计算列

增加计算列的步骤如下：

① 打开需要增加列的数据窗口，选择菜单栏【Insert】|【Control】|【Computed Filed】命令。

② 在需要添加计算列的位置上单击鼠标左键，弹出 Modify Expression 对话框。

③ 在对话框中选择要加入的计算列表达式，如折扣价 price * 0.8，单击【OK】按钮，完成列的添加，如图 10-9 所示。

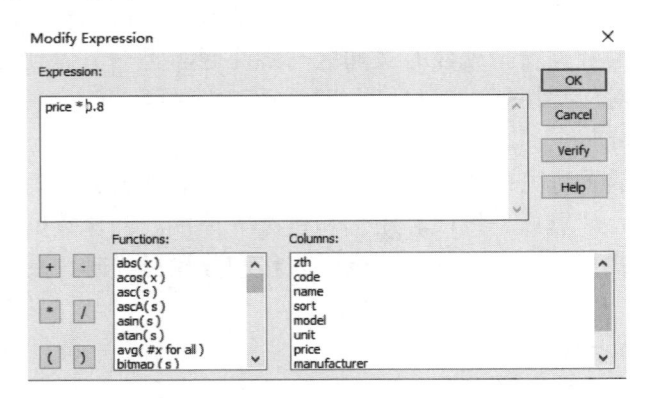

图 10-9　计算列设置窗口

(3)删除列

删除列的步骤如下：

① 打开需要删除列的数据窗口，在数据窗口画板的工作区中选中要删除的列。

② 选择菜单栏【Edit】|【Delete】命令，选中列即被删除。

需要注意的是，完成增加或删除列操作后要单击工具栏中的保存按钮以保存所做的操作。

3. 数据分组

(1)创建分组

用户可以根据自己的需要对数据进行分组，具体的步骤如下：

① 打开需要进行数据分组的数据窗口，选择菜单栏的【Rows】|【Create Group】命令，弹出 Specify Group Columns 对话框，如图 10-10 所示。

② 选择分组所依据的数据列如商品种类，将其自对话框左边的 Source Data 列表中的 sort 拖入右边 Columns 列表中，单击【OK】按钮即可。

一般新建的分组系统主动保存分组名为"1"。

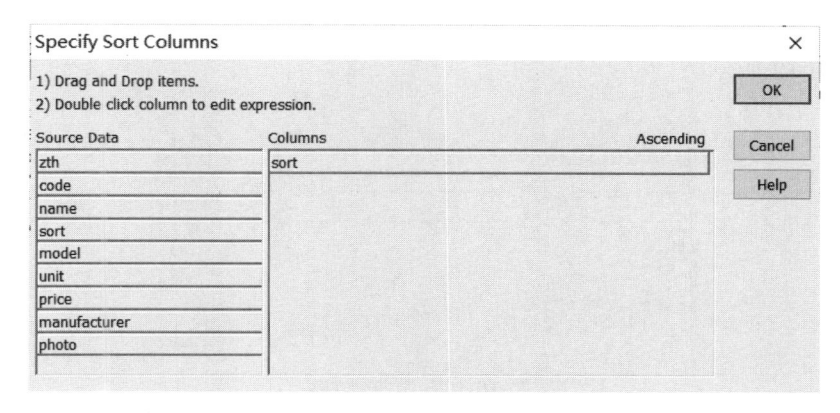

图 10-10　分组设置对话框

(2)删除分组

分组设置无用后用户可以选择删除。用户先打开需要删除分组的数据窗口，选择菜单栏的【Rows】|【Delete Group】命令，将出现已经定义的分组，然后选择需要删除的分组即可。

(3)编辑分组

分组设置完成后，用户可以选择菜单栏的【Rows】|【Edit Group】命令，选择分组进行修改。

4. 插入控件

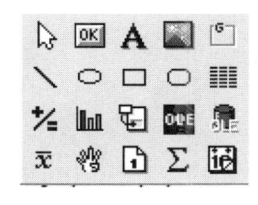

图 10-11　数据窗口中可插入的控件

在数据窗口的各个区域中都可以插入控件以满足用户的设计需求。PowerBuilder 提供的控件类型有：静态文本框、图片、线、几何图形(椭圆、矩形、圆矩形)、列、计算域、图表、按钮、数据总和、数据平均值、计数、日期、页码等，如图 10-11 所示。

插入控件的方法是：选择菜单栏的【Insert】|【Control】

命令下要插入的控件名,或者直接单击工具栏中的控件按钮,选择要插入的控件按钮,再单击要插入控件的数据窗口区域,即可插入控件。

10.1.3 在数据窗口中实现数据管理

在数据窗口中对数据进行管理都是以相应数据窗口被打开为前提的。在数据窗口中可实现数据管理,包括查询(Retrieve)、增加(Insert)、删除(Delete)、更新(Update)、排序(Sort)、过滤(Filter)、导出(Save Rows As)、导入(Import)等。

1. 数据查询

(1)数据查询

可以选择菜单栏的【Rows】|【Retrieve】命令或直接单击工具栏中的 Retrieve 图标查询数据,在数据库数据发生改变时,查询数据可更新数据窗口中的数据。

(2)数据排序

在数据窗口中对数据进行排序与在数据库中对数据进行排序检索的办法相同。不同的是在数据窗口中,可以选择菜单栏的【Rows】|【Sort】命令打开 Specify Sort Columns 对话框,如图 10-12 所示。

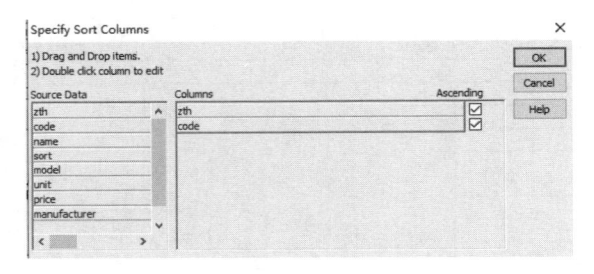

图 10-12 数据排序

(3)数据过滤

在数据窗口中对数据进行过滤与在数据库中对数据进行条件检索的办法相同。不同的是在数据窗口中,可以选择菜单栏的【Rows】|【Filter】命令打开 Specify Filter 对话框,如图 10-13 所示。

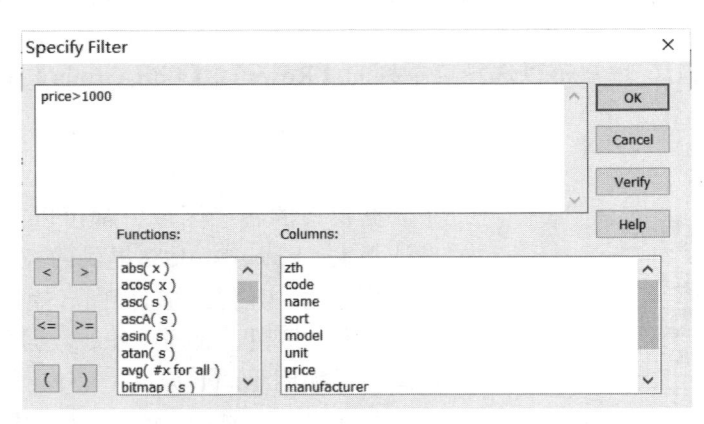

图 10-13 数据过滤

(4)合并重复值

数据预览时,用户为了窗口简洁,可以设置合并重复值。具体步骤如下:

首先,打开需要操作的数据窗口,选择菜单栏的【Rows】|【Suppress Repeating Values】命令,弹出 Specify Repeating Value Suppression List 对话框。然后,从 Source Data 列表框中选择需要设置的列并拖到 Suppression List 列表框中。选择完后单击【OK】按钮完成设置,如图 10-14 所示。

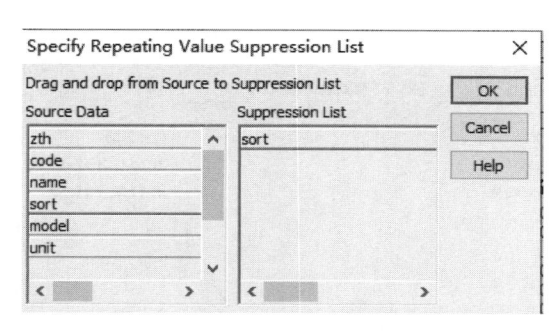

图 10-14 合并重复值

2. 数据修改

数据的增加、删除与修改操作与在数据库中的操作相同,通过选择菜单栏的【Rows】|【Insert】命令、【Rows】|【Delete】命令、【Rows】|【Update】命令即可实现相应操作。在数据窗口中修改数据,一旦单击【Save Changes】图标保存所做的修改,后台数据库中的数据也同时被修改。

3. 数据更新

数据更新决定当数据窗口中的数据被修改时,数据库中的数据是否也随之被修改。

数据更新设置的方法是:选择菜单栏的【Rows】|【Update Properties】命令,弹出 Specify Update Properties 对话框,如图 10-15 所示。Allow Updates 复选框若选中,则说明数据允许更新,反之则不允许更新。一般数据窗口中的更新设置都是默认数据允许更新的。选择 Allow Updates 后,再选择更新方式、运行更新的表、该表的主键及允许更新的列,最后单击【OK】按钮即可。一般更新设置选择默认设置。

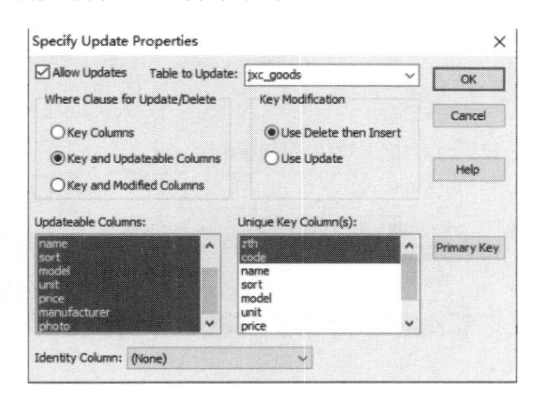

图 10-15 数据更新设置

4. 数据的导入与导出

在数据窗口中进行数据的导入与导出操作与在数据库中进行数据导入与导出的操作相同。不同的是，在数据窗口中导入与导出操作均需要在数据窗口的预览视图中进行。

(1) 数据导出

选择菜单栏的【File】|【Save Rows As】命令，输入导出文件名并选择数据导出的文件格式后，单击【保存】按钮即可实现数据导出，如图 10-16 所示。

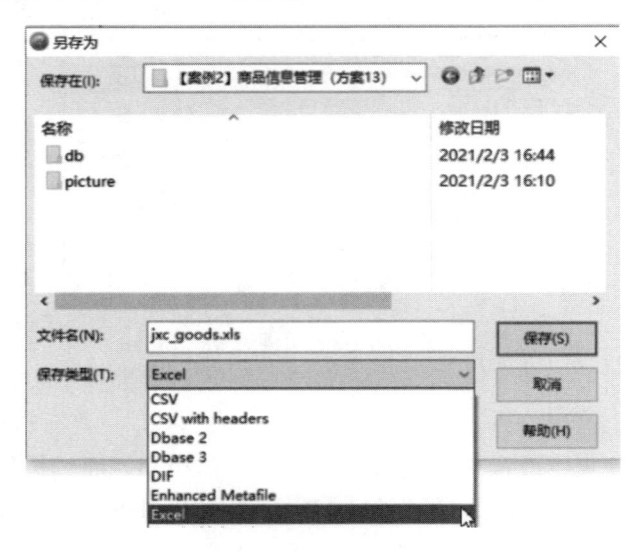

图 10-16　数据导出

(2) 数据导入

选择菜单栏的【Rows】|【Import...】命令，选择导入数据的文件后，单击【打开】按钮即可实现数据导入，如图 10-17 所示。

图 10-17　数据导入

10.2 数据窗口控件的常用函数和事件

10.2.1 数据窗口控件的常用函数

1．数据基本处理函数

SetTransObject()、InsertRow()、DeleteRow()、Update()、AcceptText()、Retrieve()

2．数据行函数

GetRow()、Reset()、RowCount()、SelectRow()、IsSelected()、ScrollToRow()、Find()、ModifiedCount()、DeletedCount()

3．数据项操作函数

GetColumn()、GetColumnName()、GetItemString()、GetItemDecimal()、GetItemDate()、SetItem()、SetTabOrder()、Return n

4．共享数据函数

ShareData()、ShareDataOff()

5．过滤与排序函数

SetFilter()、Filter()、SetSort()、Sort()

6．数据导入导出函数

SaveAs()、ImportFile()

7．修改数据源函数

GetSQLSelect()、SetSQLSelect()、Modify()

数据窗口控件的常见函数如表 10-2 所示。

表 10-2 数据窗口控件常见函数

函 数 名	功 能	参 数	返 回 值
SetTransObject(transactiontransaction)	为数据窗口设定事务对象，提供对事物的控制	Transaction,需要在数据窗口控件中使用的事务对象的名称	Integer 成功设置事务对象则返回 1，执行过程中发生了错误则返回–1
Retrieve（{argument1, argument2...}）	使用数据窗口控件的当前事务对象检索数据库中的数据。如果数据窗口控件对应的数据窗口对象定义了检索参数，则应该在该函数中指定检索参数，参数的个数和数据窗口对象的检索变量个数相等，对应的数据类型兼容	Argument：可选一个或者多个参数，是在数据窗口控件中定义的 SQL SELECT 语句的提取参数	Long 如果成功，则返回提取的行数；如果失败，则返回–1
InsertRow（long row）	在表格中的指定位置插入一个新行	Row，指定在哪一行前面插入新行。如果需要在数据窗口最后一行后面插入新行，定义参数值为 0	Long 返回插入的数据的行号，如果执行过程中发生错误则返回–1

续表

函数名	功能	参数	返回值
DeleteRow (long row)	从数据窗口删除行	Row，标识需要删除的行，如果需要删除当前行，定义为 0	Integer 执行成功则返回 1，执行错误则返回 -1
AcceptText ()	将数据窗口的编辑控件的内容保存到数据窗口缓冲区的当前项中	无	Integer 如果成功，返回 1；如果发生错误，返回 -1
Update ()	发送所有的插入、删除和更新操作到数据库中	无	Integer 执行成功则返回 1，发生错误则返回 -1
GetRow ()	返回数据窗口对象当前行的行号	无	Long 如果发生错误，返回 -1
Reset ()	清除一个数据窗口中的所有数据	无	Integer 执行成功则返回 1，发生错误则返回 -1
RowCount ()	获取行目前在数据窗口控件或数据存储的数量。确定行可数的行数方法检查主缓冲区	无	Long 返回目前的行数，如果没有目前可用的行返回 0，如果出现错误返回 -1
SelectRow (long row, boolean select)	选中或者放弃选中数据窗口的特定行	Row，表示选中或者去掉选中的行的行数。当参数设定为 0 的时候，选择或者去掉选择所有的行。 Select，Boolean 类型，确定是否选中指定的行，取值为 True（选中指定的行，被选中的行加亮显示）、False（去掉选中的行，这些行正常显示）	Integer 执行成功则返回 1，发生错误则返回 -1
IsSelected (long row)	判断是否是选中状态	Row，表示需要测试是否选中的行的序号	Boolean 如果被选中则返回 True，如果没有选中则返回 False。如果行数大于目前总行数或是 0 或负数，也返回 False
ScrollToRow (long row)	让控件滚动到指定行	Row，表示需要滚动到的行的序号	Integer 如果成功则返回 datawindow 滚动到的行的编号，如果出现错误则返回 -1
Find (string expression, long start, long end)	返回在数据窗口细目带中的特定搜索范围内，满足搜索标准的首行的序号	Expression：String 类型，作为搜索标准的 Boolean 表达式。 Start：表示需要开始搜索行的序号。 End：表示结束搜索的行的序号	Long 返回满足搜索条件的第一行的序号。如果没有找到行，返回 0；如果发生错误，返回 -1（一般错误）和 -5（参数错误）

续表

函 数 名	功 能	参 数	返 回 值
ModifiedCount ()	返回数据窗口中被修改，但是还没有更新数据库的行数	无	Long 返回 Long 类型的数据窗口控件中被修改过的记录数，如果没有记录被修改过或者修改后都已经保存到了数据库中则返回 0，执行过程中如果发生错误则返回 –1
DeletedCount ()	返回已经在数据窗口中删除，但是还没有更新数据库的行的数量	无	Long 返回 Long 类型的已经被删除但还没有提交到数据库中的记录数，如果执行过程中发生错误返回 –1，如果没有删除过记录则返回 0
GetColumn ()	获取数据窗口的当前列的列号	无	Integer 如果没有当前列，函数返回 0
GetColumnName ()	返回数据窗口中的当前列的列名	无	String 如果没有当前列或者发生错误，则返回空串
GetItemString (long row,integer column)	返回数据窗口中的指定行和列的 String 类型数据	Row：标识数据的行位置。 Column：标识数据的列位置。 注：Column 也可以 String 型，标识数据的列名（以下 Column 的定义均类同）	String 如果列值为 Null，或者数据窗口控件没有数据窗口对象，返回空串
GetItemDecimal(long row,integer column)	返回数据窗口中的指定行和列的 Decimal 类型数据。	Row：标识数据的行位置。 Column：标识数据的列位置	Decimal 如果列值为 Null，或者数据窗口控件没有数据窗口对象，返回 Null；如果发生其他错误，触发 SystemError 事件，并返回 –1
GetItemDate(long row,integer column)	返回数据窗口中的指定行和列的 Date 类型数据	Row：标识数据的行位置。 Column：标识数据的列位置	Date 如果列值为 Null，或者数据窗口控件没有数据窗口对象，则返回 Null；如果发生其他错误，则返回 1900-01-01
SetItem (long row,integer/string column,any value)	设定数据窗口指定行、列的数据	Row：需要设定数据的行的行号。 Column：需要设定数据的列的列号。 Value：需要设定的数据值	Integer 如果成功，则返回 1；如果发生错误，则返回 –1
SetTabOrder（integer column, integer tabnumber）	改变数据窗口指定列的 tab 序号值	Column：需要设定数据的列的列号。 Tabnumber：需要设定的序号值（0～9999）；0 表示该列只读	Integer 如果成功，返回之前的 tab 序号值；如果发生错误，返回 –1

续表

函 数 名	功 能	参 数	返 回 值
Return n	用于数据窗口 ItemChanged! 事件： Return 0：接收输入的信息，焦点转到下一列。 Return 1：拒绝接收输入的信息，焦点不离开当前列。 Return 2：拒绝接收输入的信息，列值回到 ItemChanged 前的状态。 用于数据窗口 ItemError!事件： Return 0：（默认值）拒绝数据，并显示提示框。 Return 1：拒绝数据，且没有提示框。 Return 2：接收数据后，焦点不离开当前列。 Return 3：不接收数据，但允许焦点转到下一列		
ShareData（datawindow dwsecondary）	在主数据窗口之间共享数据	Dwsecondary：从数据窗口的名称	Integer 如果成功，则返回1；如果发生错误，则返回-1
ShareDataOff ()	关闭数据窗口共享数据选项	无	Integer 如果成功，则返回1；如果发生错误，则返回-1
SetFilter（string format）	定义数据窗口的过滤标准，实际的过滤是由 Filter 函数完成的	Format：String 类型，表示用作过滤标准的 Boolean 表达式	Integer 如果成功，则返回1；如果发生错误，则返回-1
Filter ()	将不满足过滤标准的行移到过滤缓冲区中	无	Integer 如果成功，则返回1；如果发生错误，则返回-1
SetSort（string format）	定义数据窗口的排序标准，实际的排序操作是由 Sort 函数完成的	Format：String 类型，定义数据窗口的排序规则	Integer 如果成功，则返回1；如果发生错误，则返回-1
Sort ()	基于当前的排序规则，对数据窗口中的数据进行排序	无	Integer 如果成功，则返回1；如果发生错误，则返回-1
SaveAs ()	将数据存储对象特定统计图中的数据以指定格式保存到文件中	无	Integer 如果成功，则返回1；如果发生错误，则返回-1
ImportFile（string filename）	从文件中复制数据到数据窗口中	Filename：String 类型，表示需要从中复制数据到数据窗口中的文件名	Long 如果成功，返回导入的行数；如果发生错误，返回负数
GetSQLSelect ()	返回数据窗口的当前 Select 语句	无	String 如果不能返回语句，则函数返回空串

续表

函 数 名	功 能	参 数	返 回 值
SetSQLSelect(string statement)	修改数据窗口的当前 Select 语句	Statement：String 类型，表示数据窗口对象的 Select 语句的值。其结构必须同当前的 Select 语句相匹配	Integer 如果成功，则返回 1；如果 Select 语句没有被修改，则返回 -1
Modify(string modstring)	修改数据窗口	Modstring：String 类型，修改数据窗口的描述	String 如果成功，返回""；如果发生错误，则返回错误信息"Line n Column n incorrect syntax"

10.2.2 数据窗口常用事件

数据窗口常用事件如表 10-3 所示。

表 10-3 数据窗口常用事件

事 件	说 明
Clicked!	单击事件，当单击某个不可编辑字段或在数据窗口的字段间单击时触发
DoubleClicked!	在双击某个不可编辑字段或在数据窗口控件的工作区中双击时触发
ItemChanged!	当数据窗口中的某个域被修改，并且失去焦点的时候触发

10.3 数据基本处理

10.3.1 数据的基本处理

数据的基本处理如表 10-4 所示。

表 10-4 数据的基本处理

基本处理	说 明
数据增加	可以使用 InsertRow() 函数，具体操作是在对象或者控件的相关事件中写上语句，一般是写在命令按钮的单击事件中
数据修改	可以直接在窗口中手动修改，修改完成后通过 Update() 函数保存所做的修改
数据删除	可以使用 DeleteRow() 函数，具体操作是在对象或者控件的相关事件中写上语句，一般是写在命令按钮的单击事件中
数据保存	可以使用 Update() 函数，具体操作是在对象或者控件的相关事件中写上语句，一般是写在命令按钮的单击事件中
数据查询	可以使用 Retrieve() 函数，具体操作是在对象或者控件的相关事件中写上语句，一般写在命令按钮的单击事件或者窗口对象的 Open! 事件中

10.3.2 数据的条件检索

数据条件检索实现的主要步骤如下：

(1) 打开需要进行条件检索的数据窗口，单击工具栏里的【Data Source】图标，回到该数据窗口，选取数据源。

（2）选择菜单栏的【Design】|【Retrieval Arguments】命令，弹出 Specify Retrieval Arguments 对话框，在此对话框中定义检索参数变量，如图 10-18 所示。

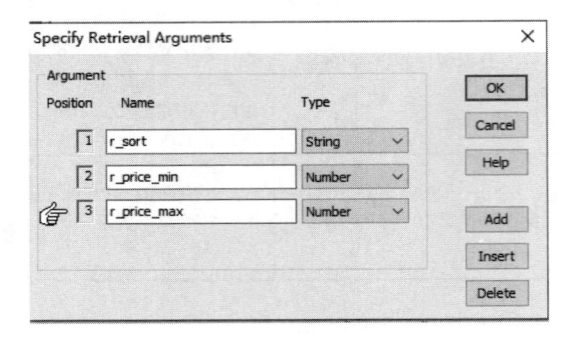

图 10-18　定义检索参数

定义好检索参数之后单击【OK】按钮确定保存。

（3）在 Selection List 板块下方的 Where 选项卡中设置检索的条件。单击【Return】按钮保存，如图 10-19 所示。

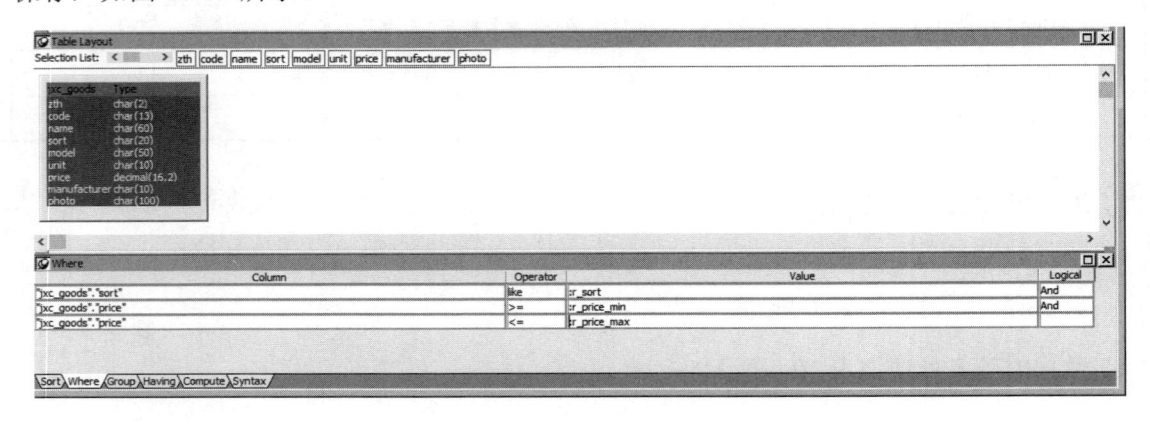

图 10-19　定义检索条件

（4）在检索查询命令按钮的单击事件中，给检索变量赋值，并使用 Retrieve(检索变量)函数查询。

注意，数据窗口中定义的检索参数与 Retrieve()函数中的检索变量的个数、顺序、类型要一一对应。

10.3.3　数据的计算

在数据窗口中，进行数据计算一般分为四步，下面以计算商品采购中：商品单价(price)*商品数量(amount)=金额(mone)为例来介绍数据的计算。

（1）定义变量

```
Decimal r_price,r_mone,r_amount
Integer r_row
```

(2) 从数据窗口中获取相关项目的值

```
r_row=dw_1.getrow()
r_price=dw_1.getitemdecimal(r_row,'price')
r_amount=dw_1.getitemdecimal(r_row,'amount')
```

(3) 通过表达式进行数据计算

```
r_mone=r_price*r_amount
```

(4) 更新数据窗口中相关项目的值

```
dw_1.setitem(r_row,'mone',r_mone)
```

10.3.4 案例分析

【案例 10-1】商品信息管理：利用数据窗口实现商品信息管理。创建不同格式的数据窗口，实现商品信息查询（Retrieve）、增加（Insert）、删除（Delete）、更新（Update）、排序（Sort）、过滤（Filter）、导出（Save Rows As）、导入（Import）等操作。

源代码与文档参见课件中的案例资料。表 10-5 为案例 10-1 的数据窗口。

系列数据窗口 dw_jxc_goods_xxx。

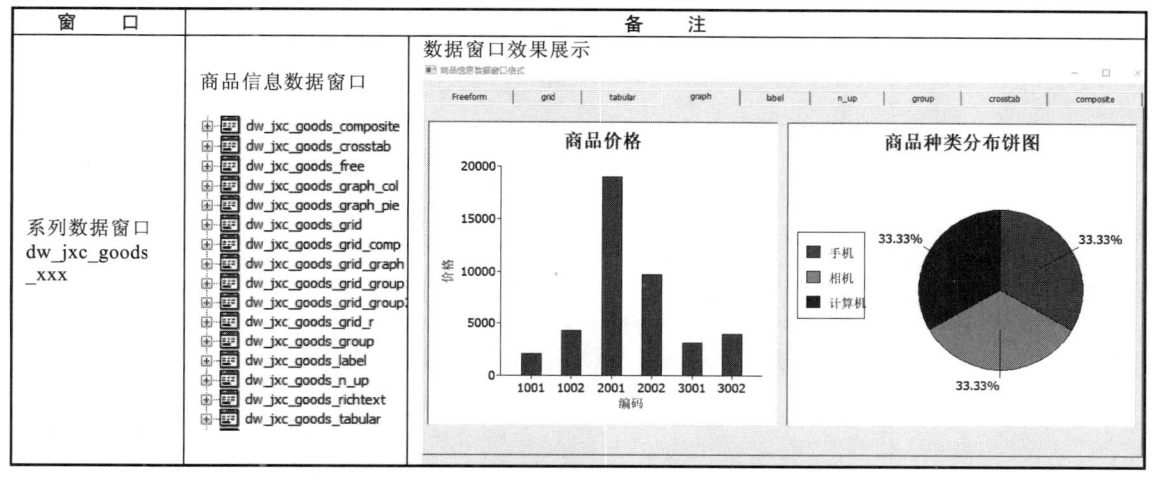

表 10-5 案例 10-1 的数据窗口

窗　　口	备　　注
系列数据窗口 dw_jxc_goods_xxx	商品信息数据窗口 dw_jxc_goods_composite dw_jxc_goods_crosstab dw_jxc_goods_free dw_jxc_goods_graph_col dw_jxc_goods_graph_pie dw_jxc_goods_grid dw_jxc_goods_grid_comp dw_jxc_goods_grid_graph dw_jxc_goods_grid_group dw_jxc_goods_grid_group2 dw_jxc_goods_grid_r dw_jxc_goods_group dw_jxc_goods_label dw_jxc_goods_n_up dw_jxc_goods_richtext dw_jxc_goods_tabular 数据窗口效果展示

【案例 10-2】商品信息管理：利用数据窗口，实现商品信息的增加、修改、删除、保存、查询等基本操作。

1. 主要数据窗口说明

商品信息管理下的数据窗口 dw_jxc_goods_grid，如表 10-6 所示。

表 10-6 数据窗口 dw_jxc_goods_grid 的说明

项 目	说 明
数据窗口名	dw_jxc_goods_grid
说明	商品信息管理下的数据窗口
主要功能	在窗口 w_jxc_goods 中引用此数据窗口,对商品信息进行查询、增加、删除等操作
数据窗口	(数据窗口设计图：账套号 zth、商品编码 code、商品名称 name、商品种类 sort、规格型号 model、计量单位 unit、价格 price、供应商 manufacturer、图片 photo)
SQL 语法	SELECT "jxc_goods"."zth","jxc_goods"."code","jxc_goods"."name","jxc_goods"."sort","jxc_goods"."model","jxc_goods"."unit","jxc_goods"."price","jxc_goods"."manufacturer","jxc_goods"."photo" FROM "jxc_goods"

2．窗口说明

商品信息管理窗口 w_jxc_goods 的设计说明,如表 10-7 所示。

表 10-7 窗口 w_jxc_goods 的设计说明

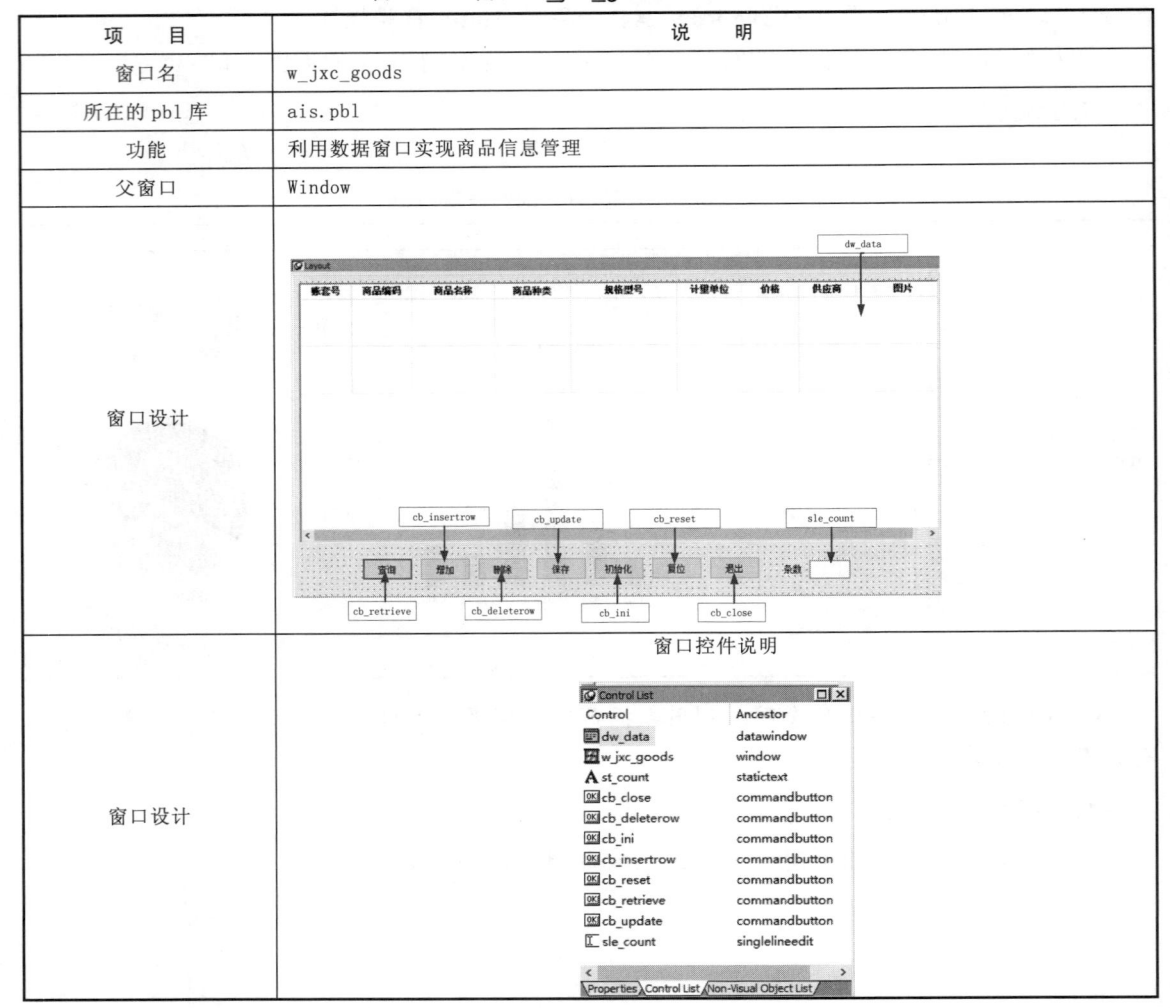

项 目	说 明
窗口名	w_jxc_goods
所在的 pbl 库	ais.pbl
功能	利用数据窗口实现商品信息管理
父窗口	Window
窗口设计	(窗口布局图，包含 dw_data 数据窗口，按钮：cb_retrieve 查询、cb_insertrow 增加、cb_deleterow 删除、cb_update 保存、cb_ini 初始化、cb_reset 复位、cb_close 退出，以及 sle_count 条数)
窗口控件说明	Control List： dw_data — datawindow w_jxc_goods — window st_count — statictext cb_close — commandbutton cb_deleterow — commandbutton cb_ini — commandbutton cb_insertrow — commandbutton cb_reset — commandbutton cb_retrieve — commandbutton cb_update — commandbutton sle_count — singlelineedit

续表

项 目	说 明			
	控件类型	控件名	控件显示内容	说 明
窗口设计	数据窗口	dw_data	(空)	显示商品信息
	命令按钮	cb_close	退出	关闭该窗口
	命令按钮	cb_deleterow	删除	删除商品信息
	命令按钮	cb_ini	初始化	初始化商品信息
	命令按钮	cb_insertrow	增加	增加商品信息
	命令按钮	cb_reset	复位	清除数据窗口显示的信息
	命令按钮	cb_retrieve	查询	查询商品信息
	命令按钮	cb_update	保存	保存商品信息
	单行编辑框	sle_count	(空)	显示数据条数

事 件	脚 本
w_jxc_goods: Open!	`dw_data.settransobject(sqlca)`
cb_close: Clicked!	`close (parent)`

cb_deleterow: Clicked!	`integer r_yesno`
	`r_yesno = messagebox('提示','是否真的要删除?',question!,yesno!,2)`
	`if r_yesno =2 then return`
	`dw_data.deleterow(0)`
	`sle_count.text=string(dw_data.rowcount())`

cb_ini: Clicked!	`integer r_yesno`
	`r_yesno = messagebox('提示','是否真的要初始化商品信息?',question!,yesno!,2)`
	`if r_yesno =2 then return`
	
	`//删除商品信息数据`
	`delete from jxc_goods;`
	`//插入商品信息数据`
	`insert into jxc_goods(zth,code,name,sort,model,unit,price,manufacturer,photo) values ('1','1001','荣耀20','手机','全网通 8GB+128GB','台',2099,'荣耀','picture\1001.jpg');`
	`insert into jxc_goods(zth,code,name,sort,model,unit,price,manufacturer,photo) values ('1','1002','Mate30','手机','麒麟990 8GB+128GB','台',4299,'华为','picture\1002.jpg');`
	`insert into jxc_goods(zth,code,name,sort,model,unit,price,manufacturer,photo) values ('1','2001','Macbook Pro16','计算机','i7-9750H+Radeon Pro 5300M+16G 内存+512G 固态','台',18999,'苹果','picture\2001.jpg');`
	`insert into jxc_goods(zth,code,name,sort,model,unit,price,manufacturer,photo) values ('1','2002','联想Yoga C940','计算机','i5-1035G4+16G 内存+512G 固态','台',9699,'联想','picture\2002.jpg');`
	`insert into jxc_goods(zth,code,name,sort,model,unit,price,manufacturer,photo) values ('1','3001','佳能750D','相机','EOS 850D EF-S 18-55','台',3099,'佳能','picture\3001.jpg');`
	`insert into jxc_goods(zth,code,name,sort,model,unit,price,manufacturer,photo) values ('1','3002','索尼A6000','相机','ILCE-6000L 套机(16-50mm)','台',3999,'索尼','picture\3002.jpg');`
	
	`cb_retrieve.TriggerEvent(Clicked!)`

续表

事 件	脚 本
cb_insertrow: Clicked!	dw_data.Reset () dw_data.insertrow(0) sle_count.text=string(dw_data.rowcount())
cb_reset: Clicked!	dw_data.Reset () sle_count.text=''
cb_retrieve: Clicked!	long r_rowcount dw_data.retrieve() r_rowcount=dw_data.rowcount() sle_count.text=string(r_rowcount)
cb_update: Clicked!	integer r_yesno r_yesno = messagebox('提示','是否真的要保存?',question!,yesno!,2) if r_yesno =2 then return dw_data.update()

【运行效果】

商品信息管理窗口 w_jxc_goods 的运行效果如图 10-20 所示。

单击【查询】按钮，查询出所有的商品信息；

单击【增加】按钮，增加商品信息；

单击【删除】按钮，删除商品信息；

单击【保存】按钮，保存商品信息；

单击【初始化】按钮，将商品信息表进行数据初始化；

单击【复位】按钮，清空数据窗口中的内容；

单击【退出】按钮，关闭窗口。

图 10-20 商品信息管理运行效果

【案例 10-3】商品信息管理：通过两个数据窗口共享数据，实现商品信息的同步管理。源代码与文档参见课件中的案例资料。表 10-8 为案例 10-3 的窗口设计。

窗口 w_jxc_goods。

表 10-8　案例 10-3 窗口设计

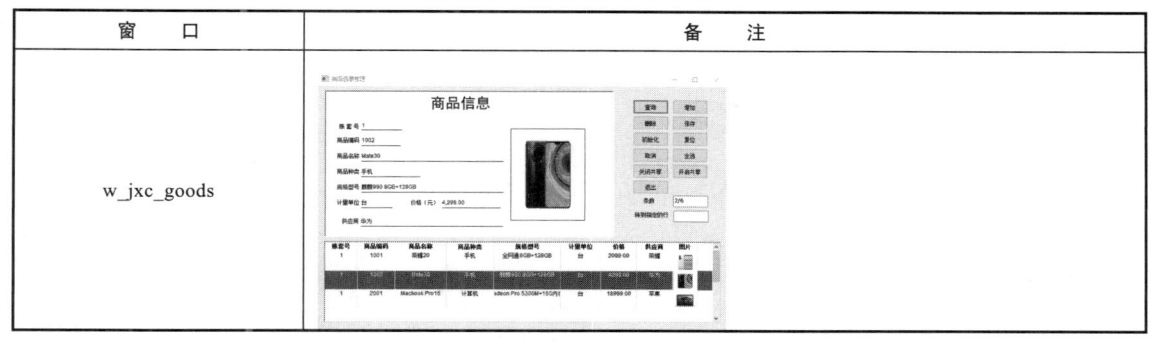

窗　　口	备　　注
w_jxc_goods	

【案例 10-4】商品信息管理：利用数据窗口实现商品信息的条件查询操作。

源代码与文档参见课件中的案例资料。表 10-9 为案例 10-4 的窗口设计。

窗口 w_jxc_goods。

表 10-9　案例 10-4 窗口设计

窗　　口	备　　注
w_jxc_goods	

【案例 10-5】商品信息管理：利用数据窗口实现商品信息的过滤、排序、导入、导出等操作。

源代码与文档参见课件中的案例资料。表 10-10 为案例 10-5 的窗口设计。

窗口 w_jxc_goods。

表 10-10　案例 10-5 窗口设计

窗　　口	备　　注
w_jxc_goods	

10.4 应用数据窗口对象技术开发进销存系统

【**案例 10-6**】*应用数据窗口对象技术开发进销存系统。*
源代码与文档参见课件中的案例资料。

系列数据窗口。主要包含☆w_jxc_log、☆w_jxc_cover、w_jxc_operator、w_jxc_goods_1、w_jxc_goods_2、w_jxc_goods_amount、w_jxc_sheet_buy、w_jxc_sheet_sale、w_jxc_sheet、☆w_jxc_report_comp、w_jxc_report_retr、☆w_jxc_analysis、☆w_jxc_audit、w_jxc_data 等 14 个窗口。

注：☆表示该窗口与第 9 章通过嵌入式 SQL 语句开发进销存系统中的案例类似。表 10-11 为案例 10-6 的窗口设计。

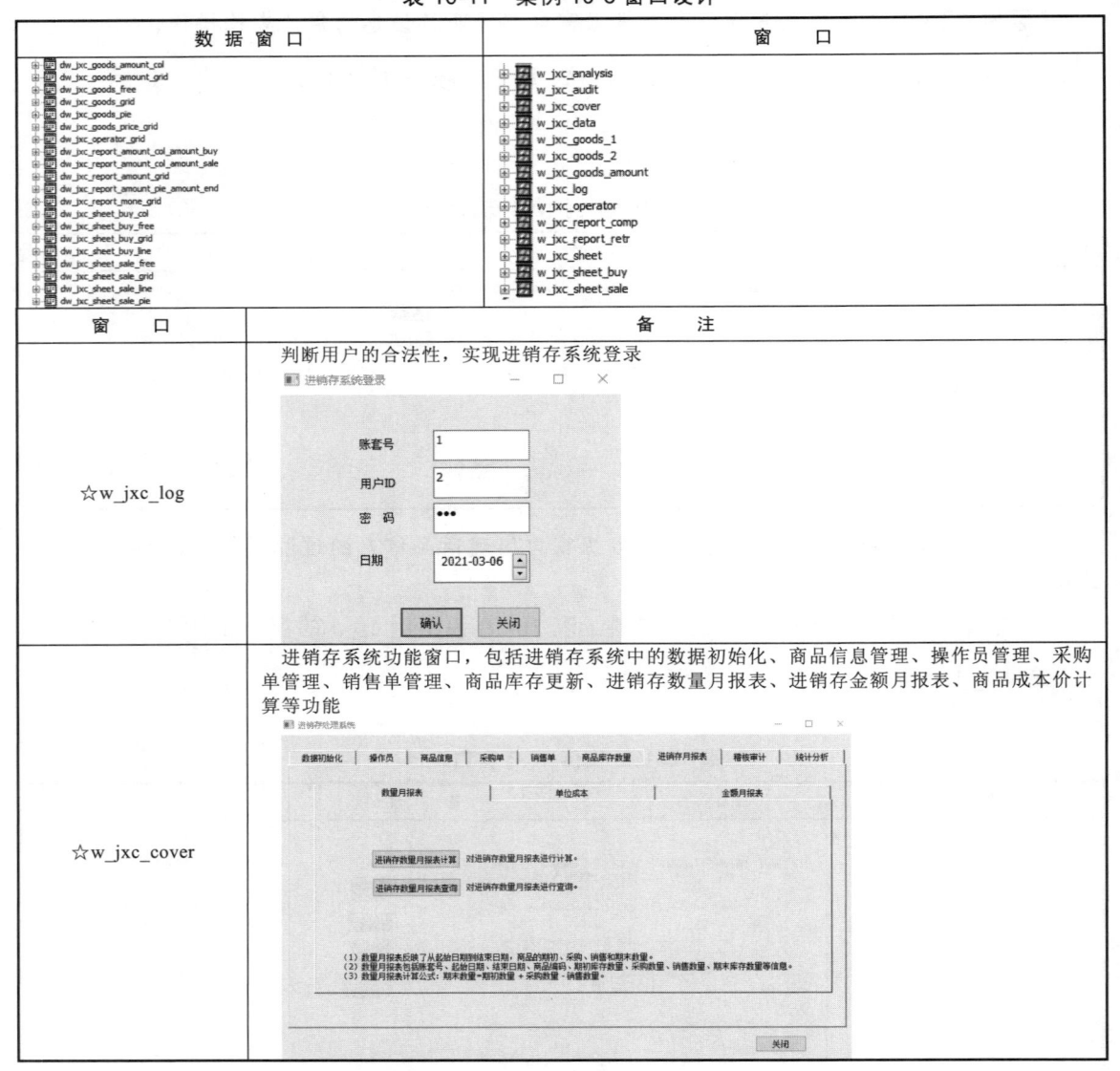

表 10-11 案例 10-6 窗口设计

数据窗口	窗口
dw_jxc_goods_amount_col dw_jxc_goods_amount_grid dw_jxc_goods_free dw_jxc_goods_grid dw_jxc_goods_pie dw_jxc_goods_price_grid dw_jxc_operator_grid dw_jxc_report_amount_col_amount_buy dw_jxc_report_amount_col_amount_sale dw_jxc_report_amount_grid dw_jxc_report_amount_pie_amount_end dw_jxc_report_mone_grid dw_jxc_sheet_buy_col dw_jxc_sheet_buy_free dw_jxc_sheet_buy_grid dw_jxc_sheet_buy_line dw_jxc_sheet_sale_free dw_jxc_sheet_sale_grid dw_jxc_sheet_sale_line dw_jxc_sheet_sale_pie	w_jxc_analysis w_jxc_audit w_jxc_cover w_jxc_data w_jxc_goods_1 w_jxc_goods_2 w_jxc_goods_amount w_jxc_log w_jxc_operator w_jxc_report_comp w_jxc_report_retr w_jxc_sheet w_jxc_sheet_buy w_jxc_sheet_sale

窗口	备注
☆w_jxc_log	判断用户的合法性，实现进销存系统登录
☆w_jxc_cover	进销存系统功能窗口，包括进销存系统中的数据初始化、商品信息管理、操作员管理、采购单管理、销售单管理、商品库存更新、进销存数量月报表、进销存金额月报表、商品成本价计算等功能

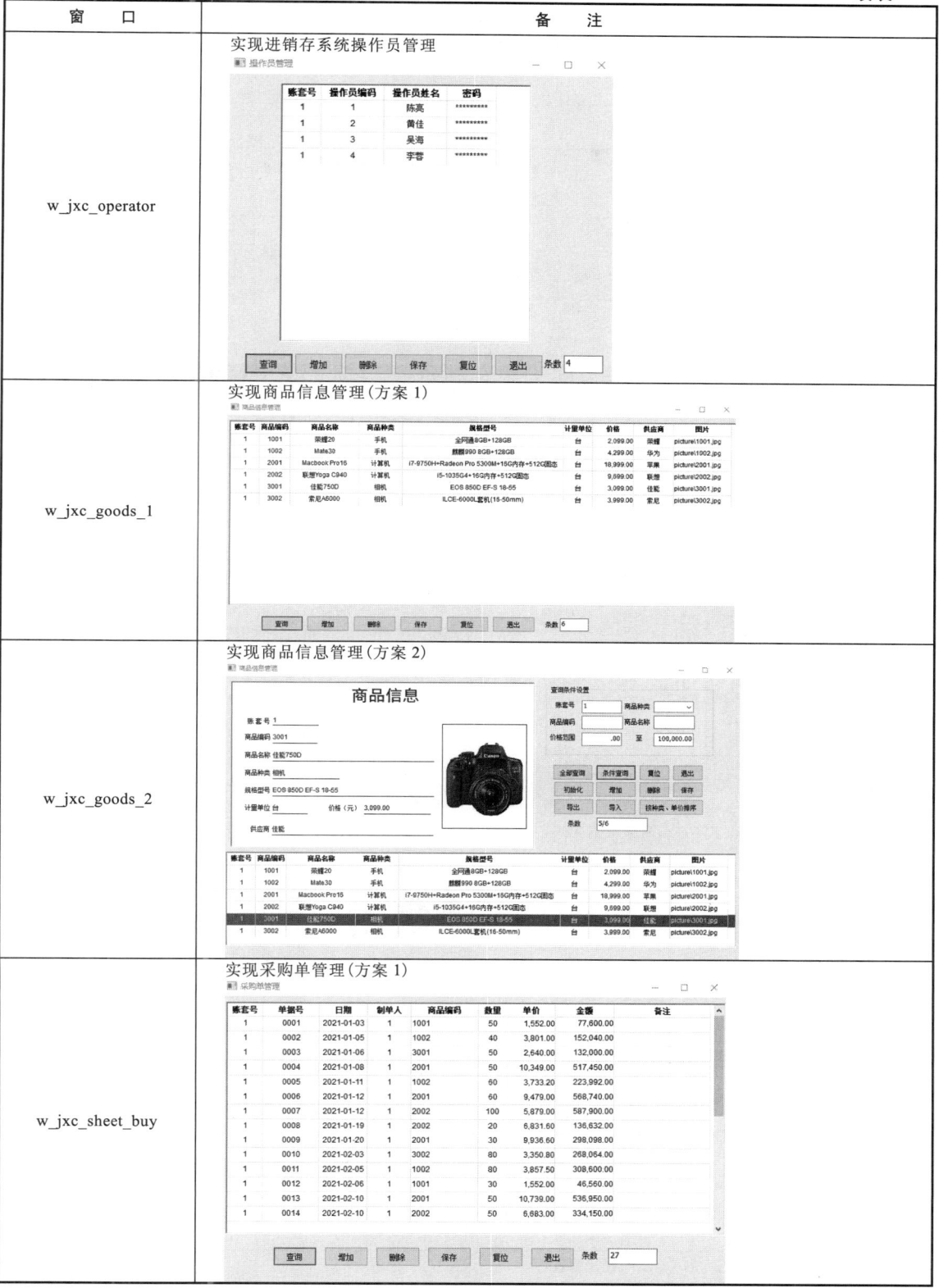

续表

窗　口	备　注
w_jxc_operator	实现进销存系统操作员管理
w_jxc_goods_1	实现商品信息管理（方案1）
w_jxc_goods_2	实现商品信息管理（方案2）
w_jxc_sheet_buy	实现采购单管理（方案1）

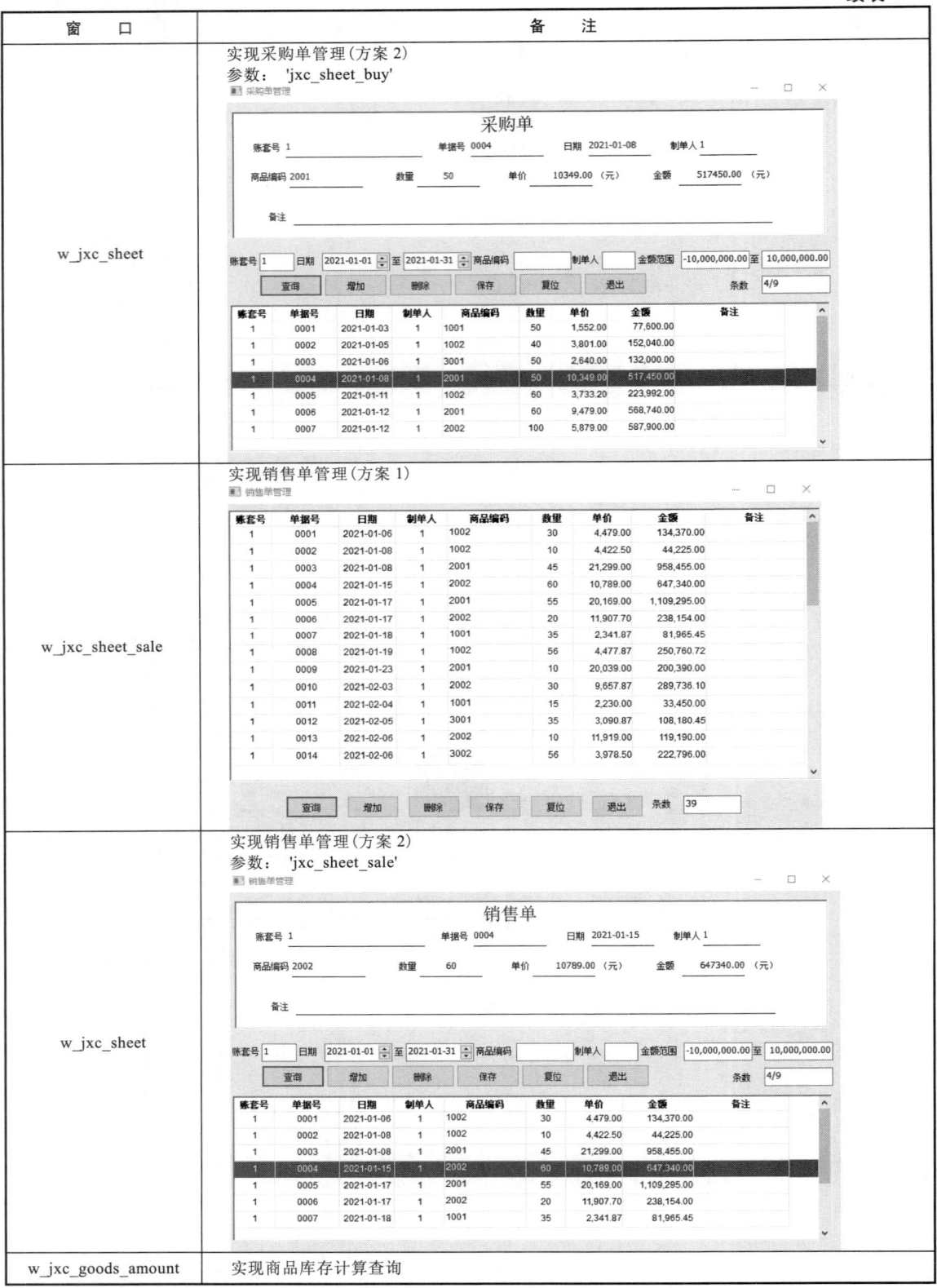

续表

窗　口	备　注
w_jxc_sheet	实现采购单管理（方案2） 参数：'jxc_sheet_buy'
w_jxc_sheet_sale	实现销售单管理（方案1）
w_jxc_sheet	实现销售单管理（方案2） 参数：'jxc_sheet_sale'
w_jxc_goods_amount	实现商品库存计算查询

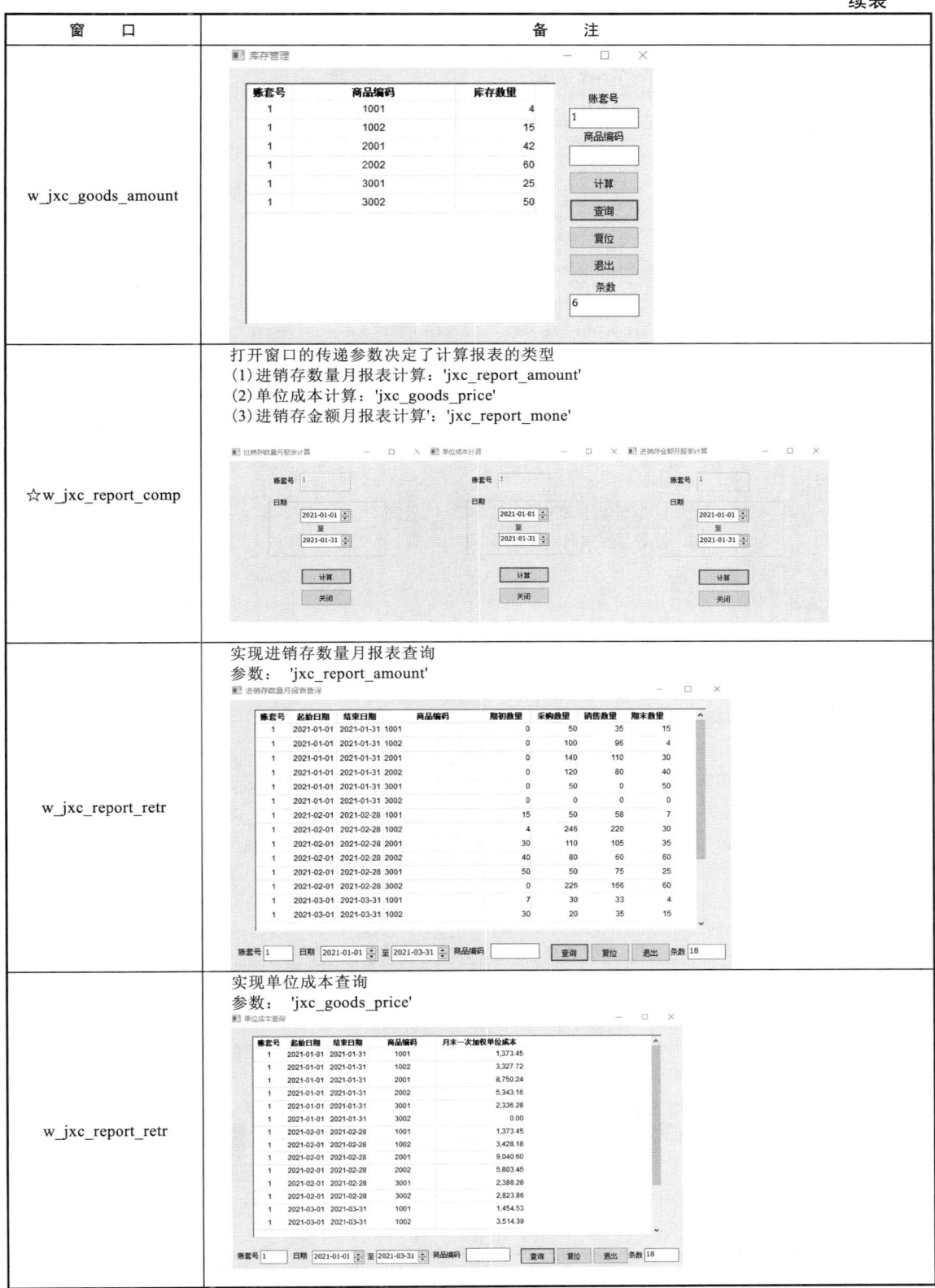

续表

窗　口	备　注
w_jxc_goods_amount	库存管理窗口，显示账套号、商品编码、库存数量列表；右侧包含账套号、商品编码输入框及"计算""查询""复位""退出"按钮，条数：6
☆w_jxc_report_comp	打开窗口的传递参数决定了计算报表的类型 (1) 进销存数量月报表计算：'jxc_report_amount' (2) 单位成本计算：'jxc_goods_price' (3) 进销存金额月报表计算'：'jxc_report_mone' 三个子窗口：进销存数量月报表计算、单位成本计算、进销存金额月报表计算，均包含账套号、日期范围（2021-01-01 至 2021-01-31）、"计算""关闭"按钮
w_jxc_report_retr	实现进销存数量月报表查询 参数：'jxc_report_amount' 显示字段：账套号、起始日期、结束日期、商品编码、期初数量、采购数量、销售数量、期末数量 数据示例： 1 2021-01-01 2021-01-31 1001 0 50 35 15 1 2021-01-01 2021-01-31 1002 0 100 96 4 1 2021-01-01 2021-01-31 2001 0 140 110 30 1 2021-01-01 2021-01-31 2002 0 120 80 40 1 2021-01-01 2021-01-31 3001 0 50 0 50 1 2021-01-01 2021-01-31 3002 0 0 0 0 1 2021-02-01 2021-02-28 1001 15 50 58 7 1 2021-02-01 2021-02-28 1002 4 246 220 30 1 2021-02-01 2021-02-28 2001 30 110 105 35 1 2021-02-01 2021-02-28 2002 40 80 60 60 1 2021-02-01 2021-02-28 3001 50 50 75 25 1 2021-02-01 2021-02-28 3002 0 226 166 60 1 2021-03-01 2021-03-31 1001 7 30 33 4 1 2021-03-01 2021-03-31 1002 30 20 35 15 账套号1，日期2021-01-01至2021-03-31，条数18
w_jxc_report_retr	实现单位成本查询 参数：'jxc_goods_price' 显示字段：账套号、起始日期、结束日期、商品编码、月末一次加权单位成本 数据示例： 1 2021-01-01 2021-01-31 1001 1,373.45 1 2021-01-01 2021-01-31 1002 3,327.72 1 2021-01-01 2021-01-31 2001 8,750.24 1 2021-01-01 2021-01-31 2002 5,343.16 1 2021-01-01 2021-01-31 3001 2,336.28 1 2021-01-01 2021-01-31 3002 0.00 1 2021-02-01 2021-02-28 1001 1,373.45 1 2021-02-01 2021-02-28 1002 3,428.18 1 2021-02-01 2021-02-28 2001 9,040.60 1 2021-02-01 2021-02-28 2002 5,803.45 1 2021-02-01 2021-02-28 3001 2,388.28 1 2021-02-01 2021-02-28 3002 2,823.86 1 2021-03-01 2021-03-31 1001 1,454.53 1 2021-03-01 2021-03-31 1002 3,514.39 账套号1，日期2021-01-01至2021-03-31，条数18

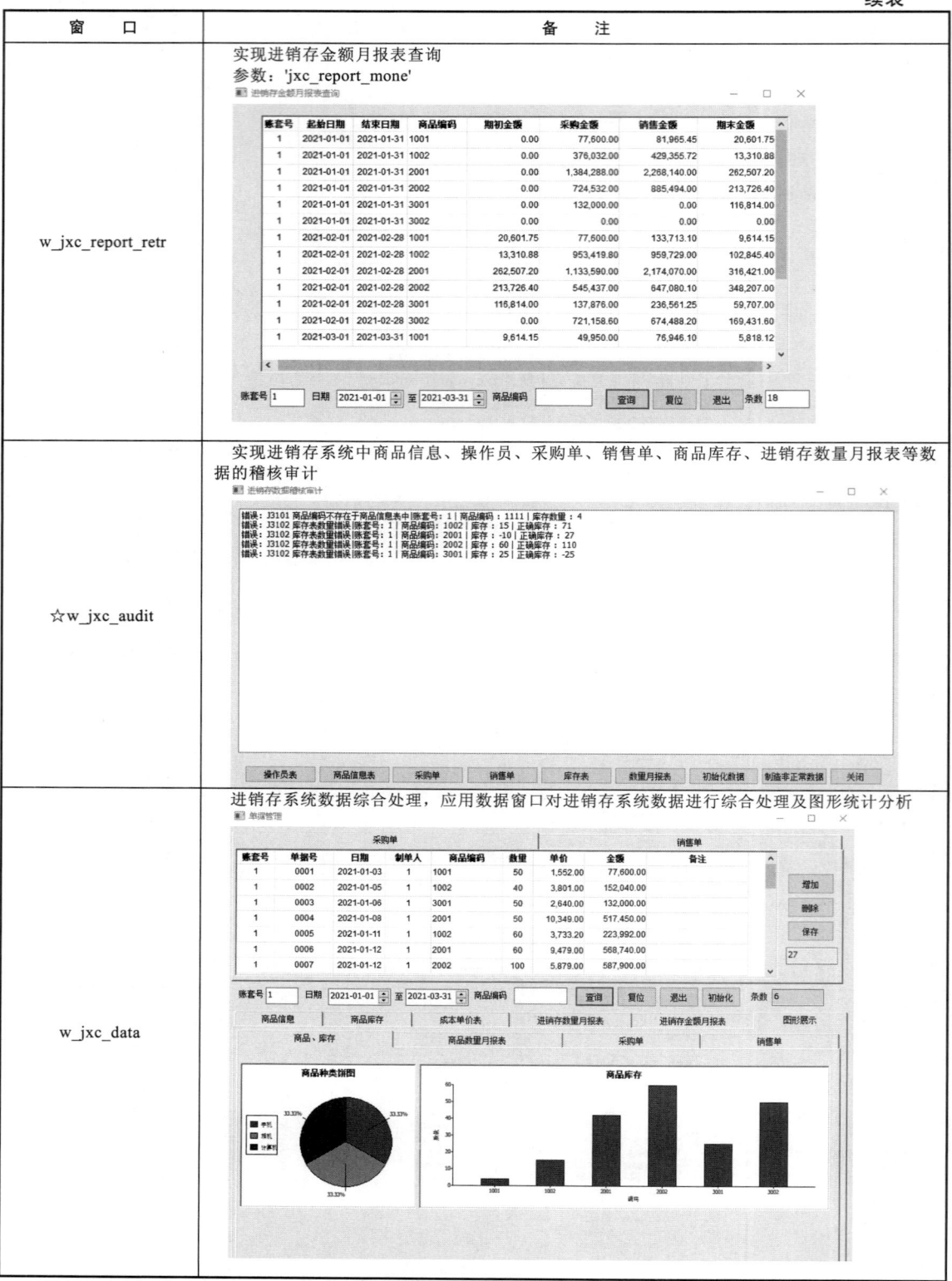

续表

窗口	备注
w_jxc_report_retr	实现进销存金额月报表查询 参数：'jxc_report_mone'
☆w_jxc_audit	实现进销存系统中商品信息、操作员、采购单、销售单、商品库存、进销存数量月报表等数据的稽核审计
w_jxc_data	进销存系统数据综合处理，应用数据窗口对进销存系统数据进行综合处理及图形统计分析

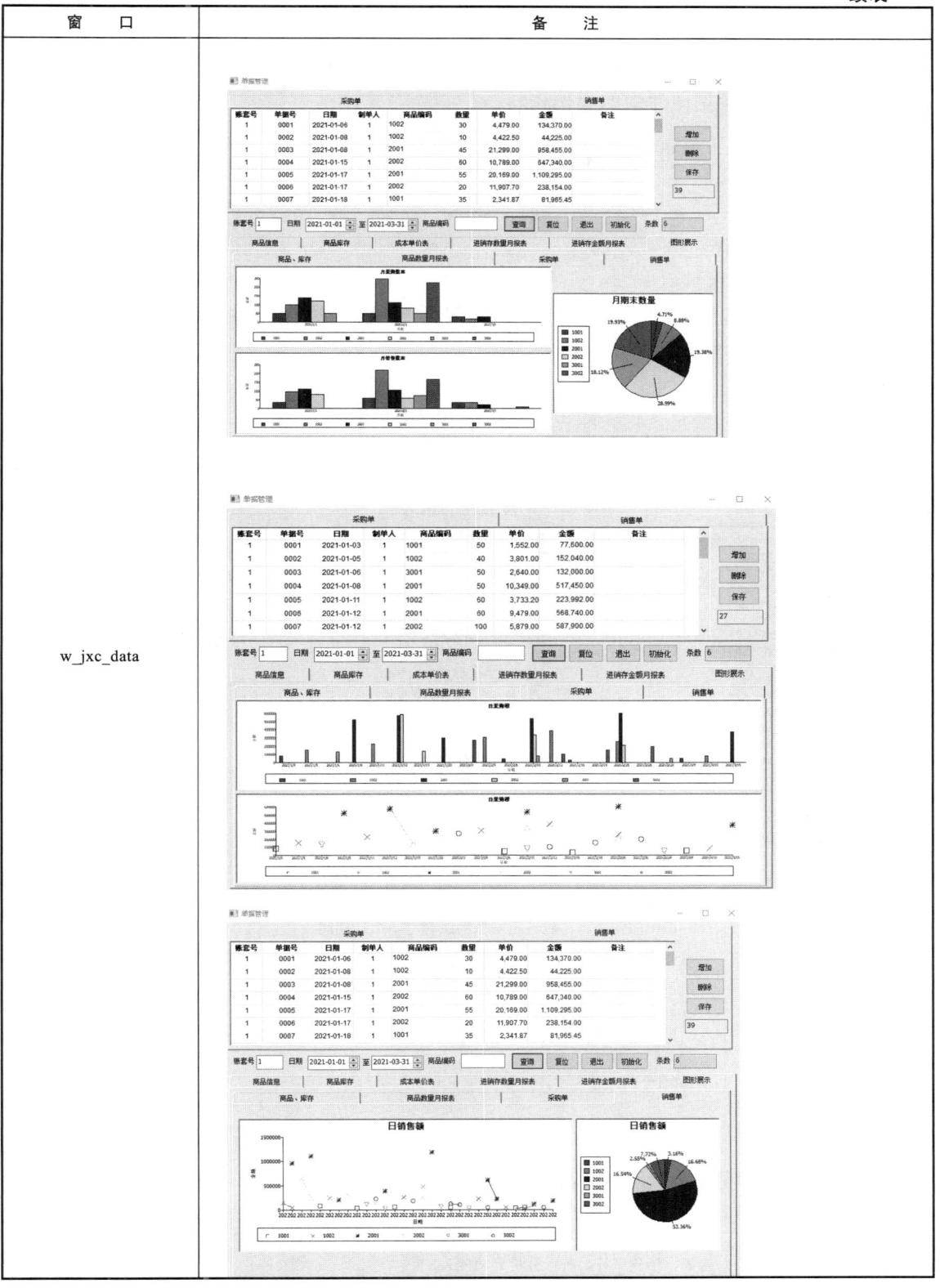

续表

窗 口	备 注
w_jxc_data	

10.5 应用数据窗口对象技术开发账务处理系统

【**案例 10-7**】应用数据窗口对象技术开发账务处理系统。

源代码与文档参见课件中的案例资料。

系列数据窗口。主要包含 w_zw_xtdl、☆w_zw_cover、w_zw_d_ztxxb、w_zw_d_czy、w_zw_mbgl、w_zw_c_cwzbmb、w_zw_d_kjkmbmb_zj、w_zw_d_kjkmbmb_cx、☆w_zw_zb_kmyeb_csh、w_zw_zb_kmyeb、w_zw_zb_mxzb、☆w_zw_zb_kmyeb_ssph、☆w_zw_cshwb、w_zw_pz_sr、w_zw_pz_cx、☆w_zw_jhsj、☆w_zw_jzsy、☆w_zw_qmcl、w_zw_qmjz、☆w_zw_tjfx、w_zw_yb 等 21 个窗口。

注：☆表示该窗口与第 9 章通过嵌入式 SQL 语句开发账务处理系统中的案例类似。表 10-12 为案例 10-7 的窗口设计。

表 10-12　案例 10-7 窗口设计

数据窗口 1	数据窗口 2	窗　　口
dw_view_zw_pz_grid dw_zw_c_bb_d dw_zw_c_bb_grid dw_zw_c_cwzbmb_d dw_zw_c_cwzbmb_grid dw_zw_c_hy_d dw_zw_c_hy_grid dw_zw_c_kmlb_d dw_zw_c_kmlb_grid dw_zw_c_kmlb_j dw_zw_c_kmxz_j dw_zw_c_kmxz_grid dw_zw_c_kmxz_j dw_zw_d_czy_d dw_zw_d_czy_free dw_zw_d_czy_grid dw_zw_d_kjkmbmb_d dw_zw_d_kjkmbmb_free dw_zw_d_kjkmbmb_grid dw_zw_d_kjkmbmb_grid_r dw_zw_d_kjkmbmb_j dw_zw_d_ztxxb_d dw_zw_d_ztxxb_free dw_zw_d_ztxxb_grid dw_zw_d_ztxxb_j	dw_zw_pz_mxb_grid dw_zw_pz_mxb_grid_r dw_zw_pz_zb_free dw_zw_pz_zb_free_r dw_zw_pz_zb_grid_r dw_zw_yb_cwzbtjb_grid dw_zw_yb_cwzbtjb_tab dw_zw_yb_lrb_free dw_zw_yb_lrb_grid dw_zw_yb_zcfzb_free dw_zw_yb_zcfzb_grid dw_zw_zb_kmyeb_free dw_zw_zb_kmyeb_grid dw_zw_zb_kmyeb_grid_r dw_zw_zb_kmyeb_r dw_zw_zb_mxzb_free dw_zw_zb_mxzb_grid dw_zw_zb_mxzb_grid_r	w_zw_c_cwzbmb w_zw_cover w_zw_cshwb w_zw_d_czy w_zw_d_kjkmbmb_cx w_zw_d_kjkmbmb_zj w_zw_d_ztxxb w_zw_jhsj w_zw_jzsy w_zw_mbgl w_zw_pz_cx w_zw_pz_sr w_zw_qmcl w_zw_qmjz w_zw_tjfx w_zw_xtdl w_zw_yb w_zw_zb_kmyeb w_zw_zb_kmyeb_csh w_zw_zb_kmyeb_ssph w_zw_zb_mxzb

窗　　口	备　　注
w_zw_xtdl	判断用户的合法性，实现账务处理系统登录。如果数据库中无账套，则要求新建账套；否则，打开选中的账套，同时设定系统的账套号、会计期间
☆w_zw_cover	账务处理系统功能窗口，包括账套管理、初始设置、凭证管理、期末处理、账表管理、会计报表、稽核审计、统计分析等功能

续表

窗　口	备　注
☆w_zw_cover	当新建账套完毕后，需要对该账套进行初始化设置操作。包括对操作员信息、科目类别、科目性质、币别、行业等系统码表进行初始化处理。同时还需确定账套会计科目、进行科目余额初始化以及试算平衡等操作，为日常业务操作处理做好准备。 根据账务处理系统案例，对数据库中相关表数据进行初始化处理。 科目类别码表、科目性质码表、币别码表、行业码表、财务指标码表、账套信息表、会计科目编码表、操作员表、凭证主表、凭证明细表、会计科目余额表、明细账表、资产负债表、利润表、财务指标统计表 zw_c_kmlb、zw_c_kmxz、zw_c_bb、zw_c_hy、zw_c_cwzbmb、zw_d_ztxxb、zw_d_kjkmbmb、zw_d_czy、zw_pz_zb、zw_pz_mxb、zw_zb_kmyeb、zw_zb_mxzb、zw_yb_zcfzb、zw_yb_lrb、zw_yb_cwzbtjb
w_zw_d_ztxxb	实现账套信息管理 注：输入账套号时不能与数据库中存在以及数据窗口中已有的账套号重复。
w_zw_d_czy	实现操作员管理 注：输入操作员编码时不能与数据库中存在以及数据窗口中已有的编码重复。

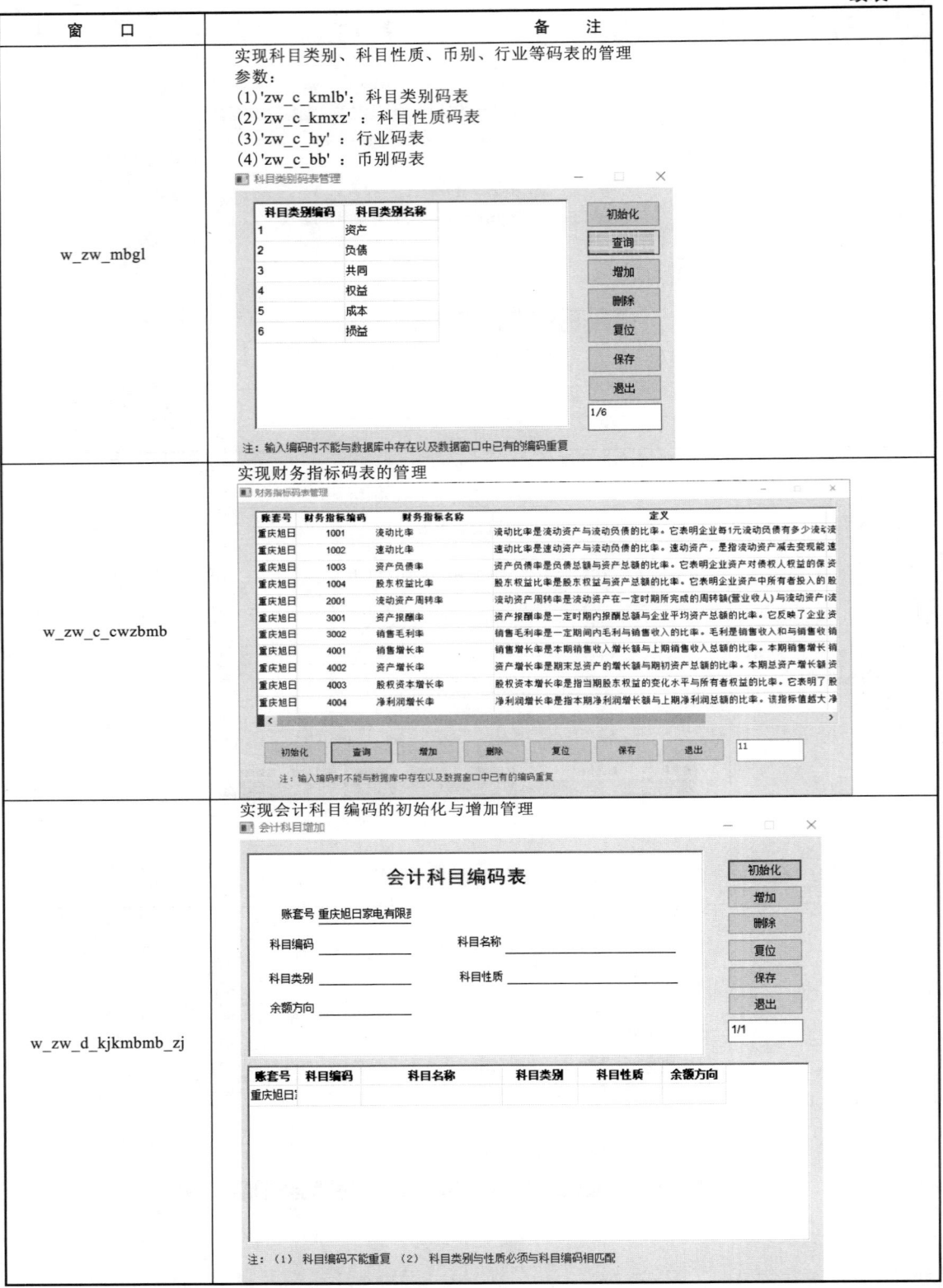

续表

窗　口	备　注
w_zw_mbgl	实现科目类别、科目性质、币别、行业等码表的管理 参数： (1) 'zw_c_kmlb'：科目类别码表 (2) 'zw_c_kmxz'：科目性质码表 (3) 'zw_c_hy'：行业码表 (4) 'zw_c_bb'：币别码表 科目类别码表管理窗口：包含科目类别编码与科目类别名称（1资产、2负债、3共同、4权益、5成本、6损益），按钮有初始化、查询、增加、删除、复位、保存、退出。 注：输入编码时不能与数据库中存在以及数据窗口中已有的编码重复
w_zw_c_cwzbmb	实现财务指标码表的管理 财务指标码表管理窗口，字段包括账套号、财务指标编码、财务指标名称、定义。数据示例： 重庆旭日 1001 流动比率 流动比率是流动资产与流动负债的比率。它表明企业每1元流动负债有多少流动… 重庆旭日 1002 速动比率 速动比率是速动资产与流动负债的比率。速动资产，是指流动资产减去变现能… 重庆旭日 1003 资产负债率 资产负债率是负债总额与资产总额的比率。它表明企业资产对债权人权益的保… 重庆旭日 1004 股东权益比率 股东权益比率是股东权益与资产总额的比率。它表明企业资产中所有者投入的股… 重庆旭日 2001 流动资产周转率 流动资产周转率是流动资产在一定时期所完成的周转额(营业收入)与流动资产… 重庆旭日 3001 资产报酬率 资产报酬率是一定时期的报酬总额与企业平均资产总额的比率。它反映了企业… 重庆旭日 3002 销售毛利率 销售毛利率是一定期间内毛利与销售收入的比率。毛利是销售收入和与销售收… 重庆旭日 4001 销售增长率 销售增长率是本期销售收入增长额与上期销售收入总额的比率。本期销售增长… 重庆旭日 4002 资产增长率 资产增长率是期末总资产的增长额与期初资产总额的比率。本期总资产增长率… 重庆旭日 4003 股权资本增长率 股权资本增长率是指当期股东权益的变化水平与所有者权益的比率。它表明了… 重庆旭日 4004 净利润增长率 净利润增长率是指本期净利润增长额与上期净利润总额的比率。该指标值越大… 按钮：初始化、查询、增加、删除、复位、保存、退出　11 注：输入编码时不能与数据库中存在以及数据窗口中已有的编码重复
w_zw_d_kjkmbmb_zj	实现会计科目编码的初始化与增加管理 会计科目增加窗口 —— 会计科目编码表 账套号　重庆旭日家电有限… 科目编码　_____　科目名称　_____ 科目类别　_____　科目性质　_____ 余额方向　_____ 按钮：初始化、增加、删除、复位、保存、退出　1/1 列表：账套号　科目编码　科目名称　科目类别　科目性质　余额方向 重庆旭日 注：(1) 科目编码不能重复　(2) 科目类别与性质必须与科目编码相匹配

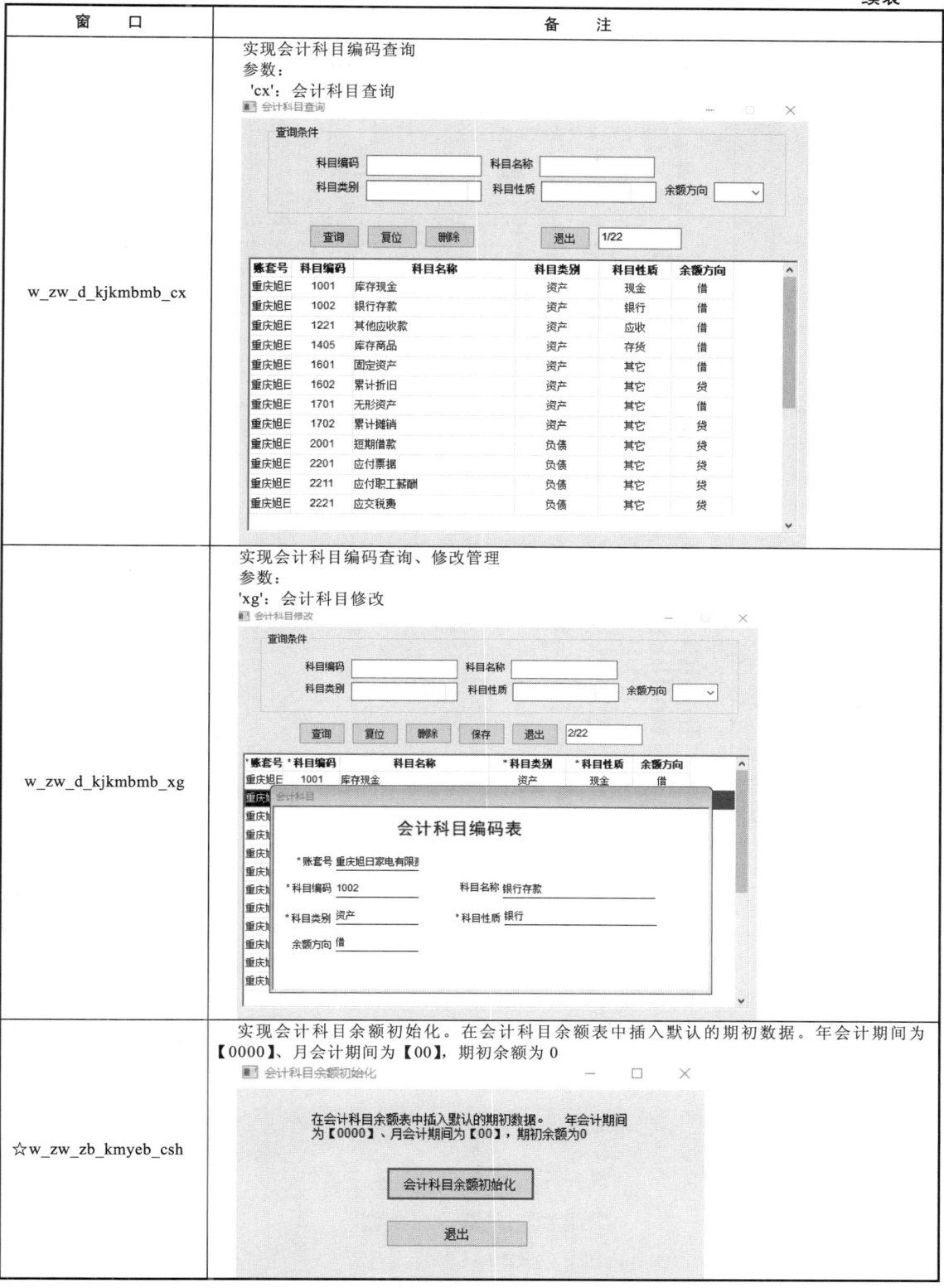

续表

窗 口	备 注
w_zw_d_kjkmbmb_cx	实现会计科目编码查询 参数： 'cx'：会计科目查询
w_zw_d_kjkmbmb_xg	实现会计科目编码查询、修改管理 参数： 'xg'：会计科目修改
☆w_zw_zb_kmyeb_csh	实现会计科目余额初始化。在会计科目余额表中插入默认的期初数据。年会计期间为【0000】、月会计期间为【00】，期初余额为 0

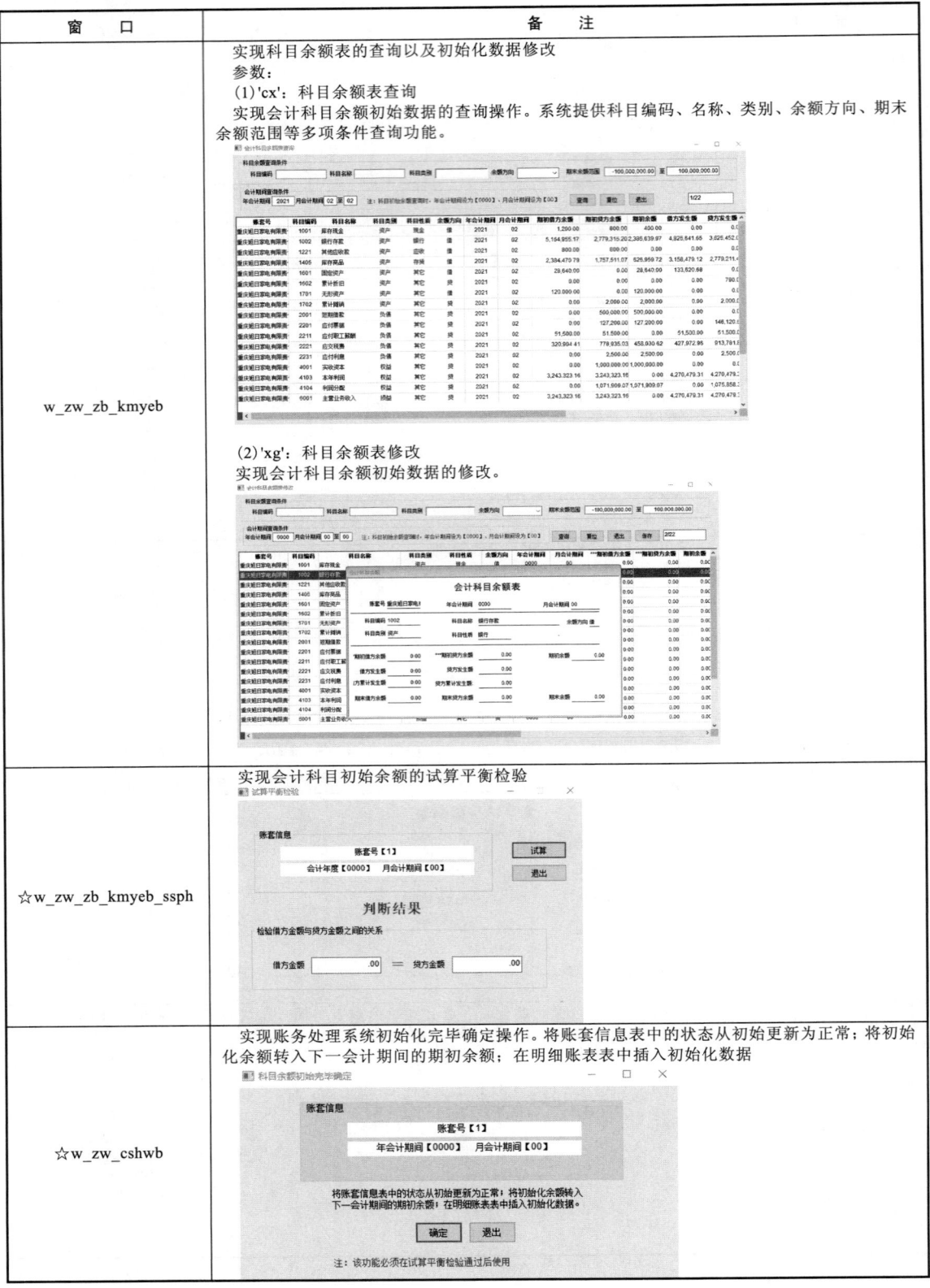

续表

窗 口	备 注
w_zw_zb_kmyeb	实现科目余额表的查询以及初始化数据修改 参数： (1)'cx'：科目余额表查询 　　实现会计科目余额初始数据的查询操作。系统提供科目编码、名称、类别、余额方向、期末余额范围等多项条件查询功能。 (2)'xg'：科目余额表修改 　　实现会计科目余额初始数据的修改。
☆w_zw_zb_kmyeb_ssph	实现会计科目初始余额的试算平衡检验
☆w_zw_cshwb	实现账务处理系统初始化完毕确定操作。将账套信息表中的状态从初始更新为正常；将初始化余额转入下一会计期间的期初余额；在明细账表表中插入初始化数据

续表

窗　口	备　注
w_zw_pz_sr	实现凭证输入
w_zw_pz_cx	参数： (1)凭证查询：'cx' 实现凭证查询。 (2)凭证修改：'xg' 实现凭证修改。 (3)凭证审核：'sh' 实现凭证审核。

续表

窗口	备注
w_zw_pz_cx	(4) 凭证审核取消：'shqx' 实现凭证审核取消。
w_zw_pz_cx	参数： (1) 凭证记账：'jz' 实现凭证记账处理。 (2) 凭证冲销：'pzcx' 实现凭证冲销处理。
w_zw_zb_mxzb	实现明细账查询

续表

窗　口	备　注
☆w_zw_qmcl	实现账务处理系统中结转损益处理 参数： 结转损益：'jzsy'
☆w_zw_qmjz	实现期末结账处理
☆w_zw_qmcl	实现资产负债表的计算 参数： 资产负债表计算：'zw_yb_zcfzb'
☆w_zw_qmcl	实现利润表的计算 参数： 利润表计算：'zw_yb_lrb'

续表

窗口	备注
☆w_zw_qmcl	实现财务指标表的计算 参数： 财务指标表计算：'zw_yb_cwzbtjb' 计算：流动比率、速动比率、资产负债率、股东权益比率、流动资产周转率、资产报酬率、销售毛利率、销售增长率、资产增长率、股权资本增长率、净利润增长率。
w_zw_yb	实现资产负债表、利润表、财务指标表的查询 参数： (1) 'zw_yb_zcfzb'：资产负债表 (2) 'zw_yb_lrb'：利润表

续表

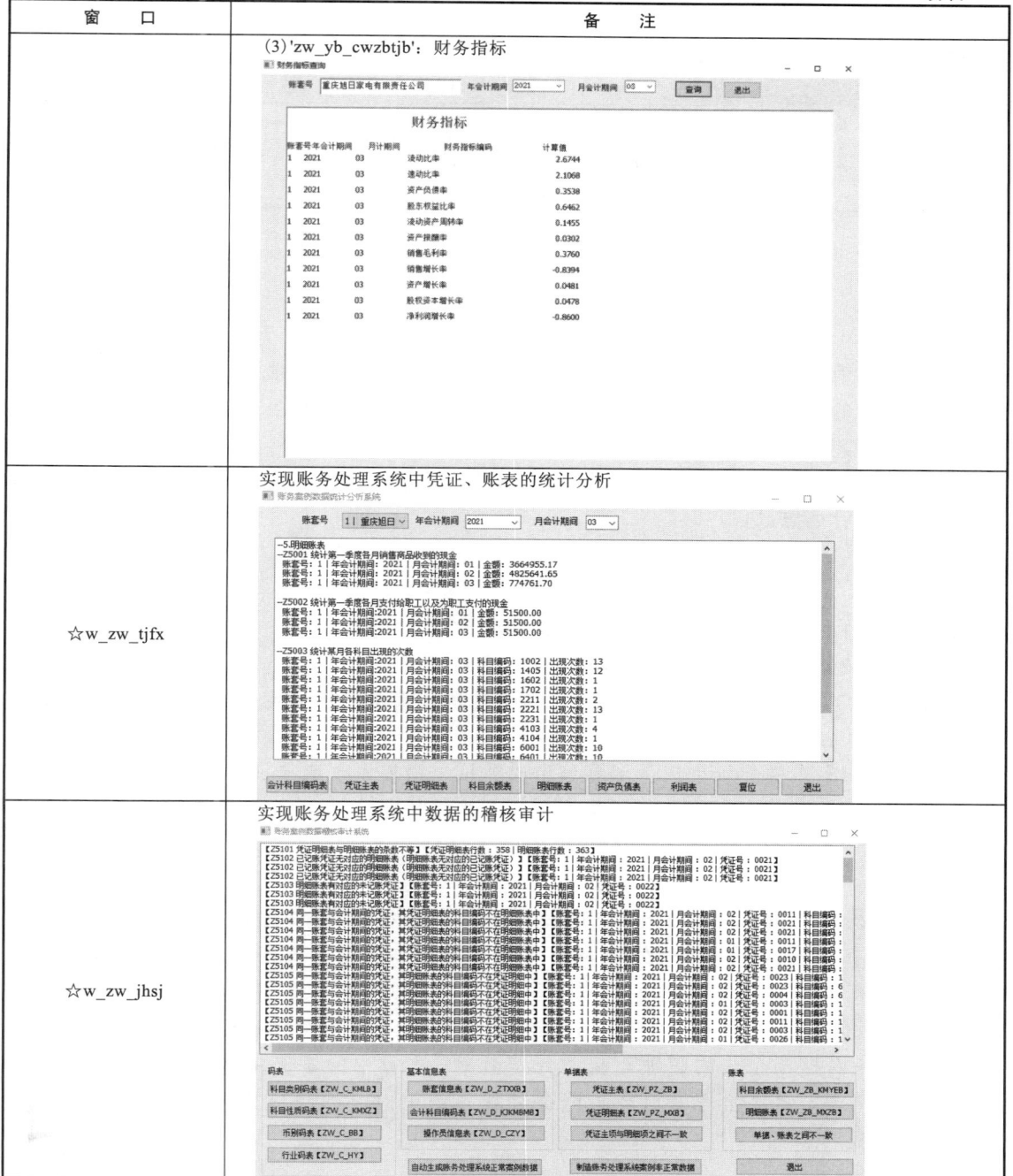

窗　口	备　注
	(3) 'zw_yb_cwzbtjb'：财务指标
☆w_zw_tjfx	实现账务处理系统中凭证、账表的统计分析
☆w_zw_jhsj	实现账务处理系统中数据的稽核审计

思考题

应用数据窗口技术，分析、设计并开发对其他业务处理的管理信息系统。

第 11 章

业财一体化系统开发

【学习目的】

在掌握进销存业务系统、账务处理系统分析设计与开发的基础上，进一步掌握业务、财务数据接口的处理方法，并将业务数据通过开发接口程序自动生成对应机制凭证，从而打通业财系统，实现业务、财务数据一体化融合。

了解相关模块的开发方法，掌握业务单据管理、机制凭证生成、各类账表计算、对数据进行稽核审计的方法。

【教学案例】

【案例 11-1】采购单自动生成对应机制凭证 SQL。
【案例 11-2】销售单自动生成对应机制凭证 SQL。
【案例 11-3】业财一体批处理 SQL。从采购单、销售单自动生成计算进销存、账务处理系统的单据、账表。
【案例 11-4】机制凭证生成。采购单生成凭证、销售单生成凭证、成本结转凭证。
【案例 11-5】进销存、账务处理系统数据一体化处理。
【案例 11-6】采购单业财一体化处理。
【案例 11-7】销售单业财一体化处理。

业财一体化（Financial Business Integration），即业财融合，具体指企业利用信息技术构建一个基于业务流程处理的能将业务活动数据与账务处理数据进行实时处理的业务财务一体化系统平台。这个平台有机融合了企业日常经营管理活动中的业务活动流程、企业经营管理流程及财务会计处理流程，能够使业务流程中的相关数据及时转化为财务信息，从而提升企业的管理与生产经营效率。本章中的案例将进销存系统中发生的业务数据采购单、销售单等及时生成账务处理系统中对应的会计凭证，并及时更新会计账表、会计报表。

11.1 业财一体化系统接口设计

11.1.1 业财一体化系统接口的任务

业财一体化系统接口的主要任务是根据业务数据生成凭证，从而将财务系统、进销存系统、稽核审计系统等紧密衔接。业务数据自动生成凭证，凭证与业务数据相互影响、相互关联。

1．进销存处理系统

进销存处理系统主要完成了对商品信息、进销存操作员的管理，采购、销售数据的处理，及时进行库存、数量月报表和金额月报表的计算，成本单价计算(选择月末一次加权平均法、先进先出法、移动加权平均法等计价方法)，销售成本计算(根据成本单价计算每笔销售业务的销售成本)以及生成机制凭证。

2．账务处理系统

账务处理系统主要完成了科目类别、科目性质、币别、行业等系统码表的管理；账套信息、会计科目编码表等系统基本信息表的管理；科目余额、试算平衡检验等数据初始化的管理；凭证增加、凭证审核、凭证审核取消、凭证记账、凭证冲销等日常凭证的管理；损益结转、期末结账等期末处理，资产负债表、利润表等会计报表的计算。

3．业财一体化接口

打通进销存系统和账务处理系统壁垒，实现进销存系统中的采购、销售等业务数据自动生成会计凭证，自动更新科目余额表、明细账表，自动计算会计报表，并完成从会计报表到会计凭证再到业务单据的追踪溯源，确保数据的准确性、及时性、相关性、可靠性。

从本书第 2 章进销存系统、账务处理系统的数据处理流程图可以看出，未实现业财一体化时，进销存系统中的采购单、销售单将作为账务处理系统中的原始凭证，传递给账务处理系统中的制单人员进行输入，由凭证审核人员根据业务发生的采购单、销售单等数据进行审核，再由记账人员记账处理，月末由会计主管进行损益结转、期末结账等期末处理以及资产负债表、利润表等会计报表计算。结合第 2 章中的案例 02-4 进销存系统数据处理流程分析、案例 02-5 账务处理系统数据处理流程分析，未实现业财一体化时，进销存系统中采购单、销售单的数据处理流程如图 11-1 所示，进销存系统中的采购单、销售单需要定时传递给账务处理系统中的制单人员进行输入。

实现业财一体化后，进销存系统中的采购单、销售单将自动更新进销存系统中的各类账表，自动生成账务处理系统中的相应机制凭证，自动进行审核、记账更新账表，自动进行期末处理及资产负债表、利润表等会计报表计算。实现业财一体化后，进销存系统中采购单、销售单的数据处理流程如图 11-2 所示。由此可以，实现业财一体化，凭证的输入、审核、记账等工作均可前移到业务端，只要确保业务单据中的数据正确，即可简化凭证的处理流程。实现业财一体化进一步减少了财务会计岗位。

11.1.2 机制凭证生成规则设计

1．采购单生成机制凭证

将采购单生成 2 借 1 贷的机制凭证。主要规则如下：
(1)将采购单的单据号插入凭证主表的备注，写入【[机]采购单[单据号]】。
(2)将采购单的商品编码插入凭证明细表的摘要，写入【采购商品[商品编码]】。

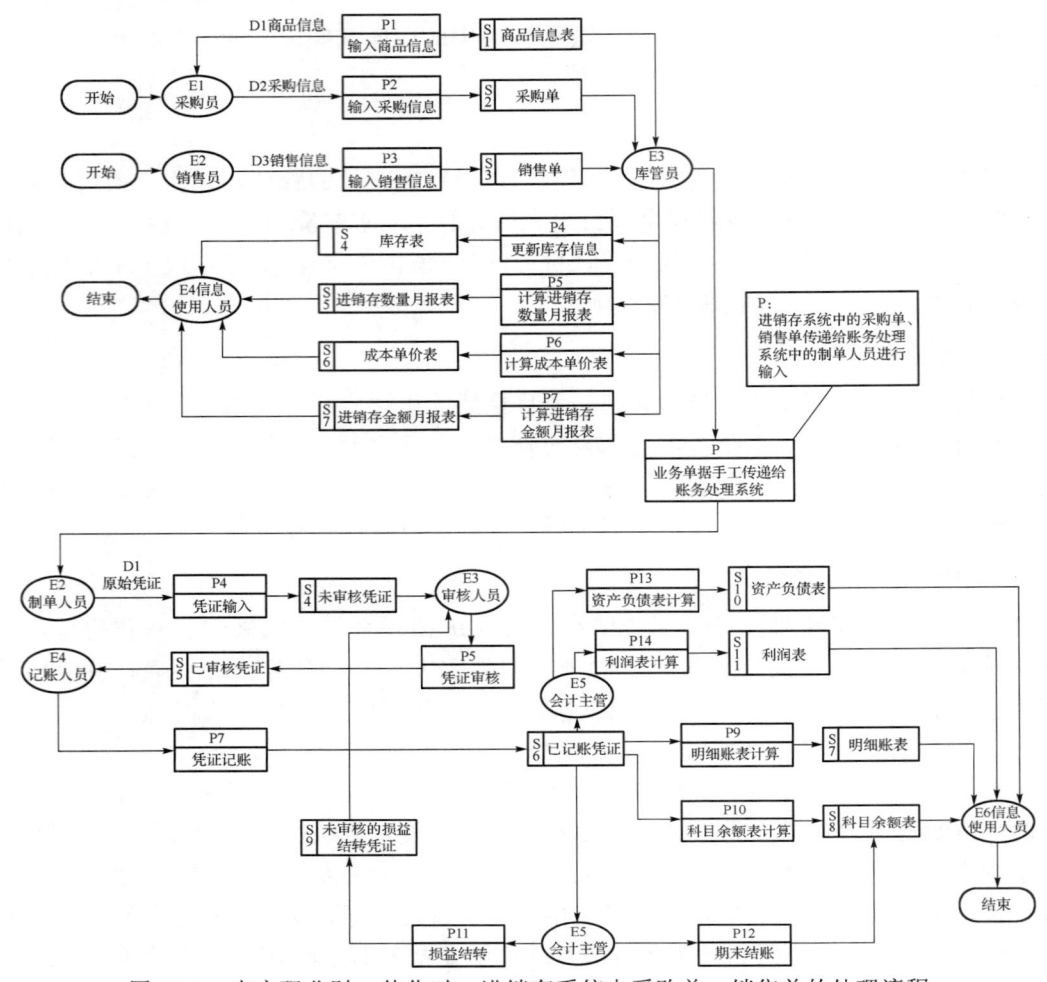

图 11-1 未实现业财一体化时，进销存系统中采购单、销售单的处理流程

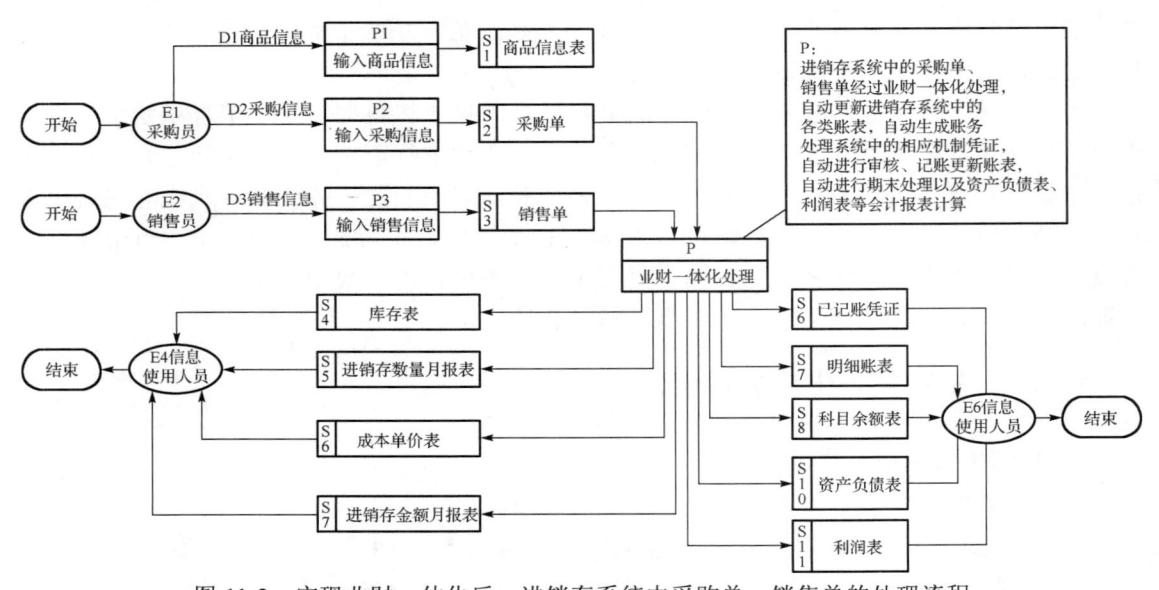

图 11-2 实现业财一体化后，进销存系统中采购单、销售单的处理流程

(3)将采购单的金额插入凭证明细表,生成2借1贷的凭证明细项:

借方1:1405【库存商品】 金额/(1+税率)
借方2:2221【应交税费】 金额 − 金额/(1+税率)
  贷方1: 1002【银行存款】 金额

2. 销售单生成机制凭证

将销售单生成1借2贷的机制凭证。主要规则如下:
(1)将销售单的单据号插入凭证主表的备注,写入【[机]销售单[单据号]】。
(2)将销售单的商品编码插入凭证明细表的摘要,写入【销售商品[商品编码]】。
(3)将销售单的金额插入凭证明细表,生成1借2贷的凭证明细项:

借方1: 1002【银行存款】 金额
  贷方1:2221【应交税费】 金额 − 金额/(1+税率)
  贷方2:6001【主营业务收入】 金额/(1+税率)

3. 销售单成本结转生成机制凭证

销售单成本结转生成1借1贷的机制凭证。主要规则如下:
(1)将销售单的单据号插入凭证主表的备注,写入【[机]成本结转[单据号]】。
(2)将销售单的商品编码插入凭证明细表的摘要,写入【结转商品[商品编码]的销售成本】。
(3)将销售单的金额插入凭证明细表,生成1借1贷的凭证明细项:

借方1: 6401【主营业务成本】 金额
  贷方1:1405【库存商品】 金额

其中:金额 = 商品成本价 × 销售数量

11.2 业财一体化接口处理 SQL

11.2.1 采购单自动生成对应机制凭证 SQL

【案例11-1】采购单自动生成对应机制凭证 SQL。

采购单、销售单自动生成对应机制凭证的存储过程需要调用其他通用的一些存储过程,主要包括:生成凭证号、生成机制凭证(一借一贷凭证、二借一贷凭证、一借二贷凭证、二借二贷凭证)等。

1. 生成凭证号

```
//生成凭证号
drop procedure p_zw_pz_pzh;
create procedure p_zw_pz_pzh @r_zth char(2),@r_nkjqj char(10),@r_ykjqj char(10),@r_pzh char(10) output
as
    begin
        select @r_pzh= str(convert(integer,max(pzh)+1)) from zw_pz_zb where zth=@r_zth and nkjqj=@r_nkjqj and ykjqj=@r_ykjqj
        set @r_pzh='0000'+trim(@r_pzh)
        set @r_pzh=right(@r_pzh,4)
        if (@r_pzh='0000')
            begin
```

```
                set @r_pzh='0001'
            end
    end ;
```

2. 生成机制凭证（一借一贷凭证、二借一贷凭证、一借二贷凭证、二借二贷凭证）

(1) 生成一借一贷凭证类型

```
//生成一借一贷凭证类型
drop  procedure p_zw_pz_j1d1;
create  procedure p_zw_pz_j1d1 @r_zth char(2),@r_nkjqj char(10),@r_ykjqj char(10),@r_rq
date,@r_zdr char(10),
                                                @r_km_code_jf1    char(10),@r_km_code_df1
char(10),@r_jfje1 decimal(12,2),@r_dfje1 decimal(12,2),@r_zy char(100),@r_bz char(100)
as
    begin
        declare @r_pzh char(10)
        //生成凭证号
        exec p_zw_pz_pzh @r_zth,@r_nkjqj,@r_ykjqj,@r_pzh
        insert                                                                      into
zw_pz_mxb( zth,nkjqj,ykjqj,pzh,km_code,zy,jfje,dfje )values(@r_zth,@r_nkjqj,@r_ykjqj,@r_
pzh,@r_km_code_jf1,@r_zy,@r_jfje1,0)
        insert                                                                      into
zw_pz_mxb( zth,nkjqj,ykjqj,pzh,km_code,zy,jfje,dfje )values(@r_zth,@r_nkjqj,@r_ykjqj,@r_
pzh,@r_km_code_df1,@r_zy,0,@r_dfje1)
        insert                        into                                    zw_pz_zb
( zth,nkjqj,ykjqj,pzh,rq,fdjs,zdr,zdrq,shr,shrq,shbj,jzr,jzrq,jzbj,bz)values(@r_zth,@r_n
kjqj,@r_ykjqj,@r_pzh,@r_rq,1,@r_zdr,@r_rq,'',null,'否','',null,'否',@r_bz)
    end ;
```

(2) 生成二借一贷凭证类型

```
//生成二借一贷凭证类型
drop  procedure p_zw_pz_j2d1;
create  procedure p_zw_pz_j2d1   @r_zth char(2),@r_nkjqj char(10),@r_ykjqj char(10),@r_rq
date,@r_zdr char(10),
                                    @r_km_code_jf1 char(10),@r_km_code_jf2 char(10),
@r_km_code_df1    char(10),@r_jfje1   decimal(12,2),@r_jfje2   decimal(12,2),@r_dfje1
decimal(12,2),@r_zy char(100),@r_bz char(100)
as
    begin
        declare @r_pzh char(10)
        //生成凭证号
        exec p_zw_pz_pzh @r_zth,@r_nkjqj,@r_ykjqj,@r_pzh
        insert                                                                      into
zw_pz_mxb( zth,nkjqj,ykjqj,pzh,km_code,zy,jfje,dfje )values(@r_zth,@r_nkjqj,@r_ykjqj,@r_
pzh,@r_km_code_jf1,@r_zy,@r_jfje1,0)
        insert                                                                      into
zw_pz_mxb( zth,nkjqj,ykjqj,pzh,km_code,zy,jfje,dfje )values(@r_zth,@r_nkjqj,@r_ykjqj,@r_
pzh,@r_km_code_jf2,@r_zy,@r_jfje2,0)
        insert                                                                      into
zw_pz_mxb( zth,nkjqj,ykjqj,pzh,km_code,zy,jfje,dfje )values(@r_zth,@r_nkjqj,@r_ykjqj,@r_
pzh,@r_km_code_df1,@r_zy,0,@r_dfje1)
        insert                        into                                    zw_pz_zb
( zth,nkjqj,ykjqj,pzh,rq,fdjs,zdr,zdrq,shr,shrq,shbj,jzr,jzrq,jzbj,bz)values(@r_zth,@r_n
kjqj,@r_ykjqj,@r_pzh,@r_rq,1,@r_zdr,@r_rq,'',null,'否','',null,'否',@r_bz)
    end ;
```

(3) 生成一借二贷凭证类型

```
//生成一借二贷凭证类型
drop  procedure p_zw_pz_j1d2;
create  procedure p_zw_pz_j1d2 @r_zth char(2),@r_nkjqj char(10),@r_ykjqj char(10),@r_rq
date,@r_zdr char(10),
                                         @r_km_code_jf1      char(10),@r_km_code_df1
char(10),@r_km_code_df2 char(10),@r_jfje1 decimal(12,2),@r_dfje1 decimal(12,2),@r_dfje2
decimal(12,2),@r_zy char(100),@r_bz char(100)
as
     begin
          declare @r_pzh char(10)
          //生成凭证号
          exec p_zw_pz_pzh @r_zth,@r_nkjqj,@r_ykjqj,@r_pzh
          insert                                                                  into
zw_pz_mxb( zth,nkjqj,ykjqj,pzh,km_code,zy,jfje,dfje )values(@r_zth,@r_nkjqj,@r_ykjqj,@r_
pzh,@r_km_code_jf1,@r_zy,@r_jfje1,0)
          insert                                                                  into
zw_pz_mxb( zth,nkjqj,ykjqj,pzh,km_code,zy,jfje,dfje )values(@r_zth,@r_nkjqj,@r_ykjqj,@r_
pzh,@r_km_code_df1,@r_zy,0,@r_dfje1)
          insert                                                                  into
zw_pz_mxb( zth,nkjqj,ykjqj,pzh,km_code,zy,jfje,dfje )values(@r_zth,@r_nkjqj,@r_ykjqj,@r_
pzh,@r_km_code_df2,@r_zy,0,@r_dfje2)
          insert                            into                              zw_pz_zb
( zth,nkjqj,ykjqj,pzh,rq,fdjs,zdr,zdrq,shr,shrq,shbj,jzr,jzrq,jzbj,bz)values(@r_zth,@r_n
kjqj,@r_ykjqj,@r_pzh,@r_rq,1,@r_zdr,@r_rq,'',null,'否','',null,'否',@r_bz)
     end ;
```

(4) 生成二借二贷凭证类型

```
//生成二借二贷凭证类型
drop  procedure p_zw_pz_j2d2;
create  procedure p_zw_pz_j2d2 @r_zth char(2),@r_nkjqj char(10),@r_ykjqj char(10),@r_rq
date,@r_zdr char(10),
                                @r_km_code_jf1              char(10),@r_km_code_jf2
char(10),@r_km_code_df1 char(10),@r_km_code_df2 char(10),
                                @r_jfje1                 decimal(12,2),@r_jfje2
decimal(12,2),@r_dfje1 decimal(12,2),@r_dfje2 decimal(12,2),@r_zy char(100),@r_bz char(100)
as
     begin
          declare @r_pzh char(10)
          //生成凭证号
          exec p_zw_pz_pzh @r_zth,@r_nkjqj,@r_ykjqj,@r_pzh
          insert                                                                  into
zw_pz_mxb( zth,nkjqj,ykjqj,pzh,km_code,zy,jfje,dfje )values(@r_zth,@r_nkjqj,@r_ykjqj,@r_
pzh,@r_km_code_jf1,@r_zy,@r_jfje1,0)
          insert                                                                  into
zw_pz_mxb( zth,nkjqj,ykjqj,pzh,km_code,zy,jfje,dfje )values(@r_zth,@r_nkjqj,@r_ykjqj,@r_
pzh,@r_km_code_jf2,@r_zy,@r_jfje2,0)
          insert                                                                  into
zw_pz_mxb( zth,nkjqj,ykjqj,pzh,km_code,zy,jfje,dfje )values(@r_zth,@r_nkjqj,@r_ykjqj,@r_
pzh,@r_km_code_df1,@r_zy,0,@r_dfje1)
          insert                                                                  into
zw_pz_mxb( zth,nkjqj,ykjqj,pzh,km_code,zy,jfje,dfje )values(@r_zth,@r_nkjqj,@r_ykjqj,@r_
pzh,@r_km_code_df2,@r_zy,0,@r_dfje2)
          insert                            into                              zw_pz_zb
( zth,nkjqj,ykjqj,pzh,rq,fdjs,zdr,zdrq,shr,shrq,shbj,jzr,jzrq,jzbj,bz)values(@r_zth,@r_n
kjqj,@r_ykjqj,@r_pzh,@r_rq,1,@r_zdr,@r_rq,'',null,'否','',null,'否',@r_bz)
     end ;
```

3．生成一张采购单的采购凭证

```
//生成采购凭证
//生成一张采购单的采购凭证
drop  procedure p_zw_pz_cg1;
create  procedure p_zw_pz_cg1 @r_zth char(2) ,@r_nkjqj char(10),@r_ykjqj char(10),@r_sheetid
```

```
char(13)
as
    begin
        declare @r_sheetdate date
        declare @r_zdr char(10)
        declare @r_mone decimal(12,2)
        declare @r_tax decimal(7,6)
        declare    @r_km_code_jf1   char(10),@r_km_code_jf2   char(10),@r_km_code_df1
char(10),@r_zy char(100),@r_code char(10)
        declare @r_jfje1 decimal(12,2),@r_jfje2 decimal(12,2),@r_dfje1 decimal(12,2)
        declare @r_nkjqj char(10),@r_ykjqj char(10)
        declare @r_pzh char(10)
        declare @r_bz char(100)
        set @r_tax=1.13
        select  @r_sheetdate=sheetdate,@r_mone=mone,@r_code=code,@r_zdr=oper_code   from
jxc_sheet_buy where zth=@r_zth and sheetid=@r_sheetid
        set @r_zy='采购商品['+@r_code+']'
        set @r_km_code_jf1='1405'
        set @r_jfje1=@r_mone/@r_tax
        set @r_km_code_jf2='2221'
        set @r_jfje2=@r_mone - @r_jfje1
        set @r_km_code_df1='1002'
        set @r_dfje1=@r_mone
        set @r_bz='[机]采购单['+@r_sheetid+']'
        exec                                                           p_zw_pz_j2d1
@r_zth,@r_nkjqj,@r_ykjqj,@r_sheetdate,@r_zdr,@r_km_code_jf1,@r_km_code_jf2,@r_km_code_df
1,@r_jfje1,@r_jfje2,@r_dfje1,@r_zy,@r_bz
    end;
```

11.2.2 销售单自动生成对应机制凭证 SQL

【案例 11-2】销售单自动生成对应机制凭证 SQL。

1. 生成一张销售单的销售凭证

```
//生成销售凭证
//生成一张销售单的销售凭证
drop   procedure p_zw_pz_xs1;
create procedure p_zw_pz_xs1 @r_zth char(2),@r_nkjqj char(10),@r_ykjqj char(10),@r_sheetid
char(13)
as
    begin
        declare @r_sheetdate date
        declare @r_zdr char(10)
        declare @r_mone decimal(12,2)
        declare @r_tax decimal(7,6)
        declare    @r_km_code_jf1   char(10),@r_km_code_df1   char(10),@r_km_code_df2
char(10),@r_zy char(100),@r_code char(10)
        declare @r_jfje1 decimal(12,2),@r_dfje1 decimal(12,2),@r_dfje2 decimal(12,2)
        declare @r_nkjqj char(10),@r_ykjqj char(10)
        declare @r_pzh char(10)
        declare @r_bz char(100)
        set @r_tax=1.13
        select  @r_sheetdate=sheetdate,@r_code=code,@r_mone=mone,@r_zdr=oper_code   from
jxc_sheet_sale where zth=@r_zth and sheetid=@r_sheetid
        set @r_zy='销售商品['+@r_code+']'
        set @r_km_code_jf1='1002'
        set @r_jfje1=@r_mone
        set @r_km_code_df1='6001'
        set @r_dfje1=@r_mone/@r_tax
        set @r_km_code_df2='2221'
        set @r_dfje2=@r_mone - @r_dfje1
        set @r_bz='[机]销售单['+@r_sheetid+']'
        exec                                                           p_zw_pz_j1d2
@r_zth,@r_nkjqj,@r_ykjqj,@r_sheetdate,@r_zdr,@r_km_code_jf1,@r_km_code_df1,@r_km_code_df
2,@r_jfje1,@r_dfje1,@r_dfje2,@r_zy,@r_bz
    end;
```

2. 生成一张销售单的成本结转凭证（采用月末一次加权平均法）

```
//生成成本结转凭证(采用月末一次加权平均法)
//生成一张销售单的成本结转凭证
drop  procedure p_zw_pz_xs_cbjz1;
create   procedure   p_zw_pz_xs_cbjz1   @r_zth   char(2),@r_nkjqj   char(10),@r_ykjqj
char(10),@r_sheetid char(13)
as
    begin
        declare @r_sheetdate date
        declare @r_zdr char(10)
        declare @r_ymycjq_cb decimal(12,2)
        declare @r_km_code_jf1 char(10),@r_km_code_df1 char(10),@r_zy char(100),@r_code char(10)
        declare @r_jfje1 decimal(12,2),@r_dfje1 decimal(12,2)
        declare @r_nkjqj char(10),@r_ykjqj char(10)
        declare @r_pzh char(10)
        declare @r_price decimal(12,2)
        declare @r_amount integer
        declare @r_date_min date
        declare @r_bz char(100)
        //期初第一天
    set @r_date_min=@r_nkjqj +'-'+ @r_ykjqj + '-01'
        select     @r_sheetdate=sheetdate,@r_code=code,@r_amount=amount,@r_zdr=oper_code
from jxc_sheet_sale where zth=@r_zth and sheetid=@r_sheetid
        select    @r_price=price   from   jxc_goods_price   where   zth=@r_zth    and
date_min=@r_date_min and code=@r_code
        set @r_ymycjq_cb=@r_price*@r_amount
        //结转成本(月末一次加权平均法结转成本)
        set @r_zy='结转'+'商品['+@r_code+']'+'的销售成本'
        set @r_km_code_jf1='6401'
        set @r_jfje1=@r_ymycjq_cb
        set @r_km_code_df1='1405'
        set @r_dfje1=@r_ymycjq_cb
        set @r_bz='[机]成本结转['+@r_sheetid+']'
        exec                                                                p_zw_pz_j1d1
@r_zth,@r_nkjqj,@r_ykjqj,@r_sheetdate,@r_zdr,@r_km_code_jf1,@r_km_code_df1,@r_jfje1,@r_d
fje1,@r_zy,@r_bz
    end;
```

11.2.3 业财一体批处理 SQL

业财一体批处理，从采购单、销售单自动生成计算进销存、账务处理系统的单据、账表。

【案例 11-3】业财一体批处理 SQL。从采购单、销售单自动生成计算进销存、账务处理系统的单据、账表。

业财一体批处理的存储过程需要调用其他通用的一些存储过程，主要包括：对会计期间内所有未审核凭证进行审核标记处理、对会计期间内所有已审核未记账的凭证进行记账、删除会计期间内所有的机制凭证等。

1. 对会计期间内所有未审核凭证进行审核标记处理

```
//对会计期间内所有未审核凭证进行审核标记处理
drop procedure p_zw_pz_shbj;
create procedure p_zw_pz_shbj @r_zth char(2),@r_nkjqj char(10),@r_ykjqj char(10)
as
    begin
        declare @r_shrq date
        declare @r_shr char(10)
        set @r_shr='3'
//        //期初第一天
//        set @r_shrq=@r_nkjqj +'-'+ @r_ykjqj + '-01'
//        //期末最后一天
```

```
//      set @r_shrq=dateadd(dd,-1,(select dateadd(mm,1,@@r_shrq)))
            //审核日期为本会计期间最后一天
            set
@r_shrq=convert(char(10),dateadd(dd,-1,(convert(char(10),dateadd(mm,1,(@r_nkjqj+@r_ykjqj+
'01')),120))),120)
            update zw_pz_zb set shr=@r_shr,shrq=@r_shrq,shbj='是' where zth=@r_zth and
nkjqj=@r_nkjqj  and ykjqj=@r_ykjqj and shbj='否' and jzbj='否'
        end ;
```

2. 对会计期间内所有已审核未记账的凭证进行记账

```
//对会计期间内所有已审核未记账的凭证进行记账
drop procedure p_zw_pz_jzbj;
create procedure p_zw_pz_jzbj @r_zth char(2),@r_nkjqj char(10),@r_ykjqj char(10)
as
    begin
        declare @r_jzrq date
        declare @r_jzr char(10)
        set @r_jzr='4'
        //记账日期为本会计期间最后一天标记处理
        set
@r_jzrq=convert(char(10),dateadd(dd,-1,(convert(char(10),dateadd(mm,1,(@r_nkjqj+@r_ykjqj+
'01')),120))),120)
        update zw_pz_zb set jzbj ='是',jzrq=@r_jzrq,jzr=@r_jzr where zth=@r_zth and
nkjqj=@r_nkjqj and ykjqj=@r_ykjqj and shbj='是' and jzbj='否'
        end ;
```

3. 删除会计期间内所有的机制凭证

```
//删除会计期间内所有的机制凭证
drop procedure p_zw_pz_del;
create procedure p_zw_pz_del @r_zth char(2),@r_nkjqj char(10),@r_ykjqj char(10)
as
    begin
        delete from zw_pz_mxb where zth=@r_zth and nkjqj=@r_nkjqj and ykjqj=@r_ykjqj and
pzh in (select pzh from zw_pz_zb where zth=@r_zth and nkjqj=@r_nkjqj and ykjqj=@r_ykjqj and
bz like'%[机]%')
        delete from zw_pz_zb where zth=@r_zth and nkjqj=@r_nkjqj and ykjqj=@r_ykjqj and bz
like'%[机]%'
        end ;
```

4. 业财一体批处理(从采购单、销售单自动生成计算进销存、账务处理系统的单据、账表)

```
//业财一体批处理(自动生成计算进销存、账务处理系统的单据、账表)
drop procedure p_ais;
create procedure p_ais
as
    begin
        declare @i_zth integer
        declare @i_sheetid integer
        declare @r_count_zth integer
        declare @r_count_sheetid integer
        declare @r_zth char(2)
        declare @r_date_min date
        declare @r_date_max date
        declare @r_date_min1 date
        declare @r_date_max1 date
        declare @r_date_min_buy date
        declare @r_date_max_buy date
        declare @r_date_min_sale date
     declare @r_date_max_sale date
        declare @r_nkjqj char(10),@r_ykjqj char(10)
        declare @r_sheetid char(13)
        select @i_zth=1
        select  @r_count_zth=count(*)  from (select row_number() over (order by zth) as xh,zth
from (select distinct zth from jxc_goods) as table_zth) as table_xh
```

```sql
            while @i_zth<=@r_count_zth
                begin
                    select @r_zth=zth from (select row_number() over (order by zth) as xh,zth from (select distinct zth from jxc_goods) as table_zth) as table_xh where xh=@i_zth
                    //计算会计期间的日期
                    select @r_date_min_buy=min(sheetdate) from jxc_sheet_buy where zth=@r_zth
                    select @r_date_max_buy=max(sheetdate) from jxc_sheet_buy where zth=@r_zth
                    select @r_date_min_sale=min(sheetdate) from jxc_sheet_sale where zth=@r_zth
                    select @r_date_max_sale=max(sheetdate) from jxc_sheet_sale where zth=@r_zth
                    if (@r_date_min_buy>=@r_date_min_sale)
                        begin
                            set @r_date_min=@r_date_min_sale
                        end
                    else
                        begin
                            set @r_date_min=@r_date_min_buy
                        end
                    if (@r_date_max_buy>=@r_date_max_sale)
                        begin
                            set @r_date_max=@r_date_max_buy
                        end
                    else
                        begin
                            set @r_date_max=@r_date_max_sale
                        end
                    //第一个会计期间的期初日期
                    select @r_date_min=convert(char(8),@r_date_min,120)+'01'
                    //最后一个会计期间的期末日期
                    select @r_date_max=dateadd(dd,-1,(select dateadd(mm,1,(select convert(char(8),@r_date_max,120)+'01'))))
                    //按会计期间(自然月)计算账表
                    while @r_date_min<=@r_date_max
                        begin
                            set @r_date_min1=@r_date_min
                            select @r_date_max1=dateadd(dd,-1,(select dateadd(mm,1,@r_date_min)))
                            select @r_nkjqj=left(@r_date_min1,4)
                            select @r_ykjqj=right(left(@r_date_min1,7),2)
                            //计算进销存系统账表
                            //计算库存
                            exec p_comp_jxc_goods_amount @r_zth=@r_zth
                            //计算本期间内的进销存数量月报表
                            exec p_comp_jxc_report_amount @r_zth=@r_zth,@r_date_min=@r_date_min1,@r_date_max=@r_date_max1
                            //计算本期间内的成本单价表
                            exec p_comp_jxc_goods_price @r_zth=@r_zth,@r_date_min=@r_date_min1,@r_date_max=@r_date_max1
                            //计算本期间内的进销存金额月报表
                            exec p_comp_jxc_report_mone @r_zth=@r_zth,@r_date_min=@r_date_min1,@r_date_max=@r_date_max1
                            //删除本期间内的所有机制凭证
                            exec p_zw_pz_del @r_zth=@r_zth,@r_nkjqj=@r_nkjqj,@r_ykjqj=@r_ykjqj
                            //本期间内的机制凭证处理
                            //对会计期间内所有未审核凭证进行审核标记处理
                            exec p_zw_pz_shbj @r_zth=@r_zth,@r_nkjqj=@r_nkjqj,@r_ykjqj=@r_ykjqj
                            //对会计期间内所有已审核未记账的凭证进行记账
                            exec p_zw_pz_jzbj @r_zth=@r_zth,@r_nkjqj=@r_nkjqj,@r_ykjqj=@r_ykjqj

                            //本期间内的进销存中的采购单、销售单生成机制凭证
                            //采购单生成机制凭证
                            select @i_sheetid=1
                            select @r_count_sheetid=count(*) from (select
```

```
                row_number() over (order by sheetid) as xh,
        sheetid   from   (select   sheetid   from   jxc_sheet_buy   where   zth=@r_zth   and
sheetdate>=@r_date_min1 and sheetdate<=@r_date_max1 ) as table_sheet) as table_xh
                        while @i_sheetid<=@r_count_sheetid
                                begin
                                    select  @r_sheetid=sheetid       from    (select
row_number() over (order by sheetid) as xh,
        sheetid   from   (select   sheetid   from   jxc_sheet_buy   where   zth=@r_zth   and
sheetdate>=@r_date_min1 and sheetdate<=@r_date_max1 ) as table_sheet) as table_xh where xh
= @i_sheetid
                                    //生成一张采购单的采购凭证
                                    exec                                    p_zw_pz_cg1
@r_zth=@r_zth,@r_nkjqj=@r_nkjqj,@r_ykjqj=@r_ykjqj,@r_sheetid=@r_sheetid
                                    select @i_sheetid=@i_sheetid+1
                                end
                        //销售单生成机制凭证
                        select @i_sheetid=1
                            select   @r_count_sheetid=count(*)    from   (select
row_number() over (order by sheetid) as xh,
        sheetid   from   (select   sheetid   from   jxc_sheet_sale   where   zth=@r_zth  and
sheetdate>=@r_date_min1 and sheetdate<=@r_date_max1 ) as table_sheet) as table_xh
                        while @i_sheetid<=@r_count_sheetid
                                begin
                                    select  @r_sheetid=sheetid       from    (select
row_number() over (order by sheetid) as xh,
        sheeted   from   (select   sheetid   from   jxc_sheet_sale   where   zth=@r_zth  and
sheetdate>=@r_date_min1 and sheetdate<=@r_date_max1 ) as table_sheet) as table_xh where xh
= @i_sheetid
                                    //生成一张销售单的销售凭证
                                    exec                                    p_zw_pz_xs1
@r_zth=@r_zth,@r_nkjqj=@r_nkjqj,@r_ykjqj=@r_ykjqj,@r_sheetid=@r_sheetid
                                    //生成一张销售单的成本结转凭证
                                    exec                                p_zw_pz_xs_cbjz1
@r_zth=@r_zth,@r_nkjqj=@r_nkjqj,@r_ykjqj=@r_ykjqj,@r_sheetid=@r_sheetid
                                    select @i_sheetid=@i_sheetid+1
                                end
                        //审核记账
                                    exec                                    p_zw_pz_shbj
@r_zth=@r_zth,@r_nkjqj=@r_nkjqj,@r_ykjqj=@r_ykjqj
                                    exec                                    p_zw_pz_jzbj
@r_zth=@r_zth,@r_nkjqj=@r_nkjqj,@r_ykjqj=@r_ykjqj
                        //生成会计期间内的损益结转凭证
                                    exec                                    p_zw_pz_syjz
@r_zth=@r_zth,@r_nkjqj=@r_nkjqj,@r_ykjqj=@r_ykjqj
                        //审核记账
                                    exec                                    p_zw_pz_shbj
@r_zth=@r_zth,@r_nkjqj=@r_nkjqj,@r_ykjqj=@r_ykjqj
                                    exec                                    p_zw_pz_jzbj
@r_zth=@r_zth,@r_nkjqj=@r_nkjqj,@r_ykjqj=@r_ykjqj
                        //生成一个会计期间内的结转所得税凭证
                                    exec                                     p_zw_pz_sds
@r_zth=@r_zth,@r_nkjqj=@r_nkjqj,@r_ykjqj=@r_ykjqj
                        //审核记账
                                    exec                                    p_zw_pz_shbj
@r_zth=@r_zth,@r_nkjqj=@r_nkjqj,@r_ykjqj=@r_ykjqj
                                    exec                                    p_zw_pz_jzbj
@r_zth=@r_zth,@r_nkjqj=@r_nkjqj,@r_ykjqj=@r_ykjqj
                        //计算账务处理系统账表
                        //计算会计期间的科目余额表
                                    exec                                p_comp_zw_zb_kmyeb
@r_zth=@r_zth,@r_nkjqj=@r_nkjqj,@r_ykjqj=@r_ykjqj
                        //计算明细账表
                                    exec                                p_comp_zw_zb_mxzb
@r_zth=@r_zth,@r_nkjqj=@r_nkjqj,@r_ykjqj=@r_ykjqj
```

```
                                //计算资产负债表
                                exec                                       p_comp_zw_yb_zcfzb
@r_zth=@r_zth,@r_nkjqj=@r_nkjqj,@r_ykjqj=@r_ykjqj
                                //计算利润表
                                exec                                       p_comp_zw_yb_lrb
@r_zth=@r_zth,@r_nkjqj=@r_nkjqj,@r_ykjqj=@r_ykjqj
                                //计算财务指标统计表
                                exec                                       p_comp_zw_yb_cwzbtjb
@r_zth=@r_zth,@r_nkjqj=@r_nkjqj,@r_ykjqj=@r_ykjqj
                                //下一个会计期间
                                select
@r_date_min=convert(char(8),dateadd(mm,1,@r_date_min),120)+'01'
                            end
                       select @i_zth=@i_zth+1
                  end
       end;
```

11.3 业财一体化接口开发

11.3.1 机制凭证生成

【案例 11-4】机制凭证生成。采购单生成凭证、销售单生成凭证、成本结转凭证。源代码与文档参见课件中的案例资料。

窗口 w_ais_cover，如表 11-1 所示。

w_ais_cover.tabpage_pz.tab_pzgl

表 11-1 案例 11-4 窗口设计

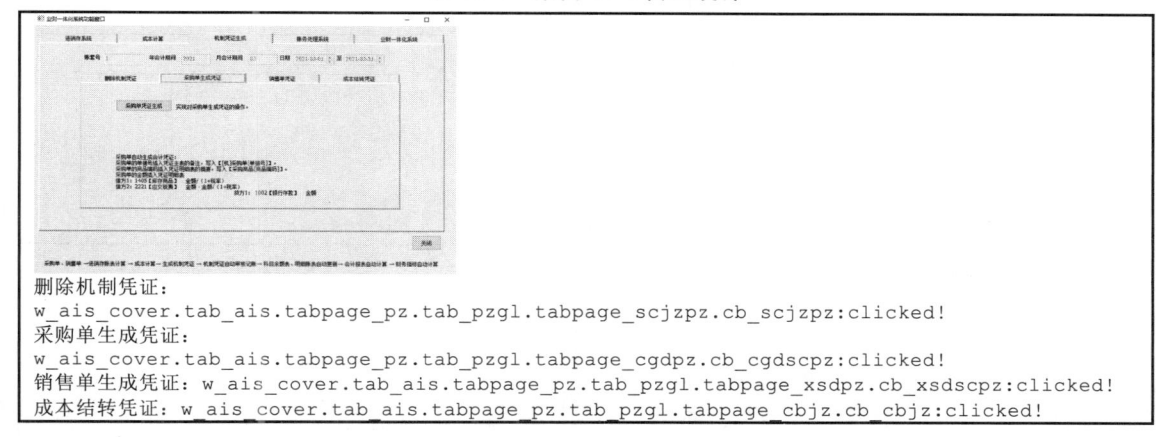

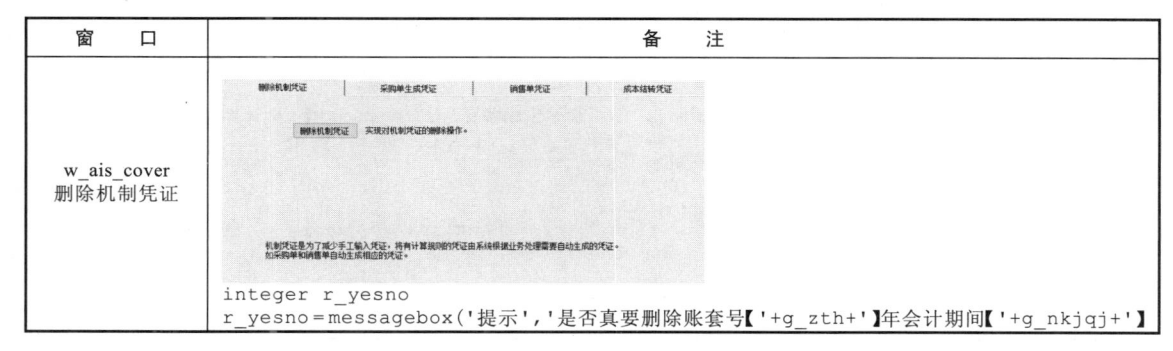

窗 口	备 注
w_ais_cover 删除机制凭证	删除机制凭证： w_ais_cover.tab_ais.tabpage_pz.tab_pzgl.tabpage_scjzpz.cb_scjzpz:clicked! 采购单生成凭证： w_ais_cover.tab_ais.tabpage_pz.tab_pzgl.tabpage_cgdpz.cb_cgdscpz:clicked! 销售单生成凭证：w_ais_cover.tab_ais.tabpage_pz.tab_pzgl.tabpage_xsdpz.cb_xsdscpz:clicked! 成本结转凭证：w_ais_cover.tab_ais.tabpage_pz.tab_pzgl.tabpage_cbjz.cb_cbjz:clicked! integer r_yesno r_yesno=messagebox('提示','是否真要删除账套号【'+g_zth+'】年会计期间【'+g_nkjqj+'】

	月会计期间【'+g_ykjqj+'】的机制凭证？',exclamation!,yesno!,2); if r_yesno = 2 then return declare p_zw_pz_del1 procedure for p_zw_pz_del @r_zth = :g_zth,@r_nkjqj = :g_nkjqj,@r_ykjqj = :g_ykjqj; execute p_zw_pz_del1; messagebox('提示','删除完毕！')

w_ais_cover
采购单生成凭证
	integer r_yesno
	string r_sheetid
	Boolean r_flag
	
	r_yesno=messagebox('提示','是否真要生成账套号【'+g_zth+'】年会计期间【'+g_nkjqj+'】月会计期间 【'+g_ykjqj+'】的采购单凭证？',exclamation!,yesno!,2);
	if r_yesno = 2 then return
	r_flag = true
	declare c_cur cursor for
	    select sheetid from jxc_sheet_buy where zth=:g_zth and sheetdate>=:i_date_min and sheetdate<=:i_date_max;
	      open c_cur;
	  do while r_flag=true
	    fetch c_cur into :r_sheetid;
	    if sqlca.sqlcode=100 then
	      r_flag=false
	    end if
	    if sqlca.sqlcode =-1 then
	      messagebox('提示','读取数据失败！',exclamation!)
	      return
	    end if
	    if sqlca.sqlcode=0 then
	      declare p_zw_pz_cg11 procedure for p_zw_pz_cg1 @r_zth = :g_zth, @r_nkjqj = :g_nkjqj, @r_ykjqj = :g_ykjqj, @r_sheetid=:r_sheetid;
	      execute p_zw_pz_cg11;
	    end if
	 loop
	close c_cur;
	messagebox('提示','采购单凭证生成完毕！')

w_ais_cover
销售单生成凭证
	integer r_yesno
	string r_sheetid
	Boolean r_flag
	
	r_yesno=messagebox('提示','是否真要生成账套号【'+g_zth+'】年会计期间【'+g_nkjqj+'】月会计期间 【'+g_ykjqj+'】的销售单凭证？',exclamation!,yesno!,2);
	if r_yesno = 2 then return
	r_flag = true
	declare c_cur cursor for
	    select sheetid from jxc_sheet_sale where zth=:g_zth and sheetdate>=:i_date_min and sheetdate<=:i_date_max;
	      open c_cur;
	  do while r_flag=true
	    fetch c_cur into :r_sheetid;

| | ```
            if sqlca.sqlcode=100 then
                r_flag=false
            end if
            if sqlca.sqlcode =-1 then
                messagebox('提示','读取数据失败！',exclamation!)
                    return
            end if
            if sqlca.sqlcode=0 then
                declare p_zw_pz_xs11 procedure for p_zw_pz_xs1  @r_zth = :g_zth,
@r_nkjqj = :g_nkjqj, @r_ykjqj = :g_ykjqj, @r_sheetid=:r_sheetid;
                execute p_zw_pz_xs11;
            end if
 loop
 close c_cur;
messagebox('提示','销售单凭证生成完毕！')
``` |
| w_ais_cover 成本结转凭证 | ```
integer r_yesno
string r_sheetid
Boolean r_flag

r_yesno=messagebox('提示','是否真要生成账套号【'+g_zth+'】年会计期间【'+g_nkjqj+'】
月会计期间【'+g_ykjqj+'】的销售单成本结转凭证？',exclamation!,yesno!,2);
if r_yesno = 2 then return
r_flag = true
declare c_cur cursor for
    select    sheetid   from   jxc_sheet_sale  where   zth=:g_zth   and
sheetdate>=:i_date_min and sheetdate<=:i_date_max;
    open c_cur;
  do while r_flag=true
        fetch c_cur into :r_sheetid;
        if sqlca.sqlcode=100 then
            r_flag=false
        end if
        if sqlca.sqlcode =-1 then
            messagebox('提示','读取数据失败！',exclamation!)
                return
        end if
        if sqlca.sqlcode=0 then
            declare p_zw_pz_xs_cbjz11 procedure for p_zw_pz_xs_cbjz1  @r_zth
= :g_zth,  @r_nkjqj = :g_nkjqj, @r_ykjqj = :g_ykjqj, @r_sheetid=:r_sheetid;
            execute p_zw_pz_xs_cbjz11;
        end if
 loop
 close c_cur;
messagebox('提示','销售成本结转凭证生成完毕！')
``` |

11.3.2 业财数据一体化处理

【案例11-5】进销存、账务处理系统数据一体化处理。

进销存、账务处理系统案例数据一体化处理，自动生成进销存、账务处理系统的单据、账表。主要包括以下几个步骤：

1. 计算进销存系统账表

(1)计算库存。

(2)计算本期间内的进销存数量月报表。
(3)计算本期间内的成本单价表。
(4)计算本期间内的进销存金额月报表。

2．删除本期间内的所有机制凭证

3．本期间内的机制凭证处理
(1)对会计期间内所有未审核凭证进行审核标记处理。
(2)对会计期间内所有已审核未记账的凭证进行记账。
(3)将本期间内进销存系统中的采购单、销售单生成机制凭证。
采购单生成机制凭证(生成一张采购单的采购凭证)。销售单生成机制凭证(生成一张销售单的销售凭证、生成一张销售单的成本结转凭证)。
(4)审核记账。
(5)生成会计期间内的损益结转凭证，并审核记账。
(6)生成一个会计期间内的结转所得税凭证，并审核记账。

4．计算账务处理系统中的账表
(1)计算会计期间的科目余额表。
(2)计算明细账表。

5．计算会计报表
(1)计算资产负债表。
(2)计算利润表。
(3)计算财务指标统计表。

源代码与文档参见课件中的案例资料。

窗口 w_ais_cover。

w_ais_cover.tabpage_yc.tab_yc.tabpage_yc_jxc_zw.cb_yc_jxc_zw:clicked! 如表 11-2 所示。

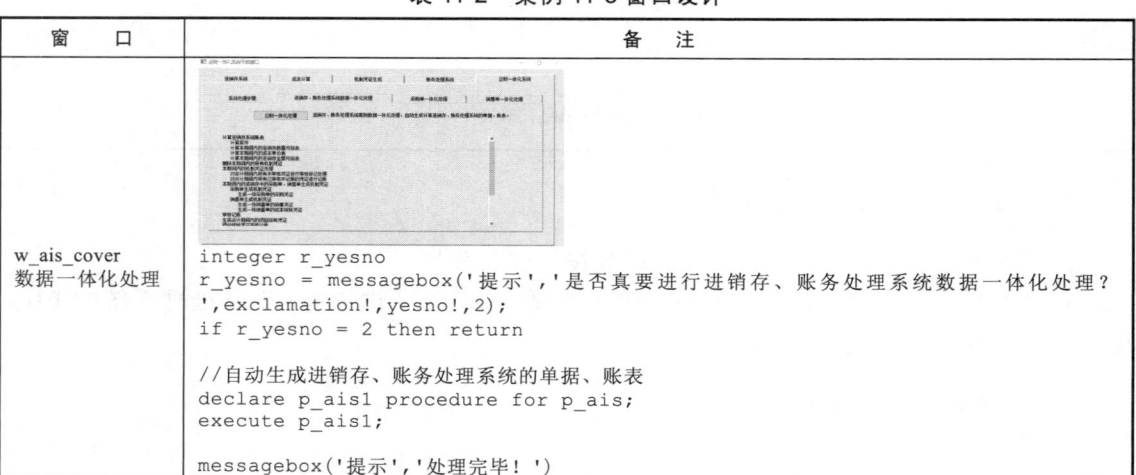

表 11-2　案例 11-5 窗口设计

窗　口	备　注

w_ais_cover
数据一体化处理
	
	`integer r_yesno`
	`r_yesno = messagebox('提示','是否真要进行进销存、账务处理系统数据一体化处理？',exclamation!,yesno!,2);`
	`if r_yesno = 2 then return`
	
	`//自动生成进销存、账务处理系统的单据、账表`
	`declare p_ais1 procedure for p_ais;`
	`execute p_ais1;`
	
	`messagebox('提示','处理完毕！')`

【案例 11-6】采购单业财一体化处理。

对采购单上的数据进行业财一体化处理。处理流程：进销存账表计算→成本计算→生成机制凭证→机制凭证自动审核记账→科目余额表、明细账表自动更新→会计报表自动计算 →财务指标自动计算。针对本案例的采购单更新流程如图 11-3 所示。

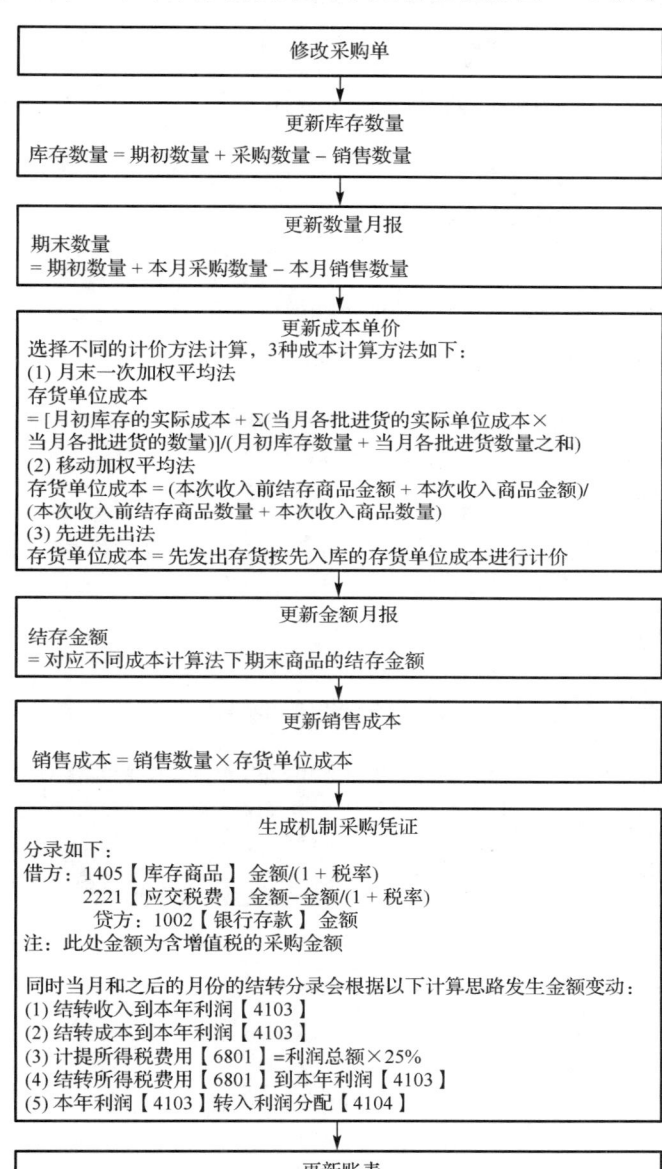

```
┌─────────────────────────────────────┐
│           修改采购单                  │
└─────────────────────────────────────┘
┌─────────────────────────────────────┐
│           更新库存数量                │
│  库存数量 = 期初数量 + 采购数量 – 销售数量 │
└─────────────────────────────────────┘
┌─────────────────────────────────────┐
│           更新数量月报                │
│  期末数量                            │
│  = 期初数量 + 本月采购数量 – 本月销售数量 │
└─────────────────────────────────────┘
┌─────────────────────────────────────┐
│           更新成本单价                │
│ 选择不同的计价方法计算，3种成本计算方法如下：│
│ (1) 月末一次加权平均法                 │
│ 存货单位成本                          │
│ =〔月初库存的实际成本 + Σ(当月各批进货的实际单位成本× │
│ 当月各批进货的数量)〕/(月初库存数量 + 当月各批进货数量之和) │
│ (2) 移动加权平均法                     │
│ 存货单位成本 = (本次收入前结存商品金额 + 本次收入商品金额)/ │
│ (本次收入前结存商品数量 + 本次收入商品数量) │
│ (3) 先进先出法                        │
│ 存货单位成本 = 先发出存货按先入库的存货单位成本进行计价 │
└─────────────────────────────────────┘
┌─────────────────────────────────────┐
│           更新金额月报                │
│ 结存金额                             │
│ = 对应不同成本计算法下期末商品的结存金额 │
└─────────────────────────────────────┘
┌─────────────────────────────────────┐
│           更新销售成本                │
│ 销售成本 = 销售数量×存货单位成本        │
└─────────────────────────────────────┘
┌─────────────────────────────────────┐
│         生成机制采购凭证              │
│ 分录如下：                           │
│ 借方：1405【库存商品】 金额/(1 + 税率)  │
│       2221【应交税费】 金额–金额/(1 + 税率) │
│   贷方：1002【银行存款】 金额          │
│ 注：此处金额为含增值税的采购金额        │
│                                     │
│ 同时当月和之后的月份的结转分录会根据以下计算思路发生金额变动： │
│ (1) 结转收入到本年利润【4103】         │
│ (2) 结转成本到本年利润【4103】         │
│ (3) 计提所得税费用【6801】=利润总额×25% │
│ (4) 结转所得税费用【6801】到本年利润【4103】 │
│ (5) 本年利润【4103】转入利润分配【4104】 │
└─────────────────────────────────────┘
┌─────────────────────────────────────┐
│             更新账表                  │
│ 科目余额表、明细账表，结转损益后进行期末结账 │
│ 更新资产负债表、利润表，其中以下报表项目发生变化： │
│ (1) 资产负债表：货币资金、存货、流动资产合计、资产总计、应交税费 │
│ 流动负债合计、负债合计、未分配利润、所有者权益（或股东权益） │
│ 合计、负债和所有者权益或股东权益总计   │
│ (1) 利润表：营业成本、营业利润、利润总额、所得税费用、净利润、 │
│ 综合收益总额                         │
└─────────────────────────────────────┘
```

图 11-3　采购单更新流程

源代码与文档参见课件中的案例资料。

窗口 w_ais_cover、w_ais_jxc_sheet，如表 11-3 所示。

表 11-3　案例 11-6 窗口设计

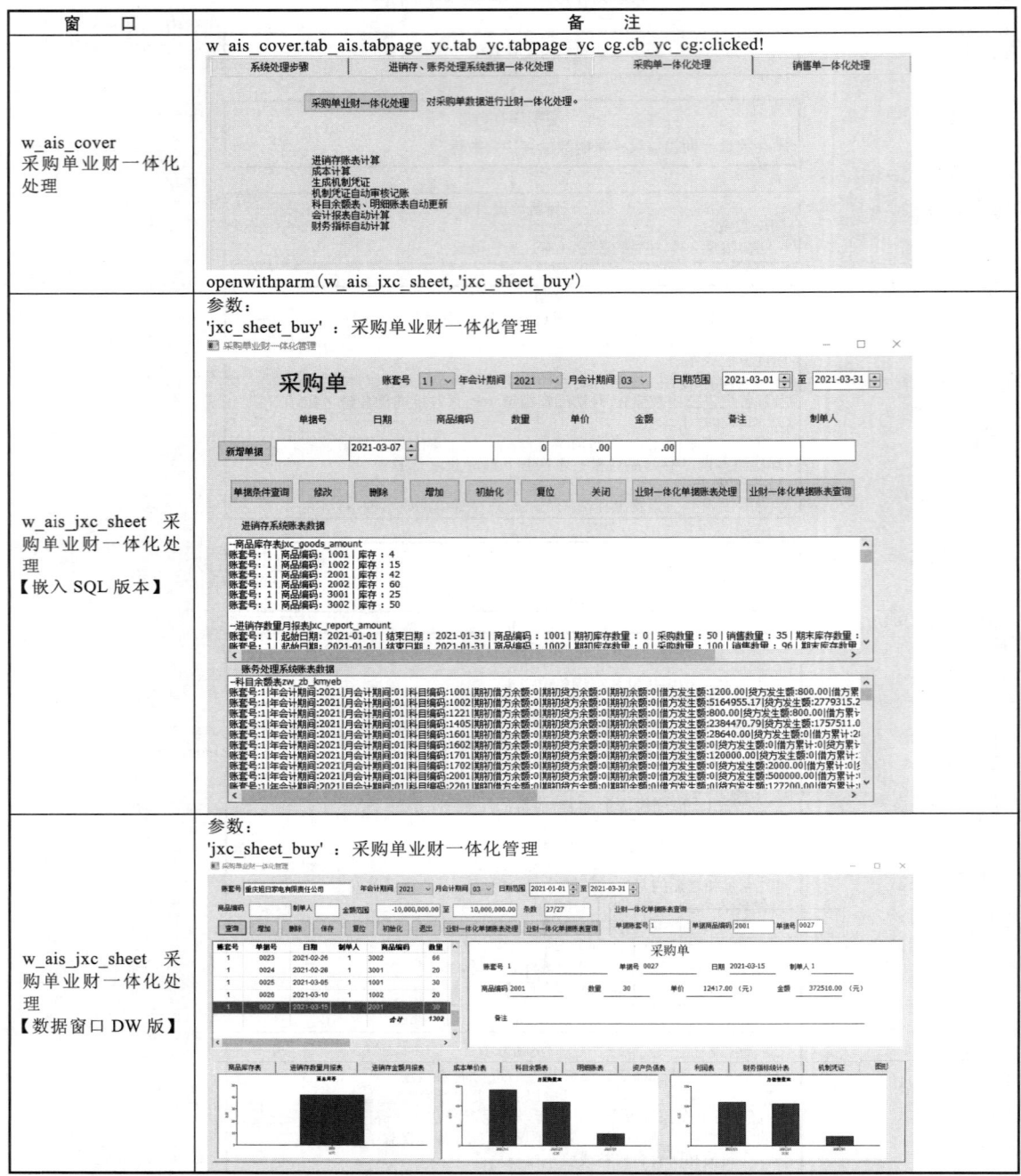

窗　口	备　注
w_ais_cover 采购单业财一体化处理	w_ais_cover.tab_ais.tabpage_yc.tab_yc.tabpage_yc_cg.cb_yc_cg:clicked!
w_ais_jxc_sheet 采购单业财一体化处理 【嵌入 SQL 版本】	openwithparm（w_ais_jxc_sheet, 'jxc_sheet_buy'） 参数： 'jxc_sheet_buy'：采购单业财一体化管理
w_ais_jxc_sheet 采购单业财一体化处理 【数据窗口 DW 版】	参数： 'jxc_sheet_buy'：采购单业财一体化管理

【案例 11-7】销售单业财一体化处理。

对销售单上的数据进行业财一体化处理。处理流程：进销存账表计算→成本计算→生成机制凭证→机制凭证自动审核记账→科目余额表、明细账表自动更新→会计报表自动计算→财务指标自动计算。针对本案例的销售单更新流程如图 11-4 所示。

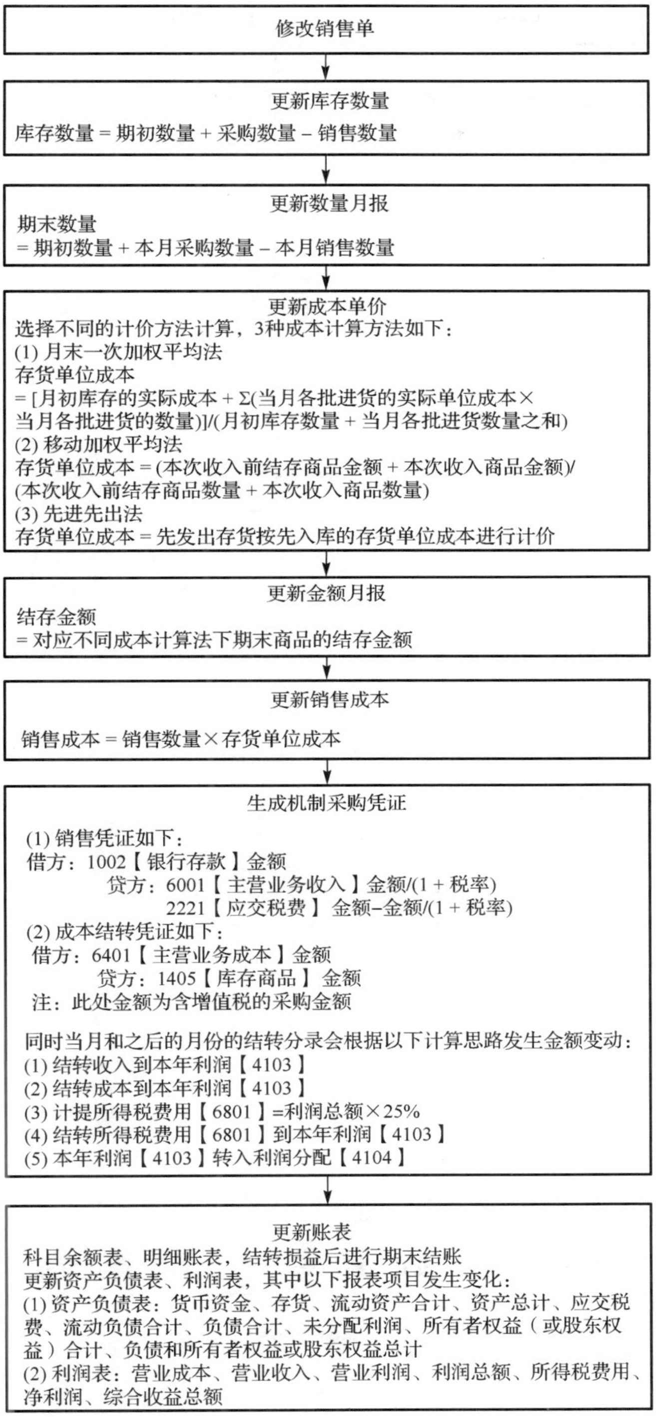

```
┌─────────────────────────────────────────────────────┐
│                    修改销售单                        │
└─────────────────────────────────────────────────────┘
┌─────────────────────────────────────────────────────┐
│                   更新库存数量                       │
│       库存数量 = 期初数量 + 采购数量 – 销售数量      │
└─────────────────────────────────────────────────────┘
┌─────────────────────────────────────────────────────┐
│                   更新数量月报                       │
│  期末数量                                            │
│  = 期初数量 + 本月采购数量 – 本月销售数量            │
└─────────────────────────────────────────────────────┘
┌─────────────────────────────────────────────────────┐
│                   更新成本单价                       │
│  选择不同的计价方法计算,3种成本计算方法如下:         │
│  (1) 月末一次加权平均法                              │
│  存货单位成本                                        │
│  = [月初库存的实际成本 + Σ(当月各批进货的实际单位成本×│
│  当月各批进货的数量)]/(月初库存数量 + 当月各批进货数量之和)│
│  (2) 移动加权平均法                                  │
│  存货单位成本 = (本次收入前结存商品金额 + 本次收入商品金额)/│
│  (本次收入前结存商品数量 + 本次收入商品数量)         │
│  (3) 先进先出法                                      │
│  存货单位成本 = 先发出存货按先入库的存货单位成本进行计价│
└─────────────────────────────────────────────────────┘
┌─────────────────────────────────────────────────────┐
│                   更新金额月报                       │
│  结存金额                                            │
│  = 对应不同成本计算法下期末商品的结存金额            │
└─────────────────────────────────────────────────────┘
┌─────────────────────────────────────────────────────┐
│                   更新销售成本                       │
│       销售成本 = 销售数量×存货单位成本               │
└─────────────────────────────────────────────────────┘
┌─────────────────────────────────────────────────────┐
│                 生成机制采购凭证                     │
│  (1) 销售凭证如下:                                  │
│    借方:1002【银行存款】金额                        │
│        贷方:6001【主营业务收入】金额/(1 + 税率)     │
│            2221【应交税费】金额−金额/(1 + 税率)     │
│  (2) 成本结转凭证如下:                              │
│    借方:6401【主营业务成本】金额                    │
│        贷方:1405【库存商品】金额                    │
│    注:此处金额为含增值税的采购金额                  │
│  同时当月和之后的月份的结转分录会根据以下计算思路发生金额变动:│
│  (1) 结转收入到本年利润【4103】                      │
│  (2) 结转成本到本年利润【4103】                      │
│  (3) 计提所得税费用【6801】=利润总额×25%             │
│  (4) 结转所得税费用【6801】到本年利润【4103】        │
│  (5) 本年利润【4103】转入利润分配【4104】            │
└─────────────────────────────────────────────────────┘
┌─────────────────────────────────────────────────────┐
│                     更新账表                         │
│  科目余额表、明细账表,结转损益后进行期末结账         │
│  更新资产负债表、利润表,其中以下报表项目发生变化:   │
│  (1) 资产负债表:货币资金、存货、流动资产合计、资产总计、应交税│
│  费、流动负债合计、负债合计、未分配利润、所有者权益(或股东权│
│  益)合计、负债和所有者权益或股东权益总计             │
│  (2) 利润表:营业成本、营业收入、营业利润、利润总额、所得税费用、│
│  净利润、综合收益总额                                │
└─────────────────────────────────────────────────────┘
```

图 11-4　销售单更新流程

源代码与文档参见课件中的案例资料。

窗口 w_ais_cover、w_ais_jxc_sheet，如表 11-4 所示。

表 11-4　案例 11-7 窗口设计

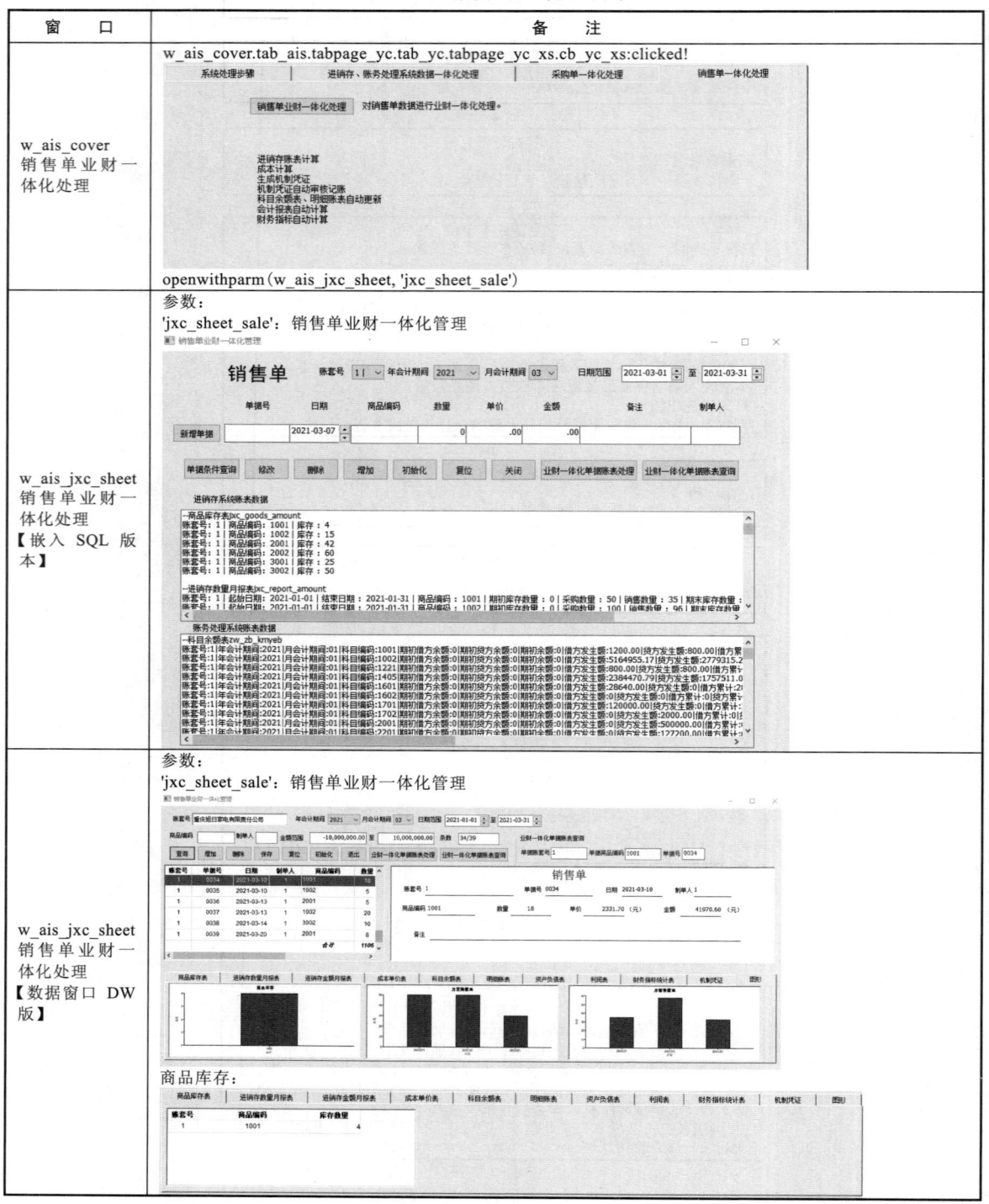

窗　口	备　注
w_ais_cover 销售单业财一体化处理	w_ais_cover.tab_ais.tabpage_yc.tab_yc.tabpage_yc_xs.cb_yc_xs:clicked! openwithparm（w_ais_jxc_sheet, 'jxc_sheet_sale'）
w_ais_jxc_sheet 销售单业财一体化处理 【嵌入 SQL 版本】	参数： 'jxc_sheet_sale'：销售单业财一体化管理
w_ais_jxc_sheet 销售单业财一体化处理 【数据窗口 DW 版】	参数： 'jxc_sheet_sale'：销售单业财一体化管理 商品库存：

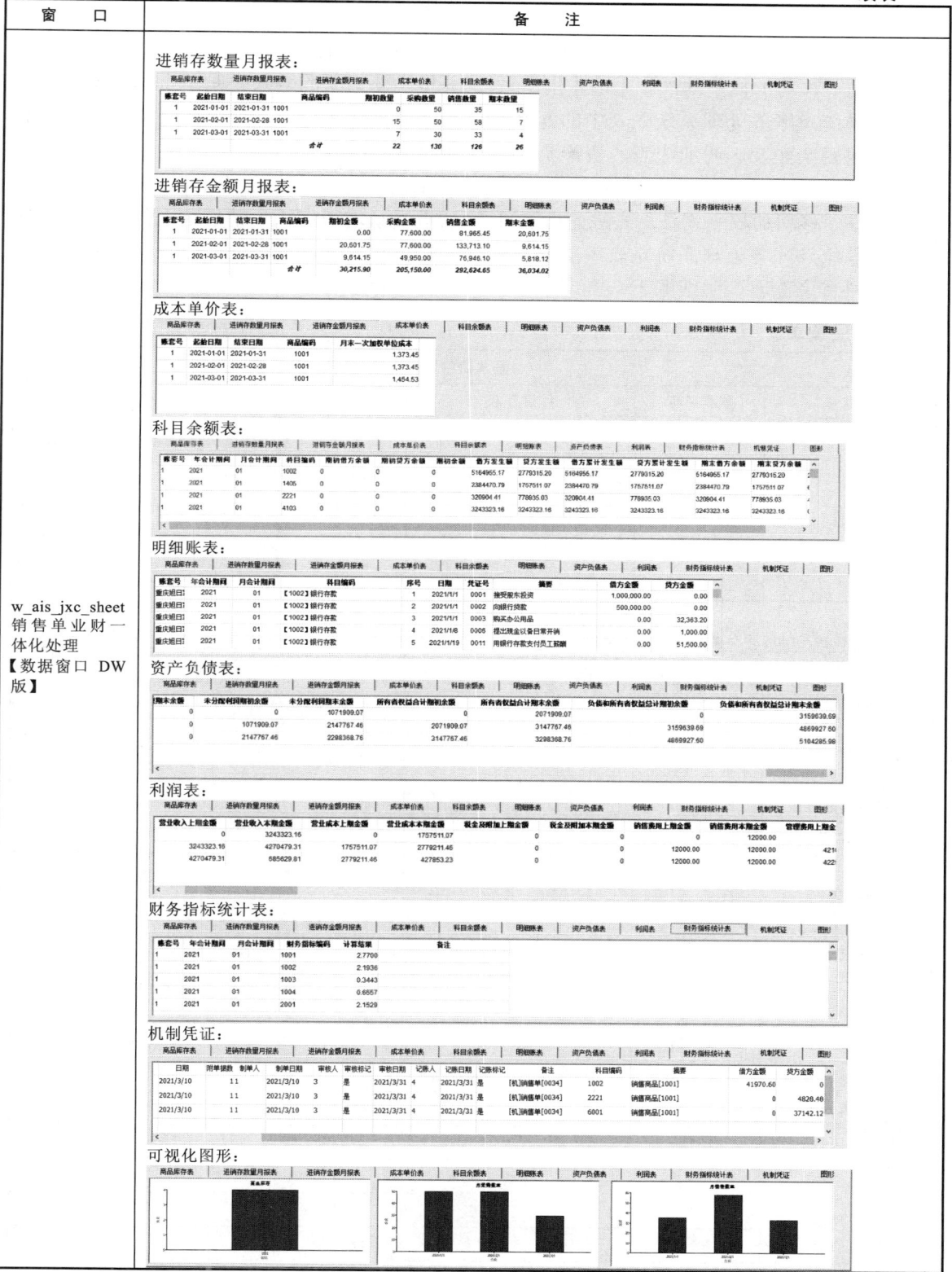

续表

窗 口	备 注
w_ais_jxc_sheet 销售单业财一体化处理 【数据窗口 DW 版】	**进销存数量月报表：** **进销存金额月报表：** **成本单价表：** **科目余额表：** **明细账表：** **资产负债表：** **利润表：** **财务指标统计表：** **机制凭证：** **可视化图形：**

思考题

1. 根据选择的账套，输入账套号、账套名称；分别选择不同的成本计价方法（月末一次加权法、移动加权平均法、先进先出法）；请分析当新增采购输入采购单上的数据时，对进销存系统及账务处理系统账表中的商品库存、进销存数量月报、进销存金额月报、成本单价、科目余额表、明细账表、资产负债表、利润表的影响。

2. 根据选择的账套，输入账套号、账套名称；分别选择不同的成本计价方法（月末一次加权法、移动加权平均法、先进先出法）；请分析当新增销售输入销售单上的数据时，对进销存系统及账务处理系统账表中的商品库存、进销存数量月报、进销存金额月报、成本单价、科目余额表、明细账表、资产负债表、利润表的影响。

1. 采购单

基本信息					
账套号	账套名称	计价方法	新增单据	单据信息	
		☑ 月末一次加权法 ☐ 移动加权平均法 ☐ 先进先出法	采购单	单据号	
				日期	
				商品编码	
				数量	
				单价	
				金额	
数据处理情况					
1002 银行存款，1405 库存商品，2221 应交税费，4103 本年利润，4104 利润分配，6801 所得税费用					
项目		原数据		更新后的数据	
商品库存					
进销存数量月报		采购数量		采购数量	
		期末数量		期末数量	
进销存金额月报		采购金额		采购金额	
成本单价					
销售成本 （填写当月最后一条 新增商品销售单的 销售成本）		销售单据号			
		日期			
		商品编码			
		金额			
科目余额表 （填写相关会计科目 当月发生额）		1002 贷		1002 贷	
		1405 借		1405 借	
		2221 借		2221 借	
		4103 借		4103 借	
		4103 贷		4103 贷	
		4104 借		4104 借	
		4104 贷		4104 贷	
		6801 借		6801 借	

续表

明细账表 (填写受到影响的具体分录金额)	1002 贷		1002 贷	
	1405 借		1405 借	
	2221 借		2221 借	
	6801 贷		6801 贷	
资产负债表	负债和所有者权益合计		负债和所有者权益合计	
利润表	净利润本期金额		净利润本期金额	

2．销售单

基本信息					
账套号	账套名称	计价方法	新增单据	单据信息	
		☑ 月末一次加权法 □ 移动加权平均法 □ 先进先出法	销售单	单据号	
				日期	
				商品编码	
				数量	
				单价	
				金额	
数据处理情况					

1002 银行存款，1405 库存商品，2221 应交税费，4103 本年利润，4104 利润分配，6001 主营业务收入，6401 主营业务成本，6801 所得税费用

项目		原数据	更新后的数据	
商品库存				
进销存数量月报	销售数量		销售数量	
	期末数量		期末数量	
进销存金额月报	销售金额		销售金额	
成本单价				
销售成本 (填写新增销售单的销售成本)	销售单据号			
	日期			
	商品编码			
	金额			
科目余额表 (填写相关会计科目当月发生额)	1002 借		1002 借	
	1405 贷		1405 贷	
	2221 贷		2221 贷	
	4103 借		4103 借	
	4103 贷		4103 贷	
	4104 借		4104 借	
	4104 贷		4104 贷	
	6001 贷		6001 贷	
	6401 借		6401 借	
	6801 借		6801 借	

续表

明细账表 （填写受到影响的具体分录金额）	1002 借		1002 借	
	1405 贷		1405 贷	
	2221 贷		2221 贷	
	6001 贷		6001 贷	
	6401 借		6401 借	
	6801 贷		6801 贷	
资产负债表	负债和所有者权益合计		负债和所有者权益合计	
利润表	净利润本期金额		净利润本期金额	

附录A 会计分录计算说明

1. 购进资产

固定资产[1601]=总价款/(1+增值税率13%)

应交税费——应交增值税(进项税额)[2221]=固定资产[1601]×增值税率13%

无形资产[1701]=总价款/(1+增值税率13%)

应交税费——应交增值税(进项税额)[2221]=无形资产[1701]×增值税率13%

例：1月业务(3)、(5)，2月业务(1)，(3)。

2. 采购业务

库存商品[1405]=(采购数量×单价)/(1+增值税税率13%)

银行存款[1002]=库存商品[1405]+应交税费——应交增值税(进项税额)[2221]

应交税费——应交增值税(进项税额)[2221]=库存商品[1405]×增值税税率13%

例：1月业务(8)、(9)、(10)、(12)、(15)、(16)、(17)、(22)、(24)，2月业务(4)、(7)、(9)、(14)、(15)、(16)、(19)、(20)、(22)、(26)、(31)、(32)、(33)、(35)、(37)，3月业务(2)、(6)、(12)。

3. 销售业务

主营业务收入[6001]=(销售数量×单价)/(1+增值税税率13%)

应交税费——应交增值税(销项税额)[2221]=主营业务收入[6001]×增值税率13%

银行存款=主营业务收入[6001]+应交税费——应交增值税(销项税额)[2221]

例：1月业务(11)、(13)、(14)、(18)、(19)、(20)、(21)、(23)、(25)，2月业务(5)、(6)、(8)、(10)、(11)、(12)、(13)、(17)、(18)、(21)、(23)、(24)、(25)、(27)、(28)、(29)、(30)、(34)、(36)、(38)、(39)，3月业务(3)、(4)、(5)、(7)、(8)、(9)、(10)、(11)、(13)。

4. 结转销售业务成本

主营业务成本[6401]=(当月产品期初库存金额+当月产品购进金额)/(当月产品期初数量+当月产品购进数量)×当月产品销售数量

库存商品[1405]=主营业务成本[6401]

例：1月业务(11)、(13)、(14)、(18)、(19)、(20)、(21)、(23)、(25)，2月业务(5)、(6)、(8)、(10)、(11)、(12)、(13)、(17)、(18)、(21)、(23)、(24)、(25)、(27)、(28)、(29)、(30)、(34)、(36)、(38)、(39)，3月业务(3)、(4)、(5)、(7)、(8)、(9)、(10)、(11)、(13)。

5．报销差旅费

管理费用[6602]=报销差旅费的实际金额

其他应收款[1221]=预支差旅费（1月业务7）

库存现金[1001]=其他应收款[1221]–管理费用[6602]

例：1月业务(26)。

6．计提摊销

累计摊销[1702]=无形资产[1701]/（预计使用年限×月份12）

管理费用[6602]=累计摊销[1702]

例：1月业务(27)，2月业务(40)，3月业务(14)。

7．计提折旧

直线法：（1月业务3）

累计折旧[1602]=[固定资产[1601]–预计净残值]/（预计使用年限×月份12）

（2月业务1）

累计折旧[1602]=[所算固定资产价款/（1+增值税税率13%）–预计净残值]/（预计使用年限×月份12）

工作量法：累计折旧[1602]=[固定资产(2月业务3)[1601]–预计净残值]/工作总量×当月工作量

年数总和法：累计折旧[1602]=[所算固定资产价款(2月业务1)/（1+增值税税率13%）–预计净残值]/(1+2+⋯+6)×6/月份12

累计折旧[1602]=当月各方法下累计折旧合计数

例：2月业务(41)，3月业务(15)。

8．计提利息

应付利息[2231]=短期借款[2001]×年利率6%÷月份12

财务费用[6603]=应付利息[2231]

例：1月业务(28)，2月业务(42)，3月业务(16)。

9．计提工资

管理费用[6602] =行政管理人员人数×行政管理人员月工资+财务人员人数×财务人员月工资+采购人员人数×采购人员月工资

销售费用[6601]=销售人员人数×销售人员月工资

例：1月业务(4)，2月业务(2)，3月业务(1)。

10．支付工资

应付职工薪酬[2211]=当月计提的应付职工薪酬贷方合计数

银行存款[1002]=应付职工薪酬[2211]

例：1月业务(29)，2月业务(43)，3月业务(17)。

11．结转利润——结转收入

主营业务收入[6001]=当月所有主营业务收入贷方合计数

（结转收入）本年利润[4103]=主营业务收入[6001]

例：1月业务（30），2月业务（44），3月业务（18）。

12．结转利润——结转成本、费用

主营业务成本[6401]=当月所有主营业务成本借方合计数

销售费用[6601]=当月所有销售费用借方合计数

管理费用[6602]=当月所有管理费用借方合计数

财务费用[6603]=当月所有财务费用借方合计数

（结转成本、费用）本年利润[4103]=主营业务成本[6401]+销售费用[6601]+管理费用[6602]+财务费用[6603]

例：1月业务（30），2月业务（44），3月业务（18）。

13．结转利润——计提所得税

所得税费用[6801]=[（结转收入）本年利润[4103]−（结转成本、费用）本年利润[4103]]×所得税税率25%

应交税费——应交所得税[2221]=所得税费用[6801]

例：1月业务（30），2月业务（44），3月业务（18）。

14．结转利润—结转所得税

所得税费用[6801]=计提的所得税费用

（结转所得税）本年利润[4103]=所得税费用[6801]

例：1月业务（30），2月业务（44），3月业务（18）。

15．结转利润——利润分配

利润分配[4104]=（结转收入）本年利润[4103]−（结转成本、费用）本年利润[4103]]−（结转所得税）本年利润[4103]

本年利润[4103]=利润分配[4104]

例：1月业务（30），2月业务（44），3月业务（18）。